Leistungsentwicklung und
Sprachstandserhebungen im Englischunterricht

KFU
KOLLOQUIUM FREMDSPRACHENUNTERRICHT
Herausgegeben von Gerhard Bach, Volker Raddatz,
Michael Wendt und Wolfgang Zydatiß

BAND 8

PETER LANG
Frankfurt am Main · Berlin · Bern · Bruxelles · New York · Oxford · Wien

Wolfgang Zydatiß

Leistungsentwicklung und Sprachstandserhebungen im Englischunterricht

Methoden und Ergebnisse der Evaluierung
eines Schulversuchs zur Begabtenförderung:
Gymnasiale Regel- und Expressklassen
im Vergleich

Unter Mitarbeit von
Viola Vockrodt-Scholz

PETER LANG
Europäischer Verlag der Wissenschaften

Die Deutsche Bibliothek - CIP-Einheitsaufnahme

Zydatiß, Wolfgang:

Leistungsentwicklung und Sprachstandserhebungen im
Englischunterricht : Methoden und Ergebnisse der Evaluierung
eines Schulversuchs zur Begabtenförderung: Gymnasiale Regel-
und Expressklassen im Vergleich. Unter Mitarb. von Viola
Vockrodt-Scholz / Wolfgang Zydatiß. - Frankfurt am Main ;
Berlin ; Bern ; Bruxelles ; New York ; Oxford ; Wien : Lang, 2002
    (KFU – Kolloquium Fremdsprachenunterricht ; Bd. 8)
    ISBN 3-631-38449-1

Die Evaluierung des Projekts „Individualisierung
des gymnasialen Bildungsgangs" wurde mit Mitteln
der Berliner Senatsverwaltung für Schule, Jugend
und Sport und des (ehemaligen) Zentralinstituts
für Fachdidaktiken der Freien Universität Berlin
durchgeführt. Die Publikation wurde vom Fachbereich
Philosophie und Geisteswissenschaften
der Freien Universität Berlin gefördert.

Gedruckt auf alterungsbeständigem,
säurefreiem Papier.

ISSN 1437-7829
ISBN 3-631-38449-1

© Peter Lang GmbH
Europäischer Verlag der Wissenschaften
Frankfurt am Main 2002
Alle Rechte vorbehalten.

Printed in Germany 1 2 4 5 6 7

www.peterlang.de

INHALT

Vorwort

In der Szene 4 von Bertolt Brechts wunderbarem Stück *"Leben des Galilei"* empfängt Galileo Galilei in seinem Haus in Florenz Vertreter des Hofes und der dortigen Gelehrtenwelt, die seinen Entdeckungen mithilfe des Fernrohrs mit Misstrauen und Unglauben begegnen:

GALILEI: Die Wahrheit ist das Kind der Zeit, nicht der Autorität. Unsere Unwissenheit ist unendlich, tragen wir einen Kubikmillimeter ab! Wozu jetzt noch so klug sein wollen, wenn wir endlich ein klein wenig weniger dumm sein können! Ich habe das unvorstellbare Glück gehabt, ein neues Instrument in die Hand zu bekommen, mit dem man ein Zipfelchen des Universums etwas, nicht viel, näher besehen kann. Benützen Sie es.

DER PHILOSOPH: Eure Hoheit, meine Damen und Herren, ich frage mich nur, wohin dies alles führen soll.

GALILEI: Ich würde meinen, als Wissenschaftler haben wir uns nicht zu fragen, wohin die Wahrheit uns führen mag.

DER PHILOSOPH (*wild*): Herr Galilei, die Wahrheit mag uns zu allem möglichen führen!

[Zitiert nach der Großen kommentierten Berliner und Frankfurter Ausgabe (in der Fassung von 1955/56). Aufbau Verlag, Berlin & Weimar; Suhrkamp Verlag, Frankfurt/M. 1988, S. 222 f.]

Meines Erachtens sind wir in der Fremdsprachenerwerbsforschung an einer vergleichbaren Stelle des Nichtwissens, was die Leistungsfähigkeit und die Leistungserträge unseres Englischunterrichts angeht; ganz zu schweigen von den Prozessen des Lehrens und Lernens dieser (oder anderer) Fremdsprache(n). Ähnlich wie Galilei haben wir Instrumente und Methoden, mit denen wir unseren Gegenstandsbereich differenzierter als früher erforschen könnten. Nur es wird kaum getan! Sicher geht die Analogie zu Galileis Zeiten nicht so weit, dass die großen Gelehrten sich weigern, durch das Teleskop zu schauen (weil sie mit dem "göttlichen Aristoteles" bereits über die letzten Wahrheiten verfügen). Nur seltsamerweise nimmt kaum einer der heutigen "Gelehrten" das Fernrohr der Empirie in die Hand und richtet es auf den unterrichtlich vermittelten Fremdsprachenerwerb unserer diversen Bildungseinrichtungen.

Damit stehen auch wir vor einer "unendlichen Unwissenheit" in unserer Domäne, obwohl in der Folge des TIMMS-Schocks (der im Prinzip ja nur die Symptome benannt hat) eigentlich verstärkt nach den tieferen Ursachen unserer Schulmisere gesucht werden sollte. Voraussetzung dafür ist eine schonungslose, forschungsgestützte Aufnahme des IST-Stands im gesellschaftlichen Handlungsfeld des schulischen Fremdsprachenlernens; insbesondere der real existierenden Unterrichts"kultur", d.h. der vorherrschenden Unterrichtsskripte und Unterrichtsroutinen sowie der historisch gewachsenen Fehlentwicklungen, zu denen ich vor allem die einfallslose Fehlerzählerei, die Scheinobjektivität sach- und weltfremder Prüfungsanforderungen und die abbilddidaktisch reduzierte Form der Textarbeit der Oberstufe auf die rein philologisch motivierte Textaufgabe rechnen würde. Die vorliegende Studie ist ein erster, halbwegs umfassender Versuch, "einen Kubikmillimeter" unseres Unwissens "abzutragen" – eine Arbeit, die mich vier Jahre umgetrieben hat (und bei der ich mich des öfteren wie Sisyphus fühlte).

Die Tatsache, dass die Untersuchung in der hier dokumentierten Form durchgeführt und ausgewertet werden konnte, ist vielen Faktoren und MitarbeiterInnen zu verdanken. Da ist zunächst die Senatsverwaltung für Schule, Jugend und Sport zu nennen, die (zumindest in Teilen der Behörde) ein genuines Interesse daran hatte, den Schulversuch der sogenannten "Expressklassen" wissenschaftlich begleiten zu lassen. Dies schlug sich in einem Forschungsauftrag mit einer die Arbeit stützenden Anschubfinanzierung nieder. Mit Freude denke ich an die Zusammenarbeit mit meinen fachdidaktischen Kollegen zurück, insbesondere mit Herrn Prof. Bernd Wurl (Mathematik) und Herrn ARL Horst Kretschmer (Deutsch). Sehr produktiv war die Kooperation mit Frau Dipl. Psych. Dr. Viola Vockrodt-Scholz, die sich mit enormem Elan und noch mehr Kompetenz auf die statistische Auswertung der quantitativen Fragebogenerhebung stürzte. Sie verantwortet die statistische Analyse der Sprachtestdaten des Kapitels 4. Sie war ferner eine zuverlässige Ansprechpartnerin und Stütze in allen Fragen der Textverarbeitung und Tabellenkalkulation.

Die Studie wurde über weite Strecken der Untersuchung ohne ein funktionsfähiges Sekretariat durchgeführt, was den Arbeitsbedingungen an der Freien Universität im Bereich der Fachdidaktik Englisch nicht gerade zur Ehre gereicht. Umso mehr danke ich meinen Studentischen Hilfskräften (allen voran Grischa Katterbach und Urška Grum), die mich über Jahre mit großem Engagement, viel Know-how und extremer Zuverlässigkeit unterstützt haben. Mein Dank gilt allen Studierenden, die bei den Tests und den Unterrichtsstunden dabei waren und die kleinere Beobachtungsaufgaben übernommen haben. Ein besonderes Dankeschön geht an alle Schulleiter sowie Englischlehrerinnen und -lehrer an den am Schulversuch beteiligten Schulen, die mir nicht ein einziges Mal den Zutritt zu ihrem Unterricht verwehrten; selbst wenn ich mit mehreren Studenten und einem Kassettenrekorder "aufkreuzte". Besonders hat mich beeindruckt, dass wiederholt "meine" Studentinnen und Studenten in den Expressklassen unterrichten durften und dass mir die Türen für Gespräche mit den Schülerinnen und Schülern stets offen standen.

Von daher widme ich diesen Band den Schülerinnen und Schülern in diesem Schulversuch. Die Mehrzahl dieser Schüler(innen) habe ich (nicht unbedingt als hoch begabt aber) als leistungsstark und leistungswillig kennengelernt; und es war eine Freude, ihre Entwicklung auf den verschiedenen Klassenstufen zu verfolgen. Im Interesse der Kinder und Jugendlichen hoffe ich, dass die zum Teil polemischen und ideologisch verwurzelten Kontroversen um besonders befähigte und / oder leistungsbereite Schüler in unserem Bildungswesen endlich der Vergangenheit angehören mögen: "Es gibt nichts Ungerechteres als die gleiche Behandlung von Ungleichen" (Paul F. Brandwein, amerikanischer Psychologe). In diesem Sinn sind die Zitate zu Beginn eines jeden Kapitels dem folgenden "Ratgeber" für Heranwachsende entnommen: "*The Gifted Kids' Survival Guide. A Teen Handbook*" von Judy Galbraith & Jim Delisle (Free Spirit Publishing, Minneapolis 1996).

Rückmeldungen – welcher Art auch immer – sind mir höchst willkommen:

Prof. Dr. Wolfgang Zydatiß
Freie Universität Berlin
Institut für Englische Philologie
Didaktik der englischen Sprache und Literatur
Habelschwerdter Allee 45
D-14195 Berlin
Tel: 030 / 8385-5961; Fax: 030 / 8385-5993
E-mail: WBKZydatiss@t-online.de

Berlin, im Juni 2001

P.S. Es gibt viel zu tun, liebe Leserin, lieber Leser: ein Riesenberg an Lektüre; viele ungeklärte Fragen in Bezug auf die Unterrichtsrealität, die Lernersprache, die Erträge des schulischen Fremdsprachenlernens, die Begabtenförderung, das sachgerechte Überprüfen der Leistungen und unverzichtbare Neuansätze für weiter zu entwickelnde Curricula im Fremdsprachenunterricht – in diesem Sinne *bon courage*:

Quelle: *Die Zeit* Nr. 7 vom 11.02.1994
(Zeichnung: Dietmar Dänecke)

13

Einleitung

"The society which scorns excellence in plumbing because it is a humble activity and tolerates shoddiness in philosophy because it is an exalted activity will have neither good plumbing nor good philosophy. Neither its pipes nor its theories will hold water" (John Gardner).

Der vorliegende Band ist aus der Begleitforschung zum Berliner Schulversuch "Individualisierung des gymnasialen Bildungsgangs" erwachsen. Dieser wurde 1993/94 an drei Berliner Gymnasien (mit jeweils einer Klasse) eingerichtet. Der Berliner Schulversuch reiht sich damit in eine Reihe von Modellen ein, die zum einen die Verkürzung des gymnasialen Bildungsgangs zum Thema haben, und die zum anderen einen Beitrag zur Begabtenförderung leisten wollen. Beide Aspekte wurden und werden auch in anderen Bundesländern diskutiert, und es liegen dazu entsprechende Untersuchungsergebnisse vor (Heller / Rindermann 1996a, 1996b; Kaiser 1997; Kaiser / Kaiser 1998). Der Berliner Schulversuch soll geeigneten Schülerinnen und Schülern (d.h. besonders leistungsstarken und -bereiten) die Möglichkeit geben, die Abiturprüfung bereits nach zwölf Schuljahren abzulegen. Das Berliner Modell ist deshalb (besonders in der Presse) unter den Namen "Expressabitur" bzw. "Schnellläuferklassen" bekannt geworden[1]. 1996/97 wurden nochmals drei Berliner Gymnasien mit jeweils einer Expressklasse ausgestattet. Im Vorfeld dieser Entscheidung wurde zwischen den Parteien (nicht zuletzt zwischen den Regierungsparteien, die eine große Koalition bildeten) sowie anderen schulpolitisch relevanten Verbänden und Gruppierungen heftig und hoch kontrovers diskutiert, ob der Schulversuch ausgedehnt und verlängert werden sollte.

Was die Berliner Regelung von den Modellversuchen anderer Bundesländer unterscheidet (z.B. denen in Baden-Württemberg oder Rheinland-Pfalz), ist nicht zuletzt die Existenz einer sechsjährigen Grundschule in Berlin. Die "Schnellläuferklassen" werden mit anderen Worten als 5. Klassen an einem "regulären" Gymnasium eingerichtet, das sonst Schülerinnen und Schüler mit der 7. Klasse aufnimmt. Die sechsjährige Grundschule macht eine der herausragenden Besonderheiten des Berliner Schulsystems aus. Sie ist das Ergebnis eines politischen Kompromisses, der Anfang der 50er Jahre die heftigen Kontroversen um die achtjährige "Einheitsschule" nach 1945 beendete. Ein achtjähriger gymnasialer Weg zum Abitur (die Klassenstufe 8 wird "übersprungen") greift somit massiv in das Selbstverständnis der Berliner Grundschule, aber auch in das des Gymnasiums in Berlin ein. Während etwa 30.000 Berliner Grundschüler (im Schuljahr 1998/99) eine 5. Klasse besuchten, wechselten folglich (bei sechs Expressklassen in Berlin) knapp 200 Schülerinnen und Schüler (rund 0,7% eines Jahrgangs) an eine grundständige Gymnasialklasse in der Form eines Schnellläuferzuges.

---

[1]   Einschlägige Berichte erschienen in der regionalen wie überregionalen deutschen Presse: vgl. unter anderem *Berliner Morgenpost* vom 9.1.1999, *Berliner Zeitung* vom 2.2.1999, *Berliner Tagesspiegel* vom 21.1.1999 und 4.2.1999 und *Frankfurter Allgemeine Zeitung* vom 9.3.1999.

Die Entscheidung der damaligen Schulsenatorin (Ingrid Stahmer von der SPD), die Zahl der Expressklassen von drei auf sechs zu erweitern, kam nicht wenigen an schulpolitischen Fragen Interessierten einem "Dammbruch" in Bezug auf die Traditionen der sechsjährigen Berliner Grundschule gleich. Die Verlängerung und Ausweitung des Schulversuchs im Jahr 1996 wurde unter der Maßgabe einer neu einzurichtenden Begleitforschung verabschiedet, von deren Untersuchungsergebnissen künftige Entscheidungen über eine weitere Ausdehnung hinsichtlich der Genehmigung zusätzlicher 5. Klassen an Gymnasien abhängig gemacht werden sollten. Mit der Evaluierung des Schulversuchs wurde eine Gruppe von Erziehungswissenschaftlern und Fachdidaktikern der Freien Universität (= FUB) betraut, die 1997/98 ihre Arbeit aufnahmen und im Mai 1999 ihren Abschlussbericht vorlegte (Kohtz / Wurl 1999). Für die Gesamtleitung des Projekts zeichneten Karin Kohtz, Professorin für Grundschulpädagogik, und Bernd Wurl, Professor für die Didaktik der Mathematik, verantwortlich. Nachdem die Berliner Senatsschulverwaltung ihren Informations- und Erkenntnisbedarf in einem Fragenkatalog gebündelt hatte, wurde seitens der FU Berlin ein Konzept vorgelegt, das sich in sechs Teilprojekte gliederte. Drei Unterprojekte waren eher allgemein pädagogisch orientiert:

- Evaluation des Aufnahmeverfahrens,
- Erwartungen und Einschätzungen der Eltern und Lehrer,
- Subjektive Befindlichkeiten der Schüler.

Drei weitere Teilprojekte (und dies macht die Spezifik der Berliner Begleitforschung aus, insbesondere im Gegensatz zum Ansatz von Heller / Rindermann 1996a, 1996b, bei denen Evaluationsziele im pädagogisch-psychologischen Bereich im Vordergrund stehen) fokussierten fachdidaktische Fragestellungen; und zwar den Lernzuwachs und die Leistungsentwicklung in den drei "Kernfächern" Mathematik, Deutsch und Englisch.

Das letztere Teilprojekt, die Evaluierung des Leistungsstandes im Fach Englisch, lag – in allen Phasen und Schritten der Planung, Durchführung und Auswertung der Untersuchung – in meinen Händen. Für die Prüfstatistik (siehe Kap. 4) konnte ich 1998 Frau Dipl. Psych. Dr. Viola Vockrodt-Scholz gewinnen, die im damals an der FUB existierenden Arbeitsbereich "EDV in Unterricht und Unterrichtswissenschaft" tätig war. Die Auswertung der 1998/99 im Zuge der Testdurchführung und der Unterrichtsbeobachtungen angefallenen Daten wurde nach der Abgabe des Abschlussberichts im Mai 1999 fortgesetzt, wobei vor allem die stärker psycholinguistisch orientierte Analyse der mündlichen Kommunikationsfähigkeit und der Schreibkompetenz der Schülerinnen und Schüler sowie eine erweiterte Dokumentation von Unterrichtsstunden im Fach Englisch im Vordergrund standen.

Der hier vorgelegte Band geht somit weit über die Funktion und die Ziele des 1999 abgeschlossenen Berichts für die Berliner Senatsschulverwaltung hinaus. Er versteht sich als ein Beitrag zu verschiedenen Themen, die i. A. im Brennpunkt der schulpolitischen und der fremdsprachendidaktischen Diskussion stehen. Der Band ist zuallererst ein Versuch, die Evaluation von Schulversuchen in der Domäne des Fremdsprachenunterrichts auf eine fundierte, forschungsmethodologisch abgesicherte empirisch-deskriptive Basis zu stellen. Die Dokumentation legt mit anderen Worten empirisch gewonnene Daten zum Leistungsstand und zur Unterrichtsgestaltung im gymnasialen Englischunterricht der ausgehenden Sekundarstufe I vor. Sie geht damit erste Schritte auf dem Weg der Erhellung eines Gegenstands der Fremdsprachenforschung (sprich eines gesellschaftlichen Teilsystems: schulisch vermittelter Erwerb der Zielsprache Englisch), der weitgehend als *black box* anzusehen ist. Wir wissen (so ist meine These) viel zu wenig darüber, wie Englischunterricht an bestimmten Schulformen und auf bestimmten Stufen des Lehrgangs "abläuft" und was nach fünf oder sechs Jahren eines überwiegend lehrwerkgestützten Unterricht dabei "herauskommt".

Zweifelsohne können analytische Auswertungen und empirisch gesammelte Daten aus quantitativen wie qualitativen Erhebungen immer nur Ausschnitte von lebenswelt-licher Realität darstellen. Angesichts des akuten Mangels an Informationen, was in Teilbereichen des Gesamtsystems Schule eigentlich erreicht wird, fehlt der augenblicklichen pädagogischen wie schulpolitischen Diskussion um die Qualität von Schule und Unterricht (Stichworte hierfür: Qualitätssicherung, Qualitätsstandards, Leistungsvergleiche und Schulentwicklung) die empirisch-objektivierbare Infor-mationsbasis (vgl. Muszynski 1999). Wir brauchen mit anderen Worten klare Referenzgrößen für vergleichende Erfolgsmessungen. Die Fremdsprachenforschung muss die wissenschaftlichen Methoden entwickeln und erproben, wie Lernzuwächse, Leistungsfeststellungen und Leistungsvergleiche im Fremdsprachenunterricht zu erheben, zu messen und einzuschätzen sind.

Gewiss, der Band liefert (seiner Genese folgend) unter anderem einen originären Beitrag zur Begabtenforschung, denn der Berliner Schulversuch mit dem offiziellen, aber etwas irreführenden Titel der "Individualisierung des gymnasialen Bildungsgangs" verstand und versteht sich seit seiner Einrichtung 1993/94 als ein Beitrag zur Begabtenförderung – und zwar vornehmlich über das pädagogische Prinzip der Akzeleration, d.h. eines Durchlaufens des bestehenden Systems in einer kürzeren Zeit (siehe 1.2). In den Berliner "Expressklassen" überspringt die gesamte Lerngruppe die 8. Jahrgangsstufe. "Schnellläuferklassen" sind allerdings kein Modell der Hochbegabtenförderung, denn in diesem Fall müssten im Unterricht zum Teil ganz andere inhaltliche und methodische Lernarrangements getroffen werde. Diese werden in der Literatur zum Phänomen der Hochbegabung in der Regel als "Anreicherung" oder *enrichment* bezeichnet (vgl. Kohtz 1996, 1998). Die "Expressklassen" an Berliner Gymnasien machen keine derartigen Aufgebote, obwohl es mit Sicherheit in diesen Klassen "hochbegabte Kinder" gibt: vgl. hierzu aus pädagogischer Sicht Krichbaum 1996 und aus entwicklungspsychologischer Perspektive Mönks 1996 (letzterer mit einer Modellbildung, wie Anlagen und Umwelt miteinander verflochten sind). Persönlich würde ich statt von Hochbegabten (in Anlehnung an Schirp 1991) lieber von "besonders befähigten" Kindern und Jugendlichen sprechen. Im Englischen spricht man von *gifted children*, wenn die besondere Begabung eher im verbal-intellektuellen Bereich liegt, und von *talented children*, wenn die außergewöhnliche Befähigung sich auf andere Domänen erstreckt (Musik, Sport, darstellende Künste,

Sozial- und/oder Führungskompetenzen u.dgl.). In der praktischen Bildungs- und Unterrichtsarbeit (vor allem im Alltag der deutschen Grundschulen) ist das Thema immer noch weitgehend "tabu", obwohl es eine beeindruckende Forschungsarbeit in Deutschland gibt: vgl. etwa Heller 1992, Hany / Nickel 1992, Heller / Mönks / Passow 1993, Mönks / Ypenburg 1993. Wie später bei der Auswertung der Testdaten deutlich wird (siehe 4.2), zeichnen sich die Expressklassen durch eine sehr viel größere Heterogenität in der fremdsprachlichen Leistungsfähigkeit aus als die Regelklassen. Zeigen lässt sich dies an der Verfügbarkeit von Kategorien auf der linguistisch-diskursiven Ebene; Merkmale, durch die sich "gute" wie "weniger gute" Fremdsprachenlerner besonders auszeichnen. Von diesem Sachverhalt gehen zum einen spezielle Anforderungen an Fachlehrer und Unterricht aus, und zum anderen erwächst daraus auch eine Spezifik des Englischunterrichts in diesen Klassen, die auf der erklärenden Ebene in die Evaluierung des Schulversuchs einzubringen ist.

Die hier zusammengefassten Untersuchungsergebnisse liefern somit (für einige wenige Berliner Gymnasien) einen "Standard" (d.h. Bezugswerte) zu den am Ende der 9. Klasse vorhandenen Kenntnissen und Fähigkeiten in der Zielsprache Englisch. Anstatt Leistungseinschätzungen nach dem tradierten, aber doch wohl recht subjektiven Zensurensystem abzugeben, in die immer Berufsroutinen und lerngruppenbezogene Normvorstellungen einfließen, werden hier kriterienorientierte Informationen zu Unterrichtsresultaten vorgelegt, die im Prinzip nachprüfbar und durch entsprechende Vergleichsuntersuchungen in anderen Lerngruppen und Lernkontexten relativierbar sind. Was unsere Bildungseinrichtungen meines Erachtens dringend brauchen, ist eine schulpolitisch wie pädagogisch-didaktisch reflektierte Outputperspektive (um einmal einen wenig schönen technizistischen Begriff zu wählen). Die Qualitätssicherung an unseren Schulen wurde bisher vermutlich viel zu sehr von der Inputsteuerung (z.B. über die Richtlinien, Schulaufsicht und Lehrwerke) bestimmt. Über die Qualität von Bildung, Schule und Unterricht lässt sich rational und fundiert nur streiten, wenn der hochgradige Mangel an geeigneten Informationen bezüglich der Prozessvariablen und Leistungserträge von Unterricht überwunden wird.

Es geht in dem hier präsentierten Forschungsbericht zum einen um eine Einschätzung der Erträge und Leistungen des gymnasialen Englischunterrichts, wie sie sich für eine wichtige Schnittstelle unseres Schulsystems (die ausgehende Sekundarstufe I) festmachen lassen. Zum anderen bietet die Darstellung eine systematische aber "kontextualisierte" (weil an ein konkretes Projekt angebundene) Einführung in zentrale Methoden der Fremdsprachenforschung. Es werden sowohl quantitative als auch qualitative Verfahren eines empirisch-deskriptiven Forschungsdesigns vorgestellt, das gleichermaßen Daten der Lernersprache, der Unterrichtsbeobachtung und der objektivierten Sprachtestdurchführung – d.h. Daten auf der Produkt- und der Prozessebene von Sprachunterricht, Spracherwerb und Sprachverwendung – berücksichtigt. Daneben wurde auch die Sicht der Beteiligten (der Schüler, Lehrer und Eltern) eingeholt, so dass im Sinne eines grundlegenden Prinzips sozialwissenschaftlicher Forschung von einem mehrdimensionalen Forschungsansatz (d.h. Triangulierung vieler unterschiedlicher Perspektiven auf einen Gegenstand) gesprochen werden kann.

Ein besonderes Augenmerk wird auf die analytischen Auswertungen der Gesprächs-kompetenz der Schülerinnen und Schüler hinsichtlich der Zielsprache Englisch gelegt. Natürlich herrscht Konsens bei allen "Experten" darüber (seien es nun die Autoren von Rahmenplänen und Lehrwerken, Kultusbeamte, Lehrkräfte oder Didaktiker), dass der mündlichen Kommunikationsfähigkeit die Priorität unter den übergeordneten Lernzielen eines zeitgemäßen Fremdsprachenunterrichts gehört. Nur können diese "Experten" bisher nicht klar benennen, ob dieses Richtziel bis zum Ende der Sekundarstufe I überhaupt erreicht wird, und wenn ja bzw. falls nicht, inwieweit hier (dennoch, trotz gewisser Defizite) ein funktionsfähiges interimssprachliches Kommunikationssystem vorliegt, das (sollte es noch nicht "fossiliert" sein) ausbaufähig ist. Um diese Frage zu entscheiden, muss man jedoch erst einmal die interne Struktur und Leistungsfähigkeit dieses lernersprachlichen Systems kennen. Erneut sehen wir uns mit einer *black box* konfrontiert.

Vergleichbare Aussagen gelten für den Unterricht: Kommunikative Interaktion ist Ziel und Mittel eines modernen Fremdsprachenunterrichts – dies ist allgemein konsensfähig. Nur was sind die Merkmale des Unterrichtsdiskurses, was macht einen "guten" Englischunterricht aus? Wie viel wird eigentlich in den Englischstunden an den unterschiedlichen Schulformen in spezifischen Stundentypen bestimmter Klassen-stufen von den Schülern gesprochen? Wie komplex sind deren Äußerungen zu bestimmten Themen und Textarten? In der Medizin gibt es heutzutage bestimmte Normwerte für die hochkomplexen physiologischen Kreisläufe des Körpers (Blutdruck, Cholesterin, Harnsäure u.dgl.), auf die der Arzt seine Diagnostik und bei Abweichungen (man denke an die sogenannten Tumor-Marker) seine Therapie beziehen kann. Gibt es bezüglich der Qualität bzw. des Ertrags schulisch gesteuerten Fremdsprachenerwerbs vergleichbare Indizes? Wiederum zeigt sich das "System" Fremdsprachenunterricht als *black box*. Wenn wir mit anderen Worten über Qualitätsstandards und Qualitätssicherung reden (wollen), sollten wir erst einmal wissen, was ein "herkömmlicher" (möglichst genau zu beschreibender) Englisch-unterricht bezüglich der konsensfähigen Richtziele leistet. Vielleicht genügen uns diese Erträge, vielleicht aber auch nicht. Dazu müssen wir Vergleichsgrößen haben. Sollten eventuelle Defizite offensichtlich sein, muss über Konsequenzen nachgedacht werden. Die vorliegende Arbeit ist somit ein erster umfassender Versuch, Licht in die "schwarze Kiste" des gymnasialen Englischunterrichts zu bringen. Sie ist ein ehrgeiziger, vielschichtiger Schritt auf dem langen Weg zum Ziel, den institutionell gesteuerten Fremdsprachenerwerb transparenter und leistungsfähiger zu machen. Erst dann werden wir mit einiger Zuversicht sagen können, was unter bestimmten Lehr- und Lernbedingungen üblicherweise an fremdsprachlicher Kommunikationsfähigkeit erreicht werden kann, und wo die Hebel für gezielte, die funktionalen Sprach-kompetenzen der Lernenden voranbringende Veränderungen der schulischen Fremdsprachenvermittlung angesetzt werden können.

TEIL A: AUSGANGSLAGE

1. Beschreibung der Ausgangslage

"Arguments of elitism are foolish. This nation fosters a sense of elitism when it comes to sports or the entertainment industry. Certainly there needs to be no apology for those who wish to nurture the minds of the best young students" (James Gray).

1.1 Zielvorstellungen der Evaluierung

Die eingangs angesprochene Besonderheit des Berliner Schulsystems mit der sechsjährigen Grundschule stellt die wissenschaftliche Begleitung vor eine doppelte Aufgabe. Zum einen ist die Effizienz des Schulversuchs zu evaluieren. Es ist mit anderen Worten zu untersuchen, ob die ausgewählten Schülerinnen und Schüler unter den an den Schulen gegebenen Voraussetzungen nach dem Konzept der Akzeleration (bei sonst gleichen curricularen Vorgaben und Anforderungen wie bei den Schülern in den Regelklassen) so weit zu fördern sind, dass sie die fachlichen Ziele des Unterrichts in den drei "Kernfächern" (von denen die erste Fremdsprache Englisch eines ist) in einem Umfang und in einer Weise erreicht haben, die dem Stand in gymnasialen Regelklassen vergleichbar sind. Von daher waren sich die Leiter der drei fachdidaktisch orientierten Teilprojekte einig, in den drei "Hauptfächern" Deutsch, Mathematik und Englisch die Express- und Regelklassen an dem gleichen Gymnasium auf ihren Leistungsstand hin zu vergleichen. Gemäß diesem vorrangigen Erkenntnisinteresse (der Frage der Effizienz des Schulversuchs) waren die Probanden der Untersuchung im Fach Englisch Schülerinnen und Schüler in Schnellläufer- und in Regelklassen an den drei Gymnasien, die bereits 1993/94 mit dem Schulversuch begonnen hatten (= sogenannte "alte" Gymnasien). Als Zeitpunkt für diesen schulinternen Vergleich erschien die zweite Hälfte der Klassenstufe 9 am besten geeignet, denn bis dahin sollten sich Lernzuwachs und Leistungsentwicklung im Fach Englisch in den Express- und in den Regelklassen weitgehend angeglichen haben.[2] – Da in jeder Form von schulischem Fremdsprachenunterricht die jeweilige Fremdsprache zugleich Ziel und Mittel der Kommunikation im Klassenraum ist, wird über die Dokumentation des Leistungsstands hinaus eine Erfassung wesentlicher Modalitäten der Unterrichtsgestaltung zur Evaluierung des Schulversuchs im Fach Englisch notwendig. Eine Präzisierung dieser übergeordneten Zielvorstellungen wird in 1.6 vorgenommen. Die u.a. in Kap. 3 und 5 beschriebene Struktur des Messinstrumentariums zur Erfassung der Sprachfähigkeiten im Englischen macht es möglich (aufgrund der Vielschichtigkeit der Testbatterie: C-Test, Leistungstest, Sprachfähigkeitstest und kommunikativer

---

[2] Im übrigen existierte im Schuljahr 1997/98 der Pilotjahrgang der Schnellläuferklasse an einem der drei "alten" Gymnasien nicht mehr als Klassenverband, da viele Familien Wohngebiet und Schule gewechselt hatten. Die Schüler waren damals bereits in die übrigen 10. Klassen der Schule integriert.

Test), höchst differenzierte Aussagen zur Entwicklung der mündlichen Gesprächsfähigkeit dieser Lerner im Vergleich zu ihrer allgemeinen Kompetenz im Englischen zu machen. Damit werden Ergebnisse gewonnen und Erkenntnisse präsentiert, die in den didaktisch-methodischen Konsequenzen weit über die Ziele der Evaluierung des Schulversuchs hinausgehen. Die Frage der Leistungsfähigkeit der schulischen Fremdsprachenvermittlung bezüglich der diskursiven Gesprächskompetenz von Schülern am Ende der Sekundarstufe I wird somit erstmalig auf eine fundierte empirische Basis gestellt. Leistungsmessung und Ergebniskontrolle (hier für das Fach Englisch) ist der eine Zielkomplex (im Englischen als *assessment* bezeichnet). Es geht im Wesentlichen um die Überprüfung der Sprachfähigkeit (= *proficiency*) in der Zielsprache Englisch gegen Ende der Sekundarstufe I.

Der zweite Zielkomplex ist die Evaluierung des akzelerierten gymnasialen Bildungsgangs als Schulversuch, ein sehr viel weiteres Konzept als Leistungsmessung. Hier stehen noch andere Aspekte zur Überprüfung an: die Effizienz des Programms, die Zufriedenheit der Schülerinnen und Schüler, die Sicht der Lehrer(innen) und Eltern, die schulpolitischen Implikationen – um einige zentrale Momente zu nennen. Nicht zuletzt die schulpolitische Dimension ist in erster Linie eine Frage der Akzeptanz eines derartigen Bildungsgangs bei den Beteiligten (Schülern, Eltern, Lehrern und Schulleitern) sowie weitergehend bei den Verbänden und Parteien (sprich der interessierten und informierten Öffentlichkeit). Diese Fragen, die schwerpunktmäßig von den stärker allgemein pädagogisch ausgerichteten Teilprojekten der Begleitforschung thematisiert wurden, sollen hier – wegen der grundsätzlichen Bedeutung für die Methodologie der Evaluation von Schulversuchen – im Kapitel 9 zusammengefasst werden. Es ist die 50jährige Tradition einer sechsjährigen Grundschule in Berlin (die im pädagogischen Bewusstsein weiter Kreise der Bevölkerung fest verankert ist), die den "Außenstehenden" vielleicht erahnen lässt, warum die schulpolitische Diskussion um "grundständige" Gymnasialklassen mit einer solchen Heftigkeit im Stadtstaat geführt wurde (ausführlicher dazu unter 1.2). Der Streit wurde in den späten 90er Jahren durch die realen bzw. unterstellten Wünsche der nach Berlin ziehenden Bundesbeschäftigten mit schulpflichtigen Kindern (in Richtung auf 5. Gymnasialklassen) noch angeheizt.

Zwischenzeitlich sind weitere Aspekte in diese schulpolitische Debatte eingeflossen. Da gibt es zum einen den Vorschlag, die sechsjährige Grundschule von innen her zu reformieren (zu "retten", sagen die bissigen Kritiker), indem eine äußere Leistungsdifferenzierung in den "Kernfächern" eingeführt wird: in Deutsch und Mathematik ab der fünften, in der ersten Fremdsprache (normalerweise Englisch) ab der sechsten Klasse. – Es melden sich aber auch zunehmend Realschulen zu Wort, die ebenfalls ab der 5. Klasse "grundständig" sein wollen. Nicht zuletzt der bilinguale Sachfachunterricht, der auch an einigen Realschulen – mit Englisch und Französisch als Arbeitssprachen – als Chance einer Profilierung für diese Schulform gesehen wird, lässt für engagierte Schulleiter und Kollegien den Übergang auf eine Realschule nach der 4. Klasse sinnvoll erscheinen. Damit hätte man zwei Jahre mehr Zeit für einen verstärkten Fremdsprachenunterricht in der 5. und 6. Klasse (= sogenannter

"Vorlauf"), bevor dann in der 7. Klasse ausgewählte Sachfächer in einer nicht-deutschen Zielsprache unterrichtet werden.

Darüber hinaus hat die Problematik eine Ausweitung durch die Diskussion um eine flexible Eingangsphase der Primarstufe gewonnen. Die deutsche Grundschule muss sich verstärkt der Frage zuwenden, wie sie mit der immensen Heterogenität der Schulanfänger umgeht. Auch hier ist sicherlich ein gewisser Spielraum für die Verkürzung der Schulzeit; besonders wenn man an die Alphabetisierung und die grundlegenden mathematischen Operationen denkt, für die nicht alle Kinder (wie zur Zeit) zwei oder gar drei Jahre benötigen (wenn man die Vorschule hinzurechnet). Die schulpolitische Dimension ist mit anderen Worten bei der Evaluierung der Leistungen eines Schulfachs stets mitzubedenken.

1.2   Die schulpolitische Diskussion um die sechsjährige Grundschule

Die wichtigsten Argumente im Pro und Contra um die vier- bzw. sechsjährige Grundschule werden im Folgenden zusammengestellt:

A.   PRO sechsjährige Grundschule

(einschließlich der Punkte gegen 5. Gymnasialklassen)

- Die Grundschule hat nicht nur die Aufgabe, fachliche Leistungen zu erzielen. Schule ist zu einem Lebens- und Lernort zu entwickeln, an dem neue thematische Schwerpunkte und ein vernetzender Unterricht inhaltliche Reformen einleiten.

- Nicht die Schulform ist für die Qualität und Leistung von Schule entscheidend, sondern die pädagogische Arbeitsweise und die Wirkungen von Unterricht an der jeweiligen Schule.

- Insbesondere die Grundschule hat die Aufgabe, den Kindern Zuversicht in die eigene Lernfähigkeit zu vermitteln, sie individuell zu fördern und in ihrer Entwicklung als Persönlichkeiten zu unterstützen.

- Kinder anders "sortieren" garantiert noch keinen besseren Unterricht. Eine reine Strukturdebatte reicht deshalb nicht.

- Die Grundschule hat vorrangig – über die gemeinsame Bildung aller Schüler – ein Selbstbewusstsein in der Gemeinschaft sowie ein solidarisches und tolerantes Miteinander zu fördern.

- Die Heterogenität der Grundschulen ist eine Chance zum längeren gemeinsamen sozialen Lernen. Es werden Sozialkompetenzen für das Leben in einer pluralen Gesellschaft erlernt, denn auch nach der Schule werden "Begabte" mit anderen – intellektuell weniger leistungsstarken Mitmenschen – umgehen (müssen).

- Die Grundschule verfügt über das didaktische Konzept der Binnendifferenzierung, das eine kognitive wie soziale Herausforderung für alle

Begabungsstufen darstellt. Da dies allen Kindern zugute kommt, liegt hier der bessere Weg für die Grundschulen.

- Die Grundschulen in Berlin lassen sich positiv weiterentwickeln, wenn man sie besser ausstattet, besonders die in den sozialen Brennpunkten. Über kostenneutrale Vorschläge sind allerdings keine wirklichen Reformen mehr zu realisieren.

- Eine vierjährige Grundschule produziert einen unverantwortbaren Konkurrenz- und Leistungsdruck unter den Kindern; der Zwang zur Auslese zerstört bei vielen Kinder in der Folge die Lernmotivation.

- Wenn es "grundständige" Angebote gibt, wandern die leistungsstarken Schüler ab (= "Zugpferd"-Theorie), und die sechsjährige Grundschule ist deshalb "mit Zähnen und Klauen" zu verteidigen (GEW).

- Ältere Kinder können stärker an der Entscheidung für eine bestimmte weiterführende Schulform mitwirken, während bei den jüngeren Kindern in aller Regel die Eltern über die Schulform befinden.

- Außer in Österreich und in einigen Kantonen der Schweiz haben alle europäischen Länder Grundschulen mit mehr als vier Jahrgangsstufen.

- Integrierte Schulsysteme verursachen weniger Kosten und verteilen die Belastungen für die einzelnen Schulformen sehr viel gerechter als gegliederte Systeme. Sie sind dabei planungs- und innovationsfreudiger und können die gleiche Leistungsfähigkeit entfalten wie die überkommenen gegliederten Systeme, die in der ständischen Gesellschaft des 19. Jahrhunderts ihre Wurzeln haben.

B. CONTRA sechsjährige Grundschule

(einschließlich der Punkte für grundständige Sekundarschulklassen)

- Die Ungleichheit der Lebensverhältnisse im Stadtstaat, die zum Teil schwierigen sozialen oder familiären Bedingungen und den Mangel an politischer Gestaltung behebt man nicht über die Dauer der Grundschule in Berlin.

- Auch an der sechsjährigen Grundschule sortieren sich die sozialen Milieus relativ schnell aus, und es sind keine spezifischen Vorteile einer längeren Grundschulzeit für die soziale Kompetenzerweiterung erkennbar.

- Es liegen keine Forschungsbefunde vor, die die Annahme stützen könnten, dass Bundesländer mit einer vierjährigen Grundschule mehr soziale Spannungen hätten als Berlin und Brandenburg (Länder mit einer sechsjährigen Grundschule).

- Eine "Ellenbogenmentalität" gibt es bei leistungsstarken und weniger leistungs- starken Schülern. Weder beeinflusst man solche Einstellungen über die Dauer der Grundschuljahre noch lässt sich "leistungsstark" 'automatisch' mit Defiziten in der Sozialkompetenz gleichsetzen. Geistige Regsamkeit und soziales Miteinander schließen sich nicht aus.

- Es dürfen nicht länger Forschungsbefunde negiert werden, die der sechsjährigen Grundschule fachliche Leistungsdefizite attestieren, die offensichtlich von ihr nicht mehr kompensiert werden können. Die sechsjährige Grundschule wird in Zukunft nur bestehen können, wenn sie mehr Wert auf fachbezogene Leistungsaspekte legt (z.B. über eine äußere Differenzierung in den Kernfächern Deutsch, Mathematik und erste Fremdsprache): "Fördern und Fordern" als Prinzip.

- Länder, deren Schulsystem eher auf der Gesamtschulidee aufbaut, verfügen häufig über ein strukturiertes System der Begabtenförderung (über Akzelerations- und Anreicherungsprogramme).

- Pädagogische Normen sind unteilbar. Das Prinzip der individuellen Förderung muss deshalb auch für die leistungsstärkeren Schüler gelten, die u.a. schneller lernen. Wir brauchen ein differenziertes Schulsystem, das begabten Schülern mehr abfordert als den weniger begabten und das jeden Schüler nach Begabungsrichtung und Entwicklungsstand optimal fördert. Das "Gleichheitsideal" der Berliner Grundschule hat sich überlebt – eine "Heilige Kuh" der Berliner Schulreform nach 1945, die nur noch mit ideologischen Scheuklappen zu bewahren ist.

- Die sechsjährige Grundschule schadet den begabten Kindern (weil sie sich aus Unterforderung heraus langweilen und das gezielte Lernen verlernen), ohne den weniger begabten Schülern wirklich zu nutzen. Kindern, denen man nicht gestattet, ihre Begabungen zu entfalten, tut man psychische Gewalt an. Begabtenförderung in der sechsjährigen Grundschule ist reine Fiktion. Schon in jungen Jahren werden Humanressourcen verschwendet.

- Eine echte Binnendifferenzierung mit anspruchsvollen Inhalten und eine thematisch vernetzte Unterrichtsarbeit (z.B. über Projekte) finden in den meisten Klassen nicht statt. Kooperation zwischen Lehrkräften ist eine Seltenheit.

- Kinder, denen in der Primarstufe "alles zufliegt", "versauern" in der sechsjährigen Grundschule und entwickeln keine realistische Selbsteinschätzung ihrer Person als Lerner. Ein früher Übergang auf die Sekundarschulen ist vor allem für Schüler günstig, die gern und viel lesen und ausgeprägte Interessen an Sachthemen haben. Der strukturierte Fachunterricht bei ausgebildeten Fachlehrern kommt den Interessen und Fähigkeiten dieser Schüler besonders entgegen.

- In grundständigen Klassen wird es auch für leistungsstärkere Schüler "normal" sich anzustrengen; d.h. sie entwickeln ein angemessenes Arbeitsverhalten und damit eine wichtige Disposition für weitere Leistungen (Leistung als etwas Positives).

- Beim Übergang auf eine weiterführende Schule in der 5. Klasse passen sich die Kinder in eine neue soziale Gruppe ein. Die Vorpubertät ist dafür eine entwicklungspsychologisch günstige Phase, besonders für die Jungen (etwa um die sich neu ordnenden Hierarchieprozesse durchzustehen). In der 7. Klasse geraten nicht wenige Schüler durch die Pubertät stärker aus dem Gleichgewicht.

- Die Überweisung auf bestimmte weiterführende Schulformen nach vier Grundschuljahren unterscheidet sich in ihrem prognostischen Wert kaum von einer Entscheidung nach sechs Jahren.

- Eine Verkürzung der Schulzeit auf zwölf Jahre bis zum Abitur ist mit der sechsjährigen Grundschule nicht vereinbar. Andere Länder mit einer zwölfjährigen Schulzeit haben allerdings in der Regel Ganztagsschulen und verleihen häufig nur eine fachgebundene Hochschulreife.

- Aufgrund der Hauptstadtfunktion muss das Berliner Schulsystem verstärkt mit den Schulen anderer Bundesländer und den deutschen Auslandsschulen kompatibel sein, da die Mobilität der Arbeitnehmer zunehmen wird.

- Die Eltern verlangen Wahlfreiheit zwischen Grundschulen mit vier und mit sechs Jahren. Sie sehen die Berliner Schule in fantasieloser Routine erstarrt und ihr Elternrecht auf Wahl der Schulform mit Füßen getreten. Sie wollen nicht nur zwischen altsprachlichen Gymnasien (mit den "Kröten" Latein und Griechisch) und Expressklassen wählen können, sondern fordern "ganz normale" 5. Gymnasialklassen mit lebenden Sprachen als erster Fremdsprache.

- Die sechsjährige Grundschule in Berlin erhält endgültig ihren "Todesstoß" (Lehrerverband VBE), wenn (wie von der Landesregierung aus finanziellen Gründen geplant) im Schuljahr 2000/01 Hunderte von Fachlehrern aus den Grundschulen an weiterführende Schulen "umgesetzt" werden, um den demographischen Veränderungen in den Schülerzahlen an Grund- und Oberschulen gerecht zu werden (zur Zeit gibt es einen dramatischen Rückgang von Schülern im Grundschulalter).

Die Übersicht zeigt hoffentlich, in welchem schulpolitischen Klima die Einrichtung der sogenannten Expressklassen stattfand und welcher "Glaubenskrieg" durch die Frage der Erweiterung des Schulversuchs ausgelöst wurde. Die Senatsschulverwaltung Berlin hat sich inzwischen dazu durchgerungen, mit dem Schuljahr 2000/01 die äußere Leistungsdifferenzierung in der 5. und 6. Klasse der Grundschule für die drei Kernfächer zuzulassen (fakultativ und organisatorisch-konzeptionell nach Maßgabe der jeweiligen Schule) – allerdings unter dem strikten Gebot der Kostenneutralität. Ob damit der Druck in Richtung auf weitere Expressklassen nachlässt bzw. das Antragsvolumen von Schulen in Richtung auf grundständige Realschul- und Gymnasialklassen zurückgeht, bleibt abzuwarten. Vermutlich vermag nur ein doppelter Weg die handfeste Unzufriedenheit und den aufgestauten Frust der Eltern über die nichtrealisierten Reformen der Berliner Grundschule zu mildern:

a)   eine durchgreifende innere Reform der Grundschule (die kostenneutral nicht zu machen sein dürfte) und

b)   ein vielfältig differenziertes Schul- und Bildungsangebot nach der 4. Klasse.

Gelingen die Reformen nicht in zufriedenstellendem Maße, so wird sich die sechsjährige Grundschule mit einer weiter verminderten Akzeptanz konfrontiert sehen. In der letzten Konsequenz könnte die heutige Vernachlässigung der kommunalen Schulen zu einem ausgebauten Privatschulsektor in der Hauptstadt führen, in den sich Eltern mit der entsprechenden Finanzkraft einkaufen werden, weil er ihnen im Wesentlichen die folgenden attraktiven Merkmale bietet:

* eine bessere Ausstattung der Schulen,

* eine niedrigere Klassenfrequenz (Zahl der Schüler pro Lehrer),

* gut ausgebildete und besser bezahlte Lehrer sowie

* ein flexibles und differenziertes curriculares Angebot.

1.3   Altersspezifische Bedingungen der 5. und 6. Klasse

Wie die nachfolgende Diskussion der Evaluierungsergebnisse in Kap. 1.6.2.2 und Kap. 8 zeigen wird, ist die 5./6. Klasse in der Tat eine entscheidende "Gelenkstelle" im Schulsystem, weil hier der Fachunterricht einsetzt, die Schriftsprache einen höheren Stellenwert bekommt und der Übergang von der Kindheit ins Jugendalter stattfindet. In der allgemein-pädagogischen Literatur wird vom Wandel der Kindheit gesprochen, der eingebettet ist in den gesamtgesellschaftlichen Wandel. So konstatiert man zum einen einen Wertewandel von den "Pflichtwerten" (Gehorsam, Disziplin, Fleiß u.dgl.) zur "Selbstentfaltung" (Selbstverwirklichung, Spontaneität, Kreativität u.a.) und zum anderen ein Abnehmen direkter Erfahrungen zugunsten vermittelter Erfahrungen, die vor allem über die modernen Medien transportiert werden (teilweise in Konkurrenz zu den Angeboten der Schule). In diesem Zusammenhang hat sich auch der schulische Lern- und Bildungsbegriff gewandelt. Gemäß dem Grundkonsens in unserer Gesellschaft besteht die zivilisatorische Leistung unserer Schulen darin, einen aufwändigen Unterweisungsprozess für die Transaktion des kulturell tradierten Wissens zu organisieren und zu finanzieren. Die Rezeption des Wissens, das vor allem von den Schulfächern vermittelt wird, verlangt von den Schülern ein intentionales, langfristiges Lernen, das ohne Anstrengungen und Leistungen nicht zu realisieren ist. Daneben steht heute der "autonome Lerner" sehr viel stärker im Vordergrund. Nicht nur soll er zunehmend dazu befähigt werden, das eigene Lernen selbst zu verantworten und zu organisieren (Eigenverantwortung und Selbststeuerung als "neue" Leitideen), sondern man erwartet von ihm auch Selbständigkeit im aktiven individuellen Handeln, Ich-Stärke, Zivilcourage, persönliche Sinngebung beim Lernen und praktischen Tun sowie Weltoffenheit, Team-, Kommunikations- und Kritikfähigkeit als Voraussetzungen für lebensweltliche Tüchtigkeit.

25

Schülerinnen und Schüler der 5. und 6. Klasse sind entwicklungspsychologisch gesehen "noch" bzw. in erster Linie Kinder, wobei die Bandbreite im Entwicklungsstand gewaltig ist. Als Faustregel unter Praktikern gilt, dass in einer undifferenzierten Jahrgangsstufe – wie sie in der Berliner Grundschule gegeben ist – drei Altersstufen versammelt sind, die sich zusätzlich durch eine erhebliche Streuung im kognitiv-intellektuellen Bereich und im psychosozialen Reifegrad auszeichnen. Aufgabe und zivilisatorische Leistung der Schule kann deshalb nicht allein der fachliche Wissenstransfer sein. Schulen müssen darüber hinaus den Kindern eine Erziehung zukommen lassen (können), die ihrer jeweiligen körperlichen, psychischen und intellektuellen Entwicklungsstufe angemessen ist. Eine Qualitätsdiskussion, die diese pädagogischen Aspekte ausblendet, ist selbst auf einem höchst fragwürdigen Niveau.

Kinder dieser Altersstufe, die oft als "kritischer Realismus" (Schenk-Danziger 1988) bezeichnet wird, tendieren in ihrem Sozialverhalten jetzt verstärkt zu einer gewissen "Loslösung" von den Erwachsenen (die Kleidung wird reflektiert, das eigene Zimmer wird umgestaltet usw.). Parallel dazu werden die Gleichaltrigen (die *peer group*) wichtiger, mit denen man sich solidarisch zeigt, die man nicht "verpetzt" u.dgl. mehr.

Im kognitiven Bereich zeigt sich einerseits ein gewisses Herauswachsen aus dem kindlichen Verhaftetsein mit konkreten Situationen und den damit einhergehenden, dem Kind bekannten "Regeln". Obwohl die Kinder noch stark an den Erwachsenen orientiert sind (Rat und Erlaubnis werden von Eltern aber auch von Lehrern eingeholt), werden sie kritischer und selbständiger, indem sie auf Distanz zu eigenen Erfahrungen gehen und alternative Handlungsmöglichkeiten reflektieren. Wenn eine Situation oder ein Problem nicht über zu viele Variablen verfügt, kann strukturierte Planung im Verbund mit sprachgebundenem, stärker abstraktem Denken und Kombinieren als Lösungsstrategie eingesetzt werden. Nach dem klassischen entwicklungspsychologischen Phasenmodell von Piaget (1971) treten 10- bis 12jährige Kinder in die Phase der abstrakt-reversiblen Operationen ein. Dabei wird heutzutage dieser Entwicklungsschritt nicht nur auf Reifungsprozesse reduziert, sondern es werden im Wirkungszusammenhang immer auch Sozialisationsprozesse als kausale Faktoren gesehen. In dieser Altersstufe entfaltet sich mit anderen Worten hypothetisch-deduktives Denken (WENN-DANN-Beziehungen); und zwar in Bezug auf die materiale und soziale Welt, aber auch im Hinblick auf die Welt der Sprache (siehe hierzu erneut 1.4).

Die Altersstufe der Zehn- bis Zwölfjährigen ist vor allem eine Periode:

- des Übergangs von der Kindheit zur Jugend,
- der Neuorientierung in Richtung auf die Entwicklung einer eigenen Identität,
- des Überwindens emotionaler Unsicherheiten und des Aufbaus erster stabiler sozialer Beziehungen zu Gleichaltrigen,
- des Hineinfindens in eine stärkere Fächerung der schulischen Wissensvermittlung mit höheren Ansprüchen an die Systematik, Fragestellungen, Methoden und Begriffsbildungen der Fächer.

Erwartungen an die Qualität von Schule und Unterricht für diese Altersgruppe müssen deshalb von einem doppelten Profil gespeist sein: Die Arbeit der 5. und 6. Klassen muss die inhaltlichen und methodischen Aufgaben einer wissenschafts- und lebensweltorientierten Wissensvermittlung im Verbund mit der stärkeren Selbstorganisation des längerfristigen, anschlussfähigen Lernens erfüllen; und sie muss die jeweilige Schule und den spezifischen Klassenverband als sozialen Lebensraum akzeptieren und im Interesse der Einzelnen wie der Gruppe gestalten. Gerade für die 5. und 6. Klasse müssen unsere Schulen diesen Ausgleich zwischen dem kognitiven und dem sozialen Bereich schaffen. Erst wenn gezeigt werden kann, dass das Schulsystem in einer bestimmten Region diesen Ausgleich zwischen den fachlich-inhaltlichen Ansprüchen der Disziplinen und der Lernenden auf der einen Seite und dem sozialen Lebensraum Schule auf der anderen herstellen kann, dann erbringt es die erwartete "Leistung" für unsere Gesellschaft. Ein Qualitätsbegriff, der den Ertrag von Schule entweder auf die intellektuell-fachliche oder auf die sozial-zwischenmenschliche Dimension reduziert, greift zu kurz. Das Qualitätsmanagement von Schule und Unterricht muss beiden Dimensionen gleichermaßen gerecht werden.

1.4 Veränderte Strukturierungsfähigkeiten bei Grundschülern

In den letzten Jahren haben die Klagen von Lehrkräften und Schulpsychologen über Wahrnehmungs-, Sprach- und Verhaltensstörungen von Kindern im Grundschulalter deutlich zugenommen; nicht zuletzt weil (so die landläufig kolportierte "Ursachenforschung") mit der Spracherziehung und dem Medienkonsum im familiären Bereich einiges im Argen liegt. Für großes Aufsehen hat im Raum Berlin eine Ende 1998 vorgelegte Untersuchung zum Sprachvermögen von nahezu 1.600 Erstklässlern in einem Bezirk mit vielen sozialen Brennpunkten (Berlin-Wedding) gesorgt. 38% dieser Stichprobe (N=603) waren Kinder deutscher Herkunft, 62% (N=991) hatten eine nichtdeutsche Herkunftssprache. Gut 10% dieser Kinder waren kaum in der Lage, dem Unterricht in der deutschen Sprache zu folgen, knapp 15% hatten erhebliche Probleme, vollständige Sätze zu bilden, und weitere 20% waren in der Satzbildung sehr unsicher. Für ca. 45% der Stichprobe (N=733 Schüler) wurde mit anderen Worten ein dringender Förderbedarf festgestellt. Darunter waren auch 50 Kinder deutscher Muttersprache, denen es schwer fiel, ganze Sätze zu produzieren. Meines Erachtens darf man derlei Erkenntnisse aus empirischen Sprachstandsmessungen nicht mehr negieren, denn sie decken sich mit den langfristigen Erfahrungen von Praktikern bezüglich zunehmender Sprachschwierigkeiten von Grundschulkindern.

Der Leiter des Schulpsychologischen Dienstes der Stadt Köln, Albert Zimmermann, hat versucht, die in der Praxis der Diagnostik und Beratung seit 1983 angefallenen Beobachtungsdaten in eine zusammenhängende Erklärung zu bringen, die er unter den Begriff des "aktiven Strukturierens" subsumiert (vgl. Zimmermann 1998: 3):

"Unter 'Aktivem Strukturieren' verstehen wir einen Denkprozess, durch den komplexe Zusammenhänge präzise entschlüsselt und in ihrer zeitlichen oder funktionalen Struktur soweit verstanden werden, dass daraus Konsequenzen und

Operationen abgeleitet werden können bzw. das erkannte Grundmuster im Transfer auf andere Gegebenheiten übertragen werden kann".

Die negativen Folgen einer nachlassenden Fähigkeit im "aktiven Strukturieren" zeigen sich nach Zimmermann sowohl in der Wahrnehmung und in der Sprache als auch im Denken und im Verhalten. Was die Strukturierungsprobleme bei der Wahrnehmung betrifft, haben Schüler zunehmend Schwierigkeiten, in Tests wie dem "Bilderergänzen" (als Teil des HAWIK-R: Hamburg-Wechsler-Intelligenztest für Kinder) angemessene Figur-Grund-Beziehungen herzustellen. Der Test verlangt ein Herauslösen von Gestalten und Strukturen aus einem diffusen bzw. unvollständigen Hintergrund, wobei das Wichtige, Allgemeine oder Prinzipielle gesehen werden muss. Immer mehr Probanden bleiben beim oberflächlichen Eindruck bzw. der diffusen Ganzheit stehen, oder sie verlieren sich in den Details. Im Kontext schulischen Lernens zeigen sich diese Defizite vor allem im Erdkunde- und Biologieunterricht, aber auch in den sprachlichen Fächern, wenn visuelles Material eingesetzt wird (Karten, Grafiken, Diagramme, Bildbeschreibungen und -betrachtungen).

Hinsichtlich der Denkprozesse führt Zimmermann aus, dass Schüler sich immer häufiger von einem Denken leiten lassen, das auf einfachen Assoziationsverbindungen zwischen Ähnlichkeiten, individuellen Eindrücken oder Allgemeinplätzen beruht. Demgegenüber hat das logisch geordnete oder sogar vernetzte Denken einen geringeren Stellenwert, wodurch die gedankliche Abstraktion, die Regelfindung oder Generalisierung sowie die Formulierung komplexerer Gedankengänge und Begründungszusammenhänge erheblich beeinträchtigt werden. Fragen nach dem gemeinsamen Moment von – beispielsweise – "Sonnenschein" und "Regen" erhalten eine rein assoziative Antwort wie "nass & trocken". Textaufgaben vom Typus "5 Hefte kosten 6,00 DM; wie viele bekommt man für DM 24,- ?" werden ohne große Überlegung nach dem Prinzip der "Nähe" (= Kontiguität) gelöst: "4". Dieses wenig stringente, unpräzise Denken ist dem Problemlösen und der Alltagsbewältigung kaum dienlich.

Was den aktiven Sprachgebrauch angeht, mehren sich die Hinweise, dass die Sprache von Kindern und Jugendlichen in struktureller Hinsicht zunehmend verarmt. Nicht selten beschränken sich die Probanden in den Testsitzungen auf Äußerungsfragmente, Halbsätze oder sehr einfache syntaktische Fügungen. Zum anderen glaubt Zimmermann feststellen zu können, dass die Ausdrucksfunktion von Sprache (als subjektiv-spontane Versprachlichung von Eindrücken, Gedankenverbindungen oder Kommentaren) gegenüber der intentionalen, formal strukturierten Mitteilungsfunktion von Sprache an Gewicht und Häufigkeit zunimmt. Es wird zwar viel geredet, aber die Gedankengänge stellen sich nicht selten als assoziative, stark persönlich eingefärbte Ausdrucksflut mit begrifflichen Unschärfen und wenig differenziertem Sprachbau dar. Sieber (1998) sieht eine ähnliche Entwicklung in der Schriftsprache deutschsprachiger Schüler (= "Parlando in Texten"). – Auf der Ebene des Textverständnisses konstatiert Zimmermann (1998: 4) anwachsende Schwierigkeiten, Sachtexten wie fiktionalen Texten die wesentliche Aussage zu entnehmen sowie idiomatische Wendungen und die von Strukturwörtern ausgedrückten logischen oder semantischen Beziehungen zu verstehen. Begriffsbildungen bleiben häufig unscharf. Grammatisches Regelwissen ist wenig fundiert und wenig stabil. Der Transfer auf Fremdsprachen gelingt höchst unvollkommen.

Die Defizite in der Strukturierungsfähigkeit schlagen seiner Meinung nach bis auf die Verhaltensebene durch, denn die abstrakten WENN-DANN-Beziehungen, die sich gerade in der späten Kindheit entwickeln, gelten auch für kausale Relationen oder Zusammenhänge von Ursache und Wirkung. Das Reflektieren über mögliche oder zwangsläufige Konsequenzen findet nur unzureichend statt, wodurch Tadel oder Strafe bezüglich des eigenen Verhaltens unangemessen eingeordnet und häufig als "ungerecht" empfunden werden. Vergleichbare Beobachtungen gelten für finale Zusammenhänge; d.h. diesen Kindern fällt es auffallend schwer, das eigene oder fremde Verhalten in eine sach- oder situationsgerechte Verbindung von Zielen und Absichten zu bringen. Dies kann sich in Angst oder "sozialem Rückzug", aber auch in sprunghaften oder diffusen Aggressionen zeigen. In der Schule wirken sich Störungen in diesem Bereich am deutlichsten im Arbeitsverhalten der Schülerinnen und Schüler aus. Während sinnvolle, effiziente Arbeit in der Regel einer geordneten Sequenz von Arbeitsschritten folgt, wirkt das Arbeitsverhalten nicht weniger Schüler häufig sprunghaft, unorganisiert, ungerichtet oder sogar ziellos. Nach den Beobachtungen von Zimmermann (1998: 5) scheinen sich diese Probleme "nicht von selbst", mit zunehmendem Alter der Jugendlichen, auszuwachsen.

Dies ist ein schwieriges und heikles Thema für die Lehrkräfte, die durchaus das Problem sehen, aber wenige Möglichkeiten haben, die Strukturierungsfähigkeiten bei diesen Kindern zu verbessern. Eltern in den Ballungsgebieten bleibt natürlich die Problematik ebenfalls nicht verschlossen, denn die Schwierigkeiten in der sprachlichen Domäne und auf der Verhaltensebene sind zu offensichtlich. So bilden sich Eltern ihre eigene Meinung (oder subjektive Theorie) zu den tatsächlichen oder vermeintlichen Ursachen einer schwierigen Lage, mit denen die Grundschule zunehmend konfrontiert ist. Angesichts der wachsenden Sprachschwierigkeiten nicht weniger Grundschüler müsste die Grundschule mit einem Förderkonzept zur gezielten Arbeit am grammatischen und text- (bzw. diskurs-)gebundenen Sprachvermögen reagieren, was aber bisher nicht geschehen ist und was kostenneutral auch nicht mehr zu leisten ist (siehe 2.3 zur internen Struktur der Sprachfähigkeit / *proficiency* und der zentralen Rolle von lexikogrammatischer Kompetenz und Diskurskompetenz). Von daher geht die "Sprachschere" unter den Kindern der Primarstufe immer weiter auseinander. Nicht zuletzt Elternhäuser, in denen eine differenzierte Spracherziehung und ein reflektierter Medienkonsum einen hohen Stellenwert haben, begegnen den sprachlichen Voraussetzungsbedingungen der Berliner Grundschule mit Frustration und Widerstand. Sie stimmen immer häufiger "mit den Füßen ab", indem sie den Wohnbezirk wechseln oder ihre Kinder aus den Schulen in sozialen Brennpunkten herausnehmen und in einem anderen Einzugsbereich anmelden (zum Teil mit fingierten Adressen). Oder aber sie entscheiden sich zum frühestmöglichen Zeitpunkt (dem Ende der Primarstufe) für die sogenannte "Grundschulflucht" und suchen nach Alternativen für die undifferenzierte Grundschule, die wie gesagt in Berlin und

Brandenburg bisher die Regel für die 5. und 6. Klasse war (bis zum Jahr 2000). Im Schuljahr 2000/01 soll in Berlin ein Versuch mit einer äußeren Differenzierung in zwei Niveaustufen für die drei Hauptfächer beginnen.

1.5 Curriculare Vorgaben für das Fach Englisch

Für den Englischunterricht in den Expressklassen ist vorgesehen, den "Stoff" von sechs auf fünf Jahre zu verteilen, ohne dabei Kürzungen vornehmen zu müssen. Dies soll durch eine erhöhte Stundenanzahl in den Klassen 5 und 9 der Expresszüge ermöglicht werden, was den Lehrern erlauben würde, (mindestens) eine Einheit mehr in den Lehrwerken zu erarbeiten. Im Vergleich zu den Regelklassen gilt die folgende veränderte Stundentafel (= Tab. 1.1) für das Fach Englisch (Zahl der Wochenstunden):

Tab. 1.1: Die Stundentafel für das Fach Englisch in Express- und Regelklassen

Klassenstufe	Schulversuch: Expressklassen	Regelklassen: Grundschule/Gymnasium
5	⑥	5
6	4	5
7	4	4
8	-	4
9	④	3
10	3	3
Gesamt	**21**	**24**

Angesichts dieser Disparität und der großen Klassen in der 5. Jahrgangsstufe (Richtzahl: 32) verständigten sich die Schulleiter der drei "alten" Schnellläufergymnasien und die Senatsschulverwaltung (im Zuge der Genehmigung des Schulversuchs), die zusätzliche 6. Stunde in der 5. Klasse im Fach Englisch als Teilungsunterricht zu konzipieren. Die Schulen haben sich ferner darum bemüht (je nach vorhandener "Manövriermasse" an Verfügungsstunden) in einer der vier Wochenstunden in der 6. Klasse ebenfalls Teilungsunterricht zu erteilen (nach Möglichkeit im Wechsel mit dem Französischunterricht, der in den Expressklassen in der 6. Klasse beginnt). Der Teilungsunterricht in der ersten Fremdsprache wird sowohl von den Schulleitern als auch von den Lehrkräften als sehr notwendig und sinnvoll im Hinblick auf den Erfolg des Schulversuchs gewertet.

Auf der Grundlage der derzeit genehmigten und gängigen Lehrwerke für den gymnasialen Englischunterricht wurde ein "Stoffverteilungsplan" für die Schnellläuferklassen entwickelt, dessen Einzelheiten dem Schreiben des Landesschulamts, Referat IV A4, vom 20.04.1997 zu entnehmen sind. Der Plan gibt Empfehlungen zur Umverteilung der inhaltlichen Themen und des grammatischen "Stoffs" für die fünf Lernjahre des Englischunterrichts bis zum Ende der Sekundarstufe I. Daneben soll auf allen Klassenstufen Zeit und Raum für das Lesen einer Lektüre sein. Die Vorgaben der

"Stoffverteilung" sind so global, dass sie dem/der Unterrichtenden ein hohes Maß an Flexibilität gewähren. Für das Fach Fnglisch sollte in etwa die folgende Verteilung angestrebt werden:

5. KLASSE

A. Vorkurs (ca. 20 Stunden)

Einführung einfacher Strukturen und Themen aus dem Erfahrungsbereich der Schüler

- *At school: classroom, forms*
- *At home: family, friends, house, rooms*
- *At leisure: games, pets*

B. Themen

- **Family and friends:** *saying hello, introducing oneself, saying sorry, thanking s.o.; describing one's family / one's day; telephone calls; clothing; birthdays*
- **Around the house:** *rooms, garden, neighbours*
- **School:** *life at school, time table, school uniform, homework, sports*
- **At leisure:** *wishes, telling the time, excursions, hobbies, games*
- **Shopping:** *food, birthday presents, money*
- **Holidays:** *at the seaside*

C. Grammatik

Personal pronouns; long and short form of "be", negation of "be", questions and answers with "be"; question tags; possessive pronouns; <s>-genitive; have / has got + negation, questions with have / has got; auxiliaries "can / can't / must"; questions with "where / what / who / how"; "this / that" - "these / those"; present progressive; indefinite and definite articles; plural forms; imperative; cardinal numbers; simple present; word order, position of adverbs of frequency; negation with "don't / doesn't"; questions with "do / does"; ordinal numbers, dates; names of the month; "of"-genitive, "going to"-future; simple past

6. KLASSE

A. Themen

- **Great Britain:** *geographical background: London, Wales; historical background: Robin Hood; at the doctor's; at leisure: at a fair; at work; at school: more about British schools (school lunch, activities)*
- **The USA:** *geographical background: American cities; farming; at the airport*

B. Grammatik

Comparisons; "some / any"; simple present perfect; "will"-future; past progressive; "if"-clauses; prop word "one / ones"; cardinal numbers over 1,000; adjectives and adverbs − Wiederholung: simple past, "going to" − future auxiliaries, <s> / "of"-genitive

7. KLASSE

A. Themen

- **Meeting people:** *offering s.th.; getting into contact; making suggestions*
- **At leisure:** *protection of nature; films; magic*
- **School:** *different types of schools, more about the time table, activities*
- **Emergencies:** *phone calls*
- **Britain:** *the sea; traffic; The Channel Tunnel; the Titanic disaster (past)*
- **The USA:** *life in a small town; moving house; the Mayflower (past)*
- **The Future:** *life in the future*

B. Grammatik

Conditional: "should / may / might / would"; defining relative clauses, contact clauses; present perfect progressive; passive (simple present / past), personal passive, equivalents to "man"; conditional II, past progressive; reported speech

9. KLASSE

A. Themen

- **The USA:** *California; American Indians; National Parks; on the road, work and mobility; music; the pioneers (past)*
- **Australia:** *the many faces (Sydney, the outback)*
- **The Commonwealth**
- **Britain:** *alternative life; environmental problems; the Royals; from Magna Charta to women's right to vote (past)*
- **School:** *education after school, finding a job*
- **Current affairs:** *exchanges; living together*

B. Grammatik

Indefinite pronouns; indirect commands; non-finite forms; emphatic "do"; tenses expressing the future – Wiederholung: *modal auxiliaries; reported speech; gerunds vs. infinitives; conditional II; adjectives vs. adverbs*

10. KLASSE

A. Themen

- **Britain:** *the media; a multi-racial society?; the conflict in Northern Ireland*
- **The USA:** *the American Dream; Asian Americans, Blacks; young people in the USA; cars and traffic problems, pollution; work and technology; the Declaration of Independence, civil war, slave trade, new frontiers, rise to world power, prohibition (past); American Government, presidents, elections, pressure groups (politics)*
- **English as a world language**
- **Einführung in die Textanalyse:** Vergleich von Sachtexten und literarischen Texten (Zeitungsartikel, Kurzbiographien u.dgl. vs. *short stories, songs, novel*)

B. Grammatik

Wiederholung und Vertiefung: *conditionals, non-finite forms, gerunds, present participle, infinitive, future perfect;* Besonderheiten der englischen Sprache.

In der Praxis des Unterrichts in den Expressklasse hat sich gezeigt, dass diese Verteilung gut zu bewältigen ist. Alle Englischlehrerinnen und -lehrer gaben an, neben der Lehrwerkarbeit Zeit für die Behandlung von Lektüren und authentischen Texten zu haben.

1.6 Ableitung der Fragestellungen und Untersuchungshypothesen

1.6.1 Zum Kontext des Forschungsgegenstands: unterrichtlich vermittelter Spracherwerb

Aufgabe des hier beschriebenen Projekts ist es (siehe 1.1), den Schulversuch der sogenannten Expressklassen an Gymnasien in Bezug auf das Fach Englisch zu evaluieren. Damit ist zunächst der Forschungsgegenstand zu definieren. Englischunterricht an Gymnasien ist eine Form des institutionell gesteuerten Fremdsprachenerwerbs. Er stellt damit einen eigenständigen Spracherwerbstyp dar, der ihn von anderen Spracherwerbstypen unterscheidet: etwa dem "natürlichen" Zweitspracherwerb (wie ihn Migranten erfahren) oder dem "natürlichen" Zweisprachenerwerb von bilingualen Kindern (sei er parallel oder konsekutiv). Fremdsprachenlehrer und -lerner interagieren in einem unterrichtlich vermittelten Spracherwerb (= *setting*). Fremdsprachenerwerb soll deshalb mit der Arbeitsgruppe Fremdsprachenerwerb Bielefeld (1996: 146f.) wie folgt definiert werden: "Als Fremdsprachenerwerb ist der dynamische Prozeß zu bezeichnen, in dem der Lerner einen in Interaktionen wahrnehmbaren Input kognitiv verarbeitet, um fremdsprachliche Situationen in rezeptiver und produktiver Weise zu bewältigen". Wer die Zirkularität der Definition in Bezug auf "Fremdsprache" im Definierten und Definierenden als störend empfindet, muss "Fremdsprache" als eine Sprache charakterisieren, die ein Lerner zusätzlich zu einer Sprache erwirbt (die sogenannte Mutter- oder – starke – Erstsprache), die er "bereits ganz oder teilweise beherrscht" (Arbeitsgruppe 1996: 147).

Schülerinnen und Schüler erwerben eine Fremdsprache in Interaktionen mit anderen Menschen (z.B. Lehrern, Mitschülern, Muttersprachlern) und kulturellen Artefakten der jeweiligen Zielsprache (etwa Lehrwerktexten, authentischen Materialien, medienvermittelter Kommunikation). In diesbezüglichen Interaktionen sehen sich die Lernenden mit fremdsprachlichem Input konfrontiert (alles sprachliche Material in einem weiten Sinn), der für den Lernprozess grundsätzlich wahrnehmbar und aufnehmbar ist. Dies heißt nicht, dass er auch tatsächlich bzw. "immer" kognitiv verarbeitet wird (= *processing*). Deshalb spricht die Spracherwerbsforschung hier von *Intake*; im Gegensatz zu Input und Output, wobei letzterer als Produktion sprachlichen Materials verstanden wird. Fremdsprachenunterricht hat das Ziel, die Lernenden zur Bewältigung fremdsprachlich vermittelter Interaktionssituationen zu befähigen; und zwar in Hinblick auf einen rezeptiven wie produktiven Sprachgebrauch in der kommunikativen Auseinandersetzung mit anderen Sprechern (mit Muttersprachlern oder in der *lingua franca*-Situation) und mit Texten (fiktionalen wie nichtfiktionalen). Vorrangiger Gegenstand der Evaluierung wird deshalb die Sprachfähigkeit (= *proficiency*) der Lernenden im kommunikativen Gebrauch der Zielsprache Englisch sein. Soweit Fremdsprachenerwerb in unterrichtlich gesteuerten Vermittlungssituationen abläuft (was der Regelfall gegenüber außerschulischen Lernorten und selbstgesteuerten Verwendungszusammenhängen ist), stellt die jeweilige Sprache immer Ziel und Mittel der kommunikativen Interaktion dar. Von daher muss den Prozessen des Unterrichtsablaufs bei der Evaluierung des Schulversuchs ebenfalls eine Bedeutung zukommen. Dies macht mit anderen Worten eine Beobachtung, Dokumentation und Analyse des Englischunterrichts in diesen Klassen zwingend notwendig (siehe Kap. 8).

1.6.2   Die Interviews mit den Englischlehrerinnen und -lehrern

Für Anfang Juni 1998 konnte an den drei Gymnasien, die sich als erste am Schulversuch beteiligten (die sog. "alten" Gymnasien), ein Termin für ein Gruppeninterview mit den am Schulversuch beteiligten Englischlehrerinnen und -lehrern arrangiert werden. An zwei der drei Schulen stimmten die Kollegen einem Tonbandmitschnitt des Gesprächs zu, an der dritten musste ich mich auf die eigenen Aufzeichnungen verlassen. Das Gespräch stand unter der Prämisse, offen, flexibel und in kooperativer Zusammenarbeit geführt zu werden. Die Lehrerinnen und Lehrer wurden von mir als Experten gesehen, auf deren Wissen ich keinesfalls verzichten wollte und konnte. Das Gespräch sollte mit anderen Worten Fakten, Beobachtungen, Erfahrungen und Einstellungen ermitteln sowie die schulinterne Diskussion unter den Kolleginnen und Kollegen anregen. Zugleich sollten die Modalitäten künftiger Unterrichtsbesuche meinerseits geklärt werden. Zur Vorbereitung auf das Interview wurde ein Leitfaden erarbeitet, der den Lehrkräften direkt vor Beginn des Gesprächs übergeben wurde. Das Gespräch dauerte an allen drei Schulen etwa 90 Minuten.

Die den Interviews zugrundeliegende Forschungsmethodologie (einschließlich der Auswertung der Gespräche) ist die der datenbasierten Theoriebildung; ein qualitatives Verfahren, das genauer in 2.2.1 und 2.2.3.1 zur Sprache kommt. An dieser Stelle soll deshalb der Hinweis genügen, dass das Gespräch mit den am Schulversuch beteiligten Lehrkräften (in der Form des Gruppeninterviews) ein wesentlicher Schritt auf dem Weg zur Spezifizierung der in 1.6.3 ausformulierten Untersuchungshypothesen war. Die Gespräche mit den Fachlehrern hatten folglich das Ziel, einige zentrale Konzepte und Einflussgrößen aufzuspüren, die vermutlich eine positive Wirkung auf die Akzeleration ausüben. Andererseits sollten aber auch Unsicherheiten und Schwierigkeiten benannt werden, die dem Erfolg des Schulversuchs eventuell entgegen stehen könnten.

1.6.2.1 Der Leitfaden für die Gruppeninterviews

Das Gespräch mit den Lehrkräften (an den drei "alten" Gymnasien) folgte in etwa den 20 Themenkomplexen des nachstehend abgedruckten Leitfadens. Dabei stand für den Versuchsleiter [W.Z.] das Interesse an inhaltlichen Ergebnissen im Vordergrund, während die gruppenprozessualen Aspekte bei der Auswertung völlig unberücksichtigt blieben. Das Gruppeninterview wird mit anderen Worten als Instrument zur Erhebung von Informationen (Erfahrungen, Einsichten, Einstellungen, Erklärungsversuche der beteiligten Lehrer) gesehen und eingesetzt: "ermittelndes Interview" (Lamnek 1989:126).

LEITFADEN

1. Persönliche Angaben
   - Geschlecht, Alter, Lehramt, Fächerkombination, Dauer der Berufspraxis

2. Einstellung zum Schulversuch

3. Mitwirkung am Schulversuch
   - in welchen Klassen bzw. Schuljahren
   - freiwillig oder "verordnet"

4. Veränderte Bedingungen durch die Beteiligung am Schulversuch
   a) Eventuelle Mehrarbeit: in welcher Hinsicht?
   b) Verhältnis zu den Eltern der "Versuchsschüler":
   - verstärkte Einflussnahme
   - Sonstiges

5. Lehrer der 5./6. Klasse: Erfahrungen in Bezug auf den englischen Anfangs-unterricht
   - Neuland?
   - positiv/negativ
   - Form der Vorbereitung auf diese Stufe des Lehrgangs

6. Unterschiede zwischen Regel- und Versuchsklassen auf der "generellen" Verhaltensebene
   a) Sozialverhalten
   - Lehrer/Schüler-Interaktion
   - Schüler/Schüler-Interaktion
   - Disziplin

   b) Schülerverhalten
   - Aufmerksamkeit
   - Erledigung von Hausaufgaben
   - Arbeitsstil: Selbständigkeit, Ausdauer u.dgl.

   c) Intellektuelles Verhalten
   - Kognitives Niveau
   - Kommunikationsstil

7. Einschätzung des Leistungsniveaus im Fach Englisch (im Vergleich von Regel-
   und Versuchsklassen)
   a) Bezug auf bestimmte Stufen des Lehrgangs
   - zu Beginn der 7. Klasse
   - 9./10. Klasse (Ende der Sekundarstufe I)
   b) Leistungsgefälle innerhalb der Lerngruppen
   - größeres oder kleineres Spektrum von Leistungshomogenität bzw. -streuung
8. Lernzuwachs und Leistungsentwicklung
   a) Lerngruppe
   - In welchen der zurückliegenden Schuljahre hatten Ihrer Einschätzung nach Ihre
     Klassen
     • verstärkt Schwierigkeiten
     • verstärkt Fortschritte
     im Fach Englisch (5., 6., 7., 9., 10. Klasse)?
   - Bei welchen Aspekten des Englischunterrichts?
     • Erklärungen dafür
     • Überwindung von Problemen (von selbst gelöst, gezielte Interventionen)
   b) Einzelne Schüler(innen)
   - Sind Ihnen Schülerbiographien aufgefallen, die zu bemerkenswerten
     • Verbesserungen bzw.
     • Verschlechterungen
     im Leistungsstand (Englisch) führten ?
   - Erklärungen dafür ?
   - Überwindung ?
9. Modifikationen des Rahmenplans
   a) Curriculare Planung
   - Stoffverteilungsplan Englisch für "Expressklassen": Richtschnur, Hilfe?
   - Fachkonferenz Englisch: Akzeptanz, Veränderung dieser Vorgaben?
   - Falls Veränderungen, wo: eher auf der Inhaltsebene (thematische Schwer-
     punkte) oder eher auf der sprachlichen Ebene (z.B. bei der grammatischen
     Progression)?
   b) Individueller Arbeitsplan des/r jeweiligen Fachlehrers/in (Jahr, Halbjahr,
     Monat?)
   - Fachspezifische Ziele des Englischunterrichts: anders akzentuiert in den
     Versuchsklassen oder die gleichen wie in den Regelklassen ?
   - Abstimmung auf bestimmte Bedingungen in den Versuchsklassen
   c) Schülerseitige Voraussetzungen
   - Beteiligung der Schüler(innen) an Entscheidungen zum Curriculum
   - Außerschulische Englischkenntnisse
   - Konsequenzen aus eventuellen Stärken oder Schwächen in bestimmten
     Bereichen (im Zusammenhang mit vorausgegangenen Lernjahren)

10. Fachspezifische Lernstile der Schüler(innen)
a) Stärker analytischer Zugang zu Sprache:
- stärker auf Kognitivierung ansprechend bzw. Regeln u.dgl. "einfordernd"
- Einstellung zur sprachlichen Korrektheit, Umgang mit Fehlern bzw. Korrekturen

b) Stärker kommunikative Orientierung:
- Fähigkeit zum kommunikativen Sprachgebrauch, höhere Flüssigkeit (*fluency*) des Ausdrucks
- Risikovermeidung (*playing safe*) oder Risikobereitschaft beim Sprachgebrauch (*taking risks*), Variabilität des Sprachgebrauchs

c) Lernen und Behalten:
- Behaltenssicherheit und Verfügbarkeit des Gelernten
- Bereitschaft zum Auswendiglernen
- Bedarf an Übungs- und Wiederholungsphasen
- Lernzeitbedarf insgesamt: wo "Abkürzungen", wo Mehrbedarf?

d) Transferfähigkeit von Gelerntem:
- Möglichkeiten für freie Anwendung in Phasen produktiven Sprachgebrauchs (mündlich bzw. schriftlich)
- genuin inhalts- oder mitteilungsbezogene Kommunikation
- Stellenwert spezifischer Sachthemen

11. Teilbereiche des Englischunterrichts
Unterschiedliche bzw. gleiche Akzentuierung in Versuchs- und Regelklassen in Bezug auf:
a) Sprachliche Teilgebiete:
- Ausspracheschulung, Rechtschreibung
- Wortschatz- und Grammatikarbeit
- Funktionale Kategorien: Mitteilungsabsichten
- Spezifische Textarten

b) Kommunikative Fertigkeiten
- Erarbeitung von Lehrwerktexten
- Lesen von Lektüren oder Zusatzmaterialien
- Schulung des Hörverstehens
- Unterrichtsgespräche, Diskussionen u.dgl. (*oral production*)
- Gebundenes und freies Schreiben
- Übersetzungen

c) Landeskundliche Inhalte
- Regionalthemen: USA, Großbritannien usw.
- Sonstige Themenkomplexe

12. Basistexte des Englischunterrichts
Unterschiedliche oder gleiche Berücksichtigung in Versuchs- und Regelklassen:
a) Lehrwerktexte: Lese- bzw. Hörtexte

b) Lektüren oder Ganzschriften
c) Authentische Zusatzmaterialien: Sachtexte, fiktionale Texte, Graphiken / Statistiken / Diagramme
d) Video/Film
e) Musik (*songs*)
f) Sonstiges

13. Arbeitsformen des Englischunterrichts
   Unterschiedliche oder gleiche Akzentuierung in Versuchs- und Regelklassen, z.b. betreffs:
   a) Klassen- bzw. Frontalunterricht
   b) Einzel-, Partner, Kleingruppenarbeit
   c) Rollenspiele/szenische Darstellung, Lernspiele
   d) Projektarbeit
   e) Sonstiges

14. Produktiver Sprachgebrauch bzw. textgebundene Darstellungsverfahren
   Unterschiedliche oder gleiche Berücksichtigung in Versuchs- und Regelklassen:
   a) Bildbeschreibung und Bildgeschichten (Erzählung)
   b) Nacherzählung
   c) Inhaltsangabe bzw. Zusammenfassung (*summary*)
   d) Persönlicher Kommentar (*comment*)
   e) "Kreative" (produktionsorientierte) Arbeitsformen
   f) Sonstiges

15. Hefte oder Ordner
   Lassen Sie spezielle Hefte oder Ordner in den Versuchs- bzw. Regelklassen führen? Wenn ja, welche?

16. Hausaufgaben
   Unterschiedlicher oder gleicher Stellenwert in Versuchs- und Regelklassen:
   - quantitative und qualitative Aspekte
   - vor- und nachbereitende Hausaufgaben

17. Ergebnis- und Leistungskontrolle im Englischunterricht
   a) Schriftliche Kontrollen
   - Informelle Tests (LZK)
   - Klassenarbeiten

   b) Mündliche Leistungen

18. Wodurch kann Ihrer Erfahrung nach die Verkürzung der Schulzeit in den "Express-klassen" (aus der Sicht des Faches Englisch) am meisten kompensiert werden?
   a) durch Straffung, Reduzierung oder Komprimierung bestimmter Unterrichts-inhalte (wenn ja, welche?)
   b) durch eine andere Methodik (wenn ja, was sind deren distinktive Merkmale?)

c) durch einen geringeren Lernzeitbedarf der Schüler(innen) in diesen Klassen (wenn ja, in welchen Bereichen?)

d) Sonstiges

19. Jede Lehrkraft mit einer gewissen Berufspraxis hat ihren persönlichen Unterrichtsstil (gefunden)...

a) Können Sie Ihren "individuellen Lehr- und Kommunikationsstil" eher in den Versuchs- oder in den Regelklassen praktizieren?

b) Können Sie Ihre persönlichen Vorstellungen in Bezug auf den Lehrplan und die Progression im Fach Englisch eher in den Versuchs- oder in den Regelklassen umsetzen?

c) Was waren für Sie als Englischlehrer(in) die am stärksten befriedigenden bzw. die weniger erfreulichen Erfahrungen im Schulversuch?

20. Ratschläge, Empfehlungen, Wünsche und Forderungen

a) Welche Ratschläge oder Empfehlungen würden Sie bestimmten Adressaten geben?
- einem/r jungen Kollegen/in, der bzw. die erstmals Englischunterricht in einer Versuchsklasse übernehmen soll
- interessierten Eltern, die ggf. ihr Kind für eine Versuchsklasse anmelden wollen
- den Schülern und Grundschullehrern/innen (vor dem Übergang in die 5. Klasse)
- der Senatsverwaltung (was die eventuelle Einrichtung weiterer "Expressklassen" an Berliner Gymnasien angeht)

b) Welche Wünsche, Erwartungen oder Forderungen hätten Sie u.U. an bestimmte Adressaten oder Institutionen?
- die Gremien der jeweiligen Schule
- die Fortbildungsstrukturen
- die Senatsschulverwaltung
- die Lehrerverbände
- die Presse
- Sonstige

Die Gespräche liefen an allen drei Schulen in einer durchgehend angenehmen Atmosphäre ab. Ich weiß natürlich nicht, wie ich selbst (als "Forschender" und Versuchsleiter) im Einzelnen in den Interviews von den Lehrkräften wahrgenommen wurde. Ich kann hier nur zum Ausdruck bringen, dass ich die Lehrerinnen und Lehrer als aufgeschlossen und kooperativ erlebt habe, was sich unter anderem in der großen Bereitschaft der Anwesenden niederschlug, bereits am Ende des "offiziellen Teils" Termine für Unterrichtsbeobachtungen festzumachen und die privaten Telefonnummern auszutauschen. Man muss natürlich sagen, dass die meisten Kolleginnen und Kollegen dem Schulversuch entweder ausdrücklich positiv gegenüber standen oder doch zumindest offen waren (manchmal nach anfänglicher Skepsis). Von daher gab es auch in den folgenden Wochen und Monaten nie (!) Probleme, weitere Unterrichtsbesuche zu vereinbaren; wobei bereits jetzt erwähnt werden sollte, dass alle

Unterrichtsstunden dieser Kolleginnen und Kollegen auf Tonband aufgezeichnet wurden, und dass häufig neben dem Versuchsleiter noch einige Lehramtsstudenten an den Unterrichtsbeobachtungen teilnahmen.

Es herrschte also auf keinen Fall Misstrauen; ganz im Gegenteil: Offenheit und Kooperationsbereitschaft waren durchgehende Merkmale der Einstellung der Lehrenden zu dem Projekt (was vor allem auch für die Schulleiter gilt). Sie hatten sogar ein ausgesprochenes Interesse an den Ergebnissen, sowohl was die Testleistungen "ihrer" Schüler als auch was meine Beobachtungskategorien bei der Unterrichtsanalyse anging. Von daher waren insgesamt sehr günstige Voraussetzungen für den Erfolg dieses empirischen Forschungsvorhabens gegeben. Die zunehmende Vertrautheit zeigte sich u.a. darin, dass ich selbst im Rahmen des "normalen" Englischunterrichts Gespräche mit den Schülern zu deren subjektiver Befindlichkeit im Schulversuch führen durfte, oder dass Studierende im Praktikum den Unterricht in diesen Klassen übernahmen. Schließlich wurde mir wiederholt (augenzwinkernd) angeboten, doch die eine oder andere Vertretungsstunde zu übernehmen, weil ich ja inzwischen zum erweiterten Kollegenkreis der Schule gehören würde.

1.6.2.2 Ergebnisse der Gruppeninterviews

Die Gespräche an den drei Schulen kreisten in erstaunlich hohem Maße um die gleichen Themenkomplexe, wobei unabhängig von der einzelnen Schule im Prinzip sehr ähnliche Beobachtungen, Erfahrungen und Einsichten formuliert wurden. Deshalb muss im Folgenden nicht nach Schulen unterschieden werden. Vielmehr sollen die in den Interviews angesprochenen Gesichtspunkte in der Form von *mind maps* um die wichtigsten Kategorien gruppiert werden (wobei das kontrastive Element – Vergleich mit Regelschülern – implizit immer mitgedacht werden muss):

- das Arbeits- und Leistungsverhalten der Schüler
  - auf einer eher generellen Ebene
  - auf der fachspezifischen Ebene (Englischunterricht)
- Lernzuwachs und Leistungsentwicklung im Fach Englisch
  - die Spezifika der 5. und 6. Klasse
  - Aspekte des Unterrichts in der 9. und 10. Klasse
- die Herausforderungen für die Lehrkräfte
  - auf der didaktisch-methodischen Ebene
  - auf der curricularen Ebene
- die Zusammenarbeit mit den Eltern
  - gelungene Kooperation
  - eher störende Einflussnahme.

Meines Erachtens sind es vor allem zwei Informationskomplexe, die man diesen Gesprächen entnehmen kann und die deshalb Eingang in die Unterrichtsbeobachtungen (siehe Kap. 8) und in die Ableitung der Hypothesen (siehe Kap. 1.6.3) finden sollten: Zum einen scheint hier ein Englischunterricht abzulaufen, der sich in bestimmten Merkmalen von dem in Regelklassen unterscheidet, und zum anderen scheint der Unterricht in der 5. und 6. Klasse ein tragendes kausales Element für die im Schulversuch angestrebte Akzeleration der Lernentwicklung der Expressschüler zu sein. Tabellarisch lassen sich somit die von den Lehrkräften eingebrachten Dimensionen dieser zentralen Kategorien wie folgt darstellen (Abb. 1.1-1.3):

– höhere Leistungsbereitschaft und -fähigkeit, die nicht zurückgehalten wird (als Gruppe und als Individuum) – höhere Motivation – hohe Aufmerksamkeit – kaum Disziplinprobleme – vergleichbares Sozialverhalten (zu Mitschülern und anderen)	– sind selbst lieber am Gymnasium als an der Grundschule – sprachlich gewandt und durchsetzungsfähig – häufig ausgeprägte Persönlichkeiten mit speziellen Interessen (die von den Mitschülern honoriert werden) – brauchen "intellektuelles Futter" (besonders mit 10/11 Jahren) – eher kognitiv-analytischer Lernstil

Abb. 1.1: Allgemeine Verhaltensdispositionen von Expressschülern

Eingegrenzt auf das Fach Englisch wurden folgende Aspekte genannt:

– hohes Interesse am Englischen – Schüler "machen das Tempo selbst" (lernen schneller) – brauchen weniger Zeit zum Üben und Wiederholen – arbeiten oft vor – "trauen sich mehr" im Englischen – ungehemmter in der freien, komplexeren Äußerung – häufiges implizites Mitlernen (bes. bei Vokabeln) – Einsprachigkeit ist leichter zu realisieren – Lehrwerkarbeit muss durch Zusatzmaterialien und Lektüren ergänzt werden	– höhere Selbständigkeit in der Anwendung fachspezifischer Arbeitstechniken – haben Freude daran, Strukturen und Regeln zu erkennen – können die Inhalte von Texten in strukturierter Form entnehmen und wiedergeben – kreative Arbeitsformen sind leichter zu realisieren – honorieren mehr Freiräume in den Aufgabenstellungen der Hausaufgaben – tun zu Hause oft mehr als erwartet – haben zum Teil außerschulische Kontakte mit Englisch

Abb. 1.2: Fachspezifische Verhaltensmuster von Expressschülern im Englischunterricht

Hinsichtlich des englischen Anfangsunterrichts lassen sich die von den Lehrkräften genannten Gesichtspunkte wie folgt zusammenfassen:

– Höhere Wochenstundenzahl für Englisch in der 5. Klasse: sehr sinnvoll	– Schüler sprechen viel und relativ komplex
– Teilungsunterricht in der 5. (und z. T. auch in der 6.) Klasse: sehr ergiebig	– Einsprachigkeit relativ bald und durchgehend zu verwirklichen
– Hoher Lernfortschritt im Englischen (5. u. 6. Klasse)	– Grammatische Termini (oft auch die englischen) werden verstanden, behalten und benutzt
– Blieben diese Schüler an der Grundschule = "verschenktes Potential"	– vorentlastende Phasen sind oft nicht nötig bzw. werden abgelehnt
– Homogenere Gruppen als in der Grundschule = effizienterer Englischunterricht	– Vokabelerklärungen werden oft von den Schülern selbst durchgeführt
– Kreative Transferaufgaben werden gern übernommen (freie Textproduktion): Rollenspiele, Geschichten schreiben usw.	– kleinere Projekte bereits im Anfangsunterricht möglich: Stadtführung, Tonbandaufnahmen usw.

Abb. 1.3:   Merkmale des englischen Anfangsunterrichts in Expressklassen

Gegenüber diesen Merkmalskategorien wurde für den weiterführenden Englischunterricht der 9./10. Klasse der Tenor deutlich, dass hier vermutlich so etwas wie ein "Abflachen" in der Kurve des Leistungszuwachses stattfindet. Sowohl im Arbeitsverhalten als auch in der Leistungsentwicklung (besonders was den kommunikativen Sprachgebrauch im Unterrichtskontext betrifft) sah die Mehrzahl der Lehrkräfte keinen Unterschied zwischen Schülern in Express- und Regelklassen.

Von den Englischlehrerinnen und -lehrern wird der Unterricht in den Klassen 5 bis 7 der Expresszüge als sehr befriedigend empfunden. Dabei wird sowohl die Freude über den Lernfortschritt der Schüler hervorgehoben als auch das Element der Herausforderung betont, das von den "Kleinen" in den Expressklassen ausgeht. Diese 10- bis 12jährigen Schüler sind in erster Linie Kinder, die die Zuwendung ihrer Lehrer(innen) brauchen und kindgerechte didaktisch-methodische Konzepte gewissermaßen "einfordern". Die meisten der befragten Fachlehrer(innen) haben sich jedoch gern auf diese Altersstufe eingestellt und sehen in dem teilweise anders akzentuierten Methodenrepertoire eine Erweiterung und Bereicherung ihrer Professionskompetenz als Fremdsprachenlehrer(in). Nicht wenige hatten einen vergleichbaren Unterricht mit Gymnasialschülern der 5. und 6. Klassen in anderen Bundesländern kennengelernt und waren froh, dass die langjährige Phase mit "Entzugserscheinungen" im Hinblick auf diese Zielgruppe durch die Einrichtung von Expressklassen für sie persönlich ein Ende gefunden hatte. An allen drei Schulen wurde mit Nachdruck auf die Notwendigkeit eines sachgerechten und schülerorientierten Auswahlverfahrens verwiesen, da einige Schüler(innen) doch erhebliche Probleme mit der raschen Sprachenfolge haben (Englisch ab 5., Französisch ab 6. Klasse). Dies würde sich besonders in der 6. Klasse zeigen, wenn die Texte des Englischlehrwerks komplexer und anspruchsvoller werden und das Französische als lernintensives Sprachfach dazukommt. Eine weitere Schwierigkeit (zumindest für einige Schüler) scheint darin zu liegen, dass die Menge an Vokabular im Englischen (aufgrund der Komprimierung des "Stoffes") relativ hoch ist (pro Stunde). Dies erfordert ein systematisches Lernen auf Seiten der Schüler und regelmäßige Lernkontrollen durch die Lehrer.

In einer Synopse dieser für den Versuchsleiter sehr aufschlussreichen Gespräche, die wie gesagt in einer offenen und vertrauensvollen Atmosphäre geführt wurden, kann Folgendes festgehalten werden: Alle beteiligten Englischlehrerinnen und -lehrer (mit vielleicht einer Ausnahme) bekannten sich zum Lehrwerk als Leitmedium ihres Unterrichts, wobei in allen Expressklassen eine gymnasiale Variante des jeweiligen Lehrwerks benutzt wurde. Da die steuernde Kraft eines Lehrwerks im Fremdsprachenunterricht beträchtlich ist, kann erwartet werden, dass im Hinblick auf das Fach Englisch keine wesentliche Vernachlässigung zentraler (d.h. spracherwerbsrelevanter) Stoffbereiche zu befürchten ist. Da im Übrigen alle modernen Englischlehrwerke fakultative Angebote machen (Zusatztexte, Übungen, freie Anwendung u.dgl.), ist davon auszugehen, dass ein Erfolg des Schulversuchs (wenn sich dessen Effizienz beweisen sollte) – bei Umverteilung der Fachinhalte von sechs auf fünf Jahre – im Wesentlichen auf einer höheren Geschwindigkeit des unterrichtlich gesteuerten Spracherwerbsprozesses beruht.

Die befragten Englischlehrer(innen) zeigten sich überzeugt, dass angesichts der Voraussetzungsbedingungen:

– Auswahl leistungsstärkerer und leistungsbereiter Schüler,

– verstärkte Stundenzahl in den Klassen 5 und 9,

– Teilungsunterricht in einer Wochenstunde in der 5. Klasse (und oft auch in der Klasse 6),

– keine wesentlichen Kürzungen bei den grammatischen Inhalten der sprachlichen Progression,

– Erteilen des Unterrichts durch qualifizierte Fachlehrer

die Schülerinnen und Schüler der Expressklassen gegen Ende der Sekundarstufe I den gleichen Leistungsstand im Englischen haben müssten wie Schüler(innen) der Regelklassen des Gymnasiums, die die 5. und 6. Klasse an der Grundschule absolviert hatten.

1.6.3   Hypothesenbildung: Beschreibungs- und Erklärungsadäquatheit

Nachdem der Gegenstand der Evaluierung in den großen Umrissen festgelegt ist, müssen die Bedingungen definiert werden, unter denen der Schulversuch im Hinblick auf das Fach Englisch als Erfolg gelten kann. Angesichts des gesellschaftlichen Konsenses über die Ziele und Inhalte schulischer Bildung (bezogen auf bestimmte Schulfächer) definiert sich Unterrichtserfolg im Erreichen curricular vorgegebener Lernziele. Da es zur Zeit in Deutschland keine standardisierten Tests für den Englischunterricht der ausgehenden Sekundarstufe I gibt, müssen die entsprechenden Messinstrumentarien eigens für die hier geforderte Erfolgskontrolle (den Leistungsvergleich von Versuchs- und Regelschülern) entwickelt und kalibriert werden (ausführlich hierzu unter 3.2-3.5). Da wissenschaftlich fundierte Aussagen den beiden Kriterien der Beschreibungs- und der Erklärungsadäquatheit genügen müssen, sollen auf der Makroebene der Untersuchung zwei zentrale Hypothesen abgeleitet und geprüft werden.

Hypothese 1: Deskriptive Ebene

Der Schulversuch ist (bezogen auf das Fach Englisch) erfolgreich, wenn die Schülerinnen und Schüler der Expressklassen gegen Ende der 9. Jahrgangsstufe vergleichbar gute Leistungen zeigen wie die Schüler(innen) paralleler gymnasialer Regelklassen der gleichen Schulen.

Hypothese 2: Erklärende Ebene

Der Schulversuch ist (bezogen auf das Fach Englisch) unter anderem deshalb erfolgreich, weil angesichts der Leistungsfähigkeit und -bereitschaft der Expressschüler der Englischunterricht in den Schnellläuferklassen über bestimmte distinktive Merkmale verfügt, die ihn vom Unterricht in den Regelklassen der Grundschule und des Gymnasiums unterscheiden. Diese Merkmale stellen positive Voraussetzungen für die im Schulversuch angestrebte Akzeleration des Lernfortschritts im Fach Englisch dar.

Nachdem die Hypothesenbildung auf der Makroebene der Zielvorstellungen abgeschlossen ist, wird es jetzt darum gehen müssen, ein dem Gegenstand und den Fragestellungen angemessenes Inventar wissenschaftlicher Methoden zu prüfen und auszuwählen (siehe Kapitel 2).

1.7   Darstellung der Arbeitsschritte

Im Einzelnen sind die folgenden Arbeitsschritte unternommen worden:

a)   Analyse und Vergleich der "Stoffverteilungen" für Regel- und Schnellläuferklassen.

b)   Analyse von zwei (an den beteiligten Schulen) eingeführten gymnasialen Lehrwerken für den Englischunterricht: *Learning English. Green Line* (Klett) und *English G Neu* (Cornelsen). Hierbei wurden besonders die zentralen, verbindlichen Elemente des Wortschatzes, der grammatischen Strukturen, der Textsorten, der Sprachfunktionen (= Mitteilungsabsichten) sowie die landeskundlich-thematischen Inhalte berücksichtigt. Spezielle Beachtung fanden bei dieser Lehrwerkanalyse die ergänzenden Materialien zur Lernziel- bzw. Leistungskontrolle, die wertvolle Hinweise zu den im Englischunterricht üblichen Arbeitsformen, Testtechniken und Kontexteinbettungen für die Ergebniskontrolle im Rahmen der Lehrwerkarbeit lieferten. Darüber hinaus konnten die Hörkassetten der Verlage herangezogen werden, die ebenfalls den Rahmen des unterrichtlich Üblichen abstecken. Eine weitere wertvolle Quelle waren die "Lernkontrollen" zum Lehrwerk *English Live* (erschienen bei Langenscheidt-Longman & Westermann), weil hier den Lehrerhandreichungen auch Vorschläge für Tests zur Überprüfung des Hörverstehens beigegeben sind (inkl. entsprechender Hörtexte und Audioaufnahmen). Insgesamt ergab die Durchsicht dieser Materialien eine differenzierte, sprachlich wie inhaltlich strukturierte Sammlung potentieller Testitems.

c)   Auswertung der wissenschaftlichen Literatur zur Testtheorie und -praxis mit den Schwerpunkten:

–   Leistungstests für den Fremdsprachenunterricht (= *achievement* bzw. *attainment tests*: siehe 3.3),

–   Tests der Sprachfähigkeit (= *proficiency tests*: siehe 3.4)

–   kommunikative Tests, besonders zur Erfassung der mündlichen Kommunikationsfähigkeit (siehe 3.5),

–   C-Tests (siehe 3.4.4) als integrative Sprachfähigkeitstests, die eine ganzheitliche Momentaufnahme des jeweiligen Kompetenzniveaus in einer Zweit- oder Fremdsprache liefern.

d)   Analyse von Materialien, die Lernende verschiedener Kompetenzniveaus auf die externen Prüfungen der britischen "Testzentrale" (der *University of Cambridge Examinations Syndicate*) vorbereiten (zusammengefasst in der Reihe *Cambridge Examinations Publishing* des britischen Verlages Cambridge University Press).

e)   Gruppeninterviews mit den Englischlehrerinnen und -lehrern an den drei "alten" Gymnasien:

(i)   Werner-von-Siemens-Oberschule (Code: 04), Beskidenstr. 3, 14129 Berlin-Zehlendorf

(ii)   Freiherr-vom-Stein-Oberschule (Code: 05), Galenstr. 40-44, 13597 Berlin-Spandau

(iii)   Hildegard-Wegscheider-Oberschule (Code: 06), Lassenstr. 18-20, 14193 Berlin-Wilmersdorf

Die Gespräche wurden Anfang Juni 1998 geführt (siehe 1.6.2).

f)   Entwicklung der Testbatterie (siehe ausführlicher 3.2-3.5) für die im Rahmen dieser Untersuchung durchzuführende Sprachstandsmessung (Vergleich von Express- und Regelschülern):

–   Leistungstest: Wortschatz- und Grammatikkompetenz,

–   Sprachfähigkeitstest: mit speziellem Bezug auf die Fertigkeiten des Hör- und Leseverstehens und des text(sorten)gebundenen Schreibens,

–   Test der allgemeinen Sprachfähigkeit in Form eines C-Tests sowie

–   ein kommunikativer Test zur Überprüfung der interaktiven Gesprächs-
      fähigkeit (d.h. der Fähigkeit des situations- und themengebundenen
      Sprechens).

g)   Durchführung der Tests in den drei Schulen: Die schriftlichen Leistungs- und
      Sprachfähigkeitstests wurden in jeweils zwei Blöcken von 90 Minuten (= zwei
      Unterrichtsstunden) in den 9. Klassen des Schuljahrs 1997/98 an den unter e)
      genannten Gymnasien durchgeführt, wobei die Regel- und die Expressklasse
      der jeweiligen Schule immer zum gleichen Zeitpunkt getestet wurden. Diese
      Tests fanden Ende März bzw. Ende April 1998 statt, d.h. gerade vor bzw. direkt
      nach den Osterferien. Der Test der Gesprächsfähigkeit mithilfe eines
      Interaktionsspiels, der insgesamt zwölf Dreiergruppen involvierte, wurde an
      verschiedenen Tagen im Mai und im Juni 1998 durchgeführt (siehe 3.5.2).

h)   Unterrichtsbeobachtungen in Expresszügen aller Jahrgangsstufen: ein erster
      Block von Hospitationen in verschiedenen Schnellläuferklassen lag im
      Zeitraum von Mitte Juni bis Anfang Juli 1998, ein zweiter Block von November
      1998 bis Januar 1999 (siehe Kap. 8). Die vergleichenden Beobachtungen in
      Regelklassen Berliner Grundschulen und Gymnasien beziehen sich auf den
      Zeitraum von 1998 bis 2001.

i)   Die analytischen Auswertungen zur mündlichen Gesprächskompetenz und zur
      Fertigkeit des textgebundenen Schreibens wurden nach der Abgabe des
      "offiziellen" Abschlussberichts für die Senatsschulverwaltung im Mai 1999
      vorgenommen (vor allem im Jahr 2000).

TEIL B: DESIGN DER EMPIRISCH-DESKRIPTIVEN STUDIE

2. Methodologie und Datenerhebungsverfahren

> "The test of first-rate intelligence is the ability to hold two opposed ideas in the mind at the same time, and still retain the ability to function" (F. Scott Fitzgerald).

Da es sich bei der Evaluierung des Schulversuchs der sogenannten Schnellläufer-klassen um die Leistungen in einem Schulfach handelt (Englisch), ist ein Parameter des Forschungsdesigns bereits festgelegt (das *setting*). Es handelt sich um einen unterrichtlich gesteuerten Fremdsprachenerwerb (siehe 1.6.1) und nicht um eine Form des "natürlichen" Spracherwerbs. Abgesehen vom Kontext des jeweiligen Sprach-erwerbstyps (= *setting*) unterscheidet man noch drei weitere Parameter, die in einem Forschungsplan Berücksichtigung finden müssen (vgl. Larsen-Freeman / Long 1991: 10ff.), Seliger / Shohamy 1989):

a)   die Methodologie (*methodology*),

b)   die Datenerhebungsverfahren (*instrumentation* oder *data collection and data elicitation*) und

c)   die Messinstrumente und Auswertungsverfahren (*measurement and data analysis*).

Die spezifischen Entscheidungen bezüglich der beiden ersten Parameter sollen in diesem Kapitel expliziert werden; auf die Messinstrumentarien wird in Kapitel 3 eingegangen.

2.1   Methodologie: qualitative vs. quantitative Methoden

2.1.1   Das qualitative und das quantitative Paradigma

Die Fremdspracherwerbsforschung kennt – wie die empirische sozial- und erziehungs-wissenschaftliche Forschung – zwei grundlegende Paradigmen: die qualitative und die quantitative Forschungsmethodologie. In einem gewissermaßen prototypischen qualitativen Forschungsansatz beobachtet der Untersuchende, "was sich ihm bietet", wobei es ihm freisteht, den Schwerpunkt der Untersuchung und die Art der erhobenen Daten in dem ihm gegebenen Beobachtungszeitraum neu zu bestimmen (= ethnographische oder ethnomethodologische Studien). In einem archetypisch quantitativen Ansatz nähert sich der Untersuchende seinem Gegenstand mit spezifischen Hypothesen, die er in einem streng kontrollierten Experiment überprüft und mithilfe objektiver, zuverlässiger Messinstrumente und differenzierter statistischer Analysen verifiziert bzw. falsifiziert. Wie jede Dichotomie greift natürlich auch diese Polarisierung zu kurz, denn inzwischen scheint in der empirischen pädagogischen Forschung Konsens zu bestehen, dass sich in der wissenschaftlichen Praxis beide Ansätze ergänzen sollten. Dabei muss allerdings gesehen werden, dass die beiden

Paradigmen nicht nur unterschiedliche Forschungsstrategien widerspiegeln (mit jeweils spezifischen Stärken oder Schwächen). Ihnen können auch unterschiedliche Erkenntnisweisen, d.h. substantiell unterschiedliche Modalitäten der Weltsicht zugrunde liegen. Dies wiederum macht – mit Einschränkungen – die zum Teil heftigen Kontroversen zwischen den beiden "Philosophien" bezüglich der "Natur" der soziokulturellen Systeme in unserer Gesellschaft verständlich; bis hin zu der Frage, wie sich der / die Forschende zu diesen sozialen Realitäten stellen soll und was als wissenschaftliche Erkenntnis und gesellschaftliche "Wahrheit" (*truth*) gelten kann.

Die charakteristischen Attribute der beiden Methodenkonzepte sind von Larsen-Freeman / Long (1991: 12) in einer idealisierten Form zusammengestellt worden (vgl. ferner Seliger / Shohamy 1989: 113-120 und Finkbeiner 1996), wodurch das Profil des jeweiligen Paradigmas deutlich hervortritt (Abb. 2.1):

Qualitatives Paradigma	Quantitatives Paradigma
Phänomenologisches Verstehen menschlichen Verhaltens aus der Sicht der Beteiligten (d.h. deren Intentionen und Motivationen): interpretatives Vorgehen	Positivistisch-kausale Erklärungsmuster für beobachtbares Verhalten und / oder die Ursachen sozialer Phänomene: nomologisches Herangehen (griechisch *nomos* = 'Gesetz')
Wenig bzw. unkontrollierte (naturalistische) Beobachtung	Gezielte Beobachtung und stark kontrolliertes Messen
Offene Feldforschung	Kontrollierte Experimente / Tests
Subjektive Sicht der "Dinge" (Binnensicht)	Objektive Sicht der "Dinge" (Außensicht)
Explorative Studien	Replizierbare bzw. replizierende Studien
Nicht-generalisierbare Einzelfallstudien	Generalisierbare Untersuchungen repräsentativer Stichproben
Eingebundenheit des Gegenstands in eine spezifische Raum-Zeit Konstellation	Allgemeine Voraussagen über den Einzelfall hinaus (*prediction*)
Ganzheitlich-synthetischer Ansatz (*holistic, synthetic*)	Analytisch-konstituentenbezogener Ansatz (*analytic, particularistic*)
Induktiv-heuristisches Vorgehen	Deduktives und verifizierendes / falsifizierendes Vorgehen
Geringe Reduktion im Fokus der Untersuchung und in der Zahl der Variablen	Starke Reduktion im Fokus der Untersuchung und in der Zahl der Variablen
Erfassen möglichst vieler Einflussfaktoren	Reduzierung der Zahl der untersuchten Einflussfaktoren

Annahme einer dynamischen sozialen Realität	Annahme einer stabilen sozialen Realität
Annahme offener und komplexer (= *multipler*) Realitäten	Annahme eher reduzierter Realitäten
Prozessorientierung (Forschung als Prozess)	Ergebnisorientierung der Forschung (*outcome*: Ertrag)
"Dichte Beschreibung": valide, "reiche" und "tiefe" Daten	Präzise und zuverlässige Beschreibung: "harte" replizierbare Daten
Keine oder wenige Vorannahmen über die untersuchten Phänomene; daten- geleitete, d.h. in der gesellschaftlichen Wirklichkeit verankerte Theoriebildung (= *data driven*): *grounded theory*	Vorgelagerte Theorieannahmen und hypothesenprüfende Analysen; theoriegeleitete Forschung (= *hypothesis driven*): *ungrounded theory*
Datensammlung: vom Allgemeinen zum Speziellen	Explizite, stark kontrollierte Datensammlung
Wenig vorstrukturierte Beobachtungen	Stark vorstrukturierte Bebachtungen
Einsatz persönlicher Dokumente und Auswertung von Artefakten (Tagebücher, Biografien, Archivmaterial u.dgl.)	Einsatz "reaktiver" Instrumente (Probanden reagieren vor allem auf bestimmte Stimuli)

Abb. 2.1:   Das qualitative und das quantitative Forschungsparadigma

In 1.1. wurden die übergeordneten Zielvorstellungen des Schulversuchs skizziert, die in 1.6.3 zu zwei grundlegenden Hypothesen verdichtet wurden, die im Rahmen der Begleitforschung für das Fach Englisch zu prüfen sind. Bevor die beiden Hypothesen in dieser Form formuliert werden konnten, mussten erst einmal Daten und Annahmen über den Forschungsbereich erhoben bzw. entwickelt werden, die in nachfolgenden Schritten Eingang in präzisierte Hypothesen Eingang finden konnten. Die Struktur des Kapitels 4.5 folgt den Hypothesen auf der Mikroebene, weil hier die Unterschiede zwischen den Schulen, den Geschlechtern sowie den Express- und Regelschülern expliziert werden (was deren Sprachleistung und Sprachfähigkeit angeht). Was die Makro-Hypothese 1 betrifft, wird die fachliche Füllung der Gegenstandsdimensionen in Kap. 3 geleistet; die Überprüfung der Hypothese 1 erfolgt in den Kapiteln 4, 5 und 6. Was die Makro-Hypothese 2 angeht, spielen die Interviews mit den Lehrkräften (siehe 1.6.2) und die Unterrichtsbeobachtungen (Kap. 8) eine zentrale Rolle. In den Gesprächen mit den Fachlehrerinnen und -lehrern sollen die Beobachtungen und Erfahrungen dieser Gruppe zu Wort kommen, die natürlich aufgrund ihrer Professions- kompetenz eine wichtige Beteiligtenperspektive im Lehr- / Lernprozess darstellen.

Ein möglicher Weg zu diesem Ziel ist der der *grounded theory*; d.h. einer spezifischen Variante qualitativer Sozialforschung (vgl. Strauss 1987; Lamnek 1988, 1989), die versucht, eine Brücke zwischen Empirie und Theorie in der sozialwissenschaftlichen

Forschung zu schlagen. Unter den *grounded theories* versteht man die Entwicklung von Theorien aus konkretem Datenmaterial, das unter direktem Bezug auf einen bestimmten gesellschaftlichen Wirklichkeitsbereich gewonnen wurde (*grounded* = "in der Empirie verankert"). Die Hypothesen sind also auf induktivem Wege zu entwickeln, sprich unter Bezugnahme auf einen spezifischen Gegenstandsbereich in der sozialen Realität (= *substantive theories* oder gegenstandsbezogene Theorien: siehe 9.1.2.2 im Hinblick auf die Entwicklung eines Fragebogens zu den subjektiven Befindlichkeiten der Schüler). Die grundlegende Methode hinsichtlich der Entwicklung datenbasierter Hypothesen und Theoreme ist die vergleichende Analyse (= *comparative analysis*). Hierbei kommt es nicht allein auf die konkreten Daten und Fakten an, sondern auf die auf dieser Basis gewonnenen begrifflichen Kategorien und Dimensionen. Diese bleiben, was soziale Realität betrifft, relativ konstant, während die eigentlichen Daten und Fakten sich relativ schnell verändern können.

In dem hier gegebenen Kontext wird den Lehrkräften (aufgrund ihrer Berufserfahrung und als Folge der schulorganisatorischen Maßnahme eines speziellen Zugs an der Schule) natürlich von vornherein eine kontrastive Sicht auf den Gegenstand aufgedrängt. Indem Regel- und Expressklassen an der gleichen Schule nebeneinander herlaufen, lässt sich die vergleichende Theoriebildung in Bezug auf die soziale Einheit "Expressklassen" im Prinzip auch gar nicht vermeiden. Die Englischlehrerinnen und -lehrer sind von daher wichtige Informanten und Lieferanten für hypothesengenerierende Einsichten und Erklärungsmuster. Da sich derartige Beobachtungen in der Regel unter bestimmte Kategorien bündeln lassen, gewinnt man als Untersuchender wertvolle Hinweise auf eine begrenzte Zahl von Gesichtspunkten, unter denen man die komplexe soziale Realität untersuchen kann. Dieses selektive theoretische Erkenntnisinteresse bestimmt dann den weiteren Zugriff auf die empirische Datenbasis; und zwar in der Weise, dass generalisierende Beziehungen zwischen den Kategorien (also Hypothesen) unter Bezug auf die zugrundeliegenden Daten und Fakten aufgestellt werden.

2.1.2   Triangulation

Die einschlägige Forschungslandschaft ist hinsichtlich der Frage der Methodologie durch eine Reihe von Asymmetrien gekennzeichnet, so dass man sich vor Verallgemeinerungen hüten muss. In der deutschsprachigen pädagogischen Unterrichtsforschung und in der nordamerikanischen Zweitspracherwerbsforschung überwiegen wohl eher die quantitativ-nomologischen Arbeiten, während die qualitativ-ethnographischen Ansätze stärker in der deutschen Fremdsprachenforschung aber nur wenig im nordamerikanischen Raum verfolgt werden. Inzwischen findet man jedoch zunehmend Beiträge, die einer Integration der beiden grundlegenden Methodenkonzepte das Wort reden, nicht zuletzt unter dem Stichwort und Leitprinzip der Triangulation (vgl. Lamnek 1988, Strauss 1987, Witzel 1982 für die sozialwissenschaftliche Forschung sowie Seliger / Shohamy 1989, Allwright / Bailey 1991 für die Zweit- / Fremdspracherwerbsforschung). Darunter versteht man die Verbindung unterschiedlicher

Forschungsmethoden unter Bezug auf den gleichen Untersuchungsgegenstand, sprich eine multiperspektivische Sicht der in den Forschungsprozess eingebundenen Phänomene.

Nach von Eye (1994) können in der empirischen pädagogischen Forschung qualitative und quantitative Methoden zueinander in sechs Beziehungskonstellationen eintreten: antithetisch, komplementär, parallel, eingebettet in den jeweils anderen Ansatz, sich der Instrumente des anderen Ansatzes bedienend oder in zeitlicher Sukzession (wobei qualitative Methoden der quantitativen Analyse in aller Regel vorausgehen). Die Wahl der "Methode" läst sich nicht *a priori* entscheiden, sondern ist maßgeblich vom Forschungsgegenstand abhängig: "Forschungsmethoden sollten gegenstandsange-messen sein und auf einem Primat des Gegenstandes vor der Methode beruhen. Festlegungen hinsichtlich der Ontologie des jeweiligen Gegenstandes bestimmen damit zumindest partiell die Methodenwahl" (Grotjahn 1999: 135). Wie den beiden in 1.6.3 ausformulierten Untersuchungshypothesen zu entnehmen ist, geht es bei der Evaluierung des Schulversuchs einerseits um eine Sprachstandsmessung; d.h. ob die Schüler in den Versuchsklassen den gleichen Leistungsstand im Fach Englisch erreichen wie die Regelschüler. Dazu muss näher definiert werden, was als "Leistung" bzw. "Sprachkompetenz im Englischen" gelten soll (siehe 3.1). Sollte sich diese Frage bestätigen lassen, wird andererseits nach den Gründen zu suchen sein, die diesen Sachverhalt erklären können.

Neben eine differenzierte Beschreibung des fremdsprachlichen Kompetenzniveaus gegen Ende der Sekundarstufe I müssen Unterrichtsbeobachtungen und -analysen treten, denn die zielsprachliche Interaktion im Klassenzimmer ist Ziel und Mittel des unterrichtlich gesteuerten Fremdspracherwerbs. Abgesehen von der Erfassung der über die Außensicht beobachtbaren Handlungen und Verhaltensweisen (wobei die Lernenden im Mittelpunkt stehen) soll auch die Innenansicht der Beteiligten angegangen werden. Englischunterricht (und Schule allgemein) vollzieht sich in einem sozialen Kontext, in dem Individuen bzw. Gruppen miteinander interagieren (Schüler, Lehrer, Eltern), die diese Wirklichkeit und die darin ablaufenden Prozesse durchaus unterschiedlich wahrnehmen und interpretieren. Es gibt mit anderen Worten multiple Realitäten und unterschiedliche Perspektiven, von denen jede für sich "wahr" ist bzw. Relevanz für das Gesamtbild besitzt. Vermutlich kann empirische pädagogische Forschung kein wirklich "objektives" Bild der sozialen Realität Schule liefern. Viel dürfte jedoch erreicht sein, wenn die Fragestellungen, Erkenntnisziele, Methoden und Ergebnisse der Forschung intersubjektiv nachvollziehbar sind (vgl. Aguado 2000: 122): für die Beteiligten und für Außenstehende (Kultusverwaltungen, Schulpolitiker, Didaktiker und die interessierte Öffentlichkeit). Triangulierung der Perspektiven und der Methoden ist somit eine *conditio sine qua non* bei der Evaluierung eines Schulversuchs.

2.1.3   Deskriptive Forschung

Abgesehen vom qualitativen und quantitativen Paradigma kennt die Zweit- und Fremdsprachenforschung das deskriptive Design, das hinsichtlich der Methoden und Datenerhebungsverfahren zwischen den beiden Polen einer "rein" qualitativen oder quantitativen Forschung steht: "Descriptive research involves a collection of techniques used to specify, delineate, or describe naturally occurring phenomena without experimental manipulation" (Seliger / Shohamy 1989: 124). Folgt man den grundlegenden Forschungsparametern (wie sie von Seliger / Shohamy 1989: 116 aufgestellt wurden), können deskriptive Studien stärker dem einen oder dem anderen Pol zugeordnet sein und im Verlauf der Forschung ihren Fokus verändern:

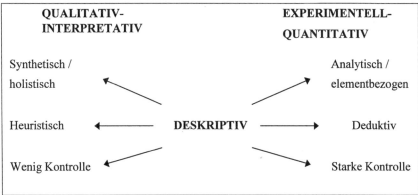

QUALITATIV-INTERPRETATIV		EXPERIMENTELL-QUANTITATIV
Synthetisch / holistisch		Analytisch / elementbezogen
Heuristisch	**DESKRIPTIV**	Deduktiv
Wenig Kontrolle		Starke Kontrolle

Abb. 2.2:   Forschungsparameter deskriptiver Studien

Deskriptive Forschung (vgl. Seliger / Shohamy 1989: 124-130) teilt Merkmale der beiden anderen Lager. Die hier dokumentierte Evaluierung des Schulversuchs der sogenannten Expressklassen folgt über weite Strecken der Untersuchung diesem deskriptiven Forschungsdesign. Sie geht zum einen heuristisch vor, denn sie versucht die Beobachtungen und Erfahrungen der Lehrkräfte miteinzubeziehen, was als Spezifikum des Englischunterrichts in den sogenannten Expressklassen gelten kann. Sie ist zum andern quantitativ ausgerichtet, denn sie erfasst eine relativ große Stichprobe von Lernern und unterwirft diese (zumindest teilweise) Papier-und-Bleistift-Tests, deren Datenbasis einer umfangreichen statistischen Analyse unterzogen wird. Die Studie geht ferner zunächst induktiv vor (Interviews mit Fachlehrern und Unterrichtsbeobachtungen), formuliert dann aber in deduktiver Manier Hypothesen, die entweder bestätigt oder verworfen werden können. Die Beobachtung konkreten Unterrichts in den Expressklassen ist anfangs eher unstrukturiert (d.h. ohne ein vorgefasstes oder explizit ausformuliertes Beobachtungsziel), später stärker strukturiert (d.h. mit einem eingegrenzten Inventar von Beobachtungskategorien). Das zur Überprüfung der mündlichen Gesprächskompetenz entwickelte Interaktionsspiel wird sowohl einer ganzheitlichen Bewertung durch erfahrene Lehrkräfte als auch einer psycholinguistischen Detailanalyse unterzogen, die sprachliche Ausdrucksformen und Diskursphänomene ins Visier nimmt.

Ein weiteres Merkmal deskriptiver Studien besteht darin, dass Gruppen von Lernenden untersucht und miteinander verglichen werden, die in der sozialen Realität Schule auch in dieser Zusammensetzung vorkommen. In einem streng kontrollierten pädagogischen Experiment werden die jeweiligen Gruppen zum einen unter dem Aspekt der Vergleichbarkeit sorgfältig zusammengestellt (Randomisierung: siehe 2.2.2), oder es werden individuelle Daten bezüglich der differierenden Ausgangsbedingungen erhoben (IQ, Motivationspotential, Einstellungsvariablen, Persönlichkeitsfaktoren u.dgl.). Deskriptive Studien kennen zum anderen kein experimentelles Treatment (siehe 2.2.2: *treatment*); sprich kein Aufspüren kausaler Beziehungen zwischen einem Treatment und den eventuellen Wirkungen (was üblicherweise die Arbeit mit Versuchs- und Kontrollgruppen nötig macht). Ausgangspunkt derartiger Untersuchungen sind entweder Theoreme der einschlägigen Spracherwerbsforschung oder (wie hier) Fragestellungen, die aus der soziokulturellen Realität erwachsen, in die die spezifische Spracherwerbssituation eingebettet ist – in unserem Fall die schulpolitische Auseinandersetzung um eine Begabtenförderung nach dem Prinzip der Akzeleration (über eine Verkürzung des gymnasialen Bildungsganges). Die Ergebnisse können zum einen für die spracherwerbsbezogene Forschung interessant sein (hier etwa die Frage der mündlichen Gesprächskompetenz), oder sie können zum anderen für den größeren pädagogischen und gesellschaftlichen Kontext relevant sein (hier etwa, wie fachliche Schulleistung evaluiert werden kann oder welche Referenzgrößen für Qualitätsstandards überhaupt existieren).

2.2   Datenerhebungsverfahren

Die Diskussion der Techniken wird den soeben unterschiedenen drei Hauptrichtungen empirischer Forschung folgen: dem qualitativ-interpretativen und dem experimentell-quantitativen Design sowie dem Modell deskriptiver Forschung. Die Entscheidung, was als Daten zu gelten hat bzw. gelten kann, hängt folglich von dem zugrundeliegenden Design der Studie ab, die der Forschung einen bestimmten Fokus zuweist und die Zahl der untersuchten Variablen definiert. Da es sich hierbei in der Regel um abstrakte, theoretische Konstrukte handelt, müssen die Variablen operationalisiert werden. Auf der Basis der in den einschlägigen Disziplinen vorhandenen Theorieentwürfe müssen die abstrakten Variablen in Verhaltenskorrelate "umgesetzt" werden, damit entsprechende Daten erhoben und ausgewertet werden können: siehe hierzu exemplarisch Kap. 3 zur Überführung des theoretischen Konstrukts "Sprachfähigkeit" (*proficiency*) in korrespondierende Datensätze und Messinstrumentarien.

2.2.1   Datenquellen für qualitativ-interpretative Studien

Ein prototypisch qualitatives Forschungsdesign (das üblicherweise eine ethnographische oder interaktionsanalytische Ausrichtung hat) folgt im Wesentlichen fünf Schritten (vgl. Seliger / Shohamy 1989: 121-124), die nach Bedarf wiederholt werden können (spiralförmiger Ansatz oder iterativer Prozess der Hypothesenbildung und -überprüfung: vgl. Abb. 2.3):

1. Definition des Untersuchungsgegenstandes

2. Datenerhebung über qualitative Methoden

3. Analyse der Daten im Hinblick auf wiederkehrende Muster

4. Generieren von Hypothesen anhand der vorfindlichen Daten; ggf. Elizitieren weiterer Daten für eine der Datenbasis gerecht werdende Theoriebildung

5. Rückkehr zum ersten Schritt (falls nötig) und Wiederholen des Zyklus unter einer neu definierten oder präzisierten Fragestellung

Abb. 2.3:   Prozeduren der qualitativen Forschung

Eine qualitative Studie beginnt häufig sehr offen, wird jedoch in der Regel im Verlauf des Forschungsprozesses stärker eingegrenzt, um eine Frage mit einem engeren Fokus sinnvoll bearbeiten zu können. Da qualitative Studien vorzugsweise soziale Realitäten in ihrem "natürlichen" Kontext untersuchen, kommt einerseits der Beobachtung der Prozesse durch den Forscher eine hohe Bedeutung zu. Da andererseits Gruppen von Menschen sich vor allem über Interaktionen zwischen Individuen konstituieren, hat die Beschreibung von Interaktionsmustern ein großes Gewicht. Qualitative Fremdsprachenforschung stützt sich vor allem auf drei Datenquellen (vgl. auch Kasper 1998):

a)   auf Daten, die insbesondere aus offenen Beobachtungen gewonnen werden: z.B. Unterrichtsdokumentation, Transkriptionen von Tonband- oder Videomitschnitten, Protokolle und Notizen *(field notes)*, persönliche Kommentare des Beobachters zum Interaktionsgeschehen;

b)   auf Interviewdaten (mit Einzelnen oder Gruppen): z.B. authentisches oder elizitiertes Gespräch, offene und geschlossene Rollenspiele, Kommentare oder Ergänzungen zu "natürlichen" Situationen bzw. Handlungsabläufen, narrative oder problemzentrierte Interviews, informelle und wenig strukturierte Interviews;

c)   auf Artefakte, d.h. Objekte und Dokumente aus der Lebenswelt der untersuchten Individuen: z.B. unterrichtlich verankerte sprachliche Handlungsprodukte (Klassenarbeiten, Hausaufgaben, Tests usw.), Ergebnisse freien Schreibens (Aufsätze, Geschichten, Gedichte usw.), Gutachten verschiedener Provenienz (Noten, Zeugnisse, Verbalbeurteilungen usw.), Klassenbucheintragungen und persönliche Kommentare von Lehrkräften, Prüfungsthemen und Richtlinien, Lernertagebücher u.dgl. mehr.

Die drei Datenquellen können miteinander kombiniert werden, so dass selbst innerhalb des qualitativen Methodeninventars eine Triangulierung möglich wird. Weiter ergänzt werden kann das Bild des Untersuchungsgegenstands durch Verfahren auf der Ebene des "metapragmatischen Urteils" (Kasper 1998: 87, 98-102): z.B. gleichzeitiges oder nachträgliches lautes Denken (in Bezug auf eine bestimmte Aufgabe), narrative Selbstberichte (= *verbal reporting*) und offene Fragebögen – Methoden also, die vor allem auf die metalinguistischen Introspektionen und Intuitionen der Lernenden in Bezug auf formalsprachliche oder pragmatische Gegebenheiten abheben (vgl. Faerch / Kasper 1987). Kommt man bei Anwendung unterschiedlicher Datenerhebungsverfahren zu konvergenten Einsichten, lassen sich mit qualitativen Methoden Ergebnisse erzielen, die zugleich valide und zuverlässig sind: vgl. ausführlicher Jacob 1987 und Mayring 1996 aus der Sicht der empirischen pädagogischen Forschung sowie Lazataron 1995 und Peirce 1995 aus der Sicht der Zweitspracherwerbsforschung.

2.2.2 Designs für experimentell-quantitative Forschung

Die nachstehenden Ausführungen explizieren den erkenntnistheoretischen Zugang zu experimentell-quantitativer Forschung und geben dann eine Übersicht über die Grundtypen experimentellen Designs, soweit sie für das hier beschriebene Projekt direkt oder indirekt eine Rolle spielen.

2.2.2.1 Zur nomologischen Struktur experimentellen Vorgehens

Ein archetypisch quantitatives Forschungsdesign folgt der nomologischen Struktur empirisch-experimentellen Erkenntnisgewinns (Nomologie: die "Lehre" vom Aufstellen allgemeiner wissenschaftlicher Gesetze). Hierfür sind im Wesentlichen drei Komponenten maßgebend (Beobachtung, heuristische Modellbildung und Theorieentwurf), die in folgenden Relationen zueinander stehen (Abb. 2.4):

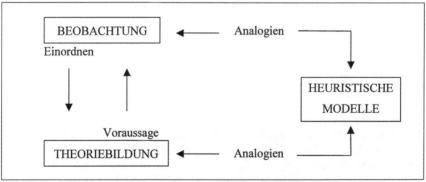

Abb. 2.4:   Die nomologische Struktur experimentell-quantitativer Forschung

Der klassische Fall empirisch-nomologischer Forschung ist das Experiment. Ausgangs- und Endpunkt experimenteller Forschung ist die beobachtbare Realität (physisch-materielle Wirklichkeit, Verhaltensrepertoires oder soziokulturelle Systeme), für die der Wissenschaftler kausale Erklärungszusammenhänge aufzustellen sucht, die er in einem Theorem (einem theoretischen Konstrukt oder einem Theorieentwurf) bündelt, das generalisierende Voraussagen über vergleichbare beobachtbare Realitäten möglich macht. Experimente beinhalten in aller Regel ein analytisches und deduktives Vorgehen, das durch einen hohen Grad an Kontrolle und Manipulation der Variablen sowie ein hohes Maß an gezielter Datencrhebung charakterisiert ist, wobei in bewusster Reduktion der Realität ein begrenzter Ausschnitt der beobachtbaren Wirklichkeit untersucht wird. Bezogen auf Fragen der Fremdsprachenerwerbs-forschung bedeutet dies, dass drei zentrale Komponenten des Experiments einer starken Kontrolle unterworfen werden (Seliger / Shohamy 1989: 136f.):

a)   die Stichprobe (Merkmale der Probanden: *population*),

b)   das beobachtete Verhalten, wie es sich in einem experimentellen "Treatment" (= *treatment*) darstellt und

c)   das Messen der Wirkung(en) dieses Treatments (= *measurement*).

Versuchsanordnungen im pädagogischen Feld beziehen sich häufig auf Gruppen, wobei es sich um "natürlich" vorkommende Lerngruppen (z.B. Klassen an einer Schule) oder um speziell für das Experiment zusammengestellte Gruppierungen handeln kann. In einem pädagogischen Experiment ist das Treatment die unabhängige Variable, die (wenn die Wirkung einer spezifischen durch den Versuch gesteuerten Erfahrung erwiesen ist) zur Voraussage eines bestimmten Verhaltens oder Ergebnisses geeignet ist (= *predictor variable*). Die abhängigen Variablen sind die Phänomene, über die eine Voraussage gemacht wird (*the predicted* bzw. *a prediction*). Anders formuliert: In einem Experiment manipuliert der Versuchsleiter die unabhängige Variable (= *independent variable*) über eine kontrollierte Versuchsanordnung, um zu sehen, welche Wirkungen ein bestimmtes Treatment auf die abhängige Variable hat (= *dependent variable*). Die Wirkungen zeigen sich als Veränderungen, die einer Messung zugänglich sind. In den nachfolgenden Abbildungen werden das Treatment mit X und die Messung mit M abgekürzt.

Im Kontext des Fremdsprachenlernens ist dies typischerweise ein Sprachtest, ein globales Urteil (z.B. durch eine Lehrkraft), eine kommunikative Aufgabe (siehe 3.5 zum Simulationsspiel) oder eine physikalisch messbare Größe (etwa eine Reaktionszeitmessung via Tastendruck oder Spektrogramm: Kasper 1998: 87f.). Ausgehend von entsprechenden Beobachtungen stellt der empirisch-nomologisch arbeitende Spracherwerbsforscher zunächst eine Hypothese über einen spezifischen kausalen Zusammenhang zwischen zwei Variablen auf. Hierbei wird er in aller Regel relativ stark von älteren "Erfahrungen" oder Erklärungsmustern geprägt (den sogenannten Analogien in der Abb. 2.4); Erkenntniszugänge oder theoretische Objekte, die in der *scientific community* als etabliert oder konsensfähig gelten. So könnte man z.B. spekulieren, dass ein bestimmtes unterrichtsmethodisches Arrangement (etwa explizite grammatische Unterweisung) bzw. eine bestimmte Faktorenkonstellation (etwa die verbale Intelligenz oder die Mittelschicht-zugehörigkeit von Expressschülern) ursächlich für höhere Leistungen im Englischunterricht verantwortlich ist. Eine Annahme dieser Art wäre dann die unabhängige Variable, während der messbare und (sollte sich eine Ursache-Wirkung

Beziehung bestätigen lassen) vorhersagbare Erfolg (= *outcome*) die abhängige Variable darstellen würde. Den Erfolg würde man in diesem Fall z.B. über einen Sprachtest messen können. Damit ist bereits die elementarste Form eines pädagogischen Experiments skizziert (vgl. Seliger / Shohamy 1989: 137-150 zu einer Typologie von Versuchsanordnungen), wenn etwa die Wirkung einer unterrichtsmethodischen Maßnahme überprüft werden soll (Abb. 2.5).

Grundsätzlich ist zwischen Anordnungen zu unterscheiden, die sich auf eine (die gleiche) Gruppe oder auf mehrere (unterschiedliche) Gruppen beziehen.

2.2.2.2 Studien mit einer Gruppe

Die einfachste Anordnung folgt der Struktur von Abb. 2.5:

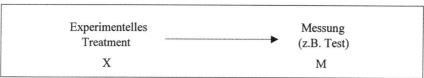

Abb. 2.5:   Anlage von Pilotstudien (*one-shot design*)

Ein Design dieser Art kommt eigentlich nur für explorative Pilotstudien oder die erste Erprobung von Testmaterialien und Fragebögen in Frage. Die größten Defizite dieses Designs liegen in der Nichtberücksichtigung der Faktorenkomplexion (die jede Unterrichtssituation kennzeichnet) und der Voraussetzungsbedingungen auf Seiten der Lernenden.

Eine Alternative zur ersten Versuchsanordnung arbeitet mit einem Vor- und Nachtest, d.h. mit zwei Messzeitpunkten in Relation zum Treatment (Larsen-Freeman / Long 1991: 19f. sprechen hier von *pre-experimental design*: Abb. 2.6):

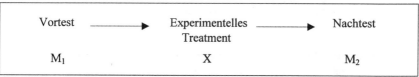

Abb. 2.6:   Studien mit Vor- und Nachtest für die gleiche Gruppe

Die Anordnung hat zwei Schwächen: Sie kann zum einen nicht ausschließen, dass der konstatierte Lernforschritt nicht "sowieso" eingetreten wäre (ohne das Treatment), und sie kann die Versuchspersonen unter Umständen für das Phänomen sensibilisieren (aufgrund des vorgeschalteten Tests), das Gegenstand des Experiments ist. Bei den Messinstrumenten darf mit anderen Worten nicht sofort ersichtlich sein, bei welchem "Element" der Fokus des Treatments liegt.

Der zuerst genannte Nachteil der Anordnung 2.6 lässt sich durch die Wahl mehrerer Messzeitpunkte relativieren, weil sich auf diese Weise (über eine Zeitreihe: *time series*) so etwas wie eine entwicklungsbezogene Norm abzeichnet, die die eventuelle Wirkung eines experimentellen Treatments schärfer hervortreten lässt (Abb. 2.7):

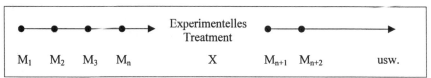

Abb. 2.7:   Studien mit wiederholten Messungen für die gleiche Gruppe

Diese Überlegung, dem "normalen" Entwicklungsgang der fremdsprachlichen Kompetenz unter den Bedingungen des gymnasialen Englischunterrichts auf die Spur zu kommen, liegt der Entscheidung zugrunde (siehe Kapitel 8), sich den Unterricht in Expressklassen auf allen Jahrgangsstufen (von 5 bis 10) anzusehen. Empirische Untersuchungen in Schulen haben immer mit dem Zeitfaktor zu "kämpfen". Man kann als Forscher einfach nicht "unbegrenzt" den Unterricht verfolgen, weil dies mit der Zeit als Störung empfunden wird. Auch müssen Ergebnisse innerhalb eines bestimmten Zeitraums vorgelegt werden. Die Anordnung der Abb. 2.7 ist ein vertretbarer Kompromiss, weil sie sowohl Momente einer diachron-longitudinalen als auch einer synchron-gruppenbezogenen Studie enthält (*longitudinal* vs. *cross-sectional studies*). Ich erhoffe mir hiervon vor allem Aufschluss zu der Frage, auf welcher Stufe des Lehrgangs der Lernzuwachs in diesen Klassen am größten ist. Sollte dies der Anfangsunterricht der 5. und 6. Klasse sein, hätte dies natürlich Konsequenzen für die in 1.2 zusammengefasste schulpolitische Diskussion.

2.2.2.3 Studien mit Kontrollgruppen

In der Regel werden pädagogische Experimente mit zwei oder mehr Gruppen durchgeführt, von denen eine die Versuchsgruppe ist (= VG) und die andere(n) die Kontrollgruppe(n): KG. Man führt das experimentelle Treatment mit der Versuchsgruppe durch, testet dann aber zum gleichen Zeitpunkt beide Gruppen (VG und KG):

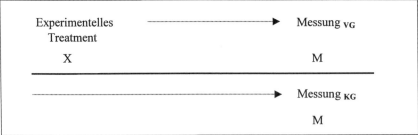

Abb. 2.8:   Vergleich von Versuchs- und Kontrollgruppe

Das Problem bei diesem Versuchsdesign ist natürlich, dass man nicht weiß, ob die beiden Gruppen wirklich äquivalent sind (Larsen-Freeman / Long 1991: 20 nennen deshalb diese Anordnung "*quasi-experiment*"). Dies ist durchaus ein Problem bei der

Evaluierung der Schnellläuferklassen, denn es ist ja nicht auszuschließen, dass die Expressschüler von vornherein eine andere Auswahl als ihre Mitschüler am Gymnasium (die sogenannten Regelschüler) darstellen: Kinder der gehobenen Mittelschicht, verbale Intelligenz, Druck des Elternhauses, bessere Lehrkräfte – um nur einige potentielle Faktoren (oder abhängige Variablen) zu nennen. Es muss deshalb an dieser Stelle ausdrücklich betont werden, dass der Forschungsauftrag seitens der Schulverwaltung mit der strikten Auflage verbunden war, die real vorkommenden Klassen auf keinen Fall zu "zerreißen" oder zu "splitten", um vergleichbare Lerngruppen herzustellen. Auch durften keine Daten erhoben werden, mit denen man eventuell vorhandene intrinsische Gruppenunterschiede (IQ, Motivationsstärke, Leistungsbereitschaft u.dgl. in ihren Korrelationen mit den Fachleistungen) hätte aufdecken können. Diese Bedingung musste von der Forschergruppe akzeptiert werden. Sie ist bezeichnend für die Art von Kompromissen, die man bei schulbezogener Forschung eingehen muss (Genehmigungspflicht des Untersuchungsdesigns!). Der Datenschutzbeauftragte des Landes Berlin machte der Forschergruppe und den Schulleitern die Auflage, die Schüler für jedes Teilprojekt der Evaluierung (siehe Kap. 9) neu zu anonymisieren (d.h. stets andere Codenummern zu verwenden).

In einem strenger kontrollierten Experiment wird man sich jedoch darum bemühen, die Versuchs- und die Kontrollgruppen in ihren Ausgangsbedingungen vergleichbar zu machen (= *matching*). Dies kann über Einstufungstests (*placement tests*) und / oder Lehrerurteile (*ranking*) geschehen, denen sich eine Zuordnung zu bestimmten Leistungsniveaugruppen anschließen kann. In Nordamerika werden häufig auch die individuellen IQ-Werte und die Ergebnisse schulischer Leistungstest (*scholastic attainment tests*) herangezogen. Graphisch lässt sich dieses Vorgehen wie folgt darstellen:

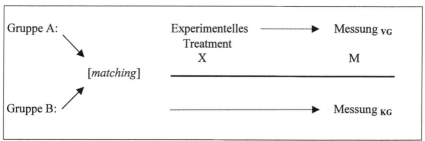

Abb. 2.9:   Vergleich äquivalenter Gruppen

Eine weitere Möglichkeit, die Äquivalenz von Versuchs- und Kontrollgruppen zu erhöhen, liegt im Grad der Zufälligkeit (Randomisieren: *randomization*), mit der Probanden einer Gruppe zugeordnet werden. Diese Überlegungen werden bei der Auswahl der Schüler(innen) für das Simulationsspiel (siehe 3.5) eine Rolle spielen. Da nicht alle Probanden diesem aufwändigen kommunikativen Test zur Erfassung der mündlichen Gesprächskompetenz unterzogen werden können, muss sichergestellt werden, dass hier eine repräsentative aber zufällige Auswahl (= *sample*) genommen wird: Die Lehrer teilen ihre Klassen in drei Leistungsgruppen ein (bezogen auf das

Fach Englisch), und der Versuchsleiter greift direkt vor dem Spiel via Zufall jeweils einen Schüler aus jeder Teilgruppe heraus (= gesteuerte Zufallsauswahl). Es entstehen zwei Spielgruppen von jeweils drei Schülern (= 6 Probanden), die in Bezug auf das Geschlecht und ihre fachbezogene Leistung ausgewogen sind (drei Jungen, drei Mädchen). Die Versuchspersonen sind dem Versuchsleiter nicht vom Namen bekannt, da die Klassenliste des Fachlehrers die Schüler nur über deren Codenummern "identifiziert". Die Fachlehrer ordneten ihre Schüler(innen) mithilfe des folgenden Bogens den drei Leistungsgruppen zu (= Abb. 2.10):

TEST PAPER V: Simulation Game

Gesteuerte Zufallsauswahl der Probanden (Fach: Englisch)

Schule:_____   Klasse:_____

Versuchsklasse ☐   Regelklasse ☐

Schüler	Code Junge	Code Mädchen	Schüler	Code Junge	Code Mädchen
I. Oberes Drittel ("gut" in Englisch)			II. Mittleres Drittel ("durchschnittlich")		
1.			1.		
2.			2.		
3.			3.		
4.			4.		
5.			5.		
6.			6.		
7.			7.		
8.			8.		
9.			9.		
10.			10.		
11.			11.		
III. Unteres Drittel ("weniger gut")					
1.					
2.					
3.					
4.					
5.					
6.					
7.					
8.					
9.					
10.					
11.					

Abb. 2.10:   Zuordnung der Schüler zu drei Leistungsgruppen

Bei der Versuchsanordnung der Abb. 2.11 nimmt man die Probanden für jeweils eine Unterrichtstunde aus dem normalen Klassenverband heraus. Dies muss mit der Schulleitung und dem Fachlehrer vorher abgesprochen sein, denn man braucht dafür einen extra Raum, der ruhig und vom äußeren Erscheinungsbild her angenehm sein sollte. Dennoch kann es immer wieder einmal zu Überraschungen oder Störungen kommen, wenn es sich hierbei um ein Elternsprechzimmer oder den Erste-Hilfe-Raum der Schule handelt. In allgemeiner Form lässt sich die Versuchsanordnung wie folgt visualisieren (= Abb. 2.11):

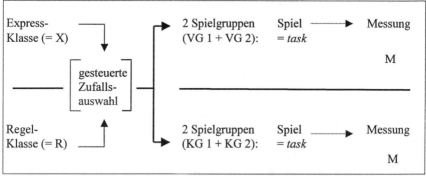

Abb. 2.11:   Gesteuerte Zufallsauswahl für Versuchs- und Kontrollgruppen

In diesem Fall entspricht das experimentelle Treatment einer kommunikativen Aufgabe (= *task*), deren Bewältigung ihrerseits die Basis für die Messung abgibt: über ein eher ganzheitliches Lehrerurteil (Kap. 5) und über stärker analytische psycholinguistische Auswertungsprozeduren (Kap. 6). Im Gegensatz zu einem *discrete point*-Test (im Lücken- oder Antwortauswahlformat) soll eine kommunikative Aufgabe (als pragmatischer Test) vor allem zeigen, was ein Lerner in komplexen Situationen in kommunikativer Hinsicht zu leisten imstande ist.

2.2.3   Datensammlung für deskriptive Studien

Der eigentlichen Datensammlung (= *data collection and / or data elicitation*) gehen theoretische Überlegungen voraus, was angesichts des Forschungsgegenstandes und der Fragestellung überhaupt als Daten gelten kann bzw. soll. Dazu müssen die Variablen definiert sein; und es muss entschieden werden, was als angemessene Operationalisierung dieser Variablen in Bezug auf die auszuwählenden Proben sprachlichen Verhaltens angesehen werden kann. In der empirisch arbeitenden Zweit- und Fremdsprachenforschung besteht Konsens darüber, dass die Leistungen von Probanden (d.h. deren Performanz: *performance*) von Aufgabe zu Aufgabe (*task*), von Textart zu Textart (*text type / discourse genre*) und auch von Thema zu Thema (*topic*) variieren. Die Datensammlung (= *instrumentation*) muss mit anderen Worten mit einer Vielzahl von Prozeduren und Techniken arbeiten, um multiple sprachliche Anforderungen einzulösen und um ein breites Spektrum sprachlicher Formen zu aktualisieren. Die folgende Übersicht (nach Larsen-Freeman / Long 1991: 15) verdeutlicht das Kontinuum der Möglichkeiten, auf die deskriptive Studien zurückgreifen können (Abb. 2.12):

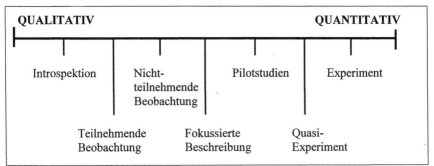

Abb. 2.12: Deskriptive Forschung auf dem Kontinuum qualitativer und quantitativer Methoden

2.2.3.1 Prinzipien und Techniken des Elizitierens von Daten

Die Techniken der Datensammlung im Rahmen deskriptiver Forschung lassen sich nach dem übergreifenden Parameter der Explizitheit (*explicitness*) ordnen, wobei die beiden Endpositionen von den Merkmalen "heuristische Erkenntnisziele" (bei qualitativen Methoden) bzw. "deduktive Erkenntnisgewinnung" bei quantitativen Methoden besetzt sind (Abb. 2.13 nach Seliger / Shohamy 1989: 159):

Niedrige Explizitheit: heuristisch	⬅➡	Hohe Explizitheit: deduktiv
Tagebücher	Gelenktes Schreiben (*guided composition*)	Sprachtest (*discrete point*)
Dokumente		Strukturierte Beobachtung
Archivmaterial	Bildergeschichten	Strukturierte Fragebögen
Artefakte	Rekonstruieren von Geschichten (z.B. Filme ohne Ton)	Elizitierte Nachahmung / Übersetzung
Biografien		
Gutachten	Strukturierte Interviews	Lautes Lesen
Offene Beobachtung	Halb-offene Fragebögen	Vervollständigen von Sprachfragmenten
Offene Interviews / Unterhaltung	Frage-Antwort Sequenzen	Urteile zur Grammatikalität
Rollenspiele		Metalinguistische Urteile
Freies Schreiben		

Abb. 2.13: Techniken der Datensammlung

Deskriptive Studien im Bereich der Fremdsprachenforschung berücksichtigen vor allem die folgenden Grundtypen von Daten:

a)   Sprachtests,
b)   Fragebögen,
c)   Interviews und
d)   Unterrichtsbeobachtungen.

Als Instrumente der Datenerhebung sollen die einzelnen Techniken die Zuverlässigkeit der Beschreibung erhöhen, weshalb man in der Regel eine gewisse Begrenzung im Fokus der Untersuchung vorzieht (= *focused description*). Häufig sind solche Studien korrelativer Natur; d.h. sie sollen die wechselseitigen Beziehungen zwischen bestimmten Unterrichtsmerkmalen (Lehrerinput, Fehlerkorrektur, Gruppenarbeit, grammatische Unterweisung u.dgl.) oder speziellen Lernereigenschaften (Sprachlerneignung, Motivation, Extrovertiertheit, Angst u.dgl.) und dem Erfolg der Sprachvermittlung (*outcome*) bzw. der individuellen Sprachfähigkeit der Lernenden (*proficiency*) erhellen. Bei derartigen korrelativen Studien werden nicht nur sprachlich-kommunikative und kognitiv-intellektuelle Variablen berücksichtigt, sondern auch affektive Variablen: z.B. Einstellungen, Offenheit, Selbstkonzept, Hemmungen (siehe ausführlicher unter 2.2.3.2 zu den korrelationsstatistischen Grundlagen multivariater Verfahren).

Sprachtests

Man kennt heute im Wesentlichen drei Gruppen von Sprachtests: die auf spezifische sprachliche Elemente bezogenen *discrete point tests*, die integrativen und die kommunikativen Tests (siehe ausführlicher zur testtheoretischen Entwicklung Kap. 3.1.2). Das *discrete point testing* wird vor allem zur Überprüfung punktueller Sprachlernleistungen eingesetzt: z.B. Wortschatz- und Grammatikkenntnisse, Unterscheiden von Aussprachephänomenen, Hör- und Leseverständnis. Das Verfahren erlaubt eine schnelle, "leichte" und objektive Korrektur sowie eine gut nachvollziehbare Rückmeldung an die Adresse der Schüler. Es deckt jedoch nicht die Anwendungsdimension des kommunikativen Sprachgebrauchs ab – eine Zielvorstellung, der integrative Tests sehr viel stärker gerecht werden, weil sie komplexe textgebundene sprachliche Äußerungen beinhalten. Allerdings erfüllen integrative Tests nicht immer das Kriterium der lebensweltlichen Relevanz, da sie in *real life situations* nicht unbedingt vorkommen. Diese Bedingung versuchen kommunikative Tests (= *pragmatic testing*) einzulösen, indem sie "echte" Aufgaben (*tasks*) stellen, die die Testsituation vom Odium des "künstlichen" Sprachgebrauchs befreien sollen: persönlicher Brief, Bewerbungsschreiben, Formulare ausfüllen, Leserbrief, Fanpost, Graphiken versprachlichen und kommentieren u.dgl. mehr (um einmal nur verschriftete Texte anzusprechen).

Nach Krause / Sändig (1999) lassen sich hinsichtlich der rezeptiven und der produktiven kommunikativen Fertigkeiten die folgenden (leicht überarbeiteten) Aufgabentypen unterscheiden, denen sich bestimmte sprachliche Operationen zuordnen lassen (Abb. 2.14):

Rezeptive Fertigkeiten: Hör- und Leseverstehen	Produktive Fertigkeiten: Sprechen und Schreiben
1. **Indizieren:** Markieren, Zitieren von Textstellen oder Begriffen	1. **Reproduzieren:** Diktat, Abschreiben, Rezitieren, Gedächtnisprotokoll
2. **Reihen:** Textteile oder Bilder in die richtige Reihenfolge bringen	2. **Bezeichnen:** Treffende Begriffe und Benennungen finden, Beschriften
3. **Zuordnen:** Bilder, Graphiken, Überschriften den Textabschnitten zuordnen	3. **Ergänzen:** Lückentexte / Geschichten vervollständigen (Schluss finden)
4. **Sortieren:** Informationen nach bestimmten Kriterien ordnen oder aussortieren	4. **Umformen:** Textsorte / Perspektive / Wirkungsabsicht wechseln
5. **Reproduzieren:** Diktatformen: Wort-, Lücken- Ganztextdiktat	5. **Verbalisieren:** Nonverbale Informationen (Bilder, Graphiken, Diagramme) versprachlichen
6. **Antwortauswahl:** Nein / Ja, Falsch / Richtig, Alternativform: *multiple choice*	6. **Übersetzen:** Mündliches oder schriftliches Übersetzen / Dolmetschen
7. **Ergänzen:** Lückentexte komplettieren, Cloze-Tests, C-Tests	7. **Überarbeiten:** Fehlerhafte Texte korrigieren, Texte revidieren
8. **Korrigieren:** Textunangemessene Wörter weg- streichen (*cloze-elide*), Unterschiede von Hör- und Lesetext markieren	8. **Ausformulieren:** Mithilfe von Notizen (*notes*) Vortrag / Gespräch realisieren oder einen Text verschriften
9. **Sprachliches Umformen:** Textinformationen in Listen / Tabellen darstellen	9. **Strukturieren:** Stichwortsammlung / Redeplan / Gliederung anlegen, Resümee verfassen
10. **Visualisieren:** Textinformationen in visueller / non- verbaler Form darstellen (Skizzen, Diagramme, Ziffern, Maße)	10. **Minimaltexte produzieren:** Formulare ausfüllen, Schilder / Plakate erstellen

11. **Strukturieren:** Textinformationen ordnen und komprimieren (*note taking / making*), Überschriften finden	11. **Gelenkte Textproduktion:** Verbale und nonverbale Informationen vertexten / kommentieren, spezielle Textsorten realisieren
12. **Textrezeption verbalisieren:** Bedeutungsparaphrasen / Synonyme finden, Zusammenfassungen (*summary*), Texte analysieren	12. **Freie Textproduktion:** Rollenspiele durchführen, freies Schreiben, Texte interpretieren, Themaaufgabe bearbeiten

Abb. 2.14:   Aufgabentypen und sprachliche Handlungen in Sprachtests

Indem ein Sprachtest multiple Aufgabenformen aus unterschiedlichen Teilbereichen der Sprache (Aussprache, Wortschatz, Grammatik, Textbildung) und den verschiedenen Fertigkeitsbereichen kombiniert, lassen sich valide und zuverlässige Aussagen über individuelle und gruppenbezogene Sprachfähigkeitsprofile treffen.

Fragebögen

Fragebögen (*questionnaires*) werden üblicherweise in schriftlicher Form administriert und können deshalb zeitgleich von größeren Gruppen von Probanden bearbeitet werden. Dies erhöht die Genauigkeit der Datensammlung. Ebenso wie Interviews und Beobachtungen können sie durch eine sehr offene oder eine stark strukturierte Herangehensweise gekennzeichnet sein. Oft werden damit Hintergrundinformationen oder affektive Variablen erhoben. Relativ ausführlich wird im Kap. 9.1.2.2 die Entwicklung eines Fragebogens zu den subjektiven Befindlichkeiten der Schülerinnen und Schüler beschrieben; und zwar auf der Grundlage gegenstandsbezogener Theorien (= *grounded theory*), insbesondere des Prinzips des "offenen Kodierens". Was die Techniken angeht, sollen an dieser Stelle zwei Verfahren der Datensammlung mithilfe von Fragebögen genannt werden:

a)   die Likert Skala und
b)   das semantische Differential.

In einer Likert Skala werden die Probanden aufgefordert, auf eine Reihe von Aussagen mit Antworten zu reagieren, die auf einem Kontinuum polar angeordneter Alternativen angesiedelt sind. Geht es z.B. um Einstellungsmessungen, könnte eine fünfstufige Skala der Zustimmung Anwendung finden (Abb. 2.15):

1. In using English outside the classroom I feel:				
	strongly disagree	**disagree**	**undecided**	**agree**	**strongly agree**
a) confident	O	O	O	O	O
b) hesitant	O	O	O	O	O

2.	Grammatical rules are:					
		strongly disagree	**disagree**	**undecided**	**agree**	**strongly agree**
a)	useless	O	O	O	O	O
b)	difficult	O	O	O	O	O
c)	boring	O	O	O	O	O
d)	useful	O	O	O	O	O

Abb. 2.15: Fünfstufige Likert Skala

Je nach dem thematischen Zusammenhang müssen andere Formulierungen für die Intervalle gefunden werden (Abb. 2.16); z.B.:

3. Aussage: ... [Einschätzung des Probanden]

- Very easy - Easy - No opinion - Difficult - Very difficult
- Sehr hoch - Hoch - Eher hoch - Eher gering - Gering - Keine
- Zu hoch - Hoch - Gerade richtig - Niedrig - Zu niedrig

4. Aussage: ... [Zustimmung oder Ablehnung des Probanden]

- Strongly agree - Agree - Disagree - Strongly disagree - Not applicable
- Stimme voll zu - Stimme überwiegend zu - Stimme wenig zu - Lehne wenig ab - Lehne überwiegend ab - Lehne entschieden ab
- Stimme voll zu - Stimme eher zu - Stimme eher nicht zu - Stimme überhaupt nicht zu

Abb. 2.16: Intervallstufen für Likert Skalen

Die quantitative Auswertung der Antworten kann über eine Punktzuweisung erfolgen, die bei "*strongly disagree*" mit 1 Punkt beginnt und in aufsteigender Folge mit 5 Punkten für "*strongly agree*" endet. Varianten dieser Technik, die ein Bewerten von Aussagen (= *rating*) auf mehreren Intervallstufen beinhalten, sind die folgenden (Abb. 2.17):

5.	Whenever our English teacher asks a question	ALWAYS	SOMETIMES	RARELY	NEVER
a)	I burst out with an answer.	O	O	O	O
b)	I raise my hand.	O	O	O	O
c)	I wait till I get asked.	O	O	O	O
d)	I try to answer it silently.	O	O	O	O

6. Rate the degree of importance to you of the following reasons for wanting to join a "Schnellläuferklasse":

		Not Important	Slightly important	Moderately important	Highly important
a)	I was bored in my primary school class.	O	O	O	O
b)	My primary school teacher pointed this out to me.	O	O	O	O
c)	My parents pushed me.	O	O	O	O

Abb. 2.17:   Vierstufige Likert Skalen

Alternative Formulierungen könnten etwa die folgenden sein:

7. Aussage: ... [Einschätzung des Probanden]

- Always   - Sometimes   - No opinion   - Never
- Always   - Very often   - Often   - Never
- Seldom   - Once in a while   - Weekly   - Daily
- None   - Very little   - Occasionally   - Most of the time
- Not at all   - Rarely   - Frequently   - Very much
- Unimportant - Of some importance   - Very important   - Can't judge

Abb. 2.18:   Intervallstufen für Likert Skalen

Das semantische Differential, das besonders auch in der Werbeforschung Anwendung findet, verlangt von den Probanden die Bewertung einer Aussage auf einem Kontinuum von Einstellungswerten, die über bipolare Adjektive angeordnet sind (nicht selten bis zu sieben Stufen):

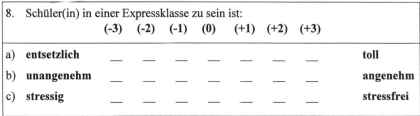

8.	Schüler(in) in einer Expressklasse zu sein ist:							
		(-3)	(-2)	(-1)	(0)	(+1)	(+2)	(+3)
a)	**entsetzlich**	—	—	—	—	—	—	—	**toll**
b)	**unangenehm**	—	—	—	—	—	—	—	**angenehm**
c)	**stressig**	—	—	—	—	—	—	—	**stressfrei**

Abb. 2.19: Semantisches Differential

Alternativ hierzu werden oft auch Optionen der folgenden Art angeboten (Abb. 2.20):

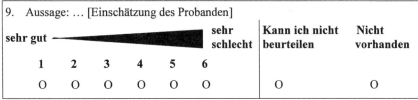

9. Aussage: ... [Einschätzung des Probanden]

sehr gut						sehr schlecht	Kann ich nicht beurteilen	Nicht vorhanden
1	**2**	**3**	**4**	**5**	**6**			
O	O	O	O	O	O		O	O

Abb. 2.20: Semantisches Differential mit fakultativer Option

Weitere Formulierungen könnten die folgenden sein (Abb. 2.21):

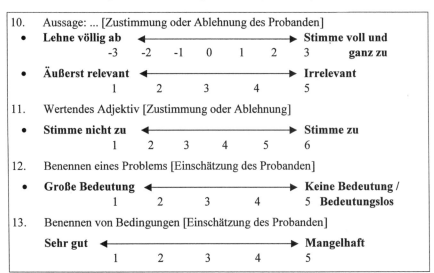

10. Aussage: ... [Zustimmung oder Ablehnung des Probanden]
- **Lehne völlig ab** ⟵⟶ **Stimme voll und**
   -3   -2   -1   0   1   2   3   **ganz zu**
- **Äußerst relevant** ⟵⟶ **Irrelevant**
   1   2   3   4   5

11. Wertendes Adjektiv [Zustimmung oder Ablehnung]
- **Stimme nicht zu** ⟵⟶ **Stimme zu**
   1   2   3   4   5   6

12. Benennen eines Problems [Einschätzung des Probanden]
- **Große Bedeutung** ⟵⟶ **Keine Bedeutung /**
   1   2   3   4   5   **Bedeutungslos**

13. Benennen von Bedingungen [Einschätzung des Probanden]
   Sehr gut ⟵⟶ **Mangelhaft**
   1   2   3   4   5

Abb. 2.21: Intervallstufen für das semantische Differential

Weitere Informationen zur Entwicklung von Fragebögen können den folgenden Quellen entnommen werden: Pürschel 1996; Oppenheim 1966, 1992.

Interviews

Interviews können mit Einzelpersonen oder mit Gruppen geführt werden, und sie variieren im Maß der Offenheit bzw. Strukturiertheit. Durch die freie Antwortform zeichnen sie sich durch große Flexibilität und die Tiefe der Informationen aus, die das Gespräch zu Tage fördert. In 1.6.2 und 2.1.1 wurde eine Technik ausführlich beschrieben, die sich am Modell der datenbasierten Theoriebildung orientiert (= *grounded theory*). Die Interviews mit den Lehrkräften wurden auf wiederkehrende und distinktive Kategorien (deskriptive wie narrative Datenmuster) analysiert, deren wechselseitiges Zusammenspiel das Aufstellen von Hypothesen über den Gegenstand erlaubt. Es gibt auch Verfahren, diese qualitativ gewonnenen Datensätze einer statistischen Analyse zu unterziehen (vgl. Strauss 1987; Lamnek 1988, 1989), was im Kontext "meiner" Interviews mit den Lehrern jedoch nicht versucht wurde.

Unterrichtsbeobachtung

Das Beobachten steht für die meisten empirisch arbeitenden Wissenschaftler am Anfang jeder Theoriebildung (siehe Abb. 2.4). Selbst wenn dieses Ziel nicht im Vordergrund steht, kommt der Unterrichtsbeobachtung und -analyse eine hohe Bedeutung im Schulalltag zu (Hospitationen, Lehrproben, Praktika). In der Fremdsprachenerwerbsforschung sind Unterrichtsbeobachtungen eine unverzichtbare Technik des Datensammelns, die in der sich anschließenden Unterrichtsanalyse einer theoretisch fundierten Kategorisierung und Interpretation unterzogen werden. Die anglophone Zweitspracherwerbsforschung hat dafür den Begriff der *classroom research* geprägt und eine Reihe ausgezeichneter Handbücher vorgelegt: z.B. Allwright 1988, Allwright / Bailey 1991, Chaudron 1988.

Während in den Sozialwissenschaften (insbesondere in der Soziologie) die inhaltliche Füllung des Begriffspaares "teilnehmende" vs. "nicht-teilnehmende Beobachtung" zum Teil noch umstritten ist, haben sich in der Ethnologie, Anthropologie und in der empirischen pädagogischen Forschung die Verfahren der (*non*) *participant observation* als anerkannte Methode durchgesetzt. Für die pädagogische Domäne hat Ingenkamp (1992) die teilnehmende Beobachtung in der Weise definiert, dass der Beobachtende eine soziale Rolle in der beobachteten Gruppe übernimmt und dass ihn die Gruppenmitglieder als "aktiven Teilnehmer" (und nicht nur als distanzierten Beobachter) wahrnehmen. Hier greift natürlich das von Labov (1970) identifizierte "Beobachter-Paradox" ("*the observer's paradox*"). Jeder Beobachter in einer Klasse wirkt sich auf die Prozesse in dieser Lerngruppe aus: Lehrer-/Schülerverhalten, Atmosphäre, Disziplin, "Bühneneffekte". Selbst wenn man als Beobachter eigentlich keine soziale Rolle übernehmen will, wird man dennoch in die soziale Interaktion des Klassenraums miteinbezogen:

–   als "Experte" für sprachliche oder methodische Fragen,
–   als Versuchsleiter, der zu den Zielen der Untersuchung sowie zu den Details der
    Tonbandaufnahme und der "Strichlisten" befragt wird.

Die Grenzen zwischen teilnehmender und nicht-teilnehmender Beobachtung sind also durchaus fließend.

Sehr viel wichtiger ist meines Erachtens die Unterscheidung von "strukturierter" und "unstrukturierter Beobachtung". Während z.B. van Lier (1988) einen extremen ethnographischen Ansatz vertritt, der nur "offene" Beobachtungen zulassen will (denen also keine vorher definierten Fragestellungen und Beobachtungskategorien zugewiesen werden), verwirft Nunan (1989b) diese Radikalposition. Nunan zufolge kann es kein theoriefreies Beobachten geben. Wenn man Unterricht beobachten und analysieren will, sollte man seine theoretischen Vorannahmen explizit machen. In der Forschungspraxis hängt viel von den Erkenntniszielen und den konkreten Möglichkeiten deskriptiven Arbeitens ab (Zahl der Beobachter, Zeitlimit der Untersuchung usw.). Strukturierte und unstrukturierte Beobachtungen sind keine "reinen" Formen, sondern es gibt immer wieder Mischformen, die auf einem Kontinuum stark strukturierter und wenig strukturierter Beobachtungsaufgaben angesiedelt sind. Damit im Zusammenhang steht wiederum, inwieweit man seine Beobachtungen quantifizieren will (siehe genauer Kapitel 8).

Eine weitere Entscheidung ist darüber herbeizuführen, ob man sich auf eingeführte Beobachtungsverfahren verlassen will oder ob man seine eigenen Beobachtungskategorien entwickelt. Es gibt inzwischen eine Reihe von "standardisierten" Beobachtungsmodellen, die im Wesentlichen als Instrumentarien für Interaktionsanalysen anzusehen sind. Zusammenfassungen dazu finden sich im Anhang von Allwright / Bailey (1991) und in Edmondson / House (1993: Kap. 13):

a)   das stark am pädagogischen Verhalten des Lehrers orientierte System von Flanders 1970 (*FIAC: Flanders' Interaction Analysis Categories*), bei dem genuin sprachliche Aspekte unberücksichtigt bleiben,

b)   das ebenfalls eher pädagogisch motivierte Analyseinstrument von Moskowitz (1971, 1976), das besonders auf die Beziehungsebene von Unterricht fokussiert ist (*FLINT: Foreign Language Interaction Analysis System*),

c)   das auf mehrere Dimensionen des Fremdsprachenunterrichts abzielende Kategoriensystem von Fanselow 1977 (*FOCUS: Foci of Observing Communications Used in Settings*), das die Redeteilnehmer, den Inhalt, den didaktischen Zweck der Beiträge, die Darstellungsverfahren und den Medieneinsatz erfassen will,

d)   das diskursanalytische Modell von Sinclair / Coulthard (1975), das die Interaktion im Klassenraum auf mehreren hierarchisch strukturierten Ebenen des Diskurses beschreibt (*lesson, transaction, exchange, move* und *act*) und schließlich

e) das aus der kanadischen Immersionsforschung erwachsene Beobachtungssystem von Fröhlich / Spada / Allen 1985 (*COLT: Communicative Orientation of Language Teaching*), das – wie die Begrifflichkeit andeutet – die Merkmale eines kommunikationsorientierten Zweit- oder Fremdsprachenunterrichts zu dokumentieren versucht (vgl. Spada / Fröhlich 1995).

Die einzelnen Systeme gehen auf höchst unterschiedlichen Ebenen mit (Fremdsprachen)Unterricht um, wobei selbst innerhalb der Systeme die Zuordnung zu den verschiedenen Kategorien nicht durchgehend eindeutig ist. Die Beobachtungsmodelle tragen auf jeden Fall zur Sensibilisierung von Lehrern und Ausbildern bei, was die Komplexität didaktischen Handelns betrifft. Ob damit allerdings der Prozesscharakter der Interaktion in ihrem kausalen Zusammenhang zum "Ertrag" (zur "Qualität") eines unterrichtlich vermittelten Spracherwerbs aufgeklärt werden kann, ist mehr als fraglich.

2.2.3.2 Multivariate Verfahren

Seliger / Shohamy (1989: 130) betonen zu Recht, dass multivariate Verfahren keine eigenständigen Forschungsansätze oder -methoden im Sinne des qualitativen, quantitativen oder deskriptiven Paradigmas sind, sondern dass sie besser als Methoden der Datenanalyse einzustufen sind. Dabei spielt es keine Rolle, ob die analysierten Daten aus einem qualitativen oder deskriptiven Untersuchungsdesign stammen. In einem weiten Verständnis sind multivariate Verfahren Korrelationstechniken; seien es nun multiple Regressionsanalysen oder Faktoren-, Diskriminanz- oder Pfadanalysen.

Korrelations- und Regressionsanalysen

Von daher sind die beiden grundlegenden Begriffe der Korrelation und Regression zu klären. Unter einer statistischen Korrelationsanalyse versteht man den Zusammenhang von zwei (Zufalls)Variablen zu einem bestimmten Zeitpunkt der Untersuchung (= bivariable Verteilung). Das Ausmaß der Korrelation (der Korrelationskoeffizient r) wird im Zahlenbereich von "-1" und "1" bestimmt: eine vollständige positive Korrelation zeigt sich im Wert "1", die Abwesenheit von jeglicher Form der Korrelation im Wert "-1" (gegenläufiger Zusammenhang). Bei einem Korrelationswert von "0" besteht kein linearer Zusammenhang zwischen den Variablen. In der Literatur wird häufig die "Pearson Produkt-Moment Korrelation" angegeben. Eine Korrelation sagt etwas über die Variation zweier Verteilungen aus, und zwar über deren gemeinsamen Variationsanteil. Kennen wir den Korrelationskoeffizienten (= r), so lässt sich eine Schätzung auf den Teil der Varianz vornehmen, die durch das Maß des Zusammenhangs "aufgeklärt" wird. Die Varianz ist ein Maß für die Abweichung eines Messwertes vom Mittelwert; genau: das arithmetische Mittel der Summe aller Abweichungsquadrate vom Mittelwert. Die Varianz gehört damit (ebenso wie der Mittelwert und die Standardabweichung) zu den parametrischen Verfahren; d.h. zu den statistischen Verfahren auf Intervallniveau, die an die Daten die Annahmen einer Normalverteilung stellen. Die Quadratwurzel der Varianz ist die Standardabweichung (= STD oder SD für englisch *standard deviation*), was zu kleinen, "handlichen" Zahlen führt.

Hinsichtlich der soeben verwendeten Grundbegriffe wäre noch anzumerken, dass es drei Basisformen der Datenskalierung gibt:

a) die bereits erwähnte Intervallskalierung, zu der Daten gehören wie das Alter, der IQ oder leistungsbezogene Punktwerte eines Probanden (sowie metrisch-physikalische Größen wie Temperatur, Gewicht oder Geschwindigkeit),

b) die Ordinalskalierung, zu der Rangreihen (Daten mit einer Stufung nach "mehr oder weniger") gehören wie etwa Schulnoten oder die Wertungen in Meinungsumfragen (siehe 2.2.3.1 zu den Likert Skalen),

c) die Normalskalierung, die qualitativ verschiedene Kategorien (oder Objektklassen) beinhaltet; z.B. die Namen und das Geschlecht von Personen sowie Schulfächer oder qualitative Textkategorien.

Zurück zu Korrelation und Regression: Besteht also etwa bei erwachsenen Männern zwischen Körpergröße und Gewicht eine Korrelation von r = 0,64, so lässt sich nunmehr berechnen, mit welchem Prozentsatz diese Variablen zur Varianz der Verteilung beitragen. Dieses Bestimmtheitsmaß (auch Determinationskoeffizient genannt) errechnet sich als Quadrat des Korrelationskoeffizienten (= r^2). Es wird praktischerweise als prozentualer Wert angegeben. In unserem Beispiel wäre r^2 0,64 x 0,64 = 0,41 oder 41%. Durch den Zusammenhang von Körpergröße und Gewicht werden mit anderen Worten 41% der Gesamtvarianz der Verteilung "aufgeklärt" (also noch nicht einmal die Hälfte aller Fälle). Die Anführungszeichen sind von essentieller Bedeutung, denn in Korrelationsanalysen kann nichts über die Kausalität der Faktoren ausgesagt werden. Dies muss der inhaltlichen Interpretation des Zusammenhangs vorbehalten bleiben, d.h. über die Richtung der Beziehung kann nur im Rahmen der theoretischen Vorannahmen und Hypothesen bzw. über ein Experiment oder eine Langzeitstudie entschieden werden.

Während die Korrelationsstatistik die Frage nach der Stärke des Zusammenhangs zwischen zwei Variablen beantwortet, fragt die Regressionsstatistik nach der Art des Zusammenhangs zwischen den korrelierenden Variablen. Indem man den Wert einer Variablen kennt (z.B. die Körpergröße), schätzt man den Wert einer anderen, damit korrelierenden Variablen derselben Objektklasse (also das Gewicht erwachsener Männer). Regressionsmaße erlauben mit anderen Worten eine Voraussage (*prediction*): je höher die Korrelation, desto zuverlässiger die Voraussage. Voraussetzung ist (für die Anwendung parametrischer Verfahren), dass man die Durchschnittswerte von Körpergröße und Gewicht erwachsener Männer kennt sowie die Standardabweichungen der beiden Verteilungen. Vom Sachzusammenhang her wäre noch zu bedenken, dass es leichter ist, das Gewicht eines Menschen aus der Kenntnis der Körpergröße zu schätzen als umgekehrt. Ganz allgemein müssen deshalb in regressionsstatistische Analysen immer auch inhaltliche Betrachtungen zur Richtung der Zusammenhänge eingehen, was eng verbunden ist mit den theoriegeleiteten Hypothesen und der Definition von abhängigen und unabhängigen Variablen. Die Beziehung zwischen zwei Variablen wird in der Regressionsstatistik durch einen stetigen Linienzug dargestellt, dem sich alle Werte möglichst annähern sollten. Man spricht dann von der Regressionsgeraden. Mit einer Regressionsgeraden lassen sich aus der Kenntnis einer bekannten Variable die Werte einer zweiten damit korrelierenden Variablen schätzen.

Multiple Regressionsanalyse

Untersucht man in einer bivariablen Verteilung die Korrelationen von zwei Variablen, so gestatten die Verfahren der multivariaten Analyse dem Forscher, die statistischen Beziehungen zwischen einer größeren Zahl von Variablen (>2) aufzuspüren. Multivariate Verfahren sind – wie alle Korrelationsstatistiken – immer theoriegeleitet; d.h. man braucht ein Modell des Gegenstandsbereichs, für den man abhängige und unabhängige Variablen definieren muss. Bleiben wir im Kontext des Schnellläuferprojekts, könnte man z.B. die Hypothese aufstellen, dass die Sprachfähigkeit von Expressschülern im Englischen (= *proficiency* als abhängige Variable) durch Zusammenhänge (positive wie negative) mit einer ganzen Reihe von Faktoren bestimmt wird (= unabhängige Variablen). Dies ließe sich wie folgt darstellen (Abb. 2.22):

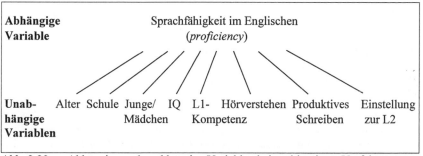

Abb. 2.22:   Abhängige und unabhängige Variablen bei multivariaten Verfahren

Bei der multiplen Regressionsanalyse (= *multiple regression*) arbeitet man mit mehreren Korrelationen zur gleichen Zeit. Man versucht herauszufinden, welche Variablen die abhängige Variable mehr beeinflussen als andere. Indem man die Variablen neu zusammenstellt, lässt sich abschätzen, welche Kombinationen von Variablen die engsten Beziehungen zur abhängigen Variablen haben. Es lässt sich mit anderen Worten das Maß der Varianz in der abhängigen Variablen vorhersagen, wie es sich aus einem Bündel spezifischer (unabhängiger) Variablen ergibt (vgl. ausführlich Pedhazur 1982).

Für das konstruierte Beispiel von 2.22 könnten sich die folgenden Werte in einer multiplen Regressionsanalyse ergeben (Tab. 2.1):

Tab. 2.1:   Varianzaufklärung über multiple Regression

Variablen	Signifikanzebene	r^2 (Beitrag pro Variable)	r^2 (kumulative Varianz)
L1-Kompetenz	0,01	0,44	0,44
IQ	0,01	0,09	0,53
Hörverstehen	0,1	0,06	0,59
Produktives Schreiben	0,1	0,05	0,64
Einstellung zur L2	0,17	0,005	0,645
Mädchen usw.	0,25	0,003	0,648

Während aus der ersten Spalte für den Korrelationskoeffizienten r^2 der Beitrag jeder einzelnen Variablen für die Varianzaufklärung bezüglich der abhängigen Variablen deutlich wird, zeigt die zweite Spalte die kumulative Varianz von vier Variablen an, die enge Beziehungen zur englischen Sprachfähigkeit haben, während die restlichen Variablen keine (nennenswerte) Erklärung für mögliche Zusammenhänge mehr liefern.

Faktorenanalyse

Faktorenanalysen (*factor analysis*) gehören zu den datenreduzierenden Verfahren, weil sie die hoch korrelierenden Antworten auf die Frage einer Untersuchung über eine Korrelationsmatrix auf sogenannte "Faktoren" sortieren. In einer Faktorenanalyse wird keine abhängige Variable bestimmt, sondern man geht davon aus, dass hoch korrelierende Variablen Ausdruck eines engen inhaltlichen Zusammenhangs sind. Diese den Datensätzen zugrundeliegenden unabhängigen Dimensionen werden Faktoren genannt. Weist ein Datensatz mehrere Faktoren auf, zeigen die entsprechenden Variablen untereinander nur sehr niedrige Korrelationen. Man spricht von der Ladung eines Faktors (*factor loadings*), d.h. die Variablen mit den höchsten Korrelationen zu einem "Merkmal" werden vom Untersuchenden inhaltlich interpretiert. Aus dieser theoretischen Einordnung ergibt sich die Definition des eigentlichen Faktors. Das Quadrat der Ladung eines Faktors wird als Kommunalität (= *communality*) bezeichnet und kann zur Varianzaufklärung einer Variablen herangezogen werden (ausführliche Darstellung in Kim / Mueller 1978).

Herausragende Beispiele für Untersuchungen auf faktorenanalytischer Grundlage sind in der Zweitsprachenerwerbsforschung die Arbeiten zur "integrativen" und "instrumentellen Motivation" (Gardner / Lambert 1972), zur Sprachlerneignung (vgl. Skehan 1989, referiert in Zydatiß 2000: 114 ff.) und zur internen Struktur der Sprachfähigkeit (siehe 3.1).

Diskriminanzanalyse

Mithilfe der Diskriminanzanalyse (*discriminant analysis*) kann es gelingen, die Kombinationen vorherzusagen (*prediction* im statistischen Sinne), die zwischen zwei (oder mehr) unabhängigen und zwei (oder mehr) abhängigen Variablen bestehen. In der Domäne des Zweit- oder Fremdsprachenlernens wäre es z.B. interessant zu wissen, welche Auswahl in einem Bündel von unabhängigen Variablen wie L1-Kompetenz, Sprachlerneignung (*aptitude*), Extrovertiertheit, verbaler IQ, Alter, Geschlecht, Einstellung zur L2-Kultur u.dgl. am stärksten mit einem Bündel abhängiger Variablen wie einem bestimmten Lerntyp (oder Lernstil) und spezifischen Lernarrangements (Gruppenarbeit, explizite grammatische Unterweisung, *task-based instruction* u.a.) korreliert. Über eine Signifikanzprüfung lässt sich auch hier die Varianz unter der oder den abhängigen Variablen schätzen, die durch den Zusammenhang mit bestimmten unabhängigen Variablen erklärt werden können.

Pfadanalyse

Nicht selten wird der Untersuchende hinsichtlich seines Gegenstands die Vermutung haben, dass die Einflüsse bestimmter Variablen eher indirekter als direkter Natur sind. Eine Hypothese dieser Art lässt sich über eine (explorative) Pfadanalyse (*path analysis*) testen. Als indirekte Faktoren kämen in unserem Kontext eventuell ein größerer Medieneinsatz eines bestimmten Fachlehrers oder eine Häufung von Schülern (in einer Klasse) mit außerschulischen Kontakten zum Englischen in Frage.

Alle bisher vorgestellten Verfahren zeichnen sich – ebenso wie andere multivariate Techniken wie die Varianzanalyse (*multivariate analysis of variance: MANOVA*) oder die kanonische Korrelation (*canonical analysis*) – dadurch aus, dass sie große Datensätze (*a large sample*) sowie Daten auf Intervallskalenniveau voraussetzen. Genauere Details sind den statistischen Handbüchern zu entnehmen: z.B. Amick / Walberg 1975, Cohen / Cohen 1975, Thorndike 1978, Bortz 1993, Bortz / Lienert / Boehnke 1990, Hofstätter / Wendt 1974, Lienert 1986, Woods / Fletcher / Hughes 1986. Da sie alle letztendlich korrelationsstatistischer Natur sind, darf jedoch aus den gefundenen Zusammenhängen nicht einfach auf kausale Beziehungen zwischen den Variablen geschlossen werden.

Clusteranalyse

Clusteranalysen sind wegen ihres erheblichen Rechenaufwands vor allem für kleinere Datensätze angesagt, wobei neben Daten auf Intervallskalenniveau auch ordinale und kategoriale Daten (Daten auf Rang- und Nominalskalenniveau) verarbeitet werden können. Dem Ansatz der Faktorenanalyse vergleichbar werden hier ähnliche Variablen zu Gruppen zusammengefasst (= Cluster), was den Schluss auf inhaltliche Gemeinsamkeiten dieser Variablen erlaubt. Die Interpretation dieser Cluster ist heuristisch und theoriegeleitet, d.h. im Prinzip können aus dem gleichen Datensatz unterschiedliche "Ergebnisse" abgeleitet werden. Die theoretischen Vorannahmen entscheiden darüber, welche Clusterbildungen der Theorie am ehesten entsprechen bzw. dieser am stärksten widersprechen. Deshalb sollte die Untersuchung mit einer klaren Fragestellung (d.h. mit einer empirischen Hypothese zu den erwartbaren Clusterbildungen) präzisiert werden. In mathematischer Hinsicht liegt der Clusteranalyse die Berechnung von Distanzen zwischen Variablenwerten zugrunde

(vgl. Steinhausen / Langer 1977), die hierarchisch – von der kleinstmöglichen zur
größten Zusammenfassung – über eine Distanzmatrix agglomeriert werden. Grafisch
werden Cluster in der Regel über Eiszapfendiagramme oder Dendogramme dargestellt,
wodurch besonders deutlich wird, dass hoch korrelierende Variablen sich durch eine
geringe Distanz auszeichnen (Abb. 2.23):

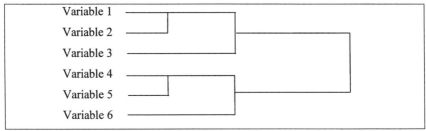

Abb. 2.23:   Dendogramm einer Clusteranalyse

SPSS

Für die Anwendung multivariater statistischer Verfahren wird heutzutage in aller
Regel eine computerlesbare Statistiksoftware *SPSS* benutzt. Ursprünglich bezeichnete
SPSS in der Großrechnerversion (seit Mitte der 60er Jahre) "*Statistical Package for
the Social Sciences*". Es war als Werkzeug für Sozialwissenschaftler konzipiert
worden, die die Möglichkeiten des Computers und der modernen Statistik nutzen
wollten. Inzwischen steht SPSS für "*Superior Performing Software Systems*"; d.h. es
hat sich zu einem Statistikpaket entwickelt, das über ein System von aufeinander
abgestimmten Programmmodulen eine computerunterstützte Datenanalyse mithilfe
eines Arbeitsplatzrechners ermöglicht. Der Einsatz von SPSS setzt somit voraus:

- Kenntnisse im Umgang mit dem PC, insbesondere mit der grafischen Oberfläche
  Windows und der Verwaltung von Dateien,

- Grundkenntnisse in der beschreibenden und der schließenden Statistik
  (Skalenniveau, Normalverteilung, Maße der Zentraltendenz und Streuung sowie
  die Prüfung von Hypothesen),

- Kenntnisse in der Handhabung eines Programmsystems zur Datenauswertung und
  grafischen Darstellung von Rechnungen sowie zur Übernahme der Ergebnisse in
  die Textverarbeitung.

Zur vertieften Einführung – nicht zuletzt was die statistischen Grundlagen betrifft – sei
auf die folgenden Handbücher verwiesen: Brosius 1998, Bühl / Zöfel 1998 (deutsche
Bearbeitung der SPSS Version 8) sowie Norusis 1990 (englische Version).

Die Anwendung von SPSS folgt in etwa den folgenden sieben Schritten einer
systeminhärenten Ablauflogik:

a) Verschlüsseln der Daten: das Kodieren der Antworten in einem Fragebogen
   (Kreuze, Zahlen, Wörter) in eine für den Computer verarbeitbare Form,

b) Eingeben der Daten in den Computer,

c) Definition des Auswertungsziels der Untersuchung,

d) Festlegen der Auswertungsanweisung: Informationen an das System betreffs des geplanten Auswertungslaufs,

e) Reflexion der Ergebnisse: Auffinden der Ergebnisse sowie Betrachten der Kennwerte, Tabellen und Diagramme unter dem Blickwinkel des Auswertungsziels (ggf. Überarbeitung des Schritts d),

f) Verschriftung der Ergebnisse: Ausdruck der Rechenergebnisse in einer Form, die in ein Manuskript und in die Textverarbeitung übernommen werden kann,

g) Interpretation der Ergebnisse in Ausrichtung auf die Fragestellung der Untersuchung.

Die beiden ersten Schritte (a und b) werden nur einmal ausgeführt. Da die Daten nunmehr in maschinenlesbarer Form vorliegen, können die restlichen Arbeitsphasen bei Bedarf mit variierten Auswertungsläufen wiederholt werden.

2.3   Gütekriterien kommunikativer Tests

Das in 3.5 beschriebene Simulationsspiel "*A Desperate Decision*" versteht sich als kommunikativer Test zur Überprüfung der interaktiven Gesprächsfähigkeit. Damit wird die in der Zweitspracherwerbsforschung durchaus noch offene Frage ange-sprochen, ob die sprachproduktive Fertigkeit des freien Sprechens (*oral proficiency, speaking ability* u.dgl.) eine "spezielle" Fähigkeit ist, die direkt (unabhängig von den anderen kommunikativen Fertigkeiten des Hör- und Leseverstehens und des Schreibens) zu testen ist (= *direct testing*: siehe 3.1.2); oder ob man auf indirektem Weg (z.B. über einen standardisierten allgemeinen Sprachfähigkeitstest wie den US-amerikanischen *TOEFL*-Test: Educational Testing Service 1981) auf die mündliche Sprachkompetenz schließen kann. Die Tatsache, dass im Rahmen der Evaluierung dieses Schulversuchs ein eigenständiger mündlicher Sprachtest durchgeführt wurde, beantwortet diese Frage bereits im Sinne der ersten Alternative. Mündliche Tests (*oral tests, speaking tests*) werfen höchst komplexe methodologische Probleme auf, wenn man sie einer empirischen Validierung unterziehen will. Hiervon sind insbesondere die Konstrukt- und Kontentvalidität berührt. Abgesehen davon werden aber noch weitere Gütekriterien relevant, die speziell für kommunikative Tests gelten (die Fragen der Authentizität und der Integrativität solcher Test).

2.3.1   Die Konstruktvalidität mündlicher Sprachtests

Testtheoretisch formuliert wird bei der Frage des direkten oder indirekten Testens in Bezug auf die mündliche Sprachfähigkeit das Problem der Konstruktvalidität eines derartigen Tests aufgeworfen. Unter der *construct validity* versteht man die Überein-stimmung eines Tests mit der dahinter stehenden Theorie. Ein Test ist inhaltlich valide (= *content validity*), wenn er das überprüft, was er testen soll oder will. Die Frage ist nun, ob die Überprüfung mündlicher Leistungen an eigens dazu entwickelte *oral tests* zu binden ist (weil die damit erfasste Fähigkeit anderer "Natur" ist als die übrigen kommunikativen Fertigkeiten), oder ob die Korrelationen der verschiedenen Untertests eines geeichten, objektivierten *proficiency test*, der auf eine eigene Komponente zur Überprüfung des Sprechens verzichtet (so z.b. der *TOEFL*), mit der *speaking ability* so hoch sind, dass sich ein mündlicher Testteil erübrigt.

Die Frage ist wie gesagt theoretisch noch nicht endgültig entschieden, weil es bisher relativ wenige empirische Untersuchungen dazu gibt. Sie setzen einen erheblichen statistischen Aufwand an multivariaten Verfahren voraus. Es mehren sich allerdings die Hinweise, dass die mündliche Sprachkompetenz (*oral proficiency*) in der Tat eine Fähigkeit – bzw. ein Bündel von Fähigkeiten – ist, die sich in ihrer internen Struktur von den anderen kommunikativen Fertigkeiten unterscheidet. Zur Überprüfung dieser Hypothesen hat es umfassende korrelationsstatistische Versuche gegeben, die Konstruktvalidität (sprich die Notwendigkeit) spezieller mündlicher Tests nachzuweisen: vgl. Bachman / Palmer 1981, Dandonoli / Henning 1990, Reed 1992. Als Bezugspunkt diente dazu das *Oral Proficiency Interview* (= *OPI*) des *American Council on the Teaching of Foreign Languages* (= *ACTFL*): vgl. Buck 1989, Tschirner 2000.

Aufbauend auf den mündlichen Sprachtests, die seit den 50er Jahren von amtlichen Stellen in den USA in Zusammenarbeit mit dem Educational Testing Service entwickelt wurden, legte Anfang der 80er Jahre das ACTFL einen Test zur Erfassung der Sprechfähigkeit vor, der inzwischen für 13 Sprachen angeboten wird. Als Bewerter kommen nur speziell ausgebildete und akkreditierte Prüfer oder deren Ausbilder in Frage. Das *Oral Proficiency Interview* unterscheidet vier Hauptniveaus (*Novice, Intermediate, Advanced* und *Superior*), von denen die ersten drei in insgesamt acht Zwischenstufen differenziert sind. Die Zuordnung eines Probanden zu einer dieser (insgesamt) neun Stufen erfolgt auf der Grundlage eines Katalogs von fünf Kriterien: Sprechhandlungen, Textbezug und Texttyp, Themenbereiche, Situationsbezug und sozialer Kontext sowie Verständlichkeit und sprachliche Angemessenheit. Das Interview variiert je nach Niveau der Kandidaten in der Länge, folgt aber jeweils einer recht genau festgelegten Folge von Schritten und Aufgaben. Das Prüfungsgespräch wird auf Band aufgenommen, anschließend vom Prüfer nochmals abgehört und erst dann bewertet. Danach wird es einem Zweitprüfer zugestellt, der seine eigene, unabhängige Bewertung vornimmt. Klaffen die beiden Urteile auseinander (was nicht übermäßig häufig vorkommt), entscheidet ein drittes Gutachten.

Gemäß der Logik multivariater korrelationsstatistischer Analysen muss ein theoretisches Konstrukt oder Merkmal (= *trait*) hohe Korrelationen mit unterschiedlichen Testarten haben (= *method*), wenn jedes Mal die gleiche theoretisch angenommene Fähigkeit (hier: die *speaking ability*) erfasst wird – im Unterschied zu der Möglichkeit, dass verschiedene "Dinge" gemessen werden (was niedrigere Korrelationen beinhalten würde). Die Ergebnisse dieser empirischen Validierungsstudien anhand des *OPI* können eigentlich nur in der Weise interpretiert werden, dass die *oral proficiency* von Zweit- oder Fremdsprachenlernern eine eigenständige Fähigkeit darstellt, die auch mit speziell dafür ausgelegten *oral tests* überprüft werden muss. So waren z.B. die Korrelationen zwischen OPI und den drei Untertests des TOEFL (*listening comprehension, structure & written expression, reading comprehension & vocabulary*) sowie anderen in Nordamerika eingesetzten Sprachfähigkeitstests eher "bescheiden" (relativ am höchsten waren sie jeweils beim Hörverstehen): "*the correlations ... reflect a weak relationship between the OPI and the other measures of second language ability*" (Reed 1992: 338).

Selbst wenn man diesen Sachverhalt als Tatbestand akzeptiert, weiß man natürlich noch lange nicht, was die spezifische Fähigkeit des "freien Sprechens" (von ihrer internen Struktur her gesehen) ausmacht bzw. wie sie sich unter bestimmten Erwerbsbedingungen entlang der Zeitachse entwickelt. Noch weniger Klarheit besteht darüber, was die sprachlichen Charakteristika bestimmter Entwicklungsstufen der Gesprächskompetenz sind (erste Hinweise dazu für das Deutsche als Fremdsprache in Tschirner 2000). Die nachfolgenden Ausführungen des sechsten Kapitels verstehen sich als ein erster Schritt in diese Richtung. Beziehungspunkt ist der unterrichtlich vermittelte Erwerb des Englischen als erster Fremdsprache, und zwar in der Schulform des Gymnasiums (in Berlin) gegen Ende der Sekundarstufe I (genauer: Ende der 9. Klasse). Die empirischen Studien zur Konstruktvalidität mündlicher Sprachtests stützen die grundlegende Unterscheidung der Zweitspracherwerbsforschung zwischen Sprachwissen und Sprachkönnen (*knowledge* vs. *use*): vgl. Ellis 1984. Sie sind ein starkes Argument für eine strukturierte, systematisch gestufte Schulung der Gesprächsfähigkeit im schulischen Fremdsprachenunterricht und für eine entsprechende Überprüfung des mündlichen Sprachkönnens auf dem Wege des direkten Testens mithilfe kommunikativer Tests (= *oral tests*).

2.3.2 Inhaltliche Validität mündlicher Sprachtests und variierte Aufgabenformen

Die grundlegenden Aufgabentypen für den sprachproduktiven Bereich zusammen mit den damit korrespondierenden Sprachhandlungen (oder Textoperationen) sind bereits in 2.2.3.1 eingeführt worden. Was das mündliche Sprachkönnen betrifft, kann auf das vorzügliche praxisnahe Handbuch von Underhill (1987) verwiesen werden, das im dritten Kapitel die wichtigsten Aufgabenformen für *oral tests* vorstellt. Die Abb. 2.24 fasst diese Testformen in zehn Grundkategorien zusammen:

1. **Unterhaltung**

   Vgl. 6.1 bzw. Walter (1977, 1978) zur Testform *conversation assessor-student*

2. **Partner- oder Gruppendiskussion**

   Die Sprachfähigkeitstests der Universität Cambridge haben in ihrem *speaking test* als eine Komponente eine *two-way collaborative task* (vgl. Saville / Hargreaves 1999), die auf eine Diskussion und Entscheidungsfindung zwischen zwei (oder mehreren) Lernern ausgerichtet ist.

3. **Kurzreferat**

Die monologische aber zusammenhängende Darstellung eines Themas eigener Wahl ist z.B. Teil des *Certificate of Proficiency in English*, das ebenfalls von der Universität Cambridge vergeben wird (= *oral presentation*).

4. **Interview**

Ein prototypisches Beispiel ist das klar strukturierte *Oral Proficiency Interview* des US-amerikanischen ACTFL (siehe 6.1.1.2), das repräsentative Sprachproben des Kandidaten hervorbringen soll und deshalb vom Prüfer stark gesteuert wird.

5. **Frage-Antwort Katalog**

Das Prüfungsgespräch orientiert sich an inhaltlich festgelegten und sprachlich gestuften Fragen ("*disconnected questions graded in order of increasing difficulty*": Underhill 1987: 61ff.). Damit können z.b. Aspekte des Tempus- und Aspektgebrauchs (für alle drei Zeitstufen), die Verwendung unterschiedlicher *WH*-Fragen, die Enkodierung spezifischer Sprechakte und / oder diskurs- bzw. textartengebundene Darstellungsverfahren elizitiert werden (letztere über entsprechende *factual / descriptive / narrative / speculative / hypothetical questions*).

6. **Versprachlichen von Bildern oder Bildergeschichten**

Die Tests der Universität Cambridge (z.B. der *Preliminary English Test* oder das *First Certificate of English* haben eine derartige Komponente mit *visual stimuli and pictures stories*, wobei es nicht nur um die Versprachlichung der Bildinformation geht, sondern auch um persönliche Reaktionen und Kommentare des Probanden.

7. **Mündliche Nacherzählung oder Zusammenfassung**

Ausgangspunkt für die Testformen von *precis* und *summary* bzw. von *oral report* oder *re-tell story* ist jeweils ein kurzer Hör- oder Lesetext, der in gesprochener Form wiedergegeben wird. Damit lassen sich vor allem der Gebrauch der Tempora, der Satzverknüpfungselemente und der kohäsionsstiftenden Textkonstituenten, aber auch die Sicherheit in der Verwendung eines bestimmten Sachwortschatzes fokussieren.

8. **Funktionsbeschreibung und Instruktionstexte**

Dies kann sich auf sehr konkrete Sachverhalte (Gebrauch des öffentlichen Telefons, Zubereitung einer Mahlzeit, Funktion einer Maschine u.dgl.) aber zunehmend auch auf abstraktere Zusammenhänge und persönliche Einstellungen beziehen (Schulsystem, soziokulturelle Phänomene, Handlungsalternativen, politische Strategien u.a.): *description of objects; explanation of facts, systems or procedures; giving instructions; making recommendations* etc.

9.	Lückentext

In der einfacheren Form geht es hierbei um *sentence and text completion (or gapfilling) from aural or written stimuli*, in einer anspruchsvollen Form (vgl. Hughes 1981) um "*conversational cloze*" (ein authentischer Dialog mit Lücken nach dem *cloze*-Prinzip muss ergänzt werden).

10.	Rollen- oder Interaktionsspiel

Entweder der Prüfer (*examiner / assessor*) übernimmt eine der Rollen, oder aber alle Probanden schlüpfen in eine fiktive Rolle (und der Prüfer wird für die Dauer des Spiels stärker zum Moderator). Das jeweilige *role-play* oder *simulation game* wird mit angemessenen Materialien (*scenario, role-cards* u.dgl.) vorbereitet und unterstützt.

Abb. 2.24: Aufgabenformen für *oral tests*

Wie unschwer zu erkennen sein wird, gehört das in 3.5 vorgestellte Simulationsspiel zu dieser letzteren Gattung. Es hat – wie viele Beispiele dieser Art – eine komplexe und außergewöhnliche Situation zum Inhalt, die nur im Konsens aller Beteiligten zu bewältigen ist und deshalb ein sprachlich wie pragmatisch differenziertes, argumentatives und interaktives Kommunikationsverhalten verlangt.

Die hier angesprochene Vielfalt der möglichen Aufgabentypen zur Überprüfung des mündlichen Sprachkönnens wirft zwei Probleme auf: ein praktisches und ein theoretisches. Der Aufwand für die Vorbereitung, Durchführung und Auswertung eines kommunikativen Tests zur *speaking ability* ist zum Teil beträchtlich. Die Kandidaten können in einem *oral test* nicht über Gebühr belastet werden. Man wird deshalb in der Regel mit der verfügbaren Zeit höchst ökonomisch umgehen müssen, besonders wenn man (und an dieser Stelle kommt das theoretische Problem ins Spiel) nicht nur eine Aufgabenform, sondern unterschiedliche Diskursgenres im *speaking test* berücksichtigen will. Die vorliegenden empirischen Befunde weisen darauf hin, dass die Ergebnisse in einem *oral test* sowohl von der Thematik des Prüfungsgesprächs abhängen (was mit Sicherheit leicht nachvollziehbar ist) als auch vom Diskurstyp (oder *speech style*), den die Kandidaten "bewältigen" sollen. So untersuchte etwa Halleck (1995) die Sprachproduktion von Kandidaten im *Oral Proficiency Interview* und stellte (bei dem gleichen Kompetenzniveau der Probanden) signifikante Unterschiede in der Komplexität des Outputs fest (gemessen mithilfe der sogenannten *communication units* oder *T-units*: siehe 6.4.1.1), sobald als Variablen unterschiedliche Darstellungsverfahren (*speech styles, discourse genres* oder *text types*) eingeführt wurden. In dem Interview, das auf den beiden unteren Niveaus zwischen 5 und 15 Minuten und auf den beiden oberen Niveaus ca. 20-30 Minuten dauert, gibt es mit anderen Worten u.a. deskriptiv-narrative Passagen, aber auch Rollenspielsequenzen oder Phasen, in denen die Kandidaten selbst Fragen stellen sollen. Abhängig von der textsortengebundenen Aufgabe (*task* oder *speech style*) variierten die produktiven Leistungen der Probanden (operationalisiert über die syntaktische Komplexität ihrer Äußerungen). Beobachtungen dieser Art berühren das zentrale Gütekriterium aller

Sprachtests: die Frage nach der *content validity* eines bestimmten Tests (vgl. hier die kritischen Stimmen von Bachman / Savignon 1986, Lantolf / Frawley 1985, aber auch die entwicklungsorientierten Validitätsstudien von Young / Milanovic 1992).

In der praktischen Anwendung kommunikativer *speaking tests* bemüht man sich deshalb um ein breiteres Spektrum von Aufgaben und Darstellungsverfahren. Dies führt – den externen Bedingungen folgend (verfügbarer Zeitrahmen) – zu einer zeitlich relativ scharf umrissenen "Taktung" der verschiedenen Abschnitte eines solchen Prüfungsgesprächs. Für das von der Universität Cambridge administrierte *First Certificate of English* gilt somit die folgende Struktur für den ca. 15-minütigen *oral test* (Abb. 2.25 nach Saville / Hargreaves 1999: 46-48):

Parts	TASK FORMAT		CANDIDATE OUTPUT	
	Interaction	Input	Discourse	Functions
1. Interview (3 min.)	examiner interviews (two) candidates	verbal questions	answering questions, expanding on responses	personal information, talking about one's present and past, future plans
2. Individual long turn (4 min.)	individual task for each candidate	visual stimuli with verbal directions	managing extended discourse: clarity, coherence, accuracy	giving information, expressing opinions, explaining, giving reasons
3. Two-way pair work (3 min.)	collaborative task of the two candidates	visual / written stimuli with verbal directions	turn-taking: initiating, responding, negotiating	exchanging information and opinions, agreeing and disagreeing, suggesting, speculating
4. Three-way discussion (4 min.)	examiner leads a discussion with the two candidates	verbal prompts	initiating and responding appropriately, developing topics	exchanging information and opinions, expressing and justifying opinions, agreeing and disagreeing

Abb. 2.25: Struktur und Aufgabenformen des mündlichen Tests des *First Certificate of English*

Shohamy / Reves / Bejerano (1986) fassen die Entwicklungsarbeit an einem mündlichen Sprachtest für die Fremdsprache Englisch zusammen, die zu der folgenden Struktur eines *oral test* im Rahmen der Abschlussprüfung am Ende der 12. Klasse der israelischen *High School* geführt hat (Abb. 2.26):

1. **Oral Interview**

   In der Struktur folgt dieses Einzelinterview dem US-amerikanischen *Oral Proficiency Interview* mit den Phasen *warm-up*, *level-check* (das Sprachniveau, auf dem der Kandidat sich am sichersten bewegt), *probing* (Suche nach dem anspruchvollsten Niveau, auf dem der Kandidat noch "mithalten" kann) und *wind-up* (Ziel: dem Kandidaten ein Erfolgserlebnis verschaffen!). Inhaltlich bezieht sich das Gespräch auch auf die Themen und den Lektürekanon der beiden letzten Jahre der *High School*.

2. **Role-play**

   Im zweiten Teil des Tests übernehmen Lehrer und Kandidat jeweils eine Rolle in einem dialogischen Rollenspiel, dessen Thema und Szenarios der Prüfling einem Rollenkärtchen entnimmt. Darin eingebettet ist ein Abschnitt, der dem Kandidaten ein längeres zusammenhängendes Statement monologischer Natur abverlangt (= *extended speech*). Eine zweite Lehrkraft fungiert als Prüfer und orientiert sich dabei (wie in den übrigen Teilen) an einer Bewertungsskala.

3. **Group discussion**

   Vier Schüler bilden eine Gruppe und wählen nach dem Zufallsprinzip aus einem Inventar von 20 Themen ein kontroverses Thema aus, das sie untereinander diskutieren (wobei einige schriftliche Leitfragen als Hilfe für die Strukturierung der Diskussion beigegeben sind).

Abb. 2.26:   Struktur der mündlichen Prüfung für die zentrale "*EFL Matriculation Examination*" in Israel

Die Ausführungen zu den beiden exemplarisch ausgewählten mündlichen Tests (zusammengefasst in den Abb. 2.25 und 2.26) zeigen, dass in der komplexen Realität von Schule und Unterricht neben den immer genannten Gütekriterien der Testtheorie (Validität, Reliabilität und Objektivität) vor allem zwei weitere Kriterien zu beachten sind (vgl. Weir 1993: 121f., Bachman / Palmer 1996: 31-35):

- die Praktikabilität (*practicality*) und
- der Rückkopplungseffekt (*impact* oder *backwash*) von Tests.

Hier sind mit anderen Worten die personellen, zeitlichen, finanziellen und materiellen Ressourcen zu bedenken bzw. bereitzustellen, um einen zugleich validen wie handhabbaren Test der mündlichen Sprachfähigkeit zu institutionalisieren. Derartige Tests müssen schließlich erst einmal erstellt und evaluiert, dann aber auch von Praktikern eingesetzt, bewertet und interpretiert werden (können). Wenn dies gelingt, können von solchen Tests positive Rückwirkungen auf den Fremdsprachenunterricht ausgehen, die die Qualität des Fremdspracherwerbs in den Bildungseinrichtungen einer Gesellschaft maßgeblich beeinflussen – und zwar im konstruktiv-innovativen Sinne. Die in der "Einleitung" angesprochene Diskussion um Konzepte wie Qualitätssicherung und Schulentwicklung macht es meines Erachtens auch in Deutschland dringend notwendig, für die Domäne der schulischen Fremdsprachenvermittlung über angemessene Verfahren der Lernzielkontrolle und

Leistungsmessung nachzudenken. Vergleichsarbeiten und Abschlussprüfungen sollten das überprüfen ("testen"), was für den Fremdsprachenerwerbsprozess der Lernenden, das Lernklima in den Schulen und die Erwartungen der Gesellschaft bezüglich der Qualitätsprofile fremdsprachlicher Kompetenzen heutzutage und in absehbarer Zukunft wichtig ist. Die Bewertung kommunikativer Leistungen wird von daher eine sehr viel stärkere Beachtung erfahren müssen, als ihr im Augenblick zukommt. Wir sollten die positiven Momente des Rückkopplungseffekts kommunikativer (besonders auch mündlicher) Sprachtests für das System Schule sehen und die entsprechenden Entwicklungsarbeiten aktiv fördern.

2.3.3 Integrativität und Authentizität als Kriterien eines Tests der interaktiven Gesprächsfähigkeit

In ihrem neuesten Handbuch (Bachman / Palmer 1996: 23-25) verweisen die beiden Testexperten auf zwei spezielle Gütekriterien von kommunikativ ausgerichteten Tests, die sie bei diesen Testformen für ebenso wichtig halten wie die etablierten Kriterien der Validität, Reliabilität, Objektivität, Praktikabilität und Rückkopplung:

- die Integrativität (*involvement* oder *interactiveness*) und
- die Authentizität (*authenticity*).

Unter der Integrativität eines Sprachtests verstehen sie das Maß an Einbeziehung und Mobilisierung der Lernenden: sprachlich-kommunikativ wie emotional-affektiv, aber auch in kognitiver wie sozialer Hinsicht. Ein kommunikativer Test will die Kandidaten aktivieren, er will mehr sein als ein "Papier-und-Bleistift-Test": "When we test a person's ability to perform in a foreign language, we want to know how well they can communicate with other people, not with an artificially-constructed object called a language test" (Underhill 1987: 5).

Mit der Authentizität eines kommunikativen Tests wollen die Autoren das Merkmal bezeichnen, das einem Test im Hinblick auf die realen oder wahrscheinlichen Verwendungsmöglichkeiten der Sprache zukommt. Dies betrifft den Aufbau und die Materialien des Tests (die Sprache und Diskurseigenschaften des Inputs) sowie die im Vollzug des Tests aktivierten pragmatischen, lexikogrammatischen, phonologischen und paralinguistischen Phänomene. Authentizität kann im Klassenraum – noch dazu unter Testbedingungen – immer nur näherungsweise realisiert werden. Nicht alles was kommunikativ ist (z.B. bestimmte *information gap*-Übungen), ist auch authentisch – und umgekehrt (einen zielsprachlichen Scheck oder eine Postanweisung auszufüllen etwa). In einer (quasi) authentischen Testsituation muss es einen Kommunikations-anlass und ein Kommunikationsziel geben, Sprachrezeption und Sprachproduktion sollten sich gegenseitig ergänzen, und es muss zu einem interaktiven Rollenwechsel zwischen den Redeteilnehmern kommen.

Beide Bedingungen erfüllt das in 3.5 vorgestellte Simulationsspiel in vorzüglicher Weise. Es wird von den Lernenden emotional wie kognitiv angenommen, es gibt vielfältige Anreize für komplexe und differenzierte Sprachäußerungen, es zwingt die

Schüler, sich auf für sie nicht vorhersehbare inhaltliche Aussagen flexibel einzustellen, es induziert Interaktionen in einer Gruppe, und es führt letztendlich zu einer für alle konsensfähigen Lösung der im Spiel nachgestellten Konfliktsituation. Es will kein *speaking test* im Rahmen einer offiziellen, zertifikatsrelevanten Qualifikation sein, aber es ist ein äußerst wirkungsvolles Instrument zur wissenschaftlichen Datenerhebung und damit zur Erfassung eines Kompetenzprofils, das in vielen Verwendungssituationen anspruchsvoller gesprochener Sprache eine Rolle spielt. Die von dem Simulationsspiel "*A Desperate Decision*" aktivierte Kompetenz soll hier mit dem Begriff der "interaktiven Gesprächsfähigkeit" umschrieben werden, die im Folgenden definiert werden soll. Die interaktive Komponente spielt auch eine zentrale Rolle im neuen Referenzrahmen des Europarates für die Leistungsmessung im Fremdsprachenunterricht (siehe ausführlicher 3.5.3.1), wie die nachstehende Abb. 2.27 und die graphische Hervorhebung der Komponente andeuten:

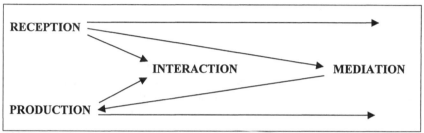

Abb. 2.27:   *Language activities* (nach Council of Europe 1998: 15)

Die kommunikative Sprachkompetenz eines Fremdsprachenlerners wird über kommunikative Aktivitäten aktualisiert, die sich in vier Ausprägungen manifestieren (und zwar jeweils in gesprochener und geschriebener Form):

- in den rezeptiven kommunikativen Fertigkeiten des Hör- und Leseverstehens,
- in den produktiven kommunikativen Fertigkeiten des Sprechens und Schreibens,
- in den sprachmittelnden Aktivitäten des Dolmetschens und Übersetzens und *last but not least*
- in den Aktivitäten des interaktiven Kommunikationsaustauschs zwischen mindestens zwei Partnern, die wechselseitig rezeptive wie produktive Sprachleistungen erbringen.

Sprachlich vermittelte, kommunikative Interaktionen vollziehen sich in einem (in einem weiten Sinn verstandenen) situativen und soziokulturellen Kontext (vgl. Dirven 1989: 3ff.). Sie beinhalten immer einen verbalen Teil (die Text- oder Diskurskomponente) und einen nonverbalen Teil (Welt- und Sachwissen sowie Gestik, Mimik und Körpersprache). Kommunikative Interaktion soll als eine intentionale und kooperative Kategorie verstanden werden, die sich im wechselseitigen Gespräch zwischen zwei oder mehr Partnern (= Interaktanten) über einen außersprachlichen Sachverhalt (= Inhalt oder Thematik) vollzieht. Sowohl die sprachlichen als auch die nichtsprachlichen Handlungen sind (als bewusste Akte) auf die Realisierung einer kommunikativen Absicht angelegt, wobei der jeweilige Sprecher auf sprachliches Wissen (sprich phonologische und lexikogrammatische Regelinventare) zurückgreifen können muss. Das dynamisch-kooperative Moment zeigt sich einerseits in der Möglichkeit bzw. Notwendigkeit des Sprecherwechsels (= *turn-taking*) und andererseits in der Hörerorientiertheit der Gesprächssituation. Jeder Sprecher ist zugleich auch Hörer und signalisiert dementsprechend seinem Gegenüber die Bereitschaft zu Zuhören (= *listening availability*: Götz 1989) und seine aktive Hinwendung zum anderen Interaktanten (= *addressing the hearer*).

Authentischer, dialogisch-interaktiver Sprachgebrauch ist als ein interdependentes Wechselspiel von Sprache als Prozess und Sprache als Produkt zu sehen (*energeia* und *ergon* bei Wilhelm von Humboldt). Das fremdsprachendidaktische Konzept der Prozessorientierung greift meines Erachtens zu kurz, wenn es einseitig die Prozessebene des Erwerbs und der Verarbeitung von Sprache betont und dabei die Produkt- oder Gegenstandsdimension von Sprache ausblendet. Ohne eine Verfügbarkeit über objektsprachliche Bestände kommt keine kommunikative Fähigkeit, kein planvolles soziales Handeln via Sprache zustande. Gesprächsfähigkeit ist eine essentielle Form kommunikativen Sprachgebrauchs, die – wie der Modebegriff der *soft* oder *transferable skills* andeutet – zu den Schlüsselqualifikationen eines Menschen und einer schulisch vermittelten Bildung gehört. Charakteristisch für die mündliche Interaktion in einer Konfliktsituation (wie sie das Simulationsspiel darstellt) ist die dynamisch-kooperative Wechselrede zwischen den Redeteilnehmern mittels eines zusammenhängenden, sprachlich wie inhaltlich kohärenten Diskurses, der auf eine sachgerechte Lösung des Problems fokussiert ist, dabei aber Beziehungsaspekte (emotionale Befindlichkeiten, Ängste, Sorgen, partnerschaftliches Handeln u.dgl.) nicht außer Acht lassen kann. Dies unterscheidet eine Konfliktsituation und die subjektive Argumentation ganz erheblich von der "reinen" Unterhaltung (*conversation*: siehe 6.1.1), die durch häufige inhaltliche Sprünge und die Betonung des phatischen Aspekts (der Kontaktfunktion) von Sprache gekennzeichnet ist. Darüber hinaus werden von den Interaktanten eine ziel-, situations- und adressatengerechte Angemessenheit ihrer Äußerungen, eine gewisse Sensibilität für die Wirkungen der eigenen Rede auf den Gesprächspartner im kommunikativen Kontext und gezielte Anstrengungen (sprich Konstruktionsleistungen) in Bezug auf die Deutung und das Verstehen der Beiträge der anderen erwartet. Wenn dies nicht "auf Anhieb" gelingt, sollte mit anderen Worten "nachgehakt" werden.

Was das Erkenntnisinteresse der Evaluierung des Schulversuchs der sogenannten Schnellläuferklassen angeht, soll die analytische Auswertung des Interaktionsspiels präzisere Daten dazu liefern, ob unter dem Zeitdruck der Akzeleration des Lehrgangs (manifestiert im "Überspringen" der 8. Klasse) die kommunikativen Momente des Englischunterrichts und hier insbesondere die Schulung der Sprechfähigkeit vielleicht zu kurz gekommen sind. Deshalb ist die Auswertung strikt auf den Vergleich von Versuchs- und Regelklassen ausgerichtet (abgekürzt über "X" bzw. "R"). Darüber hinaus werden in diesem Projekt Daten erhoben (meines Wissens erstmalig in dieser Differenziertheit und Detailliertheit), die eine Beantwortung der Frage erlauben, was nach fünf bis sechs Jahren konventionellen, lehrwerkbasierten Englischunterrichts in Sachen Gesprächsfähigkeit eigentlich "herauskommt", wenn man einmal die heute vorhandenen psycho- und textlinguistischen Beschreibungsinventare an ein Korpus repräsentativer Lernersprache anlegt. Es fehlen natürlich zur Zeit die Vergleichsdaten mit anderen Lernergruppen, aber aufschlussreich dürften die Ergebnisse schon sein, was die fremdsprachliche Gesprächsfähigkeit unserer Schüler(innen) und die eventuellen Versäumnisse in der Gesprächsschulung unseres Fremdsprachenunterrichts betrifft.

3. Das deskriptive Design der Sprachstandsmessung

> "I have never let my schooling interfere with my education" (Mark Twain).

Ausgehend vom Prinzip der Gegenstandsangemessenheit der Methoden und Datenerhebungsverfahren sollen in diesem Kapitel zunächst einige grundlegende theoriebezogene Ausführungen zum Konstrukt der Sprachfähigkeit und zu den Positionen der Testforschung gemacht werden, bevor im Anschluss daran die in dieser deskriptiven Studie angewandten Messinstrumente vorgestellt werden, wie sie für die Sprachstandsmessung zum Einsatz kamen.

3.1 Zur internen Struktur der Sprachfähigkeit (*proficiency*)

Die Entwicklung und Verwendung eines Sprachtests im fremdsprachlichen Kontext ist untrennbar mit Vorstellungen, Theoremen und Konstrukten zur Sprachfähigkeit in einer Fremdsprache verbunden (= *proficiency*). Unter der Sprachfähigkeit versteht man das Kompetenzniveau eines Fremd- (oder Zweit-)sprachenlerners zu einem bestimmten Zeitpunkt einer Sprachlernbiographie. Diese fremdsprachliche Kompetenz kann durch schulische Vermittlungsverfahren, aber auch durch eigenverantwortetes Sprachlernen aufgebaut worden sein (z.B. durch Auslandsaufenthalte, Lektüre schriftlicher Texte, Medienrezeption, PC-Nutzung u.dgl. mehr). Bekannte *proficiency*-Tests sind (aus dem britischen Kontext) die verschiedenen *Cambridge Proficiency Tests* oder der *TOEFL*-Test als Studieneingangstest für amerikanische Universitäten. Sie sollen zeigen, in welchem Maß ein Kandidat mit einer Zweit- oder Fremdsprache umzugehen "weiß", wenn diese tieferliegende Kompetenz auf funktionale Sprachgebrauchsituationen angewandt wird: "Proficiency can be seen as competence put to use" (Council of Europe 1998: 148). Von den *proficiency*-Tests sind lehrplan- und / oder lehrwerkbezogene Leistungstests (= *achievement tests*) zu unterscheiden. Sie sollen in erster Linie die Lernziele eines Lehrgangs überprüfen. Es gibt zur Zeit weder einen standardisierten Sprachfähigkeits- noch einen "genormten" objektivierten Leistungstest für den Englischunterricht der ausgehenden Sekundarstufe I an deutschen Schulen. Von daher mussten für das hier dokumentierte Projekt eigens ein Leistungstest und ein Sprachfähigkeitstest entwickelt werden.

3.1.1 Mehrdimensionale Modelle der Sprachkompetenz

Die weltweit grundlegende Veränderung in der didaktischen Modellierung schulisch gesteuerten Fremdsprachenlernens seit Mitte der 70er Jahre – unter der Prämisse eines stärker kommunikationsorientierten Fremdsprachenunterrichts (vgl. für Deutschland Piepho 1974, 1979) – hat erhebliche Rückwirkungen auf die theoretische Testforschung und die praktische Sprachtestentwicklung gehabt. In testtheoretischen Begriffen haben diese Überlegungen viel mit der Frage der Validität eines Sprachtests zu tun. Werden Spracherwerb und Sprachgebrauch als kommunikatives Phänomen konzeptionalisiert, dann ändert sich auch die Einstellung zur Sprachfähigkeit und zu den Methoden oder Techniken, mit denen diese überprüft wird. Die Messinstrumente der Sprachtests müssen mit anderen Worten ebenfalls stärker kommunikationsorientiert ausgerichtet sein. Testtheoretisch gesprochen erhofft man sich folglich davon eine höhere Konstrukt- und Inhaltsvalidität (*construct and content validity*), aber auch eine größere Augenscheinvalidität (*face validity*) als bei traditionellen Sprachtest (siehe 3.3.1 zu den *discrete point tests*). Ein konstruktvalider Test misst tatsächlich das, was er vorgibt messen zu wollen. Hierbei sollte empirisch gezeigt werden können, dass die Testleistungen sich auf das zugrundeliegende theoretische Konstrukt (die Sprachfähigkeit: *proficiency*) beziehen bzw. dass die Testergebnisse sich in diesem Sinne interpretieren lassen. Hierfür werden in der Regel höchst anspruchsvolle statistische Methoden verwendet (siehe 2.2.3.2): die *Multitrait-Multimethod Matrix* oder *Confirmatory Factor Analysis* (vgl. Bachman / Palmer 1981, 1982). Unter der inhaltlichen Gültigkeit (Kontentvalidität: *content validity*) wiederum versteht man die Übereinstimmung zwischen den Testinhalten und den Lernzielen eines Lehrgangs oder Curriculums, auf den sich der Test bezieht. Hier geht es vor allem darum, eine repräsentative Auswahl an Texten, Aufgaben und sprachlichen Teilelementen vorzunehmen.

Die "kommunikative Wende" in der Testforschung und -entwicklung wird in der Regel einem Gutachten zugeschrieben, das Morrow (1977) für die *Royal Society of Arts* in Großbritannien verfasste. In dieser Expertise nennt er sieben Aspekte kommunikativer Interaktion. Sie ist stets (abgesehen vom Informationsaustausch):

a) interaktionsbasiert, d.h. Spracherwerb und Sprachgebrauch vollziehen sich in sozialen Interaktionen,

b) wenig vorhersagbar ("kreativ") in Bezug auf die sprachliche Form und den Inhalt,

c) eingebettet in bestimmte soziokulturelle Kontexte und eingebunden in spezifische Diskursgenres, die einerseits verstehensfördernd sind und andererseits gewisse Restriktionen hinsichtlich des "möglichen" Sprachgebrauchs ausüben,

d) gekennzeichnet von psychologischen und / oder situativen Einflüssen, die sich auf den Prozess behindernd auswirken können (Gedächtnisspanne, Müdigkeit, Lärm, Abgelenktheit u.dgl.),

e) zweck- und zielgerichtet (Herstellen oder Aufrechterhalten zwischenmenschlicher Beziehungen, Manipulation eines Gegenübers, Überreden, Überzeugen usw.),

f) authentisch im verwendeten Sprachmaterial (keine didaktisierte Lehrbuchsprache),

g) erfolgreich oder auch nicht, gemessen am kommunikativen Ergebnis des Interaktionsprozesses (unabhängig von eventuellen Verstößen gegen die sprachliche Norm).

Dieser Ansatz wurde Anfang der 80er Jahre vor allem in Kanada aufgegriffen und verbreitete sich von dort aus durch die höchst einflussreiche kanadische Immersionsforschung: vgl. etwa Canale / Swain 1980; Canale 1983, 1984; Harley et al. 1990. Die sich daraus entwickelnden Modelle einer im kommunikativen Sinne verstandenen Sprachkompetenz (siehe ausführlicher 3.1.3) sind alle mehrdimensional; wobei im Augenblick noch keine empirisch abgesicherten theoretischen Erkenntnisse vorliegen, ob die Einzelkompetenzen in dieser Form existieren bzw. wie sie im Gesamtphänomen der "Kommunikativen Kompetenz" zusammenwirken und wie sie in kommunikative

Performanz umgesetzt werden: "there is a fundamental problem in providing a set of operational categories in that competences cannot be directly observed or assessed... The most that can be generalised from an assessment is proficiency, which can be thought of as what happens when competence is put to use. Proficiency is thus something between competence and performance" (Council of Europe 1998: 135). Trotz dieser Defizite in der empirischen Verifizierung oder Falsifizierung der theoretischen Konstrukte zur Sprachfähigkeit gibt es für den Bereich der kommunikativen Testentwicklung inzwischen eine umfangreiche Forschungsliteratur: vgl. Carroll 1980; Carroll / Hall 1985; Bolton 1985; Weir 1990, 1993; Glaboniat 1998.

3.1.2 Divergierende theoretische Positionen der Testforschung

Die Testwissenschaft kennt etwa seit Mitte der 70er Jahre zwei grundlegende Richtungen, die unter den Begriffen *divisible* vs. *unitary competence hypothesis* bekannt geworden sind (Oller & Hinofotis 1980). Nach der ersten Richtung ist die Sprachfähigkeit ein mehrdimensionales Phänomen; d.h. sie gliedert sich in unterschiedliche, relativ unabhängige Teilkompetenzen. Nach der zweiten Richtung liegt der Sprachfähigkeit ein einheitlicher, genereller Faktor zugrunde; d.h. sie wird als eindimensionales Phänomen betrachtet. Beide Lager haben zwei wesentliche Ausprägungen erfahren.

Der mehrdimensionale Ansatz war bereits in den 60er und 70er Jahren bestimmend; und zwar in einer Variante von Fremdsprachentests, die von der strukturalistischen Linguistik und der behavioristischen Lerntheorie geprägt waren. Ein führender Vertreter der damaligen Testforschung war Lado (1961), demzufolge ein Sprachtest eine repräsentative Auswahl der phonologischen, orthografischen, morphologischen, syntaktischen und lexikalischen Elemente und Strukturen enthalten sollte. Ein Maß der fremdsprachlichen Kompetenz wäre dann der Grad der Verfügbarkeit der Elemente auf den verschiedenen Ebenen der Sprachstruktur. Folgerichtig ging man damals davon aus, dass sich das Sprachkönnen insbesondere über die Verfügbarkeit von Wortschatz- und Grammatikelementen gewissermaßen "von selbst" (sprich: über habitualisierende Methodenkonzepte) einstellen würde.

Die theoretischen Prämissen der Testforschung veränderten sich, als in den 60er Jahren die generative Linguistik (z.B. Chomsky 1968) die grundlegende Unterscheidung von Kompetenz und Performanz einführte. Während das Konstrukt der Kompetenz (*competence*) sich auf die eher unbewusste, internalisierte "Beherrschung" der zugrundeliegenden sprachlichen Regeln bezieht, verweist das Konzept der Performanz (*performance*) auf den konkreten beobachtbaren Gebrauch der Sprache in kommunikativen Sprachverwendungssituationen. Da die kommunikative Sprachverwendung durch ein hohes Maß an Variabilität gekennzeichnet ist, muss die Sprachfähigkeit in einer Fremd- oder Zweitsprache (= *proficiency* als theoretisches Konstrukt zwischen Kompetenz und Performanz) in Komponenten "aufgebrochen" werden, von denen man auf die tieferliegende, nicht-beobachtbare Kompetenz schließen kann. Dafür griff man in der Testforschung und -entwicklung auf die Unterscheidung der kommunikativen Fertigkeiten *(= communicative skills)* zurück. Sprachtests überprüfen seitdem die

Beherrschung der vier Fertigkeiten des Hör- und Leseverstehens (rezeptive Seite des Sprachgebrauchs) sowie des Schreibens und Sprechens (produktive Seite des Sprachgebrauchs). Ebenso wie die strukturalistisch und behavioristisch geprägten Sprachtests gehen Tests, die stärker das funktionale Sprachkönnen überprüfen wollen, folglich von einer mehrdimensionalen Struktur der fremdsprachlichen Sprachfähigkeit aus.

Mitte der 70er Jahre konfrontierte Oller (1974, 1976) die Fachwelt mit der These, der Sprachfähigkeit läge ein genereller Faktor zugrunde (analog zum *general factor* oder g-Faktor der Intelligenzstruktur). Damit war die Hypothese von der Eindimensionalität der Sprachfähigkeit geboren. Gemäß dieser These bräuchte man nun nicht mehr die vier Fertigkeiten oder die verschiedenen Strukturbereiche der Sprache getrennt zu überprüfen. Als Testverfahren, das eine derartige globale Erfassung der dem fremdsprachlichen Verhalten zugrundeliegenden Kompetenz oder generellen Sprachfähigkeit gestattet, wurden die sogenannten Cloze Tests entwickelt. Dieses Verfahren gibt es inzwischen in zwei Varianten.

Nach der "klassischen" Variante eines *cloze test* werden nach einem vorher festgelegten Verfahren in bestimmten Abständen Wörter in einem fortlaufenden Text gelöscht (z.b. jedes siebente oder neunte Wort). Das einem Cloze Test zugrundeliegende Prinzip ist das der Redundanz in der Sprache; d.h. Sprache (geschriebene oder gesprochene) ist auch dann noch verständlich, wenn unvollständige oder "verstümmelte" Sprache zu dekodieren ist. Ein kompetenter Sprecher kann mit anderen Worten selbst semantisch und syntaktisch "lückenhafte" oder akustisch verzerrte Sprache interpretieren, weil seine tieferliegende Sprachkompetenz ihm erlaubt, Hypothesen darüber zu bilden, wie diese Lücken vom Sinn und von der Sprachstruktur her angemessen zu schließen sind.

Cloze Tests haben inzwischen eine Fortentwicklung und zweite Ausprägung erfahren, und zwar in der Form des sogenannten C-Tests (vgl. z.B. zusammenfassend Grotjahn 1995 und Klein-Braley / Grotjahn 1998). Für einen C-Test werden in der Regel vier bis sechs relativ kurze, in sich abgeschlossene, authentische Texte (von 60-80 Wörtern) mit verschiedenen Themen ausgewählt. Nunmehr wird, nach einem vollständigen Einleitungssatz, bei jedem zweiten Wort die zweite Hälfte des Worts getilgt, so dass in jedem der Einzeltexte etwa 25 Lücken entstehen (nähere Einzelheiten, siehe 3.4.4). Diese sind von den Probanden zu schließen. Die Gesamtzahl der korrekt gefüllten Lücken ist als Maß der allgemeinen Sprachfähigkeit (*general language proficiency*) eines Lerners zu einem bestimmten Zeitpunkt seiner Sprachlernbiografie zu werten.

C-Tests haben sich als äußerst trennscharfes Testinstrument erwiesen, haben allerdings zwei Probleme. Zum einen werden sie von manchen Probanden "nicht ganz ernst genommen" (Kriterium der Augenscheinvalidität oder *face validity*), da sie nicht wie "richtige", komplexe Sprachtests (mit mehreren verschiedenen Untertests) wirken. Zum anderen sagen sie nichts darüber aus (was sie aber nicht vorgeben leisten zu wollen oder zu können), wie bzw. in welchem Maße ein Lernender diese tieferliegende allgemeine Sprachfähigkeit denn nun für konkrete kommunikative Sprachverwendungssituationen einsetzt (d.h. aktiviert und im sprachlichen Ausdruck differenziert).

Von daher wird in der wissenschaftlichen Testliteratur empfohlen, einen C-Test (für sich allein) möglichst nur als Einstufungstest (= *placement test*) zu verwenden (wenn Lernende bestimmten Niveaugruppen zuzuordnen sind), oder aber ihn immer im Verbund mit anderen Sprachtests einzusetzen, wenn es um ein Überprüfen der kommunikativen Kompetenzen von Fremdsprachenlernern geht.

3.1.3 Mehrdimensionale Modelle der Sprachkompetenz

Die Frage der internen Struktur der Sprachfähigkeit wird seit gut 20 Jahren in der Angewandten Linguistik und Fremdsprachenforschung intensiv und heftig diskutiert. Inzwischen haben sich in der Grundlagenforschung die mehrdimensionalen Modelle durchgesetzt; vor allem wenn es darum geht, zusätzlich zur allgemeinen Sprachfähigkeit in einer Fremd- oder Zweitsprache die Fähigkeit im kommunikativen Sprachgebrauch zu überprüfen (eine Zielvorstellung, die im Kontext des schulischen Fremdsprachenunterrichts natürlich unabdingbar ist).

Ein sehr bekannt gewordenes Modell der Sprachfähigkeit (*proficiency*) ist das der kanadischen Immersionsforscher (Canale / Swain 1980; Canale 1983, 1984; Harley et al. 1990: 9ff.), das im Zuge der wissenschaftlichen Begleitung des "bilingualen Unterrichts" an kanadischen Schulen entwickelt wurde.[3] Das kanadische Modell unterscheidet zwischen der grammatischen Kompetenz, der Diskurskompetenz, der soziolinguistischen und der lernstrategischen Kompetenz eines Fremdsprachenlerners. Im Rahmen einer großangelegten Untersuchung wurden davon drei Dimensionen der Sprachfähigkeit über eine 9er-Matrix operationalisiert (die lernstrategische Kompetenz konnte man in den 80er Jahren experimentell noch nicht erfassen), indem man die drei Dimensionen mit drei unterschiedlichen "Methoden" (oder Modalitäten des Sprachgebrauchs) anging (= Abb. 3.1):

Dimensionen / Methoden	Grammatische Kompetenz (Korrektheit auf der Satzebene)	Diskurskompetenz (Kohäsion und Kohärenz im Text)	Soziolinguistische Kompetenz (Angemessenheit des Sprachgebrauchs)
Mündliche Textproduktion	strukturiertes Interview	Nacherzählung und Argumentieren	Rollenspiel: Bitten, Beschwerden und dgl.
*Multiple Choice-*Aufgabe: "*Select...*"	korrekte Formen (Satzebene)	kohärente Sätze (Textpassage)	angemessene Äußerungen (Sprechakte)
Schriftliche Textproduktion	Erzählung und persönlicher Brief	Erzählung und persönlicher Brief	formeller Brief und informelle Notiz

Abb. 3.1   Design der kanadischen Untersuchung zur Sprachfähigkeit

---

[3]   Hierunter versteht man den Einsatz einer Fremdsprache als "Arbeitssprache" des Unterrichts in den Lernbereichen der Grundschule und in den Sachfächern der weiterführenden Schulen.

Über faktorenanalytische Prozeduren traten zwei Hauptfaktoren der Sprachkompetenz hervor:

a) ein genereller Faktor (als *general language proficiency factor* deklariert), der im Prinzip alle Komponenten der Matrix "bediente", am höchsten aber im Teilbereich der grammatischen Kompetenz ausfiel,

b) ein weiterer Faktor, der mit allen schriftlichen Aufgaben hohe Korrelationen aufwies (= *written method factor*).

Die statistische Analyse konnte zwar nicht das theoretisch angenommene Konstrukt validieren (siehe hierzu 3.1.1), aber sie relativierte auf jeden Fall die zum Teil höchst "naive" Annahme auf Seiten der Vertreter der Extremposition im "Lager" kommunikativer Testentwicklung, dass allein kommunikative Aufgaben ein valides Testinstrument zur Überprüfung der kommunikativen Kompetenz darstellen können (oder dürften). Gerade die Immersionsforschung hat immer wieder gezeigt (vgl. zusammenfassend Zydatiß 2000), dass im schulischen Kontext die lexikogrammatische Kompetenz und die Kompetenz im rezeptiven wie produktiven Umgang mit der Schriftsprache unabdingbare Voraussetzungen für den Erfolg in einer Zweit- oder Fremdsprache sind. Kommunikative Sprachkompetenz in einer zweiten / fremden Sprache erschöpft sich nicht in der elementaren, alltagssprachlichen Kommunikationsfähigkeit (was Cummins 1978, 1979 *BICS* nennt: *Basic Interpersonal Communicative Skills*), sondern sie setzt die Fähigkeit voraus, mit stärker abstrakter, dekontextualisierter Sprache angemessen umgehen zu können (= *CALP* oder *Cognitive / Academic Language Proficiency* gemäß Cummins). Im Kontext des schulisch gesteuerten Fremd- bzw. Zweitsprachenerwerbs müssen mit anderen Worten Aufgaben zur grammatischen Kompetenz und zur schriftlichen Diskurskompetenz (Verfassen geschriebener Texte) zentrale Komponenten eines Tests der Sprachfähigkeit sein (siehe hierzu genauer 3.3 und 3.4.3).

Bachman (1990) nimmt die kanadischen Anregungen auf und entwickelt das Modell von Canale / Swain weiter. Für ihn besteht die kommunikative Sprachfähigkeit (*communicative language ability*) in einer Zweitsprache aus drei Komponenten:

- der Sprachkompetenz (= *language competence*),
- der strategischen Kompetenz (= *strategic competence*) und
- den im aktuellen Sprachgebrauch funktional verfügbaren psychologischen und physiologischen Mechanismen (= *psychophysiological mechanisms*: z.B. Gedächtnis, Überwinden von Konzentrationsschwächen oder Müdigkeit, Beeinträchtigung durch Lärm u.dgl. mehr).

Die strategische Kompetenz eines Lerners zeigt sich vor allem darin, in welchem Maße und in welcher Weise er damit umgeht, seinen Spracherwerb generell zu optimieren und (jetzt spezieller) seine kommunikativen Ziele zu definieren, zu planen und in Chancen für konkrete Sprachanwendung umzusetzen. Auch sollte ein Zweitsprachensprecher fähig sein, Störungen oder Zusammenbrüche der kommunikativen Interaktion zu kompensieren oder zu "reparieren", um den Prozess weiter in Gang zu halten. Für die Sprachkompetenz im engeren Sinne wird von Bachman (1990: 87) ein mehrdimensionales Modell vorgeschlagen (= Abb. 3.2).

Die grammatische Kompetenz wird in einem weiten Sinne verstanden; einschließlich der lexikalischen Mittel sowie der Kenntnisse in Bezug auf Lautung und Schreibung in der jeweiligen Zielsprache. Der Begriff der "Textkompetenz" (= *textual competence*) deckt sich mit dem der *discourse competence* bei den kanadischen Spracherwerbsforschern. Die Dimension der soziolinguistischen Kompetenz ist in beiden Modellen identisch. Interessant ist die sprachgebrauchsbezogene Dimension der "illokutionären Kompetenz", worunter man die Funktionen der Sprache versteht (= Pragmatik). Textgebundener, kommunikativer Sprachgebrauch beinhaltet zum einen den Verweis auf außersprachliche Sachverhalte (= Referenz- oder Darstellungsfunktion der Sprache) und hat zum anderen (was den Sprecher angeht) eine subjektive Ausdruckskraft und (was den Adressaten angeht) eine bestimmte Wirkung (oder Appellfunktion). Man kann aus Texten lernen (= heuristische Funktion) bzw. in Texten seiner sprachkreativen Vorstellungskraft und seinem Humor Ausdruck verleihen (*poetic* oder *imaginary function*).

Ein Sprachtest, der sich der kommunikativen Zielsetzung des Fremdsprachenunterrichts (sprich: der Modellierung der fremdsprachlichen Kommunikationsfähigkeit) verpflichtet fühlt, wird deshalb darauf ausgerichtet sein, in Abstimmung mit den curricularen Inhalten des Unterrichts der Mehrdimensionalität der Sprachkompetenz Rechnung zu tragen (siehe 3.3 bis 3.5).

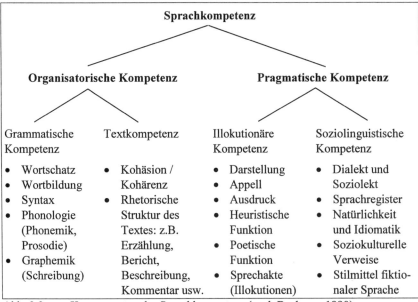

Abb. 3.2:   Komponenten der Sprachkompetenz (nach Bachman 1990)

94

Die Sprachkompetenz wird bei Bachman (1990) als ein mehrdimensionales Konstrukt modelliert, das zum einen eine organisatorische Kompetenz und zum andern eine pragmatische Kompetenz beinhaltet. Die organisatorische Kompetenz erlaubt einem Zweitsprachensprecher, das jeweilige System der Zielsprache (d.h. das Zeicheninventar, den Kode) auf den Ebenen des Satzes und des Textes (oder des satzübergreifenden, kohärenten und situativ eingebetteten Diskurses) zu handhaben und dabei die intendierten Bedeutungen zu enkodieren. So gehören z.b. Wortschatz und Intonation mit zur (im engeren Sinne) "linguistischen" oder lexikogrammatischen Kompetenz. Die pragmatische Kompetenz gestattet einem Sprecher, die Hauptfunktionen der Sprache (*functions of language*) mit den damit einhergehenden text(sorten)gebundenen Darstellungsverfahren zu realisieren, wozu auf einer unteren Ebene der Ausdruck der verschiedenen Mitteilungsabsichten oder Illokutionen gehört (*communicative intentions / illocutions / speech acts*). Dazu gehört ferner, dass die textgebundene "Rede" (inklusive der verschrifteten Diskursgenres) den soziolinguistischen Normen der Zweitsprache entsprechen sollte; sprich nicht nur semantisch verständlich und formalsprachlich wohlgeformt sondern auch kontextuell angemessen ist (*appropriateness*).

Selbst wenn – wie gesagt – diese Modellbildungen bisher nicht verifiziert werden konnten (über multivariate statistische Analysen von Testergebnissen), so können sie als Leitlinie für die Entwicklung eines Sprachfähigkeitstests dienen, der die *communicative language ability* (Bachman 1990) zur Richtschnur der auszuwählenden Textarten, Aufgaben und Testtechniken sowie der Bewertungskriterien der Testleistungen macht. Testtheoretisch gesprochen sollte man (beim heutigen Kenntnisstand und der sich immer noch entfaltenden Theoriebildung) die Ergebnisse und die Leistungen von Sprachtests in Bezug auf die Zweit- oder Fremdsprachenerwerbsforschung eher als abhängige Variable (= *dependent variable*: siehe 2.2.2.1) sehen. Die Sprachfähigkeit, sprich das kommunikative Sprachverhalten, wird letztendlich in Testsituationen "erhoben". Die vom Test erfasste Leistung muss nicht von vornherein oder zwangsläufig mit der Kommunikationsfähigkeit in einer "nicht-Test"-Situation identisch sein. Man sollte sich deshalb in letzter Konsequenz davor hüten, die psychometrische Realität eines Sprachtests (wie komplex und differenziert er auch sein mag) mit der psychologischen Realität des kommunikativen Sprachgebrauchs gleichzusetzen (vgl. hierzu die grundlegenden Überlegungen von Shohamy 1994).

3.2 Messinstrumente zur Überprüfung der Sprachleistung und der Sprachfähigkeit

Es gibt zur Zeit hinsichtlich des Englischunterrichts an deutschen Schulen keine publizierten oder standardisierten Leistungs- und Sprachfähigkeitstests für die hier zur Evaluierung anstehende Zielgruppe (Gymnasialschüler der ausgehenden Sekundarstufe I). Von daher mussten der Leistungs- und der Sprachfähigkeitstest selbst entworfen werden, während für den Test der mündlichen Gesprächsfähigkeit und den C-Test auf Beispiele aus der Fachliteratur zurückgegriffen werden konnte. Die Tests werden im einzelnen unter 3.3-3.5 vorgestellt.

3.2.1 Stichprobenbeschreibung

Die Tests (und die Unterrichtsbeobachtungen: siehe Kap. 8) wurden in Übereinstimmung mit den Hypothesen 1 und 2 (siehe 1.6.3) an den drei "alten" Gymnasien durchgeführt, wobei drei Express- und vier Regelklassen[4] auf ihre englische Sprachkompetenz getestet wurden:

- Werner-von-Siemens-Oberschule in Berlin-Zehlendorf (Code Nr. 04),
- Freiherr-vom-Stein-Oberschule in Berlin-Spandau (Code Nr. 05),
- Hildegard-Wegscheider-Oberschule in Berlin-Grunewald (Code Nr. 06).

Für die Leistungstests (lehrplan- und lehrwerkbezogene Wortschatz- und Grammatik-kenntnisse: siehe 3.3) wurden aus schulorganisatorischen Gründen (maximal zur Verfügung stehende Zeit) zwei verschiedene Stichproben untersucht. Die Vokabel-kenntnisse wurden von 91 Schülerinnen und Schülern getestet, die Grammatikkennt-nisse von insgesamt 88 Schülerinnen und Schülern. In allen sieben Klassen, die für die Tests herangezogen wurden, bearbeitete jeweils die eine Hälfte den Wortschatztest und die andere Hälfte den Grammatiktest. Die Sprachfähigkeitstests (siehe 3.4) wurden von 147 Schülerinnen und Schülern beantwortet; d.h. diese Schüler bearbeiteten alle Untertests dieser Kategorie. Davon sind 60 Schüler(innen) in den Expressklassen und 87 in den Regelklassen. Aus diesem Grund (da diese beiden Stichproben nicht alle Untertests bearbeitet hatten) konnten die Ergebnisse der Tests zur sprachlichen Leistung (= *achievement test*) nicht in die Summe der Ergebnisse der Sprachfähigkeitstests (= *proficiency test*) hinzugezogen werden.

3.2.2 Inhaltliche Verknüpfung der Untertests

Die Untersuchung der in 3.2.1 beschriebenen Stichproben wurde mit insgesamt fünf Fragebögen vorgenommen, die in Klassensatzstärke zur Verfügung standen (für die Leistungs- und die Sprachfähigkeitstests). Für den kommunikativen Test der Gesprächsfähigkeit war ein weiterer Fragebogen in geringerer Auflage vorbereitet worden, der sowohl das Szenario und den Arbeitsauftrag als auch eine Karte als Hilfe für das Rollenspiel enthielt. Für die Konzipierung der Fragebögen war das Prinzip maßgebend, dass so weit wie möglich eine inhaltliche Verknüpfung der Untertests eines Fragebogens gewährleistet sein sollte. Der jeweilige Basistext sollte mit anderen Worten mit den weiterführenden Aufgaben (= Testitems) in einem thematischen Zusammenhang stehen, um von daher sowohl der testtheoretisch wünschenswerten Verschränkung von organisatorischen und pragmatischen Kompetenzen (siehe Abb. 3.2 in 3.1.2) als auch der fremdsprachendidaktisch anzustrebenden Integration

---

[4] An einer der drei Schulen haben die Regelschüler in der 7. Klasse die Wahl zwischen Latein und Französisch als zweiter Fremdsprache. Deshalb wurden an dieser Schule (Code Nr. 05) beide 9. Klassen als Kontrollgruppen gewählt.

von Sprach- und Textarbeit gerecht werden zu können. Im Falle des grammatischen Teils des Leistungstests konnte dieses Prinzip des inhaltlichen Zusammenhangs sogar auf zwei Fragebögen ausgedehnt werden, weil die Kontextualisierungen für die grammatischen Items sich thematisch auf den Ausgangstext für das Leseverstehen bezogen. Deshalb wurde die Bearbeitung der Fragebögen zeitlich so gelegt, dass in der ersten Stunde der Test mit dem Schwerpunkt auf der Überprüfung des Leseverstehens beantwortet werden musste und in der direkt darauf folgenden Stunde der Grammatiktest.

3.2.3   Gewichtung der Untertests und der Items

Alle Testbögen wurden vom Versuchsleiter [W.Z.] nach einheitlichen fremdsprachendidaktischen Kriterien korrigiert und über ein Punktesystem gewichtet bzw. "bewertet", um diese Rohdaten für eine elektronische Datenverarbeitung mit dem Statistikprogramm SPSS zugänglich zu machen (siehe 2.2.3.2). Sowohl die Zahl der Items in jedem Fragebogen als auch die Gewichtung der verschiedenen Untertests und einzelnen Items waren so bemessen, dass jeder der fünf Fragebögen in etwa die gleiche maximale Punktzahl aufwies. Schließlich arbeitete jeder Proband insgesamt vier Stunden über sprachlich-inhaltliche Aspekte des Englischunterrichts, und dies sollte sich in einer Gleichgewichtigkeit der bei jedem Fragebogen und jeder Unterrichtsstunde möglichen Punktzahl niederschlagen. Die Punktzuweisung für die verschiedenen Untertests orientierte sich am Arbeitsaufwand der Probanden für die Bewältigung des jeweiligen Testteils (im Wesentlichen also an dem dafür vorgesehenen Zeitrahmen). Der Punktwert einzelner Items berücksichtigte darüber hinaus die sprachliche Komplexität der Aufgabe. Normalerweise entsprach jedem Item, das sich auf ein lexikogrammatisches Phänomen bezog, ein Punkt. Bei einigen Items (z.B. bei den Nr. 84-86) waren aber auch zwei oder drei Punkte möglich. Bei lexikalischen Phänomenen wurden auch angenäherte Lösungen akzeptiert und mit einem ½ Punkt "honoriert". Die Auswahl-Antworten des *multiple-choice* Tests zum Lese- und zum Hörverständnis wurden alle mit zwei Punkten gewichtet, da in diese Leistung auch die eigentliche Rezeption des Ausgangstextes eingeht.

Bei den produktiven Aufgaben (*Comment, Summary und Picture Story*) erfolgte die Zuweisung von Punkten gleichgewichtig nach der sprachlichen Korrektheit und der inhaltlichen Verständlichkeit der jeweiligen Aussage. Hierbei wurde als Strukturrahmen die Ebene des vollständigen einfachen Satzes (= *simple complete sentence*) oder die des Gliedsatzes (= *clause*) bei Satzverbindungen (Parataxe) und bei Satzgefügen (Hypotaxe) zugrundegelegt. Für jede Aussage auf einer dieser Strukturebenen wurde jeweils ½ Punkt für die sprachliche Korrektheit und / oder die semantische Angemessenheit vergeben (maximal also 1 Punkt). Mängel in dem einen oder anderen Bereich führten zum Abzug des halben Punktes bei jeder Aussage. Es wurde dann entweder nur ½ Punkt oder gar kein Punkt für die jeweilige Aussage vergeben. Sonderpunkte waren möglich, wenn zu einem Item besonders viele inhaltliche Aussagen getroffen wurden. In der Regel wurde der laut Erwartungshorizont antizipierte Rahmen jedoch nicht überschritten. Jeweils ½ Punkt wurde ferner für die explizite

Markierung von Sprechakten vergeben; z.B. für Wendungen wie *I (don't) think, I prefer, I'm not so / very sure* usw.), da in diesen sprachlichen Exponenten (Ausdrucksmitteln) die pragmatische Dimension des kommunikativen Sprachgebrauchs zum Tragen kommt. Funktionale Sprachtheorien (vgl. Kallmeyer et al. 1977, Halliday 1985, Zydatiß 2000 b) gehen von der trilateralen Definition des sprachlichen Zeichens aus : Form / Ausdruck, Inhalt / Konzept und Gebrauchsbedingungen. Verbalisierungen, die auf illokutionäre Kompetenz hindeuten (siehe Abb. 3.2), sollten deshalb über entsprechende Punktzuweisungen "honoriert" werden.

Die fünf Fragebögen werden in ihrem Aufbau nachstehend beschrieben. Sie zeichnen sich durch eine bestimmte, maximale Punktzuordnung zu den verschiedenen Untertests und den einzelnen Items aus (P = 'Punkt').

1. Test Paper III: Language Use (Part 1)

I.   *Vocabulary*: 50 Items (Nr. 31-80) à 1 Punkt (Summe: 50 P)
II. *Numbers* : 6 Items à 1-3 Punkte (Summe: 10 P);
     wobei Nr. 81-83= 1 P, Nr. 84 = 2 P, Nr. 85 = 2 P, Nr. 86 = 3 P.
Gesamt: maximal 60 Punkte

2. Test Paper III: Language Use (Part 2)

60 Items (Nr. 87-141, 164-168) à 1 Punkt
Gesamt: maximal 60 Punkte

Die Wortschatz- und Grammatikkenntnisse wurden in zwei getrennten Teiltests erfasst, die jeweils von einer Hälfte jeder Lerngruppe in der gleichen Unterrichtsstunde bearbeitet wurden (paralleles Vorgehen). Die Ergebnisse aus beiden Testteilen werden in 3.2.4 unter der Kategorie "Sprachliche Leistung" zusammengefasst und in Kap. 4 diskutiert.

3. Test Paper II: Reading Comprehension

I.   *Check your understanding*
     10 multiple-choice Fragen à 2 Punkte (Nr. 1-10)
     Summe: 20 P
II. *Language in context*
     15 Items à 1 Punkt (Nr. 11-25)
     Summe: 15 P
III. *Comment*
     5 Items à 5 Punkte (Nr. 26-30)
     Summe: 25 P
Gesamt: maximal 60 Punkte

4. Test Paper IV: Listening Comprehension

I.   *Check your understanding*
     10 *multiple-choice* Fragen à 2 Punkte (Nr. 142-151)
     Summe: 20 P

II.   *Guided summary*
5 Items à 4 Punkte (Nr. 152-156); wobei die Probanden die Wahl haben, zu
einer von zwei Personen Stellung zu nehmen)
Summe: 20 P

III.   *Picture composition*
Bildergeschichte von sechs Bildern, die als narrativer Text zu versprachlichen
ist (inkl. des zu findenden Titels): Nr. 157-163
Summe: 40 P
Gesamt: maximal 80 Punkte

5.   Test Paper V: C-Test

Der hier eingesetzte C-Test bestand aus fünf getrennten Texten, die keine spezifischen
Ansprüche an ein bestimmtes Sachwissen voraussetzen. Jeder Text enthält 25 Lücken,
so dass insgesamt eine maximale Punktzahl von 125 Punkten zu erreichen war (es gibt
nur "richtige" oder "falsche" Antworten, d.h. 1 oder 0 Punkt(e) pro Lücke). Gewichtet
man jedoch die Arbeit der Probanden in Analogie zu den übrigen Fragebogen (eine
Unterrichtsstunde pro Testbogen), sollte der C-Test mit der Hälfte der Punktzahl (also
maximal 62½ P) in den Gesamtwert der möglichen Punkte eingehen.

Die Fragebögen 3 und 4 (in Abb. 3.3, Kategorie 4 gruppiert unter *"Proficiency"*)
addieren sich somit zu maximal 140 Punkten; mit dem C-Test ergeben sich rund 200
Punkte (= "Insgesamt") – gegenüber maximal 60 Punkten für die sprachliche Leistung
im engeren Sinne.

3.2.4   Kategorien der Sprachleistung und der Sprachfähigkeit in den Tests

Die in den fünf Fragebögen enthaltenen Untertests (= Variablen und Skalen) können
zu verschiedenen Kategorien der Sprachleistung und Sprachfähigkeit zusammengefasst werden, die jeweils verschiedene Dimensionen der fremdsprachlichen
Kompetenz abbilden (= Abb. 3.3):

---

1. **"Sprachliche Leistung"**
   In diese Kategorie fallen die Variablen *"Voc & Grammar"* (= Test 83); d.h. die
   Vokabel- und Grammatikkenntnisse, wie sie sich aus den Items Nr. 31-141,
   164-168 ergeben (maximale Punktzahl: 120 P).

2. **"Receptive Skills"**
   Unter diese Kategorie werden die Fertigkeiten des Lese- und Hörverstehens
   subsumiert (= Test 81), soweit sie sich aus der Beantwortung der Items Nr. 1-25,
   142-151 ergeben (maximale Punktzahl: 55 P).

3. **"Productive Skills"**
   Unter diese Kategorie fällt die Fertigkeit in der freien Produktion englischer
   Texte, erfasst über die Punktzahl in den Items Nr. 26-30, 152-156, 157-163
   (= Test 82): maximale Punktzahl 85 P.

---

4. **"*Proficiency*"**

In dieser Kategorie werden die Skalen Test 81 + Test 82 zusammengefasst (also die Summe aus "*Receptive & Productive Skills*"). Die neue Skala "Test 84" beinhaltet die Items Nr. 1-30, 142-163; die maximal zu erreichende Punktzahl von 140 P ist ein Messwert für die Sprachfähigkeit.

5. **"C-Test"**

Ein globaler Test (= "Test 1" als Skala des Gesamttests: siehe genauer 3.4.4) zur allgemeinen Sprachfähigkeit.

6. **"Insgesamt (Englische Sprachfähigkeit)"**

Hierunter soll die Sprachfähigkeit als Summe aus "*Proficiency*" und "C-Test" (= Testskala 85) verstanden werden, wobei sich eine gewichtete maximale Punktzahl von etwa 200 P ergibt.

Abb. 3.3:   Variablen und Kategorien der Sprachleistung und Sprachfähigkeit in den Fragebögen

Diese sechs Kategorien werden sowohl in der Diskussion der Testergebnisse als auch in den Diagrammen und Tabellen von Kapitel 4 wieder aufgenommen. Gruppiert man die Untertests der fünf Fragebögen nach diesen Kategorien (d.h. Dimensionen fremdsprachlicher Kompetenz), ergeben sich die folgenden Gewichtungen (gemessen an den möglichen Punktwerten in den Tests):

1.   **"Sprachliche Leistung"**: maximal 60 Punkte

2.   **"*Receptive Skills*"**

Hierunter fallen die beiden rezeptiven kommunikativen Fertigkeiten des Lese- und Hörverstehens:

a)   Aufgaben zum Leseverstehen (= *reading comprehension*):
        Nr. 1-25, Summe: 35 Punkte

b)   Aufgaben zum Hörverstehen (= *listening comprehension*):
        Nr. 142-151, Summe: 20 Punkte

Gesamt: maximal 55 Punkte

3.   **"*Productive Skills*"**

Unter die produktive Fertigkeit des textgebundenen Schreibens sind in den hier eingesetzten Fragebögen drei Textarten zu subsumieren, die für den Englischunterricht der Sekundarstufe I als grundlegend gelten können:

a)   die Zusammenfassung (= *summary*):
        Nr. 152-156, Summe: 20 Punkte

b)   der persönliche Kommentar (= *comment*):
        Nr. 26-30, Summe: 25 Punkte

c)   die Bildergeschichte (= *picture composition*):
        Nr. 157-163, Summe: 40 Punkte

Gesamt: maximal 85 Punkte

4. **"*Proficiency*"**

Die Sprachfähigkeit als Summe aus 2 + 3 (rezeptive und produktive Fertigkeiten) entspricht folglich 140 Punkten.

5. **"C-Test"**

Wie unter 3.1.2 ausgeführt, soll diese Kategorie (als Indiz der generellen Sprachfähigkeit: siehe ausführlicher 3.4.4) mit maximal ca. 60 Punkten gewichtet werden.

6. **"Insgesamt (Englische Sprachfähigkeit)"**

Die Summe aus 4 + 5 (die einem Gesamtwert von ca. 200 möglichen Punkten entspricht) ist als Ausdruck der Sprachfähigkeit insgesamt einzuschätzen. In diese Kategorie gehen mit anderen Worten die allgemeine Sprachfähigkeit (erfasst über den globalen C-Test-Wert) und die textbezogene Kommunikationsfähigkeit (wie sie sich in rezeptiven und produktiven Sprachverwendungsaufgaben niederschlägt) ein.

3.2.5 Durchführung der Fragebogenerhebung

Die Tests wurden an allen drei Schulen (den sogenannten "alten" Gymnasien des Schulversuchs) an jeweils zwei Tagen durchgeführt, wobei von der Schulleitung jeweils eine Doppelstunde reserviert worden war (die Probanden arbeiteten zusammen vier Unterrichtsstunden an den Fragebögen). Die Durchführung fand immer zeitgleich, d.h. in parallelen Sitzungen von Express- und Regelklassen, statt. Die Testbögen waren weder den Schülern noch den Lehrkräften vorher bekannt. Die Durchführung lag allein beim Versuchsleiter [W. Z.] und dessen Hilfskräften (Lehramtsstudentinnen im Fach Englisch der Freien Universität Berlin). Als Aufsicht in den sieben Klassen fungierten die jeweiligen Versuchsleiter [W. Z. und studentische Hilfskräfte] und in der Regel auch die vom Stundenplan der Schüler her zuständigen Fachlehrer. Der Test wurde nicht als Prüfung angekündigt, und es wurde den Schülern strikte Anonymität und die Abwesenheit jeglicher Zensurenrelevanz der Ergebnisse zugesichert.

Nach dieser ersten Ankündigung des Tests folgten zwei weitere Schritte vor der eigentlichen Bearbeitung der Fragebögen durch die Probanden.

a) Anleitung und Ausfüllen des Deckblatts

- Verwendung von Kugelschreiber oder Filzstift
- Leserliches Schreiben
- Ergänzen der Codierung auf dem Deckblatt durch die Nummer des jeweiligen Schülers in der Klassenliste[5].
- Eintrag des Namens der Schule und der Kurzbezeichnung der Klasse

---

[5]   Die Klassenlisten mit den Code-Nummern der Schüler(innen) wurden in der Regel von der Schulleitung verwaltet. Sie wurden kurz vor Beginn des Tests an die Aufsicht in den Klassen ausgehändigt und nach dem Ende der Tests sofort wieder zurückgegeben.

- Ankreuzen der entsprechenden Kästchen für "Jungen/Mädchen" und "Schulversuch/ Regelklasse".

Die Codierung auf den Testbögen unterlag dem folgenden Prinzip (= Abb. 3.4):

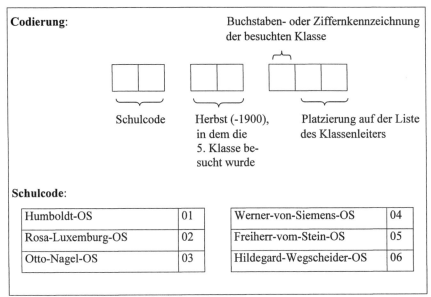

Codierung: Buchstaben- oder Ziffernkennzeichnung der besuchten Klasse

Schulcode   Herbst (-1900), in dem die 5. Klasse besucht wurde   Platzierung auf der Liste des Klassenleiters

Schulcode:

Humboldt-OS	01		Werner-von-Siemens-OS	04
Rosa-Luxemburg-OS	02		Freiherr-vom-Stein-OS	05
Otto-Nagel-OS	03		Hildegard-Wegscheider-OS	06

Abb. 3.4:   Die Codierung auf den Testbögen

b) Testbeginn

- Verweis auf ein vorbereitetes Plakat, das den Zeitplan für jede Testsitzung umreißt

- Hinweis für die Schüler, den jeweiligen Zeitplan für die einzelnen Testteile in etwa einzuhalten[6]; die Schüler sollten sich nicht zu sehr in bestimmte Aufgaben "verbeißen", sondern zügig das gesamte Testheft durcharbeiten

- Beantworten der Aufgaben in der vorgegebenen Reihenfolge, wobei die rechte Spalte im Testbogen unbedingt frei bleiben muss

- Während des Tests keine Sachhinweise oder inhaltlichen Hilfestellungen durch die Versuchsleiter

- Bearbeitungszeit für jeden Fragebogen maximal 45 Minuten; keine vorzeitige Abgabe der Testhefte sondern individuelle Stillbeschäftigung am Platz.

---

[6]   Zum Teil hatten die Schüler keine Wahl, da der Zeitplan durch die in der Testsitzung eingesetzten Medien (z.B. beim *Test Paper IV*) bestimmt wurde: Kassettenrekorder, Auflegen einer Folie mit der Bildgeschichte (OH-Projektor).

102

c) Zeitplan für die Bearbeitung der Fragebögen

A. Erste Doppelstunde

I. *Test Paper II: Reading Comprehension*
   1. Anleitung zum Test — 5 Min.
   2. Stilles Lesen des Textes — 10 Min.
   3. Beantworten der Aufgaben in den drei Untertests
      a) *Check your understanding* — 10 Min.
      b) *Language in context* — 10 Min.
      c) *Comment* — 10 Min.

II. *Test Paper III: Language Use*
   (wahlweise Teil 1: "*Vocabulary*" oder Teil 2 "*Grammar in review*")
   1. Anleitung zum Test — 5 Min.
   2. Bearbeitung der Aufgaben — 40 Min.

B. Zweite Doppelstunde

III. *Test Paper IV: Listening Comprehension*
   1. Anleitung zum Test — 5 Min.
   2. Stilles Lesen der *multiple-choice* Fragen zum Hörverstehenstext — 10 Min.
   3. Hören des Textes (mit Ankreuzen der Lösungen) — 5 Min.
   4. *Guided summary* (Wahl einer Person) — 8 Min.
   5. *Picture Composition* — 17 Min.

IV. *Test Paper I: C-Test*
   1. Anleitung zum Test — 10 Min.
   2. Bearbeitung der fünf Texte (im Schnitt ca. 7 Minuten pro Text) — 35 Min

Der Zeitplan für die erste und dritte Stunde war knapp aber machbar. Der Test zur Sprachleistung (2. Stunde) hätte – insbesondere im Wortschatzteil – mehr Aufgaben enthalten können. Beim C-Test waren die meisten Schüler etwas zu früh fertig; sechs Texte wären hier angemessener gewesen.

3.3 Die Erfassung der Sprachleistung (*achievement tests*)

Der lehrplan- und lehrwerkbezogene Leistungstest für das Fach Englisch (siehe 1.7 und 3.2.1) liegt in zwei Teilen vor, von denen der eine sich auf die Wortschatzkenntnisse und der andere sich auf die Grammatikkenntnisse bezieht. Jeder Fragebogen wurde von einer Hälfte der sieben Klassen bearbeitet (91 Probanden: "*Vocabulary*", 88 Probanden: "*Grammar in review*"). In beiden Tests konnten maximal 60 Punkte erreicht werden.

3.3.1 Testkonstruktion: *discrete point testing*

Die Aufgaben sind im wesentlichen aus der vorbereitenden Analyse der Rahmenplanvorgaben und der gymnasialen Lehrwerke für die 5.-9. Jahrgangsstufe erwachsen. Beide Testteile folgen dem Verfahren des *discrete point testing*, d.h. sie erfassen die Lernleistung der Schüler(innen) in ausgewählten Bereichen der englischen Lexik und Grammatik. Alle Aufgaben zielen auf das produktive Wortschatz- oder Grammatikwissen der Lernenden ab. Sie beinhalten stets eine produktive sprachliche Leistung, da die Probanden einen bestimmten lexikalischen oder grammatikalischen Ausdruck "benutzen" sollen: Einsetzen, Lücken vervollständigen, Wortgleichung lösen, Umschreiben, Umformen usw. Beide Testteile bestehen aus 55 Aufgaben (Items), die zusammen jeweils 60 Punkten entsprechen.

3.3.2 Curriculare Validität des Wortschatztests

Die nachstehende Übersicht zeigt an, welche lexikalischen Phänomene Eingang in den Wortschatztest gefunden haben. Die hier vorgenommenen Gruppierungen (Ober- und Unterkategorien) entsprechen zugleich den Variablen (oder Skalen), mit denen die Statistik-Software SPSS[7] umgehen kann (= Tab. 3.1); der eigentliche Test ist in Abb. 3.5 abgedruckt:

Tab. 3.1:   Variablen des Wortschatztests

Inhalt	*Vocabulary:* Gesamt	*VOC: Collocations*	*VOC: Opposites*	*VOC: Definitions*	*VOC: Fourth Expression*
Skala	Test 4	Test 41	Test 42	Test 43	Test 44
Items	Nr. 31-86	Nr. 31-40	Nr. 41-52	Nr. 53-56	Nr. 57-71
Punkte (pro Item)	0, 1, 2 oder 3 P	0 oder 1 P	0 oder 1 P	0 oder 1 P	0 oder 1 P
Gesamt (maximal)	60 P	10 P	12 P	4 P	15 P

Inhalt	*VOC: Names*	*VOC: American English*	*VOC: Dates*	*VOC: Numbers*
Skala	Test 45	Test 46	Test 47	Test 48
Items	Nr. 72-75	Nr. 76-80	Nr. 81-83	Nr. 84-86
Punkte (pro Item)	0 oder 1 P	0 oder 1 P	0 oder 1 P	0, 1, 2 oder 3 P
Gesamt (maximal)	4 P	5 P	3 P	7 P

---

[7]   Da SPSS immer den inhaltlichen Begriff und den Kurznamen der jeweiligen Variablen im Protokoll ausdruckt, werden hier die Langform (verbale Formulierung) und die Kurzform (Testnummer) für die einzelnen Skalen benutzt (zu den Ergebnissen siehe 4.5.4).

TEST PAPER III

Language use (part 1)

I. Vocabulary

Choose the right **verb**:

31. _to have_ breakfast ('*frühstücken*')   31. _1_
32. _to do_ the washing-up   32. _1_
33. _to watch_ TV   33. _1_
34. _to do_ an exercise   34. _1_
35. _to take_ a photo   35. _1_
36. _to make / have_ an appointment   36. _1_
37. _to prepare / cook_ a meal ('*bereiten*')   37. _1_
38. _to go_ to school by bike   38. _1_
39. _Tell_ me something about your school.   39. _1_
40. If you are looking for an interesting job, you should really
    apply for this one. ('*sich bewerben*')   40. _1_

Find the **opposite** of:

41. tolerant : _intolerant_   42. pleased : _displeased_   41. _1_ 42. _1_
43. to borrow: _to lend_   44. to book : _to cancel_   43. _1_ 44. _1_
45. familiar : _unfamiliar_   46. regular : _irregular_   45. _1_ 46. _1_
47. generous : _mean_   48. top : _bottom_   47. _1_ 48. _1_
49. polite : _impolite_   50. legal : _illegal_   49. _1_ 50. _1_
51. lazy : _hard-working_   52. employer: _employee_   51. _1_ 52. _1_

Find the right word for the following **definitions**:

53. a shop where you can buy meat : _butcher's_   53. _1_
54. cars are allowed to drive on it really/fairly fast: _highway / motorway_   54. _1_
55. the kind of money used in a country : _currency_   55. _1_
56. someone who is nasty to people who are
    smaller or weaker than he/she is: _a bully_   56. _1_

Find the **fourth expression**:

				Write here:	Do **not** write here!
57.	_gold_ golden	=	wood ?	_wooden_	57. _1_
58.	to arrive arrival	=	to decide ?	_decision_	58. _1_
59.	London tube/underground	=	New York ?	_subway_	59. _1_
60.	bad terrible	=	worried ?	_scared_	60. _1_
61.	healthy health	=	wide ?	_width_	61. _1_
62.	author writer	=	adult ?	_grown-up_	62. _1_
63.	friend partner	=	enemy ?	_opponent_	63. _1_
64.	political historical	=	? history	_politics_	64. _1_
65.	blind eyes	=	? ears	_deaf_	65. _1_
66.	hard up poor	=	? rich	_posh/wealthy/well-off_	66. _1_
67.	be prejudiced be shocked	=	? at/by	_against_	67. _1_
68.	shortage trend	=	? towards	_of_	68. _1_
69.	scissors water	=	? a glass of	_a pair of_	69. _1_
70.	caretaker school building	=	? youth hostel	_warden_	70. _1_
71.	nothing special not usual	=	? normal/average	_ordinary_	71. _1_

What do you call **the people** who live in these countries?   Write here: | Do **not** write here!

72.	Wales	: the _Welsh_

72. _____ _1_

73. Scotland : the _Scots_

73. _____ _1_

74. Switzerland : the _Swiss_

74. _____ _1_

75. the Netherlands : the _Dutch_

75. _____ _1_

Re-write these sentences in **American English**.
Mind the words *in italics*:

76./77.   What *colour* are *taxis* in New York?

76. _____ _1_

a) _color_   b) _cabs_

77. _____ _1_

78./79.   I saw that *film* on TV last *autumn*.

78. _____ _1_

a) _movie_   b) _fall_

79. _____ _1_

80.   Have some more *chips*, please. _french fries_

80. _____ _1_

II. Numbers

When is his or her birthday? Write the dates as words:

81. Dad: March 21 - It is on ___[March]___ _twenty-first_

81. _____ _1_

82. Ron: April 30 - It is on ___[April]___ _thirtieth_

82. _____ _1_

83. Mom: June 5 - It is on ___[June]___ _fifth_

83. _____ _1_

How do you say these numbers? Write them as words:

84. Kate was born in **1983**: _nineteen (hundred) [and]_ : _1 P_

eighty-three : _1 P_

84. *max. 2*

85. One mile is **1.609** kilometers: *one point six* [əʊ] *nine* : _1 P_

: _1 P_

85. *max. 2*

86. Ron's phone number is **785 66 01**: *seven, eight, five* : _1 P;_

double six : _1 P ;_ [əʊ] *one* : _1 P_

86. *max. 2*

Abb. 3.5:   Wortschatztest

Der Wortschatztest bezieht sich im Einzelnen auf die folgenden lexikalischen Phänomene und versucht damit, der mehrdimensionalen Struktur der Sprachkompetenz in
diesem Teilbereich der Zielsprache gerecht zu werden. (siehe Abb. 3.2 in 3.1.2):

a) Syntagmatische Ebene der Lexik
    • Kollokationen

b) Paradigmatische Ebene der Lexik
    • Antonyme
    • Synonyme: stilistische und dialektale Varianten
    • Definitionen: Verben, Substantive, Adjektive, Präpositionen

c) Wortbildung
    • Morphologische Ableitungen

d) Mengen- und Zahlenangaben
    • Mengenangaben (*quantifiers*)
    • Datumsangaben und Jahreszahlen
    • Landeskundlich relevante Angaben: Telefonnummer, Umrechnung *mile*-
      Kilometer

Selbstkritisch muss angemerkt werden, dass die Aufgabenform der Analogie *("Find
the fourth expression")* häufig zu schwer für diese Lerngruppen war. Hier muss ein
Leistungstest für diese Adressaten mehr Kontextualisierung bereitstellen.

3.3.3   Curriculare Validität des Grammatiktests

Die nachfolgende Tab. 3.2 spiegelt die interne Struktur des Grammatiktests wider; der
eigentliche Test ist in Abb. 3.6 abgedruckt:

Tab. 3.2:   Variablen des Grammatiktests

Inhalt	*Grammar:* Gesamt	GR: *plural*	GR: *simple past*	GR: *since / for*	GR: *questions*
Skala	Test 3	Test 31	Test 32	Test 33	Test 34
Items	Nr. 87-141, 164-168	Nr. 87-91	Nr. 92-101	Nr. 102-106	Nr. 107-110
Punkte (pro Item)	0 oder 1 P	0 oder 1 P	0 oder 1 P	0 oder 1 P	0 oder 1 P
Gesamt (maximal)	60 P	5 P	10 P	5 P	4 P

Inhalt	GR: *word order*	GR: *adjective/ adverb*	GR: *simple / progressive*	GR: *gerund / infinitive*	GR: *if* (Typ 2)
Skala	Test 35	Test 36	Test 37	Test 38	Test 39
Items	Nr. 111-113, 165-168	Nr. 114-120	Nr. 121-124	Nr. 125-128	Nr. 129-132
Punkte (pro Item)	0 oder 1 P	0 oder 1 P	0 oder 1 P	0 oder 1 P	0 oder 1 P
Gesamt (maximal)	7 P	7 P	4 P	4 P	4 P

Inhalt	GR: *if* (Typ 3)	GR: *if* (Typ 2 + 3)	GR: *reported speech*
Skala	Test 310	Test 311	Test 312
Items	Nr. 133-136	Nr. 129-136	Nr. 137-141, 164
Punkte (pro Item)	0 oder 1 P	0 oder 1 P	0 oder 1 P
Gesamt (maximal)	4 P	8 P	6 P

Der Leistungstest zum produktiven Grammatikwissen bezieht sich auf die folgenden (ausgewählten) Phänomene, die zum einen elementare Bereiche der englischen Schulgrammatik abdecken und zum anderen wiederkehrende Lernprobleme beim Erwerb der Zielsprache Englisch darstellen:

a) Satzglieder (*phrases*)
   - Nominalphrasen: Pluralformen der Substantive
   - Adjektiv vs. Adverb
   - Adverbialphrasen: *since* vs. *for*

b) Tempus und Aspekt
   - Vergangenheitstempora: *simple past, simple* vs. *progressive form* (Idee des Zeitrahmens)
   - Konditionalsätze: Typ 2 und 3 (irreale und hypothetische Bedingung)
   - Indirekte Rede: Zeitenfolge und Modifizierung des Adverbs, Gebrauch des Pronomens

c) Satzgliedfolge
   - Wortstellung der *mid-position adverbs*
   - Distanz- und Kontaktstellung der Adverbien (*place, manner, time*)

d) Satzbau
   - *gerund* vs. *infinitive*
   - Bildung von Subjekt- und Objektfragen

Alle Aufgaben, die über die Elementargrammatik hinausgingen, waren voll kontextualisiert und bezogen sich dabei auf die Thematik des in dem Fragebogen zum Leseverständnis eingesetzten Basistextes.

TEST PAPER III

Language use (part 2)

III. Grammar in review

Bei den meisten der nachstehenden Aufgaben haben wir versucht, an die Situation und das Thema des Textes "Incident on the London Underground" von David Bolton anzuknüpfen. Hoffentlich erinnert Ihr Euch noch (ein wenig) daran. Es ging dabei um Raub und Diebstahl in der Londoner U-Bahn; eine Geschichte, die aus der Sicht und der persönlichen Erfahrung eines Journalisten (= Mr Bolton) erzählt wurde. Neben dem Journalisten wurden noch andere Fahrgäste beraubt, darunter zwei amerikanische Touristen.

Form the **plural** of the following nouns: (Write here)	Do **not** write here!
87. knife : _knives_ 88. brush : _brushes_	87. _1_ 88. _1_
89. box : _boxes_ 90. sheep : _sheep_	89. _1_ 90. _1_
91. family : _families_	91. _1_

Put the verbs in the **simple past**:	
92. buy : _bought_ 93. steal : _stole_	92. _1_ 93. _1_
94. rush : _rushed_ 96. catch : _caught_	94. _1_ 95. _1_
96. cry : _cried_ 97. wear : _wore_	96. _1_ 97. _1_
98. stop : _stopped_ 99. shut : _shut_	98. _1_ 99. _1_
100. rob : _robbed_ 101. decide : _decided_	100. _1_ 101. _1_

Put in *since* or *for*:	
102. _since_ last August 103. _for_ six months	102. _1_ 103. _1_
104. _for_ a whole year 105. _since_ eleven o'clock	104. _1_ 105. _1_
106. _since_ he moved to London	106. _1_

Imagine the police are asking questions after the robbery on the train. You form the **questions**, please:

107. What *happened on the train last night* ?
[something happened on the train last night]

107. _1_

108. Who *knows the robbers* ?
[to know the robbers]

108. _1_

109. What *did the passengers say* ?
[the passengers said something]

109. _1_

110. Where *did the youths leave the train* ?
[the youths left the train]

110. _1_

Put these parts together (in the **right order**):

111. never - Mr Bolton - to work - by bus - go:

*Mr. Bolton **never** goes to work by bus*

111. _1_

112. the journalist - toast - to eat - always - for breakfast:

*The journalist **always** eats toast for breakfast*

112. _1_

113. at the weekend - his son - to take to - he - a football match - usually: *(At the weekend) He **usually** takes his son to a football match (at the weekend)*

113. _1_

Complete the following sentences choosing an **adjective** or an **adverb**:

Life isn't *easy* for journalists in London [*easy*]. It can be *hard* to find a *stable* job there [*hard; stable*]. And you can lose it *easily* [*easy*], if you don't work *hard* [*hard*]. That night in August Mr Bolton had to write an *important* article [*important*]. Thus he wrote and re-wrote it most *carefully* [*careful*].

114. _1_

115. _1_

116. _1_

117. _1_

118. _1_

119. _1_

120. _1_

	Do **not** write here!
Describe what happened that night on the tube using the following words. Choose between the **simple past** and the **past progressive**:	
121/2. A journalist - travel - home - underground / when - he notice - group of youths - near him - carriage	121. _1_
	122. _1_
A journalist **was travelling** home on the underground when he	
**noticed** a group of youths near him in the carriage	
123/4. The train - travel - between two stations / when - one of the boys - suddenly - grab - the American's camera	123. _1_
	124. _1_
The train **was travelling** between two stations when one of the	
boys suddenly **grabbed** the American's camera	

Choose the **gerund** or the **infinitive**:

Mr Bolton's son would love ____ _to see_ ____. the film with Mr   125. _1_

Bean [_see_]. He has enjoyed ____ _watching_ ____ his sketches on TV   126. _1_

[_watch_]. However, his dad is not really keen ____ _on watching_ ____   127. _1_

that kind of nonsense [_watch_]. He'd rather like ____ _to go_ ____ to a

concert with the "Spice Girls" [_go_].

Complete the following **conditional sentences** with the words in brackets:

Well, **it's not very likely** but just in case I ____ _won_ ____ [_win_]   128. _1_

that competition (= 'Preisausschreiben'), I ____ _would choose_ ____   129. _1_

[_choose_] the trip to London. I ____ _would definitely visit_ ____   130. _1_

[_definitely; visit_] Wimbledon, even if I ____ _had_ ____   131. _1_

[_have_] very little time.

Complete the following **conditional sentences** with the words in brackets. Since the **conditions have not been fulfilled**, the sentences express **regrets** and **missed chances** (= 'bilde Bedingungssätze, die Bedauern oder verpaßte Chancen ausdrücken'):

	Do **not** write here!

133/4. If the journalist _____ *had not worked* _____ [*not; work*] till

133. _*1*_

late at night, he _*would / 'd never have finished*_ [*never;*

134. *max. 2*

finish] his article.

135/6. If Mr Bolton _____ *had been* _____ [*be*] more

135. _*1*_

patient, he _*would / 'd have waited*_ [*wait*] for

136. _*1*_

the next train.

The American boy phones home. He tells his parents about the robbery.
Use **reported speech** starting your sentences with: "He said....", "He told them (that)..." etc. Mind the pronouns, use the appropriate one:

137. "Yesterday we were robbed on the tube".

137. *max. 2*

*He told them / his parents that they **had been robbed yesterday / the day before***

138. "The robbers cut my camera off with a knife".

138. *max. 2*

*He told them / said / mentioned that they / the robbers **had cut (off)** his camera (off)*

139. "I've never been so scared in my life".

139. *max. 2*

*He said that **he had** never **been** so scared in **his** life*

140. "Sue wants to leave London as soon as possible".

140. _____ *1*

*He told them that Sue / his girlfriend **wanted** to leave London as soon as possible*

141. "We're going to Paris tomorrow".

141. *max. 2*

*He told / informed them that they **were going** to Paris **the following day**_

Abb. 3.6:   Grammatiktest

113

3.4 Die Erfassung der Sprachfähigkeit (*proficiency tests*)

3.4.1 Testkonstruktion: integratives vs. globales Testen

Der lehrwerkunabhängige Sprachfähigkeitstest greift (wie in 3.1.1 theoretisch begründet wurde) auf die beiden grundlegenden, aber entgegengesetzten Positionen der Sprachtestforschung zurück: zum einen auf den mehrdimensionalen Ansatz in der theoretischen Modellierung der fremdsprachlichen Kompetenz und zum anderen auf die These von der Eindimensionalität der (allgemeinen) Sprachfähigkeit. Gemäß der ersten Position wird man sich für die Verfahren des sogenannten *integrative testing*[8] entscheiden; d.h., es geht um komplexe (rezeptive wie produktive) sprachliche Leistungen, die bestimmte kommunikative Fertigkeitsbereiche abdecken. Folgt man der zweiten Position, wird ein Test zur globalen Sprachstandsdiagnose zum Einsatz kommen (etwa ein Cloze- oder ein C-Test: *global testing*).

In der hier dokumentierten Erhebung wurde ein integrativer Test zur Überprüfung der kommunikativen Fertigkeiten des Lese- und Hörverstehens sowie des textgebundenen Schreibens eingesetzt. Die beiden Fragebögen wurden in zwei Unterrichtsstunden bearbeitet (die maximale Gesamtpunktzahl war 140 Punkte). In einer weiteren Stunde beantworteten die Schüler(innen) den Fragebogen mit einem C-Test, dessen fünf Teiltexte insgesamt 125 Lücken enthielten. Gewichtet entspricht dies ca. 60 Punkten. Beide Tests (integrativer Test und globaler Test) wurden von jeweils 147 Probanden bearbeitet.

3.4.2 Rezeptive Skillbereiche

Die zentrale Rolle der rezeptiven Fertigkeiten des Lese- und Hörverstehens bei der Ausbildung einer fremdsprachlichen Kompetenz dürfte unbestritten sein. Dies sind keine "passiven" sprachlichen Leistungen (wie es in der älteren Terminologie zum Ausdruck kommt), sondern höchst aktive kognitive Konstruktions- und Interpretationsleistungen, in die sowohl datenbezogene *bottom up*-Prozesse als auch konzeptgeleitete *top down*-Prozesse einfließen. Die psycholinguistischen Sprachverarbeitungsprozesse des fremdsprachlichen Verstehens aktivieren sowohl die Wissensstrukturen in der sprachlichen Domäne (= Sprachwissen) als auch die in der nichtsprachlichen Domäne (= Welt- oder Sachwissen). Von daher wurde auf zwei Basistexte zurückgegriffen, deren Thematik auf jeden Fall im Rahmenplan eine Rolle spielt (London, U-Bahn / *tube*, Gewalt; Schulsystem in England, *comprehensive school*), ohne dass allerdings ein spezifisches Sachwissen für das Verständnis der beiden Texte notwendig ist. Im Falle des Lesetextes ist die Textsorte die des Zeitungsberichts; im Falle des Hörtextes geht es um die Darstellung eines bestimmten Sachverhalts (Unterricht in

---

[8] Im Gegensatz dazu überprüfen die Verfahren des *discrete point testing* (siehe Leistungstest in 3.3.1) "punktuelle" sprachliche Probleme aus bestimmten Teilbereichen der Zielsprache.

leistungsheterogenen Klassen der Gesamtschule) aus der Sicht einer Lehrerin und eines Schülers.

Die beiden Basistexte für die diesbezüglichen Untertests sind dem vom Versuchsleiter [W.Z.] mitherausgegebenen Unterrichtswerk *STEP UP*[9] entnommen. Der Text zur *reading comprehension "Incident on the London Underground"* (dort Text 2.7, S. 68ff.) wurde für die erwartbare Leistungsstärke von Schülern der 9./10. Klasse gekürzt und ediert sowie in das Format eines Zeitungsberichts gebracht (Gesamtlänge des Textes: 485 Wörter). Der Text zur *listening comprehension "The Teacher and the Pupil"* (Text 5.5, S. 16f. im Begleitheft zu den Kassetten) wurde unverändert eingespielt; und zwar ohne schriftliche Transkription des Textes. Die Aufnahme ist von zwei Muttersprachlern mit leicht dialektalem Akzent gesprochen und gliedert sich in zwei Teile: *Part 1* präsentiert die Sichtweise der Lehrerin (Janet Brown) und *Part 2* die Sichtweise eines Schülers (Peter Hiller). Die Aufnahme geht über knapp vier Minuten und beinhaltet insgesamt 632 Wörter.

Der innere Aufbau des Fragebogens zum Leseverstehen (siehe *Test Paper II*; Abb. 3.7) folgt dem Prinzip einer integrierten Text-Spracharbeit. Die einzelnen Untertests und Skalen folgen dabei einer Progression von Verständnisfragen, die auf den speziellen Basistext bezogen sind (zunächst als wiedererkennende Antwortauswahl), über Aufgaben, die zwar textbezogen sind aber die produktive Verfügbarkeit von Redemitteln einfordern, bis hin zu Items, die mit der Thematik des Textes in Verbindung stehen aber selbst im Ausgangstext nicht vorkommen (aktives Wortschatz- bzw. Weltwissen: Item 25 bezieht sich auf die Umrechnung von £ und DM). Die nachstehende Tab. 3.3 spiegelt die interne Struktur des Tests zum Leseverstehen wider; der eigentliche Test ist in Abb. 3.7 abgedruckt:

Tab. 3.3: Variablen des Tests zum Leseverstehen

Inhalt	*Reading Comp. Gesamt*	*RC: Check your Understanding*	*RC: Language in context*	*RC: Explain quotes*
Skala	Test 2	Test 21	Test 22	Test 221
Items	Nr. 1-25	Nr. 1-10	Nr. 11- 25	Nr. 11-14
Punkte (pro Item)	0, ½, 1 oder 2 P	0 oder 2 P	0, ½ oder 1 P	0 oder 1 P
Gesamt (maximal)	35 P	20 P	15 P	4 P

---

[9] John McClintock, L. Peterson & W. Zydatiß (Hrsg.): *STEP UP. Texts, Topics and Language Activities for Advanced Learners*. Frankfurt/M.: Diesterweg 1991 [Schülerbuch, Lehrerhandbuch und Audiokassetten].

Inhalt	RC: Fourth Expression	RC: Opposites	RC: Beyond the text	RC & Comment
Skala	Test 222	Test 223	Test 224	Test 24
Items	Nr. 15-18	Nr. 19-21	Nr. 22-25	Nr. 1-30
Punkte (pro Item)	0 oder 1 P	0, ½ oder 1 P	0, ½ oder 1 P	0, ½, 1, 2 oder max. 5 P
Gesamt (maximal)	4 P	3 P	4 P	60 P

Obwohl unter Fachleuten die Rolle des Hörverstehens in der Entwicklung einer fremd-sprachlichen Kommunikationsfähigkeit in theoretischer Hinsicht heutzutage unum-stritten sein dürfte, heißt dies jedoch nicht (unbedingt), dass dieser Fertigkeit im Unter-richt und in den Lernzielkontrollen der ihr zustehende Stellenwert zukommt. Für das bereits erwähnte Lese- und Arbeitsbuch STEP UP haben die Herausgeber das Problem in der Weise "gelöst", dass eine gewisse Auswahl von "echten" Hörtexten nicht im Schülerband erscheint. Schüler und Lehrer finden dort zwar die Annotationen und Aufgabenapparate, nicht jedoch die Transkriptionen dieser Texte. Der in den Regel- und Expressklassen eingesetzte Hörverstehenstext gehört zu diesem Typus eines "reinen" Hörtextes. Die Probanden verfügten mit anderen Worten weder über das Transkript noch die Annotationen. Da man unter kommunikativen Aspekten verschie-dene Arten des Hörverstehens (wie auch des Leseverstehens) unterscheidet, sollte in dem hier durchgeführten Test die unter Sprachverwendungskriterien zentrale Teil-fertigkeit des selektiven Hörens überprüft werden. Gerade auditives Material wird in der heutigen Mediengesellschaft in der Weise rezipiert, dass der Hörer den Texten ganz gezielt bestimmte Informationen entnehmen will. Deshalb wurde die Testdurch-führung so gestaltet (siehe 3.2.5), dass die Probanden vor der eigentlichen Rezeption des Hörtextes die multiple-choice Fragen in Ruhe durchlesen konnten. Damit konnten sie sich in gewisser Weise bereits auf die Thematik des Textes einstellen, bestimmte Erwartungen in Bezug auf wahrscheinliche Textinhalte aufbauen, um dann diese Hy-pothesen im Zuge der Textbegegnung überprüfen zu können (= selektives Verstehen).

Die nachstehende Tabelle 3.4 spiegelt die interne Struktur des Tests zum Hörverstehen wider; der eigentliche Test ist in Abb. 3.8 abgedruckt:

Tab. 3.4:   Variablen des Tests zum Hörverstehen

Inhalt	Listening Comprehension: Check & Summary	LC: Check Parts 1 + 2	LC: Check Part 1	LC: Check Part 2
Skala	Test 5	Test 51	Test 511	Test 512
Items	Nr. 142-156	Nr. 142-151	Nr. 142-146	Nr. 147-151
Punkte (pro Item)	0, ½, 1, 2 oder max. 4 P	0 oder 2 P	0 oder 2 P	0 oder 2 P
Gesamt (maximal)	40 P	20 P	10 P	10 P

TEST PAPER II

Reading comprehension

In dem folgenden Zeitungsbericht beschreibt ein Journalist einen Vorfall in der Londoner U-Bahn.

Incident on the London Underground
David Bolton

It was about eleven o'clock on a sweaty evening in late August. I was on my way home after having worked late in the office. As I stood on the underground
5 station platform, I had no warning of what was going to happen.

The train opened its doors and while a handful of passengers tried to get out, I and about a hundred other people tried to
10 push and squeeze our way on before the doors closed. None of us got a seat. We just had to stand, packed in like sardines.

Soon after the train entered the darkness of the tunnel, I noticed a group of youths
15 near me. There were six of them altogether, all in their late teens, and they were dressed quite smartly. One of them was talking to a young American couple. As he talked, he and his friends were
20 slowly moving towards the couple until they surrounded them on all sides.

SCARED

Then, to my great surprise, a hand shot out grabbing the expensive-looking
25 camera which was hanging round the American boy's neck. At the same time another hand, with a short flick-knife in it, cut the neck-strap. The American shouted to protest but immediately shut up when
30 the knife was waved threateningly in front of his face. The group then turned to his girlfriend who by this time was crying with fear. Her handbag was cut from her shoulder. Her boyfriend put his arms
35 around her, and she sobbed quietly.

Then the youths turned to the couple next to me. Again they encircled them and quickly 'removed' the woman's handbag and gold necklace plus the man's wallet
40 and pricey-looking watch.

I thought about pulling the emergency brake. But if I did we'd be trapped with the gang between stations. I looked around at the other passengers. They had
45 either not noticed what had happened, or they were trying hard to ignore it. So what could I do, on my own? I didn't have long to decide. I could see I was going to be their next victim.

50 "Give me your money," their leader whispered in a low, threatening voice after he had turned to me.

" I haven't got any," I lied.

Unimpressed and with a nasty grin he
55 waved his knife under my nose, as one of his mates went through my pockets.

ESCAPE

While they were still searching me the train came into the next station. This was
60 my chance - I jumped on to the platform and dashed for the nearest exit. Nobody followed me. But why should they? They had got what they wanted: my wallet with £ 49 in it plus two credit cards.

65 Many people have since asked me: "But why didn't you **do** something?"

All I can say in reply is, "Well, what would **you** have done?"

LONDON CHRONICLE
70 June 10, 1997

I. Check your understanding

1. The story happened
   a) last August before lunch-time.
   b) on an unpleasantly hot summer evening.
   c) during the afternoon rush-hour.
   d) on a wet autumn day. | b |

1.___2

2. The author says "I had no warning of what was going to happen" (lines 5/6)
   because
   a) he had been warned of robberies by his colleagues in the office.
   b) he knew something awful would happen.
   c) he had an awkward feeling that there was trouble ahead.
   d) there were no signs of any crime. | d |

2.___2

3. Explain the use of the phrase "packed in like sardines" (line 12):
   a) lots of people left the train at this station and the platform was full of people.
   b) the author could find a seat.
   c) the train carriage was very crowded.
   d) not many people used the train at the time of the incident. | c |

3.___2

4. The robbers
   a) were a gang of stylish-looking youths aged between 17 and 19.
   b) were a group of noisy boasting adolescents.
   c) were clever grown-ups looking like office-workers.
   d) were a gang of hooligans in their early twenties. | a |

4.___2

5. Describe how the criminals robbed the passengers:
   a) Working on their own, each one of them attacked one passenger after the other.
   b) They forced the passengers at gun-point to hand over their valuables.
   c) They were pickpockets working quietly in pairs of two.
   d) The robbers moved all around them expressing their readiness to harm them with a weapon. | d |

5.___2

6. In order to get what they wanted their leader used
   a) a knife whose blade jumped out quickly when he pressed a button.
   b) a kitchen knife with a long blade.
   c) a small pistol.
   d) a carving knife with a sharp blade. | a |

6.___2

7. Name people's reactions when the youths attacked the passengers (lines 44-46):
   a) they had all noticed it but nobody reacted.
   b) one of them pulled the emergency brake.
   c) some had noticed but they didn't react.
   d) none had noticed the incident. | c |

7.___2

8. The author told the youths he had no money on him (line 53).
   a) The robbers believed him and that's why they didn't search him.
   b) This wasn't true, and the robbers didn't believe him.
   c) The author had forgotten his purse in the office.
   d) Since he had no money on him, he gave the youths his watch. | b |

8.___2

	Write here: ↓	Do **not** write here

9. The author was robbed too and lost
   a) his wallet.
   b) his gold watch and two credit cards.
   c) his wallet and a camera.
   d) his camera.
	$\boxed{a}$	9. *2*

10. When the train stopped at the next station,
   a) the youths jumped on to the platform and ran for the exits.
   b) the author left the carriage in a great hurry.
   c) the journalist shouted loudly for help.
   d) the youths left the train and mixed with the crowd on the platform.
	$\boxed{b}$	10. *2*

II. Language in context

	Fill in the correct letter, write here! ↓	Do **not** write here

11. We *"squeezed our way on"* (line 10) means:
   a) we stood silent and waited.
   b) we moved quickly forward.
   c) we pushed other people aside to get on fast.
   d) we forced ourselves slowly forward although there was little space.
	$\boxed{d}$	11. *1*

12. In line 46 *"they were trying hard to..."* means:
   a) they made no attempt to...
   b) they failed to
   c) they really put in an effort to...
   d) they tried to do something but gave up quickly.
	$\boxed{c}$	12. *1*

13. In its context, the sentence *"the knife was waved threateningly"* (line 30) corresponds to
   a) One of the robbers was ready to use a knife against a passenger.
   b) A passenger's neck-strap was cut with a knife.
   c) The author was threatened with a knife.
   d) Suddenly the American passenger pulled out a knife.
	$\boxed{a}$	13. *1*

14. In its context, the sentence *"Many people have since asked me"* (line 65) means:
   a) These people were very sincere.
   b) These people were shocked by the incident.
   c) Only a few have taken a genuine interest in the story.
   d) Quite a few people have confronted him with the same question since last August.
	$\boxed{d}$	14. *1*

15. Find the **fourth** expression (all occur in the text)   Write here: ↓   Do **not** write here!

to sob quietly	=	?		
to cry loudly		to scream	.... *to whisper*	15. *1*

---

16. pricey   =   ?   16.   *1*

   expensive   friend   .... *mate* ....

---

17. big   =   unfriendly   17.   *1*

   huge   ?   .... *nasty / threatening* ....

---

18. be frightened   =   be afraid   18.   *1*

   fright   ?   .... *fear* ....

---

19. Find the **opposite** of *to keep calm*:   *have hysterics/to panic/be*   19.   *1*

   hysterical ....

---

20. The opposite of *to be trapped*:   .... *to be / get free, escape* 20.   *1*

---

21. The opposite of a *dangerous place*:   .... *safe / peaceful* 21.   *1*

---

22. The journalist in the story was on his way home. Obviously he did   22.   *1*

   not live in the centre of London but in a .... *suburb* ....

---

23. The journalist in the story had to take the underground to travel   23.   *1*

   between his home and his work. These people are called .... *commuters*

---

24. A person who suffers pain, harm or even death as the result of an   24.   *1*

   accident, crime or bad luck is a .... *victim* ....

---

25. £ 49 roughly correspond to DM   .... *150,-* 25.   *1*

III. Comment   Write here: ↓ | Do **not**
                                                                     | write here!

What is your opinion? Write about the following five aspects
  (in complete sentences)

26. what the passengers could have done ....

    ....
                                                                     | 26. *max.5*
    ....

    ....

    ....

27. what might have happened in the carriage ....

    ....
                                                                     | 27. *max.5*
    ....

    ....

    ....

28. what you might have done in that situation ....

    ....
                                                                     | 28. *max.5*
    ....

    ....

    ....

29. what other incidents of crime on public transport you have heard of

    ....
                                                                     | 29. *max.5*
    ....

    ....

    ....

30. what could be done to prevent crime of this kind ....

    ....
                                                                     | 30. *max.5*
    ....

    ....

    ....

Abb. 3.7:   Test zum Leseverstehen und persönlicher Kommentar

TEST PAPER IV
Listening comprehension

- On the tape you will hear a teacher and a pupil talk about school. First you will hear about a teacher, Janet Brown, and what she says about her pupils. Then you will hear about a pupil, Peter Hiller, and what he thinks about school and his teachers.

- Go through the following questions and alternative answers before listening to the tape.

- Now listen to the cassette and mark the most appropriate alternative as you listen.

The Teacher and the Pupil

I. Check your understanding

Fill in the correct letter!

Do **not** write here!

Part 1: Janet Brown

Write here: ↓

1. Janet Brown is a teacher at a $\boxed{d}$

   a) Grammar school in the North of England.   142.___2
   b) Secondary modern school in central London.
   c) Sixth Form college in Brighton.
   d) Comprehensive school in the south of England.

2. What does Janet Brown teach? $\boxed{b}$

   a) English   143.___2
   b) Modern languages
   c) Dancing
   d) Physics and Chemistry

3. What does Janet Brown say about her pupils' attitude to school?

   a) Some of them cannot speak English properly. $\boxed{c}$ 144.___2
   b) Most of them are keen to learn.
   c) Some of them make it difficult for her to teach.
   d) Most of them are irresponsible trouble-makers.

4. What does Janet Brown say about rules and discipline in today's school system? $\boxed{a/c}$ 145.___2

   a) There isn't enough guidance for pupils.
   b) There's too much discipline and this makes teaching difficult.
   c) The school is quite good, but the pupils have too much freedom.
   d) School would be a much better place if teachers could use the cane.

5. What does Janet Brown say about the set-up of her classes?

a) The slow pupils do not benefit at all.

b) The bright pupils benefit a lot and pull along the others.
c) She finds it nearly impossible to teach classes with a wide range of abilities.
d) It's not easy to teach these classes but she enjoys it, nevertheless.

Part 2: Peter Hiller

6. What does Peter think will happen at the end of the year?

a) He will lose contact with his school friends.

b) It will be difficult to find a job.
c) He will have to train to be a teacher.
d) He will fail his exams.

7. What does Peter think of what he has to learn at school?

a) It's all a waste of time.

b) It should be more academic.
c) It helps you to find a job.
d) It should be more practical.

8. What does Peter say about his teachers?

a) They have no time for the pupils.

b) He gets on well with most of them.
c) They treat the pupils fairly.
d) He finds some of them too strict.

9. What does Peter think of school rules?

a) There shouldn't be any rules at school.

b) Most of them are all right.
c) Some of them are stupid.
d) They help you to make decisions.

10. After having left school Peter would like to

a) Take A-level exams somewhere else.

b) Watch a lot of TV in the evenings.
c) Work in television.
d) Choose the stage as a career.

II. Guided summary

Choose **one** of the two characters and **summarize** what he or she thinks about school. Using the following notes **write complete sentences** about **five aspects**. No word-for-word copying from the questions above, please!

Janet Brown Write here: ↓	Do **not** write here!
11. her school:	152. _max. 4_
12. her experiences with the subjects she teaches:	153. _max. 4_
13. her pupils' attitudes and behaviour:	154. _max. 4_
14. her ideas on rules and discipline:	155. _max. 4_
15. her opinion on having bright and slow pupils in the same class:	156. _max. 4_

	Write here: ↓	Do **not**
Peter Hiller		write here!

11. his school:

.... | 152. *max. 4*

....

....

....

12. his experiences with the subjects he has to do:

.... | 153. *max. 4*

....

....

....

....

13. his relationships with other pupils:

.... | 154. *max. 4*

....

....

....

....

14. his ideas on teachers and school rules:

.... | 155. *max. 4*

....

....

....

....

15. his attitudes towards life after having left school:

.... | 156. *max. 4*

....

....

....

Abb. 3.8:   Test zum Hörverstehen und schriftliche Zusammenfassung

The Teacher and the Pupil

Part I

My name's Janet Brown and I'm a teacher at a comprehensive school in a small town called Reigate, which is between London and Brighton. I've been teaching for more than a year now and my subjects are French and German; but all the pupils seem to be interested in is pop music and dancing.

There's really very little motivation for them to learn a foreign language. When I try to tell them how useful it could be, they just laugh and say that most people abroad speak English anyway, so what's the point? Sometimes I think I'd be better off teaching something straightforward like physics or chemistry. Of course, some of the pupils do try. But there are always others – who usually aren't all that bright – and they always seem to spoil things. You know, they come in late, then they want to go to the toilet every five minutes, and so on.

The trouble with school today is that there's too much freedom for the pupils, and they simply aren't mature or responsible enough to cope with it. I mean, sooner or later we have to learn that life isn't all sweetness and light, and I believe that school is probably the best place for discovering this. I'm certainly not advocating being too harsh, but it surely stands to reason that a school with hardly any regulations is going to be a pretty chaotic place.

And then, on top of all this, we have a system which puts the brightest and slowest pupils together in the same class. My goodness, our job is difficult enough as it is, but with this kind of set-up it becomes well-nigh impossible. It's about time somebody stood up and admitted that this system of mixed-ability classes just isn't working.

Part II

My name is Peter Hiller and I'm a pupil in my final year at school. In some ways I suppose I'll be glad to leave – especially after the exam – but in other ways I think I'll be sorry. I mean, I know we'll all split up and go off in different directions and probably lose touch with one another before very long. That's the way things usually go, isn't it?

At the same time it'll be good to get out into the real world and away from school. I mean, some of the subjects we do are just a waste of time – everything is so general, you know, academic. It doesn't really equip you to find a job later on. All you can do with it is to be a teacher, and who wants to be a teacher?

Mind you, don't get me wrong – most of our teachers are all right. I mean, you can talk to them and they treat you fair and square, and all that. But then some of the others have no time for you. It all depends on who it is.

It's the same with school rules. You know, if you think a rule's sensible you can turn round and say, "Well, okay, I'll obey it"; but if it's not, you say, "Well, where did they get that idea from? It's nuts". Of course, some schools have too many rules. I mean, if a pupil is always told what to do, well, he'll probably be lost when he leaves school and has to make decisions on his own.

Talking about leaving school, I wonder what it feels like just to be able to sit and stagnate in front of the telly every night without having to worry about exams or homework…

Abb. 3.9:   Hörverstehenstext

3.4.3 Die produktive Fertigkeit des textgebundenen Schreibens

Den Ausführungen zu den theoretischen Konstrukten der fremdsprachlichen Kompetenz in 3.1 ist zu entnehmen, dass die Diskurskompetenz (d.h. der sprach-produktive Umgang mit schriftlichen Textsorten und mündlichen Diskursgenres) eine große Rolle für die Entwicklung eines funktionalen Sprachkönnens in einer Zweit- oder Fremdsprache spielt. Da eine objektive Überprüfung des Sprechens (der mündlich-produktiven Fertigkeit) einen erheblichen Aufwand und ganz andere Techniken erfordert (siehe 3.5 sowie Kap. 5 und 6), konnte und sollte in der Frage-bogenerhebung die Fertigkeit des text(sorten)gebundenen Schreibens erfasst werden. Die Grundannahme ist die, Probanden dazu zu bringen, Texte – einer bestimmten Textsortenprovenienz – zu verfassen, wenn man über diesen wichtigen kommunikativen Aspekt der Sprachfähigkeit etwas aussagen will. Für viele Zweitspracherwerbsforscher (z.B. Swain 1985, 1993; Swain / Lapkin 1995; Ellis 1984) ist der Spracherwerbsprozess im Wesentlichen ein Prozess der Sprachver-wendung (= *language use*). Sprachwissen und kompetenter Sprachgebrauch bilden sich demzufolge vor allem über die Teilnahme an gesprochenen wie geschriebenen Diskursen aus.

Da kommunikativer Sprachgebrauch immer text(sorten)gebunden ist, ist bei der Entwicklung eines Tests zu überlegen, welche Textarten unter dem Kriterium der Validität als repräsentativ für die Arbeit der jeweiligen Zielgruppe gelten können. Was den Englischunterricht der Jahrgangsstufen 5 bis 9 betrifft, können die hier ausgewählten Textarten der Zusammenfassung (= *summary*), des persönlichen Kommentars (= *comment*) und der Bildergeschichte (= *picture composition*) als prototypisch für das textgebundene Schreiben der Sekundarstufe I gelten. Über die Sprachproduktion, sprich das Planen und Präzisieren der Mitteilungsabsichten und das Edieren der sprachlichen Form, wird nicht zuletzt das der Zielsprache inhärente Regel-system internalisiert und differenziert. Indem der Lernende grammatische Strukturen und andere Redemittel mehr oder weniger bewusst beim Verfassen von Texten einsetzt, entwickelt sich zugleich seine fremdsprachliche Kompetenz und damit die Sprachfähigkeit generell (= *proficiency*). Umgekehrt lassen sich über ganzheitliche und / oder analytische Bewertungen schriftsprachlicher Handlungsprodukte (= *holistic and / or analytic methods of scoring*) recht zuverlässige und valide Rückschlüsse auf die tieferliegende Sprachfähigkeit ziehen (vgl. Hughes 1989).

Dem übergeordneten Prinzip der integrierten Text-Spracharbeit entsprechend wurden die drei Untertests zum produktiven Schreiben mit den Textinhalten des Lese- und des Hörverstehenstextes verknüpft, d.h. sie erwachsen "organisch" aus der Thematik, der Textsorte und dem pragmatischen Funktionspotential der beiden Basistexte. Das textgebundene Schreiben ist eine Form des integrativen Testens, das die besonderen Stärken des "direkten" Testens deutlich macht. Die Probanden müssen eine Vielzahl von Redemitteln, Regeln und Sprachfunktionen miteinander in Beziehung setzen, um sowohl grammatisch akzeptable als auch logisch und stilistisch angemessene sprachliche Produkte erstellen zu können[10]. Indem die Zusammenfassung und der Kommentar an einen speziellen Basistext angebunden werden bzw. der Handlungsablauf der *picture composition* über die entsprechenden Bilder vorgegeben wird, entsteht für alle Probanden die gleiche Ausgangslage. Dies ist besonders in einer Testsituation wichtig, denn damit ist zum einen ein gemeinsamer Input gewährleistet, und zum anderen wird die Vergleichbarkeit der Schülerleistungen leichter.

Die durch das textsortengebundene, produktive Schreiben elizitierten Sprachleistungen sind komplexer (sprachlicher wie inhaltlicher) Natur und können deshalb in besonders ergiebiger Weise als Ausdruck der fremdsprachlichen Kompetenz der Lernenden angesehen werden. Wie im Fremdsprachenunterricht üblich, lässt sich die interne Struktur der avisierten Schülertexte und die relative Gewichtung der (drei) Schreibaufgaben über eine antizipierende Analyse des Erwartungshorizonts und / oder die "nachträgliche" Auswertung von explorativen Schülerarbeiten gewinnen. Beide Prozesse wurden im Vorfeld der Testentwicklung durchgeführt. Die in 3.2.3 beschriebene Gewichtung des Untertests ist auf diesem empirischen Wege ermittelt worden. Von daher war dem Versuchsleiter und Korrektor [= W.Z.] von vornherein klar, was bei den drei *writing tasks* in etwa von den Probanden geleistet werden konnte; deshalb auch die Unterschiede in der maximalen Punktzahl für die *summary* (= 20 P), den *comment* (= 25 P) und die *picture story* (= 40 P). Wie bereits in 3.2.3 erwähnt wurden alle Schülertexte vom Versuchsleiter nach einem einheitlichen, fremdsprachendidaktisch begründeten Punktsystem bewertet. In diese Punktezuweisung gingen gleichwertig die sprachliche Korrektheit (= *accuracy*) und die inhaltliche Aussage der jeweiligen Äußerung ein (*as a unit of information or communication*). Dies ist von der Natur des sprachlichen Zeichens als unauflöslicher Einheit von Ausdruck / Form / *signifiant* und Inhalt / Bedeutung / *signifié* zu rechtfertigen.

Als komplexe, sprachlich wie inhaltlich strukturierte Einheiten kommunikativen Sprachgebrauchs rufen spezifische Textarten auch sehr spezifische Textbaupläne und sehr spezifische Redemittel auf. Was textgrammatische Aspekt angeht, muss zuallererst auf den Klassiker einer textformsensitiven grammatischen Analyse verwiesen werden. Nach Weinrich (1964) können die beiden Textarten der Zusammenfassung und des Kommentars der "diskursiven Sprache" zugeordnet werden (= "besprochene Welt"); d.h. sie werden vorrangig mit den Tempora der "Gegenwartsgruppe" versprachlicht. Im Englischen werden für diese Textgruppe mit anderen Worten vor allem *simple present* und *present perfect*, das *will*-Futur und vergleichbare modale Fügungen sowie u.U. das *future perfect* eingesetzt. Im Falle des

---

[10]   Während man bei der Bildergeschichte argumentieren könnte, dass man außerhalb des Schulkontextes wohl kaum eine Folge von Bildern versprachlichen muss, können die *summary* und der *comment* durchaus als Textsorten von lebensweltlicher Relevanz gelten, die in vielen Sprachverwendungssituationen produziert werden müssen. Für die Bildergeschichte (als didaktischer Textsorte) spricht natürlich, dass die narrative Darstellungsform ("ein Geschehen zusammenhängend und interessant erzählen können") ein elementares (d.h. grundlegendes) Darstellungsverfahren ist, das mündlich wie schriftlich "beherrscht" werden muss.

persönlichen Kommentars (einer Textform des subjektiven Argumentierens) werden darüber hinaus das *modal perfect*, die *if*-Sätze und die Ausdrucksmittel für *expressing an opinion* notwendig. Demgegenüber ist die Bildergeschichte eine Textsorte der "erzählten Welt" (der "narrativen Sprache"), die die Tempora der Vergangenheitsgruppe aufruft: im Englischen somit das *simple past* und das *past progressive*, das *past perfect* und das Konditional oder das *future in the past* (inklusive der entsprechenden Regeln der Zeitenfolge in der indirekten Rede sowie der kontextgerechten Konjunktionen: temporale, lokale und kausale Bezüge zwischen verschiedenen Sachverhalten und Ereignissen im Text).

Abgesehen von der eher didaktisch motivierten Punktwertung (als einer möglichen Form einer stärker objektivierten, analytischen Leistungsmessung in diesem Bereich: weitere Verfahren in Hughes 1989: 86-97) wurde bei der Korrektur der Schülertexte und damit bei der Auswertung dieser Daten auf bestimmte psycholinguistisch begründbare Indizes zurückgegriffen (genauer in Kap. 7). Es gibt von Seiten der Zweitspracherwerbsforschung, der Leseforschung und Textpsychologie entwickelte quantifizierte "Messzahlen", von denen man wiederum auf einen bestimmten Leistungs- und Entwicklungsstand in der Sprachfähigkeit schließen kann (diese können dann natürlich über das elektronische Datenverarbeitungssystem SPSS statistisch ausgewertet werden):

- die Textlänge der Schülerarbeiten gemessen über die Zahl der Wörter im Text,

- die absolute Fehlerzahl (wobei nur zwischen "ganzen" und "halben" Fehlern unterschieden wurde: letztere Gewichtung war für Rechtschreibfehler reserviert),

- der Fehlerquotient (der nach der bekannten Prozentformel von absoluter Fehlerzahl x 100 geteilt durch die Zahl der Wörter im Schülertext berechnet wird),

- die Anzahl der semantischen Propositionen im Schülertext; hierunter wurden alle verständlichen, vom Sinn her dem Kontext angemessenen, vollständigen Äußerungen auf der Satz- oder Gliedsatzebene gerechnet (*sentence / clause level*), wobei inhaltliche Wiederholungen der gleichen Aussage nicht doppelt gezählt wurden (kam die gleiche Proposition mehrmals im Schülertext vor, wurde sie stets nur einmal "gerechnet").

Die drei Schreibaufgaben im Sprachfähigkeitstest wurden somit nach dem gleichen, quantifizierenden "Schlüssel" 'korrigiert' und ausgewertet. Wie dem Fragebogen IV der Abb. 3.8 zu entnehmen ist, hatten die Schüler bei der "*Guided Summary*" des Hörtextes die Wahl zwischen den beiden Protagonisten (der Lehrerin Janet Brown oder dem Schüler Peter Hiller). Die Nummerierung der fünf Items und deren inhaltliche Vorstrukturierung ist die gleiche (= Nr. 152-156); ebenso die maximale Gesamtpunktzahl (20 P).[11] Im Einzelnen wurden für die "Zusammenfassung" die

---

[11] Da bei den *writing tasks* für besonders reichhaltige und differenzierte Texte auch Sonderpunkte (über das für jedes Item vorher festgelegte Limit) vergeben wurden, erreichten einige wenige Schüler(innen) mehr als die maximale Gesamtpunktzahl. Bei der *summary* gelang dies jeweils einem Regel- und einem Expressschüler): 23½ Punkte.

folgenden Variablen und Skalen festgelegt (= Tab. 3.5); der eigentliche Test ist in der Abb. 3.8 abgedruckt (dort Abschnitt II):

Tab.3.5:   Variablen in der Schreibaufgabe "*Summary*"

a)   Zusammenfassungen aus der Sicht von Janet = *Summary Janet*

Inhalt	Punkte	Wörter	Propositionen	Fehler (*)	Fehlerquotient
Skala	Test 61	Test 611	Test 612	Test 613	Test 614

b)   Zusammenfassungen aus der Sicht von Peter = *Summary Peter*

Inhalt	Punkte	Wörter	Propositionen	Fehler (*)	Fehlerquotient
Skala	Test 62	Test 621	Test 622	Test 623	Test 624

c)   Zusammenfassungen aus der Sicht von Janet und Peter
      (= Summe von a + b) = *Summary Janet + Peter*

Inhalt	Punkte	Wörter	Propositionen	Fehler (*)	Fehlerquotient
Skala	Test 63	Test 631	Test 632	Test 633	Test 634

Der persönliche Kommentar (= *Comment*), der die Items Nr. 26-30 mit einer maximalen Gesamtpunktzahl von 25 Punkten umfasst, wurde nach den gleichen Indizes ausgewertet, was die folgenden Skalen ergab (= Tab. 3.6); der eigentliche Test ist in Abb. 3.7 abgedruckt (dort Abschnitt III):

Tab. 3.6: Variablen in der Schreibaufgabe "*Comment*"

Inhalt	Punkte	Wörter	Propositionen	Fehler (*)	Fehlerquotient
Skala	Test 23	Test 231	Test 232	Test 233	Test 234

In analoger Weise wurden für die Bildergeschichte (= *Picture Composition*) die folgenden Skalen festgelegt (= Tab. 3.7), wobei für die Items Nr. 157-163 maximal 40 Punkte zu erreichen waren[12]; der eigentliche Test ist in Abb. 3.10 abgedruckt:

Tab. 3.7:   Variablen in der Schreibaufgabe "*Picture Composition*"

Inhalt	Punkte	Wörter	Propositionen	Fehler (*)	Fehlerquotient
Skala	Test 7	Test 71	Test 72	Test 73	Test 74

---

[12]   Ein Schüler übertraf mit 42 Punkten die antizipierte Gesamtpunktzahl. - Die Bildergeschichte war den Probanden im Fragebogen präsent (siehe *Test Paper IV*) und wurde zusätzlich über eine farbige Folie dargeboten. Die Folie stellt eine Beilage zum Heft 3/1981 der Zeitschrift *Englisch* dar (Cornelsen Verlag Berlin).

TEST PAPER IV

Picture composition

Look at the pictures below. What **story** do you think they tell?

Have a really close look at the pictures now and - using your powers of observation, logic and imagination - think up a nice **story**. You should use the **past tense** and write in complete sentences. Give your story a **title** and mention at least the following **number of facts** for the six pictures:

Picture 1:   4 facts;   Picture 2:   5 facts;   Picture 3:   4 facts;
Picture 4:   3 facts;   Picture 5:   4 facts;   Picture 6:   4 facts.

By the way, the boy is called **Bob** and his girlfriend is called **Sandy**. The dog's name is **Rover**. Good luck!

Write here: ↓   Do **not** write here!

Title: ....   157. ____ (T)

Picture 1:..   158. ____ (P1)

....

....

....

Picture 2:..   159. ____ (P2)

....

....

....

Picture 3:..   160. ____ (P3)

....

....

....

Picture 4:..   161. ____ (P4)

....

....

....

Picture 5:..   162. ____ (P5)

....

....

....

Picture 6:..   163. ____ (P6)

....

....

....

Abb. 3.10:   Bildergeschichte

Die Ergebnisse in den drei Schreibaufgaben wurden nochmals (getrennt nach den psycholinguistisch-didaktischen Indizes) zu einer neuen Skala zusammengefasst, wodurch sich ein differenzierteres Bild im Hinblick auf die übergeordnete Kategorie der "*Productive Skills*" (siehe 3.2.4.) ergeben kann (= Tab. 3.8):

Tab. 3.8: Variablen in der Kategorie der "*Productive Skills*"

Inhalt	*Prod. Skills:* Punkte	*Prod. Skills:* Wörter	*Prod. Skills:* Propositionen	*Prod. Skills:* Fehler (*)	*Prod. Skills:* F Q
Skala	Test 82	Test 821	Test 822	Test 823	Test 824

Zusammenfassend lässt sich feststellen, dass die drei Aufgaben zum textgebundenen Schreiben den gezielten Versuch beinhalten, die für die Sprachfähigkeit konstitutive Komponente der Diskurskompetenz bei dieser Sprachstandsmessung zu berücksichtigen.

3.4.4   Der C-Test

Der C-Test ist einer der am besten erforschten Tests der allgemeinen Sprachfähigkeit (= *general language proficiency),* der in einem weiten Spektrum von Zielgruppen und Zielsprachen eingesetzt und validiert worden ist: z.B. bei deutschen Grundschulkindern der 4. Klasse, für Sprachstandsmessungen bei Migranten (Deutsch als Zweitsprache), bei Lernern an Volkshochschulen und Studienkollegs (Deutsch als Fremdsprache), bei universitären Einstufungstests, als Instrument der Vorauswahl im "Bundeswettbewerb Fremdsprachen" bis hin zu 20.000 ausländischen Studierenden unterschiedlichster Herkunftssprachen, die an britischen Hochschulen eingeschrieben waren. Die spezifische Stärke eines C-Tests ist es, eine global-ganzheitliche Sprachstandsmessung zu erlauben, die eine punktuelle Momentaufnahme der allgemeinen Sprachkompetenz der Probanden dargestellt. C-Tests eignen sich vor allem für Lehrgänge, die über ein ausgewogenes Fertigkeitsprofil verfügen, denn der besondere Vorteil dieser Testform liegt in der Bereitstellung einer "einzelnen" Messzahl (dem jeweils erreichten Punktwert), die den (oder die) jeweiligen Probanden auf einer Skala der fremdsprachlichen Sprachfähigkeit lokalisiert. Die Punktzahl in einem C-Test kann somit für norm- oder kriterienorientierte Vergleiche genutzt werden. Zwischen der basalen Sprachfähigkeit (die der C-Test "messen" will: als eine Form des indirekten Testens!) und dem kommunikativen Umgang mit Sprache können zum Teil beträchtliche Unterschiede liegen. Deshalb können C-Tests nicht als genuin "kommunikative Tests" eingestuft werden (siehe hierzu 3.5 und Kapitel 5).

Das einem C-Test zugrundeliegende Prinzip ist das der reduzierten Redundanz (ähnlich wie bei den älteren Cloze Tests). Die Redundanz ist ein Phänomen natürlicher Sprachen, das auf allen Ebenen der Sprachstruktur und in allen Teilbereichen der Sprache zur Wirkung kommt. Der mittels Sprache übertragene Inhalt (= *message, content*) weist stets mehr Informationen auf, als für das Verstehen der jeweiligen Mitteilung unbedingt notwendig sind. Damit wird die menschliche Sprache zu einem sehr flexiblen und effizienten Kommunikationsmedium; nicht zuletzt auch deshalb, weil Redundanz zusätzlich zum verbalen Teil einer Mitteilung auch in den nichtsprachlichen Dimensionen einer Interaktion voraus- bzw. eingesetzt wird (Präsuppositionen zum Sach- und Weltwissen). Indem die Lücken im C-Test partielles Nichtverstehen bzw. das punktuelle Unterbrechen des Sprachflusses simulieren oder induzieren, modelliert der Test (in Grenzen) authentisches Sprachverhalten. Inwieweit die Ergebnisse in einem C-Test mit der mündlichen Kommunikationsfähigkeit korrelieren, ist zur Zeit noch nicht vollends abzuschätzen.

Nach den standardisierten Konstruktionsregeln wählt man fünf bis sechs kurze authentische Texte aus, die semantisch-textuelle Sinneinheiten darstellen und kein spezielles Sach- oder landeskundliches Weltwissen voraussetzen. Der Eingangssatz bleibt als kontextualisierende "Einführung" unverändert, danach greift die "Zweierregel": Mit dem zweiten Wort im zweiten Satz wird die zweite Hälfte eines jeden zweiten Wortes getilgt, so dass ca. 20-25 Lücken entstehen (im hier eingesetzten Test waren es jeweils 25 Lücken pro Text = 125 Lücken). Unversehrt bleiben Wörter mit einem Buchstaben und Eigennamen. Hat ein Wort eine ungerade Zahl von Buchstaben, ist die Anzahl der getilgten Buchstaben um eine Zahl höher als die der unversehrten Buchstaben. Nach Möglichkeit sollte der Text mit einem "vollständigen" Satz ausklingen, damit für den Text in seiner Gesamtheit ein inhaltlicher Zusammenhang gestiftet wird. Jede korrekte Rekonstruktion einer Lücke wird mit einem Punkt "bewertet"; wobei man sich (wie bereits erwähnt) überlegen muss, wie man den C-Test gewichtet, sollte er im Verbund mit anderen Leistungs-, Sprachfähigkeits- und/oder kommunikativen Tests eingesetzt werden.

C-Tests sind integrative Tests, die sich durch eine hohe Zuverlässigkeit ihrer Messung und durch hohe Korrelationen mit anderen integrativen Sprachfähigkeitstests auszeichnen. Sie beziehen sich allerdings nicht auf ein spezielles Curriculum und können von daher nicht als lehrplan- und lehrwerkbezogener Leistungstest oder als diagnostischer Test Verwendung finden. Ein weiteres Problem mit dem C-Test ist seine geringe Augenscheinvalidität (= *low face validity*); d.h. C-Tests wirken für etliche Probanden nicht wie "richtige" Sprachtests (eher wie ein Puzzle). Sie werden "nicht ganz ernst genommen" und werden deshalb vielleicht etwas "flüchtig" bearbeitet. Auch aus diesem Grund sollte man einen C-Test bei einem umfassenden Sprachfähigkeitstest zusammen mit anderen Testarten einsetzen. Der hier benutzte C-Test mit fünf Teiltests bzw. -texten gliedert sich in folgende Skalen (= Tab. 3.9); der eigentliche Test ist in Abb. 3.11 abgedruckt:

Tab. 3.9: Variablen im C-Test

Inhalt	C-Test: Gesamt	C1-Test: *American*	C2-Test: *Car*	C3-Test: *Cornwall*	C4-Test: *Pets*	C5-Test: *Decorating*
Skala	Test 1	Test 11	Test 12	Test 13	Test 14	Test 15
Punkte (maximal)	0-125	0-25	0-25	0-25	0-25	0-25

TEST PAPER I

C - Test

In the following five texts parts of some of the words have been damaged. Please replace the missing parts.

I. American

An American friend of ours hired a car in London although he was inexperienced in driving on the left-hand side of the road. Soon h.................. found him.................. going i.................. the wr.................. direction ro.................. a roundabout. H.................. braked sha.................., slid side.................., and en.................. up wi.................. both fr.................. wheels o.................. the pave.................. . Badly sha.................., he w.................. almost reli.................. when a poli.................. came ov.................. to h.................. . As a hu.................. bobby lea.................. in a.................. the op.................. window o.................. friend wai.................. for the angry scold . But the policeman surprised him. "We seldom see anyone do that, sir," he said.

II. Car

Be particularly careful when buying a used car from a private individual - you have fewer rights than when buying from a trader. Your rig.................. will lar.................. depend o.................. what i..................said bet.................. you a.................. the sel.................. - that i.................., what y.................. are to.................. about t.................. condition a.................. value o.................. the c.................. . It i.................. a good id.................. to ta.................. someone al.................. as a wit.................. . Better st.................., have t.................. car insp.................. by a.................. expert . B.................. it i.................. up to you to decide whether you are getting value for money .

135

III. Cornwall

On holiday in Cornwall I regularly watched a herdsman driving cows from field to farmyard, helped by a large collie named Bruce. One d................. I s................. the m................. driving t................. cows a................. usual, b................. without t................. dog. I................. a c................. strayed, how................., he s................. called o................., "Fetch h................. back, Br.................", and t................. offender alw................. moved ba................. into li................. "It's t................. dog's d................. off", h................. explained a................. he pas................. me, "b................. the co................. don't know that"

IV. Pets

Those people who care for pets and look after them properly find it hard to believe that there are others who just abandon their pets when they get tired of them. To d................. such a th................. in Eng................. is punis................. by l................. . Nevertheless i................. August, wh................. most peo................. in Lo................. go o................. holiday, ma................. pets a................. found aban................. and wand................. in t................. streets. Th................. have sim................. been th................. out b................. their own................. during t................. weeks o................. the hol................. . When th................. animals a................. rescued they are taken to an Animal Home in Chelsea. Here they are looked after until someone gives them a new home.

V. Decorating

Some friends of mine inherited a large Victorian house and gradually, room by room, they redecorated the place. At la................. the din................. room w................. done exa................. as th................. wanted i................. to b................., and t................. celebrate fini................. the wo................. they ga................. a din................. party. A................. the inv................. guests mo................. into t................. new ro................., one o................. them sto................. in t................. doorway a................. looked ro................. "Heavens!" h................. said. "Wh................. fun i................. will be doing up this room."

Abb. 3.11:   C-Test

3.5   Ein kommunikativer Test zur Erfassung der Gesprächskompetenz

Die sogenannten "kommunikativen Tests" stellen den dritten Typ von Sprachtests dar; neben den integrativen Tests (stärker auf die Kommunikationsfähigkeit bezogenen direkten Tests) und den Tests, die die Verfügbarkeit sprachlicher Einzelelemente überprüfen. Extreme Verfechter eines sprachpragmatischen Ansatzes in der Testtheorie und -entwicklung lassen im Prinzip "nur" kommunikative Tests gelten, weil sie davon ausgehen, dass unter dem Kriterium der Validität nur Testformen zugelassen werden sollten, die auch außerhalb der Schule vorkommen (= *pragmatic testing*). Sie verweisen auf die Vielzahl von realen Verwendungssituationen authentischen Sprachgebrauchs, die sich auch für Testzwecke (Lernziel- und Ergebniskontrollen der unterschiedlichsten Art) nutzen lassen: z.B. Antwortschreiben auf einen persönlichen Brief, Lebenslauf schreiben, Formulare ausfüllen, Bewerbungsschreiben auf ein Stellenangebot verfassen, Leserbrief zu einem Bericht aufsetzen (um in der Domäne schriftlicher Textsorten zu bleiben). Das Problem bei direkten, kommunikativen Tests ist natürlich (wie in 3.4.1 und 3.4.3 deutlich wurde), dass sie globaler Natur sind und dass sie aufgrund der hohen Komplexität der dabei entstehenden Sprachprodukte (gesprochene wie geschriebene) nur mit erheblichem Aufwand bewertet werden können. Es stellt sich weiterhin die Frage, ob man die Sprachhandlungsprodukte der Probanden eher subjektiv-ganzheitlich oder stärker objektiv-analytisch einschätzen und beurteilen will (siehe 3.5.3 zu den *methods of scoring*).

3.5.1   Testplanung und -überarbeitung

Da die Fragebogenerhebung – selbst wenn sie (wie hier geschehen) mehrere unterschiedliche Komponenten von Leistungs- und Sprachfähigkeitstests einbezieht – in großen Teilen ein schriftlicher Test ist, sollte ein kommunikativer Test (im strengen Sinne des Begriffs) Aufschluss über die interaktive Gesprächsfähigkeit der Probanden geben. Alle Richtlinien sind sich über den Vorrang der mündlichen Fertigkeit des Sprechens einig, was noch lange nicht bedeuten muss, dass die mündlichen Lernleistungen und -kontrollen den ihnen gebührenden Platz im Unterricht bzw. in der Englischnote, auch tatsächlich bekommen (besonders wenn, wie in diesem Schulversuch, die Akzeleration des Lerntempos im Mittelpunkt steht). Von daher sollte eine externe Überprüfung der mündlichen Gesprächskompetenz in den beiden Lerngruppen der Regel- und der Expressklassen vorgenommen werden.

Zu diesem Zweck wurde auf einen kommunikativen Test zurückgegriffen, der von Wode (1994) im Zuge der Evaluierung des bilingualen Unterrichts in Schleswig-Holstein entwickelt, eingesetzt und ausgewertet worden war (siehe *Test Paper V* der Abb. 3.12). Die Vorlage für diesen Test ist dem Band von Klippel (1984: 94, 177) entnommen, die die Situation "*Desperate Decision*" als Simulationsspiel aufbereitet hat. Testtheoretisch gesprochen gehört dieses Interaktions- oder Rollenspiel zur Klasse der *project tests*. Im besten Fall (wenn die Aufgabenstellung von den Probanden angenommen wird) steht die Bewältigung der (hier gegebenen) Konflikt- oder Problemlösungssituation im Vordergrund, und die Schüler(innen) empfinden den verbalen, themenbezogenen Austausch mit den Klassenkameraden erst gar nicht (oder kaum) als Sprachtest.

TEST PAPER V:

Simulation Game

I. Description of the situation

A Desperate Decision

You are on a hiking trip in the Scottish Highlands: your teacher (who is about 35 years old) and a group of seven pupils, three boys and four girls aged between 13 and 16. You are carrying your own food and tents. You have planned to be out of contact with other people for a whole week. On Sunday you are expected in a small village on the Scottish west coast where you will be picked up by a minibus.

Today is **Thursday.** It has been raining since Tuesday night and everyone is wet and cold. During the morning a dense fog starts coming down, and within an hour the mountains and the path are covered in thick fog. You have to walk by compass now which slows the group down even further.

At lunchtime two boys and two girls start complaining about stomach pains, diarrhoea and feeling sick. Your teacher suspects that some of the water taken from mountain streams may have been contaminated. In the afternoon they feel worse and can only walk very slowly. While climbing down a steep hillside the youngest boy, Roy, stumbles and falls. He cannot get up because his leg is broken. Your teacher decides to set up camp and discuss with the group what is to be done.

You are in a valley between two mountain ridges. The nearest road is about 15 kilometres away to the north as the crow flies. But there is no path across the mountains, and between the mountain and the river there is a moor. There is no bridge across the river, and with all that rain of the past days it will be too deep to get across.

About 5 kilometres back east (the way you have come) an easy path turns off which takes you to a lake and a fisherman's hut some 30 kilometres away. However, nobody may live in that hut right now, and there is probably no phone. The next village is about 40 kilometres away.

Some 10 kilometres back the way you have come (to the east) there is a small forest where you could find some firewood. You have enough food and enough camping gas till Sunday to prepare warm meals and hot drinks. There are mountain streams nearby but there is no firewood anywhere near your camp.

The only people who can read a map and use a compass are your teacher, one of the sick boys and Fiona, the oldest girl, who is feeling all right. Roy, the boy with the broken leg, is in agony and needs a doctor soon.

Glossary: Bergwanderung · Westküste · dichter Nebel · sich beschweren · Durchfall, Übelkeit; Bergbach verunreinigt, steiler Abhang, stolpern, Lager aufschlagen · Tal, Kamm Luftlinie · Hochmoor · Hütte vermutlich · Wäldchen Brennholz, bereiten · Karte lesen · in großen Schmerzen

138

II. Instructions

In groups of three **you** take one of the following roles:

- the teacher (male or female),
- Roy, the boy with the broken leg and
- Fiona, the oldest girl who is feeling all right and can read a map and use a compass.

Make sure there are no comprehension problems:

- How many kids are feeling ill and how many are all right?
- How many can read a map and use a compass?

Now, each of you sits down for five minutes and has a close look at the map. Try to find as many courses of action as possible. Making notes you should write them down. Try to think of all the members of the group, their strengths and weaknesses, their duties and pains.

Then you should come together, and each of you should make suggestions, state possibilities and give reasons for your personal choice. The other members of the group should challenge the arguments and conclusions of each person (where possible). Discuss the advantages and disadvantages of each solution and decide on the best one. You must agree on a course of action which is acceptable to the group as a whole (teacher and pupils).

THE GOALS OF THIS ROLE-PLAY

1. **What can you do?**
2. **Think of all the possible courses of action and decide on the best one.**
3. **Give reasons for your choice.**
4. **Try to defend your own position but also listen to the other arguments.**
5. **Find a solution which is acceptable to everyone.**

Please note: Nobody has got a mobile phone – pity but that's the way it is.

III. The map

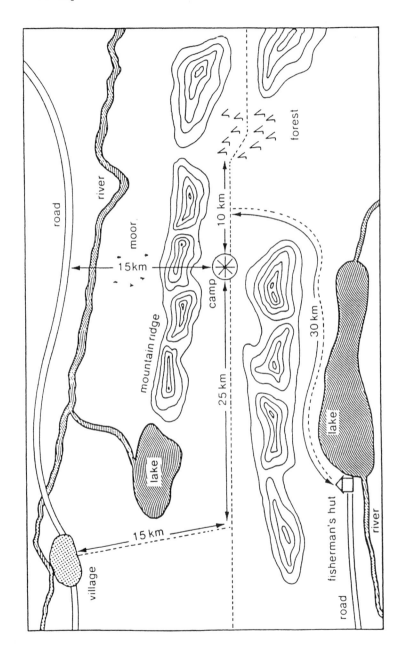

Aus dem Rückblick heraus kann ohne jeden Zweifel gesagt werden, dass das von Klippel entworfene Szenario "*A Desperate Decision*" sich vorzüglich als kommunikativer Test eignet und dass es auf große Akzeptanz bei den Probanden dieser 9. Klassen des Gymnasiums gestoßen ist. Die Situation und die damit verbundenen Aufgaben erfüllen genau die Kriterien, die an einen "direkten" kommunikativen Test der Gesprächskompetenz zu stellen sind (vgl. Weir 1990: 38):

- lernerangemessener, realistischer Inhalt *(realistic content)*,
- Informationsgefälle zwischen den Interaktanten (*information gap*),
- Redeteilnehmer fungieren gleichmaßen als Textproduzent/Sprecher und als Textrezipient/ Hörer (*intersubjectivity*),
- flexible Anpassungen des individuellen Diskursverhaltens (*allowance for self-monitoring*),
- persönliche Freiräume für individuelles Sprachhandeln innerhalb eines "üblichen" Inputrahmens (*scope for development of activity, processing of appropriately sized input*),
- eine dem Lehr-Lernkontext angemessene zeitliche Begrenzung (*normal time constraints*).

Das Simulationsspiel aus dem Band von Klippel (1984) für einen schüleraktivierenden Englischunterricht handelt von einer Gruppenfahrt (Lehrer/in und sieben Schüler/-innen) ins schottische Hochland. Die Gruppe gerät aufgrund diverser Entwicklungen und Vorkommnisse (Wetterbedingungen, Unfall, Krankheit) in eine schwierige Lage, in der der Gruppe mehrere Lösungswege offen stehen (bessere und weniger gute). Das Ziel des Interaktionsspiels (an dem immer drei Personen mit einer bestimmten Rollenzuweisung teilnehmen: Lehrer/-in, Roy und Fiona) ist es, unterschiedliche Lösungsvorschläge vorzustellen, die weniger guten Ideen auszuschließen, um sich auf dieser Basis auf eine konsensfähige (die für diese Gruppe "beste") Strategie zu einigen. Zu dem Testmaterial gehören:

- ein schriftlicher Text, der den Situationsrahmen und den Handlungsablauf darstellt (mit deutschen Annotationen zum Wortschatz),
- ein Arbeitsblatt mit den Rollenzuordnungen, Verständnisfragen und Anweisungen für die drei Interaktanten sowie
- eine Landkarte, aus der die Topographie der Örtlichkeit, die Entfernungen, der Standort der Gruppe (das *camp*), die Wege, Straßen und Flüsse sowie die möglichen Zielorte (Dorf, Fischerhütte usw.) deutlich werden.

Die Lösungsvorschläge der Schülerinnen und Schüler lassen sich im Wesentlichen in zwei große Gruppen gliedern, von denen jeweils drei als "weniger gut" und drei als "gut" eingestuft wurden. Als keine guten Lösungen galten:

a) **Zur Hütte gehen** (*fisherman's hut*):

Eine Strecke von 35 km ist an einem Tag kaum zu bewältigen; zudem kann man nicht sicher sein, ob in der Hütte jemand ist bzw. ob wenigstens ein Telefon vorhanden ist. Der Weg zurück ist ebenfalls sehr weit. Inzwischen könnte schon Hilfe aus dem Dorf da sein.

b) **Zur Straße gehen** (*road*):
Zwischen dem Lager und der Straße liegen Berge ohne markierte Wege, ein Hochmoor und ein sehr viel Wasser führender Fluss ohne Brücke. Das Risiko wäre zu groß.

c) **Holz holen** (*forest*):
Um am Donnerstag noch Holz zu holen, ist die Strecke zu weit (Hin- und Rückweg 20 km). Bleibt man als Gruppe zusammen, verzögert sich der Weg ins Dorf um einen Tag (der Freitag ist "weg"). Vermutlich braucht man aber auch gar kein Holz.

Als akzeptable Lösungen wurden die folgenden Strategien entwickelt, die alle das Dorf (*village*) als Ziel hatten. Zwei Lösungsansätze gingen von einer Teilung der Gruppe aus, einer plädierte für das Zusammenbleiben der Gruppe:

d) **Alles an einem Tag**:
Während Fiona allein zum Dorf geht (also sehr früh am Freitag los muss), um Hilfe zu holen, gehen zeitgleich ein Junge und ein Mädchen Holz holen (Kompasse braucht man nicht dafür), während die Lehrkraft mit den anderen im Lager bleibt.

e) **Alles in zwei Tagen**:
Am ersten Tag gehen zwei Leute Holz holen (wahlweise Fiona und ein Junge oder die Lehrkraft mit einem Jungen bzw. Mädchen), während Fiona bzw. die Lehrkraft (d.h. eine "erfahrene" Person) im Lager mit den anderen bleibt. Am nächsten Tag (Samstag) gehen Fiona und ein Junge / Mädchen ins Dorf, der Rest der Gruppe wartet (mit der Lehrkraft) im Lager auf Hilfe (Geländewagen oder Hubschrauber).

f) **Als Gruppe etappenweise weitergehen**:
Wie bei d) und e) gehen zwei Leute zunächst Holz holen, dann wird damit eine Trage für Roy gebaut (= *stretcher* wird vom Versuchsleiter auf Nachfrage eingeführt), und die gesamte Gruppe zieht ab Sonnabend etappenweise Richtung Dorf.

3.5.2 Testdurchführung

Für jede Testsitzung mit drei Probanden (d.h. einem Spiel) wurde eine Unterrichtsstunde veranschlagt (was sowohl realistisch als auch ausreichend war). An der Evaluierung des Schulversuchs im Fach Englisch waren bekanntlich drei Express- und vier Regelklassen beteiligt. Für das Rollenspiel wurden deshalb sechs

Schüler(innen) aus jeder Schnellläuferklasse (= zwei Gruppen) und sechs Schüler(innen) aus den 9. Regelklassen der drei Gymnasien ausgewählt (an der Schule 05 kam eine Gruppe aus der "Lateinklasse" und eine aus der "Französischklasse": zweite Fremdsprache). Damit gab es für beide Lerngruppen (Regel- vs. Expressklassen) jeweils sechs Gruppen à drei Schülern, zusammen also 12 Gruppen mit insgesamt 36 Probanden (somit auch 12 Testsitzungen bzw. 12 Rollenspiele). Die Gruppen wurden nach dem Prinzip einer "gesteuerten Zufallsauswahl" zusammengestellt (siehe 2.2.2.3, besonders Abb. 2.10); d.h. der Versuchsleiter [W.Z.] bat die jeweiligen Englischlehrer(innen) der beteiligten Klassen, die Schüler nach Leistungsstärke im Fach Englisch zu ordnen[13]: "gut", "durchschnittlich", "weniger gut". Der Versuchsleiter suchte sich vor jeder Testsitzung über diese Liste drei Schüler per Zufallsentscheidung heraus; wobei jeweils ein Proband aus jedem Leistungsniveau und aus jeder Klasse jeweils drei Jungen und drei Mädchen bestimmt wurden. Sowohl die Versuchs- als auch die Kontrollgruppen waren damit randomisiert, was das Geschlecht und das Leistungsniveau im Fach Englisch angeht.

Die Durchführung des Rollenspiels folgte in etwa dem nachstehenden Zeitraster:

a) Auswahl der Probanden — 5 Min.

b) Atmosphärische Auflockerung, technische Vorbereitung zur Testsituation (Mikrofon, Kassettengerät) — 3 Min.

c) Kontextualisierung der Situation (stilles Lesen des schriftlichen Begleittextes) — 10 Min.

d) Verständnissicherung, Rollenzuweisung (*Teacher, Roy, Fiona*) und individuelle Stillarbeit (*note-making:* "schlechte" Lösungen und "gute" Lösungen) — 7 Min.

e) Interaktionsspiel in der Gruppe — (max.) 25 Min.

Eine Unterrichtsstunde pro Rollenspiel war ausreichend aber auch notwendig, da alle Probanden "voll bei der Sache (des Spiels) waren". Die Dauer des Gesprächs in der Gruppe lag zwischen 12 und 23 Minuten. Alle Interaktionsspiele wurden mittels Kassettenrekorder aufgezeichnet und anschließend transkribiert. Die 12 Rollenspiele fanden in einem Nebenraum der jeweiligen Schule statt, parallel zum regulären Englischunterricht im Klassenverband. Der Versuchsleiter versuchte so wenig wie möglich in das Gespräch der Probanden einzugreifen. Dies war zum einen nötig, wenn die Schüler zu schnell ("direkt") auf die ihrer Meinung nach beste Lösung zusteuern wollten, und zum anderen, wenn in der Gruppe zu wenig Rede und Gegenrede aufkam bzw. das Diskursverhalten einzelner Schüler so affirmativ war, dass zu wenig sprachlicher Output zum Gespräch beigetragen wurde. Die Interventionen des Versuchsleiters dienten mit anderen Worten dazu, die Sprechanteile einzelner Schüler

---

[13] Auch diese Zuordnung war anonymisiert, d.h. sie wurde allein über die Codenummern der Schüler auf der jeweiligen Klassenliste vorgenommen.

oder einzelner Gruppen auf ein gewisses quantitatives Mindestmaß zu bringen, um die anschließende Beurteilung durch externe Gutachter sicherstellen zu können.

3.5.3   Bewertungsverfahren für mündliche Sprachproduktionen

Es ist nicht ganz einfach, für kommunikative Tests Gütekriterien aufzustellen. Hinsichtlich der von Bachman / Palmer (1996) genannten Kriterien der Authentizität und Integrativität wurde in 2.3.3 die Frage nach der Anwendbarkeit dieser Kriterien auf den Test "*A Desperate Decision*" eindeutig positiv beantwortet. Eine der Wegbereiterin kommunikativer Tests, Brendan J. Carroll, hatte 1980 dafür Faktoren wie *relevance, acceptability, comparability* und *economy* vorgeschlagen. Für diese Aspekte muss die Antwort angesichts der wenig entwickelten Testsituation in Deutschland sehr viel differenzierter erfolgen. Die Kriterien Relevanz (Gesprächskompetenz) und Akzeptanz (bei den Probanden) sind beim Simulationsspiel "*A Desperate Decision*" mit Sicherheit erfüllt. Bezüglich der Vergleichbarkeit mit anderen Testverfahren zur Überprüfung der mündlichen Kommunikationsfähigkeit (vgl. hierzu Underhill 1987) fehlen schlichtweg – besonders in Deutschland – die Daten und Ergebnisse, da keine vergleichenden Untersuchungen des Einsatzes und der Validität von (z.B.) Rollenspiel, Interview, Vortrag, Versprachlichen von Bildergeschichten, mündlichem Bericht, Funktionsbeschreibung oder -erklärung u.dgl. vorliegen. Der Aufwand bei der Auswertung eines kommunikativen Tests ist erheblich. Eine der zentralen Fragen ist die, ob die Bewertung (als Faktorenbündel von Bewerter/*rater*, Bewertungskategorien und Bewertungsmethode) eher ganzheitlich (*holistic*) oder stärker analytisch (*analytic*) durchzuführen ist. Die davon aufgeworfenen Fragen sind so grundsätzlicher Natur, dass sie im Folgenden etwas ausführlicher dargestellt werden sollen. Die Problematik könnte höchst aktuell werden, wenn sich in absehbarer Zeit in den einzelnen Bundesländern Vergleichsarbeiten durchsetzen sollten, die auch mündliche Sprachproduktionen zum Gegenstand der Überprüfung des Leistungsstandes in den fremdsprachlichen Fächern machen.

Sehen wir in diesem Zusammenhang von der Möglichkeit der Selbstevaluierung durch die Lerner ab (= *self-assessment*), so haben sich in der Testforschung und -praxis im Wesentlichen drei Ansätze einer validen und zuverlässigen Bewertung der mündlichen Sprachproduktionen in *oral proficiency tests* durchgesetzt:

a)   die globale Bewertung (*global* oder *holistic scoring*),

b)   die analytische Bewertung (*analytic scoring*) und

c)   die objektivierte Bewertung (*objective scoring*).

Die kontinuierliche Erfassung der mündlichen Leistungen von Schülern im Unterricht durch die Lehrkraft wird hier ebenfalls ausgeblendet (vgl. dazu Koch 1999). Die globale und die analytische Bewertung sollen in den beiden folgenden Teilkapiteln dargestellt werden; die Möglichkeiten der objektivierten Bewertung werden im Zusammenhang mit der psycholinguistischen und diskursanalytischen Auswertung des sechsten Kapitels aufgezeigt.

3.5.3.1 Globale Bewertungsverfahren

Ein globales oder ganzheitliches Bewertungsverfahren liegt unter anderem dem im Kapitel 2.3 mehrfach erwähnten *Oral Proficiency Interview* (= *OPI*) zugrunde. Die Grundannahme ist die, dass die vom Kandidaten erbrachte sprachliche Leistung ("das Ganze") mehr ist als die Summe der Teile. Die Validität der Testleistung wird darin gesehen, einen Prüfling zum Sprechen anzuregen, um ihn dann auf der Grundlage der kommunikativen Wirksamkeit seiner Sprachproduktion zu bewerten. Wie in 3.1.1 genauer dargelegt wurde, ist der kommunikative Erfolg einer komplexeren sprachlichen Leistung nicht nur eine Angelegenheit der syntaktischen und phonetischen Korrektheit. Die *"communicative second language ability"* (Bachman 1990: 85f.) beinhaltet gleichermaßen Sprachkompetenz (*proficiency*) und ein Bemühen um Kommunikation, das getragen ist von dem Versuch, die eigenen Defizite zu kompensieren und dennoch so weit wie möglich Verständigung zu realisieren und kulturelle Fehler zu vermeiden. Kommunikativer Sprachgebrauch ist überdies so komplex, dass eine atomisierte Bewertung dem Gegenstand nicht angemessen wäre. Dafür nimmt man dann auch bei der globalen Bewertung ein gewisses Maß an Subjektivität in Kauf.

Aus der Sicht der Testsituation wird geltend gemacht, dass ein Prüfer, der das Gespräch führt und zugleich eine aktuell ablaufende Sprachproduktion bewerten soll (also *interviewer* und *assessor* in einer Person ist), in aller Regel nicht in der Lage ist, verschiedene bzw. allzu viele Komponenten einer sprachlichen Leistung (Korrektheit, Inhalt, Wortschatz, stilistische Angemessenheit usw.) auseinanderzuhalten. Er wird sich deshalb auf einige wenige Aspekte (Gefahr individueller Vorlieben: *bias*) oder eine intuitive, erfahrungs- und normgestützte, stark subjektive und ganzheitliche Einschätzung zurückziehen; zumal die meisten Schulsysteme eher globale Beurteilungsverfahren mit einigen wenigen Notenstufen kennen (= *achievement grades*). Die differentiellen und diagnostischen Aspekte einer Bewertung gehen verloren, und das Urteil wird ein wenig messgenauer, eher unzuverlässiger Akt. Es besteht auch die Gefahr, dass ein Bewerter sich von der Persönlichkeit eines Kandidaten beeinflussen lässt (= Halo-Effekt), was unter Umständen der kommunikativen mündlichen Leistung nicht gerecht wird (in positiver oder negativer Hinsicht). Andererseits will man unbedingt beim mündlichen Sprachtesten die persönliche Beziehung von *tester* und *testee* erhalten. Underhill (1987: 5) formuliert deshalb die zentrale Prämisse seines Buches wie folgt:

> "It recognises that oral tests, because they involve a subjective judgement by one person of another, are likely to be less reliable, but it suggests that the human aspect of that judgement is precisely what makes them valuable and desirable".

Oder an anderer Stelle:

> "the one [the solution, W.Z.] on which this book is based, is to make a conscious decision that the person-to-person aspect is so important in testing oral proficiency that it cannot be traded away, and to face up to the consequent problems of involving human judgement" (Underhill 1987: 89).

Die logische und praktische Konsequenz aus dieser "Zwickmühle" besteht darin, die Zahl unabhängiger Urteile zu erhöhen. Dies ist genau die Strategie, die die in 2.3 vorgestellten "offiziellen" mündlichen Sprachtests verwenden: Entweder das Prüfungsgespräch wird auf Band aufgenommen, und der *interviewer-assessor* hört sich das Gespräch ein zweites Mal an, bevor es einem zweiten, unabhängigen Gutachter zugeschickt wird (das Verfahren des *OPI*). Oder es sind von vornherein zwei *examiners* beim Prüfungsgespräch präsent, die anschließend ihre Bewertungen abgleichen; der eine als *interviewer*, der das Gespräch leitet, mit einem eher globalen Urteil, und der andere als am Gespräch nicht direkt beteiligter *assessor*, der sein Urteil auf ein gemischtes global-analytisches Verfahren mithilfe einer Bewertungsskala (*rating scale*) stützt (so bei den *proficiency tests* der Universität Cambridge). "The key to ... [reliability, W.Z.] is the marking system, which becomes as significant as the test procedure itself. Just as much as the actual test, the marking system determines what has been tested" (Underhill 1987: 89). Dies wiederum – das sei hier klargestellt – ist mehr als die *rating scale*. Die Prüfer für mündliche Sprachtests müssen speziell ausgewählt und ausgebildet werden, und sie sind zu einer kontinuierlichen Prüfungspraxis und Fortbildung verpflichtet (erhalten aber für die Prüfungen ein Entgelt): Prinzip der Akkreditierung. Mündliche Sprachtests setzen mit anderen Worten eine ausgebaute Infrastruktur in dem jeweiligen Bildungswesen voraus (vgl. Underhill 1989: 90ff.).

Die Philosophie der globalen Bewertungsverfahren hat in den letzten Jahren einen gewaltigen Auftrieb erfahren, weil der Europarat 1995 einen einheitlichen Bezugsrahmen für die Leistungsüberprüfung (= *assessment*) vorgelegt hat, der für die Domäne des Fremdsprachenerwerbs im europäischen Kontext sechs große Stufen (= *levels*) der Sprachfähigkeit (= *proficiency*) vorsieht, die üblicherweise im Rahmen institutionalisierter Bildungsgänge von den Vorschuleinrichtungen bis zum Hochschulstudium erreicht werden können: "This suggests that an outline framework of six broad levels would give a comprehensive coverage of the learning space relevant to European language learners" (Council of Europe 1998: 123). Die sechs Stufen, die in diesem "*Common European Framework of Reference*" für die Ergebniskontrolle in den modernen Fremdsprachen vorgeschlagen werden, sind die folgenden:

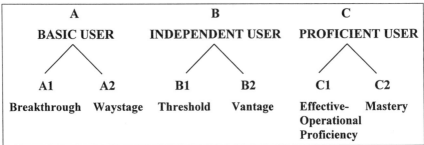

Abb. 3.13: Stufen der Sprachfähigkeit in einem europäischen Bezugsrahmen (Council of Europe 1998: 124)

Die Vorschläge des Europarats gehen mit anderen Worten von der "klassischen" Dreiteilung globaler Kompetenzniveaus nach *Basic / Elementary* (A), *Intermediate* (B) und *Advanced* (C) aus, die sie dann in jeweils zwei Stufen ausdifferenzieren (einer niedrigeren und einer höheren: A1, B1, C1 bzw. A2, B2, C2). Einige dieser Kompetenzstufen entsprechen den vorliegenden Beschreibungen des Europarats (etwa *"Waystage"* und *"Threshold"*), andere wurden neu eingeführt und orientieren sich in der Regel an bekannten und relativ weit eingesetzten Sprachfähigkeitstests. Zur besseren Einordnung dieser sechs Stufen sollen einige (ungefähre) Äquivalenzen mit etablierten Tests zur Zielsprache Englisch (*UCLES = University of Cambridge Local Examinations Syndicate*) angegeben werden (Abb. 3.14):

Stufe	Waystage	Threshold	Vantage	Effective	Mastery
Test	Key English Test (KET)	Preliminary English Test (PET)	First Certificate of English (FCE)	Certificate in Advanced English (CAE)	Cambridge Proficiency Examination (CPE)

Abb. 3.14:   Einordnung der *UCLES*-Tests in die Kompetenzstufen des Europarates

Die Autoren des *"Common European Framework"* versuchen also eine Synthese der bisher vorliegenden Initiativen zur Leistungskontrolle in Europa, die sich an erreichbaren Kompetenzstufen orientiert:

"The Common European Framework provides a common basis for the elaboration of language syllabuses, curriculum guidelines, examinations, textbooks, etc. across Europe. It describes in a comprehensive way what language learners have to do in order to use a language for communication and what knowledge and skills they have to develop so as to be able to act effectively. This includes the cultural context in which language is set. The Framework also defines levels of proficiency which allow learners' progress to be measured at each stage of learning and on a life-long basis" (Trim 1997: 8).

Die in der Abb. 3.13 zusammengefassten sechs Stufen werden dann in einer global-holistischen Beschreibung "definiert", wobei die Charakterisierungen für diese sechs Kompetenzstufen im Sinne eines handlungsorientierten Zugangs zu Sprache und Sprachgebrauch so formuliert sind, dass ersichtlich wird, was der Lerner auf jeder Stufe mit der Zielsprache bereits "tun" kann. Die Beschreibungen der sechs Referenzebenen sind alle positiv gehalten, es gibt keine negativen Formulierungen (Abb. 3.15):

Pro-fi-cient User	**C2**	Can understand with ease virtually everything heard or read. Can summarise information from different spoken and written sources, reconstructing arguments and accounts in a coherent presentation. Can express him/herself spontaneously, very fluently and precisely, differentiating finer shades of meaning even in more complex situations.
	C1	Can understand a wide range of demanding, longer texts, and recognise implicit meaning. Can express him/herself fluently and spontaneously without much obvious searching for expressions. Can use language flexibly and effectively for social, academic and professional purposes. Can produce clear, well-structured, detailed text on complex subjects, showing controlled use of organisational patterns, connectors and cohesive devices.
Inde-pen-dent User	**B2**	Can understand the main ideas of complex text on both concrete and abstract topics, including technical discussions in his/her field of specialisation. Can interact with a degree of fluency and spontaneity that makes regular interaction with native speakers quite possible without strain for either party. Can produce clear, detailed text on a wide range of subjects and explain a viewpoint on a topical issue giving the advantages and disadvantages of various options.
	B1	Can understand the main points of clear standard input on familiar matters regularly encountered in work, school, leisure, etc. Can deal with most situations likely to arise whilst travelling in an area where the language is spoken. Can produce simple connected text on topics which are familiar or of personal interest. Can describe experiences and events, dreams, hopes and ambitions and briefly give reasons and explanations for opinions and plans.
Basic User	**A2**	Can understand sentences and frequently used expressions related to areas of most immediate relevance (e.g. very basic personal and family information, shopping, local geography, employment). Can communicate in simple and routine tasks requiring a simple and direct exchange of information on familiar and routine matters. Can describe in simple terms aspects of his/her background, immediate environment and matters in areas of immediate need.
	A1	Can understand and use familiar everyday expressions and very basic phrases aimed at the satisfaction of needs of a concrete type. Can introduce him/herself and others and can ask and answer questions about personal details such as where he/she lives, people he/she knows and things he/she has. Can interact in a simple way provided the other person talks slowly and clearly and is prepared to help.

Abb. 3.15:   Globale Beschreibung der sechs Kompetenzstufen des Europarats
(Council of Europe 1998: 131)

Die in diesem Schulversuch zu evaluierende Zielgruppe von Lernenden gehört ganz eindeutig der unteren Stufe des sogenannten "*Independent User*" an (= B1); also der Sprachfähigkeitsstufe, die traditionell dem "*Threshold Level*" zuzuordnen ist. Der Referenzrahmen des Europarats zeichnet sich nach meiner Einschätzung durch zwei faszinierende Aspekte aus. Er folgt zum einen einem "positiven Denken" in Bezug auf die Entwicklung der Sprachfähigkeit ("was der Lerner im Hinblick auf den kommunikativen Sprachgebrauch bereits kann"), was vor allem für die Leistungsmessung im Fremdsprachenunterricht sehr heilsam sein dürfte. Und er orientiert sich zum anderen an theoretischen Modellen der Sprachfähigkeit (siehe hier Kap. 3.1.3 zur internen Struktur der *proficiency*), was ein mehrdimensionales "Aufbrechen" der allgemeinen Sprachfähigkeit und eine Feinabstufung (oder Skalierung) der globalen Kompetenzniveaus in den verschiedenen Komponenten der Sprachfähigkeit erlaubt. Dabei folgen die Autoren des "*Framework*" dem "*Hypertext*"-Verzweigungsprinzip der modernen Informationstechnologie (S. 124); d.h. die sechs globalen Kompetenzniveaus der Abb. 3.13 und 3.15 können für spezifische Aspekte der Sprachfähigkeit immer feiner kalibriert werden (über hierarchisch gestufte Skalen), wobei die linguistischen Beschreibungen (= *descriptions*) für diese Skalen wie gesagt stets "positiv" formuliert sind (= "*can do*"-Prinzip!).

Im Anhang des Referenzrahmens (Council of Europe 1998: 167-199) finden sich entsprechend kalibrierte Skalen für die verschiedenen kommunikativen Aktivitäten, wobei zu den *communicative activities* nicht nur die traditionellen vier kommunikativen Fertigkeiten gerechnet werden, sondern auch die interaktiven Kompetenzen des mündlichen und schriftlichen Sprachgebrauchs. Da die Autoren im Einklang mit ihrem handlungstheoretischen Zugang zum kommunikativen Sprachgebrauch größten Wert auf die domänenspezifische Verwendung der Sprache legen, die sich vor allem über die Verbindung von Textsorte und Aufgabe (= *task*) definiert, gibt es z.B. hinsichtlich der in diesem Teilkapitel besonders interessierenden interaktiven Gesprächsfähigkeit (die über das Simulationsspiel erfasst wird) die folgenden Skalen:

a) *overall spoken interaction*
b) *understanding a native speaker interlocutor*
c) *understanding interaction between native speakers*
d) *conversation*
e) *informal discussion with friends*
f) *formal discussion and meetings*
g) *goal-oriented co-operation*
h) *obtaining goods and services*
i) *information exchange*
j) *interviewing and being interviewed.*

Das Simulationsspiel bezieht sich in erster Linie auf die Skalen a), e), g) und i). Es deckt damit zwar nicht alle Modalitäten gesprochener Interaktionen ab, aber doch ein erhebliches Spektrum.

Damit zusammen hängen bestimmte strategische Kompetenzen (siehe 3.1.3 zur theoretischen Modellierung dieser Dimension im Kontext zweitsprachlicher *proficiency*), die im Vollzug einer Interaktionssituation aktualisiert werden müssen (die Seiten 201-210 des Anhangs zum Referenzrahmen beziehen sich auf Skalen zu fremdsprachlichen Strategien):

a) *turntaking*
b) *co-operating*
c) *asking for clarification.*

Auf der globalen Ebene der Bewertung wird die Auswertung des Simulationsspiels zeigen müssen, ob bzw. inwieweit die interaktive Sprachfähigkeit der hier evaluierten Schülerinnen und Schüler den Beschreibungen des Referenzrahmens des Europarats für das Kompetenzniveau B1 (= *Threshold Level*) entspricht.

3.5.3.2 Analytische Bewertungsverfahren

Während eine globale Bewertung ein eher ganzheitlich-synthetisches und intuitiv geprägtes Urteil bezüglich der Sprachfähigkeit der Lernenden beinhaltet, gehen analytische Bewertungsverfahren von mehreren getrennten Aspekten aus. Die global-holistische Bewertung läuft durchaus Gefahr, stärker subjektiv geprägten "Eindrücken" Raum zu geben ("*impression marking*": Underhill 1987, Hughes 1989). Sie vernachlässigt vor allem die Tatsache, dass eine sprachlich-kommunikative Leistung keine einheitliche Größe ist, sondern ein vielschichtiges, differenziertes Phänomen. Ein Sprecher kann in inhaltlicher Hinsicht wertvolle Beiträge leisten, aber in seinem Interaktionsverhalten in der Gruppe wenig taktvoll sein. Er kann sich durch begriffliche Sicherheit im Wortschatz auszeichnen, aber beträchtliche (störende) Defizite in der Aussprache oder im Strukturengebrauch haben. Diese Aspekte sprechen für eine stärker analytische Bewertung (*analytic marking / scoring*); d.h. spezifische sprachliche, inhaltliche und kommunikative Leistungen sollten getrennt und in abgestufter Form beurteilt werden. Dies erhöht die Zuverlässigkeit der Gesamtnote. Geht das Bewertungsverfahren von der Annahme aus, dass unterschiedlich ausgeprägte Komponenten der Sprachfähigkeit zu beurteilen sind, hat der Bewerter einen Raster (= *grid*) mit den einzelnen Kategorien, für die er getrennte Urteile abgibt (= *marks*): In der Regel gibt ihm das Bewertungsverfahren Beschreibungen (*descriptions*) für die Stufung dieser Urteile vor, wodurch Skalen (*scales*) entstehen. Einige Bewertungsverfahren operationalisieren diese gestuften Urteile in einer Punktwertung. Werden die Punkte für alle Kategorien des Rasters addiert (= *score*), kann dieser Gesamtpunktwert in eine zusammenfassende Note (= *grade*) überführt werden. Einige Autoren schlagen vor (z.B. Jung 1997), die einzelnen Kategorien unterschiedlich zu gewichten (= *weighting*), um der jeweiligen Aufgabe gerecht zu werden und die Rechenprozesse etwas zu erleichtern. Indem man mit verschiedenen Faktoren arbeitet, lassen sich die Beurteilungen für die einzelnen Kategorien in gewichtete Werte umwandeln, die in ihrer Gesamtheit einen "glatten" Wert darstellen (etwa 10), der leicht in eine Gesamtnote umzuwandeln ist.

Wie unschwer zu erkennen ist, enthält die analytische Bewertung ebenfalls subjektive Elemente. Schließlich stellt sich die Frage, ob der Bewerter die jeweilige Kategorie valide und in der Abstufung zuverlässig beurteilt. Es bleibt das bereits angesprochene Problem, wie viele unterschiedliche Kategorien einem Bewerter "zugemutet" werden können, so dass er sie noch getrennt und in der Qualität gestuft wahrnehmen kann – ohne dass unter der *cognitive load* die Validität des Urteils leidet. Hat der Bewerter keine Tonband- oder Videoaufnahme, auf die er später nochmals zurückgreifen kann, sollten es erfahrungsgemäß nicht mehr als 3-5 Kategorien sein, die er beurteilen muss. Ungeklärt ist ferner, nach welchen übergeordneten Prinzipien Einzelkategorien zu gewichten sind (wenn man sich für ein *differential weighting* entscheidet) und in welchem Verhältnis die im engeren Sinne sprachlichen Leistungen zu den inhaltlich-kommunikativen Leistungen stehen sollen. Es ist durchaus denkbar, dass diese Frage für die verschiedenen globalen Kompetenzniveaus (siehe Abb. 3.13 und 3.15) unterschiedlich zu beantworten ist. Vielleicht ist das Bemühen oder die Fähigkeit eines Lerners auf dem A-Niveau (*Elementary / Basic*), eine fremdsprachliche Interaktions-situation inhaltlich-kommunikativ zu bewältigen, sehr viel höher zu gewichten (im Vergleich zur Qualität der sprachlichen Leistung) als bei einem fortgeschrittenen Lerner (C-Niveau: *Advanced*), von dem man ein höheres Maß an Korrektheit, Vielfalt und Angemessenheit des sprachlichen Ausdrucks erwarten sollte. Generell sollte natürlich das zugrundegelegte Raster der Bewertung (d.h. die Auswahl der Kategorien) der internen Struktur der jeweiligen kommunikativen Aufgabe entsprechen.

Insgesamt muss also ein analytisches Bewertungsverfahren für mündliche Sprachproduktionen eine Reihe von Bedingungen erfüllen, um zugleich valide, zuverlässig und praktikabel zu sein:

- Es muss umfassend genug sein, um alle Aspekte der jeweiligen kommunikativen Aufgabe berücksichtigen zu können.

- Es muss einerseits differenziert sein, um der Komplexität einer mündlichen Leistung gerecht werden zu können; es muss aber andererseits praktikabel sein: wenn es in kategorialer Hinsicht sehr differenziert ist, muss dem Bewerter über einen Mitschnitt des Interaktionsablaufs ein wiederholter Zugriff auf die Sprachproduktion möglich sein.

- Es muss sowohl horizontal als auch vertikal gegliedert sein, damit eine Abstufung nach der Qualität der sprachlichen wie der inhaltlich-kommunikativen Leistung vorgenommen werden kann (Bewertungsskala).

- Die Stufen auf der hierarchisch strukturierten Bewertungsskala (die sogenannten Bandbreiten oder *assessment bands*) müssen so genau wie möglich beschrieben sein, um ein Höchstmaß an Zuverlässigkeit zu gewährleisten.

Die Kriterien, die in Tests zur Erfassung der mündlichen Sprachfähigkeit (insbesondere der interaktiven Gesprächskompetenz) üblicherweise zur Anwendung kommen, sind die folgenden (vgl. Bartz 1979, Kahl 1980, Underhill 1987, Hecht / Green 1987, Wode 1994, Jung 1997, Council of Europe 1998, Böttcher 1999):

- Gesprächsbeteiligung (*amount of communication*),

- Flüssigkeit (*fluency* oder *delivery*),

- Aspekte des interaktiven Kommunikationsverhaltens (*interactive communication:
  eg. turntaking, co-operation, effort to communicate*),

- Inhaltliche Bewältigung der Aufgabe *(task achievement)*,

- Aussprache (*pronunciation* oder *phonological control*),

- Korrektheit und Vielfalt des lexikogrammatischen Ausdrucks (*accuracy & range of
  lexis and grammar, grammatical accuracy & coherence, vocabulary control*),

- Verständlichkeit (*comprehensibility*).

3.5.4 Externe Bewertung: ein gemischtes ganzheitlich-analytisches Verfahren

Die mündlichen Leistungen der Schüler(innen) im Simulationsspiel werden sowohl
einer objektivierten psycholinguistischen und diskursanalytischen Auswertung (siehe
Kap. 6) als auch einer externen Bewertung durch Gutachter unterzogen, die die
Probanden weder kennen[14] noch in der Testsitzung dabei waren (siehe Kap. 5).
Entscheidet man sich für eine externe Bewertung der Daten eines kommunikativen
Tests, ist es mit einem Gutachter nicht getan. Für eine größere Objektivität müssen
mehrere Bewerter (= *rater*) herangezogen werden. Normalerweise sollten diese
Gutachter in der Auswertung produktiver Sprachdaten und kommunikativer
Testverfahren geschult sein (siehe 3.5.3.1), um eine einigermaßen zufriedenstellende
Übereinstimmung zwischen den verschiedenen Bewertern zu gewährleisten (= *inter-
rater reliability)*. Dies konnte hier jedoch nicht realisiert werden. Dafür wurde ein sehr
ausführliches und differenziertes Bewertungsschema entworfen und ausformuliert, das
in schriftlicher Form den Testunterlagen beigelegt wurde (siehe Kap. 5.1). Die zwölf
Simulationsspiele wurden in drei Gruppen (nach Schulen geordnet) zusammengestellt.
Die Unterlagen zu jeder Schule (eine Kassette mit vier anonymisierten Rollenspielen,
den Transkriptionen dieser vier Gruppengespräche und dem Bewertungsschema)
wurden jeweils drei erfahrenen Gymnasiallehrern aus dem Berliner Raum gegeben.
Diese hatten zum einen Erfahrung mit Schülern der 9./10. Jahrgangsstufe, und sie
kannten zum anderen die Praxis der Bewertung mündlicher Leistungen im Abitur
(sprich das dort zugrundegelegte Beurteilungsraster). Jeder Bewerter hatte somit vier
Rollenspiele (Sprechzeit: ca. eine Stunde) zu beurteilen, und umgekehrt wurde jedes
Interaktionsspiel von drei verschiedenen Gutachtern nach dem gleichen Bewertungsschema beurteilt. Insgesamt waren neun Berliner Englischlehrer(innen) für
diesen Bewertungsvorgang tätig.

---

[14]   Das spezifische Ziel der Untersuchung (Vergleich von zwei Lerngruppen im Hinblick
       auf die mögliche Signifikanz von Leistungsunterschieden) lässt es geboten erscheinen
       (da die Daten nicht rein statistisch zu bearbeiten sind), Bewerter heranzuziehen, die
       weder mit den Schulen noch mit dem Schulversuch in direktem Kontakt stehen.

Angesichts dieser Voraussetzungen sowie der Vor- und Nachteile eines rein globalen oder eines rein analytischen Verfahrens sollte hier mit einem gemischten ganzheitlich-analytischen Bewertungsschema gearbeitet werden. Dazu wurden (speziell auf die interne Struktur des Interaktionsspiels abgestellt) sieben Kategorien festgelegt, die gleichwertig (mit demselben Gewicht) zur externen Bewertung durch die Lehrkräfte herangezogen wurden (Abb. 3.16):

Aspekte der mündlichen Leistung	
A. Inhaltlich-kommunikative Leistung	B. Sprachliche Leistung
1. Gesprächsbeteiligung	4. Flüssigkeit
2. Inhaltliche Aspekte: Lösung der Aufgabe	5. Aussprache
3. Interaktionsverhalten in der Gruppe	6. Wortschatz
	7. Strukturen

Abb. 3.16:   Bewertungsschema für das Simulationsspiel

Darauf aufbauend wurden den sieben Bewertungskategorien diverse inhaltliche Aspekte (= "Kriterien") zugeordnet, um den Gutachtern Anhaltspunkte dafür zu geben, was im Einzelnen bei der Bewertung einer Kategorie beachtet werden sollte. In einem nächsten Schritt sollten die Gutachter sich darauf einstellen, eine gestufte Beurteilung der einzelnen Schüler in den sieben Kategorien vorzunehmen; und zwar auf der Basis der konventionellen Notenskala von "1" bis "6" (deren Werte sehr leicht – für die quantitative Auswertung der Testergebnisse – in die bewährte Punkteskala von 1-15 umgerechnet werden können). Notenstufen sind eine Form der ganzheitlichen Bewertung (= *holistic marking*), in die die Erfahrungswerte und lerngruppen-bezogenen Zielvorstellungen der bewertenden Lehrkräfte eingehen. Dies war hier bewusst intendiert, denn die externe Bewertung durch erfahrene Englischlehrerinnen und -lehrer (siehe Kap. 5) sollte sich an der für diese Klassenstufe erwartbaren mündlichen Leistung von Gymnasiasten orientieren (= *norm-referenced testing*). Zusätzlich objektiviert wurde die Beurteilungsmatrix allerdings dadurch, dass den sieben Kategorien der mündlichen Leistung für die sechs Notenstufen ganz konkrete inhaltliche Kriterien zugewiesen wurden (= *criterion-referenced testing*), die den beurteilenden Lehrern die Zensierung der Teilbereiche erleichtern sollten. Damit lag den Gutachtern eine Bewertungsskala vor (= *rating scale*), die gleichermaßen ganzheitliche wie analytische Aspekte miteinander integrierte.

4. Statistische Ergebnisse zur quantitativen Fragebogenerhebung

"It does not matter how slowly you go so long as you do not stop" (Confucius).

Die zur Untersuchung der Sprachfähigkeit im Englischen erhobenen Fragebögen wurden statistisch ausgewertet, und zwar mit Hilfe der Statistik-Software SPSS 8.0. Die Ergebnisse hierzu und die erforderlichen statistischen Tests werden im Folgenden beschrieben. Hierbei werden zum Teil Abkürzungen benutzt, wie sie im Register statistischer Werke üblich sind. Diese werden hier im Zusammenhang vorgestellt. Zur genaueren Information wird auf die einschlägigen Handbücher verwiesen, die in diesem Kapitel genannt werden:

$\overline{X}$: Mittelwert oder arithmetisches Mittel (gesprochen "x quer").

s^2: Varianz.

s (= SD): Standardabweichung, ein Maß für die Variabiliät einer Verteilung; Quadratwurzel der Varianz (= *standard deviation*).

T-Wert: Eine T-Wert Skala ist eine "Standardnorm"; sie hat einen Mittelwert von 50 und eine SD von 10; mit einem T-Test wird geprüft, ob zwei Stichproben zur gleichen Population gehören oder nicht.

nv: Normalverteilung (der Gauss'schen Kurve entsprechend).

nnv: Nicht-normalverteilt: keine symmetrisch-glockenförmige Verteilung; sondern eher U- bzw. J-förmig oder ein-, zwei- bzw. schmalgipflig.

anv: Approximativ normalverteilt.

Chi^2: Non-parametrisches (= verteilungsfreies) Verfahren zur Prüfung von Unterschieden der Verteilung einer oder mehrerer Variablen in unabhängigen Gruppen.

df: Freiheitsgrade (= *degrees of freedom*), nach denen eine Chi^2-Tabelle aufgeteilt ist; hierbei bezieht sich die Zahl der "df" auf die Anzahl der Felder, die bei Kenntnis der Gesamtzahl der Felder frei austauschbar ist.

p: Irrtumswahrscheinlichkeit (= *probability*).

r_{it}: Maß für die Trennschärfe eines Items im Zusammenhang mit der Reliabilität der gesamten Skala (errechnet über die Korrelation eines Items mit allen weiteren Items der Skala).

ns: Nichtsignifikant gemäß einem vorher festgelegten Signifikanzniveau (hier 5%); demzufolge steht * für "einfach signifikant" ($p < 0,05$), ** für "hoch signifikant" ($p < 0,01$) und *** für "höchst signifikant" ($p < 0,001$): Signifikanz heißt "statistisch bedeutsam".

Z-Wert: Im mittleren Bereich einer Normalverteilung finden sich die "wahrscheinlicheren Ereignisse", die "weniger wahrscheinlichen" (oder selteneren) finden sich im signifikanten Bereich. Wahrscheinlichkeiten können über die sog. Z-Verteilung aus einer Tabelle abgelesen werden.

K-S Z: Eigenname eines Anpassungstests (= Kolmogorow-Smirnow-Test Z), der eine empirische Verteilung mit der Standard-Normalverteilung vergleicht.

Alpha: Maß für die Reliabilität einer Skala, d.h. deren Messgenauigkeit.

adj. Res.: Angepasstes Residuum (= *adjusted residual*), ein Maß für unterschiedliche Häufigkeiten in den Feldern einer Kontingenztafel; ein negatives Vorzeichen vor einem Residuum weist auf weniger Fälle in einem Feld (z.B. einem Quartil) hin als in einem Feld ohne Vorzeichen.

Alpha*: Korrigiertes Alpha bei den angepassten Residuen, d.h. die gemäß Bonferoni-Korrektur geschätzte Irrtumswahrscheinlichkeit: das Alpha wird in der Kontingenztafel (= Kreuztabelle) korrigiert, weil pro Zelle ein Signifikanztest für das angepasste Residuum durchgeführt wird. Damit werden simultan mehrere Signifikanztests realisiert und das Alpha-Risiko (sprich die falsche Annahme eines signifikanten Unterschiedes) erhöht. Die Korrektur erhöht die Irrtumswahrscheinlichkeit relativ zur Anzahl der Zellen in der Kreuztabelle.

Z_α*: Die korrigierte Irrtumswahrscheinlichkeit wird in einer Z-Tabelle abgelesen.

4.1   Aufbau der Messinstrumente

Die im Vorhergehenden beschriebene Testkonstruktion besteht aus fünf Fragebögen, die aus insgesamt sechs Tests zusammengesetzt sind. Diese Tests sind wiederum in insgesamt 35 Skalen aufgeteilt, die sich aus insgesamt 173 Fragen zusammensetzen. Diese hohe Komplexität des Untersuchungsmaterials entstand aus dem Versuch, die Sprachfähigkeit und die sprachlichen Kenntnisse im Englischen möglichst vielseitig zu messen. Hierzu gehören einerseits die allgemeine Sprachfähigkeit, die insgesamt mit dem C-Test gemessen wurde. Die weiteren Tests messen verschiedene Aspekte der Sprachfähigkeit: zum einen die *productive skills*, die Fähigkeit, englische Texte frei zu reproduzieren und niederzuschreiben; zum anderen die *receptive skills*, die Fähigkeit, englischen Texten sowohl durch Lesen als auch durch Zuhören in angemessener Weise relevante Informationen zu entnehmen. Die dritte Komponente ist die sprachliche Leistung (*linguistic achievement*), erfasst über die Grammatik- und Vokabelkenntnisse. In Tabelle 4.1 sind die Skalen zum einen nach den untersuchungsrelevanten Tests, zum anderen in der Reihenfolge der Datenerhebung mit den Fragebögen aufgelistet. In den Überschriften stehen die untersuchungsrelevanten Tests: "Allgemeine englische Sprachfähigkeit", "*Productive Skills*", "*Receptive Skills*" und "Sprachliche Leistung". Am rechten Rand der Tabelle stehen dann die Fragebögen in der Reihenfolge der Datenerhebung: "C-Test", "*Reading Comprehension*", "*Grammar*", "*Vocabulary*", "*Listening Comprehension + Picture Composition*".

4.1.1 Fragen zur allgemeinen englischen Sprachfähigkeit

Mit Fragebogen 1, dem C-Test, wird die allgemeine englische Sprachfähigkeit erhoben (siehe Abb. 3.11). Es sind insgesamt fünf Lückengeschichten auszufüllen (vgl. Tab. 4.1).

4.1.2 Skalen zu den "*Productive Skills*"

Die Fragen der Tests sind zu verschiedenen Skalen zusammengefasst worden. Hierbei werden zusätzlich verschiedene Methoden eingesetzt. So werden die "*Productive Skills*" in den Tests zum Lese- und zum Hörverständnis mit qualitativen Methoden erhoben. Die Befragten antworten auf Fragen mit einem zusammenfassenden Text. In Fragebogen II (= Abb. 3.7, 3. Abschnitt) wird ein Kommentar (= *Comment*) der Befragten zum gelesenen Text gefordert. Es werden fünf Fragen gestellt, die andere Möglichkeiten des Geschehensablaufes der gelesenen Geschichte zur Diskussion stellen. Auch die Frage zur Prävention von Kriminalität soll überlegt werden.

In Fragebogen V soll zusätzlich zum Hörverständnis eine "*Guided Summary*" erstellt werden. Hierbei werden den Befragten zusätzlich zwei Optionen gegeben, eine Zusammenfassung zu der Geschichte der Lehrerin Janet Brown oder eine Zusammenfassung zu der Geschichte des Schülers Peter Hiller niederzuschreiben. Die Zusammenfassung wird jeweils durch fünf Leitfragen geführt. Ebenfalls zum Fragebogen V gehört eine "*Picture Composition*", die Befragten schreiben eine Geschichte zu sechs Bildern nieder. Die Beurteilung der Skalen durch den Untersuchungsleiter erfolgt in fünf Aspekten: Anzahl der Punkte, Anzahl der Wörter, Anzahl der Propositionen, Anzahl der Fehler und dem Fehlerquotienten (vgl. Tab. 4.1). In diesem Kapitel wird auf die Anzahl der Punkte Bezug genommen, da diese sowohl die sprachliche Korrektheit als auch den Inhalt der Aussagen erfassen (siehe 3.4.3). Die anderen Indizes werden in Kap. 7 diskutiert.

4.1.3 Unterskalen für die Skala "*Receptive Skills*"

Die "*Receptive Skills*" sind die Fertigkeiten, gelesene oder gehörte Texte zu verstehen. Diese Fähigkeiten werden sowohl in Test II zum Leseverständnis als auch in Test V zum Hörverständnis mit *multiple choice*-Fragen mit je vier Antwortalternativen erfragt. Dabei werden in Test II 14 Fragen gestellt, zehn davon werden der Skala *Check your understanding*, weitere vier Fragen der Skala *Language in context* zugeordnet. In Test II wird das Leseverständnis zu der gelesenen Geschichte durch weitere Fragen getestet. Dabei werden die Fragen sowohl auf den Inhalt der Geschichte als auch auf den allgemeinen Zusammenhang des Geschehens in England bezogen. In der Skala *Find the fourth expression* wird jeweils eine fehlende (vierte) Vokabel erfragt, die zu drei genannten Begriffen passen muss (Vokabelgleichung). In der Skala *Find the opposite* sind drei jeweils gegensätzliche Begriffe zu einem in der Frage aufgeführten Begriff und zum Schluss sind vier Fragen zum Leben in England zu beantworten. Diese Fragen werden in der Methode der *dictionary definition* gestellt.

In Test V wird mit jeweils fünf *multiple choice*-Fragen zum einen das Verständnis der gehörten Geschichte zu Janet Brown, zum anderen zu Peter Hiller überprüft (vgl. Tab. 4.1).

4.1.4 Skalen zur sprachlichen Leistung

Zur Messung der sprachlichen Leistung gehören Vokabel- und Grammatikkenntnisse. Test III untersucht die Grammatikkenntnisse, Test IV die Kenntnisse der Vokabeln. In beiden Tests werden eine Vielzahl von Skalen eingesetzt. Zu verschiedenen Aspekten der englischen Grammatik werden elf Skalen mit jeweils drei bis vier Fragen erhoben, insgesamt 60 Fragen. Zu den Vokabelkenntnissen werden acht Skalen mit jeweils drei bis 15 Fragen erhoben, insgesamt 56 Fragen. Die Methode in beiden Tests wird *Dictionary*-Methode genannt, weil die gesuchten Begriffe mit englischem Text erfragt werden (vgl. Tab. 4.1).

4.2 Beschreibung der Stichprobe

Im Rahmen des Berliner Schulversuchs zum Erreichen des Abiturs in 12 Jahren werden die Kenntnisse und das Können der Schülerinnen und Schüler in gleichen Klassenstufen in der englischen Sprache untersucht. Die Schülerinnen und Schüler der Expressklassen sind in der Regel ein Jahr jünger als in den Regelklassen. Es wird untersucht, ob der gleiche Leistungsstand in Englisch sowohl in den Regel- als auch in den Expressklassen erreicht wird. Es werden die 9. Klassen untersucht. Die Expressschülerinnen und -schüler haben die 8. Klassenstufe übersprungen und sind – genau wie die Regelschülerinnen und -schüler – in der 9. Klassenstufe.

4.2.1 Datenerhebung

Es wurden in den drei "alten" Gymnasien des Schulversuchs die beschriebenen fünf Fragebögen zur englischen Sprache erhoben. Dies waren im Einzelnen:

1. C-Test zum Überprüfen der allgemeinen sprachlichen Fähigkeit
2. *Reading comprehension* zum Überprüfen des Leseverständnisses
3. *Language use* zum Überprüfen von Vokabeln und Zahlen
4. *Language use* zum Überprüfen von Grammatik
5. *Listening comprehension* zum Überprüfen des Hörverständnisses.

Die Fähigkeit zum schriftlichen Ausdruck wurde in drei Schreibaufgaben erhoben: *Comment, Guided summary* und *Picture composition.*

Jeder der fünf Tests wurde in einer Schulstunde erhoben. Dadurch entstanden unterschiedliche Teilnehmerzahlen in jedem Test. Diese variieren zwischen den Tests teilweise sehr stark. So wurde für die Tests "*Language use*" von den Schulen nicht genug Zeit zur Verfügung gestellt, um Daten aus allen Klassen erheben zu können. Deshalb kommt es vorerst zu einer detaillierten Stichprobenbeschreibung für jeden Test (Tab. 4.2). Die Geschlechts- und Altersverteilung wird den drei Tests mit einer größeren Stichprobe entnommen.

Es wurden sieben Klassen der Klassenstufe 9 befragt, vier dieser Klassen sind Regelklassen, drei Klassen nehmen am Schulversuch teil. An jeder der teilnehmenden Schulen ist eine Klasse im Schulversuch. Die Datenerhebung ist eine Gesamterhebung über den zweiten Jahrgang im ersten Berliner Schulversuch.

Tab. 4.1: Übersicht über die Aufteilung der Fragebögen in Skalen und die Anzahl der Fragen

All-gemeine Sprach-fähigkeit	*Productive Skills* Skala	*Receptive Skills* Skala	Sprachliche Leistung *(Linguistic Achievement)* Skala	Zusammen-gefasste Unterskalen	Frage-bogen
Skala 11 Skala 12 Skala 13 Skala 14 Skala 15					**Frage-bogen 1** **C-Test** **5 Items**
	Comment Punkte Wörter Propositionen Fehler Fehlerquotient	*1. Check your under-standing* *2. Explain quotes* *3. Fourth expression* *4. Opposites* *5. Beyond the text*		*Language in context* *(Explain quotes + Fourth expression + Opposites + Beyond the text)* *Reading comprehension* *(Check your understanding + Language in context)*	**Frage-bogen 2** **Read-ing com-prehen-sion** **30 Items**
			1) Plural *2) simple past* *3) since / for* *4) questions* *5) Wortstellung* *6) Adj./Adverb* *7) simple / progressive* *8) gerund / infinitive* *9) if Typ 2* *10) if Typ 3* *11) if-Sätze Typ 2+3* *12) reported speech*		**Frage-bogen 3** **Gram-mar** **60 Items**

			1. Kollokationen 2. Opposites 3. Definitions 4. Fourth expression 5. Names 6. American English 7. Dates 8. Numbers		**Fragebogen 4** *Vocabulary* 56 **Items**
Guided summary 2 Optionen Punkte Wörter Propositionen Fehler Fehlerquotient	*1. Check your understanding Part 1* *2. Check your understanding Part 2*			*Guided summary Option 1 + Option 2* *Check your understanding Part 1 + Part 2*	**Fragebogen 5** *Listening comprehension* 15 **Items**
Picture composition Punkte Wörter Propositionen Fehler Fehlerquotient					**+** *Picture composition* 7 **Items**
				3 zusammengefasste Unterskalen	
5 Items 5 Skalen 125 x ½ Punkte	**17 Items 3 Skalen 85 Punkte**	**35 Items 7 Skalen 55 Punkte**	**116 Items 20 Skalen 120 Punkte**		**173 Items 35 Skalen 320 Punkte**

4.2.2 Die Verteilung der Stichprobe pro Fragebogen

In drei Tests haben jeweils rund 170 Schüler teilgenommen. Die Tests *Vocabulary* und *Grammar* wurden aus verschiedenen Stichproben gezogen, die jeweils eine Teilstichprobe der größeren Stichprobe ist. Insofern wird hier die Stichprobe anhand der Schüler beschrieben, die Test 1, Test 2 und Test 5 ausgefüllt haben. In den einzelnen Fragebögen können sich die N-Zahlen daher erhöhen (vgl. Tabelle 4.2).

Tab. 4.2:   Anzahl der Schülerinnen und Schüler in jedem Fragebogen

Test	Anzahl der Schülerinnen und Schüler (N)
Test 1: C - Test	168
Test 2: *Reading comprehension*	179
Test 3: *Language use: Vocabulary*	88
Test 4: *Language use: Grammar*	91
Test 5: *Listening comprehension*	163

4.2.3   Verteilung in den Schulen und Klassen

Die Verteilung der Schülerinnen und Schüler in den Schulen basiert in der großen Stichprobe auf einer Schülerzahl von 147. Diese 147 Schülerinnen und Schüler haben alle Test 1, Test 2 und Test 5 ausgefüllt. Die Verteilung in den drei Schulen ist homogen (Chi²=4,01; df=2; p=0,14; N=147). 46% der Schülerinnen und Schüler sind im Schulversuch, während 54% in den Regelklassen unterrichtet werden. Die Stichprobe teilt sich gut hälftig (Diagramm 4.1, Tab. 4.2).

4.2.4   Verteilung des Geschlechts

Die Geschlechtsverteilung ist insgesamt gut hälftig. Eine Geschlechtsangabe fehlt. Wir haben 56,2% Mädchen und 43,8% Jungen in der Stichprobe. Die Verteilung des Geschlechts innerhalb der Schulen ist homogen (Chi²=0,28; df=2; p=0,87; N=146). Die Verteilung des Geschlechts in den Regelklassen ist ebenfalls homogen (Chi²=0,40; df=2; p=0,82; N=79), es ändert sich hieran nichts in den Klassen des Schulversuchs (Chi²=0,30; df=2; p=0,86; N=67) (Diagramm 4.2).

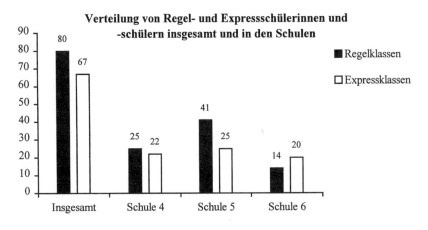

Diagramm 4.1:   Verteilung in den Schulen und Klassen (N = 147)

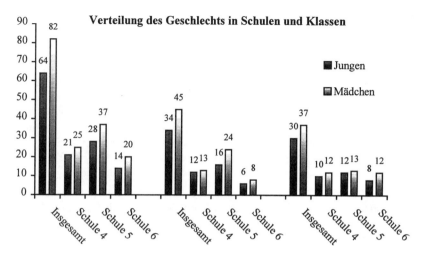

Diagramm 4.2: Die Verteilung des Geschlechts in Schulen und Klassen (N=146, eine Geschlechtsangabe fehlt)

4.3 Die Gütekriterien der Messinstrumente

Zu den Gütekriterien der Messinstrumente gehört zum einen eine Reliabilitätsschätzung der Unterskalen und Skalen, die Trennschärfe der Items und der Schwierigkeitsgrad der Items. Die Reliabilität eines Messinstruments ist ein Maß für die Messgenauigkeit. Für Leistungstests heißt dies, dass die Tests Schülerinnen und Schüler mit guten Leistungen von denen mit schlechten Leistungen trennen. Das Maß für die Reliabilität ist Cronbach's Alpha, dessen Wert Alpha=0,80 erreichen soll, um eine messgenaue Skala für einen Test zu erhalten.

Die Trennschärfe der Items hängt eng mit der Skalenreliabilität zusammen. Ein Item ist trennscharf, wenn es gute von schlechten Antworten trennt. Aus arbeitsökonomischen Gründen (173 Items) werden in diesem Bericht jeweils die mittleren Trennschärfen der Skalen genannt. Bei Fragen aus einem sprachlichen Zusammenhang ist die Streuung des Entstehungszusammenhanges der Fragen sehr hoch. Insofern kann mit zufällig richtigen oder falschen Antworten der Befragten gerechnet werden. Diese verringern die Reliabilität der Skala und die Itemtrennschärfe. Bei Skalen mit geringer Reliabilität (Alpha < 0,40) werden die Itemtrennschärfen so gering ($r_{it}<0,3$), dass sie im Folgenden nicht mehr genannt werden.

Der Schwierigkeitsgrad der Fragen ist definiert als die relative Häufigkeit der richtigen Antworten. Bei einem geringen Schwierigkeitsgrad haben über 75% der Befragten die Frage richtig beantwortet, bei einem hohen Schwierigkeitsgrad haben weniger als 25% der Befragten die Frage richtig beantwortet. Die Tests haben also im Idealfall einen mittleren Schwierigkeitsgrad zwischen 25% - 75%. Auch hier werden aus den genannten Gründen jeweils die mittleren Schwierigkeitsgrade der Skalen genannt[15].

4.3.1 Der Fragebogen "C-Test"

Der C-Test besteht aus fünf Fragen jeweils mit der Methode einer Lückengeschichte. Pro Frage werden maximal 25 Punkte gegeben. Die Methode gehört zu den quantitativen Methoden, wobei es eine Besonderheit des Tests ist, dass kontextuelle Zusammenhänge in der Sprache erkannt werden müssen, neben den geforderten Vokabel- und Grammatikkenntnissen. Die Antworten erfolgen insofern in einem qualitativen Zusammenhang. Jede der Antworten kann quantitativ als richtig oder falsch beurteilt werden; d.h. es wird ein Punkt oder kein Punkt zugewiesen.

Die Reliabilität des C-Tests ist hervorragend (Alpha=0,83). Die durchschnittliche Trennschärfe der Items ist 0,62; der durchschnittliche Schwierigkeitsgrad ist 57%. Der C-Test hat eine sehr gute Itemtrennschärfe und liegt im mittleren Schwierigkeitsbereich.

4.3.2 Der Fragebogen *Reading Comprehension*

Im Fragebogen *Reading Comprehension* werden sowohl qualitative als auch quantitative Methoden eingesetzt. Es gibt vier Hauptskalen, von denen sich eine Skala aus vier Unterskalen zusammensetzt (Tab. 4.1). Die Hauptskalen "*Check your understanding*" und "*Language in context*" (Unterskalen: *Explain quotes + Find the fourth expression + Find the opposite + Beyond the text*) gehören zur Textrezeption. Beide werden weiterhin zusammengefasst zur Skala "*Reading comprehension*" mit insgesamt 25 Fragen. Die Skala "*Comment*" wird der textproduktiven Skala zugeordnet und enthält fünf Fragen.

Die Auswertung des Fragebogens erfolgt auf der Datenbasis von 147 Schülerinnen und Schülern, die alle die Fragebogen C-Test, *Reading-* und *Listening Comprehension* beantwortet haben.

Die Skala "*Check your understanding*"

Die Reliabilität der Skala "*Check your understanding*" ist niedrig (Alpha = 0,42). Die Trennschärfen der Items sind zu gering. Die Skala hat mit 66% richtiger Antworten einen mittleren Schwierigkeitsgrad. Dieser Mittelwert ergibt sich aus vier leichten und einer schweren Frage von insgesamt zehn Fragen. Diese Streuung des Schwierigkeitsgrades ist ebenfalls ein Indikator für die geringen Trennschärfen. Es gibt einen relativ hohen Anteil zufällig richtiger Antworten bei leichten Fragen und umgekehrt einen übermäßig hohen Anteil falscher Antworten bei der schwierigen Frage.

---

[15] Die Trennschärfen und Schwierigkeitsgrade für die 173 Fragen liegen dem Versuchsleiter [W. Z.] vor.

Die Skala "*Language in context*"

Die Skala "*Language in context*" hat eine zufriedenstellende Reliabilität (Alpha = 0,69). Die mittlere Trennschärfe der Items ist ebenfalls zufriedenstellend 0,38. Der mittlere Schwierigkeitsgrad der Items der Skala ist gut, 40% der Antworten der Befragten sind richtig.

Die Skala "*Reading comprehension*"

Die Skala "*Reading comprehension*" entsteht aus der Summe der Fragen der Skalen "*Check your understanding*" und "*Language in context*". Die Reliabilität der Skala ist ausreichend (Alpha = 0,59). Die mittlere Trennschärfe der Items ist ebenfalls gering (r_{it}=0,24). Der durchschnittliche Schwierigkeitsgrad ist mit 53% in dem erwünschten mittleren Bereich.

Die Skala "*Comment*"

Die Skala "*Comment*" entsteht aus offenen Antworten und einem Kommentar zu der gelesenen Geschichte. Die Reliabilität der Skala ist gut (Alpha = 0,73), der Wert nähert sich dem angestrebten Wert von Alpha = 0,80 an. Die mittlere Trennschärfe der Items ist mit r_{it} = 0,49 zufriedenstellend. Der Schwierigkeitsgrad der Fragen kann bei den offenen Antworten nicht aus der relativen Anzahl der richtigen Antworten geschätzt werden. Er wird analog aus der relativen Anzahl der erreichten Punkte geschätzt. Der durchschnittliche Schwierigkeitsgrad der fünf Fragen zum Kommentar der gelesenen Geschichte ist 43%. Damit hat diese Skala den gewünschten mittleren Bereich des Schwierigkeitsgrades.

4.3.3 Der Fragebogen *Grammar*

Der Test *Grammar* wird der sprachlichen Leistung zugeordnet. Er besteht aus elf Unterskalen, von denen zwei zusätzlich zu einer weiteren Skala zusammengefasst werden, die jeweils spezifische Bereiche der englischen Grammatik erfragen (vgl. Tab. 4.1).

Die Datenbasis des Fragebogens ist mit N=88 kleiner als die Basis der Fragebögen C-Test, *Listening-* und *Reading comprehension* (vgl. Tab. 4.2). Aus schulorganisatorischen Gründen konnten die Fragebögen zur sprachlichen Leistung nur in getrennten Hälften der jeweiligen Klassen erhoben werden, so dass sich die Stichproben dieser Fragebögen nicht untereinander zuordnen lassen. Eine Zuordnung zu den weiteren drei Fragebögen reduziert die Stichprobengröße so erheblich, dass in den weiteren Analysen darauf verzichtet wurde. Die Unterskalen bestehen jeweils aus drei bis zehn Fragen. Eine Übersicht über die Reliabilität der Skalen ist in Tab. 4.3 dargestellt.

Eine der Skalen erreicht die erwünschte Messgenauigkeit von Alpha ≥ 0,80; sieben Skalen erreichen mindestens eine ausreichende Reliabilität, in den übrigen Skalen ist der Anteil zufällig richtiger oder falscher Antworten so hoch, dass gute von schlechten Leistungen nicht mehr unterschieden werden können. Die Fragen in diesen

Skalen sind so leicht, dass es kaum falsche Antworten gibt. Ein bestimmter Anteil leichter Fragen in einem Leistungstest ist nach pädagogischen Gesichtspunkten wichtig, damit auch schwächere Schülerinnen und Schüler richtig antworten können (vgl. Tab. 4.3.). Ein sprachlicher Leistungstest will die Frage beantworten, ob die repräsentativen Inhalte des sprachlichen Curriculums den Probanden verfügbar sind und greift von daher auch auf "elementare" sprachliche Phänomene zurück.

Tab. 4.3: Übersicht über die Reliabilität der 11 Skalen im Test "*Grammar*"

Nr. der Skala	Anzahl der Fragen	Skala*	Cronbach's Alpha N=88
Gesamt	60	**Fragebogen "*Grammar*"**	,76
10	4	*Complete the following conditional sentences with the words in brackets. Since the conditions have not been fulfilled, the sentences express regrets and missed chances.*	,83
11	6	*Use reported speech*	,74
7	4	*Choose between the simple past and the past progressive*	,73
2	10	*Put the verbs in the simple past*	,71
9 + 10	8	*Conditional sentences*	,70
5	3	*Put these parts together (in the right order)*	,66
9	4	*Complete the following conditional sentences with the words in brackets*	,43
4	4	*You form the questions, please*	,41
8	4	*Choose the gerund or the infinitive*	,33
3	5	*Put in since or for*	,23
5a**	7	*Put these parts together (in the right order)*	,22
6	7	*Complete the following sentences choosing an adjective or an adverb*	,21
1	5	*Form the plural*	,09

*Skalen nach Reliabilität sortiert.
**Vier Fragen wurden nachträglich aus anderen Skalen in den Test aufgenommen.

Der Test insgesamt hat mit Alpha = 0,76 eine gute Reliabilität. Die Itemtrennschärfe ist in sprachlichen Tests in der Regel niedrig. Das liegt vor allem an der hohen Streuung der individuellen Kenntnisse der Befragten und der sprachlichen Basis, aus der für einen Fragebogen wenige Fragen entwickelt werden. Zufallseffekte sind hier weniger auszuschließen als bei der Überprüfung mathematischer Inhalte, wo die Inhalte des Curriculums wesentlich konkreter mittels eines Fragebogens überprüft werden können. So haben von insgesamt 60 Fragen im Fragebogen *Grammar* 14 Fragen mindestens eine ausreichende Itemtrennschärfe von $r_{it} \geq 0,30$. Die Items der Skalen mit hoher Reliabilität haben die höchsten Trennschärfen. Der durchschnittliche Schwierigkeitsgrad der Items im Fragebogen *Grammar* ist mit 69% im erwünschten mittleren Bereich.

4.3.4 Der Fragebogen *Vocabulary*

Der Test *Vocabulary* wird gemeinsam mit dem Fragebogen *Grammar* der sprachlichen Leistung zugeordnet. Er hat insgesamt 56 Fragen in acht Unterskalen. Die Skalen verteilen sich auf zwei Hauptgruppen: sechs Skalen in der Hauptgruppe "*Vocabulary*", zwei Skalen in der Hauptgruppe "*Numbers*". Die Reliabilitäten der Skalen sind in Tab. 4.4 aufgelistet.

Die Datenbasis für diesen Test ist nur halb so groß wie die Stichprobe der Tests "C-Test", "*Reading-* und *Listening Comprehension*". Zusätzlich handelt es sich um andere Schülerinnen und Schüler als in der Stichprobe des Tests "*Grammar*" (N=91, Tab. 4.4).

Tab. 4.4: Übersicht über die Reliabilität der 8 Skalen im Test "*Vocabulary*"

Nr. der Skala	Anzahl der Fragen	Skala*	Cronbach's Alpha N=91
Gesamt	56	Fragebogen "*Vocabulary*"	0,76
		Hauptgruppe *Vocabulary*	
6	5	American English (Re-write these sentences in American English)	0,62
7	3	Dates (When is his or her birthday? Write the dates as words)	0,61
4	15	Fourth expression (Find the fourth expression)	0,53
1	10	Kollokationen (Choose the right verb)	0,46
3	4	Definitions (Find the right word for the following definitions)	0,30
2	12	Opposites (Find the opposite of)	0,27
5	4	Names (What do we call the people who live in these countries?)	0,23
		Hauptgruppe *Numbers*	
8	3	Numbers (How do you say these numbers?) Write them as words)	0,20

*Skalen innerhalb der Hauptgruppen nach Reliabilität sortiert.

Die Hälfte der acht Skalen hat eine ausreichende bis zufriedenstellende Reliabilität. Auch diese relativ hohen Reliabilitätsschwankungen innerhalb der Skalen sind auf das spezifisch sprachliche Gebiet zurückzuführen und die nicht unerhebliche Schwierigkeit, Fragen aus einer großen Wissensbasis herauszusuchen und damit zusätzlich eine individuell hoch unterschiedliche Wissensbasis bei den Befragten zu finden. Gerade im Fach Englisch können leicht zusätzliche Kenntnisse außerhalb der Schule erworben werden, z.B. durch Reisen, Fernsehen u.v.m. – Die Reliabilität des gesamten Fragebogens ist gut (Alpha = 0,76). Die Itemtrennschärfen im gesamten Test sind bei elf Fragen ausreichend ($r_{it} \geq 0,30$). Der durchschnittliche Schwierigkeitsgrad der Fragen ist 36% und ist im erwünschten mittleren Bereich.

4.3.5 Der Fragebogen *Listening Comprehension + Picture Composition*

Der Test *Listening Comprehension* wurde ausgefüllt, nachdem die Schülerinnen und Schüler die Darstellungen der Lehrerin Janet Brown und des Schülers Peter Hiller vom Tonband gehört hatten. Der Test enthält im ersten Teil Fragen, die sich auf die beiden Teile des Hörtexts beziehen, abschließend wird eine davon unabhängige Geschichte zu sechs Bildern niedergeschrieben.

Der Fragebogen besteht aus fünf Skalen: zur Textrezeption die Skalen "*Check your understanding: Janet Brown*" und "*Check your understanding: Peter Hiller*". Zur Textproduktion gehören zwei Skalen: "*Guided summary*" mit zwei Optionen zur Auswahl; Option 1: Janet Brown, Option 2: Peter Hiller. Im Anschluß an die Hörverstehensübung wird den Schülerinnen und Schülern eine Bildergeschichte in sechs Bildern *(Picture composition)* – zusätzlich farbig über den Overhead-Projektor – gezeigt. Zu dieser Geschichte wird der Handlungsablauf niedergeschrieben. Auch dieser Test gehört zum untersuchungsrelevanten Teil der Textproduktion.

Die Skala "*Check your understanding*"

Die Skalen "*Check your understanding: Janet Brown and Peter Hiller*" bestehen insgesamt aus zehn Fragen. Jeweils die Hälfte der Fragen sind Janet Brown bzw. Peter Hiller zugeordnet. Es werden *multiple choice*-Fragen mit vier Antwortalternativen gewählt, um das Hörverständnis im Rahmen der Textrezeption zu testen.

Die Reliabilität der gesamten Skala "*Check your understanding*" ist ausreichend (Alpha = 0,46). Die Trennschärfen der Items sind bis auf ein Item sehr gering ($r_{it} \leq 0,30$). Der Schwierigkeitsgrad der Fragen wird aus der mittleren prozentualen Punktzahl geschätzt und ist durchschnittlich 62%. Damit liegt der Schwierigkeitsgrad der zehn Items zum Hörverständnis in dem erwünschten mittleren Bereich.

Die Skala "*Check your understanding*" aus dem Test "*Listening comprehension*" wird als die Skala "*Listening comprehension*" in den untersuchungsrelevanten Skalen eingeführt (Diagramm 4.3; Tab. 4.5).

Die Skala "*Guided summary*"

In der Skala "*Guided summary*" können sich die Befragten entweder Janet Brown oder Peter Hiller für die Zusammenfassung aussuchen. 107 der Schülerinnen und Schüler wählten die Zusammenfassung zu Janet Brown, 40 zu Peter Hiller. Die beiden Stichproben werden zusammengefasst und die Gütekriterien der Skala insgesamt geschätzt.

Die Reliabilität der Skala "*Guided summary*" kann bei Alpha = 0,59 als zufriedenstellend bezeichnet werden. Die Trennschärfe der Items ist durchschnittlich $r_{it\varnothing}=0,35$. Der Schwierigkeitsgrad der Fragen wird aus dem Mittelwert der relativen Punktzahl geschätzt. Die Schülerinnen und Schüler haben in der Skala "*Guided summary*" durchschnittlich 50% der möglichen Punktzahl erreicht. Damit hat die Skala den angestrebten mittleren Schwierigkeitsgrad.

Der Test "*Picture composition*"

Der Test "*Picture composition*" schließt sich im Fragebogen 5 an den Teil "*Listening comprehension*" an. Den Schülerinnen und Schülern wurde auf einer Folie eine Bildergeschichte in sechs zusammenhängenden Bildern gezeigt. Im Fragebogen selbst befinden sich schwarzweiße Fotokopien der Geschichte. Zu dieser Bildergeschichte sollen die Befragten einen Titel finden und zu jedem der sechs Bilder die Geschichte erzählen, wie sie sich in ihrer Interpretation der Situation und der Bilder darstellt. Der Test gehört zu den textproduktiven Anteilen der Untersuchung.

Die Reliabilität des Tests "*Picture composition*" ist gut (Alpha = 0,78), der Idealwert von Alpha ≥ 0,80 ist so gut wie erreicht. Die Reliabilität wird ohne die Frage nach dem Titel geschätzt, weil diese sich zu stark von den inhaltlich bezogenen sechs weiteren Fragen unterscheidet. Die mittlere Trennschärfe der Fragen (ohne Titel) ist ebenfalls gut ($r_{it\varnothing}=0,53$). Der durchschnittliche Schwierigkeitsgrad der Fragen ist 55% und damit im erwünschten mittleren Bereich.

4.4   Zusammenfassung der Skalen der Fragebögen

Die Fragebögen und deren Skalen sind unterschiedlich messgenau. Einige der Unterskalen enthalten einfach zu wenige Fragen, um eine Reliabilität gewährleisten zu können, und / oder sie sind zu einfach. Einfache Fragen wiederum sind aus pädagogischen Gesichtspunkten in einem Leistungsfragebogen mit schwierigeren Fragen zu mischen. Die Reliabilität der Fragebögen insgesamt und der untersuchungsrelevanten Skalen ist jedoch gut bis hervorragend. Die Trennschärfen der Items hängen mit der jeweiligen Skalenreliabilität zusammen und können analog dazu eingeschätzt werden. Alle Skalen haben einen mittleren Schwierigkeitsgrad zwischen 25% und 75% richtiger Antworten bzw. erreichter Punktzahl bei den Fragen zur Textproduktion.

Im Vorhergehenden wurden die Skalen der Fragebögen nach dem Aufbau der Fragebögen untersucht. Für die statistischen Tests werden die Skalen der Fragebögen nach den Kriterien "Textrezeption" und "Textproduktion", "Allgemeine Sprachfähigkeit

(Insgesamt)" und "Sprachliche Leistung" neu zusammengestellt (vgl. Diagramm 4.3; Tab. 4.5).

4.4.1 Die Skala "*Receptive Skills*"

Die Skala "*Receptive Skills*" ergibt sich aus der Summe der Skalen "*Reading comprehension + Listening comprehension*". Diese Skala enthält 20 *multiple choice*-Fragen mit jeweils vier Antwortmöglichkeiten und elf Fragen im Stil der *dictionary definition* zum Leseverständnis.

Die Reliabilität der Skala "*Receptive Skills*" ist mit Alpha = 0,75 gut. Der Schwierigkeitsgrad der Items ist durchschnittlich 63% und damit im erwünschten mittleren Bereich (Diagramm 4.3; Tab. 4.5).

4.4.2 Die Skala "*Productive Skills*"

Es werden drei Aspekte der Sprachfähigkeit getestet: das Leseverständnis, das Hörverständnis und die textsortengebundene schriftliche Sprachproduktion. Letztere Fertigkeit wird in der Skala "*Productive Skills*" zusammengefasst. Sie entsteht aus der Summe der Skalen *Comment, Guided summary* und *Picture composition*.

Die Reliabilität der Skala "*Productive Skills*" ist mit Alpha = 0,83 sehr gut. Die Reliabilität wird ohne den Titel der *Picture composition* geschätzt, weil diese Frage zu stark von den anderen abweicht. Es werden durchschnittlich in dieser Skala 47% der möglichen Punkte erreicht. Der erwünschte mittlere Schwierigkeitsgrad ist damit erreicht.

4.4.3 Die Skalen "*Proficiency*" und "Englische Sprachfähigkeit (Insgesamt)"

Die Skala "*Proficiency*" misst die allgemeine Sprachfähigkeit der Befragten. Die Skala wird zum einen aus der Summe der Tests "*Receptive + Productive Skills*" geschätzt. Die Reliabilität der Skala "*Proficiency*" ist sehr gut (Alpha = 0,84). Der Schwierigkeitsgrad ist mit durchschnittlich 56% der Punkte im erwünschten Bereich.

Der C-Test ist ein einzelner Test zur allgemeinen Sprachfähigkeit. Die Reliabilität des Tests ist hoch (Alpha = 0,83), der Schwierigkeitsgrad mit 57% der Punkte im mittleren Bereich.

Der C-Test und die Skala "*Proficiency*" werden zu einem Gesamtwert für "Englische Sprachfähigkeit" zusammengefasst. Die Reliabilität des Gesamttests "Englische Sprachfähigkeit" ist mit Alpha = 0,87 ausgezeichnet. Der Schwierigkeitsgrad des Gesamttests "Englische Sprachfähigkeit" ist ebenfalls mit 56% im mittleren Bereich.

4.4.4 Die Skala "Sprachliche Leistung"

Zur sprachlichen Leistung wurden die Fragebögen "*Grammar*" und "*Vocabulary*" eingesetzt. Diese Fragebögen können nicht zusammengefasst werden, weil sie in verschiedenen Stichproben erhoben wurden. Die Gütekriterien der Fragebögen sind jeweils als gut zu bezeichnen. Die Reliabilität des Fragebogen "*Grammar*" ist Alpha = 0,76, des Fragebogen "*Vocabulary*" ebenfalls Alpha = 0,76. Der Schwierigkeitsgrad des Fragebogen "*Grammar*" ist 69%, des Fragebogen "*Vocabulary*" 36%. Beide Fragebögen hatten für die Befragten einen mittleren Schwierigkeitsgrad (vgl. Diagramm 4.3; Tab. 4.5).

Tab. 4.5: Übersicht über die Reliabilitäten und Schwierigkeitsgrade der Skalen der Fragebögen und der untersuchungsrelevanten Skalen

Übergeordneter Test	Unterskalen und deren Summen	N	Maximale Punktzahl (Anzahl der Fragen)	Reliabilität	Mittlerer Schwierigkeitsgrad
Gesamttest Englische Sprachfähigkeit	*Proficiency* + C-Test	N=147	265 (107 Fragen)	0,87	56%
Proficiency	*Receptive* + *Productive Skills*	N=147	140 (102 Fragen)	0,84	56%
C-Test – allgemeine Sprachfähigkeit	Keine	N=147	125 x ½ (5 Fragen)	0,83	57%
Productive Skills	*Comment* + *Guided Summary* + *Picture Composition*	N=147	85 (16 Fragen)	0,83!	47%
	Comment	N=147	25 (5 Fragen)	0,73	43%
	Guided summary	N=147	20 (5 Fragen)	0,59	50%
	Picture composition	N=147	40 (Titel + 5 Fragen)	0,78!	55%
Receptive Skills	*Reading comprehension* + *Listening comprehension*	N=147	55 (35 Fragen)	0,75	63%
	Reading comprehension	N=147	35 (25 Fragen)	0,59	31%
	Listening comprehension	N=147	20 (10 Fragen)	0,46	62%
Sprachliche Leistung	*Grammar*	N=88	60 (60 Fragen)	0,76	69%
	Vocabulary	N=91	60 (56 Fragen)	0,76	36%

!Reliabilität ohne den Titel der *Picture composition*

169

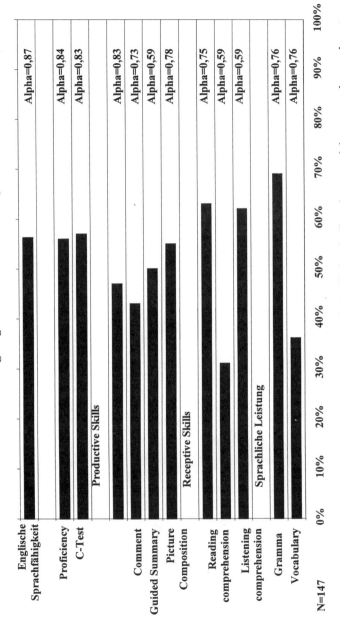

Reliabilitäten und mittlere Schwierigkeitsgrade der Skalen der Fragebogen und der untersuchungsrelevanten Skalen

Englische Sprachfähigkeit	Alpha=0,87
Proficiency	Alpha=0,84
C-Test	Alpha=0,83
Productive Skills	
	Alpha=0,83
Comment	Alpha=0,73
Guided Summary	Alpha=0,59
Picture Composition	Alpha=0,78
Receptive Skills	
Reading comprehension	Alpha=0,75
	Alpha=0,59
Listening comprehension	Alpha=0,59
Sprachliche Leistung	
Gramma	Alpha=0,76
Vocabulary	Alpha=0,76

N=147   0%   10%   20%   30%   40%   50%   60%   70%   80%   90%   100%

Diagramm 4.3:   Reliabilitäten und mittlere Schwierigkeitsgrade der Skalen der Fragebogen und der untersuchungsrelevanten Skalen

4.4.5 Zusammenfassung zur Güte der Messinstrumente

Sowohl die Fragebögen als auch die daraus zusammengestellten untersuchungs-relevanten Skalen haben gute bis ausgezeichnete Reliabilitäten. Die Schwierigkeits-grade der Skalen sind ebenfalls im erwünschten mittleren Bereich. Für die hypothesenprüfende Analyse werden die Skalen herausgenommen, deren Reliabilität mindestens Alpha = 0,75 ist. Dann kann sich die hypothesenprüfende Analyse auf verlässliche Messinstrumente stützen (vgl. Tab. 4.5). Zusätzlich werden jeweils die Unterskalen getestet. So kann jeweils die Entstehung eines möglichen signifikanten Unterschiedes aus der Summierung erklärt werden. Dies kann zur Interpretation der Ergebnisse beitragen.

4.5 Hypothesenprüfende Analyse

Die Untersuchung des Sprachstands und der Leistungsentwicklung im Fach Englisch hat zum Ziel, mögliche Leistungsunterschiede zwischen den Schnellläufer- und Regelklassen in den untersuchten Klassenstufen 9 zu analysieren. Die Schnell-läuferklassen haben die 8. Klasse übersprungen. Die allgemeine Fragestellung der Untersuchung ist, ob es ggf. Leistungsunterschiede zwischen Express- und Regelklassen gibt. Die Expressklassen haben ein Jahr weniger Lern- und Übungszeit als die Regelklassen im Fach Englisch erhalten. Zum Ausgleich hierfür sieht die Stundentafel eine Unterrichtsstunde mehr in der 5. und 9. Klasse sowie Teilungs-unterricht (im Rahmen einer Stunde) in Klasse 5 vor. Es wird vermutet, dass es keine Leistungsunterschiede zwischen den Klassenzügen im Fach Englisch gibt.

Die folgende statistische Analyse wird unter der Leithypothese durchgeführt, dass es keine Leistungsunterschiede zwischen Express- und Regelklassen geben wird. Dabei wird als Prüfniveau das 5% Signifikanzniveau eingesetzt. Sollte sich in den statis-tischen Unterschiedstests eine Wahrscheinlichkeit von weniger als 5% für die Überein-stimmung der beiden Klassenzüge ergeben, wird die Hypothese zur Übereinstimmung der Leistung verworfen und der gefundene Unterschied vorhergesagt. Es werden zur Kontrolle weiterer externer Einflüsse auf mögliche Unterschiede die Variablen "Schule" und "Geschlecht" ebenfalls auf signifikante Unterschiede getestet. Auch hier wird das kritische Niveau bei 5% Übereinstimmungswahrscheinlichkeit angesetzt.

Um die Ergebnisse zusätzlich abzusichern, werden jeweils zwei Signifikanztests geschätzt. Dies sind zum einen der T-Test zum Vergleich der Mittelwerte der beiden Gruppen. Beim T-Test wird die Grenze zur Varianzhomogenität auf dem 5% Signifi-kanzniveau geschätzt. Zum zweiten wird ein Chi²-Test über die Häufigkeitsverteilung geschätzt. Die Verteilung wird hierfür in vier gleiche Teile, die Quartile, geteilt. Es können so mögliche signifikante Klumpungen in der Verteilung analysiert werden, die weiteren Aufschluss über die Verteilung der Leistungen der Schülerinnen und Schüler geben können. Es gibt damit vier Leistungsgruppen: im 1. Quartil das Viertel mit niedrigen Punktwerten, im 2. und 3. Quartil die Viertel mit Punkten im mittleren Bereich und im 4. Quartil das Viertel Schülerinnen und Schüler mit höheren und höchsten Punktwerten. Der Signifikanztest in den Quartilen wird mit dem adjustierten

Residualwert nach Everitt (1992) getestet, der im Programmpaket SPSS herausgegeben wird (abgekürzt als "adj. Res."). Die Signifikanzgrenze des Tests wird mit Hilfe der Bonferoni-Korrektur (Bortz / Lienert / Boehnke 1990) der jeweiligen Größe der Chi²-Tabelle angepasst. So wird verhindert, dass ein Alpha-Fehler bei simultan durchgeführten Signifikanztests in den Feldern der Tabelle entsteht. Ein Alpha-Fehler ist dann gegeben, wenn ein Unterschied zwischen Gruppen angenommen wird, der jedoch tatsächlich nicht gegeben ist.

In der Regel führen der T-Test und der Chi²-Test zu einem übereinstimmenden Ergebnis. Wenn die Testergebnisse abweichen, wird konservativ entschieden, das heißt für das Ergebnis des Tests, der nicht signifikant ist. In diesem Fall wird auch das nicht signifikante Ergebnis zitiert. Dies ist im Folgenden bei den Tests "C-Test", "*Productive Skills*" und "*Grammar*" der Fall.

Die Stichprobe ist mit N=147 Personen für eine Vorhersage geeignet. Die Aufteilung in Express- und Regelklassen führt zu zwei Teilstichproben mit 60 und 87 Personen. Die Größe der Teilstichproben ist leider noch nicht über der statistisch zuverlässigen Zahl von N=100 (für eine Vorhersage der Ergebnisse). Erschwerend für eine Vorhersage kommt hinzu, dass es in Schulklassen zusätzlich hohe zufällige Unterschiede geben kann, so dass die Auswahl von drei Express- und vier Regelklassen sehr klein ist. Um dieses Manko auszugleichen, werden die Verteilungen auf Normalverteilung getestet. Bei angenäherter und exakter Normalverteilung der Ergebnisse ist die Vorhersage wiederum sicherer als bei einer hohen Abweichung von der theoretisch erwarteten Normalverteilung. Die Werte zur Normalverteilung werden darum bei jedem Test beschrieben.

Es werden die untersuchungsrelevanten Skalen der Fragebögen getestet und die Hauptskalen der Fragebögen, aus denen sie zusammengesetzt sind. So können die Skalen berücksichtigt werden, die signifikant unterschiedliche Ergebnisse bringen und mit diesem Ergebnis ggf. den signifikanten Effekt in der untersuchungsrelevanten Skala zum größeren Teil bewirken (vgl. Tab. 4.5).

4.5.1   Unterschiede zwischen den Schulen

Sollten zwischen den drei Schulen signifikante Leistungsunterschiede vorliegen, könnten Unterschiede zwischen Express- und Regelklassen durch diese Unterschiede beeinflusst werden. Es gibt zwischen den Schulen im Gesamttestwert "Englische Sprachfähigkeit" keinen signifikanten Unterschied (Chi²=11,6; df=6; p=0,07; ns; N=147). Im Test "*Proficiency*" stimmen die Schulen in hohem Maße überein (Chi²=3,1; df=6; p=0,80; ns; N=147); im C-Test findet sich ein einfach signifikanter Unterschied zwischen den Schulen (Chi²=15,04; df=6; p=0,017; *). Eine Analyse der Felder der Kontingenztafel zeigt, dass in Schule 06 die Streuung der Leistungen im "C-Test" höher ist als in den anderen beiden Schulen. Diese unregelmäßige Verteilung in Schule 06 im Punktwert des C-Tests führt zu dem signifikanten Unterschied zwischen den Schulen, weist aber keine echten Leistungsunterschiede zu den anderen Schulen auf, weil sowohl gute als auch schlechtere Leistungen in Schule 06 tendenziell häufig sind. Im

Test "*Productive Skills*" stimmen die Schulen hoch überein (Chi²=3,7; df=6; p=0,71; ns; N=147); die Unterskalen des Tests "*Productive Skills*" sind die Skalen "*Comment*" (Chi²=7,9; df=6; p=0,25; ns; N=147), die Skala "*Guided summary*" (Chi²=4,6; df=6; p=0,60; ns; N=147) und die Skala "*Picture composition*" (Chi²=15,5; df=6; p=0,02; *; N=147). In den Skalen "*Comment*" aus dem Test "*Reading comprehension*" und der Skala "*Guided summary*" aus dem Test "*Listening comprehension*" stimmen die Schulen in ihren Leistungen überein. In dem Test "*Picture composition*" gibt es einen einfach signifikanten Unterschied zwischen den Schulen. Die in der Tabelle aufgeführten angepassten Residuen weisen mit ihren Vorzeichen auf mehr oder weniger Personen mit Punktwerten in den Quartilen des Tests hin. Erreicht ein Residualwert einen höheren Wert als 2,87, ist das jeweilige Feld signifikant unterschiedlich selten bzw. häufig in der Kontingenztafel mit 4 x 3 = 12 Feldern. Zwischen den Schulen gibt es einen einfach signifikanten Unterschied im Test "*Picture composition*". Es gibt keine signifikanten Felder, die den allgemeinen Unterschied genauer interpretieren lassen könnten.

Im Test "*Receptive Skills*" findet sich ebenfalls eine hohe Übereinstimmung zwischen den Leistungen der Schulen (Chi²=5,0; df=6; p=5,5; ns; N=147). In den Unterskalen "*Reading comprehension*" (Chi²=4,2; df=6; p=0,66; ns; N=147) und "*Listening comprehension*" (Chi²=11,1; df=6; p=0,09; ns; N=147) stimmen die Schulen überein. Im Test "*Grammar*" sind keine Unterschiede zwischen den Schulen (Chi²=6; df=6; p=0,43; ns; N=88); auch der Test "*Vocabulary*" weist keine Leistungsunterschiede zwischen den Schulen auf (Chi²=8; df=6; p=0,50; ns; N=91).

Zwischen den Schulen gibt es keine Leistungsunterschiede in den untersuchungsrelevanten Skalen der Sprachfähigkeitsmessung im Fach Englisch. Damit kann ein Einfluss auf mögliche Unterschiede zwischen Express- und Regelklassen durch Unterschiede zwischen den Schulen ausgeschlossen werden.

4.5.2 Unterschiede zwischen den Geschlechtern

Mögliche Unterschiede in den Skalen des Leistungs- und Sprachfähigkeitstests Englisch zwischen den Geschlechtern könnten – genau wie mögliche Schulunterschiede – Einfluss auf Unterschiede zwischen Schnellläufer- und Regelklassen haben. Darum werden die Unterschiede hier getestet. Im Gesamttestwert "Englische Sprachfähigkeit" gibt es keinen Geschlechtsunterschied (Chi²=3,3; df=3; p=0,34; ns; N=146). Im Test "*Proficiency*" gibt es keinen Geschlechtsunterschied (Chi²=3,5; df=3; p=0,32; ns; N=146), genauso wenig im C-Test (Chi²=2,3; df=3; p=0,51; ns; N=146). Im Test "*Productive Skills*" gibt es einen hoch signifikanten Geschlechtsunterschied (Chi²=13,1; df=3; p=0,007; **; N=146). Eine Analyse der Felder in der Kontingenztafel verdeutlicht, dass die Jungen signifikant weniger Punkte im Test "*Productive Skills*" erhalten haben (1. Quartil = -2,8) als die Mädchen (1. Quartil=2,8). Dieser Geschlechtsunterschied findet sich ausschließlich in den Regelklassen (Chi²=10,3; df=3; p=0,016; *; N=79), in den Expressklassen stimmen die Leistungen der Schülerinnen und Schüler im Test "*Productive Skills*" überein (Chi²=6,8; df=3; p=0,080; ns; N=67). Der Geschlechtsunterschied in den Regelklassen im Test "*Productive Skills*" hat deshalb keinen Einfluss auf mögliche Unterschiede in der englischen Sprachfähigkeit zwischen Express- und Regelklassen. In den Unterskalen des Tests "*Productive Skills*", "*Comment*" (t=-1,95; p=0,053; ns; N=146) und "*Guided summary*" (Chi²=5,22; df=3; p=0,16; ns; N=146), sind keine Geschlechtsunterschiede. In der Unterskala "*Picture composition*" unterscheiden sich die Geschlechter hoch signifikant im Chi²-Test (Chi²=14,0; df=3; p=0,003; **; N=146). Die Mädchen haben signifikant seltener niedrige Punktwerte im 1. Quartil (adj. Res.=-3,0) und signifikant häufiger hohe Punktwerte im 4. Quartil (adj. Res.=3,0) des Tests. Dieser Geschlechtsunterschied ist in den Express- und Regelklassen jeweils auf dem 10%-Niveau signifikant. Der Effekt ist deshalb für die gesamte Stichprobe zitiert, weil er sich erst in der Verteilung der Geschlechter in der größeren Stichprobe zeigt und insofern unabhängig von der Zugehörigkeit zu Express- oder Regelklassen ist (vgl. Tab. 3.6; Diagramm 4.4).

Tab. 4.6:   Geschlechtsunterschiede in den Quartilen des Punktwertes des Tests "*Picture composition*"

Geschlechtsunterschiede im Punktwert des Tests *"Picture composition"*	1. Quartil 4,5 -18,5 Punkte	2. Quartil 18,5 - 22 Punkte	3. Quartil 22 - 26 Punkte	4. Quartil 26 - 42,5 Punkte	Gesamt
Jungen	27	16	14	7	64
Angepasste Residuen	3,0 (*)	0,6	-0,9	-3,0 (*)	
Mädchen	16	17	23	26	82
Angepasste Residuen	-3,0 (*)	-0,6	0,9	3,0 (*)	
Spaltensummen	43	33	37	33	146

Chi²=13,966; df=3; p=0,003; **; Adj. Res. nach Bonferoni-Korrektur: α*=.05/8= 0,00625; z_{α}*=2,7 (*) Angepasstes Residuum nach Everitt 1977/1992

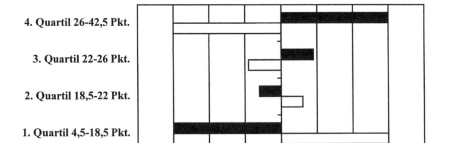

Geschlechtsunterschiede im Punktwert des Tests "*Picture composition* "

Diagramm 4.4:   Geschlechtsunterschiede im Punktwert der Unterskala "*Picture composition*"

174

Im Test "*Receptive Skills*" gibt es keine Geschlechtsunterschiede (Chi²=3,0; df=3; p=0,39; ns; N=147). Sowohl im Test "*Grammar*" (Chi²=4,9; df=3; p=0,17; ns; N=147) als auch im Test "*Vocabulary*" (Chi²=0,49; df=3; p=0,92; ns; N=147) stimmen die Geschlechter in ihren Leistungen überein.

Es gibt keine Geschlechtseinflüsse auf mögliche Unterschiede zwischen den Express- und Regelklassen in den Hauptskalen "Englische Sprachfähigkeit", "*Proficiency*", "*C-Test*", "*Receptive Skills*", "*Productive Skills*", "*Grammar*" und "*Vocabulary*". In der Unterskala zum Test "*Productive Skills*", der "*Picture composition*", ist ein höchst signifikanter Geschlechtsunterschied. Auch dieser Unterschied hat keinen Einfluss auf einen möglichen Unterschied zwischen Express- und Regelklassen, und zwar deshalb, weil zwischen den Klassenzügen kein Unterschied in diesem Test gefunden wurde (siehe 4.5.7). Die Verteilung des Geschlechts in den Schulen ist ebenfalls homogen (siehe 4.2.4). Zusammenfassend lässt sich eindeutig feststellen: Einflüsse durch Schul- oder Geschlechtsunterschiede auf Unterschiede zwischen Express- und Regelklassen können ausgeschlossen werden.

4.5.3 Unterschiede zwischen Express- und Regelklassen in der Sprachfähigkeit (*proficiency tests*)

Das Ziel der Untersuchung ist es, auf mögliche Unterschiede in den Leistungen im Fach Englisch zwischen Express- und Regelklassen zu testen (Sprachkenntnisse und Sprachfähigkeit).

4.5.3.1 Unterschiede in den Testwerten der *proficiency*

Unterschiede im Gesamttestwert "Englische Sprachfähigkeit"

Der Gesamttestwert hat die höchste Reliabilität (Alpha = 0,87) bei einem mittleren Schwierigkeitsgrad der Fragen und damit eine sehr gute Voraussetzung für einen statistischen Unterschiedstest. Es werden gute von schlechten Leistungen der Schülerinnen und Schüler hinreichend getrennt, um zufällig richtige oder falsche Antworten ausschließen zu können. Die Verteilung des Gesamttestwerts ist der Normalverteilung angenähert (K-S Z=1,092; p=0,184; anv). Damit ist eine Vorhersage aus diesem Punktwert statistisch abgesichert. Der Unterschiedstest weist einen hoch signifikanten Unterschied zwischen Express- und Regelklassen auf (Chi²=14,3; df=3; p=0,003; **; N=147). Der Unterschied zwischen den Klassenzügen kann in den Feldern der Kontingenztafel weiter analysiert werden. Die Schülerinnen und Schüler der Regelklassen[16] haben signifikant häufiger niedrige Punktwerte im 1. Quartil der Verteilung als Schülerinnen und Schüler der Expressklassen (adj. Res$_{EK}$=-3,4; adj. Res$_{RG}$=3,4). In den weiteren Quartilen der Chi²-Tabelle sind keine signifikanten Unterschiede zwischen Express- und Regelklassen (vgl. Tab. 4.7).

---

[16]   Der Index "RG" steht für Schüler in Regelklassen und "EK" für Schüler in Expressklassen.

Tab. 4.7:   Unterschiede zwischen Express- und Regelklassen im Gesamttestwert
"Englische Sprachfähigkeit"

Unterschiede im Gesamttestwert "Englische Sprachfähigkeit"	1. Quartil 74,5-135,5 Punkte	2. Quartil 135,5-148 Punkte	3. Quartil 148-164,5 Punkte	4. Quartil 164,5-235 Punkte	Zeilen-summen
Regelklasse	31	19	17	13	80
angepasste Residuen	3,4 (*)	0,2	-1,4	-2,4	
Expressklasse	9	15	21	22	67
angepasste Residuen	-3,4 (*)	-0,2	1,4	2,4	
Spaltensummen	40	34	38	35	147

Chi²=14,268; df=3; p=0,003; **; Adj. Res. Nach Bonferoni-Korrektur: α*=.05/8=0,00625; $z_{\alpha*}$=2,7 (*) Angepasstes Residuum nach Everitt 1977/1992.

Unterschiede zwischen Express- und Regelklassen im Test *"Proficiency"*

Der Test *"Proficiency"* bezieht sich auf die Sprachfähigkeit in Englisch. Der Test wurde aus den Skalen *"Receptive + Productive Skills"* durch Summierung der jeweiligen Punktwerte erstellt. Der Testwert hat eine hohe Reliabilität (Alpha = 0,84) und mit 56% durchschnittlich erreichter Punktzahl einen mittleren Schwierigkeitsgrad. Der Punktwert ist exakt normalverteilt (K-S Z=0,728; p=0,664; nv). Diese Voraussetzungen in Verbindung mit der Stichprobengröße sichern die Vorhersage aus dem Signifikanztest ab.

Im Test *"Proficiency"* unterscheiden sich die Express- und Regelklassen hoch signifikant (Chi²=12,60; df=3; p=0,006; **; N=147). In den Feldern der Chi²-Tabelle sind keine signifikanten Klumpungen, darum wird das Ergebnis des T-Tests genannt (t=3,9; p=0,000; ***). Der mittlere Punktwert der Expressklassen ist mit 84 Punkten um 11 Punkte höchst signifikant höher als der mittlere Punktwert der Regelklassen mit 73 Punkten.

Unterschiede im "C-Test"

Der C-Test erreicht eine hohe Reliabilität (Alpha = 0,83) und hat mit 57% einen mittleren Schwierigkeitsgrad seiner Fragen. Der Punktwert für den C-Test ist approximativ normalverteilt (K-S Z=1,147; p=0,144; anv). Damit sind sehr gute Voraussetzungen für einen Unterschiedstest zwischen Express- und Regelklassen gegeben. Im Punktwert des C-Tests unterscheiden sich Express- und Regelklassen nicht (Chi²=7,0; df=3; p=0,072; ns; N=147).

4.5.3.2 Unterschiede in den *Productive Skills*

Der Test "*Productive Skills*" wird durch Summierung der Unterskalen "*Comment*", "*Guided summary*" und "*Picture composition*" erzeugt. Er hat eine hohe Reliabilität (Alpha=0,83) und einen mittleren Schwierigkeitsgrad mit 47% des möglichen Punktwertes. Der Punktwert ist exakt normalverteilt (K-S Z=0,751; p=0,626; nv). Die Voraussetzungen für eine Vorhersage aus einem Unterschiedstest sind sehr gut.

Im Punktwert des Tests "*Productive Skills*" unterscheiden sich Express- und Regelklassen nicht (Chi²=7,3; df=3; p=0,063; ns; N=147).

Unterschiede in der Unterskala "*Comment*"

Die Unterskala "*Comment*" des Tests "*Productive Skills*" stammt aus dem Fragebogen "*Reading Comprehension*". Die Schülerinnen und Schüler hatten hier während der Beantwortung der Fragen zu ihrem Kommentar zu der vorher gelesenen Geschichte die Gelegenheit, die Geschichte nachzulesen, die in dem Fragebogen als zweite Seite vorliegt. Der Punktwert der Unterskala "*Comment*" hat eine gute Reliabilität (Alpha=0,73) und mit 43% durchschnittlich erreichter Punkte einen mittleren Schwierigkeitsgrad. Der Punktwert ist exakt normalverteilt (K-S Z=0,983; p=0,289; nv). Es gibt in der Skala "*Comment*" keine signifikanten Unterschiede zwischen Express- und Regelklassen (t=-1,626; p=0,11; *; N=147).

Unterschiede in der Unterskala "*Guided summary*"

Die Unterskala "*Guided summary*" aus dem Test "*Listening Comprehension*" ist bei ausreichender Reliabilität (Alpha=0,59) und einem mittleren Schwierigkeitsgrad (50%) exakt normalverteilt (K-S Z=1,074; p=0,199; nv).

Tab. 4.8: Unterschiede in den Quartilen der Skala "*Guided summary*" zwischen Express- und Regelklassen

Unterschiede in den Quartilen der Skala "*Guided summary*"	1. Quartil 0-7 Punkte	2. Quartil 7-9,5 Punkte	3. Quartil 9,5-12,5 Punkte	4. Quartil 12,5-23,5 Punkte.	Gesamt
Regelklassen	28	26	18	8	80
Angepasste Residuen	2,5	2,5	-0,8	-4,3 (*)	
Expressklassen	11	10	19	27	67
Angepasste Residuen	-2,5	-2,5	0,8	4,3 (*)	
Spaltensummen	39	36	37	35	147

Chi²=23,900; df=3; p=0,000; ***; Adj. Res. Nach Bonferoni-Korrektur: α*=.05/8=0,00625; $z_{\alpha*}$=2,7 (*) Angepasstes Residuum nach Everitt 1977/1992.

Zwischen Express- und Regelklassen ist ein höchst signifikanter Unterschied (Chi²=23,9; df=3; p=0,000; ***; N=147). Die Expressklassen haben signifikant mehr Personen mit Punktwerten im 4. Quartil der Verteilung als die Regelklassen (adj. Res. = 4,3/-4,3; vgl. Tab. 4.8; Diagramm 4.5).

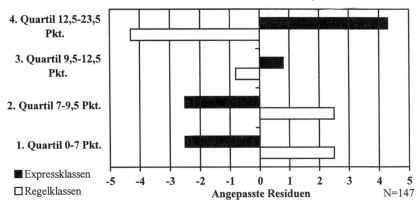

Unterschiede zwischen Express- und Regelklassen i Punktwert der Unterskala "Guided summary"

Diagramm 4.5:   Unterschiede zwischen Express- und Regelklassen im Punktwert
der Unterskala "*Guided summary*"

Die Schülerinnen und Schüler hatten im Test "*Listening Comprehension*", anders als im Test "*Reading Comprehension*", nicht mehr die Gelegenheit, das Gehörte für die "*Guided summary*" nochmals anzuhören. Die Expressklassen haben insofern den Hörtext besser wiedergegeben als die Regelklassen. In der Summierung der Skalen geht dieser Unterschied verloren.

Unterschiede in der Unterskala "*Picture composition*"

Die Unterskala "*Picture composition*" hat eine gute Reliabilität (Alpha=0,78) und einen mittleren Punktwert von 55% im mittleren Bereich des Schwierigkeitsgrades. Der Punktwert ist exakt normalverteilt (K-S Z=0,721; p=0,676; nv). In der Unterskala "*Picture composition*" stimmen Express- und Regelklassen in dem Punktwert überein (Chi^2=1,7; df=3; p=0,63; ns; N=147).

4.5.3.3 Unterschiede in den *Receptive Skills*

Der Test "*Receptive Skills*" entsteht durch Summierung der Punktwerte in den Skalen "*Reading- + Listening Comprehension*". Die Skala hat mit Alpha = 0,75 eine gute Reliabilität und mit 63% des maximalen Punktwertes einen mittleren Schwierigkeitsgrad. Der Punktwert ist exakt normalverteilt (K-S Z=0,646; p=0,798; nv). Die Voraussetzungen für eine Vorhersage aus einem Signifikanztest sind in Verbindung mit der Stichprobengröße sehr gut.

Tab. 4.9:   Unterschiede in den Quartilen des Tests "*Receptive Skills*" zwischen Express- und Regelklassen

Unterschiede im Test "*Receptive Skills*"	1. Quartil 17-30 Punkte	2. Quartil 30-35 Punkte	3. Quartil 35-40 Punkte	4. Quartil 40-60 Punkte	Gesamt
Regelklassen	29	28	12	11	80
angepasste Residuen	2,7 (*)	1,9	-1,8	-3,1 (*)	
Expressklassen	11	14	18	24	67
angepasste Residuen	-2,7 (*)	-1,9	1,8	3,1 (*)	
Spaltensummen	40	42	30	35	147

$Chi^2=17,785$; df=3; p=0,000; ***; Adj. Res. Nach Bonferoni-Korrektur: $\alpha^*=.05/8=0,00625$; $z_{\alpha^*}=2,7$ (*) Angepasstes Residuum nach Everitt 1977/1992.

Unterschiede im Punktwert "*Receptive Skills* " zwischen Express- und Regelklassen

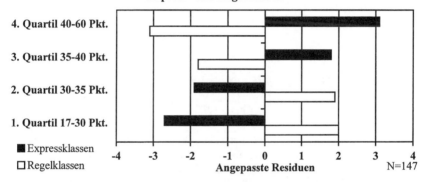

Diagramm 4.6:   Unterschiede im Punktwert des Tests "*Receptive Skills*" zwischen Express- und Regelklassen

Express- und Regelklassen unterscheiden sich im Test "*Receptive Skills*" höchst signifikant ($Chi^2=17,79$; df=3; p=0,000; ***; N=147). Der höchst signifikante Unterschied ist durch eine Analyse der Felder in der Kontingenztafel noch deutlicher (vgl. Tab. 4.9). Im ersten Quartil mit weniger Punkten sind signifikant weniger Personen aus den Expressklassen (Adj. Res. = -2,7), im mittleren Bereich unterscheiden sich die Gruppen nicht, und im 4. Quartil mit hohen Punktzahlen sind wiederum signifikant mehr Personen aus den Expressklassen (Adj. Res. = 3,1) (Tab. 4.9, Diagramm 4.4).

Unterschiede in der Unterskala "*Reading comprehension*"

Die Unterskala "*Reading comprehension*" hat eine ausreichende Reliabilität (Alpha=0,59) und liegt mit einem durchschnittlichen Punktwert von 31% im mittleren Schwierigkeitsgrad. Der Punktwert ist exakt normalverteilt (K-S Z=0,731; p=0,659; nv). Zwischen Express- und Regelklassen findet sich ein einfach signifikanter Unterschied ($Chi^2=10,10$; df=3; p=0,018; *; N=147). In den Feldern des Tests sind keine signifikanten Effekte. Deshalb wird das Ergebnis des T-Tests zusätzlich genannt (t=2,73; df=145; p=0,007; **). Die Expressklassen haben mit 23,7 Punkten einen hoch signifikant höheren Mittelwert als die Regelklassen mit 21,3 Punkten.

Unterschiede in der Unterskala "*Listening comprehension*"

Die Unterskala "*Listening comprehension*" hat bei knapp ausreichender Reliabilität (Alpha=0,46) einen mittleren Schwierigkeitsgrad mit 62% durchschnittlich erreichter Punktzahl. Die Skala ist nicht normalverteilt (K-S Z=1,544; p=0,017; nnv). Die knappe Reliabilität und die Abweichung von der theoretischen Normalverteilung schränken eine Vorhersage aus dem Signifikanztest ein. Express- und Regelklassen unterscheiden sich in der Unterskala "*Listening comprehension*" einfach signifikant (Chi²=10,7; df=3; p=0,014; *; N=147).

Tab. 4.10: Unterschiede in den Quartilen der Skala "*Listening comprehension*" zwischen Express- und Regelklassen

Unterschiede in den Quartilen der Skala "Listening comprehension"	1. Quartil 4-10 Pkt.	2. Quartil 10-12 Pkt.	3. Quartil 12-15 Pkt.	4. Quartil 15-20 Pkt.	Gesamt
Regelklassen	34	20	12	14	80
Angepasste Residuen	3,0 (*)	-0,1	-1,2	-2,2	
Expressklassen	13	17	15	22	67
Angepasste Residuen	-3,0 (*)	0,1	1,2	2,2	
Spaltensummen	47	37	27	36	147

Chi²=10,671; df=3; p=0,014; *; Adj. Res. Nach Bonferoni-Korrektur: α*=.05/8=0,00625; $z_{\alpha*}$=2,7 (*) Angepasstes Residuum nach Everitt 1977/1992.

Im 1. Quartil mit niedrigen Punktwerten sind signifikant mehr Schülerinnen und Schüler der Regelklassen (adj. Res.=3) und signifikant weniger Schülerinnen und Schüler der Expressklassen (adj. Res.=-3) (Tab. 4.10).

4.5.4 Unterschiede zwischen Express- und Regelklassen in der Sprachleistung (*achievement tests*)

Der Test "Sprachliche Leistung" besteht aus den Fragebögen "*Grammar*" und "*Vocabulary*". Die Summe der Punkte aus beiden Fragebögen kann nicht gebildet werden, weil aus schulorganisatorischen Gründen Daten verschiedener Stichproben erhoben wurden. Darum werden die Fragebögen jeweils einzeln auf Unterschiede getestet.

4.5.4.1 Unterschiede im Grammatiktest

Der Test "*Grammar*" hat eine gute Reliabilität (Alpha = 0,76) und einen mittleren Schwierigkeitsgrad mit 69% durchschnittlich erreichter Punktzahl. Der Punktwert des Tests ist normalverteilt (K-S Z=0,973; p=0,300; nv). Die Stichprobe ist für eine

Vorhersage hinreichend groß (N=88). Diese Voraussetzungen sind sehr gute Indikatoren für eine Vorhersage aus einem Unterschiedstest.

Beim Unterschiedstest zwischen Express- und Regelklassen sind die Ergebnisse der beiden Signifikanztests unterschiedlich. Der T-Test ist nicht signifikant (t=-1,8; p=0,085; ns), so dass konservativ entschieden wird. Express- und Regelklassen unterscheiden sich in ihren Leistungen im Test "*Grammar*" nicht.

4.5.4.2 Unterschiede im Wortschatztest

Der Test "*Vocabulary*" hat eine gute Reliabilität (Alpha = 0,76) und hat mit 36% durchschnittlich erreichter Punkte einen mittleren Schwierigkeitsgrad. Die Verteilung des Punktwertes stimmt mit einer theoretischen Normalverteilung überein (K-S Z=0,882; p=0,418; nv). Die Stichprobe ist mit N=91 ebenfalls für eine Vorhersage geeignet. Damit sind gute Voraussetzungen für einen Signifikanztest gegeben.

Es gibt zwischen den Leistungen der Express- und Regelklassen im Test "*Vocabulary*" einen einfach signifikanten Unterschied (Chi^2=10,9; df=3; p=0,12; *; N=91). Es gibt in der Kontingenztafel keine signifikanten Klumpungen, deshalb wird das Ergebnis des T-Tests (t=-3,2; p=0,002; **) genannt. Der Mittelwert der Expressklassen ist im Test "*Vocabulary*" mit 23,7 Punkten hoch signifikant höher als der Mittelwert der Regelklassen mit 20,0 Punkten.

4.6 Zusammenfassung zu den Ergebnissen der quantitativen Fragebogenerhebung

Die statistischen Tests über die untersuchungsrelevanten Skalen der Fragebogenerhebung zum Lernzuwachs und zur Leistungsentwicklung im Fach Englisch sind alle für eine Vorhersage aus den Signifikanztests in hohem Maße geeignet. Die zitierten Unterskalen sind dies aufgrund der Reliabilitäten der Skalen nicht immer in gleich hohem Maße, doch sind sie bis auf die Skala "*Listening comprehension*" normalverteilt, so dass hierüber die Vorhersage statistisch abgesichert ist. Zur Stichprobe sei allgemein angemerkt, dass in den Regelklassen sowohl Schülerinnen und Schüler mit der Notensumme 6 in Mathematik, Deutsch und Sachkunde als auch Schülerinnen und Schüler mit einem schlechteren Notendurchschnitt in der 4. Klasse sind; während in den Expressklassen ausschließlich Schülerinnen und Schüler mit der genannten Notensumme (6 und besser) in der 4. Klasse sind. Dadurch kann das statistische Ergebnis hinsichtlich der geringeren Leistungen im 1. Quartil der Tests beeinflusst sein. Auf der anderen Seite haben die Expressklassen ein Jahr weniger Unterricht. Zwischen den Schulen finden sich keine nennenswerten Unterschiede.

Die Mädchen erreichen höhere Punktwerte im Test "*Productive Skills*" und in dessen Unterskala "*Picture composition*" als die Jungen. Es ist durchaus möglich, dass für Mädchen insgesamt narrative Texte (wie sie Bildergeschichten darstellen) mehr Anregungspotential bieten und sie von daher die Geschichte besser versprachlichen (d.h. ausführlicher und differenzierter erzählen) als die Jungen. In den weiteren

Unterskalen des Tests "*Productive Skills*" ist kein weiterer Geschlechtsunterschied. Insofern ist der Unterschied in dem Test durch diese Skala in hohem Maße bestimmt. Der Geschlechtsunterschied ist jedoch auch in den weiteren Skalen soweit tendenziell vorhanden, dass er bei der Summierung der Punktwerte der Skalen nicht verloren geht. Mädchen produzieren insgesamt mit mehr Punkten bewertete englische Texte als die Jungen. Die gefundenen Geschlechts- und Schulunterschiede haben keinen Einfluss auf die Unterschiede zwischen Express- und Regelklassen.

Wir finden keine Unterschiede zwischen den Klassenzügen in den Tests "C-Test", "*Productive Skills*" und "*Grammar*" sowie in den Unterskalen "*Comment*" und "*Picture composition*" des Tests "*Productive Skills*". Wir finden jedoch signifikante Unterschiede zwischen den Klassenzügen in den Tests "Gesamttestwert Englische Sprachfähigkeit", "*Proficiency*", "*Receptive Skills*" und "*Vocabulary*"; weiterhin in der Unterskala "*Guided summary*" als Teil des Tests "*Productive Skills*" sowie in den Unterskalen zum Test "*Receptive Skills*", "*Reading comprehension*" und "*Listening comprehension*". Der Unterschied in der Unterskala "*Guided summary*" kann auf ein besseres Hörverständnis der Expressschülerinnen und -schüler zurückzuführen sein. Alle Befragten hatten in diesem Fragebogen keine Gelegenheit mehr, den Basistext für die "*Guided summary*" nochmals zu hören. Der Unterschied in dieser Unterskala geht durch die Verteilungen der weiteren zwei Unterskalen zum Test "*Productive Skills*" verloren. Insofern kann er ausschließlich mit einem besseren Hörverständnis und ggf. einer schnelleren Auffassungsfähigkeit der Schülerinnen und Schüler für die englische Sprache in den Expressklassen interpretiert werden (als Indiz einer effizienteren Verarbeitung fremdsprachlichen Materials). Im Test "*Receptive Skills*" ergänzen sich die signifikanten Effekte der Unterskalen "*Reading comprehension*" und "*Listening comprehension*" zu einem stärkeren Effekt nach Summierung der Werte. Insofern ist die Vorhersage aus der als einzigen nicht normalverteilten Skala "*Listening comprehension*" nicht ganz unsicher. In den Unterskalen haben die Expressklassen jeweils den höheren Mittelwert, in der Skala "*Listening comprehension*" haben signifikant weniger Expressschülerinnen und -schüler niedrige Punktwerte im 1. Quartil. Der Unterschied zwischen den Klassenzügen in dem Test "*Receptive Skills*" ist der eindeutigste Unterschied in der gesamten Untersuchung. Die Expressklassen haben sowohl signifikant weniger Personen mit niedrigen Punktwerten als auch signifikant mehr Personen mit hohen Punktwerten. Insofern kann das Ergebnis – analog zum Ergebnis der "*Guided summary*" – mit einer allgemein besseren Rezeptions- und Verarbeitungsfähigkeit im Hinblick auf das zielsprachliche Material (seien es nun gelesene oder gehörte Texte) interpretiert werden. Die durchgehend höhere Einsprachigkeit im Unterricht in den Expressklassen unterstützt diese Fähigkeit zusätzlich (siehe Kapitel 8). Der Unterschied im Test "*Vocabulary*" ist durch einen höheren mittleren Punktwert der Expressklassen bestimmt. Die Skala gehört insgesamt zu den eher schwierigeren Skalen (Mittlere Punktzahl 36%), was sicher auch eine Folge der für die Schüler offenbar doch recht unvertrauten Testform der "Gleichung" ist (etwas mehr Kontextualisierung der Items wäre testtechnisch besser gewesen).

Insofern kann hier (für den Wortschatz) den Expressklassen eine bessere sprachliche Leistung bestätigt werden (Tab. 4.11; Diagramm 4.7).

Der Unterschied in der Skala *"Proficiency"* ist im Mittelwertvergleich höchst signifikant, die Expressklassen zeigen hier in einer gleichmäßigen Verteilung eindeutig bessere Leistungen. Die Zusammenfassung aller Skalen – bis auf die Tests zur sprachlichen Leistung – führt wiederum zum gleichen Ergebnis. **Die Expressklassen haben insgesamt die bessere englische Sprachfähigkeit, wobei ein wesentlicher Signifikanzträger das Hörverständnis der Expressschülerinnen und -schüler ist.**

Die Hypothese über gleiche Leistungen der Express- und Regelklassen in den 9. Klassen des Berliner Schulversuchs wurde nicht bestätigt. **Die Expressschülerinnen und -schüler weisen im Gesamtergebnis des Tests bessere Leistungen als die Regelschülerinnen und -schüler auf.** Dies kann zum einen auf die Voraussetzung der **Notensumme 6** in Deutsch, Mathematik und Sachkunde in der 4. Klasse und das **hoch individualisierte Auswahlverfahren** der Schülerinnen und Schüler für den Schnellläuferzweig zurückzuführen sein. Zum anderen ist es möglich, dass der **frühere gymnasiale Unterricht die sprachliche Entwicklung der Schüler in besonderem Maße fördert. Vermutlich gibt es eine bessere Passung von schülerseitigen Lernvoraussetzungen (individuelle Leistungsfähigkeit und hohe verbale Kompetenzen) und gymnasialem Anspruchsniveau, wie es sich u.a. in der Verwendung eines gymnasialen Lehrwerks, in einem hohen Maß an Einsprachigkeit und in einer anregenden Unterrichtskommunikation manifestiert.**

Fassen wir zusammen:

Obwohl die Expressschülerinnen und -schüler die 8. Klasse übersprungen haben (wodurch ihnen – mit Einschränkungen: wegen der erhöhten Stundenzahl in den Klassen 5 und 9 – ein Schuljahr "fehlt"), haben sie im Fach Englisch bereits gegen Ende der 9. Klasse eine höhere Sprachfähigkeit (gemessen über eine differenzierte Batterie englischer Leistungs- und Sprachfähigkeitstest) als die Schüler(innen) in den Parallelklassen der gleichen Schulen.

Die Ergebnisse der quantitativen Fragebogenerhebung sind noch einmal in tabellarischer Form in der Tab. 4.11 zusammengefasst (zur graphischen Darstellung der Ergebnisse der Sprachleistungs- und Sprachfähigkeitstests siehe Diagramm 10.1 in Kap. 10.1.1.1).

Tabelle 4.11: Statistische Ergebnisse zum Schulversuch der Expressklassen im Fach Englisch

Übergeordneter Test	Summe aus Teiltest	N	Maximale Punktzahl (Anzahl der Fragen)	Reliabilität	Mittlere prozentuale Punktzahl	Normalverteilung	Signifikante Unterschiede	
							Geschlecht (männ/weib)	Express- / Regelklassen
Gesamttestwert Englische Sprachfähigkeit	Proficiency + C-Test	N=147	265 (107 Fragen)	0,87	56%	K-S Z=1,092 p=0,184 anv	ns	t=3,621 *** Chi²=14,268 ** 1. Q=-3,4/3,4
Proficiency	Receptive + Productive Skills	N=147	140 (102 Fragen)	0,84	56%	K-S Z=0,728 p=0,664 nv	ns	t=3,90 *** Chi²=12,69 **
C-Test	Keine	N=147	125 (5 Fragen)	0,83	57%	K-S Z=1,147 p=0,144 anv	ns	ns
Productive Skills	Comment + Guided Summary + Picture Composition	N=147	85 (16 Fragen)	0,83!	47%	K-S Z=0,751 p=0,626 nv	t=-4,448 *** Chi²=13,13 *** 1 Q 2,8/-2,8	ns
	Comment	N=147	25 (5 Fragen)	0,73	43%	K-S Z=0,983 p=0,289 nv	ns	ns
	Guided summary	N=147	20 (5 Fragen)	0,59	50%	K-S Z=1,074 p=0,199 nv	ns	t=-5,06 *** Chi²=23,9 *** 4. Q =4,3/-4,3
	Picture composition	N=147	40 (Titel +6 Fragen)	0,78!	55%	K-S Z=0,721 p=0,676 nv	t=-3,826 *** Chi²=13,966 ** 1. Q 3,0/-3,0 4. Q -3,0/3,0	ns

Receptive Skills							t=3,22 **, Chi²=17,79 *** 1. Q=-2,7/2,7; 4. Q=3,1/-3,1
	Reading comprehension + Listening comprehension	N=147	55 (35 Fragen)	0,75	63%	K-S Z=0,646 p=0,798 nv	ns	
	Reading comprehension	N=147	35 (25 Fragen)	0,59	31%	K-S Z=0,731 p=0,659 nv	ns	t=2,73 **, Chi²=10,10 *
	Listening comprehension	N=147	20 (10 Fragen)	0,46	62%	K-S Z=1,544 p=0,017 nnv	ns	t=-3,16 **, Chi²=10,67 * 1. Q = -3/3
Sprachliche Leistung	Keine							
	Grammar	N=88	60 (60 Fragen)	0,76	69%	K-S Z=0,973 p=0,300 nv	ns	ns
	Vocabulary	N=91	60 (56 Fragen)	0,76	36%	K-S Z=0,882 p=0,418 nv	ns	t=3,233 **; Chi²=10,9 *

! Reliabilität ohne Titel der *Picture composition*. * signifikant ($p<0,05$) ** hoch signifikant ($p<0,01$) *** höchst signifikant ($p<0,001$). nv = normalverteilt, anv = approximativ normalverteilt, nnv = nicht normalverteilt. Angaben zu den Quartilen in der Spalte: Signifikante Unterschiede Express/Regelklassen. z.B.: 1. Quartil = -3,4/3,4: Die Expressklassen haben signifikant weniger Schülerinnen und Schüler mit niedrigen Punktwerten als die Regelklassen

5. Externe Bewertung der mündlichen Kommunikationsfähigkeit

"We know what happens to people who stay in the middle of the road:
they get run over" (Aneurin Bevan).

5.1 Zur Akzeptanz des Bewertungsschemas

In 3.5 wurde dargestellt, dass die mündliche Kommunikationsfähigkeit der beiden
Lerngruppen auf direktem Wege überprüft werden sollte; und zwar in der Form eines
Simulationsspiels, das den produktiven, themen- und situationsangemessenen Umgang
mit gesprochener Sprache im Rahmen einer (Dreier)Gruppe von Gleichaltrigen
elizitieren sollte. In die Bewertung durch erfahrene Englischlehrer(innen) sollten zum
einen die im engeren Sinne sprachlichen Leistungen eingehen. Die sprachliche
Qualität wurde über die Kategorien Flüssigkeit (= *fluency*), Aussprache, Wortschatz-
und Strukturengebrauch operationalisiert. Zum anderen müssen in eine Prüfung und
Bewertung der Gesprächskompetenz Kategorien eingehen, die sich auf die inhaltlich-
kommunikativen Leistungen der Probanden in dem speziellen Interaktionskontext der
jeweiligen Testsituation beziehen. Für das hier eingesetzte Szenario einer
Konfliktlösungssituation erscheinen die Kategorien der Gesprächsbeteiligung, die
inhaltlichen Aspekte betreffs der möglichen Lösungsvorschläge und das Interaktionsverhalten in der Gruppe der spezifischen Aufgabe besonders adäquat zu sein. Nach
den Reaktionen der Lehrkräfte zu schließen, war das in 3.5.4, Abb. 3.16, vorgestellte
Raster weder zu allgemein noch zu detailliert, um von den Bewertern abgelehnt zu
werden. Im Gegenteil: Sowohl die Kategorien des Bewertungsschemas als auch die
inhaltliche Füllung der Notenstufen erschienen den gutachtenden Englischlehrern
sachgerecht und praktikabel. Dies legt eine einigermaßen objektivierte Beurteilung der
mündlichen Leistung der Probanden nahe.

Normalerweise (z.B. bei den britischen Tests des *University of Cambridge Local
Examinations Syndicate* oder den US-amerikanischen Tests des *American Council on
the Teaching of Foreign Languages*) werden die externen Bewerter in der Beurteilung
der mündlichen Kommunikationsfähigkeit gezielt geschult und fortgebildet, wenn sie
ihre Akkreditierung für diese *oral proficiency tests* nicht verlieren wollen. Dies konnte
unter dem Zeitdruck der Untersuchung und angesichts eines bestimmten
Selbstverständnisses der Lehrerinnen und Lehrer, die bereit waren mitzuarbeiten, hier
nicht geleistet werden. Dafür wurde von mir ein detailliertes Bewertungsschema
entworfen, das allen neun Lehrkräften, die sich an der externen Bewertung der Schüler
beteiligten, zusammen mit den Tonbandaufnahmen und den Transkriptionen der
Simulationsspiele zugeschickt wurde. Damit war (gewissermaßen im Eigen- oder
Fernstudium) eine gewisse Vereinheitlichung in der Bewertungsskala und in den für
die Notenstufen geltenden Bewertungskriterien gegeben. Auch wurden von mir nur
Kolleginnen und Kollegen ausgewählt, die sowohl die Klassenstufe kannten als auch
Erfahrungen mit der mündlichen Abiturprüfung im Fach Englisch hatten. Von daher
gab es unter den neun Englischlehrern keine(n) Kollegen/-in, die Bewertungsskalen
(*rating scales*) für die Messung der Gesprächskompetenz grundsätzlich (vom Prinzip

her) ablehnten (was nicht selten ist!). Nachstehend sind die entsprechenden Erläuterungen im vollen Umfang wiedergegeben.

BEWERTUNG MÜNDLICHER KOMMUNIKATIONSFÄHIGKEIT

Ein Leitfaden zum *simulation game:* "*A Desperate Decision* "

Im Folgenden geht es um eine möglichst objektivierte Bewertung der mündlichen Leistung von Schülerinnen und Schülern der 9. Klasse Berliner Gymnasien. Wie aus dem beiliegenden Testbogen ersichtlich ist, wurden die Schüler (im Rahmen einer Unterrichtsstunde) jeweils in Dreiergruppen auf das Interaktionsspiel vorbereitet (ca. 20-25 Minuten), bevor sie es dann in der Gruppe (und unter weitgehender Zurückhaltung des Versuchsleiters) vor laufendem Kassettenrekorder "in Szene setzten".

Nachstehend finden Sie ein Bewertungsschema bis hin zu den *rating scales,* das speziell für diese Aufgabe entwickelt wurde und gleichermaßen sprachliche, inhaltliche und kommunikative Aspekte abdecken soll. Es soll eine zugleich ganzheitliche wie analytische Beurteilung der Schülerleistung erlauben. Da es nicht immer ganz einfach ist, die einzelnen Schüler(innen) allein von ihrer Stimme auf dem Band zu unterscheiden, wird eine Wort-Transkription der Aufnahme mitgeliefert, die die Zuordnung der Stimmen zu den Rollen bzw. Schülern erheblich erleichtern dürfte.

a)   Bewertungsschema

Aspekte der mündlichen Leistungen	
Inhaltlich-kommunikative Leistung	**Sprachliche Qualität**
1. Gesprächsbeteiligung	4. Flüssigkeit
2. Inhaltliche Aspekte: Lösung der	5. Aussprache
Aufgabe	6. Wortschatz
3. Interaktionsverhalten in der Gruppe	7. Strukturen

Abb. 5.1:   Bewertungsschema

b)   Bewertungskategorien und -kriterien

1. Gesprächsbeteiligung
   - Art und Ausmaß der Beteiligung
   - Menge der verwertbaren Äußerungen
   - Anzahl und Länge der Redebeiträge bzw. Äußerungen

2. Inhaltliche Aspekte: Lösung der Aufgabe
   - Identifikation mit der jeweiligen Rolle
     - Reichtum an ausgedrückten Ideen und Lösungsvorschlägen
     - Darstellung des eigenen Standpunktes
     - Vertreten der speziellen Interessen der jeweiligen Rolle (zwischen Zurückhaltung und Dominanz)
     - Sprechperspektive (z.B. *first person point of view*)

- Inhaltliche Organisation
  - Verständlichkeit der Aussagen
  - Einbringen neuer Ideen und unterschiedlicher Handlungsalternativen
  - Aufnehmen und Weiterführen eines Arguments
  - Gegenargumente formulieren
  - Inhaltliche Klärungen bzw. Rückfragen
  - Anerkennung bzw. Mißbilligung bestimmter Ideen
  - Antizipieren eventueller Konsequenzen aus bestimmten Lösungsvorschlägen
  - Zusammenfassungen bringen
  - Wahrscheinlichkeiten und Bedingungen formulieren

3. Interaktionsverhalten in der Gruppe
   - Aufeinandereingehen der Kommunikationspartner
     - Direkte Anrede der Partner (z.B. *second person point of view: you*, Name des / der Angesprochenen)
     - Schnelligkeit und Sicherheit des Reagierens
     - (Nicht) Eingehen auf eine andere Position
     - Fragen stellen
   - Gesprächsfördernde Strategien
     - Geben sprachlicher Einhilfen (für die anderen)
     - Sprachliche Korrekturen (der anderen Sprecher)
     - Fragen nach Begriffen oder Ausdrucksmöglichkeiten
     - Kommunikationsfördernde Floskeln (*you see, well, anyway* u.dgl.)
     - Signalisieren des aktiven Zuhörens
   - Humor und Sprachwitz
   - Höflichkeit

4. Flüssigkeit des Ausdrucks
   - Grade der "Flüssigkeit" (*fluency*)
   - Sprechtempo
   - Anteil bruchstückhafter Teiläußerungen (*fragments*)
   - Pausen, Zögern, Füllsel (*ehm*, etc.)
   - Abbrechen von Äußerungen, *false starts*, Selbstkorrekturen
   - Suchen nach Wörtern, Finden von Umschreibungen
   - Anteil deutscher Ausdrücke

5. Aussprache
   - Auditive Verständlichkeit
   - Ausgeprägtheit eines muttersprachlichen (deutschen) Akzents
   - Eventuelle Behinderung der Kommunikationsleistung durch fehlerhafte Aussprache
   - Phonemische und phonetische Korrektheit der Laute
   - Rhythmus, Betonung und Intonation zwischen Mängeln und Normgerechtheit

6. Wortschatz
- Wortwahl, Wortvariation und Wortbildung
- Differenzierter, treffender Sachwortschatz
- Idiomatik und feste Redewendungen
- Markierung von Sprechakten (Meinungsäußerung, Vorschläge, Zustimmung, Ablehnung, Angst, Vorlieben u.dgl.)
- Verwendung deutscher Begriffe bzw. Versuch des Vermeidens solcher Ausdrücke

7. Strukturen
- Grammatikalische Korrektheit der Formen
- Vielfalt grammatischer Kategorien (Vergangenheitstempora, Futurformen, Verlaufsformen, Passivsätze u.a.)
- Kontextuelle Angemessenheit im Gebrauch der syntaktischen Strukturen
- Satzbau und Satzbaupläne: Parataxe (Satzreihen: *and, or*) und Hypotaxe (Nebensätze, Infinitiv- und Partizipialkonstruktionen)
- Satzverknüpfungen (*connectives*): z.B. *but, because, (in order) to, so that, if, first ... then, on the one hand ... on the other*)
- Kohäsion der Äußerungen

c) Bewertungsskalen

Bevor Sie sich die Aufnahmen der einzelnen Gruppen anhören, sollten Sie durch die jetzt folgenden *rating scales* gehen, um eine gestufte Beurteilung der einzelnen Schüler vornehmen zu können. Auf den nachstehenden Skalen steht "1" für die beste Leistung und "6" für die schlechteste (als "Notenstufen").

A. Inhaltlich-kommunikative Leistung			
Note	Gesprächsbeteiligung	Inhaltliche Aspekte: Lösung der Aufgabe	Interaktionsverhalten in der Gruppe
1	Lebhaft, intensiv und extensiv, spricht sehr viel, sehr lange Äußerungen	sehr viele konstruktive Ideen, überzeugende Argumente, betont eigenständige Position	durchgehend sehr engagiert, sehr spontan, höchst flexibel gegenüber den anderen, bringt das Gespräch voran
2	Gut, viele verwertbare Äußerungen von überdurchschnittlicher Länge	oft gute Ideen und gute Begründungen, meist eigenständige Position	gutes Eingehen auf die anderen, häufig rasches und sicheres Reagieren auf die anderen
3	Durchschnittliche Teilnahme am Gespräch mit mittlerer Äußerungslänge	durchschnittliches Engagement mit der eigenen Rolle, relativ knappe Begründungen	durchschnittliches Interesse an den Ideen der anderen
4	Unterdurchschnittliche Teilnahme mit häufigen Satzfragmenten	wenig ausgeprägte eigene Position, wenige neue Ideen, sehr knappe Begründungen	gelegentlicher Bezug auf die Aussagen der anderen

5	Gering, wenige eigene Beiträge, meist nur 1 oder 2 Wörter bzw. Ja/Nein-Antworten	kaum erkennbare Identifikation mit der eigenen Rolle, Vorschläge kaum brauchbar	sehr geringes Interesse an den Äußerungen der anderen
6	Fast keine auswertbaren Beiträge	Aussagen sind der Situation und dem Thema nicht adäquat	extremes Desinteresse an den Aussagen der anderen

Abb. 5.2:   Bewertungsskalen für die inhaltlich-kommunikative Leistung

B. Sprachliche Qualität

Note	Flüssigkeit	Aussprache	Wortschatz	Strukturen
1	sehr flüssig	weitestgehend fehlerfrei und nahezu normgerecht	sehr differenziert in Wortwahl und Ausdrucks-repertoire	reich an Strukturen, Hypotaxen, Verknüpfungen; kaum Fehler
2	im allgemeinen flüssig, wenige Brüche	gut verständlich, fast fehlerfrei	Themenange-messene Vielfalt, einzelne kleine Fehler	Strukturen- und Satzbauvielfalt, aber nicht immer korrekt
3	mehrere Brüche, längere Pausen	verständlich aber mit gewissen (störenden) Mängeln	Variation im Vokabular, dem Thema ange-messen aber mit mehreren Fehlern	wenig Vielfalt im Satzbau, etliche Verstöße gegen die grammatische Korrektheit
4	zahlreiche Pausen und Brüche, wiederholtes Suchen nach Formulierungen	starker muttersprach-licher Akzent, Verständnis ist behindert	wenig Vielfalt, eher themenun-spezifisches Vo-kabular, einge-schränkte Aus-drucksfähigkeit	viele Parataxen, nur wenige Satzbaumuster, viele störende Fehler
5	viele bruchstück-hafte Äußer-ungen, vergeb-liches Suchen nach Wörtern	kaum verständlich, Kommunikation erheblich gestört	zahlreiche grobe Verstöße, erhebliche Mängel im Vokabular	zahlreiche grobe Fehler, Thema und Kontext kaum adäquat
6	Radebrechend, extrem häufiges Zögern, sehr viele Brüche	(nahezu) unverständlich	Thema und Situation nicht angemessen, kaum als Englisch zu bezeichnen	Unangemessen, extreme Mängel in der Grammatik, inkohärente Äußerungen

Abb. 5.3:   Bewertungsskalen für die sprachliche Leistung

d)   Bewertung der Schülerinnen und Schüler

Tragen Sie bitte nun für jeden Schüler – getrennt nach den vier Dreiergruppen Ihrer Tonbandaufnahme – Ihre Bewertung für die sieben Kategorien ein:

Schule: Klasse:

Gruppe I: Simulation Game: "*A Desperate Decision*"

Rollen Kategorien	Sch 1 (　　　) Teacher	Sch 2 (　　　) Fiona	Sch 3 (　　　) Roy
A. Inhaltlich- **kommunikative** **Leistung**			
1. Gesprächsbeteiligung			
2. Inhaltliche Aspekte: Lösung der Aufgabe			
3. Interaktionsverhalten in der Gruppe			
B. Sprachliche Qualität			
4. Flüssigkeit			
5. Aussprache			
6. Wortschatz			
7. Strukturen			
Persönlicher Eindruck:			
P.S. Sie können für die Notenstufen ein "+" oder "-" verwenden, aber bitte keine Zwischenstufen wie "2-3". Vielen Dank für Ihre Mitarbeit.			

Abb. 5.4:   Bewertungsbogen für die Schülerleistungen

In den nachstehend aufgeführten Tabellen bezeichnen die Abkürzungen die folgenden Begriffe:

R   *rater* (Bewerter)
R1, R2, R3   die verschiedenen Bewerter der Probanden (hier: die drei Englischlehrer)
R1-3   der Mittelwert in der Beurteilung durch die drei Englischlehrer(innen)
Z   Bewertung einer Kategorie durch die Bewerter in Form einer Zensur (oder Notenstufe)
P   Bewertung einer Kategorie über den Punktwert, wie er sich aus der Überführung einer Zensurennote in die Punkteskala von 1-15 ergibt.

Zensurennoten und Punktwerte stehen hierbei in folgenden Äquivalenzen:

Zensur (Z)	1+	1	1-	2+	2	2-	3+	3	3-	4+	4	4-	5	5+	5-	6
Punkte (P)	15	14	13	12	11	10	9	8	7	6	5	4	3	2	1	0

Abb. 5.5:   Äquivalenzen von Notenstufen und Punkten (15er-Skala)

Die Zahlen in der horizontalen Reihe neben "Proband" (z.B. 04, 24 usw.) beziehen sich auf die Code-Nummern der Schüler(innen) in den Klassenlisten.

5.2   Die Rohdaten: Zensurenübersicht für die drei Schulen

Die nachfolgenden Tabellen 5.1-5.3 fassen (getrennt nach den drei Schulen) die von den drei Bewertern (= *rater* oder R) vergebenen Zensuren zusammen; wobei an jeder Schule jeweils sechs Schüler der Regelklasse und sechs Schüler der Expressklasse an dem Rollenspiel beteiligt waren. Um diese Rohdaten im Nachhinein quantitativ bearbeiten zu können, wird zusätzlich zur Zensurennote der entsprechende Wert auf der 15er-Punkteskala angegeben.

In einem ersten Schritt der Analyse der Tab. 5.1- 5.3 sollen die Kategorien erfasst werden, bei denen die Zensuren der drei Bewerber um zwei oder mehr Notenstufen auseinandergehen. Da es für jede der sieben Kategorien 36 Möglichkeiten für eine derartige "Dissonanz" gibt (12 Probanden an drei Schulen), stehen an dem einen Pol (für relativ wenige Fälle von Dissens) die Kategorien "Gesprächsbeteiligung" und "Aussprache" (zusammen fünf Nennungen). Hier herrscht also der größte Konsens unter den Bewertern, was sich aus der "Natur" der Kategorien auch gut nachvollziehen lässt. Am anderen Pol der Skala (für relativ viele Fälle von Dissens in Bezug auf die Note) steht mit klarem Abstand die Kategorie "Inhaltliche Aspekte: Lösung der Aufgabe" (insgesamt 14 Nennungen, die gleichmäßig über die drei Schulen verteilt sind). Es stellt sich an dieser Stelle die Frage, ob die Kriterien, die für diese Kategorie ursprünglich im Leitfaden genannt wurden, differenziert und spezifisch genug waren, um eine valide, konsensfähige Bewertung der Schüler in diesem Bereich zu ermöglichen. Nachdem zwischenzeitlich eine stärker analytische (psycholinguistische und diskursorientierte) Auswertung des Simulationsspiels erfolgt ist (siehe Kap. 6), ließen sich in der Tat Vorschläge zur Verbesserung der inhaltlichen Füllung der Kategorie machen, damit mehr Übereinstimmung bei den Bewertern entsteht. In zwei Fällen klaffen die Notengebungen sogar drei Zensurenstufen auseinander. Die Überarbeitungen sind in dem hier (in 5.1) abgedruckten Leitfaden unter Abschnitt b) eingeflossen. Relativ viele Dissonanzen zeigt ferner die Kategorie "Interaktionsverhalten in der Gruppe" (11 Nennungen); vor allem weil an einer Schule (05) die Zensuren in drei Fällen um drei Notenstufen divergieren. Die Durchsicht der Aufnahmen und der Transkripte weist darauf hin, dass die *rater* ein bestimmtes Kommunikationsverhalten (z.B. extreme Dominanz oder extreme Zurückhaltung) offenbar recht unterschiedlich bewerten. Der Wortschatz- und Strukturengebrauch liegt – was den Dissens betrifft – im Mittelfeld des Spektrums (10 bzw. 11 Nennungen). Bezüglich der Kategorie "Flüssigkeit" gibt es acht Fälle auseinanderklaffender Zensierungen. Eine höhere Reliabilität wäre auf jeden Fall sinnvoll und wünschenswert. Aber dazu müsste man die Bewerter gezielt schulen (können).

Tab. 5.1: Zensurenspiegel für das *simulation game* an Schule 04

Kategorien	Klasse Rolle Proband	Regelklasse: 9 E						Expressklasse: 9a					
		Teacher		Fiona		Roy		Teacher		Fiona		Roy	
		04	24	07	16	21	03	04	20	13	05	17	14
1. Gesprächs-beteiligung (= GB)	R1	2	5	2	1	4	2	4	3	4	2	4	2
	R2	3-	4-	2-	2	3	3	4	3+	4	1	4-	1
	R3	2	5	2	1	3	4	3	2	3	2	3	1
	P	9,67	2,67	10,7	13	7	8	6	9,33	6	12,3	6,3	13
	Z	2-	5+	2	1-	3-	3	4+	3+	4+	2+	4+	1-
2. Inhaltliche Aspekte: Lösung der Aufgabe (= I)	R1	2	5	4	2	4-	2	4	4	3	2	4	1
	R2	3	4	3+	3	3	3	4	3+	4	2	4	2
	R3	2	5	2	2	1	4	4	2	4	2	4	1
	P	10	3	8,33	10	8,67	8	5	8,33	6	11	5	13
	Z	2-	5+	3	2-	3+	3	4	3	4+	2	4	1-
3. Interaktions-verhalten in der Gruppe (= IG)	R1	2	5	3-	3	4	2	4	4	4	2	4	2+
	R2	3	4	2-	2+	3	3+	5	2	4	1	5	1
	R3	2	3	2	1	3	3	3	2	3	1	3	1
	P	10	5	9,33	11,3	7	9,33	5	9	6	13	5	13,1
	Z	2-	4	3+	2	3-	3+	4	3+	4+	1-	4	1-
4. Flüssigkeit (= F)	R1	3	5	4	2	4	3	3	3	2	2-	3	1
	R2	3	5+	2-	3	3	4+	4	3+	4	2	4	1-
	R3	3	4	4	2	2	4	4	2	3	3	4	2
	P	8	3,33	6,67	10	8	6,33	6	9,33	8	9,67	6	12,7
	Z	3	5+	3-	2-	3	4+	4+	3+	3	2-	4+	1-
5. Aussprache (= A)	R1	3	3	3	2	3	3	2	2	2	3	3	2+
	R2	3-	4+	2-	3	3+	3-	3-	2-	2-	2	4+	2+
	R3	2	3	2	2	1	3	3	2	3	2	4	1
	P	8,67	7,33	9,67	10	10,3	7,67	8,67	10,7	9,67	10	6,33	12,7
	Z	3+	3-	2-	2-	2-	3	3+	2	2-	2-	4+	1-
6. Wortschatz (= W)	R1	2-	4	3	2	2	2	3	4	2	2	3	1
	R2	3	4	3+	3+	3	3	4	3	4	2	4	2+
	R3	3	3	3	3	1	3	4	2	3	3	4	1
	P	8,67	6	8,33	9,33	11	8,33	6	8	8	10	6	13,3
	Z	3+	4+	3	3+	2	3+	4+	3	3	2-	4+	1-
7. Strukturen (= S)	R1	2-	4	3	3	2	3	2-	4-	2	3	3	1
	R2	3	4-	3+	3	3	3-	4	3	4	2	4	2+
	R3	3	4	4	3	2	4	4	2	3	2	4	2
	P	8,67	4,67	7,33	8	10	6,67	6,67	7,67	8	10	6	12,3
	Z	3+	4	3-	3	2-	3-	3-	3	3	2-	4+	2+

Tab. 5.2:   Zensurenspiegel für das *simulation game* an Schule 05

Kategorien	Klasse / Rolle	Regelklasse: 9 b / 9 e						Expressklasse: 9a					
		Teacher		Fiona		Roy		Teacher		Fiona		Roy	
	Proband	48	19	70	23	46	32	19	04	16	17	07	22
1. Gesprächs-beteiligung (= GB)	R1	1	3	3	2	4	1	3	4	2	2	3	2
	R2	2	3	2	3-	4	2-	2	4	2	3	4	2
	R3	2	3	2	3	4	2	1	2	1	2	3	2
	P	12	8	10	8,67	5	11,7	11	7	12	10	7	11
	Z	2+	3	2-	3+	4	2+	2	3-	2+	2-	3-	2
2. Inhaltliche Aspekte: Lösung der Aufgabe (= I)	R1	2	3	3	2	4	1	4	4	2	2	4	3
	R2	1	2	3	4	4	3-	3	4	4	2-	5	2
	R3	2	3	3	3	3	2	2	3	2	3	2	2
	P	12	9	8	8	6	10,7	8	6	9	9,67	6	10
	Z	2+	3+	3	3	4+	2	3	4+	3+	2-	4+	2-
3. Interaktions-verhalten in der Gruppe (= IG)	R1	2	3	3	2	5	1	3	5	2	3	3	2
	R2	2	2-	2	3	2	3	2	4	3	2-	5	2
	R3	2	3	3	3	4	2	2	2	2	2	2	2
	P	11	8,67	9	9	6	11	10	6	10	9,67	7	11
	Z	2	3+	3+	3+	4+	2	2-	4+	2-	2-	3-	2
4. Flüssigkeit (= F)	R1	2	4	3	3	4	2	4	4	3	3	3	3
	R2	2	3+	2	2	3-	2	2	3	2	2	4-	2
	R3	3	3	3	3	3	3	3	3	3	3	3	2
	P	10	7,33	9	9	6,67	10	8	7	9	9	6,67	10
	Z	2-	3-	3+	3+	3-	2-	3	3-	3+	3+	3-	2-
5. Aussprache (= A)	R1	3	3	3	3	3	2	4	3	3	3	4	3
	R2	3	2	2-	2	4	3	1-	2	1-	2-	3	2-
	R3	3	4	3	3	3	2	3	3	2	3	3	3
	P	8	8	8,67	9	7	10	8,67	9	10,7	8,67	7	8,67
	Z	3	3	3+	3+	3-	2-	3+	3+	2	3+	3-	3+
6. Wortschatz (= W)	R1	2	4	4	3	4	2	5	4	3	3	4	2
	R2	3	2	2-	2-	4	3	3	2-	3	3	4-	2
	R3	3	3	4	3	3	3	3	3	3	3	3	3
	P	9	8	6,67	8,67	6	9	6	7,67	8	8	5,67	10
	Z	3+	3	3-	3+	4+	3+	4+	3	3	3	4+	2-
7. Strukturen (= S)	R1	3	4	4	3	4	2	4	4	3	4	3	3
	R2	2	2-	3	2-	3	3	3+	2	3	3	4	2-
	R3	4	4	4	4	4	3	3	3	3	3	3	3
	P	8	10	6	7,67	6	9	7,33	8	8	7	7	8,67
	Z	3	2-	4+	3	4+	3+	3-	3	3	3-	3-	3+

Tab. 5.3:   Zensurenspiegel für das *simulation game* an Schule 06

Kategorien	Klasse / Rolle / Proband	Regelklasse: 9 c						Expressklasse: 9 x					
		Teacher		Fiona		Roy		Teacher		Fiona		Roy	
		33	42	49	16	38	27	53	19	48	45	35	23
1. Gesprächs- beteiligung (= GB)	R1	3	1	3	2	3	2	3	2	3	3	2	2
	R2	3	2	5	2	2	3	3	2	3	4	3	2
	R3	1-	2-	1-	2-	2	2-	2-	2	2-	2	3	2
	P	9,67	11,7	7,67	10,7	10	9,67	8,67	11	8,67	8	9	11
	Z	2-	2+	3	2	2-	2-	3+	2	3+	3	3+	2
2. Inhaltliche Aspekte: Lösung der Aufgabe (= I)	R1	3	2	3	2	3	2	4	4	4	4	2	3
	R2	3	2	4	2	2	3	2	2	4	3	3	2
	R3	2	2	2	2	2	2	2-	2-	2	2-	2-	2-
	P	9	11	8	11	10	10	8,67	8,67	7	7,67	9,67	9,67
	Z	3+	2	3	2	2-	2-	3+	3+	3-	3	2-	2-
3. Interaktions- verhalten in der Gruppe (= IG)	R1	3	1	3	2	3	2	3	2	3	3	3	2
	R2	2	2	3	2	1	2	3	2	4	4	4	2
	R3	2	2	2	1-	2	2	4	2	3-	2	3-	2
	P	10	12	9	11,7	11	11	7	11	6,67	8	6,67	11
	Z	2-	2+	3+	2+	2	2	3-	2	3-	3	3-	2
4. Flüssigkeit (= F)	R1	2	2	2	2	4	2	4	3	4	3	3	3
	R2	2	1	4	1	3	3	3	3	3	3	3	2
	R3	2	3	2	1-	3	3	3-	4	2	4	4	4
	P	11	11	9	12,7	7	9	6,67	7	8	7	7	8
	Z	2	2	3+	1-	3-	3+	3-	3-	3	3-	3-	3
5. Aussprache (= A)	R1	3	2	2	2	3	2	3	3	3	3	2	2
	R2	1	1	2	1	3	3	3	2	3	3	2	2
	R3	1-	2	1-	1	2	2	3	3	2	3	3	3
	P	11,7	12	11,7	13	9	10	8	9	9	8	10	10
	Z	2+	2+	2+	1-	3+	2-	3	3+	3+	3	2-	2-
6. Wortschatz (= W)	R1	2	3	3	3	3	3	4	3	4	3	3	2
	R2	2	2	4	2	3	3	3	2	3	3	3	2
	R3	2	2	2	2	3	3	3	4	2-	4	3	4
	P	11	10	8	10	8	8	7	8	7,67	7	8	9
	Z	2	2-	3	2-	3	3	3-	3	3	3-	3	3+
7. Strukturen (= S)	R1	3	3	2	3	3	3	4	3	4	3	3	2
	R2	2	2	4	2	3	3	3	2	3	2	3	2
	R3	2	2	2	1-	2-	3	3-	4-	3	4-	4	4-
	P	10	10	9	10,7	8,67	8	6,67	7,67	7	7,67	7	8,67
	Z	2-	2-	3+	2	3+	3	3-	3	3-	3	3-	3+

5.3 Unterschiede und Übereinstimmungen in der Beurteilung der beiden Lerngruppen

In einem zweiten Schritt der Auswertung der von den gutachtenden Lehrkräften vergebenen Zensuren soll der Grad der Übereinstimmung zwischen den drei Bewertern überprüft werden (= *inter-rater reliability*): siehe Tab. 5.4-5.6. Jede dieser drei Tabellen erfasst eine andere Schule, wobei die vier Gruppen an jeder Schule von den gleichen Bewertern beurteilt wurden. Die Tab. 5.4-5.6 geben jeweils die Mittelwerte in den Beurteilungen aller Probanden der Express- und der Regelklasse an einer Schule durch drei verschiedene Bewerter wieder; und zwar aufgeschlüsselt nach den sieben Kategorien der Bewertung, die wiederum nach den inhaltlich-kommunikativen (= A) und der sprachlichen Leistung (= B) zusammengefasst sind. Nimmt man einmal einen Unterschied im Mittelwert von drei Punkten auf der 15er-Skala (= eine Zensurenstufe) als Maß einer "bemerkenswerten" Abweichung zwischen den drei Bewertern, so fällt auf, dass dies im Schnitt aller Klassen nur an der Schule 04 in Bezug auf die Kategorie "Interaktionsverhalten in der Gruppe" der Fall ist (eine Beobachtung, die bereits in 5.2 deutlich wurde). Die genauere Analyse zeigt, dass dieser Sachverhalt in dem "Ausreißer"-Wert (4,67 Punkte Differenz) durch die Expressklasse an der Schule 04 begründet ist. Hier hatten die Bewerter offensichtlich recht konträre Vorstellungen bezüglich der Einschätzung bestimmter Schüler. Es ist ferner auffällig, dass die größeren Abweichungen im Urteil der drei Bewerter vorrangig bei den Expressklassen vorkommen: sieben Fälle (von 21 Möglichkeiten) bei sieben Kategorien und drei Schulen gegenüber einem Fall in den Regelklassen. Während die Schüler der Regelklassen also fast durchgehend relativ konsistent von drei verschiedenen Bewerter in ihrer mündlichen Kommunikationsfähigkeit eingeschätzt werden, divergieren die Urteile bei den Expressschülern etwas mehr; besonders an der Schule 05 (siehe Tab. 5.5), bei der ein als "auffällig" zu markierender Dissens (> 3 Punkte im Mittelwert) im inhaltlich-kommunikativen Bereich zu verzeichnen ist.

Insgesamt ist jedoch die Beurteilung der Schüler aus Regel- und aus Expressklassen sehr ähnlich (siehe Tab. 5.7). Im Mittelwert aller Schulen und aller drei Bewerter (hier mit $\sum$ markiert) wird

–   die inhaltlich-kommunikative Leistung in beiden Lerngruppen mit "3+",
–   die sprachliche Leistung in den Regelklassen mit "3+", in den Expressklassen mit "3" sowie
–   die Gesamtleistung mit "3+" in den Regelklassen und mit "3" in den Expressklassen beurteilt.

In der Gesamtsicht aller Zensuren lässt sich somit eine höchst beachtliche Ausgewogenheit des Urteils in Bezug auf die beiden Lerngruppen konstatieren. Der leichte "Vorteil" zugunsten der Schüler aus Regelklassen ist in den besseren Zensuren für die Probanden der Schule 06 begründet, die im Schnitt mit "2-" bewertet werden, während alle anderen Stichproben eine "3+" oder "3" erhalten hatten. Es gibt mit anderen Worten keinen signifikanten Unterschied in der Beurteilung der mündlichen Kommunikationsfähigkeit von Regel- und Expressschülern durch externe Gutachter.

Tabelle 5.4: Mittelwerte der mündlichen Leistungen an Schule 04 bezogen auf die Beurteilung durch die drei Bewerter

Kategorien	Klasse / Rater	Regelklasse				Expressklasse				Gesamt (beider Klassen)			
		R1	R2	R3	R1-3	R1	R2	R3	R1-3	R1	R2	R3	R1-3
1. Gesprächsbeteiligung (GB)		9,0	9,83	8,5	9,11	7,5	8,5	10,0	8,67	8,25	9,17	9,25	8,89
2. Inhaltliche Aspekte: Lösung der Aufgabe (I)		7,33	7,67	10,67	8,56	9,67	7,67	8,5	8,61	8,5	7,67	9,59	8,59
3. Interaktionsverhalten in der Gruppe (IG)		7,33	8,83	10,0	8,72	7,16	6,0	10,67	7,94	7,25	7,42	10,34	8,34
4. Flüssigkeit (F)		6,5	8,83	9,0	8,11	9,83	8,0	8,0	8,61	8,17	8,42	8,5	8,36
5. Aussprache (A)		10,12	7,83	10,5	9,48	10,16	9,33	9,5	9,67	10,14	8,58	10,0	9,57
6. Wortschatz (W)		9,33	7,83	9,0	8,72	11,16	7,67	8,5	9,11	10,25	7,75	8,75	8,92
7. Strukturen (S)		8,33	7,33	7,0	7,55	9,17	7,67	8,5	8,45	8,75	7,5	7,75	8,0
Inhaltlich-kommunikative Leistung (A)	P	7,89	8,77	9,72	8,79	8,11	7,39	9,72	8,41	8,0	8,08	9,72	8,6
	Z	3	3+	2-	3+	3	3-	2-	3	3	3	2-	3+
Sprachliche Leistung (B)	P	8,57	7,96	8,88	8,47	10,08	8,17	8,63	8,96	9,33	8,07	8,76	8,72
	Z	3+	3	3+	3	2-	3	3+	3+	3+	3	3+	3+
Gesamtleistung (A+B)	P	8,28	8,31	9,24	8,61	9,23	7,83	9,09	8,72	8,76	8,07	9,17	8,67
	Z	3	3	3+	3+	3+	3	3+	3+	3+	3	3+	3+

Tabelle 5.5: Mittelwerte der mündlichen Leistungen an Schule 05 bezogen auf die Beurteilung durch die drei Bewerter

Kategorien	Rater	Regelklasse				Expressklasse				Gesamt (beider Klassen)			
		R1	R2	R3	R1-3	R1	R2	R3	R1-3	R1	R2	R3	R1-3
1. Gesprächsbeteiligung (GB)		10,0	8,67	9,0	9,22	9,0	8,5	11,5	9,67	9,5	8,59	10,25	9,47
2. Inhaltliche Aspekte: Lösung der Aufgabe (I)		9,5	8,33	9,0	8,94	7,5	6,83	10,0	8,11	8,5	7,58	9,5	8,53
3. Interaktionsverhalten in der Gruppe (IG)		9,0	9,83	8,5	9,11	8,0	7,83	11,0	8,94	8,5	8,83	9,75	9,03
4. Flüssigkeit (F)		8,0	10,0	8,0	8,67	5,67	9,33	8,5	7,83	6,84	9,67	8,25	8,25
5. Aussprache (A)		8,5	8,83	8,0	8,44	7,0	10,83	8,5	8,78	7,75	9,83	8,25	8,61
6. Wortschatz (W)		7,5	8,67	7,5	7,89	6,5	8,17	8,0	7,56	7,0	8,42	7,75	7,72
7. Strukturen (S)		7,0	9,16	5,5	7,22	6,5	8,5	8,0	7,67	6,75	8,83	6,75	7,44
Inhaltlich-kommunikative Leistung (A)	P	9,5	8,94	8,83	9,09	8,17	7,72	10,83	8,91	8,93	8,33	9,83	9,01
	Z	2-	3+	3+	3+	3	3	2	3+	3+	3	2-	3+
Sprachliche Leistung (B)	P	7,75	9,17	7,25	8,06	6,42	9,21	8,25	7,96	7,09	9,19	7,75	8,01
	Z	3	3+	3-	3	4+	3+	3	3	3-	3+	3	3
Gesamtleistung (A+B)	P	8,5	9,07	7,93	8,5	7,17	8,57	9,36	8,37	7,83	8,82	8,64	8,44
	Z	3+	3+	3	3+	3-	3+	3+	3	3	3+	3+	3

Tabelle 5.6:   Mittelwerte der mündlichen Leistungen an Schule 06 bezogen auf die Beurteilung durch die drei Bewerter

Kategorien	Klasse / Rater	Regelklasse				Expressklasse				Gesamt (beider Klassen)			
		R1	R2	R3	R1-3	R1	R2	R3	R1-3	R1	R2	R3	R1-3
1. Gesprächsbeteiligung (GB)		10,0	8,5	11,17	9,89	9,5	8,5	10,17	9,39	9,75	8,5	10,67	9,64
2. Inhaltliche Aspekte: Lösung der Aufgabe (I)		9,5	9,0	11,0	9,83	6,5	9,0	10,17	8,56	8,0	9,0	10,59	9,2
3. Interaktionsverhalten in der Gruppe (IG)		10,0	11,0	11,33	10,78	9,0	7,5	9,0	8,5	9,5	9,25	10,17	9,64
4. Flüssigkeit (F)		10,0	10,0	9,83	9,94	7,0	8,5	6,33	7,28	8,5	9,25	8,08	8,61
5. Aussprache (A)		10,0	11,5	12,17	11,22	9,0	9,5	8,5	9,0	9,5	10,5	10,34	10,11
6. Wortschatz (W)		8,5	9,0	10,0	9,17	7,5	9,0	6,83	7,78	8,0	9,0	8,42	8,47
7. Strukturen (S)		8,5	9,0	10,67	9,39	7,5	9,5	5,33	7,44	8,0	9,25	8,0	8,42
Inhaltlich-kommunikative Leistung (A)	P	9,83	9,5	11,17	10,17	8,83	8,33	9,78	8,82	9,08	8,92	10,48	9,49
	Z	2-	2-	2	2-	3	3	2-	3+	3+	3+	2-	3+
Sprachliche Leistung (B)	P	9,25	9,88	10,67	9,93	7,75	9,13	6,75	7,88	8,5	9,5	8,71	8,90
	Z	3+	2-	2	2-	3	3+	3-	3	3+	2-	3+	3+
Gesamtleistung (A+B)	P	9,5	9,71	10,88	10,03	8,0	8,79	8,05	8,28	8,75	9,25	9,47	9,16
	Z	2-	2-	2	2-	3	3+	3	3	3+	3+	3+	3+

Tab. 5.7:   Mittelwerte der mündlichen Leistungen an den drei Schulen bezogen auf
die Beurteilung durch die drei Bewerter

Kategorien	Klasse / Schule	Regelklasse 04	05	06	$\overline{R}$	Expressklasse 04	05	06	$\overline{X}$	Gesamt Mittel
1. Gesprächsbeteiligung (GB)		9,11	9,22	9,89	9,41	8,67	9,67	9,39	9,24	9,33
2. Inhaltliche Aspekte: Lösung der Aufgabe (I)		8,56	8,94	9,83	9,11	8,61	8,11	8,56	8,43	8,77
3. Interaktionsverhalten in der Gruppe (IG)		8,72	9,11	10,78	9,54	7,94	8,94	8,5	8,46	9
4. Flüssigkeit (F)		8,11	8,67	9,94	8,91	8,61	7,83	7,28	7,91	8,41
5. Aussprache (A)		9,48	8,44	11,22	9,71	9,67	8,78	9	9,15	9,43
6. Wortschatz (W)		8,72	7,89	9,17	8,6	9,11	7,56	7,78	8,15	8,38
7. Strukturen (S)		7,55	7,22	9,39	8,05	8,45	7,67	7,44	7,85	7,95
Inhaltlich-kommunikative Leistung (A)	P	8,79	9,09	10,17	9,35	8,41	8,91	8,82	8,71	9,03
	Z	3+	3+	2-	3+	3	3+	3+	3+	3+
Sprachliche Leistung (B)	P	8,47	8,06	9,93	8,82	8,96	7,96	7,88	8,27	8,54
	Z	3	3	2-	3+	3+	3	3	3	3+
Gesamtleistung (A+B)	P	8,61	8,5	10,03	9,05	8,72	8,37	8,28	8,46	8,76
	Z	3+	3+	2-	3+	3+	3	3	3	3+

Dieses Bild bestätigt sich in den Tabellen 5.8 und 5.9. Wie man auch immer die Variablen gruppiert (nach Schulen, Schülern, Rollen oder Kategorien), die Mittelwerte sind relativ stabil und pendeln sich zwischen "2-" und "3" ein. Interessant ist es, sich in der Tab. 5.8 die Streuung in der Beurteilung der Probanden der verschiedenen Stichproben anzusehen (wie sie in der "besten" und der "schlechtesten" Bewertung von jeweils sechs Schülern in jeder Lerngruppe an den drei Schulen zum Ausdruck kommt).

200

Tab. 5.8: Mittelwerte der mündlichen Leitungen aller Probanden an den drei Schulen

Mündliche Leistung	Klasse	Regelklasse							Expressklasse						
Leistung	Rolle	Teacher		Fiona		Roy		Mittel	Teacher		Fiona		Roy		Mittel
I Schule 04	Proband	04	24	07	16	21	03	6 Sch	04	20	13	05	17	14	6 Sch
Inhaltlich-kommunikative Leistung (A)	P	9,89	2,76	9,44	11,44	7,56	8,44	8,26	5,33	8,89	6,0	12,10	5,43	13,10	8,48
	Z	2-	5+	3+	2	3	3	3	4	3+	4+	2+	4	1-	3
Sprachliche Leistung (B)	P	8,50	5,33	8,0	9,33	9,83	7,25	8,04	6,84	8,91	8,42	9,92	6,08	12,75	8,82
	Z	3	4	3	3+	2-	3-	3	3-	3+	3	2-	4+	1-	3+
Gesamtleistung (A+B)	P	9,10	4,57	8,62	10,24	8,86	7,26	8,19	6,19	8,90	7,38	10,85	5,80	12,90	8,67
	Z	3+	4	3+	2-	3+	3-	3	4+	3+	3-	2	4+	1-	3+
II Schule 05	Proband	48	19	70	23	46	32	6 Sch	19	04	16	17	22	07	6 Sch
Inhaltlich- kommunikative Leistung (A)	P	11,67	8,56	9,0	8,56	5,67	11,11	9,10	9,67	6,33	10,33	9,78	6,67	10,67	8,91
	Z	2+	3+	3+	3+	4+	2	3+	2-	4+	2-	2-	3-	2	3+
Sprachliche Leistung (B)	P	8,75	8,33	7,59	8,59	6,42	9,50	8,20	7,70	7,92	8,92	8,17	6,59	9,33	8,07
	Z	3+	3	3	3+	4+	3+	3	3-	3	3+	3	3-	3+	3
Gesamtleistung (A+B)	P	10,0	8,43	8,19	8,57	6,10	10,19	8,58	8,43	7,24	9,52	8,86	6,62	9,91	8,43
	Z	2-	3	3	3+	4+	2-	3+	3	3-	2-	3+	3-	2-	3
III Schule 06	Proband	33	42	49	16	38	27	6 Sch	53	19	48	45	35	23	6 Sch
Inhaltlich-kommunikative Leistung (A+B)	P	9,56	11,56	8,22	11,11	10,33	10,22	10,17	8,11	10,22	7,45	7,89	8,45	10,56	8,78
	Z	2-	2+	3	2	2-	2-	2-	3	2-	3-	3	3	2	3+
Sprachliche Leistung (B)	P	10,92	10,75	9,42	11,59	8,17	8,75	9,93	7,09	7,92	7,92	7,42	8,0	8,92	7,88
	Z	2	2	3+	2+	3	3	2-	3-	3	3	3-	3	3+	3
Gesamtleistung (A+B)	P	10,33	11,10	8,91	11,38	9,10	9,38	10,03	7,53	8,91	7,72	7,62	8,19	9,62	8,27
	Z	2-	2	3+	2	3+	3+	2-	3	3+	3	3	3	3+	3

Tab. 5.9: Mittelwerte der mündlichen Leistungen in den Regel- und den Versuchsklassen

Kategorien	Klasse	Regelklasse				Expressklasse			
	Schule	04	05	06	Gesamt	04	05	06	Gesamt
1. Gesprächs-beteiligung	P	8,5	9,22	9,89	9,21	8,82	9,67	9,39	9,29
(GB)	Z	3	3+	2-	3+	3+	2-	3+	3+
2. Inhaltliche Aspekte: Lösung	P	8	8,95	9,83	8,93	8,06	8,11	8,56	8,24
der Aufgabe (I)	Z	3	3+	2-	3+	3	3	3+	3
3. Interaktions-verhalten in der	P	8,67	9,11	10,78	9,52	8,56	8,95	8,39	8,63
Gruppe (IG)	Z	3+	3+	2	2-	3+	3+	3	3+
4. Flüssigkeit (F)	P	7,06	8,67	9,95	8,56	8,61	8,28	7,28	8,06
	Z	3-	3+	2-	3+	3+	3	3-	3
5. Aussprache (A)	P	8,95	8,45	11,22	9,54	9,67	8,78	9	9,15
	Z	3+	3	2	2-	2-	3+	3+	3+
6. Wortschatz (W)	P	8,61	7,89	9,17	8,56	8,56	7,56	7,78	7,96
	Z	3+	3	3+	3+	3+	3	3	3
7. Strukturen (S)	P	7,56	7,78	9,39	8,24	8,45	9	7,45	8,3
	Z	3	3	3+	3	3	3+	3-	3
Inhaltlich-kommunikative Leistung (A)	P	8,39	9,09	10,17	9,22	8,48	8,91	8,78	8,72
	Z	3	3+	2-	3+	3	3+	3+	3+
Sprachliche Leistung (B)	P	8,04	8,20	9,93	8,73	8,82	8,40	7,88	8,37
	Z	3	3	2-	3+	3+	3	3	3
Gesamtleistung (A+B)	P	8,19	8,58	10,03	8,94	8,67	8,62	8,26	8,52
	Z	3	3+	2-	3+	3+	3+	3	3+

Die Probanden an der Schule 06 zeichnen sich sowohl in der Regel- als auch in der Expressklasse durch eine relativ hohe Geschlossenheit das Urteils aus; d.h. die Zensuren zeigen eine geringe Spannweite (gemessen in Punkten auf der 15er-Skala zwischen 1,8 und 3,4: siehe Tab. 5.10). Demgegenüber ist an der Schule 04 ein hohes Maß an Streuung in den Zensuren für die Probanden zu verzeichnen, und zwar besonders in der Expressklasse[17] (hier liegt die Spannweite zwischen 4,5 und 8,7

---

[17] Die Expressklasse an der Schule 04 ist in der Tat in bestimmter Hinsicht ein "Sonderfall", wie die späteren Unterrichtshospitationen in dieser Klasse zeigen sollten (siehe Beispiel 7 in Kap. 8.2.4). Offenbar stehen das etwas schwierige Sozialklima in der Klasse und die Heterogenität im sprachlich-kommunikativen Verhalten im Fach

Punkten). Die Werte für die Schule 05 liegen eher in einem Mittelfeld der Streuung (zwischen 2,7 und 6 Punkten).

Tab. 5.10: Streuung in der Beurteilung der Probanden

Mündliche Leistungen	Schule	04		05		06	
	Klasse	Regel	Express	Regel	Express	Regel	Express
Inhaltlich-kommunikative Leistung (A)		8,7	7,8	6	5,3	2	3,1
Sprachliche Leistung (B)		4,5	6,6	3	2,7	3,4	1,8
Gesamtleistung (A + B)		5,7	7,1	4,1	3,3	2,5	2,1

Ein weiterer Aspekt, den man bei der Auswertung im Auge behalten sollte, ist die Möglichkeit, dass die drei Rollen des Interaktionsspiels (*Teacher, Fiona, Roy*) eventuell über ein unterschiedliches Anregungspotential für die Sprachproduktion verfügen könnten. Dies müsste sich dann in Unterschieden in den Zensuren niederschlagen. Wie die Tab. 5.11 zeigt, scheint das jedoch nicht der Fall zu sein. Die Mittelwerte in der Zensierung bezogen auf die drei Rollen weisen keine signifikanten Unterschiede hinsichtlich der Regel- und der Expressklassen auf. Sie liegen in 17 (von 18) Feldern der Matrix bei "3" oder "3+" und nur in einem Feld bei "2-". Es liegt mit anderen Worten beim einzelnen Schüler, was er oder sie "aus der Rolle macht". Die Rolle selbst korreliert nicht mit eher besseren oder schlechteren Notenstufen in der Zensierung durch die Lehrkräfte. Dies spricht für die Validität des Tests.

Tab. 5.11: Mittelwerte der mündlichen Leistungen bezogen auf die drei Rollen des *simulation game*

Mündliche Leistungen	Rolle	Teacher		Fiona		Roy	
	Klasse	Regel	Express	Regel	Express	Regel	Express
Inhaltlich-kommunikative Leistung (A)	P	9,46	8,09	9,63	8,93	8,89	9,15
	Z	3+	3	2-	3+	3+	3+
Sprachliche Leistung (B)	P	8,76	7,7	9,09	8,46	8,32	8,61
	Z	3+	3	3+	3	3	3+
Gesamtleistung (A+B)	P	8,92	7,87	9,32	8,66	8,57	8,84
	Z	3+	3	3+	3+	3+	3+

Englisch in einem gewissen Zusammenhang. Quantitative und qualitative Erkenntnisse ergänzen sich zu einem stimmigen Gesamtbild.

5.4 Gesamteinschätzung zur externen Bewertung der mündlichen Leistung

Der kommunikative Test "*A Desperate Decision*" scheint ein geeignetes Instrument zur Überprüfung der Gesprächskompetenz von Schülern der ausgehenden Sekundarstufe I zu sein. Verbesserungen am Test waren in dem Sinne notwendig, dass die inhaltliche Füllung der Kategorien "Inhaltliche Leistung" und "Interaktionsverhalten in der Gruppe" nochmals überdacht und präzisiert werden musste. Es bleibt zu hoffen, dass sich damit unter Umständen die zum Teil recht große Streuung in den Noten, die bei diesen Kategorien der Bewertungsskala zu beobachten war, in Zukunft reduzieren lässt. Ansonsten gab es weder von Seiten der Schüler noch von Seiten der gutachtenden Lehrkräfte Einwände gegen dieses Rollenspiel als Testverfahren für die mündliche Kommunikationsfähigkeit.

Was die übergeordnete Fragestellung dieser Untersuchung angeht (siehe Hypothese 1 in 1.6.3), konnten **keine signifikanten Unterschiede in der Gesprächskompetenz von Schülern in den Express- und in den Regelklassen** festgestellt werden – erfasst über eine externe Bewertung der mündlichen Leistungen durch erfahrene Englischlehrer(innen).

Hierbei ist als Erfahrungswert zu berücksichtigen (vgl. Underhill 1987: 94), dass die mündlichen Leistungen von Lernenden, die von externen Bewertern über Tonbandaufnahmen beurteilt werden (= *tape raters*), in aller Regel niedriger eingeschätzt werden als die Leistungen, die in einer kommunikativen Realsituation von aktuell anwesenden Personen (= *live interviewers*) bewertet werden. Bei einer Aufzeichnung (insbesondere bei reinen Audioaufnahmen) gehen nichtsprachliche Elemente verloren, die in der konkreten, lebendigen Interaktion präsent sind. Auch fehlt das subjektive Bild, das man sich von den Schülern als Person, als Teilnehmer in einer "authentischen" Kommunikationssituation macht. Aufnahmen leiden natürlich immer darunter (rein akustisch gesehen), dass Redebeiträge sich überschneiden oder Äußerungen auf dem Band nicht mehr so gut verständlich sind wie in der Realsituation.

Im Vorgriff auf die im nächsten Kapitel folgende objektivierte Auswertung der Daten des Simulationsspiels soll an dieser Stelle bereits darauf verwiesen werden, dass die externe Bewertung durch erfahrene Englischlehrer(innen) sich nicht in allen Aspekten mit den Ergebnissen deckt, die mit stärker psycholinguistisch-diskursanalytisch ausgerichteten Verfahren gewonnen werden können. Dies betrifft vor allem drei Bereiche, in denen sich nach der objektivierten Analyse die Gesprächsfähigkeit der beiden Lerngruppen unterscheidet: in der Gesprächsbeteiligung, im Interaktionsverhalten und im Wortschatzgebrauch. Im Gegensatz zur objektivierten Auswertung sehen die externen Bewerter hier eher "leichte Vorteile" für die Regelschüler. Daraus folgt: **Prüfer müssen für die Aufgabe, mündliche Leistungen mithilfe einer differenzierten Bewertungsskala angemessen durchführen zu können, unbedingt aus- und fortgebildet werden** (siehe auch Kap. 7.4.4).

TEIL C: ANALYTISCHE AUSWERTUNGEN

6. Objektivierte Auswertung des kommunikativen Tests zur interaktiven Gesprächsfähigkeit

> "No person is your friend who demands your silence, or denies your right to grow" (Alice Walker).

In 3.5.4 wurde ausgeführt, dass unter den für die Evaluierung des Schulversuchs gegebenen äußeren Bedingungen die externe Bewertung durch erfahrene Lehrkräfte auf ein gemischtes ganzheitlich-analytisches Bewertungsverfahren zurückgreifen musste (zu den Ergebnissen siehe Kap. 5). In diesem Kapitel soll es dann darum gehen, die mündlichen Sprachproduktionen der Schülerinnen und Schüler im Simulationsspiel (insgesamt 36 Schüler in zwölf Dreiergruppen) einer objektivierten Auswertung zu unterziehen. Die Analyse ist auf die Erfassung von Gemeinsamkeiten und/oder Unterschieden in den beiden Lerngruppen der Regel- und der Expressschüler angelegt (abgekürzt als "R" oder "X"). Sie ergänzt und relativiert damit die Ergebnisse der externen Bewertung durch Fachlehrerinnen und -lehrer, die (wie in 3.5.3.1. und 3.5.3.2 ausgeführt wurde) nicht frei von subjektiven Einschätzungen sein kann.

6.1 Empirische Zugänge zur Beschreibung mündlichen Sprachkönnens

6.1.1 Wunsch und Wirklichkeit des "freien" Sprechens im Englischunterricht

Seit Mitte der 70er Jahre gehören Begriffe wie "Kommunikative Kompetenz" (Piepho 1974, 1979) und "fremdsprachliche Kommunikationsfähigkeit" zum Standardrepertoire fremdsprachendidaktischer Diskussionen und amtlicher Verlautbarungen in den Rahmenplänen, ohne dass allerdings sehr viel darüber bekannt ist, in welchem Maße dieses übergeordnete Ziel im alltäglichen Fremdsprachenunterricht an deutschen Schulen erreicht wird. Dies betrifft besonders das spontane freie Sprechen, das sowohl situations- als auch adressatenspezifisch angemessen realisiert werden können sollte. Entgegen allen hohen Zielen und "offiziellen" Beteuerungen (von Lehrkräften und Richtlinien) stellt sich die Fähigkeit des freien Sprechens weiterhin als Problem dar. Obwohl die Reformbewegung diese wunde Stelle des schulischen Fremdsprachenlernens bereits gegen Ende des 19. Jahrhunderts identifiziert hat, ist es bisher nicht zu einer systematischen Gesprächsschulung gekommen (vgl. Vollmer 1998). Das einzige (mir bekannte) Projekt zur Untersuchung der Fähigkeit des spontanen freien Sprechens ist das von Gertrud Walter aus den 70er und 80er Jahren (Walter 1977, 1978, 1991), die versucht hatte, die Entwicklungslinien der Gesprächskompetenz von der 9. über die 11. Klasse bis zur 13. Klasse zu verfolgen.

Als Textsorte wählte sie die Unterhaltung (= *conversation*), wobei jeweils Gruppen von fünf oder sechs bis acht Schülerinnen bzw. Schülern ein Gespräch mit einem Muttersprachler (dem britischen Lektor an der Universität Bayreuth) führten, das von diesem "gesteuert" wurde . Das Gespräch orientierte sich nicht an den Inhalten des

Lehrbuchs oder Lehrplans, sondern sollte sich frei zu Themenkreisen wie Hobby, Ferien, Wochenende, Berufswünsche, Englischunterricht, einem Buch oder Film eigener Wahl entwickeln. Da der englische Gesprächspartner keinerlei Erfahrung im Unterricht an Schulen hatte, war er in seiner Gesprächsführung nicht von vornherein darauf ausgerichtet, sein Sprechverhalten der jeweiligen Lerngruppe anzupassen. Ganz im Gegenteil: Das Erkenntnisinteresse bestand darin herauszufinden, inwieweit Schüler(innen) in der Lage sind, in einem sprachlich wie inhaltlich nicht vorbereiteten Gespräch mit einem *native speaker* zu reagieren, indem sie bei häufigem Themenwechsel (wie er für die Unterhaltung typisch ist) entsprechend der Frage des Interviewers Auskunft geben bzw. einen Handlungsablauf oder Sachverhalt darstellen. Der Schwerpunkt des Gesprächs lag also auf der informatorisch-referentiellen Funktion von Sprache. Interessant für unseren Zusammenhang hier ist es, sich die Ergebnisse hinsichtlich der Kommunikationsfähigkeit von Gymnasiasten der 9. Klasse anzusehen.

Auf der Basis ihrer Daten unterscheidet Walter (1978) drei Stadien der Entwicklung:

a) Stufe 1: Auskunftsfragmente; insbesondere Kurzantworten mit "*yes*" oder "*no*" bzw. mit Satzgliedern (*phrases*) oder einfachen Sätzen (*simple sentences*). Dies erinnert recht deutlich an die "*formulaic proficiency*" von Wilkins (zitiert nach Council of Europe 1998: 123f.), dem Hauptmerkmal des *Breakthrough* (A1)-Niveau des Europarats (siehe 3.5.3.1).

b) Stufe 2: Ansätze zum spontanen freien Sprechen; d.h. über ständige Einhilfen oder weiteres Nachfragen des Muttersprachlers können in elementarer Form zusammenhängende Sachverhalte (mit Stocken, Stammeln und Fehlern) wiedergegeben werden.

c) Stufe 3: Freies Sprechen im Rahmen individueller Möglichkeiten; d.h. flüssiges, verständliches, spontanes, flexibles sowie sprachlich und soziokulturell hinreichend konkretes bzw. angemessenes Sprechen über persönlich relevante Inhalte.

In den Gesprächen mit Gymnasiasten der 9. Klasse kommen die Auskunftsfragmente der ersten Stufe zwar seltener vor als bei den Hauptschülern, aber sie waren ebenfalls vertreten. Am häufigsten war der Reaktionstyp der zweiten Stufe, während die dritte Fähigkeitsstufe der *oral fluency* am Ende der Sekundarstufe I bei keiner Lerngruppe ausgebildet war. Walter warnt davor (1978: 174), im progressionsgeleiteten Lehrgang bei der zweiten Stufe "stehenzubleiben", in der Hoffnung, die dritte Stufe würde sich von selbst ergeben. Dies erweist sich als Täuschung, denn "zwischen dem 11. und 13. Schuljahr ließ sich kein wesentlicher Fortschritt bei der Entwicklung der Gesprächsfähigkeit feststellen" (Walter 1991: 13). Das stark gelenkte, reaktive Sprachverhalten des konventionellen Unterrichtsgesprächs leistet dies offenbar nicht, auch nicht die Rezeptionsgespräche der Oberstufe zur Verarbeitung fremdsprachlicher Literatur. Man vergleiche deshalb die resümierenden Schlusssätze in den beiden Arbeiten von Walter, die 13 Jahre auseinander liegen:

(i) "Nur wenn die Schüler immer wieder Gelegenheit zum freien Gebrauch der Fremdsprache erhalten, dürfte es möglich sein, sie aus ihrer oft erschreckenden

Sprachlosigkeit zu einer den Möglichkeiten des einzelnen adäquaten Kommunikationsfähigkeit zu führen" (Walter 1978: 174).

(ii)   "Zwischen dem notwendigen Weiterlernen und dem Entstehen einer spontanen Verfügbarkeit über das bereits Gelernte müssen immer wieder Phasen stehen, in denen freies Sprechen intensiv geübt wird. Die dafür notwendige Unterrichtszeit ist nicht verloren, sondern sehr sinnvoll verwendete Zeit" (Walter 1991: 18).

Die Analysen des sechsten Kapitels nehmen die Beobachtungen von Walter auf und untermauern sie durch eine differenzierte Auswertung des Datenkorpus von zwölf Interaktionsspielen, wobei im Einklang mit der Modellierung der internen Struktur der zweitsprachlichen Sprachfähigkeit (siehe 3.1) sprachstrukturelle, lexikalische, illokutionäre, diskurs- und performanzbezogene Aspekte in die Beschreibung eingehen werden. Die dazu herangezogenen Kategorien sollen im Folgenden kurz vorgestellt werden.

6.1.2   Beschreibungskategorien kommunikativer Sprachleistungen

Eine objektivierte Auswertung der Performanzdaten von Fremdsprachenlernern kann ein empirisch-quantitatives Gegengewicht zur global-analytischen Bewertung der Lernerperformanz durch externe Bewerter (hier erfahrene Lehrkräfte) schaffen. Der Aufwand ist erheblich, für Forschungszwecke notwendig, wenn man sich ein zuverlässiges, objektives Bild der kommunikativen Sprachfähigkeit einer bestimmten Gruppe von Probanden machen will. Die sich abzeichnende schulpolitische Entwicklung, die für den Bereich der Leistungsmessung und Ergebniskontrolle durch Begriffe wie Qualitätsstandards, Qualitätssicherung, Vergleichsarbeiten u.dgl. charakterisiert ist, braucht , meines Erachtens klare Referenzgrößen für die Leistungsprofile der verschiedenen Schulfächer. Was den Fremdsprachenunterricht betrifft, ist die *communicative language proficiency* eine zentrale Zielkategorie dieser Fächergruppe. Die Fremdsprachenerwerbsforschung ist aufgerufen, diese Kategorie so objektiv und präzise wie möglich für unterschiedliche Adressatengruppen und Kompetenzniveaus (im Sinne der Vorschläge des Europarats: siehe 3.5.3.1) zu beschreiben. Meine persönliche Hoffnung wäre (ähnlich der Situation in der Medizin, die für viele Stoffwechselkreisläufe und Organbefunde inzwischen sehr zuverlässige quantitative Testwerte oder Marker kennt), dass die Zweit- und Fremdsprachenerwerbsforschung für ihre Domäne aussagekräftige Indizes vorlegen kann, die die jeweilige Unterrichtsstufe in Bezug auf eine bestimmte Teilkompetenz zu charakterisieren vermögen. Dies soll hier anhand der objektiviert-quantitativen Auswertung der zwölf Simulationsspiele versucht werden, wobei dabei die interaktive Gesprächsfähigkeit (als ein Bereich des mündlichen Sprachkönnens) im Vordergrund stehen wird.

Die Beschreibung orientiert sich zum einen an Kategorien, wie sie zur Modellierung bzw. Erfassung der Sprachfähigkeit vorgelegt wurden. Sie folgt keinem bestimmten theoretischen Modell. Vielmehr werden die Konstrukte, die unterschiedlich strukturiert sind (vgl. Bachman 1990, Canale / Swain 1980, Canale 1981 oder Harley et al. 1990), heuristisch genutzt, um daraus Beschreibungskategorien für die hier anstehende deskriptive Studie zu gewinnen. Im Übrigen decken sich die soeben genannten Modelle der Zweitspracherwerbsforschung nicht mit der Strukturierung der Sprachfähigkeit und ihrer Teilkompetenzen, wie sie vom Europarat versucht wurde (vgl. Council of Europe 1998: 46-58, 155-159, 213-220). Die Grenzen – insbesondere zwischen pragmatischen Kompetenzen und Diskurskompetenzen – sind fließend und höchst schwierig zu ziehen. Die Beschreibung folgt zum anderen bestimmten Performanzkriterien, wie sie in der Testtheorie und -praxis Verwendung finden (Underhill 1987). Sie greift ferner zwei Messlatten auf, die in der Erst- und Zweitspracherwerbsforschung relativ häufig benutzt werden; die sogenannten "*T-units*" (oder *communication units*) und den "*Syntactic Density Score*" (kurz: *SDS*) als globale Indizes des Stands der produktiven Sprachentwicklung:

A. Performanzkriterien

1. Gesprächsbeteiligung
2. Flüssigkeit des Ausdrucks

B. Pragmatische Kompetenzen

1. Diskurskompetenz
2. Illokutionäre Kompetenz

C. Linguistische Kompetenzen

1. Grammatische Kompetenz: syntaktische Komplexität und syntaktische Elaboriertheit (*T-units* und *SDS*)
2. Lexikalische Kompetenz

Es ist zu erwarten, dass sich aus dieser stärker objektivierten Auswertung der Daten – über das Evaluationsziel eines Vergleichs von Regel- und Versuchsschülern hinaus – generelle Einsichten zum Stand der Gesprächsfähigkeit von Gymnasiasten gegen Ende der Sekundarstufe I ergeben können.

6.2 Performanzkriterien

Abgesehen von inhaltlichen und linguistischen Bewertungskategorien (*content, pronunciation, vocabulary and grammar*) unterscheidet Underhill (1987: 96) eine Reihe sogenannter Performanzkriterien (= *performance criteria*), die den Sprachgebrauch von Lernenden (über die linguistische Korrektheit und Komplexität hinaus) charakterisieren können. Bezüglich des zu analysierenden Simulationsspiels sollen die Gesprächsbeteiligung und die Flüssigkeit des Ausdrucks näher untersucht werden, wobei Kriterien der folgenden Art eine Rolle spielen:

– Individuelle Anteile an der Sprechzeit
– Länge der Äußerungen (in Wörtern und Sekunden)
– Pausen und Füllsel beim Sprechen
– Falsche Satzanfänge und Selbstkorrekturen
– Zahl der Redebeiträge pro Sprecher
– Anteil muttersprachlicher Äußerungselemente.

6.2.1 Gesprächsbeteiligung

Die objektiviert-quantitative Auswertung zum Performanzkriterium der Gesprächsbeteiligung ist in den Tab. 6.1 und 6.2 zusammengefasst. Schaut man sich zunächst einmal Zahl und Umfang der Redebeiträge (= *turns*) von Schülern und Versuchsleiter (= VL) an, ist festzustellen, dass der Versuchsleiter in beiden Gruppen (= Gr) – den Regelschülern (= R) und den Expressschülern (= X) – in etwa den gleichen Redeanteil hat (vgl. Tab. 6.1):

- Die durchschnittliche Zahl der Redebeiträge des VL ist bei den sechs Gruppen von Expressschülern etwas kleiner (20 *turns* gegenüber 22 bei den R-Schülern), ebenso wie der prozentuale Anteil am Gespräch (12,1% gegenüber 14,5% bei den R-Schülern); dafür sind die Beiträge des VL bei den X-Schülern etwas länger, gemessen in Sekunden (4,7 gegenüber 4,1 Sek. bei den R-Schülern) und in der Zahl der Wörter pro Redebeitrag (12,2 gegenüber 10,1 Wörtern bei den R-Schülern).

- Die gesamte Sprechzeit des VL ist im Mittelwert aller Gruppen annähernd gleich: 92,5 bzw. 96,3 Sekunden (X- bzw. R-Schüler).

Es hat mit anderen Worten keine Dominanz des Versuchsleiters bei den Regel- oder den Expressschülern gegeben. Die Unterschiede im Gesprächsanteil des VL sind allein durch den Fortgang der Interaktion in der jeweiligen Gruppe bedingt.

Interessant und wichtig ist wegen der Vergleichbarkeit der beiden Gruppen (= Gr) natürlich der Redeanteil der Schüler. Hierbei sind im Wesentlichen drei Feststellungen zu treffen (vgl. Tab. 6.1):

- Im Vergleich der beiden Gruppen sind die Dauer des Gesprächs (inkl. der Pausen), die reine Sprechzeit und die Anzahl der Wörter im gesamten Gespräch nahezu identisch. In ihrer Gesamtheit reden die 18 Regelschüler genau so viel wie die 18 Expressschüler.

- Die Zahl der Redebeiträge ist im Mittelwert der sechs Schnellläufergruppen geringer als bei den sechs Regelgruppen (ca. 123 gegenüber 132 *turns*), dafür sind die Beiträge der Expressschüler deutlich länger als die der Regelschüler, gemessen in Sekunden (7,3 gegenüber 5,2 Sek.) und in der Zahl der Wörter pro Beitrag (16,2 gegenüber 12,1 Wörtern).

- Die Länge der Pausen zwischen den Redebeiträgen ist im Schnitt bei den Expressschülern geringer als bei den Regelschülern (insgesamt 139 gegenüber 148 Sekunden bezogen auf die Gruppe).

In einer **Gesamtschau der Gesprächsbeteiligung** in den sechs Versuchs- und in den sechs Kontrollgruppen fällt auf, dass **die Expressschüler im Durchschnitt längere Beiträge liefern als die Regelschüler**. Auch scheint (orientiert an den Rohwerten) die **individuelle Streuung in den Gruppen der Expressschüler deutlich größer** zu sein **als bei den Regelschülern**. Deshalb wird in den folgenden Tabellen neben dem Mittelwert auch die Standardabweichung für die beiden Gruppen genannt.

Tab. 6.1: Gesprächsanteile von Schülern und Versuchsleiter im Interaktionsspiel

Kategorien	Rolle	Kl.	Gym. 04 Gr. 1	2	05 1	2	06 1	2	Mittelwert
Anzahl der Beiträge (turns)	R	Sch.	114	183	135	124	112	126	**132,3**
		VL	14	10	29	25	23	31	**22,0**
		S	128	193	164	149	135	157	**154,3**
	X	Sch.	37	223	228	90	85	76	**123,2**
		VL	20	22	18	11	28	21	**20,0**
		S	57	245	246	101	113	97	**143,2**
Sprechzeit (in Minuten/ Sekunden)	R	Sch.	18/09	17/33	9/42	11/09	6/11	7/18	**11/40**
		VL	0/34	0/24	2/41	2/23	1/50	1/46	**1/36**
		S	18/43	17/57	12/33	13/32	8/01	9/04	**13/16**
	X	Sch.	7/32	18/30	11/55	9/36	10/13	13/16	**11/50**
		VL	2/13	1/33	1/26	0/40	1/18	2/05	**1/32**
		S	9/45	20/03	13/21	10/16	11/31	12/21	**13/23**
Sprechzeit (in Sekunden)	R	Sch.	1.089	1.053	582	669	371	438	**700,3**
		VL	34	24	161	143	110	106	**96,3**
		S	1.123	1.0777	743	812	481	544	**796,6**
	X	Sch.	452	1.110	715	576	613	796	**710,3**
		VL	133	93	86	40	78	125	**92,5**
		S	585	1.203	801	616	691	921	**802,8**
Anteil am Gespräch (in %) bezogen auf die gesamte Sprechzeit	R	Sch.	97,1	97,8	78,3	82,4	77,1	80,5	**85,5**
		VL	2,9	2,2	21,7	17,6	22,9	19,5	**14,5**
		S	100,0	100,0	100,0	100,0	100,0	100,0	**–**
	X	Sch.	77,3	92,3	89,3	93,5	88,7	86,4	**87,9**
		VL	22,7	7,7	10,7	6,5	11,3	13,6	**12,1**
		S	100,0	100,0	100,0	100,0	100,0	100,0	**–**
Durchschnittliche Länge eines Beitrags (in Sekunden)	R	Sch.	9,9	5,0	4,4	5,3	3,2	3,4	**5,2**
		VL	2,4	2,4	5,6	5,7	4,8	3,4	**4,1**
	X	Sch.	11,9	4,8	3,1	6,4	7,4	10,4	**7,3**
		VL	6,7	4,2	4,8	3,6	2,8	6,0	**4,7**
Anzahl der Wörter im gesamten Gespräch	R	Sch.	2.166	2.682	1.284	1.521	1.016	1.163	**1.639**
		VL	117	71	297	353	251	302	**232**
	X	Sch.	910	2.894	1.692	1.323	1.287	1.731	**1.640**
		VL	356	250	231	104	193	315	**242**
Durchschnittliche Anzahl der Wörter pro Beitrag (turn)	R	Sch.	20,7	13,0	9,6	11,8	8,7	9,1	**12,1**
		VL	8,4	7,1	10,2	14,1	10,9	9,7	**10,1**
	X	Sch.	24,4	12,6	7,3	14,6	15,5	22,6	**16,2**
		VL	17,8	11,4	12,8	9,5	6,9	15,0	**12,2**
Dauer (=D) des Gesprächs in Min/Sek (inkl. Pausen in Sek = P)	R	D	20/18	18/58	16/32	17/25	11/17	9/58	**15/45**
		P	95	61	249	233	196	54	**148**
	X	D	12/52	22/19	15/46	12/05	14/28	17/39	**15/51**
		P	187	136	145	49	177	138	**139**

Die Tab. 6.2 schlüsselt die bisher angesprochenen Faktoren in Bezug auf die einzelnen Schüler auf, fasst dann (getrennt für jede Spielgruppe) die 18 Regel- und die 18 Expressschüler zu einer Kontroll- und einer Versuchsgruppe zusammen (R bzw. X) und nennt anschließend den Mittelwert (als Maß der zentralen Tendenz) und die Standardabweichung (als Maß der Variabilität um den Mittelwert) für Kontroll- und Versuchsgruppe (also Regel- und Expressschüler). Wie bereits bei der Diskussion der Tab. 6.1 deutlich wurde: Umfang der gesamten Sprechzeit, Anzahl aller Wörter und Gesprächsanteil sind (nahezu) identisch in beiden Gruppen. Regel- und Expressschüler unterscheiden sich jedoch in der durchschnittlichen Länge ihrer Redebeiträge (gemessen in Sekunden und als Zahl der Wörter). Die Beiträge der Expressschüler sind deutlich länger als die der Regelschüler, im Schnitt (vgl. Tab. 6.1) zwei Sekunden bzw. vier Wörter, was angesichts der durchschnittlichen Länge der Beiträge aller Probanden (ca. 6,2 Sek. bzw. 14,1 Wörter) schon beträchtlich ist. Ebenso auffällig ist die Variabilität in der Gruppe der Expressschüler, denn die Standardabweichungen liefern für einige Phänomene bemerkenswerte Unterschiede im Vergleich der beiden Lernergruppen. Das auffälligste Merkmal ist sicher, dass die individuelle Streuung bezüglich der Anzahl der Redebeiträge bei den Expressschülern erheblich größer ist als bei den Regelschülern. Dies geht einher mit einer größeren Variabilität in der Länge dieser Beiträge (gemessen über die Zeit in Sekunden oder die Anzahl der Wörter pro *turn*).

6.2.2 Flüssigkeit des mündlichen Ausdrucks

Wie die Tab. 6.3 zeigt, ist die Flüssigkeit des mündlichen Ausdrucks (= *fluency*) – mit Ausnahme eines Phänomens – für beide Gruppen vergleichbar. Weder die Zahl der missglückten Satzanfänge noch die Zahl der Wortwiederholungen und Selbst-korrekturen unterscheidet sich in beträchtlichem Maß bei den Regel- und den Expressschülern. Was allerdings auffällig ist, ist der deutlich höhere Anteil an Füllseln (= *ehm*, *eh* u.dgl.) bei den Expressschülern. Vergleicht man diese Beobachtung mit der Bewertung des Kriteriums der Flüssigkeit durch die Lehrkräfte (siehe Tab. 5.7), ist festzustellen, dass insbesondere die Schüler in den Schnellläufergruppen der Schule 06 schlechter beurteilt werden als die Regelschüler an der gleichen Schule. Bei ihnen ist aber auch die Zahl dieser *fillers* und der Wortwiederholungen signifikant höher als in den Kontrollgruppen (die Urteile der Lehrer bezogen sich bekanntlich immer auf vier Spielgruppen an der gleichen Schule). Offenbar wird ein überproportional hoher Anteil an Füllseln als wenig positiv für die Flüssigkeit des Ausdrucks empfunden. Ein synchrones Bild zeigt sich an den beiden anderen Schulen. Auch hier korrespondieren die Lehrerurteile mit der höheren oder niedrigeren Zahl an Füllseln.

Was die Variabilität in den beiden Gruppen von Versuchs- und Regelschülern betrifft (indiziert über die Standardabweichung), bestätigt sich das Bild einer größeren individuellen Streuung bei den Expressschülern am deutlichsten bei den "Füllseln"; daneben aber auch bei den missglückten Satzanfängen und der Zahl deutscher Wörter in der ansonsten englisch geführten Interaktion.

Tab. 6.2: Gesprächsbeteiligung im Interaktionsspiel

Kategorien	Sch/Gruppe	FIONA		ROY		TEACHER		GESAMT: GRUPPE	
		R	X	R	X	R	X	R	X
Anzahl der Beiträge (*turns*)	04/1	50	10	20	12	44	15	114	37
	04/2	85	91	67	81	31	51	183	223
	05/1	37	90	55	43	43	95	135	228
	05/2	49	31	24	32	51	27	124	90
	06/1	31	33	38	27	43	25	112	85
	06/2	38	24	41	26	47	26	126	76
Mittelwert		~48	~47	~41	~37	~43	~40	~132	~123
Standardabweichung								26,2	81,4
Gesamte Sprechzeit (in Sekunden)	04/1	415	114	223	109	451	229	1.089	452
	04/2	700	494	266	405	87	211	1.053	1.110
	05/1	142	234	190	119	250	362	582	715
	05/2	131	200	112	224	426	152	669	576
	06/1	45	177	172	174	154	262	371	613
	06/2	91	166	157	330	190	300	438	796
Mittelwert		254	231	187	227	260	253	700	710
Standardabweichung								305,8	228,6
Anteil am Gespräch (in %) bezogen auf die gesamte Sprechzeit	04/1	37,0	19,5	19,9	18,6	40,2	39,1	97,1	77,2
	04/2	65,0	41,1	24,7	33,7	8,1	17,5	97,8	92,3
	05/1	19,1	29,2	25,6	14,9	33,6	45,2	78,3	89,3
	05/2	16,1	32,5	13,8	36,4	52,5	24,7	82,4	93,6
	06/1	9,4	25,6	35,6	25,2	32,0	37,9	77,3	88,7
	06/2	16,7	18,0	28,9	35,8	34,9	32,6	80,5	86,4
Mittelwert		27,2	27,7	24,8	27,4	33,6	32,8	85,5	87,9
Standardabweichung								9,4	5,9
Durchschnittliche Länge eines Beitrags (in Sekunden)	04/1	8,3	11,4	11,2	9,1	10,3	15,3	29,8	35,8
	04/2	8,2	5,4	4,0	5,0	2,8	4,1	15,0	14,5
	05/1	3,8	2,6	3,5	2,8	5,8	3,8	13,1	9,2
	05/2	2,7	6,5	4,7	7,0	8,4	5,6	15,8	19,1
	06/1	1,5	5,4	4,5	6,4	3,6	10,5	9,6	22,3
	06/2	2,4	6,9	3,8	12,7	4,0	11,5	10,2	31,1
Mittelwert		4,5	6,4	5,3	7,2	5,8	8,5	15,6	22,0
Standardabweichung								7,4	10,0
Anzahl der Wörter (inklusive "Füllsel")	04/1	849	265	552	221	765	424	2.166	910
	04/2	1.740	1.240	694	1.122	248	532	2.682	2.894
	05/1	316	573	456	297	512	822	1.284	1.692
	05/2	335	418	239	565	947	340	1.521	1.323
	06/1	141	393	433	367	442	527	1.016	1.287
	06/2	281	391	384	713	498	627	1.163	1.731
Mittelwert		610	547	460	548	569	545	1.639	1.640
Standardabweichung								651,2	684,3
Durchschnittliche Anzahl der Wörter pro Beitrag	04/1	17,0	26,5	27,6	18,4	17,4	28,3	62,0	73,2
	04/2	20,5	13,6	10,4	13,9	8,0	10,4	38,9	37,9
	05/1	8,5	6,4	8,3	6,9	11,9	8,7	28,7	22,0
	05/2	6,8	13,5	10,0	17,7	18,6	12,6	35,4	43,8
	06/1	4,5	11,9	11,4	13,6	10,3	21,1	26,2	46,6
	06/2	7,4	16,3	9,4	27,4	10,6	24,1	26,3	67,8
Mittelwert		10,8	14,7	12,9	16,3	12,8	17,5	36,3	48,6
Standardabweichung								13,6	19,1

Tab 6.3: Flüssigkeit im Interaktionsspiel (*fluency*)

Kategorien \ Rolle	Sch/ Gruppe	FIONA R	FIONA X	ROY R	ROY X	TEACHER R	TEACHER X	GESAMT: GRUPPE R	GESAMT: GRUPPE X
Missglückte Satzanfänge (*false starts*)	04/1	2	1	0	0	1	0	3	1
	04/2	4	4	2	0	1	3	7	7
	05/1	1	4	1	5	1	10	3	19
	05/2	0	4	0	1	4	3	4	8
	06/1	2	2	2	1	0	0	4	3
	06/2	3	0	3	2	3	1	9	3
Mittelwert		2,0	2,5	1,3	1,5	1,7	2,8	5,0	6,8
Standardabweichung								2,4	6,5
Wort- wiederholungen	04/1	10	1	4	4	9	7	23	12
	04/2	69	22	11	33	3	16	83	71
	05/1	9	34	1	5	31	17	41	56
	05/2	4	11	4	3	38	6	46	20
	06/1	1	10	6	4	5	6	12	20
	06/2	5	3	5	19	14	15	24	37
Mittelwert		16,3	13,5	5,2	11,3	16,7	11,2	38,2	36,0
Standardabweichung								25,3	23,3
Füllsel (*fillers: ehm, eh etc.*)	04/1	42	2	17	10	52	5	111	17
	04/2	52	47	66	18	3	46	121	111
	05/1	11	34	10	13	31	45	52	92
	05/2	18	36	10	10	24	32	52	78
	06/1	8	34	30	6	13	45	51	85
	06/2	6	12	12	65	34	92	52	169
Mittelwert		22,8	27,5	24,2	20,3	26,2	44,2	73,2	92,0
Standardabweichung								33,3	49,3
Selbstkorrekturen (*self repairs*: Wörter, Satzteile)	04/1	8	3	9	1	12	2	29	6
	04/2	19	19	9	11	1	6	29	36
	05/1	3	10	1	1	10	9	14	20
	05/2	1	7	3	11	18	4	22	22
	06/1	0	9	3	5	2	8	5	22
	06/2	2	4	6	11	8	6	16	21
Mittelwert		5,5	8,7	5,2	6,7	8,5	5,8	20,8	21,2
Standardabweichung								9,4	9,5
Anzahl deutscher Wörter	04/1	9	0	2	0	8	0	19	0
	04/2	11	13	4	1	0	28	15	42
	05/1	0	0	0	3	3	1	3	4
	05/2	3	3	0	0	2	0	5	3
	06/1	0	14	7	1	18	0	25	15
	06/2	0	3	0	1	0	0	0	4
Mittelwert		3,8	5,5	2,2	1,0	5,2	4,8	11,2	11,3
Standardabweichung								10,0	15,9

6.2.3 Referenzwerte

Angesichts der zur Zeit nicht vorhandenen Referenzgrößen im Hinblick auf das mündliche Sprachkönnen unserer Schülerinnen und Schüler im schulischen Englischunterricht wäre es meines Erachtens sinnvoll, die hier empirisch gewonnenen Daten in ein Probanden- oder Lernerprofil umzusetzen, dass die Schüler der ausgehenden Sekundarstufe I in Bezug auf ihre interaktive Gesprächsfähigkeit charakterisiert.

Damit hätten Fachlehrer(innen) und Fremdsprachenforscher einen ersten Vergleichs-maßstab (zumindest für den hier eingesetzten kommunikativen Test), was die Einschätzung und eventuelle Beurteilung der kommunikativen Sprachkompetenz von Schülern im mündlichen Bereich betrifft. Man könnte sich ferner in der Aus- und Weiterbildung von Fremdsprachenlehrern gezielt an die Aufgabe heranwagen, künftige Prüfer (*examiners, assessors, raters*) fundiert für die Zielvorstellung einer validen und zuverlässigen Überprüfung der Gesprächsfähigkeit von Lernenden vorzubereiten.

Was die beiden Performanzkriterien der Gesprächbeteiligung und der Flüssigkeit des mündlichen Ausdrucks angeht, gibt es nach der hier ermittelten Datenlage (die natürlich begrenzt ist) gegen Ende der Sekundarstufe I die folgenden individuellen Durchschnittswerte für bestimmte Aspekte des mündlichen Sprachgebrauchs im Englischen durch Gymnasialschüler (Abb. 6.1). Es ist zu hoffen, dass diese Auswahl einen repräsentativen Querschnitt der entsprechenden Schülerpopulation (zumindest für die Berliner Schulen) darstellt. Genauere Aufschlüsse können nur weitere Untersuchungen leisten. Im Augenblick haben wir keine gesicherten Kenntnisse darüber, was üblicherweise nach fünf oder sechs Jahren Englischunterricht an funktionaler Sprachkompetenz erreicht wird.

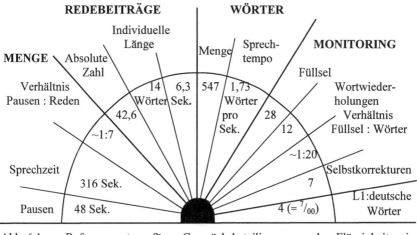

Abb. 6.1   Referenzwerte   für   Gesprächsbeteiligung   und   Flüssigkeit   im Interaktionsspiel

Bezogen auf einen individuellen (fiktiven) Durchschnittsschüler beträgt die gesamte Sprechzeit 5 Min 16 Sek., wovon 48 Sekunden auf Pausen entfallen. Das Verhältnis zwischen Pausen und Redezeit ist also etwa 1 : 7 (genauer: 1 : 6,61). In 316 Sekunden produziert dieser Lerner 547 Wörter, was einem Sprechtempo (*speech rate*) von 1,73 Wörtern pro Sekunde entspricht (oder 104 Wörter pro Minute). Die "normale" Sprech-geschwindigkeit von Muttersprachlern des Englischen liegt bei zwei bis drei Wörtern (oder 15 Phonemen) pro Sekunde. Jeder Redebeitrag der Schüler ist im Schnitt 6,3 Sekunden lang und enthält ca. 14 Wörter. Bezogen auf die Gesamtzahl aller Wörter verwendet ein solcher Schüler 28 Füllsel, was einem Verhältnis von etwa 1 : 20 entspricht (*filler rate*). Addiert man zu den Füllseln die Wortwiederholungen, ist das Verhältnis etwa 1 : 14; d.h. in jedem (idealisiert-fiktiven) Durchschnitts-Redebeitrag kommen diese beiden Formen des "Zögerns" (*hesitation phenomena*) einmal vor. In jedem sechsten Redebeitrag erfolgt eine Selbstkorrektur. Der Anteil deutscher Wörter an der Gesamtmenge aller produzierten Wörter liegt bei 7‰ (unter einem Prozent), denn dieser fiktive Durchschnittsschüler benutzt in den 5 Min 16 Sek. nur ca. vier deutsche Wörter. Das ist höchst beachtlich, sprich beeindruckend.

6.3 Pragmatische Kompetenzen

Da die objektiviert-quantitative Auswertung der Daten des Simulationsspiels keine theoretische Ausrichtung hat (um etwa die Konstruktvalidität des Modells von Bachman 1990: 87 zu testen – siehe Abb. 3.2), sondern Teil der deskriptiven Studie ist, muss hier keinem bestimmten theoretischen Konstrukt von Sprachkompetenz oder *proficiency* gefolgt werden. Die Autoren des "Referenzrahmens" des Europarats (Council of Europe 1998:52-58) strukturieren die Komponenten der Sprachfähigkeit wieder in anderer Form als Bachman (1990) oder die kanadischen Immersionsforscher (z.B. Canale / Swain 1980). Deshalb sollen hier – für die deskriptiven Zwecke der Untersuchung und in Anlehnung an den "Referenzrahmen" des Europarats – unter den pragmatischen Kompetenzen zwei Bereiche verstanden und analysiert werden:

- die strukturelle Komplexität der Äußerungen im fortlaufenden Diskurs der Probanden und
- die illokutionäre Kompetenz, wie sie sich in den für das Interaktionsspiel zentralen funktionalen Aspekten der Meinungsäußerung und der Diskursstrukturierung niederschlägt.

Es wurde zwar eine Fülle weiterer Merkmale des Diskurses dieser Lerner erfasst und quantitativ ausgewertet (insbesondere zur Kohärenz des Diskurses und zum Interaktionsverhalten), aber diese Aspekte können hier (aus Platzmangel) nicht diskutiert werden (vgl. im Überblick Zydatiß 2000 c).

6.3.1 Strukturelle Hierarchieebenen im Diskurs

In den Tab. 6.4 und 6.5 wird der Frage nach der strukturellen Komplexität der Aussagen im Interaktionsspiel nachgegangen. Tab. 6.4 bezieht sich dabei auf Äußerungen, die unterhalb der Satzebene bzw. auf der Ebene des einfachen vollständigen Satzes liegen. Tab. 6.5 fasst alle Äußerungen zusammen, die über die Satzgrenze hinausgehen. Setzt man die entsprechenden Verteilungen zueinander in Beziehung, fällt auf, dass **Äußerungen unterhalb der Satzgrenze und auf der Ebene des einfachen Aussagesatzes bei den Regelschülern häufiger als bei den Expressschülern** vorkommen, während das Bild **bei den komplexen Satzkonstruktionen genau umgekehrt** ist. Die Letzteren (insbesondere die Hypotaxe) werden von den Expressschülern deutlich häufiger benutzt als von ihren Kameraden in den

Tab 6.4:   Strukturelle Einheiten im Interaktionsspiel (Satzebene)

Rolle / Kategorien	Sch/Gruppe	FIONA R	FIONA X	ROY R	ROY X	TEACHER R	TEACHER X	GESAMT: GRUPPE R	GESAMT: GRUPPE X
Ein-Wort Äußerungen (inkl. *yes, hum, well, so* etc.)	04/1	14	1	1	0	5	0	20	1
	04/2	6	11	8	11	7	15	21	37
	05/1	10	22	8	5	11	16	29	43
	05/2	7	3	4	3	5	12	16	18
	06/1	11	9	4	3	5	3	20	15
	06/2	10	1	6	2	5	3	21	6
Mittelwert		9,7	7,8	5,2	4,0	6,3	8,2	21,2	20,0
Standardabweichung								4,3	16,8
Zwei-Wort Äußerungen (inkl. Füllsel: *ehm* etc.)	04/1	1	1	3	0	4	0	8	1
	04/2	0	6	1	6	0	6	1	18
	05/1	1	5	3	2	1	4	5	11
	05/2	3	1	1	1	6	1	10	3
	06/1	2	1	0	2	5	0	7	3
	06/2	1	2	2	1	5	1	8	4
Mittelwert		1,3	2,7	1,7	2,0	3,5	2,0	6,5	6,7
Standardabweichung								3,1	6,5
Satzglieder (*phrases*)	04/1	2	0	2	0	5	2	9	2
	04/2	11	11	9	5	4	10	24	26
	05/1	4	13	5	4	3	8	12	25
	05/2	6	3	0	5	6	3	12	11
	06/1	4	5	3	1	6	2	13	8
	06/2	3	1	4	3	3	1	10	5
Mittelwert		5,0	5,5	3,8	3,0	4,5	4,3	13,3	12,8
Standardabweichung								5,4	10,3
Satzfragmente (*fragments*)	04/1	2	1	2	0	4	0	8	1
	04/2	5	5	12	3	3	3	20	11
	05/1	0	3	2	4	1	8	3	15
	05/2	1	2	0	2	7	1	8	5
	06/1	2	2	2	1	1	0	5	3
	06/2	1	0	4	2	3	1	8	3
Mittelwert		1,8	2,2	3,7	2,0	3,2	2,2	8,7	6,3
Standardabweichung								5,9	5,5
Gesamt aller Äußerungen unterhalb der Satzebene a) 1 & 2-Wort Äußerungen b) Satzglieder c) Satzfragmente	04/1	19	3	8	0	18	2	45	5
	04/2	22	33	30	25	14	34	66	92
	05/1	15	43	18	15	16	36	49	94
	05/2	17	9	5	10	24	17	46	36
	06/1	19	17	9	7	17	5	45	29
	06/2	15	4	16	8	16	6	47	18
Mittelwert		17,8	18,2	14,3	10,8	17,5	16,7	49,7	45,7
Standardabweichung								8,1	38,1
Einfache Aussagesätze (*simple complete sentences*)	04/1	14	2	12	9	15	7	41	18
	04/2	48	35	13	50	10	7	71	92
	05/1	11	37	31	18	11	27	53	82
	05/2	18	11	9	10	30	2	57	23
	06/1	10	7	20	12	11	15	41	34
	06/2	12	6	15	12	20	6	47	24
Mittelwert		18,8	16,3	16,7	18,5	16,2	10,7	51,7	45,5
Standardabweichung								11,4	32,7

Tab. 6.5:   Strukturelle Einheiten im Interaktionsspiel (Ebene des komplexen Satzes)

Kategorien	Sch/Gruppe	FIONA		ROY		TEACHER		GESAMT: GRUPPE	
		R	X	R	X	R	X	R	X
Abgebrochene Satzgefüge und -verbindungen	04/1	13	0	3	1	9	0	25	1
	04/2	19	25	13	6	4	15	36	46
	05/1	7	20	5	4	9	16	21	40
	05/2	2	9	1	6	8	5	11	20
	06/1	3	4	10	6	8	0	21	10
	06/2	3	1	3	5	5	11	11	17
Mittelwert		7,8	9,8	5,8	4,3	7,2	7,8	20,8	22,3
Standardabweichung								9,4	17,4
Geglückte Parataxe (and, or, but etc.)	04/1	18	8	13	4	8	15	39	27
	04/2	57	26	10	16	4	12	71	54
	05/1	5	4	5	5	8	16	18	25
	05/2	5	6	2	10	31	8	38	24
	06/1	2	5	11	10	12	16	25	34
	06/2	6	19	6	25	6	23	18	67
Mittelwert		15,5	11,3	7,8	11,7	11,5	15,5	34,8	38,5
Standardabweichung								20,0	17,9
Geglückte Hypotaxe (main clause + dependent clause)	04/1	39	18	25	18	32	19	96	55
	04/2	48	49	19	57	7	22	74	128
	05/1	13	13	9	4	16	27	38	44
	05/2	13	17	16	37	32	35	61	89
	06/1	5	25	14	11	18	24	37	60
	06/2	9	16	16	28	15	44	40	88
Mittelwert		21,2	23,0	16,5	25,8	20,0	28,5	57,7	77,3
Standardabweichung								24,0	30,7
Gesamt aller Äußerungen oberhalb der Satzgrenze: a) abgebrochene komplexe Sätze b) Parataxe c) Hypotaxe	04/1	70	26	41	23	49	34	160	83
	04/2	124	100	42	79	15	49	181	228
	05/1	25	37	19	13	33	59	77	109
	05/2	20	32	19	53	71	48	110	133
	06/1	10	34	35	27	38	40	83	101
	06/2	18	36	25	58	26	78	69	172
Mittelwert		44,5	44,2	30,2	42,2	38,7	51,3	113,3	137,7
Standardabweichung								46,8	53,9

Regelklassen. Die Standardabweichungen für die verschiedenen Kategorien sind in den Gruppen mit Expressschülern fast durchgehend (Ausnahmen: die Satzfragmente und die Parataxe) höher als bei den Regelschülern, was wiederum auf eine größere individuelle Streuung der Kompetenz hinweist. – Deutsche Satzfragmente bzw. einfache Aussagesätze sind in beiden Lerngruppen höchst selten vertreten (zusammen jeweils nur viermal); ebenso wie deutsche Satzgefüge oder -verbindungen (insgesamt nur drei Belege). Es wird also durchgehend in englischer Sprache interagiert.

6.3.2 Diskursstrukturierung und Meinungsäußerung

Unter der illokutionären Kompetenz soll hier der Teil der pragmatischen Kompetenz verstanden werden, der über die in der konkreten Performanz realisierten Sprechakte (= *speech acts*) anzeigt, was Redeteilnehmer mit Sprache "tun" wollen: in der fremdsprachendidaktischen Literatur üblicherweise als Sprachfunktionen (= *language functions*) oder Rede- bzw. Mitteilungsabsichten bezeichnet (= *communicative intentions*). Hierunter fallen mit anderen Worten die "Mikrofunktionen" auf der Ebene der einzelnen Äußerung (*utterance level*: was Sinclair / Coulthard 1975 in ihrem diskursanalytischen Ansatz *act* / "Akt" nennen) oder der paarweise organisierten Interaktionsroutinen (was Sinclair / Coulthard als *interactional move* / "Interaktionszug" einordnen). Hiermit sind nicht die "Makrofunktionen" von Sprache gemeint (= *functions of language*), denn dabei geht es darum, für welche übergeordneten "Zwecke" Sprache eingesetzt wird: die referentielle Funktion (Bezug auf außersprachliche Sachverhalte), die heuristische Funktion (mittels Sprache etwas lernen, z.B. aus Texten), die imaginative Funktion (über Sprache seiner Vorstellungskraft Ausdruck geben: etwa über Humor, Sprachspiel und Fiktionalität), die manipulative Funktion (z.B. in der Werbung oder Propaganda) oder die Kontaktfunktion von Sprache (via Sprache zwischenmenschliche Beziehungen aufbauen und aufrecht erhalten).

Der "*Threshold Level*" (van Ek / Trim 1991: 22) unterscheidet bekanntermaßen sechs große Kategorien von Mikrofunktionen oder Illokutionen (= *illocutions*), wie der pragmalinguistische Fachbegriff lautet:

a) *Imparting and seeking factual information*
b) *Expressing and finding out attitudes*
c) *Getting things done (suasion)*
d) *Socialising*
e) *Structuring discourse*
f) *Communication repair.*

Diese Kategorien sind zwar quantitativ erfasst worden, sollen jedoch hier aus Platzmangel nicht dargestellt werden – mit einer Ausnahme, die für das illokutionäre Primärpotential des Simulationsspiels von zentraler Bedeutung ist: die Strukturierung des Diskurses mit dem Fokus auf der Meinungsäußerung. Der argumentativ-kooperative Charakter des Simulationsspiels ruft diese kommunikativen Funktionen unabdingbar auf, so dass deren Analyse eine valide und zuverlässige Aussage zu einem Kernbereich der pragmatisch-illokutionären Kompetenz erwarten lässt.

Die Meinungsäußerung stellt natürlich einen wesentlichen, tragenden Aspekt der übergeordneten Kategorie einer angemessenen Strukturierung des gesprochenen Diskurses dar. Die mit einer nennenswerten Häufigkeit im Interaktionsspiel vorkommenden Redeabsichten und Redemittel sind in Tab. 6.6 zusammengefasst. Hier ist zuallererst der eigentliche Sprechakt des ***EXPRESSING AN OPINION*** zu nennen, der prototypisch über *I think* enkodiert wird. Selbst wenn im statistischen Mittel diese Mitteilungsabsicht 4,5 Mal pro Schüler vorkommt, gibt es dennoch etliche Schüler, bei denen sie im gesamten Gespräch unterrepräsentiert ist. Immerhin gibt es zehn Probanden, bei denen jeweils nur 0, 1 oder 2 Belege zu finden sind. Die sogenannten Inhaltssätze (= *complement clauses*), die mit *I think* eingeleitet werden, können aber müssen nicht diesen spezifischen Sprechakt markieren (häufig benennen sie *agreement*). Daneben ist noch auf andere Redemittel zu achten, die ebenfalls eine Meinungsäußerung anzeigen können. Von diesen sogenannten "*set phrases in opinionating*" findet sich die folgende Auswahl im Korpus:

- *I think so too, I don't think so, in my opinion, so do I, I would say, I don't know, as you know, you're / that's right, that's a good question, I'm afraid not, to repeat, the best thing to do, a good / better / another idea, the best / my idea is, that's it / all.*

Damit wird deutlich, dass der Ausdruck einer Meinung in der Tat Teil der umfassenderen funktionalen Kategorie des "*structuring discourse*" ist. Eine weitere Möglichkeit, gesprochene Diskurse zu gliedern und dem jeweiligen Interaktionsverlauf anzupassen, liegt in der Verwendung von Diskurssignalen (= *discourse markers*) wie *well, OK, you see, you know, I mean, right* und anderen. Hiermit können gemeinsame Positionen oder Einstellungen zu einem Sachverhalt markiert werden; oder es kann die Eröffnung, Fortführung bzw. der Abschluss eines Themas angezeigt werden. Floskeln dieser Art sind ferner kommunikationsfördernde "Schmiermittel" zwischen den Gesprächspartnern auf der Beziehungsebene der Interaktion.

Wie Tab. 6.6 und 6.7 unmissverständlich deutlich machen, sind die Expressschüler ihren Kameraden in den Regelklassen um Einiges voraus, was die Strukturierung ihrer diskursgebundenen Redebeiträge und hier besonders die Äußerung von Meinungen angeht. In allen Aspekten dieser Kategorie, so weit sie sich quantitativ erfassen lassen, erreichen die Probanden aus den Expressklassen höhere Mittelwerte. Die Rede dieser Schüler ist ferner dadurch charakterisiert, dass sie neue inhaltliche Aspekte zur Bewältigung der Konfliktsituation stärker einbringen als Schüler aus Regelklassen. Abgesehen von der Meinungsäußerung, dem Einbringen neuer Themen, einer gelegentlichen Zusammenfassung und dem Gebrauch von Diskursmarkern sind andere, die mündliche Sprachproduktion strukturierende Sprechakte kaum im Korpus vertreten. Das Anführen von Beispielen als rhetorischer Technik (= *exemplification*) fehlt gänzlich. Für nicht-temporale Auflistungen (= *enumeration* über *first, then* u.dgl.) gibt es einen Beleg, für Emphase (*emphasis* oder *intensification*) fünf Belege. Das "Verwerfen" einer Option (*discarding a topic*) wird einmal realisiert. Fasst man **alle Sprechakte der Diskursstrukturierung** zusammen (Tab. 6.7), zeigt sich ein **klares Übergewicht zugunsten der Expressschüler**. Offenbar gelingt es ihnen sehr viel stärker als den Regelschülern, ihre **eigene Meinung einzubringen und ihre Redebeiträge als kohärenten und adressatenbezogenen Diskurs zu strukturieren.**

Tab. 6.6: Meinungsäußerung im Interaktionsspiel (*structuring discourse*: *opinionating*)

Kategorien / Rolle	Sch/Gruppe	FIONA R	FIONA X	ROY R	ROY X	TEACHER R	TEACHER X	GESAMT: GRUPPE R	GESAMT: GRUPPE X
Expressing an opinion	04/1	12	8	4	4	6	5	22	17
	04/2	5	3	3	8	2	4	10	15
	05/1	2	4	1	2	3	11	6	17
	05/2	1	3	2	5	4	6	7	14
	06/1	3	10	0	3	2	5	5	18
	06/2	2	5	4	7	2	12	8	24
Mittelwert		**4,2**	**5,5**	**2,3**	**4,8**	**3,2**	**7,2**	**9,7**	**17,5**
Standardabweichung								6,3	3,5
Complement clauses (Inhaltssätze): eg. *I think* ...	04/1	18	7	5	6	14	4	37	17
	04/2	7	18	5	13	2	5	14	36
	05/1	3	5	0	2	6	13	9	20
	05/2	4	5	3	15	6	7	13	27
	06/1	3	9	1	3	3	9	7	21
	06/2	2	8	5	10	1	19	8	37
Mittelwert		**6,2**	**8,7**	**2,3**	**8,2**	**5,3**	**9,5**	**14,7**	**26,3**
Standardabweichung								11,3	8,5
Introducing a new topic	04/1	8	3	1	3	1	5	10	11
	04/2	0	9	2	5	0	0	2	14
	05/1	2	5	1	1	2	1	5	7
	05/2	3	6	0	3	1	3	4	12
	06/1	6	3	1	6	4	3	11	12
	06/2	3	2	0	0	0	7	3	9
Mittelwert		**3,7**	**4,7**	**0,8**	**3,0**	**1,3**	**3,2**	**5,8**	**10,8**
Standardabweichung								3,8	2,5
Set phrases in opiniating: eg. *my idea is, I think so too, I'm afraid not, I would say*	04/1	5	3	6	3	5	7	16	13
	04/2	11	26	4	17	2	5	17	48
	05/1	4	4	3	6	5	11	12	21
	05/2	2	6	5	5	16	3	23	14
	06/1	3	8	6	6	4	6	13	20
	06/2	2	6	5	9	6	3	13	18
Mittelwert		**4,5**	**8,8**	**4,8**	**7,7**	**6,3**	**5,8**	**15,7**	**22,3**
Standardabweichung								4,1	13,0
Summarizing a state of affairs	04/1	0	0	0	1	0	3	0	4
	04/2	1	5	0	3	0	0	1	8
	05/1	0	0	2	0	3	2	5	2
	05/2	0	0	0	2	3	1	3	3
	06/1	0	0	0	1	2	2	2	3
	06/2	0	0	0	3	1	0	1	3
Mittelwert		**0,2**	**0,8**	**0,3**	**1,7**	**1,5**	**1,3**	**2,0**	**3,8**
Standardabweichung								1,8	2,1
Discourse markers: eg. *well, OK, no, oh, you see, you know, (all) right, anyway, then, I/you mean, of course*	04/1	3	4	1	2	9	4	13	10
	04/2	11	13	6	27	0	9	17	45
	05/1	0	8	4	0	1	7	5	15
	05/2	0	4	0	15	2	0	2	19
	06/1	5	14	2	1	0	4	7	9
	06/2	0	1	0	5	0	4	0	10
Mittelwert		**3,2**	**5,6**	**2,2**	**8,3**	**2,0**	**4,7**	**7,3**	**18,7**
Standardabweichung								6,5	13,8

220

Tab. 6.7: Die Strukturierung des Diskurses (*structuring discourse*) im Interaktionsspiel

Rolle / Kategorien	Sch/ Gruppe	FIONA		ROY		TEACHER		GESAMT: GRUPPE	
		R	X	R	X	R	X	R	X
Structuring discourse	04/1	20	11	6	8	7	13	33	32
a) opinionating	04/2	6	18	9	18	2	7	17	43
b) new topics	05/1	4	9	4	3	8	18	16	30
c) summarizing									
d) enumeration,	05/2	4	9	2	10	8	10	14	29
emphasis, discarding	06/1	9	14	1	10	8	11	18	35
a topic	06/2	5	7	4	10	3	19	12	36
Mittelwert		**8,0**	**11,3**	**4,3**	**9,8**	**6,0**	**13,0**	**18,3**	**34,2**
Standardabweichung								**7,5**	**5,1**

Besonders valide Indikatoren für Kompetenzen in diesem Bereich (*set phrases* und *discourse markers*) zeichnen sich zudem durch einen höheren Grad der Streuung in diesen Gruppen aus, weil einige Schüler (die leistungsstarken) diese Redemittel sehr viel häufiger in ihrer Interaktion mit den anderen verwenden. Von den 152 Belegen für *discourse markers* entfallen 80 Belege auf fünf Schüler, d.h. diese fünf Probanden benutzen gut die Hälfte (53%) dieser Signale. Ein Viertel aller Probanden greift auf diese Redemittel überhaupt nicht zurück, ein weiteres Fünftel ein- oder zweimal. Eine Partikel wie *of course* (die neunmal benutzt wird) kann in der Regel mit '*you should know this*' oder '*this should not come as a surprise*' paraphrasiert werden. Insgesamt scheinen mir die Sprechakte und Redemittel, die die fortlaufende textgebundene Rede strukturieren helfen und den interaktiv-kooperativen Charakter der Kommunikation signalisieren, im funktionalen Sprachkönnen dieser Probanden nur wenig zufriedenstellend entwickelt zu sein (wenn man einmal von den "leistungsstarken" bzw. pragmatisch kompetenteren Schülern absieht).

6.3.3 Referenzwerte

Bevor wir uns ein synoptisches Bild eines (fiktiven) Durchschnittschülers der hier untersuchten Zielgruppe (Gymnasiasten der ausgehenden Mittelstufe) machen, muss nochmals unterstrichen werden, dass sich Express- und Regelschüler im Teilbereich der illokutionären Kompetenz nicht unerheblich unterscheiden. Der Vergleich geht eindeutig zugunsten der "Schnellläufer" aus (Tab. 6.8).

Im vorliegenden Teilkapitel sind im Detail zwar nur die Sprachfunktionen der Diskursstrukturierung präsentiert worden, wegen der Signifikanz der Differenzen zwischen den beiden Gruppen von Lernern sollen aber auch die beiden anderen für das Interaktionsspiel zentralen Sprechaktkategorien in der Tab. 6.8 aufgeführt werden (zumindest als Summe aller Belege). Die zweite Kategorie ("Handlungs-entscheidungen") umfasst die folgenden Illokutionen: **IDENTIFYING A PROBLEM, SUGGESTIONS, ADVICE / INSTRUCTIONS / DIRECTIONS** und

(DIS)AGREEMENT. Die dritte Kategorie ("Ausdruck subjektiver Einstellungen zu externen Sachverhalten") subsumiert modale, intentionale, emotional-affektive und wertende Ausdrucksbereiche wie *PROBABILITY / CERTAINTY, VOLITION / INTENTION / PREFERENCE, FEAR / WORRY / HOPE / REASSURANCE / DISAPPOINTMENT, (IN)ABILITY / OBLIGATION / PERMISSION* sowie *(DIS)APPROVAL*. Es sollen deshalb zunächst die absoluten Zahlen (= N) genannt werden, die dann als Prozentanteil für die gesamte Stichprobe der 36 Probanden ausgewiesen werden:

Tab. 6.8:   Gesamt aller Sprechakte im Interaktionsspiel

Sprechaktkategorie	Teilgruppen		Summe der 36 Probanden	
	R	X	N	%
Structuring discourse	110	205	315	14,4
Deciding on courses of action	482	495	977	44,6
Expressing and finding out attitudes	415	483	898	41,0
Gesamt	1.007	1.183	2.190	100

Insgesamt realisieren die Expressschüler mit anderen Worten etwa 17,5% mehr Sprechakte als ihre Kameraden in den Regelklassen (die Sprechzeit in Sekunden und die Zahl der produzierten Wörter sind in beiden Teilgruppen nahezu identisch: siehe Tab. 6.1 in 6.2.1). Den größten Anteil an diesem Unterschied machen die Sprechakte aus, die sich auf die Meinungsäußerung, das Strukturieren der Redebeiträge im interaktiven Diskurs und die persönliche Einschätzung von Wahrscheinlichkeiten für externe Sachverhalte oder Handlungsalternativen beziehen. Dies spiegelt sich wider in der größeren Häufigkeit entsprechender Redemittel bei den Expressschülern, insbesondere was die Verfügbarkeit modaler Kategorien und den Ausdruck von Meinungen angeht (*complement clauses, set phrases in opinionating* und *discourse markers*). Mit diesen semantischen wie pragmatischen Kategorien und sprachlichen Exponenten stehen uns somit aussagekräftige Indikatoren für die illokutionäre Kompetenz von Fremdsprachenlernern zur Verfügung.

Als Referenzwerte für den illokutionär-pragmatischen Aspekt der Sprachfähigkeit (= *proficiency*) unserer Stichprobe können folgende Angaben dienen: Jeder Schüler produziert im Schnitt pro Spiel 60 Sprechakte der im Kap. 6.3 identifizierten Kategorien; d.h. (bei 316 Sekunden Sprechzeit) alle 5,2 Sek. einen dieser Sprechakte. Bezogen auf den individuellen Mittelwert der Redebeiträge (42,6 *turns* pro Proband) entfallen auf zwei *turns* also etwa drei dieser Sprechakte (1,43 Sprechakte pro Redebeitrag). Die knappe Hälfte davon (ca. 45%) bezieht sich im vorliegenden kommunikativen Test auf Handlungsentscheidungen, jeder siebte Sprechakt dient der Meinungsäußerung oder Diskursstrukturierung (knapp 15%), und zwei Fünftel (gut 40%) signalisieren den Ausdruck von oder das Interesse an persönlichen Einstellungen (*attitudes*). Berücksichtigen wir einmal bereits an dieser Stelle die in 6.4.1.1 explizierten Kommunikationseinheiten (= *T-units*), produziert jeder Proband im Schnitt jeweils einen der soeben genannten Sprechakte pro Kommunikationseinheit.

Auf der Ausdrucksseite verzeichnen wir die folgenden Indikatoren: Jeder Schüler produziert im Schnitt pro Spiel ca. sieben Inhaltssätze, etwa sechs stehende Redewendungen zur Meinungsäußerung und ungefähr vier Diskursmarker zusammen mit sieben modalen Ausdrücken für Wahrscheinlichkeit oder Gewissheit. Etwa in jedem zweiten Redebeitrag benutzt unser konstruierter Durchschnittsproband eines dieser Redemittel (24 Beispiele bezogen auf knapp 43 *turns*): Abb. 6.2. Meiner Einschätzung nach kann dieser Aspekt des Sprachgebrauchs der hier untersuchten Zielgruppe nicht befriedigen, sondern ruft geradezu nach didaktischen Interventionen in Form einer gezielteren Gesprächsschulung.

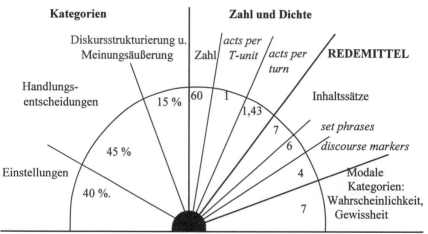

Abb. 6.2:   Referenzwerte für Sprechaktkategorien und ausgewählte Redemittel

6.4   Linguistische Kompetenzen

Kommunikative Tätigkeit als sprachlich vermitteltes zwischenmenschliches Handeln setzt die Verfügbarkeit über objektsprachliche Bestände voraus. Kommunikative Sprachfähigkeit in einer Fremdsprache beinhaltet deshalb unter anderem die Aktivierung der phonologischen und der lexikogrammatischen Ressourcen der jeweiligen Zielsprache. Dieser Einsicht wird in den mehrdimensionalen *proficiency*-Modellen, auf die zur Zeit am häufigsten verwiesen wird (Canale / Swain 1980, Bachman 1990: siehe Abb. 3.1 und 3.2 in 3.1.3), durch die Komponente der "linguistischen Kompetenz" entsprochen (verkürzt gelegentlich auch als "grammatische Kompetenz" bezeichnet). Eine so gründliche und umfassende empirische Validierungsstudie zur internen Struktur der zweitsprachlichen Sprachfähigkeit wie die der kanadischen Immersionsforschung (vgl. Harley et al. 1990) erbrachte zwar keine Bestätigung des Modells (siehe 3.1), belegte aber ganz klar die Existenz eines generellen grammatischen Faktors, der mit den anderen Dimensionen der *proficiency* (der Diskurs- und der soziolinguistischen Kompetenz) ebenfalls hoch korrelierte. Eine seriöse Analyse der fremdsprachlichen Gesprächsfähigkeit muss sich folglich auch der linguistischen Kompetenz im engeren Sinne zuwenden. Im Anschluss an den "Referenzrahmen" des Europarats (Council of Europe 1998) sollen hierbei die "grammatische Kompetenz" und die "lexikalische Kompetenz" unterschieden werden. Kommunikative Sprachfähigkeit wird als interdependentes Wechselspiel von Sprachwissen (*knowledge of the language*: Sprache als Produkt / Objekt) und Sprachkönnen (*the ability to put this knowledge to use*: Sprache als Prozess / soziales Handeln) konzeptualisiert.

6.4.1 Grammatische Kompetenz

Dem Charakter des sprachlichen Zeichens entsprechend (als unauflösbarer Einheit von *signifiant* / Form und *signifié* / Bedeutung) müssen bei der Analyse der grammatischen Kompetenz von Lernenden sowohl die Ausdrucks- als auch die Inhaltsseite der sprachlichen Kategorien beachtet werden. Die morphosyntaktischen Ausdrucksmittel der Sprache stehen für bestimmte semantisch-kognitive Kategorien (= *notions*), die zusammen mit den lexikalischen Ausdrucksmitteln die kognitiv-referentielle Funktion von Sprache einlösen. Was die notionale Dimension angeht, unterscheidet der "*Threshold Level 1990*" (van Ek / Trim 1991) im Wesentlichen sechs Gruppen (= *general notions*), für die auch quantitative Analysen vorliegen, die jedoch aus Platzmangel hier nicht präsentiert werden können:

a) *existential-spatial notions*,
b) *temporal notions*,
c) *quantitative notions*,
d) *qualitative notions*,
e) *relational notions* und
f) *logical relations*.

Die Analyse der räumlichen und temporalen Beziehungen im Simulationsspiel zeigt ein ausgewogenes Verhältnis zwischen den beiden Lernergruppen der Regel- und Expressschüler in Bezug auf die Mittelwerte. Die Streuung unter den "Schnellläufern" ist jedoch deutlich ausgeprägter als bei Schülern aus Regelklassen. Ein markanter Unterschied (auch in den Mittelwerten) zeigt sich bei den qualitativen Beziehungen: Sehr viel stärker als die Regelschüler qualifizieren die Probanden aus den Expressklassen die Satzglieder der Nominalgruppe (= NP oder *noun phrase*), der Adjektivgruppe (= Adj Phr oder *adjectival phrase*) und der Adverbialgruppe (= Adv Phr oder *adverbial phrase*); und zwar über die attributive Modifizierung dieser Satzglieder (*premodifying adjectives, adverbs and determiners*). Die Mittelwerte für dieses Phänomen stehen für die beiden Gruppen von Lernern im Verhältnis von (etwa) 75:100 Belegen (Regel- : Expressschülern), weichen also erheblich voneinander ab – ebenso wie die Standardabweichung, die wiederum ein hohes Maß an Variabilität unter den "Schnellläufern" indiziert.

Kausativkonstruktionen (mit Verben wie *make, have, get*) sind überhaupt nicht im Korpus belegt und Passivkonstruktionen insgesamt nur acht Mal (sieben davon bei Schülern aus Expressklassen). Relationale Beziehungen scheinen mit anderen Worten general unterrepräsentiert in der gesprochenen Sprache dieser Probanden zu sein. Semantisch-logische Beziehungen werden mit einer gewissen Häufigkeit in beiden Gruppen realisiert (Mittelwerte ca. 43:46 Belege pro Gruppe), wobei der minimale "Vorteil" zugunsten der Expressschüler durch den etwas häufigeren Ausdruck von *PURPOSE* (mittels *to*) herrührt (Anteil dieser Kategorie an den logischen Verknüpfungen etwa 5%). Weitere 20% (von insgesamt 541 Belegen) entfallen auf *EFFECT / RESULT/ CONSEQUENCE* (realisiert über *so (that)* oder *then*), ca. 25% auf *CAUSE / REASON* (via *because, since* oder eine *why*-Frage) und etwa 50% auf *CONTRAST* (versprachlicht über *but* bzw. *yes but*). Die semantischen Kategorien sind zwar "vorhanden", aber das Ausdrucksrepertoire beschränkt sich bei allen Probanden auf ein oder zwei "prototypische" Exponenten. Angesichts der faktischen Vielfalt möglicher Ausdrucksmittel (vgl. Ungerer et al. 1984) kann dieses Merkmal der Lernersprache nicht vollauf befriedigen.

6.4.1.1 Entwicklungsindizes für den produktiven Sprachgebrauch ("*T-units*" und "*Syntactic Density Score*")

In den folgenden Teilkapiteln sollen strukturelle Aspekte im Gebrauch verschiedener Satzteile und in der Satzbildung beleuchtet werden. Von Analysen dieser Art erhofft sich die Spracherwerbsforschung Aufschlüsse über die syntaktische Komplexität und die syntaktische Elaboriertheit der produktiven Sprachverwendung – zwei Dimensionen, die zusammen unter den Begriff der "syntaktischen Dichte" oder der "syntaktischen Reife" subsumiert werden. Was die produktive Sprachverwendung angeht, hat die Erst- und Zweitspracherwerbsforschung sich darum bemüht, verlässliche Indizes für die Sprachentwicklung vorzulegen. Die bekannteste Messzahl, die auch zur Charakterisierung von sukzessiven Stufen des Spracherwerbs herangezogen wird, ist vermutlich die *mean length of utterance* (= *MLU*), die als durchschnittliche Zahl der Wörter oder (häufiger) der Morpheme pro Äußerung definiert wird.

Damit ist eine grobe Einschätzung des Entwicklungsstands in der Erstsprache (besonders bei kleinen Kindern) möglich. Für den Zweitspracherwerb und das Fremdsprachenlernen eignet sich *MLU* nicht besonders gut, weil sich bei diesen Spracherwerbstypen die frühkindlichen Stadien des Muttersprachenerwerbs nicht in der gleichen Weise wiederholen (die Äußerungen dieser Sprecher werden schon bald relativ "lang").

Auf der Suche nach zuverlässigen Gesamtindikatoren der produktiven Sprachentwicklung arbeitete Hunt (1965, 1970) mit dem Konzept der sogenannten "*T-units*". In der ursprünglichen Form (Hunt 1970, zitiert nach Cooper 1976: 177) wird die "*minimal terminal unit*" (oder kurz: *T-unit*) wie folgt definiert:

> "They are 'minimal' in the sense that they are the shortest units into which a piece of discourse can be cut without leaving any sentence fragments as residue... each is

exactly one main clause plus whatever subordinate clauses are attached to that main clause".

Hunt (1965, 1970) verfolgte die schriftliche Sprachproduktion von Lernern über mehrere Stufen des schulisch vermittelten Erstspracherwerbs und kam zu dem Ergebnis, dass die durchschnittliche Länge der *T-units* sehr hoch mit der "syntaktischen Reife" (= *syntactic maturity*) der Schreiber korreliert. Mit zunehmender Sprachentwicklungsstufe werden die *T-units* länger, und das Ausmaß an syntaktischer Einbettung nimmt zu (sprich: es werden mehr Nebensätze pro *T-unit* benutzt). Von daher hat es sich durchgesetzt (wenn mit *T-units* gearbeitet wird), die folgenden Indizes für schriftsprachliche Texte zu erheben (unter Ausweis von Mittelwert und Standardabweichung):

- die Zahl der Wörter pro *T-unit*,
- die Zahl der Nebensätze pro *T-unit*,
- die Zahl der Wörter pro Hauptsatz und
- die Zahl der Wörter pro Nebensatz.

Das Konzept der *T-unit* wurde später (z.B. von Loban 1976) für die gesprochene Sprache adaptiert – nunmehr in der Regel als *communication unit* bezeichnet. Die beiden Aspekte der Länge von Haupt- und Nebensätzen und der syntaktischen Einbettung im Rahmen eines Satzgefüges bleiben erhalten, aber als *communication units* werden jetzt auch elliptische Äußerungen und Kurzantworten akzeptiert:

a) "each independent grammatical predication",
b) "each answer to a question, provided that the answer lacks only the repetition of the question elements to satisfy the criterion of independent predication",
c) "each word such as *Yes* or *No* when given in answer to a question such as *Have you ever been sick?*" (Loban 1976: 9f.).

Weitere Modifikationen werden nötig, sobald die Sprache von Zweit- und Fremdsprachenlernern mit diesem Instrumentarium untersucht wird; nicht zuletzt wegen der (größeren) Fehlerhaftigkeit der Äußerungen (*non-native speech*). Am nachhaltigsten hat sich in der Zweitspracherwerbsforschung Diane Larsen-Freeman für einen "globalen Index der Sprachentwicklung bzw. -fähigkeit" eingesetzt (= "*a second language acquisition index of development*"):

> "What we need is a yardstick which will allow us to give a numerical value to different points along a second language developmental continuum – numerical values which would be correlates of the developmental process and would increase uniformly and linearly as learners proceed towards full acquisition of a target language" (Larsen-Freeman 1978: 440).

In einer ganzen Reihe empirischer Arbeiten wurden in der Folgezeit schriftliche wie mündliche Sprachproduktionen unterschiedlicher Lernergruppen und Zielsprachen mithilfe von *T-units* bzw. *communication units* untersucht: z.B. Larsen-Freeman / Strom (1977), Larsen-Freeman (1983), Larsen-Freeman / Long (1991: 42-44), Cooper (1976), Beebe (1983), Perkins (1983) sowie Chaudron (1988: 76-79), der die Unterrichtsforschung auf der Basis dieses Index zusammenfasst. Grundsätzlich zeigt sich (analog zum Erstspracherwerb), dass auch bei Zweit- und Fremdsprachenlernern die *T-units* (vermutlich wegen der Kürze hat sich dieser Begriff eingebürgert) mit fortschreitender Sprachfähigkeit (= *proficiency*) länger werden. Zugleich passen Lehrkräfte ihre "Sprache" dem Entwicklungsstand der Lernenden an, sowohl was die Länge der *T-units* als auch was den Grad der syntaktischen Einbettung (*level of subordination* oder *depth of embedding*) betrifft; und zwar mit der Tendenz zu einer stärker ausgeprägten strukturellen Komplexität in Abhängigkeit vom fortschreitenden Sprachentwicklungsstand der Lernenden.

Auf der Grundlage relativ groß und breit angelegter Korpusanalysen schriftlicher und mündlicher Lernerdaten (von zum Teil 100 bis 200 Probanden) identifizierte Larsen-Freeman (1978, 1983) vier Teilindizes für die "Sprache" von Zweitsprachenlernern, die ihr erlaubten (im Abgleich mit einer extern gewonnenen Referenzgröße für die Sprachfähigkeitsstufe der Probanden: *concurrent validity* der Ergebnisse), zwischen verschiedenen *proficiency*-Niveaus zu unterscheiden (hier fünf Gruppen bzw. *levels* auf der Basis eines statistisch zuverlässigen Einstufungstests):

- die absolute Zahl fehlerfreier *T-units* (dahinter steht die gesicherte Erfahrung, dass kompetentere Sprecher in aller Regel auch mehr Output produzieren; was u.a. bedeutet, dass *T-unit*-Analysen erst oberhalb einer gewissen "kritischen Masse" an Output sinnvoll sein können),

- die Länge der *T-units* allgemein (die durchschnittliche Zahl der Wörter pro Einheit),

- der Prozentsatz fehlerfreier *T-units* (bezogen auf die Gesamtzahl aller *T-units*: *accuracy rate*)

- die durchschnittliche Länge fehlerfreier *T-units* (erfasst über die Zahl der Wörter pro korrekter Einheit).

Erfahrungswerte und empirische Forschungsergebnisse sprechen dafür, dass sich "wenig kompetente" Sprecher einer Zweit- oder Fremdsprache zum einen durch eine sehr "einfache" Satzbildung (und das heißt in aller Regel "sehr kurze Sätze", d.h. wenig syntaktische Elaboriertheit: *oversimplified sentence structure*) und zum anderen durch eine hohe lexikogrammatische Fehlerrate (*incomplete lexical and syntactic control*) auszeichnen. Selbst wenn ein derartiger Lerner bewusst weitschweifig formulieren sollte (*to beat the system*), wird er in der Regel die Korrektheit seines Outputs nicht willentlich über seine jeweilige Kompetenzstufe hinaus steigern können. In die Analyse von lernersprachlichen Daten sollten deshalb Indizes für die Korrektheit und die strukturelle Komplexität der *T-units* eingehen (also die Zahl der Nebensätze pro *T-unit* sowie die Zahl der Wörter pro Haupt- und Nebensatz). Das Kriterium der Korrektheit ist nicht frei von subjektiver Einschätzung, denn man wird nicht jeden Fehler (der kommunikativ gesehen nicht ins Gewicht fällt) bei der Auswertung so behandeln wollen, dass eine Kommunikationseinheit insgesamt als "* falsch" einzustufen ist. Hier wird man notgedrungen auf eine operationale (keine absolute) Definition von "Korrektheit" zurückgreifen müssen. Eine *T-unit* soll als "korrekt" gelten, wenn sie:

- entweder eine korrekte und angemessene Initiative bzw. Reaktion auf einen anderen Redebeitrag darstellt oder

- wenn sie trotz geringfügiger Verstöße gegen die lexikogrammatische Norm bzw. trotz minimaler inhaltlicher Beeinträchtigungen

die (vermutlich) intendierte Bedeutung ohne Ambiguität und ohne schwerwiegenden kulturellen Normverstoß realisiert. Anders formuliert: Eine "fehlerhafte" (= *incorrect*) Kommunikationseinheit kann entweder die intendierte oder notwendige Information nicht vermitteln, oder aber sie wird inakzeptabel bzw. unangemessen, weil selbst ein "verständnisvoller", kooperationsbereiter (= *sympathetic*) Muttersprachler (oder *fluent speaker*) Schwierigkeiten mit dem Verständnis oder der Akzeptanz der Einheit hätte.

Die Definition von Larsen-Freeman (1978, 1983) ist sehr viel "rigider", denn sie verlangt von einer "fehlerfreien" *T-unit*, in jeder Hinsicht "korrekt" zu sein (was aber bei schriftlichen Daten Probleme bei der Rechtschreibung und Zeichensetzung und bei mündlichen Daten Schwierigkeiten bei der Aussprache und den Redefragmenten bereitet). Die "eindeutigste" Definition (= *unambiguous*) ist im Kontext das Zweit- und Fremdspracherwerbs nicht unbedingt die ergiebigste Position (= "*fruitful*"), wie Gaies (1980: 55) bemerkte. Sie befürwortet ebenfalls eine operationale, etwas flexiblere Definition für "fehlerfreie" (= "*error-free*") *T-units*; sinngemäß: '*makes sense and is free of morphosyntactic and lexical errors*'. Von daher sind die quantitativen Angaben zur durchschnittlichen Länge "fehlerfreier" *T-units* allerdings immer mit einer gewissen Vorsicht zu behandeln, denn sie sind aufgrund dieser Unterschiede in den Definitionen nicht vollends vergleichbar.

Das Instrumentarium der *T-units* als globaler Index der Entwicklung des produktiven Sprachgebrauchs hat auch Kritik erfahren (z.B. durch O'Donnell 1976 und Belanger 1976). Da in die Länge der Haupt- und Nebensätze Durchschnittswerte eingehen, muss darauf geachtet werden, dass dem Vergleich von Individuen oder Gruppen von Lernern die gleiche Menge an Output zugrunde gelegt wird (*language samples of uniform length*). Dies ist bei der hier untersuchten Stichprobe der Fall, denn Express- und Regelschüler produzieren "exakt" (mit der Differenz von einem Wort) die gleiche Zahl von Wörtern (siehe Tab. 6.1 in 6.2.1). Bezieht man sich auf individuelle Probanden, nimmt man ein Korpus der gleichen Länge (etwa die ersten 200 oder 300 Wörter eines Textes), um die Vergleichbarkeit der quantitativen Analyse zu gewährleisten. Dies ist umso wichtiger, weil eventuelle Unterschiede in der Länge der Haupt- und Nebensätze der *T-units* nichts darüber aussagen, wie die jeweilige Länge dieser strukturellen Einheiten "erreicht" wurde. Die Länge einer Kommunikationseinheit kann in höchst unterschiedlicher Weise variieren, weil sie sehr unterschiedliche grammatische Kategorien, Strukturen, Prozesse und Beziehungen involvieren kann. Diese müssen für die jeweilige "sprachliche Reife" (*linguistic maturity*) oder den potentiellen Fortgang der syntaktischen Entwicklung (*syntactic growth*) nicht von gleichem Gewicht sein. Aus dieser Überlegung heraus kam eine intensive Suche nach den grammatischen Kategorien in Gang, die als "sensible" (sprich: aussagekräftige) Indikatoren für die Elaboriertheit der mündlichen wie schriftlichen Sprachproduktion gelten können. Mithilfe multivariater statistischer Methoden (siehe 2.2.3.2) wurden zehn Faktoren isoliert, die Golub / Frederick (1971) zum sogenannten "*Syntactic Density Score*" (= *SDS*) kondensierten. Sie schlugen außerdem vor, diese zehn Faktoren unterschiedlich zu gewichten (wobei die von den Autoren vorgenommene Gewichtung zum Teil auch Widerspruch erfahren hat: vgl. Simms / Richgels 1986):

Variablen	Gewichtung
1. Zahl der Wörter pro *T-unit*	0,95
2. Zahl der Nebensätze pro *T-unit*	0,90
3. Zahl der Wörter pro Hauptsatz	0,20
4. Zahl der Wörter pro Nebensatz	0,50
5. Zahl der Hilfsverben (*will, shall, can, could, must, may, would, should, need* etc.)	0,65
6. Zahl von *be* und *have* im Auxiliarkomplex *von progressives, perfects* und *passives*	0,40
7. Zahl der Präpositionalgruppen	0,75
8. Zahl der Nominalgruppen mit Possessivbegleitern	0,70
9. Zahl der Adverbien und adverbialen Gruppen mit temporaler Referenz	0,60
10. Zahl der Partizipien, *gerunds* und verknüpfenden Adverbien (*however, above all, similarly, so, otherwise* u.dgl.	0,85

Abb. 6.3:   "*Syntactic Density Score*" nach Golub / Frederick (1971)

Die "gewichtigsten" Komponenten stellen somit die Variablen dar, die sich auf die syntaktische Komplexität beziehen (Nr. 1, 2 und 10); operationalisiert über die Länge der Kommunikationseinheiten, das Ausmaß der syntaktischen Einbettung in Satzgefügen sowie die Zahl satzverbindender infiniter Formen und textverknüpfender Adverbien. Eine weitere Komponente bilden die Variablen, die maßgeblich zur syntaktischen Elaboriertheit des Diskurses beitragen (Nr. 5, 7, 8, 9 und 6). Wie unschwer zu sehen ist, handelt es sich hierbei um die zentralen Satzglieder der Nominalgruppe, der adverbialen Gruppe (einschließlich Präpositionalphrasen) und der Verbalphrase (differenziert nach finiten Verbformen und Hilfsverben). Bei der Entwicklung des "*SDS*" wurde im Übrigen darauf geachtet, dass sich die über statistische Verfahren gewonnenen Variablen mit den Intuitionen decken, die erfahrene Lehrkräfte bei der Einschätzung und Beurteilung von Schülertexten anwenden.

Die nachstehenden Ausführungen nehmen die Variablen des "*Syntactic Density Score*" auf, wobei sich die Darstellung zunächst der Elaboriertheit der Syntax auf der Satzebene zuwendet, bevor die syntaktische Komplexität des zusammengesetzten Satzes in den beiden Lernergruppen untersucht wird.

6.4.1.2 Syntaktische Elaboriertheit der Kommunikationseinheiten

In nicht wenigen Grammatiktheorien (z.B. in der Valenz- und in der Kasusgrammatik) fungiert der Verbalkomplex als zentrale Konstituente der Satzanalyse. Von daher sollte man in der Tat zunächst auf die Verbalphrase (VP = *verb phrase*) schauen; und zwar auf die finiten Formen des Verbalkomplexes und die modalen Hilfsverben. Der Verbalkomplex kann neben den *modal auxiliaries* Formen der Hilfsverben *BE* und *HAVE* enthalten, die zu drei Kombinationen finiter Verbformen zusammentreten können: *progressives* (= *be* + *ing*), *perfects* (*have* + *en*) und *passives* (= *be* + *en*). Insgesamt gesehen sind die finiten Formen der Tempus- und Aspektkategorien wenig belegt, ebenso wie die der umgekehrten Handlungsrichtung in Passivsätzen (zusammen nur acht Belege für diese letztere Kategorie). Der "Ausreißerwert" ist wiederum dem sprachlich überdurchschnittlich kompetenten Schüler "Roy X 04/2" zuzuschreiben (Tab. 6.9):

Tab. 6.9: *BE* und *HAVE* im Auxiliarkomplex finiter Verbformen (*progressives, perfects and passives*)

Rolle / Kategorien	Sch/ Gruppe	FIONA		ROY		TEACHER		GESAMT: GRUPPE	
		R	X	R	X	R	X	R	X
	04/1	0	0	1	0	1	0	2	0
Auxiliary complex:	04/2	1	4	2	10	1	0	4	14
a) *be* + *ing* (progressive)	05/1	1	0	1	0	1	0	3	0
b) *have* + *en* (perfects)	05/2	0	2	2	3	1	2	3	7
c) *be* + *en* (passive)	06/1	1	0	2	0	1	4	3	4
	06/2	1	0	0	1	6	0	7	1
Mittelwert		0,7	1,0	1,3	2,3	1,7	1,0	3,7	4,3
Standardabweichung								1,8	5,5

Sehr viel häufiger werden die modalen Hilfsverben benutzt, wobei eine Asymmetrie zwischen Express- und Regelschülern aufbricht: Während die affirmativ-bejahten Formen eher von den Expressschülern verwendet werden, optieren die Regelschüler für die verneinten und die Ersatzformen (allerdings ist Letzteres vor allem den "Ausreißerwerten" der Schülerin "Fiona R 04/2" zuzuschreiben, die im Spiel höchst dominant und unangenehm rigide bzw. "dirigistisch" aufgetreten war). In der Zusammenfassung der drei Teilkategorien ist das Maß der zentralen Tendenz in beiden Gruppen durchaus vergleichbar, die Streuung um den Mittelwert jedoch wieder höher in den Express- als in den Regelklassen – mit der inzwischen vertrauten Häufung bei den "guten" Schülern (Tab. 6.10):

Tab. 6.10: Der Gebrauch modaler Hilfsverben im Interaktionsspiel (*modal auxiliaries*)

Kategorien \ Rolle	Sch/ Gruppe	FIONA		ROY		TEACHER		GESAMT: GRUPPE	
		R	X	R	X	R	X	R	X
Affirmative modal auxiliaries: *can, could, must, will, shall, would, should, need*	04/1	28	4	23	9	23	24	74	37
	04/2	30	42	19	57	4	21	53	120
	05/1	11	20	13	10	16	24	40	54
	05/2	16	9	9	25	35	7	60	41
	06/1	3	11	20	19	11	21	34	51
	06/2	7	12	10	20	11	10	28	42
Mittelwert		15,8	16,3	15,7	23,3	16,7	17,8	48,2	57,5
Standardabweichung								17,3	31,3
Negative modal auxiliaries: *cannot/can't, won't, mustn't, wouldn't shouldn't*	04/1	3	1	3	4	8	0	14	5
	04/2	22	5	7	11	0	2	29	18
	05/1	2	5	2	0	2	4	6	9
	05/2	5	2	2	3	10	1	17	6
	06/1	0	1	2	2	5	1	7	4
	06/2	1	0	4	1	1	0	6	1
Mittelwert		5,5	2,3	3,3	3,5	4,3	1,3	13,2	7,2
Standardabweichung								9,0	5,9
Substitutes: *have (got) to, (not) able to, (not) allowed to*	04/1	2	4	2	2	5	2	9	8
	04/2	23	1	1	7	0	3	24	11
	05/1	0	2	6	1	1	2	7	5
	05/2	4	1	1	0	9	2	14	3
	06/1	0	0	2	0	0	0	2	0
	06/2	1	0	2	2	8	1	11	3
Mittelwert		5,0	1,3	2,3	2,0	3,8	1,7	11,2	5,0
Standardabweichung								7,5	3,9
Total of modal auxiliaries: a) affirmative b) negative c) substitutes	04/1	33	9	28	15	36	26	97	50
	04/2	75	48	27	75	4	26	106	149
	05/1	13	27	21	11	19	30	53	68
	05/2	25	12	12	28	54	10	91	50
	06/1	3	12	24	21	16	22	43	55
	06/2	9	12	16	23	20	11	45	46
Mittelwert		26,3	20,0	21,3	28,8	24,8	20,8	72,5	69,7
Standardabweichung								28,5	39,6

Was die Nominalgruppe angeht, nennt der "*Syntactic Density Score*" die Kategorie der *possessive nouns* (Nr. 8 in Abb. 6.3) als aussagekräftigen Indikator der syntaktischen Elaboriertheit. Bekanntlich wird hier zwischen den Possessivbegleitern und den Possessivpronomen unterschieden (Abb. 6.4):

Possessivbegleiter	*my* [*bag*]	*your*	*her*	*our*	*their* etc.
Possessivpronomen	*mine*	*yours*	*hers*	*ours*	*theirs* etc.

Abb. 6.4 : Possessivbegleiter und -pronomen

Alle Beispiele im Korpus gehören zur Gruppe der Possessivbegleiter, die im Deutschen und Englischen sehr ähnlich verwendet werden (Tab. 6.11). Der Gebrauch der Possessivpronomen, die die vorherige Nennung eines Nomens voraussetzen oder präsupponieren und damit zur Kohärenz des Diskurses beitragen (= *pre-mention*), ist nicht einmal belegt. Abgesehen von der größeren Streuung unter den Expressschülern gibt es keinen markanten Unterschied zwischen den beiden Gruppen von Lernern.

Tab. 6.11: Possessivbegleiter im Interaktionsspiel (*possessive nouns*)

Kategorien \ Rolle	Sch/ Gruppe	FIONA		ROY		TEACHER		GESAMT: GRUPPE	
		R	X	R	X	R	X	R	X
Possessive determiners: *my*, *your*, *his*, *her*, *our*, *their*	04/1	2	0	1	0	2	1	5	1
	04/2	6	3	3	6	0	2	9	11
	05/1	0	1	2	0	1	2	3	3
	05/2	0	3	1	4	3	1	4	8
	06/1	0	0	1	0	4	2	5	2
	06/2	0	1	1	0	2	0	3	1
Mittelwert		1,3	1,3	1,5	1,7	2,0	1,3	4,8	4,3
Standardabweichung								2,2	4,2

Es sei an dieser Stelle jedoch an die Beobachtung erinnert, die in der Einführung zum Kap. 6.4.1 erwähnt wurde; dass nämlich die attributive Modifizierung von Satzgliedern (insbesondere der Nominalgruppe) über Adjektive, Gradadverbien, partitive Konstruktionen und andere Begleiterkategorien (neben den Possessivbegleitern) durchaus zwischen den beiden Gruppen von Lernern zu unterscheiden vermag. Es kann mit anderen Worten sein, dass sich die Variable der Possessivbegleiter als zu eng erweist, was die syntaktische Option der *pre-modification* von Satzgliedern angeht. Elaboriertheit in diesem Bereich der Syntax dürfte sich als komplexer erweisen, als die Variable Nr. 8 des "*SDS*" im Augenblick nahelegt. Allerdings bräuchten wir dazu weitere detaillierte Analysen aus den verschiedenen Spracherwerbstypen.

In der Zusammenfassung der Tab. 6.12 zum Ausdruck räumlicher und temporaler Beziehungen bestätigt sich das ausgewogene Bild zwischen den beiden Lernergruppen der Regel- und der Expressschüler in Bezug auf die Mittelwerte. Die Streuung unter den Probanden ist dagegen bei den Schnellläufern deutlich ausgeprägter als in den Regelklassen, und zwar (wie die Variablen Nr. 9 des *SDS* nahelegt) bei den temporalen Kategorien. Wir können davon ausgehen, dass mit dem frequenten und kontextgerechten Gebrauch temporaler Konzepte ein valider und zuverlässiger Indikator für ein differenziertes funktionales Sprachkönnen gegeben ist.[18]

---

[18]   Dies wird durch die Auswertung der schriftlichen Arbeiten unterstrichen (siehe Kap. 7), die im Rahmen der Evaluierung des Schulversuchs geschrieben wurden. So hatten z.B. die Schülertexte zur Bildgeschichte (einer narrativen Textsorte) einen erheblich höheren Fehlerquotienten (nicht zuletzt durch die Tempus- und Konjunktionsfehler) als die beiden "diskursiven" Textarten der *summary* und des *comment*.

Tab. 6.12:   Ausdruck räumlicher und temporaler Konzepte (*spatial and temporal notions*)

Kategorien \ Rolle	Sch/ Gruppe	FIONA R	FIONA X	ROY R	ROY X	TEACHER R	TEACHER X	GESAMT: GRUPPE R	GESAMT: GRUPPE X
Spatial notions:	04/1	39	16	30	12	31	18	100	46
a) existential-locative	04/2	107	78	38	66	27	26	174	170
b) location	05/1	30	30	36	25	28	47	93	102
c) relative position	05/2	22	27	16	29	51	22	89	78
d) distance	06/1	11	21	27	23	23	32	60	76
e) direction	06/2	19	33	27	40	25	33	71	106
Mittelwert		38,0	34,2	29,0	32,5	30,8	29,7	97,8	96,3
Standardabweichung								40,1	42,0
Temporal relations:	04/1	18	9	20	4	19	36	57	49
a) time-when	04/2	42	49	11	57	3	15	56	121
b) duration c) anterior/posterior	05/1	11	9	14	5	9	18	34	32
d) sequence of events	05/2	12	5	7	14	32	6	51	25
e) frequency	06/1	2	7	11	5	13	9	26	21
f) present, future, past	06/2	8	9	17	7	15	10	40	26
Mittelwert		15,5	14,7	13,3	15,3	15,2	15,7	44,0	45,7
Standardabweichung								12,7	38,2

Wie die Tab. 6.12 zeigt, werden temporale Konzepte (im Vergleich zu räumlichen) deutlich seltener bei der adverbialen Modifikation benutzt (im Verhältnis von 1:2 aller Fälle). Die Realisierung temporaler Kategorien ist Ausdruck eines "anspruchsvolleren" Sprachverhaltens, weil hiervon vor allem die "erzählte Welt" (d.h. die Versprachlichung narrativer Textarten oder Textpassagen: vgl. Weinrich 1964), der futurische Zeitbezug und die Retrospektion auf Vergangenes (von einem bestimmten Referenzzeitpunkt gesehen) tangiert sind. Zum anderen ist die Standardabweichung in der Gruppe der Expressschüler sehr viel größer als bei den Schülern aus Regelklassen, was vor allen Dingen den hohen Werten im Gebrauch temporaler Konzepte durch die überdurchschnittlich kompetenten Schüler (gemessen an den übrigen Probanden der Stichprobe) zuzuschreiben ist.

Tab. 6.13: Adverbien und Adverbialgruppen im Interaktionsspiel (*use of one adverb or adverbial phrase per clause*)

Kategorien \ Rolle	Sch/ Gruppe	FIONA		ROY		TEACHER		GESAMT: GRUPPE	
		R	X	R	X	R	X	R	X
Adverbs and adverbial phrases of place and direction	04/1	18	9	18	7	14	10	50	26
	04/2	49	39	17	24	11	15	77	78
	05/1	11	21	21	8	18	34	50	63
	05/2	10	7	9	19	27	14	46	40
	06/1	8	16	16	12	18	18	42	46
	06/2	10	16	15	19	13	18	38	53
Mittelwert		17,7	18,0	16,0	14,8	16,8	18,2	50,5	51,0
Standardabweichung								13,8	18,2
Adverbs and adverbial phrases of time, duration and frequency	04/1	6	0	3	0	4	7	13	7
	04/2	19	17	6	17	1	9	26	43
	05/1	3	3	5	3	1	8	9	14
	05/2	5	3	1	3	10	0	16	6
	06/1	0	2	6	2	3	10	9	14
	06/2	4	3	6	2	6	2	16	7
Mittelwert		6,2	4,7	4,5	4,5	4,2	6,0	14,8	15,2
Standardabweichung								6,3	14,1

Beschränkt man sich auf die vom "*Syntactic Density Score*" spezifizierte Variable der temporalen Adverbien und adverbialen Gruppen (Nr. 9 in Abb. 6.3), so bestätigt sich das Bild der Tab. 6.12: vergleichbare Mittelwerte aber eine größere Streuung in der Gruppe der Expressschüler sowie ein vermehrter Rückgriff auf Adverbien und Adverbialgruppen der Zeit, Dauer und Häufigkeit durch die leistungsstarken Schülerinnen und Schüler. Die Tab. 6.13 erfasst allein die mono-adverbiale Modifikation, d.h. den Gebrauch von einem Adverb oder einer adverbialen Gruppe pro Haupt- oder Nebensatz (= *mono-adverbials*). In dieser quantitativen Analyse wird nicht nach der Funktion der Adverbien bzw. adverbialen Gruppe im Satz differenziert. Es wird mit anderen Worten kein Unterschied zwischen dem Satzglied der adverbialen Bestimmung und dem attributiven Gebrauch eines Adverbs oder einer adverbialen Gruppe (innerhalb eines Satzteils) gemacht.

Präpositionalgruppen treten im "*SDS*" als eigenständige Variable einer elaborierten (mündlichen wie schriftlichen) Sprachproduktion auf (Nr. 7 in Abb. 6.3). Sie können als Satzglied (d.h. als adverbiale Bestimmung) oder als Attribut zu einem Satzteil verwendet werden. Da sie unterschiedliche Beziehungen zwischen verschiedenen Elementen eines Satzes ausdrücken (etwa Ort, Richtung, Zeit, Mittel, Art und Weise, Grund / Ursache oder Zweck / Absicht), verfügen sie über einen hohen Funktionswert in der Satzbildung. Dieser wird noch weiter gesteigert, weil die grundlegenden räumlichen Bedeutungen sich zu übertragenen Bedeutungen erweitern können. Die Tab. 6.14 fasst das Vorkommen aller Präpositionalgruppen zusammen, die zwar vergleichbare Werte für die Regel- und die Expressschüler liefert; aber wohl nur wegen des "Ausreißerwertes" der Probandin "Fiona R 04/2" (was sich auch bei der mono-adverbialen Modifikation zeigt), die extrem viele *prepositional phrases* benutzt:

Tab. 6.14:   Gesamt aller Präpositionalgruppen

Kategorien \ Rolle	Sch/ Gruppe	FIONA		ROY		TEACHER		GESAMT: GRUPPE	
		R	X	R	X	R	X	R	X
Total of all prepositional phrases	04/1	38	17	29	17	31	31	98	65
	04/2	87	50	32	54	15	27	134	131
	05/1	22	23	27	16	22	43	71	82
	05/2	18	15	12	30	38	17	68	62
	06/1	6	25	25	23	23	31	54	79
	06/2	14	21	26	38	25	18	65	77
Mittelwert		30,8	25,2	25,2	29,7	25,7	27,8	81,7	82,7
Standardabweichung								29,5	25,0

Der *"Syntactic Density Score"* verfügt mit der Variable Nr. 10 über eine Kategorie, in der satzverbindende Ausdrucksmittel zusammengeführt werden: zum einen das *gerund* und die Partizipialkonstruktionen und zum anderen die satzverknüpfenden Adverbien (= *linking adverbs*), die für logische Beziehungen innerhalb des Diskurses wesentlich sind. Was zunächst vielleicht etwas disparat aussieht, gehört syntaktisch durchaus zusammen, denn viele infinite Konstruktionen (mit einem *gerund*, Partizip oder Infinitiv) verfügen über ein eigenes Sinnsubjekt (= *notional subject*). Sie werden damit von ihrer Funktion im komplexen Satz und fortlaufenden Text Nebensätzen vergleichbar, denn wie *subordinate clauses* sind sie in diesen Fällen in einen übergeordneten Hauptsatz eingebettet. Dieser Aspekt der satzverknüpfenden und textbildenden Funktion von *gerund* und Partizip ist bei den hier untersuchten Probanden deutlich unterrepräsentiert. Formen des *gerund* (in der deutschen Grammatikschreibung als "nominalisierte Infinitive" bezeichnet: *"Skifahren* kann herrlich sein") kommen insgesamt 13 Mal vor; davon neunmal bei dem sprachlich herausragenden Schüler "Roy X 04/2", mit vier weiteren Belegen bei drei Expressschülern. Satzwertige Partizipialkonstruktionen sind überhaupt nicht belegt, weder mit einem *present participle* noch einem *past participle*.

Der *"Syntactic Density Score"* führt die satzwertigen Infinitivkonstruktionen in der Variable 10 erstaunlicherweise nicht auf; was etwas verwunderlich ist, denn analog zum *gerund* und zu den Partizipialkonstruktionen können diese sogenannten *dependent infinitives* ebenfalls ein eigenes Sinnsubjekt haben und somit zu einer elaborierten Satzbildung beitragen. Die quantitative Analyse dieser infiniten Konstruktion zeigt einen markanten Unterschied zwischen den beiden Gruppen von Lernern (Tab. 6.15); und zwar mit der Tendenz, dass die satzwertigen aber untergeordneten Infinitive deutlich stärker in der mündlichen Sprachproduktion der Expressschüler verankert sind als bei den Regelschülern. Dies spricht mit anderen Worten für eine komplexere Syntax auf der Ebene des Satzgefüges; ein Ergebnis, das sich bereits in den Tab. 6.4 und 6.5 zeigte (siehe 6.3.1).

Tab. 6.15: Satzwertige Infinitivkonstruktionen (*dependent infinitives*)

Kategorien \ Rolle	Sch/ Gruppe	FIONA		ROY		TEACHER		GESAMT: GRUPPE	
		R	X	R	X	R	X	R	X
Dependent infinitives	04/1	0	1	8	5	4	2	12	8
	04/2	6	11	4	12	0	1	10	24
	05/1	0	3	1	2	1	1	2	6
	05/2	1	5	2	6	0	1	3	12
	06/1	1	6	0	0	1	6	2	12
	06/2	0	0	2	7	5	8	7	15
Mittelwert		1,3	4,3	2,8	5,3	1,8	3,2	6,0	12,8
Standardabweichung								4,3	6,3

Die satzverknüpfenden Adverbien oder adverbialen Gruppen, die in der Variable 10 des "*SDS*" genannt werden, sind ein wichtiges stilbildendes Moment der Gestaltung von Texten, denn sie verbinden einen spezifischen Satz mit einem oder sogar mehreren Sätzen des fortlaufenden Diskurses (von Simms / Richgels 1986 deshalb "*unbound modifiers*" bezeichnet). Ungerer et al. (1984: 111) führen dafür neun verschiedene semantische Möglichkeiten auf: *SEQUENCE, INTENSIFICATION, RE-FORMULATION, COMPARISON, CONTRAST, CONCESSION, CONDITION, SUMMARY* und *CONSEQUENCE*. Von diesen neun logischen Beziehungen auf einer satzübergreifenden Ebene realisieren die hier untersuchten Probanden eine einzige, und zwar die letzte (*CONSEQUENCE*) mithilfe des Adverbs *so* (Tab. 6.16). All die anderen *linking adverbs* wie – etwa – *moreover, in other words, similarly, on the contrary, on the other hand, though, after all, otherwise, altogether, all in all* werden nicht ein einziges Mal benutzt. Dieser Aspekt der Lernersprache kann nicht als zufriedenstellend eingeschätzt werden (ebenso wie der Gebrauch von *gerund* und *participle*).

Tab. 6.16: Satzverknüpfende Adverbien im Interaktionsspiel (*linking adverbs*)

Kategorien \ Rolle	Sch/ Gruppe	FIONA		ROY		TEACHER		GESAMT: GRUPPE	
		R	X	R	X	R	X	R	X
Linking adverbs: *so*	04/1	4	2	2	0	7	1	13	3
	04/2	1	0	1	1	0	0	2	1
	05/1	0	0	0	0	0	0	0	0
	05/2	0	2	0	2	1	0	1	4
	06/1	0	1	0	0	0	1	0	2
	06/2	1	0	1	4	0	0	2	4
Mittelwert		1,0	0,8	0,7	1,2	1,3	0,3	3,0	2,3
Standardabweichung								5,0	1,6

6.4.1.3 Syntaktische Komplexität der Kommunikationseinheiten

Das Instrumentarium der sogenannten "*minimal terminal units*" (= *T-units*) oder *communication units* versteht sich – wie in 6.4.1.1 ausgeführt wurde – als globaler Index der Sprachentwicklung auf der produktiven Ebene des textgebundenen Sprachgebrauchs. In eine *T-unit* geht vor allem die syntaktische Komplexität ein, wie sie sich über die Einbettung von Nebensätzen in einen übergeordneten Hauptsatz darstellt. In der nachfolgenden Analyse bezeichnen die sogenannten *T-units* in Wirklichkeit *communication units*, da hier gesprochene Sprache untersucht wird (siehe 6.4.1.1 zur Definition dieser Einheiten). Der Begriff der *T-unit* hat sich allerdings für beide Modalitäten durchgesetzt. Der Anregung von Larsen-Freeman folgend (1978, 1983) soll zwischen "korrekten" und "inkorrekten" *T-units* unterschieden werden, für die sowohl die absolute Zahl als auch die durchschnittliche Länge (gemessen in Wörtern) bestimmt wird. Unter dem Aspekt der Elaboriertheit der Syntax (siehe Abb. 6.3 in 6.4.1.1, Variablen Nr. 1-4) sollen ferner die Zahl und durchschnittliche Länge der Haupt- und Nebensätze erfasst werden. Die quantitative Analyse lässt damit Aussagen zum Ausmaß der "Korrektheit" (*accuracy ratio*) und des "Einbettungsgrads" (*subordination ratio*) bei den *T-units* zu (ausgewiesen in %).

In Abwandlung aller bisherigen Vorschläge in der Literatur (soweit sie mir bekannt sind) schien es mir angeraten zu sein, bei den Wortzählungen von Haupt- und Nebensätzen sowie den daraus resultierenden *T-units* die "Bruchstücke" – oder Satzfragmente (= *fragments*) – herauszunehmen und gesondert zu erfassen (siehe unten Tab. 6.20). Die Probanden beider Gruppen zeichnen sich nämlich durch das Phänomen aus, dass neben den syntaktisch durchstrukturierten *T-units* (seien sie nun sprachlich "korrekt" oder "inkorrekt") Satz- oder Äußerungsfragmente produziert werden, die "reine" Wiederholungen, Ketten von Füllseln oder inhaltlich nicht weitergeführte "Wortfolgen" darstellen (die keine Satzkonstituenten bilden). Die Redebeiträge der Schüler werden gewissermaßen "aufgebläht" (d.h. verlängert), ohne dass diese "Bruchstücke" zur syntaktischen Elaboriertheit oder zum Informationsgehalt der Äußerungen beitragen. Diese "Fragmente" wurden deshalb unabhängig von den *T-units* als eigenständige Kategorie verarbeitet.

Wie der Tab. 6.17 zu entnehmen ist, produzieren die Regel- und die Expressschüler in den durchstrukturierten *T-units* nahezu die gleiche Anzahl von Wörtern. Die *T-units* der Expressschüler sind jedoch länger (8,2 gegenüber 7,0 Wörtern), da sie insgesamt weniger Kommunikationseinheiten als die Regelschüler enkodieren (was sich mit dem Ergebnis bezüglich der Redebeiträge deckt: siehe Tab. 6.2 in 6.2.1). Auch hier ist wieder die individuelle Streuung in der Gruppe der Expressschüler größer (bei den absoluten Zahlen: erste und zweite Kategorie). Da es keinen Sinn macht, für die beiden Gruppen die durchschnittliche Länge der *T-units* für die drei Rollenträger zu addieren, werden in der letzten Spalte der Gruppenwerte Durchschnittswerte bezogen auf einen einzelnen ("fiktiven") Regel- oder Expressschüler ausgewiesen (dritte Kategorie: *mean length of all T-units*).

Tab. 6.17: Gesamt aller Kommunikationseinheiten im Interaktionsspiel (*total of all T-units*)

Kategorien / Rolle	Sch/ Gruppe	FIONA R	FIONA X	ROY R	ROY X	TEACHER R	TEACHER X	GESAMT: GRUPPE R	GESAMT: GRUPPE X
Number of all T-units (error-free and incorrect)	04/1	72	28	44	24	69	39	185	91
	04/2	180	161	73	122	37	64	290	347
	05/1	53	90	80	42	58	92	191	224
	05/2	57	42	25	62	130	37	212	141
	06/1	38	41	59	46	63	55	160	142
	06/2	48	48	48	67	69	54	165	169
Mittelwert		74,7	68,3	54,8	60,5	71,0	56,8	200,5	185,7
Standardabweichung								47,7	90,2
Total of words in all T-units (error-free and incorrect)	04/1	694	263	508	237	674	393	1876	893
	04/2	1387	1116	544	1038	203	384	2134	2538
	05/1	321	490	443	251	390	650	1154	1391
	05/2	318	364	214	530	828	296	1360	1190
	06/1	147	344	384	340	393	499	924	1183
	06/2	266	379	340	649	454	548	1060	1576
Mittelwert		522,2	492,7	405,5	507,5	490,3	461,7	1418,0	1461,8
Standardabweichung								483,3	574,7
Mean length of all T-units in words (error-free and incorrect): average scores for individual subjects	04/1	9,6	9,4	11,5	9,9	9,8	10,1	10,3	9,8
	04/2	7,7	6,9	7,5	8,5	5,5	6,0	6,9	7,1
	05/1	6,1	5,4	5,5	6,0	6,7	7,1	6,1	6,2
	05/2	5,6	8,7	8,6	8,5	6,4	8,0	6,8	8,4
	06/1	3,9	8,4	6,5	7,4	6,2	9,1	5,5	8,3
	06/2	5,5	7,9	7,1	9,7	6,6	10,1	6,4	9,2
Mittelwert		6,4	7,8	7,8	8,3	6,9	8,4	7,0	8,2
Standardabweichung								1,7	1,3

Differenziert man nunmehr nach "korrekten" und "fehlerhaften" Kommunikations-einheiten (= *error-free* bzw. *minor errors* vs. *incorrect* bzw. *limited acceptability*), dann bestätigt sich das Bild, dass die **Schüler aus Expressklassen die im Durchschnitt längeren *T-units*** produzieren; und zwar sowohl was die "korrekten" als auch was die "fehlerhaften" Einheiten angeht (Tab. 6.18). Die dritte und sechste Kategorie nennt wiederum relative Durchschnittswerte, bezogen auf (fiktive) einzelne Schüler der beiden Gruppen von Lernern.

Tab. 6.18: Fehlerfreie und fehlerhafte Kommunikationseinheiten im Interaktionsspiel (*error-free and incorrect T-units*)

Kategorien	Sch/ Gruppe	FIONA		ROY		TEACHER		GESAMT: GRUPPE	
		R	X	R	X	R	X	R	X
Number of error-free T-units	04/1	61	22	28	19	45	33	134	74
	04/2	127	137	50	105	25	46	202	288
	05/1	38	72	59	28	46	76	143	176
	05/2	46	27	18	44	108	29	172	100
	06/1	33	38	49	32	54	41	136	111
	06/2	44	36	41	48	56	35	141	119
Mittelwert		58,2	55,3	40,8	46,0	55,7	43,3	154,7	144,7
Standardabweichung								27,0	77,9
Total of words in error-free T-units	04/1	483	169	277	138	315	315	1075	622
	04/2	842	910	324	782	88	207	1254	1899
	05/1	172	335	283	159	237	483	692	977
	05/2	211	182	121	286	544	168	876	636
	06/1	107	284	285	181	302	308	694	773
	06/2	210	214	243	375	314	281	767	870
Mittelwert		337,5	349,0	255,5	320,2	300,0	293,7	893,0	962,8
Standardabweichung								227,9	478,4
Mean length of error-free T-units (in words): average scores for individual subjects	04/1	7,9	7,7	9,9	7,3	7	9,5	8,3	8,2
	04/2	6,6	6,6	6,5	7,4	3,5	4,5	5,5	6,2
	05/1	4,5	4,7	4,8	5,7	5,2	6,4	4,8	5,6
	05/2	4,6	6,7	6,7	6,5	5,0	5,8	5,4	6,3
	06/1	3,2	7,5	5,8	5,7	5,6	7,5	4,9	6,9
	06/2	4,8	5,9	5,9	7,8	5,6	8,0	5,4	7,3
Mittelwert		5,3	6,5	6,6	6,7	5,3	7,0	5,7	6,7
Standardabweichung								1,3	0,9
Number of incorrect T-units	04/1	11	6	16	5	24	6	51	17
	04/2	53	24	23	17	12	18	88	59
	05/1	15	18	21	14	12	16	48	48
	05/2	11	15	7	18	22	8	40	41
	06/1	5	3	10	14	9	14	24	31
	06/2	4	12	7	19	13	19	24	50
Mittelwert		16,5	13,0	14,0	14,5	15,3	13,5	45,8	41,0
Standardabweichung								23,7	15,0
Total of words in incorrect T-units	04/1	211	94	231	99	359	78	801	271
	04/2	211	206	220	256	115	177	546	639
	05/1	149	155	160	92	153	167	462	414
	05/2	107	182	93	244	284	128	484	554
	06/1	40	60	99	159	91	191	230	410
	06/2	56	165	97	274	140	267	293	706
Mittelwert		129,0	143,7	150,0	187,3	190,3	168,0	469,3	499,0
Standardabweichung								202,2	162,9
Mean length of incorrect T-units (in words): average scores for individual subjects	04/1	19,2	15,7	14,4	19,8	15,0	13,0	16,2	16,2
	04/2	19,2	8,6	9,6	15,1	9,6	9,8	12,8	11,2
	05/1	9,9	8,6	7,6	6,6	12,8	10,4	10,1	8,5
	05/2	9,7	12,1	13,3	13,6	12,9	16,0	12,0	13,9
	06/1	8,0	20,0	9,9	11,4	10,1	13,6	9,3	15,0
	06/2	14,0	13,8	13,9	14,4	10,8	14,1	12,9	14,1
Mittelwert		13,3	13,1	11,4	13,5	11,8	12,8	12,2	13,1
Standardabweichung								2,4	2,8

Damit lässt sich die "allgemeine" Korrektheit bestimmen:

- **Accuracy** = $\dfrac{\textbf{Number of error-free T-units}}{\textbf{Total number of T-units}}$

Als Quotient ausgedrückt ergeben sich somit die Prozentwerte der Tab. 6.19, die den beiden Gruppen der Express- und der Regelschüler einen nahezu identischen Mittelwert in der allgemeinen Korrektheit der Kommunikationseinheiten bescheinigen. Nahezu vier Fünftel aller Einheiten können als (im Wesentlichen) "korrekt" eingestuft werden, wobei die "korrekten" *T-units* der Expressschüler allerdings etwas länger sind (im statistischen Schnitt um ein Wort: 6,7 gegenüber 5,7 Wörtern). Die Standardabweichung weist hinsichtlich der Korrektheit der Einheiten bei den Expressschülern auf eine etwas größere Homogenität in der Gruppe hin.

Tab. 6.19: Anteil fehlerfreier Kommunikationseinheiten im Interaktionsspiel (*accuracy ratio of T-units*)

Rolle / Kategorien	Sch/ Gruppe	FIONA		ROY		TEACHER		GESAMT: GRUPPE	
		R	X	R	X	R	X	R	X
Accuracy ratio of T-units in % (percentage of error-free units in all T-units)	04/1	84,7	78,6	63,6	79,2	65,2	84,6	72,4	81,3
	04/2	70,6	85,1	68,5	86,1	67,6	71,9	69,7	83,0
	05/1	71,7	80,0	73,8	66,7	79,3	82,6	74,9	78,6
	05/2	80,4	64,3	72,0	71,0	83,1	78,4	81,1	70,9
	06/1	86,8	92,7	83,1	69,6	85,7	74,5	85,2	78,2
	06/2	91,7	75,0	85,4	71,6	81,2	64,8	85,5	70,4
Mittelwert		81,0	79,3	74,4	74,0	77,0	76,1	78,1	77,1
Standardabweichung								6,7	5,3

Die Tab. 6.18 (insbesondere die letzte Kategorie) zeigt ferner, dass die Länge einer Kommunikationseinheit mit einer höheren Fehlerträchtigkeit einhergeht. Positiv zu werten in diesem Zusammenhang ist die Bereitschaft eigentlich aller Probanden (man beachte die für beide Gruppen vergleichbare, relativ kleine Standardabweichung), längere Äußerungen produzieren zu "wollen" (= *sustained student talk*). Die Zahl der Wörter in diesen längeren und strukturell komplexeren (wenngleich fehlerhaften) *T-units* macht immerhin ein Drittel (33 bzw. 34%) aller in kompletten Kommunikationseinheiten produzierten Wörter aus. In diesem – etwas eingeschränkten Sinn – handelt es sich bei den hier untersuchten Probanden durchaus um erfolgreiche Lerner, denn sie ziehen sich nicht (aus Angst vor dem "freien" Sprechen generell und eventuellen Fehlern im Besonderen) ins "Schneckenhaus des Schweigens" zurück. In dem Bestreben, ihre inhaltlichen Aussagen in (für ihre Möglichkeiten) relativ komplexer sprachlicher Form den Interaktionspartnern zu vermitteln, gehen sie mit anderen Worten das Risiko ein, Fehler zu machen (vgl. Beebe 1983 zum Phänomen des "*risk-taking*" bei L2-Lernern: "*risk is an inevitable part of speaking*", S. 44). Die aus den hier vorgelegten Daten erschließbare Tatsache, dass die syntaktisch

Akzeptabilität der Äußerungen mindern, sollte wiederum als Aufforderung zu einer systematischen Gesprächsschulung interpretiert werden. Auf keinen Fall sollte man sich mit dieser Varietät der Lernersprache zufrieden geben und auf eine "naturwüchsige" Fortentwicklung des Lernersprachensystems vertrauen (vgl. die Zitate von Walter 1978 , 1991 im Kap. 6.1.1). Im Gegenteil: Der Unterricht muss für Schüler dieser Sprachfähigkeitsstufe darauf ausgerichtet sein (oder werden), längere (und damit auch syntaktisch komplexere und elaboriertere) eigenständige inhaltliche Aussagen zu ermöglichen bzw. einzufordern. Ansonsten ist die Gefahr einer Fossilierung ihrer Interimsgrammatik (= *interlanguage*) nicht auszuschließen: auf der Ebene relativ kurzer aber korrekter Sinneinheiten oder etwas längerer aber fehlerhafter Äußerungen. Weder das eine noch das andere Phänomen ist auf Dauer akzeptabel.

Die bereits erwähnten Äußerungsfragmente machen (was die Wortzahl betrifft) etwa 11% aller produzierten Wörter aus. Sie beinhalten im Durchschnitt mindestens drei Wörter und tauchen in beiden Gruppen in einem guten Viertel (28%) aller *T-units* auf (Tab. 6.20).

Tab. 6.20: Gesamt aller Äußerungsfragmente im Interaktionsspiel (*fragments*)

Kategorien	Sch/Gruppe	FIONA R	FIONA X	ROY R	ROY X	TEACHER R	TEACHER X	GESAMT: GRUPPE R	GESAMT: GRUPPE X
	04/1	27	1	7	1	18	3	52	5
	04/2	55	35	36	22	14	24	105	81
Number of fragments	05/1	16	46	6	14	28	43	50	103
	05/2	6	21	4	10	37	11	47	42
	06/1	7	12	18	9	15	9	40	30
	06/2	9	4	15	25	20	27	44	56
Mittelwert		20,0	19,8	14,3	13,5	22,0	19,5	56,3	52,8
Standardabweichung								24,2	35,3
	04/1	140	2	34	2	65	14	239	18
	04/2	235	129	142	64	60	124	437	317
Total of words in all fragments	05/1	36	149	18	36	87	136	141	321
	05/2	11	56	20	31	116	43	147	130
	06/1	11	38	42	22	36	31	89	91
	06/2	20	8	46	77	57	76	123	161
Mittelwert		75,5	63,7	50,3	38,7	70,2	70,7	196,0	173,0
Standardabweichung								128,2	122,8
Mean length of all fragments in words: average scores for individual subjects	04/1	5,2	2,0	4,9	2,0	3,6	4,7	4,6	2,9
	04/2	4,3	3,7	3,9	2,9	4,3	5,2	4,2	3,9
	05/1	2,3	3,2	3,0	2,6	3,1	3,2	2,8	3,0
	05/2	1,8	2,7	5,0	3,1	3,1	3,9	3,3	3,2
	06/1	1,6	3,2	2,3	2,4	2,4	3,4	2,1	3,0
	06/2	2,2	2,0	3,1	3,1	2,9	2,8	2,7	2,6
Mittelwert		2,9	2,8	3,7	2,7	3,2	3,9	3,3	3,1
Standardabweichung								0,9	0,4

Die "syntaktische Reife" (= *syntactic maturity*) eines Sprechers kann als die Fähigkeit verstanden werden, eine gewisse Menge an Informationen in strukturell unabhängigen Kommunikationseinheiten unterzubringen (in den sogenannten *T-units*). Nach den bisher vorgelegten Studien der Erst- und Zweitspracherwerbsforschung scheint die syntaktische Reife eines Textproduzenten sowohl mit der Länge der Einheiten als auch mit dem Grad der syntaktischen Einbettung (= *embedding*) in diesen Einheiten zu korrelieren. Ein in diesem Sinne syntaktisch "reifer" Sprecher vermag mehr Attribute und Konstituenten (Satzteile und Gliedsätze: *phrases* und *clauses*) in einer grammatisch eigenständigen Kommunikationseinheit zu verknüpfen als ein eher "unreifer" Sprecher. Syntaktische Elaboriertheit und syntaktische Komplexität tragen zusammen zu dieser "Reife" bei: Syntaktisch "reife" Sprecher nutzen ein größeres Spektrum (= *range*) an grammatisch-strukturellen Optionen als syntaktisch weniger "gereifte" (= kompetente) Textproduzenten, denen die entsprechenden Alternativen im aktiven Sprachgebrauch (noch) nicht in dem gleichen Maß verfügbar sind. Die Ausdrucksvielfalt dieser Sprecher ist damit höher.

Das Konstrukt der sogenannten *T-units* beruht ganz klar auf dem Prinzip der syntaktischen Einbettung von Nebensätzen in einen übergeordneten Hauptsatz (= *subordination*). Deshalb greift der *"Syntactic Density Score"* (*SDS*) in den Variablen Nr. 2-4 auf die Analyse von Haupt- und Nebensätzen zurück, wobei auch hier wieder die durchschnittliche Länge dieser Konstituenten erfasst werden sollte (Tab. 6.21). Dabei wird deutlich, dass der leichte Vorteil zugunsten der Expressschüler (operationalisiert über die durchschnittliche Länge der *T-units*: siehe Tab. 6.17 und 6.18) vor allem von den etwas längeren Hauptsätzen getragen wird (6,4 gegenüber 5,4 Wörter), während die Nebensätze bei beiden Lernergruppen gleich lang sind. Die jeweiligen Standardabweichungen sprechen für eine relativ stabile und homogene Verteilung dieses Phänomens in der gesamten Stichprobe.

Tab. 6.21:   Haupt- und Nebensätze in den Kommunikationseinheiten des
Interaktionsspiels (*subordination in T-units*)

Kategorien \ Rolle	Sch/ Gruppe	FIONA R	FIONA X	ROY R	ROY X	TEACHER R	TEACHER X	GESAMT: GRUPPE R	GESAMT: GRUPPE X
Number of main clauses in all T-units	04/1	69	28	43	24	70	39	182	91
	04/2	180	160	71	124	36	63	287	347
	05/1	52	89	79	42	58	90	189	221
	05/2	56	41	25	61	129	37	210	139
	06/1	38	41	57	45	62	55	157	141
	06/2	48	47	48	67	68	54	164	168
Mittelwert		73,8	67,7	53,8	60,5	70,5	56,3	198,2	184,5
Standardabweichung								47,4	90,2
Total of words in all main clauses of T-units	04/1	474	208	337	189	468	331	1279	728
	04/2	1120	863	445	779	175	302	1740	1944
	05/1	242	401	383	248	299	539	924	1188
	05/2	253	287	138	436	658	187	1049	910
	06/1	129	221	291	275	328	387	748	883
	06/2	220	275	263	538	358	358	841	1171
Mittelwert		406,3	375,8	309,5	410,8	381,0	350,7	1096,8	1137,3
Standardabweichung								365,0	433,2
Mean length of all main clauses in words (all T-units): average scores for individual subjects	04/1	6,9	7,4	7,8	7,9	6,7	8,5	7,1	7,9
	04/2	6,2	5,4	6,3	6,3	4,9	4,8	5,8	5,5
	05/1	4,7	4,5	4,8	5,9	5,2	6,0	4,9	5,5
	05/2	4,5	7,0	5,5	7,1	5,1	5,1	5,0	6,4
	06/1	3,4	5,4	5,1	6,1	5,3	7,0	4,6	6,2
	06/2	4,6	5,9	5,5	8,0	5,3	6,6	5,1	6,8
Mittelwert		5,0	5,9	5,8	6,9	5,4	6,3	5,4	6,4
Standardabweichung								0,9	0,9
Number of dependent clauses in all T-units	04/1	25	8	21	8	24	8	70	24
	04/2	37	33	12	38	4	12	53	83
	05/1	11	12	9	1	12	17	32	30
	05/2	11	11	11	14	26	14	48	39
	06/1	3	12	15	8	10	14	28	34
	06/2	7	13	11	15	12	28	30	56
Mittelwert		15,7	14,8	13,2	14,0	14,7	15,5	43,5	44,3
Standardabweichung								16,5	21,8
Total of words in all dependent clauses of T-units	04/1	206	55	165	48	205	62	576	165
	04/2	206	244	97	275	22	81	325	600
	05/1	67	93	56	3	91	97	214	193
	05/2	69	75	76	95	168	109	313	279
	06/1	18	123	93	65	65	112	176	300
	06/2	46	104	77	111	87	190	210	405
Mittelwert		102,0	115,7	94,0	99,5	106,3	108,5	302,3	323,7
Standardabweichung								146,8	159,9
Mean length of all dependent clauses in words (all T-units): average scores for individual subjects	04/1	8,2	6,9	7,9	6,0	8,5	7,8	8,2	6,9
	04/2	8,2	7,4	8,1	7,2	5,5	6,8	7,3	7,1
	05/1	6,1	7,8	6,2	3,0	7,6	5,7	6,6	5,5
	05/2	6,3	6,8	6,9	6,8	6,5	7,8	6,5	7,1
	06/1	6,0	10,3	6,2	8,1	6,5	8,0	6,2	8,8
	06/2	6,6	8,0	7,0	7,4	7,3	6,8	6,9	7,4
Mittelwert		6,9	7,8	7,0	6,4	7,0	7,1	7,0	7,1
Standardabweichung								0,7	1,1

Die Variable Nr. 2 des "*SDS*" bezieht sich auf die Zahl der Nebensätze pro *T-unit* (siehe Abb. 6.3); ein Quotient, der als *subordination ratio* bezeichnet werden kann:

- **Subordination ratio** = $\dfrac{\textbf{Number of dependent clauses}}{\textbf{Number of all T-units}}$

Die Tab. 6.22 nennt in der ersten Kategorie die absolute Zahl der Nebensätze pro Kommunikationseinheit. Beziehen wir diese Werte auf die absolute Zahl aller *T-units* (wie sie der ersten Kategorie der Tab. 6.17 zu entnehmen sind), erhalten wir einen Quotienten für die syntaktische Einbettung. Die mündliche Sprachproduktion der 36 Probanden zeichnet sich durch einen Quotienten deutlich unter 1 aus (<1); d.h. im Schnitt verfügt "nur" jede vierte oder fünfte Kommunikationseinheit über einen Nebensatz. In Tab. 6.22 wird dieser Quotient als Prozentzahl ausgedrückt: Die Mittelwerte für beide Gruppen liegen ausgeglichen zwischen 22 und 25%, die Standardabweichungen zeigen erneut eine etwas größere Streuung bei den Expressschülern.

Tab. 6.22: Zahl und Anteil der Nebensätze pro Kommunikationseinheit im Interaktionsspiel (*subordination ratio*)

Kategorien \ Rolle	Sch/ Gruppe	FIONA		ROY		TEACHER		GESAMT: GRUPPE	
		R	X	R	X	R	X	R	X
Total of all subordinate clauses related to T-units	04/1	23	7	19	8	24	7	66	22
	04/2	36	30	12	40	6	15	54	85
	05/1	10	10	11	1	12	15	33	26
	05/2	10	10	11	14	26	15	47	39
	06/1	3	12	14	7	10	14	27	33
	06/2	7	13	10	13	12	28	29	54
Mittelwert		14,8	13,7	12,8	13,8	15,0	15,7	42,7	43,2
Standardabweichung								15,6	23,4
Subordination ratio: number of dependent clauses per T-unit (in %)	04/1	34,7	28,6	47,7	33,3	34,8	20,5	37,8	26,4
	04/2	20,1	20,5	16,4	31,3	10,8	18,9	18,3	23,9
	05/1	20,8	13,3	11,3	2,4	20,7	18,5	16,8	13,4
	05/2	19,3	26,2	44,0	22,6	20,0	37,8	22,6	27,7
	06/1	7,9	29,3	25,4	17,4	15,9	25,5	17,5	23,9
	06/2	14,6	27,1	22,9	22,4	17,4	51,9	18,2	33,1
Mittelwert		19,6	24,2	28,0	21,6	19,9	28,9	21,9	24,7
Standardabweichung								15,7	17,9

Nebensätze können nicht nur in einen übergeordneten Hauptsatz eingebettet werden, sondern auch in einen übergeordneten Nebensatz, so dass sich eine unterschiedliche "Tiefe der Einbettung" (= *depth of embedding*) ergeben kann. Man spricht in diesen Fällen auch von Nebensätzen ersten, zweiten, dritten ... Grades. Tab. 6.21 (dort die dritte Kategorie) verweist auf eine insgesamt ausgewogene Verteilung der Summe aller Nebensätze in den beiden Gruppen. Die differenzierte Analyse nach **der Tiefe** der Einbettung (Tab. 6.23) lässt **eine minimal verstärkte Tendenz zu den Nebensätzen höheren Grades bei den Expressschülern** erkennen; was wiederum als sensibler Indikator für eine strukturell weiter entwickelte grammatische Kompetenz bei leistungsstarken Schülern gewertet werden kann:

Tab. 6.23: Strukturelle Komplexität der Satzgefüge im Interaktionsspiel (*depth of embedding in T-units*)

Kategorien / Rolle	Sch/Gruppe	FIONA R	FIONA X	ROY R	ROY X	TEACHER R	TEACHER X	GESAMT: GRUPPE R	GESAMT: GRUPPE X
Depth of embedding: 1 subordinate clause per T-unit	04/1	17	5	9	6	16	7	42	18
	04/2	26	21	10	17	1	15	37	53
	05/1	8	4	9	1	12	9	29	14
	05/2	5	6	5	10	15	9	25	25
	06/1	3	4	10	5	8	6	21	15
	06/2	5	7	8	9	10	12	23	28
Mittelwert		10,7	7,8	8,5	8,0	10,3	9,7	29,5	25,5
Standardabweichung								8,3	14,6
Depth of embedding: 2 subordinate clauses per T-unit	04/1	0	1	5	1	4	0	9	2
	04/2	5	3	1	10	1	0	7	13
	05/1	1	1	1	0	0	3	2	4
	05/2	1	2	3	2	4	3	8	7
	06/1	0	4	2	1	1	4	3	9
	06/2	1	3	1	2	1	3	3	8
Mittelwert		1,3	2,3	2,2	2,7	1,8	2,2	5,3	7,2
Standardabweichung								3,0	3,9
Depth of embedding: a) 3 subordinate clauses b) 4 subordinate clauses per T-unit	04/1	a) 2	0	0	0	0	0	a) 2	0
	04/2	0	a) 1	0	a) 1	0	0	0	a) 2
	05/1	0	b) 1	0	0	0	0	0	b) 1
	05/2	a) 1	0	0	0	a) 1	0	a) 2	0
	06/1	0	0	0	0	0	0	0	0
	06/2	0	0	0	0	0	a) 2 b) 1	0	a) 2 b) 1
Mittelwert		a) 0,5	a) 0,2 b) 0,2	0	a) 0,2	a) 0,2	a) 0,3 b) 0,2	a) 0,7	a) 0,7 b) 0,3
Standardabweichung							a) 1,0		a) 1,0 b) 0,5

Was die Arten und Funktionen der Nebensätze angeht, so wiederholt sich das Bild einer gleichmäßigen Verteilung zwischen den beiden Gruppen von Lernern. Etwa 60% entfallen auf die adverbialen Nebensätze, die durch Konjunktionen eingeleitet werden und die die semantischen Konzepte *TIME, PLACE, DIRECTION, REASON, CAUSE, CONTRAST, CONDITION, CONCESSION, PURPOSE* und *RESULT* ausdrücken. Etwa 15% der Nebensätze sind (attributiv gebrauchte) notwendige und nicht-notwendige Relativsätze (= *defining or non-defining relative clauses*), während nominale Relativsätze überhaupt nicht vorkommen. Weitere 17% der Nebensätze stellen *that*-Sätze dar (mit und ohne Konjunktion), besonders nach Verben des Meinens, Wünschens oder Wertens bzw. als Teil einer Forderung oder eines Entschlusses. Nochmals 7% der Nebensätze repräsentieren indirekte Fragen; und zwar mit den Frageworten *what, when, who, where, which* und *how* (*much*) sowie mit der Konjunktion *if*.

6.4.1.4 Zur Beschreibungsadäquatheit globaler Indizes

Das übergeordnete Erkenntnisinteresse dieses Kapitels (6.4.1) ist es, der grammatischen Kompetenz von Gymnasiasten der ausgehenden Sekundarstufe I auf die Spur zu kommen, wie sie sich in der interaktiven Gesprächsfähigkeit von Express- und Regelschülern im Rahmen eines Simulationsspiels manifestiert. Als globale Indizes für den Entwicklungsstand von Zweit- und Fremdsprachenlernern bezüglich der produktiven (mündlichen wie schriftlichen) Sprachverwendung sind die sogenannten *T-units* und der "*Syntactic Density Score*" vorgeschlagen und erprobt worden. Syntaktische Komplexität und syntaktische Elaboriertheit werden zusammen als Maß der "syntaktischen Reife" eines Probanden gesehen (= *syntactic maturity*). Die entsprechenden Variablen dieses Konstrukts (siehe Abb. 6.3) sollen jetzt zusammenfassend auf die vorhandenen Daten bezogen werden, wobei es hier zuallererst um den Vergleich der beiden Gruppen von Lernern in den Regel- und den Expressklassen Berliner Gymnasien geht.

Das rechnerische Verfahren für die Bestimmung des "*SDS*" geht dabei wie folgt (getrennt für beide Gruppen):

a) Herauslösen der absoluten Häufigkeiten für die Variablen 5 bis 10 der Abb. 6.3 aus den entsprechenden Tabellen des Kapitels 6.4.1.3,

b) Reduzierung auf individuelle Mittelwerte eines (fiktiven) durchschnittlichen Regel- oder Expressschülers,

c) Gewichtung einer jeden Variable gemäß den in Abb. 6.3 genannten Faktoren,

d) Herauslösen der relativen individuellen Durchschnittswerte für die Variablen 1 bis 4 der Abb. 6.3 und Gewichtung dieser Variablen über die dort genannten Faktoren,

e) Summenbildung der gewichteten Multiplikationen,

f) Division der Produktsumme durch die durchschnittliche Zahl von *T-units* für einen (fiktiven) Durchschnittsprobanden der jeweiligen Gruppe.

Im einzelnen ergeben sich somit die folgenden Werte für einen konstruierten Durchschnittsschüler der beiden Gruppen:

- **Variable Nr. 1**: "*number of words per T-unit*"
    R: $7{,}0 \times 0{,}95 = 6{,}65$
    X: $8{,}2 \times 0{,}95 = 7{,}79$

- **Variable Nr. 2:** "*number of subordinate clauses per T-unit*"
    R: $256 \div 1203 = 0{,}2128 \times 0{,}9 = 0{,}1915$
    X: $259 \div 1114 = 0{,}2324 \times 0{,}9 = 0{,}2091$

- **Variable Nr. 3**: "*number of words per main clause*"
    R: $5{,}4 \times 0{,}2 = 1{,}08$
    X: $6{,}4 \times 0{,}2 = 1{,}28$

- **Variable Nr. 4**: "*number of words per dependent clause*"

  R: $7,0 \times 0,5 = 3,5$

  X: $7,1 \times 0,5 = 3,55$

- **Variable Nr. 5**: "*number of modals*"

  R: $435 \div 18 \times 0,65 = 15,71$

  X: $418 \div 18 \times 0,65 = 15,09$

- **Variable Nr. 6**: "*number of BE and HAVE in perfects, progressives and passives*"

  R: $22 \div 18 \times 0,4 = 0,49$

  X: $26 \div 18 \times 0,4 = 0,58$

- **Variable Nr. 7**: "*number of prepositional phrases*"

  R: $490 \div 18 \times 0,75 = 20,42$

  X: $496 \div 18 \times 0,75 = 20,67$

- **Variable Nr. 8**: "*possessive nouns*"

  R: $24 \div 18 \times 0,7 = 0,93$

  X: $26 \div 18 \times 0,7 = 1,01$

- **Variable Nr. 9**: "*number of adverbs of time*"

  R: $89 \div 18 \times 0,6 = 2,79$

  X: $91 \div 18 \times 0,6 = 3,03$

- **Variable Nr. 10**: "*number of gerunds, participles and linking adverbs*"

  R: $18 \div 18 \times 0,85 = 0,85$

  X: $27 \div 18 \times 0,85 = 1,28$

Da die Probanden der beiden Teilgruppen die gleiche Anzahl von Wörtern produzieren (= *uniform length of language sample*), und da die durchschnittliche Sprachproduktion bei knapp 550 Wörtern pro Proband liegt (so dass man nicht von einem "kurzen" Text sprechen kann), lassen sich die beiden Teilkorpora ohne statistische Verzerrungen vergleichen. Bildet man den Quotienten aus dem Gesamt der gewichteten durchschnittlichen Produkte für die Variablen 1 bis 10 und der durchschnittlichen Zahl von *T-units* für jeden Probanden, ergibt sich der "*Syntactic Density Score*" für das Textvolumen eines durchschnittlichen Regel- oder Expressschülers (Tab. 6.24).

Tab. 6.24: Syntaktische Reife des Diskurses im Interaktionsspiel ("*Syntactic Density Score*")

Komponenten	$\overline{R}$	$\overline{X}$
Summe der gewichteten durchschnittlichen Produkte für die Variablen Nr. 1-10 (pro Proband)	52,8	54,5
Durchschnittliche Zahl der *T-units* pro Proband	66,8	61,9
SDS	0,79	0,88

Damit wird die Tendenz unterstrichen, die an vielen Stellen der hier (im Kap. 6.4.1) beleuchteten grammatischen Phänomene ersichtlich war: **Die mündliche Sprach-**

produktion der Expressschüler im Rahmen eines Interaktionsspiels verfügt über ein höheres Maß an syntaktischer Komplexität und Elaboriertheit als die gesprochene Sprache der Regelschüler an derselben Schule. Da die Textmenge (gemessen über die Zahl der Wörter und die Sprechzeit: siehe Tab. 6.1) in den beiden Teilgruppen nahezu identisch ist, die Zahl der Redebeiträge (= *turns*) und die Zahl der syntaktisch durchstrukturierten Kommunikationseinheiten (= *T-units*) jedoch geringer ist, zeichnen sich die Letzteren durch eine größere durchschnittliche Länge aus. Damit stellt sich die untersuchungsmethodisch nicht unwichtige Frage, ob man hinsichtlich des übergeordneten Ziels, einen globalen Index für die syntaktische Reife des produktiven Sprachgebrauchs berechnen und angeben zu können, immer den aufwändigen Weg der "*SDS*"-Kalkulation gehen muss.

In der Literatur der Erst- und Zweitspracherwerbsforschung wird deshalb darauf hingewiesen (O'Donnell 1976, Gaies 1980, Halleck 1995), dass der "*SDS*" in der Gesamtheit seiner Variablen empirisch gut fundiert zu sein scheint[19], wobei allerdings eine gewisse Redundanz der Faktoren nicht ganz auszuschließen ist. So verglich O'Donnell den *SDS* mit der durchschnittlichen Länge der *T-units* und fand eine hohe Korrelation (r = 0,88). Das gleiche Bild ergibt sich für die hier vorliegenden Daten und Indizes. Die durchschnittliche Länge der *T-units* in Regel- und Expressklassen (7,0 ÷ 8,2 = 0,85) steht nahezu im gleichen Verhältnis wie die *SDS*-Werte der beiden Stichproben (0,79 ÷ 0,88 = 0,90). Die Korrelation der beiden Indizes ist mit anderen Worten beträchtlich, und *T-units* sind mit weniger Aufwand zu berechnen als *SDS*-Werte. Eine ähnliche Beobachtung gilt für den Index der durchschnittlichen Länge "fehlerfreier" *T-units*, der in den Arbeiten von Larsen-Freeman (1978, 1983) als empirisch zuverlässiger Indikator der produktiven Sprachkompetenz herausgestellt wird (siehe 6.4.1.1). Wie die Werte der dritten Kategorie der Tab. 6.18 zeigen, stehen die "fehlerfreien" *T-units* der beiden Teilgruppen (R:X) im gleichen Verhältnis zueinander (5,7 ÷ 6,7 = 0,85) wie die mittlere Länge aller *T-units* in Regel- und Expressklassen.

Die Frage einer Kalkulation von *T-units* und / oder *SDS* lässt sich an dieser Stelle nicht abschließend beantworten, denn die hier vorgelegte Analyse bezieht sich auf die gesprochene Sprache von Lernern einer mittleren Sprachfähigkeitsstufe (vermutlich der der "*Independent Users*" auf dem Niveau des "*Threshold Level*"). Der "*Syntactic Density Score*" sollte nicht prinzipiell aufgegeben werden, denn wie die auffallend geringe Präsenz einiger *SDS*-Variablen in der Lernersprache dieser Stichprobe zeigt, dürften sich diese Variablen (wenn überhaupt) erst später in der Sprachlernbiografie von Fremdsprachenlernern entwickeln. Sollte dies nachweisbar sein (etwa indem man Lernende einer höheren *proficiency*-Stufe untersucht), dürften die bisher unterrepräsentierten Variablen (z.B. Nr. 6, 8 und 10) eine größeres Gewicht für den *SDS* haben. Auch sollte man bezüglich der Frage nach sensiblen und zuverlässigen

---

[19] Ob dies wirklich auch für die Beschreibung der Interimsgrammatik von Fremdsprachenlernern gilt, bleibt abzuwarten. Die hier vorliegenden Daten lassen für einige Variablen gewisse Zweifel aufkommen (siehe unten).

Indikatoren des syntaktischen Wachstums von Fremdsprachenlernern unbedingt beachten, dass die Schriftsprache syntaktisch immer komplexer und expliziter ist als die gesprochene Sprache. Während die gesprochene Sprache relativ häufig auf parataktische Verbindungen, Ellipsen und semantisch-pragmatische Implikationen bzw. Präsuppositionen rekurriert, sind für die Schriftsprache hypotaktische Verknüpfungen (insbesondere adverbiale Nebensätze, Relativsätze und Infinitivkonstruktionen), Appositionen, satzwertige Partizipial- und *gerund*-Gefüge, Passivformen sowie ein differenzierter Tempus- und Aspektgebrauch charakteristisch. Erst wenn diese grammatischen Phänomene im schriftlichen Sprachgebrauch aktualisiert werden (müssen), kann der *SDS* seine eigentliche Beschreibungsadäquatheit als globaler Index der Sprachentwicklung entfalten.

Was die grammatische Kompetenz von Regel- und Expressschülern im Rahmen spontan-interaktiver Sprachverwendung angeht, bleibt festzuhalten, dass *T-units* und *SDS* in der Tat Unterschiede zwischen den beiden Stichproben nachweisen können. Der Vergleich geht – in den Fällen, in denen Unterschiede auftreten – immer leicht zugunsten der Versuchsschüler aus. Die gesprochene Sprache der Expressschüler zeichnet sich in einigen distinktiven Bereichen durch eine etwas höhere Komplexität und Elaboriertheit aus. Dies kommt in den Bewertungen der Schülerinnen und Schüler in den beiden Gruppen durch die externen Bewerter (= *raters*) nicht zum Ausdruck, denn wie die Tab. 5.7 und 5.9 im Kap. 5.3 zeigen, gibt es im Urteil dieser Kollegen / -innen keinen Unterschied im Strukturengebrauch von Regel- und Expressschülern. Meines Erachtens sollte man diese Beobachtung in der Weise interpretieren, dass Fremdsprachenlehrerinnen und -lehrer für den Einsatz kommunikativer Tests und die Handhabung von Bewertungsskalen gezielt aus- und fortgebildet werden müssen. Sie müssen über sehr viel mehr explizites Wissen zu den distinktiven Merkmalen der Lernersprache (auf verschiedenen Stufen der Sprachentwicklung) verfügen, als sie im Augenblick über ihr Erfahrungswissen abrufen können. Letzteres muss sich nicht unbedingt (im Vergleich zu den in einem kommunikativen Test geforderten Interaktionen) auf die gleichen Textarten und Diskursgenres stützen. Generell bestätigt die objektivierte Analyse über die beiden globalen Indizes die an vielen Stellen deutlich gewordene Tendenz, dass die **Gruppe der Expressschüler durch eine größere Heterogenität des individuellen syntaktischen Entwicklungsstand gekennzeichnet ist.** Die Schere des syntaktischen Wachstums geht für die einzelnen Schülerinnen und Schüler der Versuchsgruppe zum Testzeitpunkt (Ende der 9. Klasse) sehr viel stärker auseinander als für die Schüler(innen) in der Kontrollgruppe der Probanden aus Regelklassen.

Angesichts des akuten Mangels an Vergleichsstudien mit Fremdsprachenlernern aus unterrichtlich gesteuerten Vermittlungskontexten (insbesondere von Lernern deutscher Muttersprache bzw. von Lernern in einem deutschsprachigen Sozialisationsmilieu) ist es nicht ganz einfach, die hier gewonnenen Ergebnisse auf andere Erwerbssituationen einer Zweit- oder Fremdsprache zu beziehen. Glücklicherweise gibt es einige Studien, die nicht nur Korrelationen mit theoretischem Erkenntnisinteresse vorlegen (etwa multivariate Varianzanalysen: siehe zu diesen Verfahren Kap. 2.2.3.2), sondern die auch deskriptive Angaben zur *T-unit*-Länge und zu den *SDS*-Variablen machen. Den grundlegenden Arbeiten von Hunt (1965, 1970) und Loban (1976) zufolge nimmt die durchschnittliche Länge der *T-units* beim Erstspracherwerb in linearer Form zu (Probanden waren US-amerikanische Kinder und Jugendliche vom "*kindergarten*" bis zum Abschluss der *High School*); und zwar in der gesprochenen und der geschriebenen Sprache. Nach Loban (1976) beträgt die Durchschnittslänge einer gesprochenen *communication unit* im 9. Schuljahr (um einmal ein unseren Probanden vergleichbares Alter zu wählen) knapp 11 Wörter und steigt bis zum *High School Diploma* auf knapp 12 Wörter an (in der 1. Klasse: etwa 7 Wörter). Im schriftlichen Englisch liegt die mittlere Länge einer *T-unit* im 9. Schuljahr bei etwa 10 Wörtern und wächst bis zum Ende der 12. Klasse auf gut 13 Wörter an (Mittelwerte für "durchschnittliche" Schüler /- innen, was die schulische Leistung betrifft).

Das Phänomen des linearen Zuwachses der mittleren *T-unit*-Länge in Abhängigkeit von der zunehmenden Sprachfähigkeit der Probanden bestätigte sich in allen Untersuchungen zum Zweit- und Fremdsprachenerwerb, die Stichproben mit unterschiedlichen *proficiency*-Stufen involvierten. Es gibt Studien zu den verschiedensten Zielsprachen; hier sollen jedoch nur solche zum Englischen herangezogen werden. Es sollen ferner Arbeiten Berücksichtigung finden, die zwischen verschiedenen Textarten oder Diskursgenres (als Basis des jeweils analysierten Korpus) differenzieren. Denn dies scheint ein weiterer gesicherter Sachverhalt zu sein: Die Länge der *T-units* variiert (besonders in der Schriftsprache) mit dem Texttyp – wobei die relativen Unterschiede zwischen Lernern verschiedener Sprachfähigkeitsstufen mit jeweils anderen Mittelwerten erhalten bleiben. Halleck (1995) untersuchte – als Lektor in der VR China – gut 100 EFL-Studenten chinesischer Muttersprache (Philologen, Biologen, Elektrotechniker u.a.) im Hinblick auf drei Diskursgenres und die drei gehobenen Kompetenzstufen des US-amerikanischen "*Oral Proficiency Interview*" (= *OPI*: siehe 2.3.1) und kam zu folgenden Ergebnissen hinsichtlich der mittleren *T-unit*-Länge (also bei mündlichem Sprachgebrauch). Die Tab. 6.25 nennt die Mittelwerte für "alle *T-units*" und die "fehlerfreien" *T-units* (= OK).

Tab. 6.25: Mittelwerte durchschnittlicher *T-unit*-Länge in verschiedenen Diskursgenres (nach Halleck 1995)

Sprachfähig-keitsstufe (gemäß *OPI*)	Deskription / Narration		Rollenspiel		Fragen stellen		Gesamt der 3 Aufgaben	
	alle	OK	alle	OK	alle	OK	alle	OK
Superior	10,7	9,9	8,9	7,8	7,0	6,4	8,9	8,0
Advanced	8,9	7,5	7,0	4,7	6,5	4,8	7,5	5,7
Intermediate	8,0	6,0	6,1	3,6	6,1	4,4	6,8	4,7

Die in einem kommunikativen Test elizitierte Aufgabe bzw. Darstellungsform (= *task* bzw. *discourse genre*) beeinflusst mit anderen Worten nicht unwesentlich die Länge (sprich: die Komplexität und Elaboriertheit) einer Kommunikationseinheit. Dem von mir eingesetzten Simulationsspiel kommt das "Rollenspiel" am nächsten, so dass die Werte dieser Spalte für den Vergleich mit meinen Probanden besonders relevant sind (siehe Tab. 6.17 und 6.18, jeweils die dritte Kategorie). Legt man allein diesen globalen Index zugrunde, könnten unter Umständen die Probanden der hier untersuchten Stichprobe dem *Advanced*-Niveau des "*Oral Proficiency Interview*" zugeordnet werden. Dies kann hier nur mit großen Vorbehalten erfolgen, denn dazu müsste man die Primärdaten kennen bzw. deutschsprachige Probanden mit dem *OPI* testen. Der Prozentsatz "korrekter" *T-units* an der Gesamtzahl aller Einheiten lag im Übrigen im Mittelwert der drei Aufgabenformen bei 49% (*Intermediate*), 54% (*Advanced*) und 68% (*Superior*); allerdings hatte Halleck (1995) sich offenbar für eine etwas "strengere" Definition von "fehlerfrei" entschieden. Das Prinzip der linearen Zunahme bei wachsender Sprachfähigkeit bleibt davon jedoch unberührt.

Die Gründe für die unterschiedliche Länge der *T-units* je nach Aufgabe sind natürlich vielfältig. Hinsichtlich der empirisch gesicherten Beobachtung der Variabilität der Lernersprachenprodukte in Abhängigkeit von der kommunikativen Aufgabe betonen Tarone / Parrish (1988: 21) den Faktor "*different degrees of communicative pressure upon the speaker*". Sowohl das selbständige Fragestellen (= *Asking questions*) als auch ein interaktiv-kooperatives Rollenspiel legen die Probanden sehr viel stärker fest als das relativ "freie" Verbalisieren deskriptiv-narrativer Passagen. Im ersteren Fall muss man konzentriert zuhören und den ständigen Rollenwechsel verarbeiten, während man beim Erzählen und Beschreiben den Sprachfluss und den differenzierten Sprachbau stärker selbst "steuern" (sprich: expandieren und variieren) kann. Wichtig erscheint mir die Feststellung, dass für die hier untersuchten Probanden (die vermutlich auf dem "*Threshold*"-Niveau der Europaratstypologie stehen) eine funktionale grammatische Unterweisung (und das heißt für mich eine textformsensitive, diskursorientierte "Grammatik") von entscheidender Relevanz für den weiteren Ausbau einer kommunikativen Sprachfähigkeit ist. Nach dem "*Relative Contribution Model*" von Higgs / Clifford (1982) steigt der Stellenwert der "Grammatik" parallel zum *proficiency level* der Lerner (vom Anfänger zum Fortgeschrittenen), um im "gehobenen" Kompetenzbereich des *Upper Intermediate* / *Advanced-Level* bzw. des *Threshold* / *Vantage-Level* der grammatischen Korrektheit, Komplexität und Elaboriertheit die (relativ gesehen) größte Signifikanz zuzuweisen (umgangssprachlich in die Formulierung gebracht: "Wann lernt der / die denn nun 'mal richtig Englisch / Spanisch / Deutsch"). Auf dem *Superior*- oder *Mastery-Level* (von *OPI* bzw. Europarat) spielt die Grammatik eine vergleichsweise geringe Rolle, denn auf diesem Niveau werden nur noch relativ wenige Fehler in der Syntax gemacht.

Mit ihrem Beitrag "*The push toward communication*" haben Higgs / Clifford (1982) wesentliche Gedanken der sogenannten "*Output*-Theorie" von Merrill Swain vorweggenommen, die ihre Position gegen die "allgegenwärtige" Theorie des "*comprehensible input*" von Krashen (1981, 1985) in den 80er und frühen 90er Jahren aufgebaut hatte (vgl. Swain 1985, 1993 sowie Swain / Lapkin 1995). Im Zug der Evaluierung der kanadischen Immersionsprogramme war Swain zu der Einsicht gelangt, dass der "verständliche Input" eine zwar notwendige aber nicht hinreichende Bedingung für den unterrichtlich gesteuerten Erwerb einer zweiten Sprache ist. Der Ausbau der Sprachfähigkeit kann und muss über die Sprachproduktion (den sogenannten Output) gefördert werden. Sie argumentiert ferner: "... *just speaking and writing are not enough*" (1993: 160); vielmehr: "*learners need to be pushed*". Der Lernende muss seine persönlichen sprachlichen Grenzen erfahren, um sie (darauf aufbauend) erweitern und seine Äußerungen modifizieren zu können. Gerade das Realisieren von Schwierigkeiten oder "Leerstellen" in der Kompetenz und das "Feilen" an den Ausdrucksformen und der Sprachgestalt leiten mental-kognitive Prozesse ein, die für den Fremdsprachenerwerb wichtig sind. Während das Hör- und Leseverstehen eher die semantische Verarbeitung betonen, wird bei der (mündlichen und besonders der schriftlichen) Sprachproduktion die syntaktische Verarbeitung des sprachlichen Materials fokussiert. Lernende auf dem *Threshold Level* (das bei den hier untersuchten Probanden vermutlich gegeben ist) sind in einer hochsensiblen Phase ihres Spracherwerbs. Sie können in elementarer Form eine englisch geführte Interaktion über längere Zeit aufrechterhalten, eigene Standpunkte einbringen und auf die Aussagen anderer Redeteilnehmer reagieren. Die sprachliche Form des Diskurses lässt jedoch noch viele Wünsche offen. Hier muss der weiterführende Unterricht gezielt eingreifen. Es muss eine strukturierte Gesprächsschulung geben, die – am Text arbeitend und zum Verfassen kohärenter Diskurse anleitend – die Teilkomponenten der Sprachfähigkeit in integrierter Form zusammenführt: die linguistische Kompetenz, die Textkompetenz, die pragmatisch-illokutionäre und die soziolinguistische Kompetenz. "Von allein" wird sich dieses höhere *proficiency*-Niveau wohl kaum einstellen; jedenfalls nicht über den bisherigen, auf die Bewältigung der Textaufgabe ausgerichteten Oberstufenunterricht.

Larsen-Freeman (1983) untersuchte eine Gruppe ausländischer Studierender (mit elf verschiedenen Herkunftssprachen) an der *UCLA*, für die Englisch als Zweitsprache fungierte (= *ESL*). Über einen standardisierten Test wurden die Probanden fünf Kompetenzstufen zugeordnet, bevor sie vier verschiedene mündliche Aufgaben (= *oral tasks*) bewältigen mussten. Für zwei dieser Aufgaben gibt sie die *T-unit*-Werte an:

a) für das mündliche Versprachlichen einer Bildergeschichte (= *picture composition* nach Donn Byrne) und

b) für eine mündliche Nacherzählung auf der Basis einer vom Versuchsleiter vorgelesenen *folktale* (= *story retelling*).

Die Sprachfähigkeitsstufen 1-5 in Tab. 6.26 entsprechen einer zunehmenden Sprachkompetenz:

Tab. 6.26: Mittelwerte für die durchschnittliche Länge fehlerfreier *T-units* in mündlichen Erzählungen (nach Larsen-Freeman 1983).

Sprachfähigkeitsstufe (gemäß UCLA-Einstufungstest)	Fehlerfreie T-units	
	Bildergeschichte	Mündliche Nacherzählung
1	5,8	7,4
2	7,0	7,6
3	6,9	8,2
4	8,2	8,4
5	8,9	10,6

Die Parallelität zu den Werten der ersten Spalte der Tab. 6.25 ist augenfällig. Zusammenfassend lässt sich festhalten, dass die Analyse der gesprochenen (und geschriebenen) Lernersprache über Kommunikationseinheiten (oder *T-units*) ein für deskriptive Zwecke machbarer und sinnvoller Weg des objektivierten Vergleichs von Lernergruppen mittlerer und fortgeschrittener Kompetenzstufen ist. Dabei ist zu berücksichtigen, dass die Modalität des Sprachgebrauchs (*spoken* vs. *written language*) sowie die Aufgabenform (*task*), insbesondere das textsortengeprägte Darstellungsverfahren, als Variablen in das elizitierte Produkt eingehen. Das Instrumentarium der *T-unit*-Analyse stellt einen geeigneten globalen Index zur objektivierten Einschätzung der Sprachentwicklung von Zweit- und Fremdsprachenlernern auf der produktiv-textgebundenen Ebene bereit. Zugleich unterstreicht die empirische Auswertung textsortengebundener Daten, dass der fortgeschrittene Fremdsprachenunterricht den Übergang vom *independent* zum *proficient user* aller Voraussicht nach nur dadurch optimieren kann, dass sprachlich gezielt an spezifischen Textarten und Diskusgenres gearbeitet wird.

Was den "*Syntactic Density Score*" angeht, also die Komplexität und Elaboriertheit der Syntax im Vollzug der produktiven Sprachverwendung, fällt ein abschließendes Urteil sehr viel schwerer. Es gibt einfach keine Vergleichsdaten aus der Domäne der Zweit- oder Fremdsprachenforschung. Simms / Richgels (1986) ließen US-amerikanische Kinder verschiedenen Alters (Englisch als Muttersprache) eine Filmhandlung (ohne Ton) mündlich nacherzählen, wobei die Probanden am Schluss ihrer Erzählung noch einen Aspekt des Films auf ihre eigene Person bzw. Lebenswelt beziehen sollten. Sie verglichen einheitlich Passagen von 250-275 Wörtern Länge (also etwa die Hälfte des durchschnittlichen Beitrags der hier untersuchten Probanden) und kamen für die Altersgruppen von 13½-15 Jahren zu folgenden Werten für die zehn Variablen des "*SDS*" (Zeile "*Natives*" in Tab. 6.27):

Tab. 6.27:   Mittelwerte für die 10 Variablen des "*Syntactic Density Score*" im Vergleich von Muttersprachlern und Fremdsprachenlernern (= FSL)

SDS- Variablen	1: Wörter / *T-unit*	2: Neben- sätze / T	3: Wörter / Hauptsatz	4: Wörter / Nebensatz	5: Hilfsverben
Natives	7,9	0,14	7,0	6,0	2,1
FSL	7,6	0,22	5,9	7,05	23,7

SDS- Variablen	6: *BE* / *HAVE*	7: Präpositio- nalgruppen	8: Possessiv- begleiter	9: Adverbien der Zeit	10: *gerund* / Partizip / *so*
Natives	7,6	36,9	6,4	7,7	19,8
FSL	1,3	27,4	1,4	5,0	1,3

Die Werte für die *T-unit*-bezogenen Variablen Nr. 1-4 sind durchaus vergleichbar, wobei der Prozentsatz an hypotaktischen Fügungen bei den Fremdsprachenlernern sogar höher ist (Nr. 2). Da weder das zugrundeliegende Diskursgenre (mündliche Nacherzählung vs. subjektive Argumentation) noch die Länge des elizitierten *language sample* identisch ist, verbietet sich ein direkter Vergleich. Heuristisch interessant sind jedoch die zum Teil erheblichen Unterschiede bei einigen Variablen; etwa was die Relation von Hilfsverben zu den finiten Formen von *be* und *have* oder die kohäsionsstiftenden Redemittel der Variable Nr. 10 betrifft. Um ein zuverlässigeres Bild der Interimsgrammatik dieser Kompetenzstufe zu gewinnen, brauchen wir textsortenbasierte empirische Analysen der Lernersprache. Die Idee des "*SDS*" scheint mir intuitiv gut begründet zu sein; nur ist die Frage, ob mit den vorliegenden Variablen der Komplexität und Elaboriertheit der *interlanguage* von Fremdsprachenlernern gerecht zu werden ist. Zur Zeit fehlen die Vergleichsgrößen für unterschiedliche Textarten; und es fehlen multivariate Analysen der Variablen, die uns helfen könnten, die Varianz zwischen verschiedenen Lernergruppen zu erklären. Im Augenblick scheint mir nicht zweifelsfrei gesichert zu sein, dass die im bisherigen "*SDS*"-Index zusammengestellten Variablen wirklich die wünschenswerte Beschreibungsadäquatheit für die Komplexität und Elaboriertheit der Sprachproduktion in einer Fremdsprache haben. Wir sollten mit anderen Worten gezielt nach den Variablen suchen, die uns helfen können, Unterschiede zwischen lernersprachlichen Kompetenzstufen und Stufen der produktiven Sprachentwicklung zu identifizieren. Es soll folglich die Annahme gelten (um diese Hypothese explizit zu machen), dass auch die mündliche Sprachproduktion über eine syntaktische Basis verfügt, die der linguistischen Beschreibung sowie der grammatischen Komplexifizierung und Elaborierung durch unterrichtliche Maßnahmen zugänglich ist.

6.4.1.5 Referenzwerte für die strukturellen Aspekte des Lernerdiskurses

Bezogen auf das Simulationsspiel insgesamt verweist die Tab. 6.27 bereits auf die Mittelwerte eines (fiktiv-konstruierten) "Durchschnittsschülers" der hier untersuchten Stichprobe, soweit es um die Variablen Nr. 5-10 des "*Syntactic Density Score*" geht.

Da bei diesen Variablen absolute Zahlen erfasst und weiterverarbeitet werden (das Vorkommen in einem Text von einer bestimmten Länge), müsste man diese Werte auf eine Vergleichsgröße beziehen, damit relative Angaben entstehen. Hierfür bietet sich die durchschnittliche Zahl der *T-units* pro Proband an (real: 64,4 für dieses Korpus), was allerdings sehr kleine Quotienten ergibt, wenn man das relative Vorkommen eines grammatischen Phänomens auf diese Einheit bezieht[20]. Deshalb sollen hier jeweils beide Referenzwerte genannt werden (Tab. 6.28).

Tab. 6.28:   Referenzwerte für die Variablen des *"Syntactic Density Score"* im Interaktionsspiel

Grammatisches Phänomen	Absolutes Vorkommen	Zahl pro Proband	Phänomen pro *T-unit*
1. Hilfsverben	853	23,70	0,37
2. Finite Verbformen von *be + have*	48	1,33	0,02
3. *Gerunds*, Partizipien und verknüpfende Adverbien	45	1,25	0,02
4. Präpositionalgruppen	983	27,40	0,43
5. Possessivbegleiter	50	1,39	0,02
6. Adverbien und adverbiale Gruppen der Zeit	180	5,00	0,08

Im Zuge dieser Erhebung wurden sehr viel mehr grammatische und pragmatisch-funktionale Phänomene im Interaktionsspiel erfasst, als sie hier aus Platzmangel im Einzelnen dargestellt und diskutiert werden können. Über das vorrangige Erkenntnisinteresse eines Vergleichs von Express- und Regelschülern hinaus haben sich interessante Hinweise auf die Gesprächskompetenz von Gymnasiasten der ausgehenden Sekundarstufe I insgesamt ergeben. Da zur Zeit noch nicht abgeschätzt werden kann, ob die Variablen des *"SDS"* wirklich (d.h. durchgehend) die "validesten" Indikatoren der Elaboriertheit der mündlichen Interimsgrammatik von Fremdsprachenlernern sind, sollen an dieser Stelle wenigstens in tabellarischer Form die Referenzwerte für weitere sprachliche Phänomene aufgelistet werden, die nach meiner Einschätzung die Lernersprache dieser Probanden charakterisieren. Hierbei soll das Augenmerk zunächst auf einige "zusätzliche" grammatische Kategorien und Prozesse gelegt werden (Tab. 6.29):

---

[20]   Man kann den Quotienten natürlich auch als Prozentzahl lesen, was vermutlich die Interpretation erleichtert: 0,37 = 37%; d.h. in etwa jeder dritten *T-unit* unseres fiktiven Durchschnittsprobanden kommt ein Hilfsverb vor, aber nur in jeder 50. eine Form des *progressive*, *perfect* oder *passive* usw.

Tab. 6.29: Ausgewählte Referenzwerte für potentielle Variablen syntaktischer Elaboriertheit (gemäß Interaktionsspiel)

Sprachliche Phänomene	Absolutes Vorkommen	Zahl pro Proband	Phänomen pro *T-unit*
1. Adverbien und adverbiale Gruppen des Ortes und der Richtung	609	16,9	0,26
2. Gesamt aller räumlichen Konzepte (siehe Tab. 6.12)	1165	32,4	0,50
3. Gesamt aller temporalen Konzepte (siehe Tab. 6.12)	538	14,9	0,23
4. Gesamt aller Adverbien und adverbialen Gruppen	331	9,2	0,14
5. Aussagen mit positiven Begleitern und Pronomen	85	2,4	0,04
6. Aussagen mit negativen Begleitern und Pronomen	21	0,58	0,009
7. Aussagen mit nicht-positiven Begleitern und Pronomen	173	4,8	0,08
8. Gesamt aller Ausdrücke des Vergleichens	1296	36,0	0,56
9. Gesamt aller attributiven Modifizierungen von Nominalgruppen: *quality, quantity, part, degree*	1045	29,0	0,45
10. Fehlerhafte Numeruskongruenz	77	2,1	0,03

Auf die Bedeutung temporaler Adverbien als Indikator syntaktischer Elaboriertheit wurde bereits in 6.4.1.2 hingewiesen (siehe auch Variable Nr. 6 in Tab. 6.28). Die ersten drei Variablen der Tab. 6.29 bestätigen die Erkenntnis unter 6.4.1.2, dass die temporalen Adverbien und Adverbialgruppen (im Vergleich zu ihren räumlichen Gegenstücken) in der Tat einen sensiblen Indikator der produktiven Sprachentwicklung darstellen. Ähnliche Verhältnisse existieren bei Aussagen mit positiven, negativen bzw. nicht-positiven Begleitern und Pronomina (vgl. Ungerer et al. 1984: 79 zu den "*assertive, negative and non-assertive pronouns and determiners*"). Während die "positiven" Begleiter / Pronomina die unmarkierte Form darstellen, die relativ gleichmäßig unter den Probanden verteilt sind, differenzieren die *negative* und vor allem die *non-assertive pronouns / determiners* sehr deutlich zwischen verschiedenen Kompetenzstufen. Ob die Possessivbegleiter (vgl. Nr. 5 in Tab. 6.28) für sich allein einen sensiblen Indikator elaborierter Nominalgruppen darstellen, wage ich zu bezweifeln, denn die inhaltliche Modifizierung dieser Konstituenten ist scmantisch deutlich komplexer als es in diesem speziellen Aspekt zum Ausdruck kommt (siehe Nr. 9 in Tab. 6.29). Die von Englischlehrern im Unterricht immer wieder korrigierte und eingeforderte Numeruskongruenz (*concord of number*: Nr. 10 in Tab. 6.29) scheint in der spontanen Rede des Interaktionsspiels kein "schwerwiegendes" Performanzproblem zu sein. Die Fehlerrate hält sich durchaus in Grenzen. Im Vergleich dazu sollte die Aufmerksamkeit der Lehrkräfte im Unterrichtsdiskurs zum Teil ganz anderen Phänomenen der Lernersprache gelten; zumal heutige Textverarbeitungssysteme (PC-Software) gerade dieses Phänomen bereits "automatisch" korrigieren.

Abgesehen von diesen in einem engeren Sinne grammatischen Kategorien sollen an dieser Stelle (zumindest in einer quantitativen Synopse) einige strukturelle Aspekte des Diskurses beleuchtet werden, die gewisse Defizite der interaktiven Gesprächsfähigkeit dieser Lerner stärker hervortreten lassen.

Tab. 6.30: Ausgewählte Referenzwerte für Kohäsion und Kohärenz des Diskurses im Interaktionsspiel

Sprachliche Phänomene	Absolutes Vorkommen	Zahl pro Proband	Phänomen pro *T-unit*
1. Gesamt aller gelungenen Ellipsen (nominal, verbal, Satz)	570	15,8	0,25
2. Pronominalisierung von Satzinhalten (*it, this, that*)	235	6,5	0,10
3. Markierte Anfangs- oder Endposition (*heads, tails*)	17	0,5	0,007
4. Satzspaltung (*it-* und *what-clefts*)	13	0,4	0,006
5. Gesamt aller Verknüpfungen mit *and* bzw. *or* (Parataxe)	872	24,2	0,38
6. Gesamt der semantischen Verknüpfungen *effect, contrast, cause, purpose*	541	15,0	0,23
7. Gesamt aller Bedingungssätze (*if-clauses*)	120	3,3	0,05

Ein distinktives Merkmal der Lernersprache ist das Phänomen, dass Konstituenten (auf allen Ebenen der Sprachstruktur) vor allem über die konjunktive und disjunktive Verknüpfung mit *and* bzw. *or* verbunden werden. Allerdings gibt es bereits einen erheblichen Anteil an Ellipsen und an anderen logisch-semantischen Verknüpfungen (als mit *and / or*): *EFFECT, CONTRAST, CAUSE, PURPOSE* und *CONDITION*. Konditionalsätze (realisiert über *if* oder inkorrektes **when*) sind jedoch in großem Maße fehleranfällig: In jedem dritten Bedingungssatz wird die falsche Konjunktion gewählt. Hier liegt mit anderen Worten ein sehr sensibler Indikator für die produktive

Sprachkompetenz von Fremdsprachenlernern vor (gerade was den argumentativen Bereich betrifft), der in dieser Ausprägung vermutlich bei Muttersprachlern nicht in der gleichen Weise gegeben ist.

Höchst aufschlussreich ist die Analyse interaktiver Aspekte des Diskurses, wobei im Kontext dieses Kapitels die sprachlichen Phänomene auf der Produkt- oder Objektebene erfasst werden sollen (Tab. 6.31).

Tab. 6.31: Ausgewählte Referenzwerte für interaktive Aspekte des Diskurses im Interaktionsspiel

Sprachliche Phänomene	Absolutes Vorkommen	Zahl pro Proband	Phänomen pro *T-unit*
1. Gesamt aller englischen Fragen (*WH*, *yes / no*, *or*, Nachfragen, rhetorische)	143	4,0	0,06
2. Nicht-angemessene Kurzantworten mit *yes* oder *no* (Einwortäußerungen)	161	4,5	0,07
3. Gelungene Kurzantworten mit *yes* oder *no* (Personalpronomen + Hilfsverb)	5	0,14	0,002
4. Höflichkeitsmarker (z.B. *please*, *sorry*, *thank you*)	8	0,22	0,003
5. Gelungene Abschwächung (*downtoning*) über Adverbien (z.B. *maybe*, *about*), Verben (*suppose*, *guess*) oder *hedges* (z.B. *sort of*)	157	4,4	0,07

Durchgehende Tendenz bei diesen Phänomenen, die für die **interaktive Qualität des argumentativen Wechselgesprächs** bedeutsam sind, ist die **äußerst geringe Zahl der Belege** für die jeweilige Kategorie. So gibt es z.B. innerhalb der Kategorie 1 der Tab. 6.31 lediglich 17 Beispiele (= *tokens*) im gesamten Korpus für das **Phänomen des sogenannten "Nachfragens"** (*checks for clarification, confirmation and repetition*); eine interaktive Prozessvariable, die von der umfangreichen Zweitsprach-erwerbsforschung zu diesem Thema (unter dem Begriff *des negotiation of meaning*) als geradezu zentral für die Entwicklung einer zweitsprachlichen Kompetenz herausgestellt wird: vgl. etwa Chaudron 1988: 106-109, 130f.; Allwright / Bailey 1991: 121-127, 141-148 sowie die dort referierte Literatur. Selbst ein so elementares Interaktionsmuster (Nr. 3 in Tab. 6.31) wie die **Formulierung kontextgerechter Kurzantworten** mit *yes* bzw. *no* und anschließendem Gefüge von Personalpronomen und Hilfsverb (z.B. *Yes, I do* oder *No, I won't*) scheint diesen Lernern in ihrer aktiv-spontanen Performanz nicht verfügbar zu sein (im "Referenzrahmen" des Europarats werden diese Interaktionszüge unter "*schematic design competence*" als Teil der Diskurskompetenz behandelt: Council of Europe 1998: 56ff.). **Fast gänzlich abwesend sind** ferner **Höflichkeitsmarker**, was die gesprochene Sprache dieser Probanden in soziolinguistischer und interkultureller Hinsicht wenig "akzeptabel" macht. Gerade im Falle einer Zielsprache wie Englisch sind Defizite bei den *politeness conventions* nicht hinnehmbar. Insofern müssten auch die sprachlich realisierten **Strategien der pragmatischen "Abschwächung" einer Aussage** (= *downtoning, softening or mitigation*) (noch) sehr viel stärker entwickelt sein. **Insgesamt stellt sich mir das Interaktionsverhalten der hier untersuchten Probanden als wenig "entwickelt" (d.h. funktional und sprachlich differenziert) dar.** Hier müsste der Unterricht der ausgehenden Mittelstufe und der der Übergangsstufe (11. Klasse und Grundkurse) gezielt ansetzen – sonst ist die riesige Gefahr nicht auszuschließen, dass hier ein bestimmtes Diskurs- und Interaktionsverhalten fossiliert (vgl. Kugler-Euerle 2000: 48). Eine didaktische Gesamteinschätzung der Datenlage und Lernersprache zusammen mit den daraus zu ziehenden methodischen Konsequenzen wird in Kap. 6.5 und 10.3.2.4 gegeben.

6.4.2 Lexikalische Kompetenz

In der Spracherwerbsforschung spielen Lauterwerb und Syntax sicherlich eine zentrale Rolle, demgegenüber Lexikon und Wortschatzerwerb eine eher nachgeordnete Position in den Forschungsaktivitäten einnehmen. Dies gilt auch für die Fremdsprachendidaktik und den Fremdsprachenunterricht, die der Vermittlung von Wortbedeutungen, dem systematischen Ausbau des Lexikons und dem langfristigen Speichern, Behalten und Abrufen lexikalischer Einheiten sehr viel weniger Aufmerksamkeit haben zukommen lassen als der grammatischen Unterweisung. Dies ändert sich langsam, denn es wird zunehmend der Stellenwert des Wortschatzes erkannt, der für das funktionale Sprachkönnen eines Lernenden (sprich die allgemeine Sprachfähigkeit oder *proficiency*) eine eminent wichtige Rolle hat. Von Krashen wird das Bonmot überliefert, dass ein kommunikationsbewusster Zweit- oder Fremdsprachenlerner nie mit seiner Schulgrammatik reisen würde, wohl aber mit einem vernünftigen Wörterbuch. In diesem Aperçu steckt viel Wahrheit, denn Schwächen im Lexikon und Wortschatzfehler beeinträchtigen die kommunikative Interaktion wesentlich stärker als viele grammatische Verstöße. Eines meiner bevorzugten "Testitems" für Anglistikstudenten ist der Satz "*I feel sorry for people living in the inner city*", weil selbst fortgeschrittene Lerner (ausgehend vom deutschen Wortinhalt der "Innenstadt") gelegentlich den soziokulturell gefüllten Begriff der *inner city* (= '*deprived*', '*slum*') mit *downtown* (= '*main glitzy business area*') gleichsetzen und von daher die Selektion des Verbs *feel sorry* nicht verstehen. Umgekehrt würde ein Satz wie "*I feel envious of the people who live in inner cities*" (sollte ein Lerner ihn äußern) unweigerlich zu Missverständnissen beim Muttersprachler führen, weil der Letztere vermutlich nicht auf die Wahl eines falschen lexikalischen Ausdrucks schließen würde.

6.4.2.1 Lexikalische Einheiten und Ordnungsprinzipien des mentalen Lexikons

Unter dem mentalen Lexikon eines Sprechers wird üblicherweise "der Teil des Langzeitgedächtnisses, in dem lexikalische und konzeptuelle Einheiten abgespeichert sind" (Koll-Stobbe 1994: 56f.) verstanden: "the human word-store" (Aitchison 1994: IX). Hierbei sind kognitive Prozesse am Werk, die nicht einzelne "Wörter" (siehe unten) abspeichern sondern mental-konzeptuelle Ganzheiten. Das sprachliche Denken arbeitet mit lexikalischen Einheiten (= *lexical items / phrases*), die neben einzelnen "Vokabeln" auch größere Wortverbände (= *multi-word units*) beinhalten; z.B.:

- Komposita, also Wortzusammensetzungen wie *handbag, doorknob, doorstep* oder *freeze-dry,*
- feste nominale Fügungen wie *swing door, listening comprehension* oder *tape recorder,*
- Partikelverben (= *phrasal verbs*) wie *keep on, pull up* oder *let off,*
- Phraseologismen wie etwa *black eye* (= 'blaues Auge'), *lame duck* (= 'Niete' oder *to cut a long story short* (= 'kurz und gut'),
- Komplexe Wörter (etwa *door-to-door* in *door-to-door service / delivery* oder *up-to-date* in *up-to-date computers*),
- Polywörter wie *of course, all at once* oder *in the afternoon,*
- Kollokationen der unterschiedlichsten Art, etwa *make one's bed* aber *do the exercise* bzw. *dry / sweet wine* (statt **sour wine*),
- idiomatische Wendungen wie *pushing up the daisies* oder *draw the line* und schließlich
- situations- und kommunikationsbezogene Floskeln bzw. Redewendungen (= *set phrases*) wie *by the way, sorry to interrupt, you're welcome* oder *Have you heard the one about...?.*

Wortverbände dieser Art (= *lexical chunks*) sind für einen flüssigen, konzisen funktionalen Sprachgebrauch essenziell. Ihre aktive Verfügbarkeit ist Teil der pragmatischen Kompetenz in einer Zweit- oder Fremdsprache, denn unser Gehirn kann auf derartige Ganzheiten zurückgreifen, ohne einzelne lexikalische Bestandteile auswählen zu müssen, um sie dann wieder syntaktisch zu verbinden. Die kognitiven Verarbeitungsprozesse können entlastet werden, wenn einem Sprecher abrufbereit *chunks* zur aktiven Verwendung zur Verfügung stehen.

Das Gehirn speichert Ganzheiten, und zwar in großen Mengen und nach unterschiedlichen Ordnungsprinzipien (im Langzeitgedächtnis). Einerseits werden lexikalische Einheiten nach paradigmatischen Beziehungen gegliedert; also

- nach Wortklassen (Nomen, Verben, Adjektive usw.) oder
- nach Wortfeldern, die über die logisch-semantischen Relationen der Synonymie, Antonymie und Hyponymie (Über- und Unterordnung) sowie über semantische Merkmale differenziert und strukturiert werden.

Beispiele für die Letzteren sind etwa: [± belebt], [± menschlich], [± erwachsen] oder [± rund]. Andererseits gibt es Gliederungen auf der syntagmatischen Ebene, die Einzelwörter zu den bereits erwähnten Idiomen, Redewendungen und Kollokationen verbinden. Lexikalische Einheiten werden aber auch nach lautlichen Qualitäten (etwa Reime, Assonanzen, Alliterationen) oder nach Konnotationen geordnet: im Deutschen etwa *Schlips / Binder / Krawatte* bzw. *Atom- / Kernkraftwerk* und im kontrastiven Vergleich heute oft *"genetically modified food"* aber *"genmanipulierte Nahrungsmittel"*. Sprecher entwickeln ferner spezifische Prototypenvorstellungen für bestimmte Klassenbegriffe; z.b. trifft ein *sparrow* oder *blackbird* eher unsere Vorstellung von einem *BIRD* als ein *penguin* oder *ostrich*. Weitere Ordnungsprinzipien nach inhaltlichen Aspekten betreffen die Verwendungsweisen von Gegenständen. So erinnert sich vermutlich jeder Berliner an die Frage der ehemaligen DDR-Grenztruppen nach den "Hieb-, Stich-, Schlag- und Schusswaffen" im Reisegepäck. Unser Gehirn ordnet nach Begriffen aber auch nach visuellen Aspekten (etwa bildliche Vorstellungen für verschiedene Sitzgelegenheiten: *chair, armchair, stool, settee* usw.) oder nach sensorisch-motorischen Gegebenheiten (etwa *creep, crawl, slide* oder *hot, spicy, pungent, peppery* u.dgl.). Im Vergleich dazu spielen Ordnungen nach der Häufigkeit des Vorkommens oder nach dem Alphabet eine eher geringe Rolle, obwohl das Phänomen "Das Wort liegt mir auf der Zunge" andeutet, dass die alphabetische Ordnung ebenfalls einen gewissen Stellenwert hat. Allgemein lässt sich somit festhalten: "Wörter im mentalen Netzwerk [sind] *multimodal* und *multidimensional* geordnet" (Multhaup 1995: 59).

Ein weiteres interessantes Ordnungsprinzip ist das der Wortfamilie, demzufolge morphologische Felder nach den Wortbildungsregeln der jeweiligen Sprache aufgebaut werden können (z.B. über Präfixe oder Suffixe); etwa:

• *deny, denial, deniable, (un)deniably, self-denial, be denied,*

• *book, bookish, book worm, booklet, bookable, bookcase, bookend, bookmark, bookmaker, bookshop, book token.*

Kenntnis der morphologischen Ableitungs- und der kompositorischen Zusammensetzungsprozesse erlaubt einem Sprecher (über den aktiven und den passiven Wortschatz hinaus), sich den potenziellen Wortschatz einer Sprache selbständig zu erschließen. Im fremdsprachendidaktischen Kontext spricht man zudem von Bezugsfeldern (oder alternativ dazu von Sach- oder Begriffsfeldern), denen man unabhängig von der Wortart den Wortschatz eines Themas oder einer Situation zuordnet. Im Falle des "Wetterberichts" wäre etwa folgende Sammlung denkbar:

• *trough of low pressure, high winds, mainly cloudy, fog, sunny spells, occasional showers, degree, centigrade, to drop, to expect, to drizzle, snowfall* etc.

Das "mentale Lexikon" (eine Metapher der Spracherwerbsforscher) speichert jedoch nicht nur das WAS des lexikalischen und konzeptuellen Wissens (also das deklarative Wissen: *knowing what*) sondern auch das WIE der Verwendung dieses Wissens (also das prozedurale Wissen: *knowing how*). Unser Gehirn "weiß" mit anderen Worten, wie lexikalische Einheiten zu verstehen und wie sie zu gebrauchen sind (in der produktiven Dimension: wie intendierte Bedeutungen zu versprachlichen sind).

Selbst diese geraffte Übersicht zum mentalen Lexikon macht deutlich, dass eine Begriffsbestimmung des Terminus "Wort" nicht einfach ist. Am einfachsten ist sie noch für die Schriftsprache; in der bekannten Definition von Lyons (1977: 18f.):

"One way of defining 'word' for written English ... might be: a word is any sequence of letters which, in normal typographical practice, is bounded on either side by a space... Words of this kind are forms: more precisely, they are word-forms".

Sobald man diese rein formale Definitionsebene verlässt, wird es schwieriger. Die meisten Begriffsklärungen gehen auf Bloomfield (1926) zurück, der bekanntlich ein Wort als "*minimum free from*" definierte – also als die (kleinste) sprachliche Einheit, die in einem Verwendungskontext für sich allein eine vollständige sinnvolle Äußerung darstellen kann. Die lexikalische Semantik (wie sie von Lyons 1977 vertreten wird) versucht, genauere terminologische Unterscheidungen vorzunehmen. Eine grundlegende Differenzierung ist die zwischen der Wortform und dem Lexem (oder Lemma):

"The words *found* and *find* are different forms of the same word. The term "word" is clearly being used in two different senses here ... In the sense of 'word' in which *find* and *found* are said to be forms of, or belong to, the same word, it is a vocabulary-word that is being referred to; and vocabulary-words constitute one subclass of what ... we are calling lexemes" (Lyons 1977: 19).

Die in einem bestimmten Verwendungszusammenhang einzeln vorkommenden lexikalischen Einheiten werden somit als Wortformen (oder als *grammatical word-forms*: *is, was, being, been*; *sees, saw, seen, seeing*; *mouse, mice*) bezeichnet. Sie können – über eine linguistische Abstraktion – auf eine Grundform zurückgeführt werden, für die in der Regel die Begriffe Lexem (= *lexeme*) oder Lemma üblich sind. Diese *base forms* sind gewissermaßen die abstrakten Einheiten des Lexikons: für die Beispiele oben spricht man also von den Lexemen (oder Lemmata) *BE, SEE* oder *MOUSE* (mit der Großschreibung als möglicher Notation). Bei Reduzierung auf derartige Grundformen spricht man von Lemmatisierung.

An dieser Stelle sollte man sich sein Korpus sehr genau anschauen, um auf der Basis der Datenlage die dem übergeordneten Erkenntnisziel angemessenen untersuchungsmethodischen Entscheidungen und Definitionen vornehmen zu können. Eine erste Durchsicht der Simulationsspiele ergab, dass die Schülerinnen und Schüler überhaupt keine idiomatischen oder phraseologischen Wendungen benutzt hatten, die sich nicht aus den sprachlichen Einzelelementen hätten erschließen lassen können. Positiv, d.h. völlig eindeutig formuliert: "Echte" *idioms, phrasal verbs* oder Phraseologismen kommen in der aktiven mündlichen Sprachproduktion dieser Probanden nicht vor. Ebenso finden sich keine Homonyme, die etymologisch oder semantisch unterschiedlichen Lemmata zuzuordnen wären: *bear* = '*animal*' vs. *to bear* = '*to carry*' bzw.:

- I *found* this purse in the park (Lexem: *FIND*).
- We decided to *found* a fan club (Lexem: *FOUND*).

Hätte man Beispiele dieser Art vorgefunden, hätte man die Transkripte vom Sinn her durchgehen müssen, um derartige Homographe über eine Lemmatisierung zu unterscheiden (bei maschineller Auswertung über ein *tagging* der Wortformen realisiert).

Ein Prozess englischer Wortbildung kommt allerdings häufiger in der Lernersprache dieser Probanden vor: die Konversion, d.h. die Zuordnung homonymer Wortformen zu unterschiedlichen Wortklassen:

- Answer the phone, please, in case my mother *calls* (Verb *CALL*).
- I'll make a couple of *calls* tonight (Nomen *CALL*).

Diese Fälle sollten getrennt erfasst werden, denn das für die englische Gegenwartssprache typische Auftreten eines Worts in verschiedenen Wortarten kann auch als Merkmal der Sprachkompetenz von Lernern gewertet werden. Als Notation in der Transkription der Schülertexte bieten sich folgende Kürzel an: *call_V* vs. *call_N*.

Weiterhin muss man eine Entscheidung treffen, was als eine lexikalische Einheit gelten soll. Komposita, die zwar getrennt geschrieben werden aber als semantische Ganzheit gelten können, werden im Transkript mit einem Strich kodiert und somit als ein "Wort" gezählt: *mountain_ridge*, *fisherman's_hut* u.dgl. Ähnlich kann man bei Partikelverben verfahren, bei denen die Schüler sowieso nur die "transparente" Variante benutzen: *split_up*, *bring_in* usw. Kontrahierte Formen gelten als eine Einheit: *can't, mustn't, I'm, he's* etc.

6.4.2.2 Indizes für die Messung des Umfangs und des Gebrauchs eines Wortschatzes

Bevor die praktische Auswertung beginnen kann, muss eine weitere Begriffsbestimmung geklärt sein, die in der (psycho)linguistischen Literatur von fundamentaler Bedeutung ist: die Unterscheidung von *type* und *token*[21], also eine Gegenüberstellung von "verschiedenen Wörtern" und der "Gesamtzahl aller Wörter" in einer spezifischen Sprachprobe.

Der zentrale Begriff ist der der "Realisierung" (*instantiation*); d.h. es muss festgelegt werden, welche grammatischen Wortformen als "gleich" in Bezug auf einen bestimmten übergeordneten Worttypus gelten können. Auf der abstraktesten Ebene wäre dies das Lexem (oder Lemma), was in deskriptiv-linguistischen Arbeiten aber nicht besonders sinnvoll ist, denn man will letztendlich feststellen, wie viel verschiedene Wortformen verwendet werden (= *types*) und wie häufig die jeweilige Form (als *type*) insgesamt gebraucht wird (= *tokens*). Für didaktische Zwecke scheint es angebracht zu sein, die unregelmäßigen Formen der Verben, des Plurals oder des Komparativs sowie Derivationen als eigenständige *types* zu erfassen, statt diese auf die abstrakten Lemmata zurückzuführen. Da es in dieser Teiluntersuchung um die Einschätzung der produktiven Lernersprachenkompetenz geht, wird als didaktisches Kriterium der Unterscheidung von *type* und *token* die Lernanforderung eingeführt, die ein Wort an den aktiven Gebrauch durch einen Lerner stellt. Die Verfügbarkeit der unregelmäßigen Formen (z.B. *saw, seen; children; better, worse*) und der korrekten morphologischen Ableitungen (z.B. *unhappy* statt **inhappy* oder *loneliness* statt

---

[21] Die Beziehung gilt prinzipiell für alle linguistischen Einheiten: nicht nur für Wörter, sondern auch für Buchstaben, Grapheme, Satzglieder oder Satz- bzw. Textarten.

loneliment) stellt einen eigenen Lern- und Erkenntnisprozess seitens des Fremdsprachenlerners dar und spricht deshalb dafür, derartige Formen als getrennte *types* zu behandeln (vgl. auch Kickler 1995: 33). Ebenso werden Homonyme als verschiedene *types* erfasst. Flektierte Formen dagegen werden auf die jeweilige Grundform des Verbs, Substantivs oder Adjektivs zurückgeführt. Ziel einer didaktisch motivierten *type* / *token*-Definition ist es mit anderen Worten, zu einer erkenntnisfördernden Messung des Umfangs und der Vielfalt des aktiven Wortschatzes einer bestimmten Stich- und Sprachprobe von Lernenden zu kommen. Lexeme als abstrakte Lexikoneinheiten (in den obigen Beispielen *SEE*, *CHILD*, *GOOD*, *HAPPY*, *LONELY*) sind aufzubrechen als Reihen von *types* mit den ihnen zugeordneten grammatikalisierten Wortrealisierungen (*tokens*), was somit spezifische Häufigkeiten für jeden *type* ergibt. Der Quotient gebildet aus den "verschiedenen" Wortformen (= *types*) im Verhältnis zu der Gesamtmenge aller Wörter (= *tokens*) ist eine Grundformel für viele psycholinguistische Arbeiten auf dem Gebiet des Lexikonerwerbs (= *type* / *token-ratio*).

Jeder inhaltlich wie sprachlich kohärent-kohäsive Text – als Beispiel (*token*) einer bestimmten Textsorte oder eines spezifischen Diskursgenres (*type*) – setzt das Vokabular wirkungsvoll ein. Dies ist nicht nur eine Frage der Menge des Wortschatzes (*vocabulary size*), sondern vor allem auch eine Frage der Auswahl und Variabilität der verwendeten Lexik (= *vocabulary use*). Entsprechende Studien weisen darauf hin, dass ein differenzierter Wortschatz einen positiven Effekt auf Hörer bzw. Leser hat (Linnarud 1986). Um diesem Aspekt eines differenzierten Wortschatzes (*lexical richness* oder *range*) quantitativ-deskriptiv auf die Spur zu kommen, hat die empirische Spracherwerbsforschung eine Reihe von Indizes (= *measures*) vorgelegt, die sich – zumindest teilweise – auch auf die hier zu analysierenden Simulationsspiele anwenden lassen (vgl. Laufer / Nation 1995).

Lexikalische Vielfalt (= *lexical variation*)

Hierunter fällt die "klassische" *type* / *token-ratio*, d.h. das Verhältnis unterschiedlicher Wortformen (*types*) zur Zahl aller Wörter (*tokens*). Die Vielfalt kann als Prozentzahl der verschiedenen Wortformen zur Gesamtzahl aller *running words* ausgedrückt werden, was den folgenden Quotienten ergibt:

- **Lexical Variation** $= \dfrac{\text{Number of types x 100}}{\text{Number of tokens}}$

Ein höherer Prozentsatz kann als Indiz eines umfangreicheren und abwechslungsreicheren aktiven Wortschatzes gelten. Ein niedriger Prozentsatz weist umgekehrt auf wenig Vielfalt in der Verwendung der aktiv gebrauchten Lexik hin. Will man die individuelle Vielfalt des lexikalischen Ausdrucksrepertoires bestimmen, sollte man auf die gleiche Länge der Textprobe bei den verschiedenen Sprechern achten, denn in kurzen Texten sind Wortwiederholungen leichter zu vermeiden als in längeren. Wie beim Bestimmen des *SDS* (siehe 6.4.1.1) gelten – die ersten – 250 Wörter eines fortlaufenden Textes als hinreichende Sprachprobe. Dieses Problem stellt sich hier nicht, da es sich um einen Gruppenvergleich handelt, der zwei gleich große Teilstichproben beinhaltet.

Das Maß der lexikalischen Vielfalt hat jedoch einen zweiten Aspekt, der die Grenzen dieses Index aufzeigt. Die Prozentzahl ist abhängig von der Definition des Terminus *type*; sprich was als "verschiedene Wortformen" gelten soll. Wenn morphologische Ableitungen (inkl. der unregelmäßigen Formen) als unterschiedliche Wortformen (= *types*) eingestuft werden (wie soeben in 6.4.2.1 vorgeschlagen), ist die lexikalische Vielfalt höher als bei stärker abstrahierten Wortformen (wie sie etwa Wortfamilien darstellen): "A learner who used many derived forms of a few families would not be distinguished from a learner who used a lot of different families" (Laufer / Nation 1995: 310). Eine weitere Schwäche dieses Quotienten hat damit zu tun, dass die Zahl der benutzten Wortformen (*types*) nichts darüber aussagt, aus welcher Bandbreite der Häufigkeit diese Wörter kommen. Es kann sich um hochfrequente Wörter handeln (etwa aus der Liste der häufigsten Wörter einer Sprache: z.B. eine Auswahl des ersten Tausend); oder es können Wörter sein, die in den einschlägigen Häufigkeitslisten erst sehr viel später kommen. Positiv am Index *lexical variation* bleibt jedoch, dass er einen Hinweis darauf gibt, wie gut sich Lerner mit dem ihnen verfügbaren Wortschatz ausdrücken (reichhaltig, differenziert). Er sagt jedoch nichts über die "Qualität" des Wortschatzes aus, wenn man als Kriterium die Frequenz der aktuell benutzten Wörter hinzunimmt. Es kann sich – bei gleicher Wortzahl (*types*) – um eher häufige oder um eher ungewöhnliche Wörter handeln.

Lexikalische Originalität (*lexical originality*)

Der Index der "lexikalischen Originalität" versucht das Manko der soeben diskutierten Maßzahl (der lexikalischen Vielfalt) auszugleichen, indem er den Prozentsatz der Wortformen (= *types*) bestimmt, die nur von einem Probanden (im Gegensatz zu allen anderen der Stichprobe) gebraucht werden (Laufer / Nation 1995: 309):

- **Lexical Originality =** $\dfrac{\text{Number of types unique to one testee x 100}}{\text{Total number of types}}$

Ein hoher Prozentsatz an solchen Wörtern ist ein Hinweis darauf, dass ein individueller Lerner spezielle Wörter benutzt, die nicht im aktiven Arsenal der übrigen Gruppenmitglieder sind. In analoger Form kann man auch eine Versuchs- und eine Kontrollgruppe über diesen Index vergleichen. Der Nachteil dieser Maßzahl ist natürlich, dass sie immer nur in Relation zu einer bestimmten Gruppe (oder Stichprobe) von Lernern gilt. Ein Bezug auf ein externes Kriterium, wie es Häufigkeitsklassen und Frequenzlisten darstellen, ist damit nicht möglich.

Lexikalische Dichte (= *lexical density*)

Mit dieser Prozentzahl ist der Anteil von Inhaltswörtern (= *content words* oder *lexical words*) an der Gesamtmenge der Wörter in einer Sprachprobe gemeint. Inhaltswörter gehören den offenen Wortklassen der Nomina, Verben, Adjektive und Adverbien an, während die Funktionswörter (= *structural words* oder *function words*) den geschlossenen Wortarten zuzuordnen sind (etwa den Begleitern, Pronomina, Modal-verben, Konjunktionen oder Präpositionen):

- **Lexical Density** $= \dfrac{\textbf{Number of lexical tokens x 100}}{\textbf{Total number of tokens}}$

Nach Laufer / Nation (1995) kann ein Text als lexikalisch "dicht" angesehen werden, wenn der Prozentsatz an Inhaltswörtern hoch ist, weil über diese Wortarten die wesentlichen Sachinformationen transportiert werden. Dabei wäre zu beachten, dass der Anteil von Funktionswörtern in einem Text sinkt, wenn viele elliptische Konstruktionen, satzverknüpfende Partizipien und *gerunds* sowie unterordnende Nebensätze und Infinitivkonstruktionen verwendet werden. Die lexikalische Dichte kann folglich durch syntaktische Gegebenheiten beeinflusst werden. Wie der Darstellung in 6.4.1.2 zu entnehmen ist, sind jedoch gerade die satzübergreifenden kohärenzstiftenden syntaktischen Prozesse in der Lernersprache dieser Probanden relativ schwach ausgeprägt, so dass keine wesentliche Einwirkung auf die lexikalische Dichte durch grammatische Phänomene zu befürchten ist.

Lexikalische Differenziertheit (= *lexical sophistication*)

Laufer / Nation (1995: 309) geben dafür die folgende "Formel" aus:

- **Lexical Sophistication** $= \dfrac{\textbf{Number of advanced tokens x 100}}{\textbf{Total number of lexical tokens}}$

Die Aussagekraft dieser Prozentzahl beruht voll und ganz auf der Definition und Interpretation von "*advanced*". Der Untersuchende muss mit anderen Worten festlegen, was für eine spezifische Gruppe von Lernern (auf einer bestimmten Sprachfähigkeitsstufe) als "fortgeschritten" gelten kann. Da hier Schüler der 9. Klasse untersucht werden, könnte man theoretisch darauf schauen, ob im Simulationsspiel bereits Vokabular der 10. Klasse (bzw. des letzten Bandes einer bestimmten Lehrwerkreihe) benutzt wird. Dies ist aber höchst unwahrscheinlich. Außerdem weiß man nie, was die Fachlehrer der vorangegangenen Schuljahre neben dem Vokabular des Lehrwerks in den Unterricht eingebracht haben. Für den unterrichtlich gesteuerten Fremdsprachenerwerb hat der Weg über die Wortschatzlisten der Lehrwerke meines Erachtens wenig Sinn, weil es vermutlich zu wenige außerunterrichtliche Input-ressourcen im lexikalischen Bereich gibt, die sich ausgerechnet in der Testsituation des inhaltlich doch relativ fest eingegrenzten Simulationsspiels niederschlagen könnten.

Davon unberührt ist natürlich die für die Beschreibung der Lernersprache zentrale Frage, ob es nicht noch andere Verfahren zur Einschätzung der Differenziertheit der Lexik im produktiven Sprachgebrauch gibt. Dass sich Sprecher (und insbesondere Lernende) in dieser Hinsicht unterscheiden, dürfte unbestritten sein. Ein gangbarer Weg zu diesem Ziel dürfte der über den Mindestwortschatz und die Frequenzlisten sein; insbesondere wenn solche korpusbasierten Zählungen auch die Häufigkeitsklasse für spezifische lexikalische Einheiten ausweisen. Laufer / Nation (1995: 311ff.) beschreiben ein Verfahren (genannt "*Lexical Frequency Profile*"), das auf den

Frequenzlisten für die ersten (= häufigsten) tausend Wörter und dem darauf folgenden, zweiten Tausend (hoch)frequenter Wörter beruht (die häufigsten 2.000 Wörter gelten für diese Autoren als Mindestwortschatz). Weitere Differenzierungen erlaubt eine sogenannte *University Word List* (vgl. Nation 1990), die 836 Wortfamilien auflistet, die über den Mindestwortschatz der 2.000 häufigsten Wörter des Englischen hinausgehen, wobei ein breites Spektrum hochschulrelevanter Disziplinen, Textsorten und Register Eingang in diese Sammlung gefunden hat. Indem man die Lexik einer Lernersprachprobe mit dem in diesen Listen zusammengestellten Grund- und Aufbauwortschatz vergleicht, erhält man ein Profil des lexikalischen Reichtums von Zweit- oder Fremdsprachenlernern. Da die hier erwähnten Unterlagen, die offenbar in US-amerikanisch-israelischer Kooperation für die Universitäten Israels erarbeitet wurden, für mich nicht vollständig zugänglich waren, wurde ein adaptiertes Verfahren gewählt, das die im deutschsprachigen Kontext gegebenen Möglichkeiten ausschöpft.

Als Bezugsgröße für den Vergleich soll der kürzlich erarbeitete Mindestwortschatz von Grabowski (1998: 244-246) herangezogen werden, der auf Häufigkeitszählungen von jüngsten Korpusdaten beruht, dabei aber von vornherein didaktisch ausgerichtet ist. Er soll das Vokabular auflisten, "dem die Lernenden am häufigsten begegnen bzw. das sie auch selbst am häufigsten benutzen werden" (S. 1). Auf der Grundlage einer vorausgegangenen Lemmatisierung (die ja eine höhere Abstraktionsebene als die der Wortformen / *types* darstellt) nennt Grabowski 419 Lemmata (von denen die häufigsten 200 vor allem Funktionswörter sind), die sie um 61 "*lexical sets*" ergänzt (Numeralia, Monatsnamen, Wochentage, Jahreszeiten und Himmelsrichtungen). Ihr didaktisch motivierter Mindestwortschatz umfasst somit etwa 500 Lexeme. Es sollen nunmehr alle Textproben der zwölf Simulationsspiele mit diesem Mindestwortschatz verglichen werden, wobei das Erkenntnisziel darin bestehen soll herauszufinden, welche darüber hinausgehenden Lexeme die Schülerinnen und Schüler in ihrer freien mündlichen Sprachproduktion aktiv verwenden. Zugleich muss ein Abgleich mit dem Vokabular des Testmaterials vorgenommen werden, denn es könnte schließlich sein, dass die Probanden "fortgeschrittene" Wörter und Ausdrücke aus dem Szenario des Testtextes übernehmen und diese in ihren eigenen Output integrieren (zu dieser Einflussgröße siehe den entsprechenden Abschnitt in 6.4.2.5).

Wie die nachfolgende deskriptiv-quantitative Analyse zeigen wird, verwenden die meisten der hier untersuchten Probanden so gut wie keine "stehenden" festen Wendungen, keine funktional motivierten sprachlichen Routinen und keine größeren (syntagmatisch verbundenen) lexikalischen Einheiten (wie Partikelverben, Idiome oder Phraseologismen). Von daher lässt sich die Datenlage mit den soeben vorgestellten Indizes bestens bewältigen. Allerdings sollte an dieser Stelle angemerkt werden, dass keines der hier präsentierten Verfahren wortübergreifende Strukturen bei der Untersuchung lexikalischer Kompetenzen in den Blick nimmt. Der Mindestwortschatz von Grabowski (1998) reduziert die Wörter und Wortformen weiter auf die abstrakten Lemmata (etwa *PUT, MAKE* usw.). Damit gehen dieser Frequenzliste jedoch lexikalische Fügungen wie *put up, put off, put through* oder *make up, make of, make off with, make out* verloren (um einmal nur Partikelverben als Beispiel für lexikalische

Syntagmen zu nehmen), die vielleicht von ihrer Häufigkeit her relativ weit "oben" stehen. Dieses Problem scheint bei der Zählung der Lexik natürlicher Sprachen, der Erstellung von Mindestwortschätzen und in der Spracherwerbsforschung zum Lexikonaufbau bisher erst unzureichend beachtet worden zu sein. Häufigkeitszählungen sollten sich mit anderen Worten auch auf größere lexikalische Einheiten (*lexical items*) beziehen (können).

6.4.2.3 Vielfalt und Originalität des Wortschatzes

Die nachstehende Zusammenfassung der empirisch-quantitativen Auswertung der zwölf Simulationsspiele lehnt sich an die Examensarbeit von Dörthe Oeltjenbruns an (Oeltjenbruns 1999). Sie nutzt die dort vorfindlichen Rohdaten, unterzieht sie jedoch einer eigenen statistischen Analyse. Als Software zur maschinellen Auszählung der Transkripte stand ihr das *CLAN*-Programm zur Verfügung[22]. Der größte Vorteil eines Computerprogramms ist natürlich die Korrektheit der Auszählung, was eine bestimmte Anpassung der Transkripte an die Software voraussetzt. Jeder Proband wurde (nochmals) kodiert, getrennt nach Regel- und Expressschülern. Alle Füllsel (*ehm, eh* u.dgl.), Wortwiederholungen, unvollständig artikulierte Wörter und Eigennamen von Rollenträgern wurden von der Zählung ausgenommen, da es um eine statistische Auswertung von lexikalischen Einheiten im engeren Sinne gehen soll. Der Wechsel in die Muttersprache (*code-switching*) wurde getrennt ausgewertet. Von daher sind die Angaben in dem hier vorliegenden Teilkapitel nicht identisch mit den absoluten Wortzählungen in den Tab. 6.1 und 6.2 des Kap. 6.2.1.

Der erste Schritt der Analyse ist die Erstellung eines Lexikons für jeden einzelnen Probanden. Die Software ordnet alle Wortfamilien (*types*) zusammen mit ihren jeweiligen Häufigkeiten (= *f* für *frequency*) in alphabetischer Reihenfolge. Bei Fremdsprachenlernern sollte man unbedingt zwischen "normgerechten" ('korrekten') und "nicht-normgerechten" (im Kontext 'inakzeptablen' Wortformen unterscheiden. Die kontextuell angemessene Form sollte für diese letzteren Einträge in Klammern dazugesetzt werden. Damit sieht die Wortschatzliste für die Sprachprobe eines Probanden etwa wie in Abb. 6.5 aus. Am Ende der Liste stehen die Gesamtzahl der verschiedenen Wortformen (= *total number of different word types used*), die Gesamtzahl aller Wörter (= *total number of words / tokens*) sowie der entsprechende Quotient (= *type / token-ratio*). Der Nachteil eines nach Wortformen geordneten Lexikons ist, dass die verschiedenen Wörter (z.B. *go, gone, went*) an unterschiedlichen Stellen der Liste stehen.

---

[22]   *CLAN* steht für "*Child Language Analysis*" – ein Programm, das von Leonid Spektor unter Mitarbeit von Brian MacWhinney von der Carnegie Mellon University entwickelt wurde.

Lexikon Schüler F 01/R

Laufende	Normgerecht		Nicht-normgerecht	
Nr.	Wortform (*type*)	f	Wortform (*type*)	f
1	a	9		
2	about	1		
3	after	1		
4	all	1		
5	allowed	1		
6	alright	4		
7	and	35		
8	another	2		
9	are	13		
10	at	7		
11	-	-	badder (worse)	1
12	-	-	bare (stretcher)	2
13	be	3		
14	because	4		
	...			
95	-	-	when (if)	1
	etc.			
153	Total number of different word types used			
793	Total number of words (tokens)			
0.193	Type / token-ratio (= 19.3%)			

Abb. 6.5: Alphabetisch geordnetes Lexikon für einen Probanden

Umfang und Vielfalt des Wortschatzes

Nach dem in der Abb. 6.5 repräsentierten Verfahren lassen sich aus den individuellen Wortschatzlisten Umfang und Vielfalt der Lexik der Probanden genauer bestimmen, und zwar zunächst in Bezug auf das oben erläuterte Maß des *type / token*-Quotienten (Tab. 6.32).

Express- und Regelschüler unterscheiden sich, was das Maß der zentralen Tendenz angeht, so gut wie nicht. Im Schnitt produziert jeder Regelschüler 140 *word types* und jeder Schnellläufer 143. Setzen wir das in Beziehung zu den 498 *word tokens* (beim statistischen Durchschnitts-Regelschüler) und den 495 *tokens* (als Mittelwert aller Expressschüler), so wird deutlich, warum der Quotient für die lexikalische Vielfalt nur minimal höher für die Schnellläufer ausfällt. Was dagegen auffällt, ist zum einen die größere individuelle Variabilität in der Gruppe der Expressschüler, indiziert über die größeren Standardabweichungen bei den *types* und *tokens*. Zum anderen ist klar zu erkennen, dass bei den Probanden, die im Simulationsspiel relativ viel reden, die Prozentzahlen für die *type / token-ratio* signifikant niedriger sind als bei denen, die im Vergleich dazu wenig sagen. Je mehr ein Schüler spricht, desto häufiger benutzt er (in der Tendenz) die gleichen Wörter. Vergleicht man aber einmal Probanden mit einer ähnlich hohen Zahl an Wortformen (*types*) – z.B. Fiona und Roy der X-Klasse an

Schule 04 / Gruppe 2 sowie Fiona der R-Klasse aus der Gruppe 04/2 –, offenbart sich der markante Hang zur Weitschweifigkeit (angezeigt über einen extrem niedrigen Quotienten für die lexikalische Vielfalt) bei dieser letzteren Probandin (die – wie bereits erwähnt – zudem unangenehm dominierend gegenüber ihren Mitschülern auftrat). Da die Sprechzeit in den beiden Teilgruppen der Regel- und der Express-schüler annähernd gleich ist (vgl. Tab. 6.1 und 6.2), kann der Quotient für die lexikalische Vielfalt (was den Gruppenvergleich betrifft) nicht von der Dauer der Rollenspiele beeinflusst worden sein. Somit kann festgehalten werden: Gemessen am **Umfang des Wortschatzes**, wie er sich in den verschieden Wortformen (= *types*) und der Gesamtmenge an grammatikalisierten Wörtern (= *tokens*) manifestiert, die in den Simulationsspielen verwendet werden, ist die **lexikalische Kompetenz von Regel- und Expressschülern in gleicher Weise ausgebildet** (zumindest was die Mittelwerte angeht). Dies gilt auch für den Index der lexikalischen Vielfalt, wie er sich aus dem Quotienten der *type / token*-Beziehung erschließen lässt. Die Schnellläufer sind mit anderen Worten im mündlichen Sprachgebrauch "nicht schlechter" als ihre Kameraden in den Regelklassen, was die quantitativen Aspekte ihres aktiven Wortschatzes betrifft.

Tab. 6.32:   Lexikalische Vielfalt im Interaktionsspiel (*type / token-ratio*)

Kategorien \ Rolle	Sch/ Gruppe	FIONA		ROY		TEACHER		GESAMT: GRUPPE	
		R	X	R	X	R	X	R	X
Absolute number of word types	04/1	153	94	165	86	196	135	514	315
	04/2	230	259	151	250	78	158	459	667
	05/1	119	144	143	107	132	159	394	410
	05/2	120	136	98	169	192	100	410	405
	06/1	58	96	154	119	138	154	350	369
	06/2	119	125	139	160	139	124	397	409
Mittelwert		133	142	142	149	146	138	421	429
Standardabweichung								57,5	122,1
Absolute number of word tokens	04/1	793	264	538	213	692	394	2023	871
	04/2	1555	1149	611	1035	234	487	2400	2671
	05/1	323	569	431	263	423	710	1177	1542
	05/2	298	370	212	547	864	291	1374	1208
	06/1	141	323	372	343	405	466	918	1132
	06/2	266	363	355	614	452	502	1073	1479
Mittelwert		563	506	420	503	512	475	1494	1484
Standardabweichung								587,3	630,6
Type / token-ratio	04/1	19,3	35,6	30,5	40,4	28,2	34,3	25,4	36,2
	04/2	14,8	22,5	24,7	24,2	33,3	32,4	19,1	25,0
	05/1	36,8	25,3	33,2	40,7	31,2	22,4	33,5	26,6
	05/2	40,3	36,8	46,2	30,9	22,2	34,4	29,8	33,5
	06/1	41,4	29,7	41,4	34,7	34,1	33,0	38,1	32,6
	06/2	44,7	34,4	39,2	26,1	30,8	24,7	37,0	27,7
Mittelwert		32,9	30,7	35,9	32,8	30,0	30,2	30,5	30,3

Den Analysen zu den Quantitäten des Wortschatzumfangs sollen nunmehr einige Beobachtungen zu qualitativen Aspekten der Lexik folgen.

Originalität des Wortschatzes

Das Kriterium der lexikalischen Originalität wurde in 6.4.2.2 als der Prozentsatz von Wörtern bestimmt, die in der Sprachprobe von nur einem Probanden vorkommen (verglichen mit den anderen Probanden einer Stichprobe). Die Tab. 6.33 fasst diese Fälle (reduziert auf die Wortformen oder *types*) zusammen, d.h. sie gibt die absoluten Zahlen für diese Kategorie an.

Tab. 6.33: Zahl der Wortformen, die im Interaktionsspiel von nur einem Probanden verwendet werden (*lexical originality*)

Kategorien \ Rolle	Sch/Gruppe	FIONA		ROY		TEACHER		GESAMT: GRUPPE	
		R	X	R	X	R	X	R	X
Number of types unique to one testee only	04/1	2	1	7	0	6	2	15	3
	04/2	12	20	6	28	1	5	19	53
	05/1	2	3	3	4	6	3	11	10
	05/2	2	3	1	9	6	3	9	15
	06/1	1	1	4	8	5	7	10	16
	06/2	2	4	6	4	2	2	10	10
Mittelwert		3,5	5,3	4,5	8,8	4,3	3,7	12,3	17,8
Standardabweichung								3,9	17,8

Bezieht man diese Zahlen auf die absoluten Zahlen der Tab. 6.32 (dort die erste Kategorie), ergeben sich für den Gruppenvergleich die folgenden Prozentwerte (Tab. 6.34).

Tab. 6.34: Vergleich von Versuchs- und Kontrollgruppen unter dem Aspekt der lexikalischen Originalität

Stichprobe	Absolute Zahlen der Wortformen		Lexikalische Originalität
	"einmalige"	Gesamt	
R	74	2524	2,9%
X	107	2574	4,2%

Die Unterschiede zwischen den beiden Teilgruppen in der **Originalität des Wortschatzes** beruhen im Wesentlichen auf den beiden "Ausreißerwerten" in der Expressgruppe 04/2, die sich – wie schon bei der Analyse der grammatischen Kompetenz beobachtet werden konnte – durch eine ungewöhnliche sprachliche Differenziertheit von zwei Schülern auszeichnet. Die **Schnellläufer** erweisen sich auch in dieser Hinsicht **den Regelschülern mindestens ebenbürtig**. Unterstrichen wird diese Feststellung durch die Zahl nicht-normgerechter Wortformen in diesem Teilkorpus "originärer" *word types*: Während nur ein Expressschüler ein einziges für diese Sprachprobe "ungewöhnliches" Wort wie *silence* "falsch" benutzt, gibt es bei den Regelschülern acht solcher lexikalischen "Fehlgriffe": *lend, pass, strict, organize, white, shoulders, sensible* und *recreation*.

6.4.2.4 Vergleich lexikalischer Fehler

Die rechte Spalte der Abb. 6.5 bedarf eines qualifizierenden Kommentars, was die Einstufung einer Wortform als "nicht-normgerecht" angeht. In einer derartigen alphabetischen Wortschatzliste lassen sich – praktisch gesehen – nur solche lexikalischen Fehler eintragen, die auf der Ebene des einzelnen Wortes als inakzeptabel gelten können. Daneben gibt es natürlich gerade bei Fremdsprachenlernern immer wieder lexikalische Fehler, die größere Wortverbände oder syntagmenübergreifende Ausdrucksmittel betreffen. In einem Lexikon von der Art der Abb. 6.5 können Fehler wie:

- The teacher must look *at the sick pupils (statt: *after*).

vermerkt werden, nicht jedoch Verstöße gegen die zielsprachliche Norm, die komplexere Syntagmen involvieren:

- * They can make them on their way to the fisherman's hut
  (deutsch: *sich auf den Weg machen*).

In derartigen Fällen macht es keinen Sinn, drei oder fünf Einzelwörter als "falsch" zu vermerken. Die Fehlerklassifikation sollte sich somit an der kontextuell plausibelsten Lesart (oder Rekonstruktion durch einen kompetenten Korrektor) orientieren; etwa:

- They will be on their way to the fisherman's hut. [Verb- und Hilfsverbfehler]

Oder:

- They can start walking to the fisherman's hut. [Fehler in der Verbalgruppe]

Fehler, die noch im gleichen Redebeitrag vom Schüler selbst korrigiert werden, sollten nicht in die Zählung aufgenommen werden.

Im Folgenden (Tab. 6.35) wird eine Fehleranalyse nach Wortklassen bzw. Satzgliedern vorgenommen (vgl. Ungerer et al. 1984), wobei die Abkürzungen für folgende Kategorien stehen: "N + NP" = Nomen und Nominalgruppen, "V + VP" = finite Verbformen, "Modal" = modale Hilfsverben, "AdjPhr" = Adjektive und Adjektivgruppen, "AdvPhr" = Adverbien und Adverbialgruppen, "PrpPhr" = Präpositionen und Präpositionalgruppen, "Pro-N" = Pronomina, "Conj" = Konjunktionen, "Det" = Begleiter. Verstöße, die eine Wiederholung eines bereits klassifizierten, lexikalischen Fehlers darstellen, werden als solche gekennzeichnet (= "Wdh"). Daneben muss eine Kategorie "Sonstiges" vorgehalten werden, die alle schwer zuzuordnenden Verstöße oder unidiomatische Wendungen miteinschließen soll.

Tab. 6.35: Lexikalische Verstöße im Interaktionsspiel geordnet nach Fehlerkategorien

A. Expressschüler

Sch	N+NP	V+VP	Modal	AdjPhr	AdvPhr	PrpPhr	Pro-N	Conj	Det	Wdh	Sonst
F 04/1	1	1	0	0	0	2	0	1	2	0	0
R 04/1	1	2	1	0	1	2	0	2	1	0	1
T 04/1	2	0	1	0	1	3	0	2	0	1	0
F 04/2	6	5	2	1	2	2	3	2	5	6	1
R 04/2	3	7	2	2	2	9	1	1	2	4	1
T 04/2	4	2	2	1	0	3	0	1	1	3	0
F 05/1	2	3	0	2	4	1	0	5	2	1	2
R 05/1	3	2	1	0	0	1	0	0	0	0	0
T 05/1	2	5	1	0	1	5	0	1	2	1	0
F 05/2	3	4	0	1	0	0	1	0	2	0	0
R 05/2	0	4	1	4	3	4	1	0	0	0	3
T 05/2	3	3	0	1	3	1	2	2	2	2	1
F 06/1	1	1	0	1	0	1	0	0	2	1	0
R 06/1	0	1	1	1	0	2	0	2	1	0	3
T 06/1	4	3	0	2	2	6	0	2	0	4	0
F 06/2	4	3	0	0	1	4	0	1	2	4	1
R 06/2	1	3	0	1	0	1	0	1	0	1	0
T 06/2	6	1	0	1	1	2	2	2	0	6	1
Σ	46	50	14	18	22	49	10	25	24	34	14
Σ	42	57	11	22	20	40	13	23	17	46	12
F 04/1	6	3	1	1	0	0	0	1	2	2	1
R 04/1	3	6	0	4	2	3	1	0	1	1	0
T 04/1	4	7	0	2	5	3	2	2	5	4	1
F 04/2	4	8	6	4	3	7	3	7	1	10	1
R 04/2	5	2	3	1	1	2	2	2	5	4	0
T 04/2	0	2	1	1	1	4	0	2	0	1	1
F 05/1	1	3	0	1	0	1	0	2	1	5	2
R 05/1	2	2	0	3	0	2	0	0	1	3	1
T 05/1	1	3	0	0	0	4	2	2	0	2	1
F 05/2	3	2	0	0	0	0	0	1	0	1	0
R 05/2	1	2	0	1	1	1	0	0	0	0	0
T 05/2	1	8	0	1	2	5	1	1	1	1	1
F 06/1	0	0	0	0	0	0	0	0	0	0	0
R 06/1	3	4	0	0	0	2	0	1	0	1	0
T 06/1	0	2	0	0	0	1	0	1	0	3	0
F 06/2	1	1	0	1	1	0	0	0	0	1	1
R 06/2	2	2	0	1	3	1	1	1	0	1	0
T 06/2	5	2	0	1	1	4	1	0	0	6	2

B. Regelschüler

Wie jedem erfahrenen Praktiker bekannt ist, sind es vor allem die "geschlossenen" Klassen der Strukturwörter (Präpositionen, Konjunktionen, Begleiter und Modalverben), die – relativ gesehen (im Vergleich zur eigenen begrenzten Zahl und zur möglichen Menge der Wörter bei den "offenen" Wortarten) – die meisten Probleme bereiten. Mit 122 : 104 Fehlern bei den "geschlossenen" Wortklassen (X : R) schneiden hier die Regelschüler etwas besser ab, während das Verhältnis bei Fehlern innerhalb der "offenen" Wortarten 136 : 141 (X : R) beträgt. Insgesamt ist die probandenbezogene Verteilung wie folgt (Tab. 6.36):

Tab. 6.36: Gesamt der lexikalischen Fehler im Interaktionsspiel

Kategorien \ Rolle	Sch/ Gruppe	FIONA		ROY		TEACHER		GESAMT: GRUPPE	
		R	X	R	X	R	X	R	X
Total of lexical errors	04/1	15	7	20	11	31	9	66	27
	04/2	44	29	23	30	12	14	79	73
	05/1	11	21	11	7	13	17	35	45
	05/2	3	11	6	21	21	18	33	50
	06/1	0	5	10	12	4	18	14	35
	06/2	5	13	11	9	16	13	32	35
Mittelwert		13,0	14,3	13,5	15,0	16,2	14,8	43,2	44,2
Standardabweichung								24,3	16,3

Im **Mittelwert aller nicht-normgerechten eingesetzten lexikalischen Einheiten** ist **kein signifikanter Unterschied zwischen den beiden Gruppen von Lernern.** Dafür erweisen sich die Expressschüler, was die individuelle Streuung der lexikalischen Verstöße angeht, in diesem Bereich als die homogenere Gruppe. Dieses Bild bestätigt sich, wenn man die Fehlerzahl zur Gesamtdatenmenge der Wörter (= *tokens*) in Beziehung setzt. Für die Teilstichprobe der Regelschüler liegt der Anteil lexikalischer Fehler bei 2,89% und bei den Expressschülern bei 2,98%.

6.4.2.5 Inhaltliche Dichte und Differenziertheit des Wortschatzes

Inputressource Testmaterial

Die Versuchsanordnung des kommunikativen Tests ist in gewisser Weise einmalig, da hier Materialien zum Einsatz kommen, die in dieser Form im Unterricht mit an Sicherheit grenzender Wahrscheinlichkeit bisher nicht benutzt wurden. Von daher kann exemplarisch (allerdings an einer sehr begrenzten Vokabelmenge) untersucht werden, ob und in welchem Maße die Probanden bereit bzw. fähig waren, ihnen völlig neue, unbekannte Wörter in den eigenen aktiven Wortschatz aufzunehmen. Wie in 3.5.1 ausgeführt wird, enthalten die Unterlagen des *"Test Paper V"* einen Text von einer Seite mit der Beschreibung des Situationskontextes *"A Desperate Decision"*. Am Textrand werden alle Vokabeln durch eine deutsche Übersetzung erläutert, die eventuell den Schülern Schwierigkeiten beim eigenständigen stillen Erlesen des Textes bereiten könnten. Nicht alle übersetzten Ausdrücke müssen den Probanden wirklich fremd sein. Allerdings dürften einige davon nicht im aktiven Wortschatz der Schüler sein, anderen dürften sie bis zur Testsitzung nicht begegnet sein.

In den Simulationsspielen überhaupt nicht benutzt wurden die folgenden lexikalischen Einheiten aus dem Textrand: *west coast*, *dense* (*fog*), *mountain stream*, *steep hillside*, *in agony*, *contaminated*, *to complain*, *to stumble*. Während Vokabeln wie *fisherman's hut* und *fire wood* von 31 bzw. 17 Probanden verwendet werden, treten andere, als "neu" einzustufende Ausdrücke aus dem Textrand nur bei einigen Schülern auf (Tab. 6.37):

Tab. 6.37:   Testmaterial als Inputressource für neues Vokabular

Gr	*diarrhoea*	*hiker*	*hiking trip*	*moor*	*mountain ridge*	*read a map*	*set up camp*	Σ
R	-	-	-	6	1	5	-	12
X	2	2	1	6	3	-	1	15

In absoluten Zahlen ist der Unterschied nicht sonderlich auffällig, wohl aber zeigt sich eine Tendenz zu einer größeren Streuung unter den Schnellläufern, was den "sofortigen" aktiven Gebrauch unbekannter Wörter betrifft.

Lexikalische Dichte

Die lexikalische Dichte einer Sprachprobe wurde in 6.4.2.2 als der prozentuale Anteil von Inhaltswörtern (*content words*) an der Gesamtzahl der Wörter in dem betreffenden Text definiert. Will man den Wert dieses Quotienten bestimmen, muss das gesamte Vokabular des Korpus lemmatisiert werden, denn das Einzelwort kann – gerade im Englischen (aufgrund des Wortklassenwechsels: Konversion) – kontextbedingt verschiedenen Wortarten angehören. Auf diese Weise werden alle Nomina, Verben, Adjektive und Adverbien als Mitglieder "offener" Klassen von Inhaltswörtern identifiziert. Die Mitglieder "geschlossener" Klassen, wie sie die Numeralia, Monatsnamen, Wochentage und Himmelsrichtungen darstellen (Grabowski 1998: "*lexical sets*"), werden ebenso wie *yes* / *no* / *OK*, alle kontrahierten Formen und natürlich alle Strukturwörter (*function words*) der anderen Gruppe zugewiesen. Aus der Liste der verbleibenden ("echten") Inhaltswörter lässt sich der Index der lexikalischen Dichte berechnen, wobei als Bezugspunkt sowohl die Zahl der Wortformen (*word types*) als auch die Zahl aller Wörter (*word tokens*) möglich ist. Beide Referenzgrößen sind der Tab. 6.32 zu entnehmen. Die Tab. 6.38 nennt die absoluten Zahlen und die Prozentwerte für den Anteil der Inhaltswörter am Gesamtvokabular der zwölf Simulationsspiele.

Tab. 6.38: Lexikalische Dichte des Wortschatzes im Interaktionsspiel (*lexical density*)

Kategorien \\ Rolle	Sch/Gruppe	FIONA R	FIONA X	ROY R	ROY X	TEACHER R	TEACHER X	GESAMT: GRUPPE R	GESAMT: GRUPPE X
Absolute number of content words (word types)	04/1	79	49	94	43	119	81	292	173
	04/2	135	163	86	160	36	94	257	417
	05/1	65	88	86	60	72	95	223	243
	05/2	62	80	53	93	119	54	234	227
	06/1	30	54	81	53	78	93	189	200
	06/2	59	74	73	98	75	72	207	244
Mittelwert		71,7	84,7	78,8	84,5	83,2	81,5	233,7	250,7
Standardabweichung								36,8	85,9
Lexical density of word types (in %)	04/1	51,6	52,1	57,0	50,0	60,7	60,0	56,8	54,9
	04/2	58,7	62,9	57,0	64,0	46,2	59,5	56,0	62,5
	05/1	54,6	61,1	60,1	56,1	54,5	59,7	56,6	59,3
	05/2	51,7	58,8	54,1	55,0	62,0	54,0	57,1	56,0
	06/1	51,7	56,3	52,6	44,5	56,5	60,4	54,0	54,2
	06/2	49,6	59,2	52,5	61,3	54,0	58,1	52,1	59,7
Mittelwert		53,0	58,4	55,6	55,2	55,7	58,6	55,4	57,8
Absolute number of content words (word tokens)	04/1	265	104	218	78	249	162	732	344
	04/2	540	462	228	431	91	172	859	1065
	05/1	125	202	172	105	166	267	463	574
	05/2	105	147	80	224	303	105	488	476
	06/1	54	131	134	129	158	186	346	446
	06/2	89	140	143	241	164	190	396	571
Mittelwert		196,3	197,7	162,5	201,3	188,5	180,3	547,3	579,3
Standardabweichung								202,6	252,9
Lexical density of word tokens (in %)	04/1	33,4	39,4	40,5	36,6	36,0	41,1	36,2	39,5
	04/2	34,7	40,2	37,3	41,6	38,9	35,3	35,8	39,9
	05/1	38,7	35,5	39,9	39,9	39,2	37,6	39,3	37,2
	05/2	35,2	39,7	37,7	41,0	35,1	36,1	35,5	39,4
	06/1	38,3	40,6	36,0	37,6	39,0	39,9	37,7	39,4
	06/2	33,5	38,6	40,3	31,3	36,3	37,8	36,1	38,6
Mittelwert		35,6	39,0	38,6	38,0	37,4	38,0	36,8	39,0

Sowohl die Werte für die absoluten Zahlen als auch die für die Prozentanteile lassen eine **deutliche Tendenz zugunsten der Expressschüler** erkennen, was die **lexikalische Dichte des Vokabulars** angeht. So liegt der Anteil an Inhaltswörtern (bezogen auf die Gesamtzahl aller *word tokens*) bei den Schnellläufern um etwa 5½% höher als in der Gruppe der Regelschüler (absolute Zahlen: 3476 : 3284). Er steigt bei den unterschiedlichen Wortformen (*word types*) sogar auf knapp 7% (absolute Zahlen: 1504 : 1402). Die individuelle Streuung ist bei den Schülern aus Expressklassen stärker ausgeprägt als bei den Regelschülern, die sich bei diesem Index als die homogenere Gruppe in den Simulationsspielen erweisen.

Lexikalische Differenziertheit

Wie gegen Ende des Kapitels 6.4.2.2 ausgeführt wurde, ist die lexikalische Differenziertheit ein weiteres Maß für die inhaltliche Qualität eines Wortschatzes, da damit etwas über den Zugriff auf "fortgeschrittenes" Vokabular in der Sprachproduktion von Zweit- und Fremdsprachenlernern ausgesagt wird. Nach dem oben skizzierten Verfahren werden zwei getrennte Listen von Wörtern erstellt: Zum einen werden alle Wörter erfasst, die nicht Teil des Mindestwortschatzes von Grabowski (1998: 244-246) sind; reduziert auf ihre Grundformen, da Grabowski "nur" Lemmata nennt. Herausgenommen werden ferner alle kontrahierten und umgangssprachlichen Formen sowie *yes / yeah* und *OK*. Die Zahl der Lexeme, die über den Mindestwortschatz hinausgeht, soll im Folgenden als ">MV-Wert" bezeichnet werden (= *'above minimum vocabulary'*). Diese Listen werden in einem zweiten Schritt mit der Wortliste des im Testmaterial enthaltenen Vokabulars verglichen. Die Zahl der Lemmata, die weder im Mindestwortschatz von Grabowski (1998) noch im Testvokabular vorkommen (als eventueller externer Inputressource: siehe vorletzten Abschnitt), wird als sogenannter "AV-Wert" deklariert (= *'advanced vocabulary'*). Er wird als Indiz für einen aktiv verfügbaren Aufbauwortschatz interpretiert. Gemäß der Formel für den Index *lexical sophistication* wird der prozentuale Anteil des "fortgeschrittenen" Vokabulars bestimmt (bezogen auf die *word types*). Die Tab. 6.39 fasst die diesbezüglichen Werte für die lexikalische Differenziertheit der Sprachproben des Simulationsspiels zusammen.

Tab. 6.39: Lexikalische Differenziertheit des Wortschatzes im Interaktionsspiel (*lexical sophistication*)

Kategorien / Rolle	Sch/ Gruppe	FIONA		ROY		TEACHER		GESAMT: GRUPPE	
		R	X	R	X	R	X	R	X
Number of lexemes above the level of minimum vocbulary (= > MV)	04/1	28	20	32	15	61	31	121	66
	04/2	56	74	28	72	14	40	98	186
	05/1	26	38	42	27	28	43	96	108
	05/2	26	30	22	46	59	18	107	94
	06/1	12	21	33	32	38	35	83	88
	06/2	23	29	25	43	29	32	77	104
Mittelwert		28,5	35,3	30,3	39,2	38,1	33,2	97,0	107,7
Standardabweichung								16,0	41,1
Number of lexemes beyond MV and the input of the test paper (= AV)	04/1	11	11	19	6	42	16	72	33
	04/2	31	49	15	50	7	23	53	122
	05/1	11	23	26	15	14	26	51	64
	05/2	14	14	10	27	28	8	52	49
	06/1	6	9	15	17	16	21	37	47
	06/2	10	15	11	27	12	21	33	63
Mittelwert		13,8	20,2	16,0	23,7	19,8	19,2	49,7	63,0
Standardabweichung								13,8	31,1
Lexical sophistication of word types (in %)	04/1	7,2	11,7	11,5	7,0	21,4	11,9	14,0	10,5
	04/2	13,5	18,9	9,9	20,0	9,0	14,6	11,5	18,3
	05/1	9,2	16,0	18,2	14,0	10,6	16,4	12,9	15,6
	05/2	11,7	10,3	10,2	16,0	14,6	8,0	12,7	12,1
	06/1	10,3	9,4	9,7	14,3	11,6	13,6	10,6	12,7
	06/2	8,4	12,0	7,9	16,9	8,6	16,9	8,3	15,4
Mittelwert		10,1	13,1	11,2	14,7	12,6	13,6	11,7	14,1

Wie sich bereits bei den Indizes der lexikalischen Originalität und der lexikalischen Dichte andeutete (sowie bei der Nutzung des Testmaterials als Inputressource), **zeichnen sich die Expressschüler durch eine signifikant größere Differenziertheit des Wortschatzes aus** – operationalisiert über einen höheren Anteil an Wörtern (*word types*), die über den Mindestwortschatz von Grabowski (1998) und das Vokabular des Testmaterials hinausgehen. Nimmt man den Mindestwortschatz als Bezugsgröße, so verwenden die Schnellläufer etwa 10% mehr Wortformen, die dort nicht verzeichnet sind, als die Regelschüler (646 : 582). Der Prozentsatz steigt auf 21% zugunsten der Expressschüler, wenn man die absoluten Zahlen des sogenannten "fortgeschrittenen" Vokabulars in den beiden Gruppen vergleicht (= "*AV*-Wert"): 378 : 298 Wortformen. Dies spiegelt sich ferner wider im prozentualen Wert der lexikalischen Differenziertheit für die beiden Teilgruppen: mit einem Unterschied von immerhin 3% zugunsten der Schnellläufer, was bei einem Anteil von "nur" 12-15% "fortgeschrittenen" Vokabulars eine recht erhebliche Differenz darstellt. Damit bestätigt sich das Bild der quantitativen Fragebogenerhebung (siehe 4.5.4.2): Sowohl in den schriftlich erhobenen Testdaten als auch in der mündlichen Gesprächsfähigkeit verfügen die Expressschüler über ein signifikant höheres Maß an lexikalischer Differenziertheit als ihre Kameraden in den Regelklassen. Die Variabilität innerhalb der Gruppe der Schnellläufer ist auch in Bezug auf diesen Index größer als bei den Schülern der Kontrollgruppe.

Allerdings sollte man bei dieser Aussage die absoluten Zahlen nicht vergessen. Wenn hier von einem "fortgeschrittenen" Vokabular die Rede ist, dann bewegt man sich in einer Bandbreite von 12 bis 74 Wortformen oberhalb des Mindestwortschatzes von knapp 500 Lexemen nach Grabowski (1998) bzw. in einem Spektrum von 6 bis 50 Wortformen, die weder Teil des Mindestwortschatzes noch Teil des Testmaterials sind (siehe Tab. 6.39). Von daher sollte man sich vermutlich davor hüten, die hier identifizierte höhere lexikalische Differenziertheit zugunsten der Schnellläufer auch mit einem größeren lexikalischen "Reichtum" (= *lexical richness*) gleichzusetzen. Das aktive Vokabular dieser Probanden bewegt sich fast durchgehend auf der elementaren Ebene eines Grundwortschatzes. Ein weiterer Aspekt der Differenziertheit der Lexik beim Sprechen (bzw. Schreiben) ist die Fähigkeit, die semantisch-logischen Beziehungen zu nutzen, wie sie auf der paradigmatischen Ebene innerhalb bestimmter Wortfelder (= *lexical / semantic fields*) existieren: Synonymie, Antonymie und Hyponymie.

Synonymie

Weder Wode (1994) noch Kickler (1995) fanden in ihren mündlichen Daten (die sich ebenfalls auf das hier eingesetzte Interaktionsspiel beziehen) nennenswerte Beispiele (d.h. Belege in hinreichender Zahl) für Hyponymie (Ober- und Unterbegriffe: *colour = red, green, blue, orange* etc.), obwohl man weiß, dass Lernende dazu tendieren, die Realisierung von Äußerungen in einer fremden Sprache in der Weise zu vereinfachen, dass sie eine begrifflich übergeordnete Vokabel für mehrere semantisch enger umgrenzte Wortinhalte benutzen (Wode 1993). Es ist auch nicht ganz einfach nachzuweisen, dass in einem bestimmten Diskurskontext ein spezifisches Hyponym angebracht gewesen wäre. Sehr viel interessanter (und leichter zu belegen) ist die Wahl von Synonymen. Weniger fortgeschrittene Lerner werden dazu neigen, für gleiche oder ähnliche Begriffsinhalte das gleiche Wort zu benutzen. Wer über einen differenzierten Wortschatz verfügt, wird eher bedeutungsähnliche Synonyme verwenden, um seinen Äußerungen Bedeutungsnuancen, Genauigkeit oder Variation zu verleihen. Das Korpus (bzw. die Lexika der 36 Probanden) wurde(n) deshalb darauf durchgesehen, ob und inwieweit Paare und Gruppen von bedeutungsgleichen oder -ähnlichen Wörtern bei jeweils demselben Sprecher vorkommen. Diese wurden (wo nötig) auf ihre Grundform zurückgeführt (= Lemmatisierung). Beispiele für Synonyme dieser Art sind die folgenden (die Liste ist nicht vollständig), wobei die semantische Relation immer nur im Hinblick auf einen bestimmten kontextuell eingebetteten Sinnzusammenhang gilt:

- *adult / grown up*
- *also / too / as well*
- *bring / fetch*
- *call / phone*
- *little / small / tiny*

- *path / road / way*
- *someone / somebody*
- *child / kid*
- *fast / quick*
- *collect / pick up*

- *go / walk / run*
- *ill / sick*
- *maybe / perhaps*
- *some / a few / a couple of*

Die Tab. 6.40 fasst zusammen, wie viele solcher Synonympaare oder -gruppen die einzelnen Schüler verwenden, wobei nicht-normgerechte Formen unberücksichtigt blieben.

Tab. 6.40: Verwendung von Synonymen im Interaktionsspiel

Rolle / Kategorien	Sch/ Gruppe	FIONA		ROY		TEACHER		GESAMT: GRUPPE	
		R	X	R	X	R	X	R	X
Instances of synonyms	04/1	4	3	5	0	4	4	13	7
	04/2	9	7	3	7	1	5	13	19
	05/1	3	4	5	4	3	4	11	12
	05/2	1	6	2	6	3	2	6	14
	06/1	0	2	2	2	3	3	5	7
	06/2	1	2	5	2	3	2	9	6
Mittelwert		3,0	4,0	3,7	3,5	2,8	3,3	9,5	10,8
Standardabweichung								3,4	5,1

Die Tab. 6.40 weist einen leichten Unterschied zwischen Regel- und Expressschülern zugunsten der zweiten Gruppe auf, was den Mittelwert betrifft, während die individuelle Streuung bei diesem Phänomen weniger stark als sonst ausgeprägt ist. Interessant dürfte vielleicht noch der Hinweis sein, dass (geht man einmal von den konkret benutzten Realisierungen für bedeutungsgleiche oder -ähnliche Ausdrücke aus) die Regelschüler sieben Synonympaare oder -gruppen verwenden, die nur von ihnen gebraucht werden, demgegenüber die Expressschüler 17 derartiger Begriffspaare oder -gruppen in ihrem aktiven mündlichen Repertoire haben. Dies lässt sich wiederum als Hinweis auf eine etwas größere lexikalische Originalität der Gruppe der Schnellläufer interpretieren.

6.4.2.6 Referenzwerte

Insgesamt lassen sich die objektiviert-quantitativen Untersuchungen zum aktiven Wortschatz der Probanden im Rahmen eines mündlichen kommunikativen Tests in der Weise zu einer abschließenden Bewertung verdichten, dass die Expressschüler – im Vergleich mit den Regelschülern – über die größere lexikalische Kompetenz in ihrer interaktiven Gesprächsfähigkeit verfügen. Zugleich ist die Heterogenität in dieser Gruppe, was die Originalität, inhaltliche Dichte und Differenziertheit des Wortschatzes angeht, stärker ausgeprägt als bei den Schüler aus Regelklassen.

Abstrahiert man aus den Daten des Kap. 6.4.2 die Angaben für einen fiktiv-prototypischen Durchschnittsschüler der hier untersuchten Stichprobe (= Abb. 6.6), dann ergeben sich die folgenden Werte bzw. Prozentanteile für die im Rahmen des Interaktionsspiels analysierten Aspekte des Wortschatzes (bezogen auf diesen einen "idealisierten" Probanden). Was den Umfang und die Vielfalt der Lexik betrifft, entfallen in absoluten Zahlen 141 *types* bzw. 496 *tokens* auf diesen Durchschnittsschüler, was 3,3 Wortformen (*types*) bzw. 11,6 Wörtern (*tokens*) pro Redebeitrag entspricht (siehe hierzu die Abb. 6.1: 42,6 *turns* pro Proband); wobei bei dieser Berechnung bestimmte *tokens* (*yes / no / ok*, Füllsel) herausgenommen werden. Für den psycholinguistischen Basalwert des *type / token*-Quotienten ergibt sich somit ein Prozentwert von 28,5% für einen idealisierten Lerner der hier gegebenen Sprachfähigkeitsstufe.

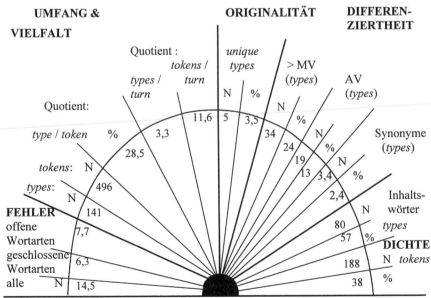

Abb. 6.6:   Referenzwerte für die lexikalische Kompetenz im Interaktionsspiel

Im Schnitt produziert der fiktive Durchschnittsproband etwa 15 Wortschatzfehler im Interaktionsspiel, von denen gut sechs auf geschlossene Wortklassen (= 43%) und knapp acht (= 53%) auf offene Wortklassen entfallen. Ca. fünf Wortformen oder 3,5% aller *word types* sind als "*unique*" einzustufen; d.h. sie kommen nur bei jeweils einem Probanden vor – was als Hinweis auf eine individuelle Originalität des Vokabulars dieser Lernergruppe einzuordnen ist. Hinsichtlich der lexikalischen Dichte des Wortschatzes auf dieser Sprachfähigkeitsstufe ist anzumerken, dass bei dem prototypischen Lerner dieser Stichprobe 80 von 141 Wortformen (= 57%) Inhaltswörter sind; während der Anteil der Nomen, Verben, Adjektive und Adverbien (= *content words*) am Gesamt der grammatikalisierten Wörter 38% beträgt (188 von 496 *tokens*). Bezüglich der Differenziertheit der Lexik dieser Probanden lassen sich drei generelle Angaben machen. Ein prototypischer Durchschnittsschüler dieser Gruppe produziert jeweils 34 Wortformen, die nicht zum Mindestwortschatz von knapp 500 Lexemen gehören, wie ihn Grabowski (1998: 244-246) definiert hat; d.h. rund ein Viertel aller verwendeten *types* (24%) geht über diesen Wortschatz hinaus. Berücksichtigt man zusätzlich dazu noch das Testmaterial als mögliche Inputressource, lässt sich ein knappes Achtel aller Wortformen (13%) als "fortgeschrittenes" Vokabular bezeichnen; d.h. jeder Proband benutzt im Schnitt 19 Wortformen, die weder im Mindestwortschatz von Grabowski (1998) noch im Testmaterial vorkommen. Von den ca. 140 *types* sind im Schnitt 3,4 Wortformen Synonyme; d.h. 2,4% aller aktiv verwendeten Wortformen sind im Kontext des jeweiligen Argumentationszusammenhangs als bedeutungsgleiche oder -ähnliche Ausdrücke anzusehen (also etwa jede 40. Wortform).

6.4.3 Didaktische Reflexionen zur Schulung des Sprechens und der interaktiven Gesprächsfähigkeit: realistisches Ziel oder "trivialer" Gegenstand?

6.4.3.1 Eine Gesamteinschätzung der Ergebnisse des Simulationsspiels

Die objektiviert-quantitative Auswertung der Daten des Simulationsspiels verlangt nach einer fremdsprachendidaktischen Gesamteinschätzung, denn in dieser detaillierten und differenzierten Form ist meines Wissens die gesprochene Lernersprache von Schülerinnen und Schülern auf dem *Threshold Level* bisher noch nicht erfasst und evaluiert worden. Die hier zusammengetragenen Ergebnisse und Einsichten tangieren meines Erachtens eine zentrale Problematik des Faches Englisch an allgemeinbildenden Schulen, besonders an der Schnittstelle (nicht wenige "Insider" würden sagen "Bruchstelle") des Übergangs von der Sekundarstufe I zur gymnasialen Oberstufe. Deshalb vorweg einige Fragen:

- Kann die Gesprächskompetenz, wie sie sich anhand der hier vorgenommenen differenzierten Analyse auf der Produktionsebene sprachlicher Daten darstellt, vollends befriedigen, wenn man sich am übergeordneten Richtziel des Fremdsprachenunterrichts (der Kommunikationsfähigkeit in einer "neutralen" Umgangssprache) orientiert?

- Ist die interaktive, themenbezogene Wechselrede zwischen zwei (oder mehr) Kommunikationspartnern wirklich nur ein "gewöhnliches Gespräch" (Hüllen 1999: 327), das die kostbare Unterrichtszeit nicht lohnt? Wird diese Kompetenz im "normalen" Unterricht implizit mitgelernt?

- Kann man sich (auch weiterhin) auf den Standpunkt stellen, der Spracherwerb – gemessen an den heute diskutierten Zielvorstellungen einer "sprachlichen Handlungskompetenz" (Vollmer 1998: 237) – sei mit der Sekundarstufe I abgeschlossen? Darf sich insbesondere der Unterricht in den Grundkursen Englisch den inhaltlichen Ansprüchen und den kognitiven Arbeitsformen hingeben, wie sie von den philologischen Universitätsdisziplinen eingefordert werden (als eine reduzierte Form des textanalytisch und -interpretatorisch ausgerichteten Leistungskurses)?

- In welcher Weise geht die Mehrzahl der heutigen Abiturienten mit der Zielsprache Englisch nach der Schule (also in Studium, Berufs- und Lebenswelt) um? Da nicht-literarische Verwendungsweisen mit Sicherheit überwiegen, muss dann nicht auch eine inhaltlich anspruchsvollere, kommunikativ-funktionale Sprachpraxis und Sprachbetrachtung in der Oberstufe Einzug halten?

Die detaillierte Analyse der 12 Simulationsspiele hat eine zum Teil beeindruckende Ausdrucksfähigkeit im Englischen zutage gefördert. Die Schülerinnen und Schüler können in einer völlig unvorbereiteten, komplexen Kommunikationssituation eigene Positionen einbringen und sich aufeinander beziehen. Ihre Aussagen sind syntaktisch strukturiert sowie für ihre Klassenkameraden und für externe Bewerter verständlich. Die Fehlerrate hält sich in Grenzen, so dass auch unter diesem Aspekt das Gespräch nicht über Gebühr beeinträchtigt wird (weder für die Redeteilnehmer noch für erwachsene *fluent speakers* der Zielsprache). Unverkennbare Defizite existieren jedoch in der syntaktischen Elaboriertheit des Diskurses; besonders was strukturelle Einheiten oberhalb der Grenze des einfachen Aussagesatzes und die kontextgerechte Verwendung grammatischer Konstruktionen in der fortlaufenden, textgebundenen Rede betrifft. In der Lernersprache unterrepräsentiert und von der kommunikativen Wirkung auf einen *fluent / native speaker* des Englischen nicht hinnehmbar sind eine Reihe von interaktiven Aspekten des Diskurses, die den zielsprachlichen Normen gesprochener Sprache nicht genügen. Wenig entfaltet sind bestimmte qualitative Merkmale des Gesprächs, die unter die Rubrik des Diskursverhaltens fallen. Unterrepräsentiert sind Phänomene, die sich üblicherweise (bei diskurskompetenten Sprechern) in der Strukturierung des Diskurses, im Gebrauch von Diskursmarkern, in einer gewissen "Vagheit" aber auch in der Höflichkeit des Ausdrucks manifestieren. Da diese Ausdrucksmittel in der Lernersprache der Probanden – unangemessen – gering vertreten sind, leidet darunter der Prozesscharakter der Interaktion und damit die Qualität des Gesprächs als Diskurs. Das Frage- und Antwortverhalten ist meiner Einschätzung nach ebenfalls wenig entwickelt. Einige Kategorien von Fragen fehlen fast gänzlich, und die überrepräsentierten Einwortäußerungen wirken in ihrer Funktion als Kurzantworten (mit *yes* oder *no*) wenig verbindlich und situationsangemessen. Äußerungsfragmente, Stocken und Füllsel beeinträchtigen (zumindest phasen- oder passagenweise) den Redefluss in unangenehmer Weise. Ein diskursives "Aushandeln von Bedeutungen" ist höchst selten zu beobachten – offensichtlich ist das gegenseitige

Verstehen im Rahmen einer Lerner-*lingua franca* für diese Probanden mit einem vergleichbaren erstsprachlichen Hintergrund kein Problem.[23]

Ein weiteres distinktives Merkmal der Lernersprache der hier untersuchten Gymnasiasten ist die durchgehende Abwesenheit von lexikalischen "Versatzstücken" auf der syntagmatischen Ebene (*lexical chunks*). Dies schließt idiomatische und feste Redewendungen (*idioms, fixed expressions, binomials* etc.), Phraseologismen, "echte" (semantisch nicht-transparente) *phrasal verbs* und Homonyme mit ein, die unterschiedliche Lexeme oder Lemmata darstellen (etwa *bear* = 'Bär' vs. 'tragen'). Weiterhin konnte gezeigt werden, dass die Lernenden der hier gegebenen Sprachfähigkeitsstufe sich weitgehend im Rahmen des Mindestwortschatzes von knapp 500 Lexemen bewegen, wie er von Grabowski kompiliert und definiert wurde (1998: 244-246). Offensichtlich kann man mit einem derartigen Repertoire mit einigem Erfolg mündlich-kommunikativ handeln; nur wäre jetzt der Punkt erreicht, an dem dieser Basiswortschatz systematisch erweitert werden müsste. Wenn der Anteil für "fortgeschrittenes" Vokabular (wie in 6.4.2.5 definiert) bei den einzelnen Schülern zwischen 7 und 21% des gesamten aktiven Wortschatzes liegt, und wenn weiterhin so gut wie keine lexikalischen Routinen eingesetzt werden bzw. für die mündliche Sprachproduktion erst gar nicht zur Verfügung stehen, dann ist in der Wortschatzvermittlung der Sekundarstufe "etwas schiefgelaufen". Es besteht mit anderen Worten begründeter Anlass zu der Vermutung, dass die Wortschatzarbeit gegenüber der "übermächtigen" grammatischen Progression ins Hintertreffen gerät. Dies ist kein Argument gegen eine vernünftig gehandhabte grammatische Unterweisung, die für mich eine *conditio sine qua non* eines auf kumulativen Lernzuwachs angelegten Fremdsprachenunterrichts ist. Es muss allerdings die Frage erlaubt sein, ob der herkömmliche, stark lehrwerkgestützte Unterricht mit den "üblichen" Arbeitsformen des lehrerzentrierten, texterarbeitenden Lerngesprächs nicht doch die systematische Wortschatzvermittlung und -erweiterung sowie den diskursgebundenen Gebrauch lexikalischer Routinen und fester Redewendungen vernachlässigt. Vielleicht sind aber auch die Inputressourcen (insbesondere die Sprache der Lehrwerke und die Lehrersprache) der Ausbildung einer sprachlich, stilistisch und inhaltlich differenzierten Lexik auf Seiten der Lernenden nicht übermäßig förderlich.

Bedauerlicherweise fehlen uns Vergleichsstudien für die Oberstufe, die uns ein Urteil darüber erlauben könnten, ob und in welcher Weise sich der aktive Wortschatz im Hinblick auf die Gesprächskompetenz vergrößert. Eines dürfte nach den hier vorgelegten deskriptiven Analysen jedoch klar sein: Wenn es in der ausgehenden Sekundarstufe I sowie in der Einführungsphase zum eigentlichen Kurssystem und in den Grundkursen nicht gelingt, themenbezogene Wortschatzerweiterung, textformsensitive Grammatikarbeit und interaktive wie monologische Gesprächsfähigkeit ge-

---

[23] Dies gilt auch für die Schüler(innen) nicht-deutscher Herkunftssprache, die ebenfalls an den Simulationsspielen beteiligt waren. Deren Kompetenz im Deutschen stand (auch nach Aussage der Fachlehrer) der ihrer deutschen Klassenkameraden in nichts nach.

zielt miteinander zu verschränken und systematisch zu schulen (was ein längerfristiges und kumulativ auf vorhandenen Teilkompetenzen aufbauendes Vorgehen beinhaltet), dann dürften alle vier Kompetenzbereiche fossilieren: die pragmatischen Kompetenzen (Diskurs- und Illokutionskompetenz) und die linguistischen Kompetenzen (grammatische und lexikalische Kompetenz) – von der (vermutlich) generell unterentwickelten soziolinguistischen Kompetenz einmal ganz zu schweigen. Wir brauchen dringend Untersuchungen zum funktionalen Sprachkönnen, wie es sich (mit Erfolg oder defizitär) in den Grund- und Leistungskursen Englisch einstellt.

6.4.3.2 Zur Entwicklung von anspruchsvolleren Rede- und Gesprächskompetenzen im fortgeschrittenen Englischunterricht

Weder in der Sekundarstufe I noch in der Sekundarstufe II findet zur Zeit eine strukturierte, systematische und langfristig angelegte Schulung der monologischen Rede und / oder des dialogisch-interaktiven Gesprächs statt; und zwar in der doppelten Progression zunehmender sprachlicher und inhaltlicher Anforderungen. Es ist mir unverständlich, wie man Gesprächsfähigkeit als letztendlich "trivialen Gegenstand" des Fremdsprachenunterrichts abwerten kann (vgl. Hüllen 1998: 327). Kommunikative Interaktionen erschöpfen sich doch nicht im "gewöhnlichen Gespräch" (Hüllen) transaktionaler Alltagsdialoge, wenn Ware und Geld begleitet von einfachen Floskeln über den Ladentisch gehen. Selbst diese Diskursgenres involvieren eine komplexe Handlungsstruktur und ein vielfältiges Arsenal von Redemitteln (vgl. Council of Europe 1998: 57f., 186). Die textartengebundenen produktiven Fähigkeiten haben keinen hohen Stellenwert im Unterricht unserer Schulen; ein Defizit, dass sich gleichermaßen auf das funktional differenzierte Sprechen und Schreiben bezieht. Einen guten Überblick zu dem, was nötig und möglich wäre, vermittelt ebenfalls der "Referenzrahmen" (Council of Europe 1998: 161-223). Hier werden in einem umfangreichen Anhang skalierbare Deskriptoren für eine beeindruckende Vielfalt kommunikativer Aktivitäten, Strategien und kommunikativ ausgerichteter Sprachkompetenzen bereitgestellt. Es versteht sich inzwischen von selbst, dass die Realisierung kommunikativer Aktivitäten, die Strategienschulung und die Bewusstmachung eines ziel-, situations-, textsorten- und adressatenbezogenen Einsatzes sprachlicher Mittel (= *focus on form*) als unauflösbare Einheit eines integrierten Text-Sprachunterrichts zu sehen ist. Diese funktional-kommunikative Sprachbetrachtung auf der Basis spezifischer Textarten und Diskursgenres ist gewissermaßen als "dritte Dimension" der Abb. 6.7 zu sehen:

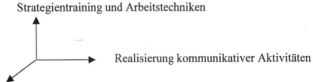

Strategientraining und Arbeitstechniken

Realisierung kommunikativer Aktivitäten

Textformsensitive Vermittlung von Sprachkompetenzen und funktionale Sprachbetrachtung (*focus on form*)

Abb. 6.7:   Integrierte Text-Spracharbeit

Das Diagramm der Abb. 6.7 im Verbund mit der Zusammenstellung des "Referenzrahmens" bieten ein Gerüst und eine Struktur für eine anspruchsvolle Sprachpraxis gerade auch auf fortgeschrittenem Niveau. Wenn man sich jetzt aus dem Spektrum der Möglichkeiten (dem Thema dieses sechsten Kapitels folgend) die Kategorien interaktiven und produktiven Sprachgebrauchs auf der gesprochenen Ebene heraussucht, ist leicht ersichtlich, welche gewaltigen Herausforderungen sich dem Englischunterricht auf dem *Threshold-* und dem *Vantage Level* stellen (Abb. 6.8). In unterrichtsmethodischer Hinsicht sollten selbst größere Lerngruppen kein prinzipiell unüberwindbares Hindernis darstellen, wenngleich natürlich kleinere Gruppen für eine qualitativ hochwertige Kommunikationspraxis von Vorteil wären. Hier sei auf die Organisationsformen verwiesen, die Klippel bereits 1983 (S. 10) zusammengestellt hat: *Buzz Groups, Debate, Hearing, Fishbowl, Network, Onion, Star, Market, Opinion Vote* und *Forced Contribution.* Die didaktischen Prinzipien "mitteilungsbezogener Kommunikation" (Black / Butzkamm 1977) sind inzwischen bestens entwickelt sowie für einen handlungs- und aufgabenorientierten Englischunterricht fruchtbar gemacht worden: Prabhu 1987, Nunan 1989, Bach / Timm 1996, Klippel 1998, Bygate / Skehan / Swain 1999. Am didaktisch-methodischen Repertoire muss die Rede- und Gesprächsschulung (vgl. Vollmer 1998) nicht scheitern.

Sowohl der Englisch- als auch der Deutschunterricht sind (wie die unlängst erstellten Expertisen zu den Grundkursen der gymnasialen Oberstufe zeigen) sehr stark von einer kommunikativen Mündlichkeit gekennzeichnet, ohne dass hier jedoch eine intentional geplante und didaktisch strukturierte Entwicklung der "Sprechkultur" bzw. der rhetorischen Kompetenzen zu verzeichnen ist. Gewiss – die Jugendlichen reden viel und durchaus auch recht selbstbewusst, aber es ist nicht selten eine Mündlichkeit, die sich auf dem Niveau einer kommunikativen Umgangssprache bewegt (ein Kommunikationsstil, der sich dann sogar in schriftlichen – muttersprachlichen – Texten wiederfinden lässt: das sogenannte "Parlando" nach Sieber 1994). Die Fähigkeit zur strukturierten, elaborierten sprachlichen Darstellung komplexerer Sachverhalte scheint demgegenüber (zumindest teilweise) bei etlichen Oberstufenschülern wenig entwickelt zu sein. Dies betrifft sowohl die Rede- als auch die Gesprächskompetenzen; also das was der "Europäische Referenzrahmen" die monologische "*spoken production*" (= Rede"rhetorik") bzw. die dialogisch-kooperative "*spoken interaction*" nennt (= Gesprächs"rhetorik"): siehe Abb. 6.8. Diese Fähigkeiten sind bewusst zu schulen. Sie ergeben sich nicht als "Nebenprodukt" eines mündlichen Unterrichts, der über weite Strecken auf lehrergelenkten Rezeptionsgesprächen zu authentisch-fiktionalen Texten beruht. Die gelegentliche Gruppenarbeit mit einer Vorstellung der Ergebnisse oder das (Kurz)Referat einzelner Schüler sind keine gewichtigen Argumente gegen diese kritische Einschätzung; denn zum einen decken diese Arbeitsformen nur einen schmalen Ausschnitt des wünschenswerten Spektrums ab, und zum anderen lässt die Qualität derartiger Vorträge häufig in vielen Aspekten Wünsche offen. Da werden vorbereitete Skripten abgelesen sowie Körpersprache und Augenkontakt wenig optimal eingesetzt. Die inhaltliche Strukturierung, die mediale Präsentation und das Einbeziehen der Adressaten sind eher dürftig zu nennen.

Die anspruchsvolle fremdsprachliche Sprech- und Kommunikationspraxis hat (aus der Bildungstradition des Gymnasiums heraus) keinen hohen Stellenwert an dieser Schulform. Es ist an der Zeit, dies zu ändern. Schließlich sind Präsentations- und Moderationsfähigkeiten in der Fremdsprache Englisch Grundkompetenzen in der nachschulischen Lebenswelt: im Studium und in beruflichen Kontexten (besonders wenn man an die interkulturelle Dimension denkt, die einige Hürden und Fallen für den Erfolg oder Misserfolg der Interaktion bereit hält). So sollten bestimmte Diskursgenres (als Formen der monologischen Rede oder des interaktiven Gesprächs) zielbewusst "eingeübt" werden; und zwar im doppelten Sinn des Übungsbegriffs (Klippel 1998): als systematisches, wiederholendes Üben eines bestimmten Versprachlichungsprozesses und als ebenfalls prozessorientierte Bewältigung global-komplexer kommunikativer Aufgabenstellungen (= *tasks*: Prabhu 1987, Nunan 1989). So können z.b. Personen, Produkte, Pläne, Sachverhalte oder Problemlösungsansätze präsentiert werden, was auf Seiten des Sprechers spezielle Strategien und Techniken voraussetzt (siehe Abb. 6.8): z.B. Stichwortzettel (*note-making*), Folieneinsatz, Graphiken und Diagramme, *poster presentations* etc. Indem die Lehrkräfte Moderationsfunktionen an die Schüler(innen) abgeben, müssen sich diese Gedanken zum Aufbau und zur Durchführung von Inszenierungen, Simulationen, Interviews oder Diskussionen machen.

Grundsätzlich sei deshalb auch in dem hier gegebenen Zusammenhang nochmals an die Modelle zur internen Struktur der Sprachfähigkeit (*proficiency*) erinnert (siehe 3.1.3). Eine funktionale Sprachkompetenz stellt sich heute als sehr viel komplexer dar als zu Beginn der kommunikationsorientierten Ausrichtung des Fremdsprachenunterrichts (vgl. Piepho 1974, 1979). Sie verlangt neben den linguistischen und den textorganisatorischen Kompetenzen illokutionäre, soziolinguistische und strategische Kompetenzen. Diese sind langfristig sowie horizontal und vertikal vernetzt in Bezug auf ausgewählte Diskursgenres in sprachlich strukturierter Form zu entwickeln (= sogenanntes kumulatives Lernen, das die besondere Stärke eines lehrgangsfundierten schulischen Fachunterrichts ausmacht). Daneben ist eine analytische Sprachreflexion angesagt, die geglückte wie wenig geglückte Kommunikationsabläufe thematisiert; vor allem in der lernersprachlichen Realisierung und / oder der interkulturellen Begegnung. Auch davon gehen bildende Wirkungen aus, nicht nur von der Rezeption und Interpretation literarischer Texte. Unter dem Aspekt der (zur Zeit viel diskutierten) Qualitätssicherung ist deshalb der gesamte Komplex der real existierenden (kommunikativen) Mündlichkeit des Unterrichts auf der einen Seite und der didaktisch wünschenswerten Schulung von fremdsprachlichen Rede- und Gesprächskompetenzen auf der anderen Seite neu zu überdenken. Der Englischunterricht der ausgehenden Sekundarstufe I und der gymnasialen Oberstufe scheint mir i.A. noch weit davon entfernt zu sein, ein überzeugendes und praktikables curriculares Konzept für die Entwicklung einer funktional-kommunikativen Rede- und Gesprächs"kultur" zu haben. Ein dringendes Desiderat wäre eine derartige Sprechkultur allemal.

Die Gründe für die Defizite in der Rede- und Gesprächsfähigkeit, die meines Erachtens bestehen, sind jedoch noch an anderer Stelle zu suchen.

SPOKEN INTERACTION / SPOKEN PRODUCTION

SPOKEN INTERACTION		SPOKEN PRODUCTION	
Communicative Activities	**Strategies**	**Communicative Activities**	**Strategies**
• Comprehension in interaction - Understanding a native interlocutor - Understanding interaction between natives • Conversation • Informal discussion • Formal discussion and meetings • Goal-oriented co-operation (eg. organising an event, discussing a text) • Obtaining goods and services (transactional dialogues) • Exchanging information • Interviewing and being interviewed • Telephone skills	• Planning moves - Identifying opinion / information gaps - Judging what people may know already • Execution - Taking the floor - Co-operating - Asking for help • Monitoring and repair - Asking for clarification - Communication repair	• Sustained monologue - Describing experience - Personal narrative - Putting a case (eg. in a debate) • Public announcements • Addressing audiences • Presenting facts, figures, persons, arguments, problems and states of affairs	• Planning moves - Considering audience - Adjustment of message / task - Revision of language • Execution - Trying it out - Compensating • Monitoring and repair - Backtracking and restructuring - Self-correction - Communication repair
FOCUS ON FORM: General Range of Language	Range of Vocabulary	Grammatical Accuracy & Lexical Control	Phonological Control
		Spoken Fluency	Flexibility
LINGUISTIC COMPETENCE			
		Coherence	Precision
		PRAGMATIC COMPETENCE	

Abb. 6.8: Anspruchsvolle Sprachpraxis zur Schulung der Rede- und Gesprächskompetenz im Englischen (aufbauend auf Council of Europe 1998: *Appendix*)

6.4.3.3 Andere Modalitäten der Kontrolle und Bewertung mündlicher Sprachleistungen

Das Problem einer unzureichenden Ausbildung eines anspruchsvollen wie differenzierten funktionalen Sprachkönnens, insbesondere was die gesprochenen Modalitäten betrifft, hat noch einen anderen Aspekt – und das ist der Hebel, an dem der "Referenzrahmen" ansetzt (siehe Kap. 3.5.3): Die heutigen zensuren-, prüfungs- und zertifikatsrelevanten Verfahren der Lernziel-, Ergebnis- und Leistungskontrolle an unseren allgemeinbildenden Schulen honorieren bedauerlicherweise diesbezügliche Anstrengungen einer Lehrkraft oder spezifische Kompetenzen von Schülern im Bereich der interaktiven und produktiven Gesprächsfähigkeit nur in höchst eingeschränktem Maße. Nicht selten ist es sogar so, dass Schüler mit muttersprachlicher, bilingualer oder hoher Diskurskompetenz (aus schulexternen Quellen gespeist) eher als Belastung im Unterricht empfunden werden. Dabei könnten derartige "Experten" durchaus im Rahmen eines binnendifferenzierenden und handlungsorientierten Unterrichts sinnvoll und (für die *peer interaction*) gewinnbringend eingesetzt werden. Die zur Zeit anlaufende Diskussion um Vergleichsarbeiten und eine Reform der Grundkurse Englisch wird hoffentlich im Sinne des *backwash effect* von pädagogisch "vernünftigen" und sachlich angemessenen Formen der Ergebniskontrolle und Leistungsmessung eine Wende zum Besseren bringen. Das Risiko des Motivationsschwunds und einer fossilierten Plateaubildung hinsichtlich der kommunikativen Sprachfähigkeit besteht nach fünf oder sechs Jahren traditioneller Lehrwerkarbeit durchaus. Dieser Gefahr ist mit gezielten Anforderungen an komplex-anspruchsvolle mündliche Sprachleistungen und eine nach Textarten differenzierte textgebundene schriftliche Sprachproduktion zu begegnen (vgl. die sog. "Output"-Hypothese: Swain 1985, 1993; Swain / Lapkin 1995 sowie Kap. 7.4.1).

Die größte Ungereimtheit, die die gymnasiale Oberstufe hinsichtlich der Kontrolle und Bewertung mündlicher Leistungen bereit hält, ist die Kluft zwischen Anspruch und Wirklichkeit. Natürlich nennen alle Rahmenpläne für den Englischunterricht der Sekundarstufe II kommunikative Fähigkeiten im mündlichen Sprachgebrauch als übergeordnete Zielvorstellungen dieser Stufe, nur kann man *de facto* die Abiturprüfung ablegen, ohne ein einziges englisches Wort in einem Prüfungskontext hervorgebracht zu haben. Dies betrifft mit Einschränkungen sogar die sogenannte "Nachprüfung" im "mündlichen Abitur", die in der Regel erst angesetzt wird, wenn die bisherigen Zensuren und die Note im Schriftlichen auseinander klaffen. Und selbst dann besteht die Aufgabe im Wesentlichen wieder aus einer Kommentierung einer Textvorlage. Zur Zeit macht mit anderen Worten lediglich eine verschwindend kleine Minderheit von Schülern eine mündliche Abiturprüfung in der ersten Fremdsprache. Dies ist – aufgrund des *backwash effect* – dem Unterricht nicht förderlich. Weiterhin erlauben die Abiturnoten in der ersten Fremdsprache kein aussagekräftiges Urteil zu der Frage, ob die in den Richtlinien spezifizierten kommunikativen Ziele überhaupt erreicht werden. Da die konventionellen Überprüfungsverfahren der Textaufgabe (siehe ausführlicher hierzu Kap. 7.4.2) unter dem testtheoretischen Qualitätskriterium der Validität für eine Kontrolle mündlicher Kommunikation schlichtweg ungeeignet sind, gestatten die

Abiturnoten im Fach Englisch auch keine zuverlässigen Rückschlüsse auf die funktionalen Kompetenzen im gesprochenen Englisch. Eine differenzierte kommunikative Kompetenz im Mündlichen dürfte somit in den meisten Fällen eher der außerschulischen Sprachlernbiografie dieser Jugendlichen (Auslandsaufenthalte, Sprachreisen, Musikvorlieben oder intensive Nutzung der neuen Medien) als der Schule und dem Englischunterricht zuzuschreiben sein. Eine schriftliche und eine mündliche Teilprüfung sollten hinsichtlich der ersten Fremdsprache Pflicht für alle Schüler im Abitur werden.

Die geringe Aussagekraft der heutigen Abiturnoten ist mit Sicherheit ein Grund dafür, dass angesichts eines offenen internationalen Arbeitsmarkts und der im Ausland durchaus üblichen Spracheingangsprüfungen für Studierende anderer Muttersprachen internationale Sprachtests immer mehr Zuspruch bei deutschen Schülern finden. Ich verweise hier auf Kap. 2.3.1 und 2.3.2 (mündliche Sprachtest) und die Abb. 3.13-3.15 in Kap. 3.4.3.1 (Stufen der Cambridge-Tests und des "Europäischen Referenzrahmens"). Die Ergebnisse dieser Tests verweisen auf international vergleichbare Standards der Sprachfähigkeit; und es sind Zertifikate, die mit bestimmten Berechtigungen verbunden sein können. Demgegenüber hat ein (scheinobjektiver) Dezimalpunktwert auf einem deutschen Abiturzeugnis wenig Aussagekraft, was das funktionale Sprachkönnen oder die Studierfähigkeit an einer ausländischen Hochschule angeht. Wie so oft i.A. kommt auf das deutsche Schulwesen ein Druck von außen zu. Da bei uns über Jahre (Jahrzehnte!) keine substanziellen Reformen implementiert wurden, laufen die schulischen Zensuren und Abiturnoten (für den fremdsprachlichen Bereich) Gefahr, bei Eltern, Schülern und außerschulischen Abnehmern an Status und Akzeptanz zu verlieren.

Die Prüfungsmodalitäten im Fremdsprachenunterricht müssen durchgreifend verändert werden. Dies betrifft die Oberstufe und das Abitur, aber auch die Sekundarstufe I. Schließlich scheint die schulpolitische Entwicklung zur Zeit auf einen "mittleren Schulabschluss", d.h. auf Vergleichsarbeiten oder zentral vorgegebene Aufgabenstellungen in den Fächern Deutsch, Mathematik und Erste Fremdsprache am Ende der 10. Klasse, hinauszulaufen. Schule und Unterricht im Allgemeinen und Fremdsprachenunterricht im Besonderen gehören auf den Prüfstand. Allerdings gilt die Qualitätsfrage auch für die Evaluation pädagogischer "Leistung" und die Überprüfung der sprachlichen Leistung im Fremdsprachenunterricht. Das Kompilieren "alter Klassenarbeiten" in einem Bundesland kann nicht die Antwort auf diese neue Herausforderung sein. Wir brauchen eine sachgerechte (Sprach)Test- und Evaluationskultur sowie die Strukturen und Ressourcen, um diese zu implementieren. Für die Domäne des Fremdsprachlernens gibt der "Europäische Referenzrahmen" (Council of Europe 1998) Richtung und zentrale Inhalte der Weiterentwicklung an. Sowohl die Prüfungsverfahren für den "mittleren Schulabschluss" als auch die für das Abitur müssen (was den fremdsprachlichen Bereich angeht) mit den Qualitätskriterien der kommunikativ ausgerichteten internationalen Sprachtests kompatibel und konkurrenzfähig werden. Dies betrifft die testtheoretischen Prinzipien (insbesondere das "*CAN DO*"-Prinzip: Abb. 3.15 in 3.5.1.3) und natürlich auch die spezifischen Aufgabenformen (Abb. 2.24-2.26 und Abb. 6.8). Der schulische Fremdsprachenerwerb in Deutschland braucht eine an den kommunikativen Zielen der Rahmenpläne orientierte Ergebniskontrolle, die eine differenziertere aber zugleich ausgewogenere Mischung in der Bewertung der Lernenden (bzw. der Lernleistungen) ermöglicht.

Die größten Veränderungen stehen vermutlich den Grundkursen bevor, denn diese müssen ein eigenständiges curriculares Profil gewinnen, damit sie den heutigen und zukünftigen Anforderungen an funktionale Sprachkompetenzen von Gymnasial-schülern gerecht werden können und nicht länger als im Anspruchsniveau reduzierte "Ableger" der Leistungskurse erscheinen (= "Leistungskurse *light*"): siehe 10.3.2.4. In ihrer Einseitigkeit der Betonung einer analytisch-kognitiven Textverarbeitung kann die Textaufgabe nicht länger der Maßstab einer gymnasialen Spracharbeit mit Bildungs-wert sein. Sie vernachlässigt die pragmatischen, aber auch die kreativen und strategischen Aspekte text(arten)gebundener Sprachverwendung. Im Verbund mit den Ausführungsvorschriften zur Bewertung leistet sie einem wenig produktiven linguis-tischen Sicherheitsdenken ("bloß keine Fehler machen") und einer Mentalität der rein quantitativen Punkteoptimierung für das Abschlusszeugnis Vorschub. Letztendlich führt ein derartiges Kalkül zur möglichst raschen Abwahl der zweiten und dritten Fremdsprache(n) und damit zum Sprachensterben in der Oberstufe insgesamt.

6.4.3.4 Zum Bildungswert bedarfs- und lebensweltbezogener mündlicher Sprachkompetenzen

Die gesellschafts-, kultur- und sprachenpolitischen Umbrüche in Europa (und in der Welt: neue Medien, Englisch als globale *lingua franca*) machen es zwingend notwendig, dass eine allgemeindidaktisch fundierte Theorie der Schule etwas zum Fremdsprachenunterricht im Allgemeinen und zum Englischunterricht auf der gymnasialen Oberstufe im Besonderen sagt (zu einem ersten Versuch in diese Richtung vgl. Meyer 2000). Die Antwort wird vom Ende des Lehrgangs im Fach und vom Ende dieser Stufe her zu begründen sein (vgl. Hüllen 1999: 328). Nur – können weiterhin (insbesondere für die Zielsprache Englisch) angesichts der heutigen Schülerschaft der Oberstufe die Themen, Gegenstände und Disziplinen der universitären Philologie als Dreh- und Angelpunkt einer derartigen Legitimierung gelten? Welchen Stellenwert sollen auf dieser Stufe des Lehrgangs Lernerein-stellungen und -bedürfnisse sowie gesellschaftliche Qualifikations- und Bedarfs-erwartungen haben? Die wenigsten Oberstufenschüler(innen) – vor allem in den Grundkursen – werden mit ihren Fremdsprachenkenntnissen "philologisch" umgehen (müssen). Die Lebenswelt (Studium, Beruf, Privatsphäre, Medienangebote) stellt an die meisten von ihnen andere Anforderungen, als sie den jetzigen zertifikatsrelevanten textanalytischen und -interpretatorischen Aufgaben unterliegen. Dies soll auf keinen Fall den Bildungswert und die Spracherwerbsdienlichkeit von Literatur in Abrede stellen (vgl. zu "*literature as a resource*" Carter / Long 1991: 2-10). Die Auseinandersetzung mit dem Fremden und die Anbahnung fremdkulturellen Verstehens bleiben Eckpunkte des schulischen Fremdsprachenunterrichts.

Ein gegenwartsorientiertes und zukunftsfähiges Fremdsprachenlernen unter institutionellen Bedingungen wird allgemeine und bedarfsbezogene Bildungsmomente miteinander verbinden müssen. Hierbei werden die monologische und die interaktive Gesprächsfähigkeit einen sehr viel höheren Stellenwert haben müssen als bisher, nicht zuletzt weil zunehmend die interkulturelle Vermitteltheit derartiger Gesprächssituationen mit ins Spiel kommt. Pragmatisch-diskursive und soziolinguistische Kompetenzen werden zu Schlüsselqualifikationen werden (müssen), denn ein bedarfs- und lebensweltbezogener Englischunterricht bereitet letztendlich auf direkte, interkulturell "gebrochene" Kontakte mit Sprechern des Englischen und auf authentische Begegnungen mit einer anderen ("fremden") Kultur vor. Im Sinne der soziokulturellen Theorie Wygotskijs (vgl. Vygotsky 1962, 1978) sind Fremdsprachen – wie andere Zeichensysteme auch – "kulturelle Werkzeuge" (*cultural tools*), mit denen sich neue Erfahrungsbereiche erschließen lassen:

"Gravierende Defizite in der Beherrschung dieser Werkzeuge [Muttersprache, Fremdsprache, Mathematik; W.Z.] gefährden in modernen Gesellschaften die Teilnahme an zentralen gesellschaftlichen Lebensbereichen und stellen Risikofaktoren individueller Lebensführung dar" (Baumert / Lehmann u.a. 1997: 59f.).

Was aufgrund der TIMS-Studien für den schulischen Mathematik- und naturwissenschaftlichen Unterricht als Defizit erkannt worden ist (hierauf bezieht sich das Zitat), dürfte auch für die Schulung der Rede- und Gesprächskompetenz im Rahmen des schulischen Englischunterrichts gelten: Es bestehen erhebliche Mängel im sicheren und differenzierten Umgang mit der ersten Fremdsprache Englisch, was die produktive Fertigkeit des mitteilungs- und adressatenbezogenen Sprechens angeht. Insbesondere die Fähigkeit der interaktiven Gesprächsführung (ein Kernbereich des Sprechens als kommunikatives Handeln) weist sprachliche, pragmatische, diskursive und soziolinguistische Defizite auf, die den kommunikativen Umgang mit der Zielsprache Englisch in der heutigen und zukünftigen Lebenswelt nicht unwesentlich einschränken dürften. Der Englischunterricht der Sekundarstufen I und II sollte sich davor hüten, sich selbstgefällig zurückzulehnen – in der Annahme, er hätte sein selbstgestecktes Ziel einer fremdsprachlichen Handlungskompetenz erreicht (vgl. Piepho 1974, 1979; Bach / Timm 1996 zu diesem Richtziel). Soweit es sich an den hier vorgelegten Untersuchungen belegen lässt, ist die Realität der kommunikativ-kooperativen Interaktion zwischen Schülern der ausgehenden Mittelstufe noch ein gutes Stück von diesem Ziel entfernt. Gesprächskompetenz kann nicht "nebenbei" (im Rahmen eher begrenzter linguistischer Teilziele oder eines literarisch fundierten Rezeptionsgesprächs) mitgelernt werden. Sie muss – didaktisch reflektiert – als Unterrichtsziel aufgewertet und – methodisch gesehen – über eigenständige, komplexe Übungsprozesse und kommunikative Aufgaben (= *tasks*) gesteuert systematisch und strukturiert aufgebaut werden (mit parallel dazu steigenden inhaltlichen Anforderungen: das Konzept der belangvollen, nicht-trivialen Inhalte). Eine gezielte Gesprächsschulung ist ein anspruchsvoller Inhalt des schulischen Englischunterrichts. Ein Englischunterricht, der diese Kompetenz unbefriedigend ausbildet (gemessen an dem, was die Dynamik derartiger Interaktionen in der interkulturellen Begegnung ausmacht), löst sein übergeordnetes Richtziel nur bedingt ein. Er gefährdet schließlich sogar den Bildungswert des Fremdsprachenlernens unter institutionellen Bedingungen, das darauf ausgerichtet sein muss, Schülern die aktive und (normativ gesehen) angemessene Teilhabe an der modernen Kommunikations- und Informationsgesellschaft zu ermöglichen.

7. Das text(sorten)gebundene Schreiben

> "We don't make mistakes. We just have learnings" (Anne Wilson Schaef).

Wie in den Kap. 3.4.3, 4.4.2 und 4.5.3.2 ausgeführt wurde, war das Schreiben ein wesentlicher Aspekt der quantitativen Erhebung zur Sprachfähigkeit der hier untersuchten Probanden. Dies geschah aus der in 3.1.3 explizierten Überlegung heraus, dass die Text- bzw. Diskurskompetenz in den zur Zeit konsensfähigen Modellen der allgemeinen Sprachfähigkeit in einer Zweit- oder Fremdsprache als integraler Bestandteil dieses mehrdimensionalen Konstrukts akzeptiert ist. Zugleich dürfte das Schreiben vermutlich die am stärksten vernachlässigte kommunikative Fertigkeit im Rahmen des institutionell gesteuerten Fremdsprachenerwerbs sein; und zwar sowohl was die Unterrichtspraxis (vgl. Wolff 1991: 34) als auch was die empirische Sprachlehr- und -lernforschung angeht (vgl. Krings 1992: 47). Dem Charakter einer deskriptiven Querschnittsstudie entsprechend (mit relativ großen Probandenzahlen) konnten im Zusammenhang mit der Evaluation des Schulversuchs der sogenannten Expressklassen keine detaillierten Prozessanalysen des individuellen Schreibens vorgenommen werden. Im Sinne der forschungsmethodisch wünschenswerten Triangulierung von Produkt- und Prozessdaten im Hinblick auf das Schreiben in einer Fremdsprache unter schulischen Unterrichtsbedingungen (das als Forschungsgegenstand unterentwickelt ist: Krings 1992, Neumann 1995) sollen in diesem Kapitel zumindest die aus dem Projekt erwachsenen Produktdaten zusammengetragen und interpretiert werden. Sie stellen einen Anfang in Richtung auf die Erhellung eines Gegenstands dar, der bisher wenig untersucht ist. Die meisten empirischen Studien, insbesondere Analysen zu den Prozessen des Schreibens, beziehen sich auf ältere bzw. relativ weit fortgeschrittene Lerner (vor allem Studierende in einem universitären Spracherwerbskontext).

7.1 Das Schreiben in einer Fremdsprache

7.1.1 Texte als Basiseinheiten kommunikativen Sprachgebrauchs

Die (wenn man so will) "tieferliegende" allgemeine Sprachfähigkeit oder Sprachkompetenz (*second language competence*: Bachman 1990) wird im Vollzug kommunikativer Handlungen aktiviert (= "*language activities*" beim Council of Europe 1998: 15). Der "Referenzrahmen" des Europarats differenziert hier zwischen der rezeptiven und der produktiven, der interaktiven und der sprachmittelnden (= "übersetzenden") Ebene: siehe Abb. 2.27 in Kap. 2.3.3. Hierzu müssen Texte – gesprochene oder geschriebene – "verarbeitet" werden (= *processing*): "*through reception, production, interaction or mediation*" (Council of Europe 1998: 16). Nicht Einzelwörter oder grammatische Strukturen sondern Texte (bzw. Diskurse) sind die Basiseinheiten kommunikativer Sprachverwendung. In jeder Form von kommunikativer Tätigkeit in situativen Zusammenhängen werden Texte "verstanden" (und interpretiert) bzw. "hervorgebracht". Kommunikativer Sprachgebrauch ist eine Form zwischenmenschlichen Handelns, das situativ und soziokulturell verankert ist. Funktionale Sprachtheorien versuchen dem gerecht zu werden, indem sie (wie etwa die "*systemic linguistics*" von Michael Halliday (vgl. Kress 1976; Halliday 1978, 1985) drei übergeordnete Funktionen von Sprache unterscheiden, die drei grundlegenden Bedeutungsdimensionen von Sprache als funktionalem System repräsentieren (Abb. 7.1):

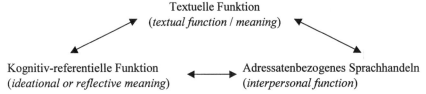

Abb. 7.1:   Übergeordnete Funktionen von Sprache (Hallidays *metafunctions*)

Die textuelle Funktion ist das Bindeglied zwischen den beiden anderen Bedeutungs-komponenten kommunikativen Sprachgebrauchs: der Sach- und der Beziehungsebene (wie es Watzlawick / Beavin / Jackson 1969 ausdrückten). Die Funktion eines sprachlichen Ausdruckselements muss folglich nach Halliday in der Beziehung zum Gesamtsystem der Sprache bestimmt werden:

> "A functional grammar is essentially a 'natural' grammar, in the sense that everything in it can be explained, ultimately, by reference to how language is used ... a functional grammar is one that constructs all the units of a language – its clauses, phrases and so on – as organic configurations of functions. In other words, each part is interpreted as functional with respect to the whole" (Halliday 1985: xiii f.).

Akzeptiert man die Grundposition einer funktionalen Sprachtheorie mit dem Text als Basiseinheit kommunikativen Sprachgebrauchs, dann sind neben den linguistischen Aspekten immer auch soziale Determinanten für einen Text charakteristisch. Abgesehen von der Entscheidung über "globale" Textformate (textartenspezifische und rhetorisch geprägte Textbaupläne) und der Auswahl sprachlicher Ausdrucksmittel setzen Texte die aktive Verfügbarkeit über soziale und kulturelle Konventionen voraus. Das spezifische Textbeispiel (= *text token*) steht mit anderen Worten in einer, in der jeweiligen Sprachgemeinschaft konventionalisierten (= "generischen") Beziehung zu einer bestimmten Textsorte oder Gattung (= *text type, text form variant* oder *genre*). Texte werden somit in einer bestimmten soziokulturellen Domäne rezipiert bzw. produziert; und sie stehen (als Typen oder *genres*) in einem intertextuellen Zusammenhang, der sie voneinander abgrenzt aber auch wechselseitige Bezüge herstellt. Im Anschluss an den "Referenzrahmen" (Council of Europe 1998: 16) können die Domänen kommunikativen Sprachgebrauchs wie folgt klassifiziert werden (Abb. 7.2):

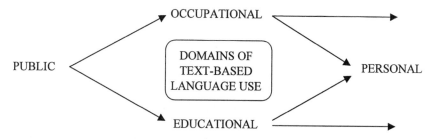

Abb. 7.2:   Domänen kommunikativen Sprachgebrauchs

Von daher sind an das text(sorten)gebundene Schreiben immer wieder einige grundlegende Fragen zu stellen, etwa: Unter welchen situativen (örtlichen wie zeitlichen), institutionellen oder medialen Bedingungen soll ein Text verfasst werden? Oder: Wer hat den Text mit welchem Zweck und Ziel für welchen Adressaten produziert? Texte (als *token* für ein *type*) sind als *social units of language* zu sehen (Kress / Knapp 1992: 6): "In a social theory of language ... the most important unit is a *text*, that is *a socially and contextually complete unit of language*". Was nun die Sprachstandserhebung im Rahmen des hier evaluierten Schulversuchs angeht, wurden deshalb drei Textarten ausgewählt, die als grundlegend für das institutionelle Handlungsfeld des schulischen Englischunterrichts der Sekundarstufe I gelten können: die Zusammenfassung (= *summary*), der persönliche Kommentar (= *comment*) und das narrative Schreiben (operationalisiert über eine didaktische Bildergeschichte, d.h. eine *picture composition*). Zugleich müssen die nachstehend präsentierten Daten und Referenzwerte immer in dem Zusammenhang gesehen werden, dass die Schülertexte in einer Testsituation produziert wurden. Die Texte wurden ohne jegliche sprachliche und inhaltliche Vorbereitung sowie unter einem gewissen Zeitdruck verfasst, der den Probanden wenig Raum für eine differenzierte Überarbeitung ließ. Andererseits macht dies den Reiz und Wert der Daten aus: Sie stellen gewissermaßen "spontan" produzierte Texte dar, die "außerhalb" der üblichen, sorgfältig strukturierten Unterrichtsabläufe entstanden sind.

7.1.2   Prozessanalysen des fremdsprachlichen Schreibens

Krings (1992) gibt einen kompakten Forschungsüberblick zu den empirischen Studien fremdsprachlicher Schreibprozesse, in dem er sowohl die eingesetzten Methoden als auch die Fragestellungen und Ergebnisse einer kritischen Würdigung unterzieht. Wie aus der sehr viel weiter entwickelten muttersprachlichen Schreibprozessforschung und den dort konzipierten Modellen des Schreibens bekannt ist, ist das Schreiben in aller Regel kein linearer sondern ein rekursiver Prozess: vgl. das vielzitierte Modell von Flower / Hayes 1981 (leicht adaptiert in Wolff 1991: 35). Der Schreibende geht beim Verfassen eines schriftlichen Textes durch diskontinuierliche Phasen der inhaltlichen Planung und der grammatisch-rhetorischen Organisation der sprachlichen Realisierung, aber auch durch Phasen der rückblickenden Selbstvergewisserung und Selbstkritik sowie einer erneut vorausblickenden Planung in Bezug auf die Fortführung der Textproduktion. White / Arndt (1991) – in ihrem Handbuch zum prozessorientierten Schreiben – unterscheiden deshalb die folgenden Schritte in einem zyklischen Modell des Schreibens (dort S. 4): *generating ideas, structuring, drafting, focusing, evaluating* und dazwischen immer wieder Phasen des *re-viewing* (siehe Abb. 7.16 in 7.4.3). Planungsprozesse fallen typischerweise in die Pausen, die ein kennzeichnendes Merkmal des Schreibprozesses sind, der für die meisten Schreiber eine intellektuell herausfordernde, kognitive Problemlösungssituation beinhaltet. Die Planungsprozesse fallen in einem hohen Maß mit der linguistischen Strukturierung eines Textes auf der nächstunteren sprachstrukturellen Hierarchieebene zusammen, nämlich der des Satzes. Pausen treten somit vor allem auf der Ebene des Satzes bzw. Gliedsatzes auf (*simple sentence* oder *clause*). Umgekehrt werden Textpassagen in einem Zug (d.h. ohne Pausen) in erster Linie im Rahmen satzbezogener Struktureinheiten produziert.

Diese empirisch gewonnenen Einsichten (vg. Krings 1992) hatten mich als Versuchsleiter und "Bewerter" der Schreibaufgaben (= *assessor*) im Vorfeld der Auswertung veranlasst, die im Kap. 3.4.3 beschriebene Zuweisung von "Punkten" auf der Grundlage von Kommunikationseinheiten vorzunehmen, die auf der Satzebene gegliedert sind. Die gleiche Überlegung ist maßgebend für den psycholinguistischen Indikator der sogenannten "Propositionen", der als Messzahl für alle kompletten und verständlichen satzbezogenen Aussagen bei der Auswertung der schriftlichen Lerner-texte herangezogen wurde. Die Satzzentrierung bei der quantitativen Analyse der Schreibprodukte ist mit anderen Worten reflektiert erfolgt. Da ferner aus empirischen Untersuchungen bekannt ist, dass Lernende nicht gern über Themen schreiben, die vorher (im Unterricht) keine Rolle gespielt hatten (die Ideenfindung scheint – besonders für Schreibnovizen – ein Problem zu sein), wurden die beiden diskursiven Schreibaufgaben (die *summary* und der *comment*) mit dem jeweiligen Basistext (einem Hör- bzw. einem Leseverständnistext) verknüpft. Bei der Bildergeschichte war die Verzahnung mit einem anderen Text leider nicht möglich. Deshalb wurde ein Thema gewählt, dessen inhaltlichen Bezüge auf jeden Fall im bisherigen lehrwerkgestützten Unterricht eine Rolle gespielt hatten: z.B. *leisure, eating out, holidays, in the country*. Im Übrigen hat natürlich die Bildgeschichte den großen Vorteil, dass die Bilder in starkem Maße steuernd wirken, was die Schüler in kognitiver Hinsicht entlastet, da die visuellen Vorgaben die Schreiber dabei leiten, wie der Text in seiner Grundstruktur zu entwickeln ist (vgl. Böck 1980, Schneider 1992). Dies stellt bei "freieren", besonders kreativen, Schreibaufgaben durchaus ein Problem für nicht wenige Lerner dar – mit dem Ergebnis, dass ein mehr oder weniger geglücktes Schreibprodukt nicht nur als Indiz einer rein sprachlich zu fassenden Kompetenz zu sehen ist.

Im Rahmen der üblicherweise für Prozessanalysen eingesetzten *Think aloud*-Protokolle wird deutlich, dass die Pausen der Textproduzenten sich nicht nur auf Planungsprozesse sondern auch auf zielsprachliche Realisierungsprobleme beziehen. Ein Großteil der Schwierigkeiten beim Verfassen von Texten in einer Zweit- oder Fremdsprache ist lexikalischer Natur; d.h. die Lernenden ringen mit dem korrekten oder kontextuell angemessenen Ausdruck für ein semantisches Konzept oder mit der

Verknüpfung lexikalischer Einheiten auf der syntagmatischen Ebene. Das tieferliegende Problem scheint, wie Krings (1992: 73) anmerkt, das vernachlässigte "Bedeutungslernen" zu sein, das sich besonders (was die Verbalisierung im Zuge des lauten Denkens betrifft) im Hinblick auf Schwierigkeiten mit dem Wortschatz zeigt. Demgegenüber werden grammatische Probleme nicht so häufig verbalisiert, was natürlich nicht bedeuten muss, dass morphosyntaktische Phänomene beim Schreiben völlig unproblematisch sind. Hier sind andere Zugriffe gefragt: z.b. Fehleranalysen, die die strukturellen Kompetenzdefizite aufdecken, die Schreiber mit spezifischen Textsorten haben. Offenbar werden morphosyntaktische Aspekte auf einer bestimmten Kompetenzstufe nicht in der gleichen Weise reflektiert wie lexikalische Elemente, was die Lernenden einer falschen Sicherheit ausliefern kann. Hier hilft vermutlich nur die bewusste Analyse des schriftlichen Outputs der Lerner, bevor gezielte didaktische Interventionen in Richtung einer Kompetenzerweiterung greifen können (siehe erneut unter 7.4).

7.2   Quantitative Analysen zu den drei Schreibaufgaben

Die nachfolgende Analyse verarbeitet die Produktdaten von drei Schreibaufgaben, die unter den Bedingungen einer Testsituation im schulischen Englischunterricht gewonnen wurden. In Übereinstimmung mit dem generellen Erkenntnisziel dieser Studie, die englische Sprachfähigkeit von zwei unterschiedlichen Stichproben Berliner Gymnasiasten gegen Ende der Sekundarstufe I zu erfassen und zu vergleichen, wurden eine Reihe von Indikatoren für schriftsprachliche Produkte erhoben, die eine stärker objektivierte Bewertung (= *assessment*) der beiden Probandengruppen in Bezug auf die Fertigkeit des textgebundenen Schreibens in der ersten Fremdsprache gewährleisten sollten:

a)   Die vom Versuchsleiter (als *assessor / rater*: durchgehend W.Z.) vergebenen "Punkte", die nach einem zweigleisigen Verfahren (siehe oben und 3.4.3) für jeden einzelnen Text verteilt wurden:

    (i)   die inhaltliche Bewältigung der Aufgabenstellung: inhaltliche Verständlichkeit bzw. Angemessenheit der satzstrukturierten Textaussagen in Bezug auf das Thema; d.h. die gedankliche Organisation des Textes (als Beispiel für eine bestimmte Textsorte) sowie die Ausführlichkeit und Komplexität der Darstellung,

    (ii)   die sprachliche Realisierung der Aufgabe: Korrektheit des sprachlichen Ausdrucks auf den Ebenen der Lexikogrammatik und der Textstruktur (inklusive Satzbau, Kohärenz und Abwesenheit von störenden Germanismen).

b)   Zahl der "Wörter" (als Maß für die Textlänge)

c)   Zahl der "Propositionen": alle eigenständigen, sinnvollen und verständlichen satzstrukturierten Aussagen (auf der Ebene des Satzes oder Gliedsatzes:

sentence bzw. *clause*), die keine Wiederholung einer an anderer Stelle im Test gemachten Aussage darstellen

d) Fehlerindex: errechnet als Quotient von $\dfrac{\text{absoluter Fehlerzahl x 100}}{\text{Zahl der Wörter}}$ (ausgedrückt in einer Prozentzahl).

Da die Schreibaufgaben unter Prüfungsbedingungen realisiert wurden, war der Zeitrahmen eng aber in der Regel ausreichend. Eine Vorabformulierung in Stichpunkten war bei keinem einzigen Probanden zu beobachten (weder englische noch deutsche Notizen). Ein gründliches Überarbeiten der Texte (*re-viewing*) war unter dem Zeitdruck und aufgrund der Einstellung der Probanden zur Aufgabe (eine für die Zensurengebung irrelevante Testsituation) wohl eher die Ausnahme als die Regel.

7.2.1 Die Zusammenfassung (*summary*)

Unter Anwendung der vier Indikatoren "Punkte", "Zahl der Wörter", Zahl der "Propositionen" und "Fehlerquotient" (= FQ) ergeben sich die folgenden Verteilungen; ausgewiesen in absoluten Zahlen, wenn die Probanden der beiden Gruppen bestimmten Leistungsintervallen zugeordnet werden (Tab. 7.1).

Tab. 7.1: Zahl der Probanden in Leistungsstufen gemäß Indikatoren (Textsorte *summary*)

Punkte	X	R	Wörter	X	R	Propo-sitionen	X	R	FQ	X	R
0 - 4	1	6	0 - 50	3	10	0 - 4	1	5	< 2	8	5
4,5 - 8	16	47	51 - 75	15	33	5 - 8	14	38	< 4	19	15
8,5 -12	22	28	76 - 100	25	33	9 -12	25	37	< 6	22	21
12,5 -16	25	8	101 - 125	15	11	13 -16	19	8	< 8	14	23
> 16	9	2	> 126	15	4	> 17	14	3	< 10	4	20
									> 10	6	7
Gesamt	73	91	Gesamt	73	91	Gesamt	73	91	Gesamt	73	91
Mittel-wert	11,6	8,5	Mittel-wert	98,4	76,3	Mittel-wert	12,1	8,7	Mittel-wert	5,1	6,4
M̄ für N=164	9,8		M̄ für N=164	85,7		M̄ für N=164	10,2		M̄ für N=164	5,8	

Die Mittelwerte für die vier Indikatoren unterstreichen das Ergebnis aus Kap. 4.5.3.2, das für die Punkteverteilung in den beiden Gruppen einen höchst signifikanten Unterschied zugunsten der Expressschüler ergeben hatte (Tab. 4.8). Die drei anderen Indikatoren gehen mit dieser Verteilung konform: Die Schüler der Expressklassen produzieren in der begrenzten Zeit von acht Minuten für diesen Testteil deutlich mehr Wörter (im Schnitt 12,3 Wörter pro Minute gegenüber 9,5 Wörtern pro Minute bei den

Regelschülern) und deutlich mehr Propositionen (12,1 : 8,7). Obwohl sie in der für alle Probanden gleichen Zeit mehr Text produzieren, liegt ihre prozentuale Fehlerrate niedriger als bei den Regelschülern (FQ: 5,1 : 6,4). Mit 10,7 Wörtern pro Minute ist die Textproduktionsgeschwindigkeit im Mittelwert aller 164 Probanden dem Wert (d.h. dem Schreibtempo) von 9,2 Wörtern pro Minute recht ähnlich, der von Krings (1992: 62) für die von ihm untersuchten Fremdsprachenlerner genannt wird (ohne dass in der Quelle nähere Angaben zur Art der Aufgabe, dem Lernjahr oder der Zielsprache gemacht werden). Für das Schreiben in der Muttersprache der gleichen Probanden nennt Krings eine Geschwindigkeit von 21,6 Wörtern pro Minute.

Das Bild wird noch transparenter, wenn man die absoluten Zahlen der Probanden in den verschiedenen Leistungsstufen in prozentuale Angaben umrechnet (Abb. 7.3-7.6). Analog zur Distribution des Indikators "Punkte", der die inhaltliche und die sprachliche Bewältigung der Aufgabe zum Zweck des hier geforderten Leistungsvergleichs von zwei Lernergruppen operationalisiert, zeigen auch die drei anderen Indikatoren, dass in den Regelklassen immer mehr Schüler mit den Werten der "unteren" Leistungsstufen sind, während die beiden "oberen" Leistungsintervalle durchgehend ein prozentuales Übergewicht von Expressschülern ausweisen.

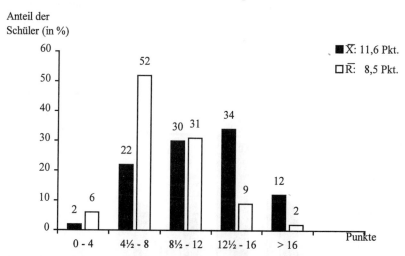

Abb. 7.3:   Punktverteilung in der Zusammenfassung gestuft nach Leistungs-intervallen (in Prozent der Probanden)

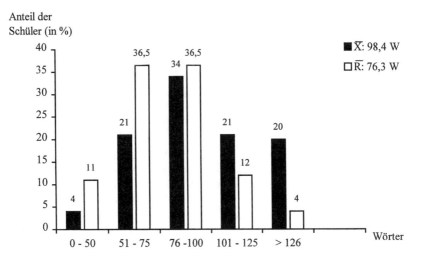

Abb. 7.4:   Zahl der produzierten Wörter in der Zusammenfassung gestuft nach
             Leistungsintervallen (in Prozent der Probanden)

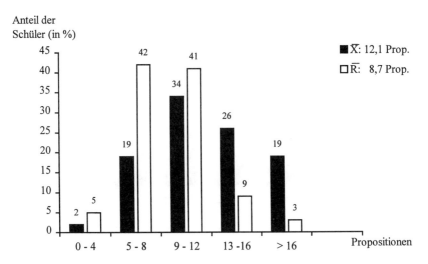

Abb. 7.5:   Zahl der Propositionen in der Zusammenfassung gestuft nach Leistungs-
             intervallen (in Prozent der Probanden)

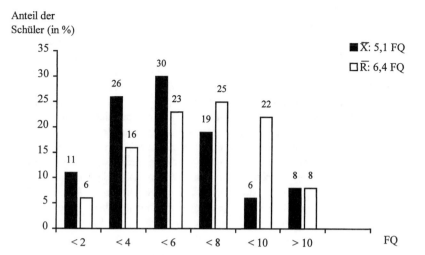

Anteil der
Schüler (in %)

■ X̄: 5,1 FQ
□ R̄: 6,4 FQ

Abb. 7.6: Fehlerquotient in der Zusammenfassung gestuft nach Leistungs-intervallen (in Prozent der Probanden)

7.2.2 Der persönliche Kommentar (*comment*)

Beim persönlichen Kommentar bringt die Anwendung der vier Indikatoren hinsicht-lich der absoluten Zahlen die folgende Verteilung für eine begrenzte Zahl von Leistungsstufen (Tab. 7.2).

Tab. 7.2: Zahl der Probanden in Leistungsstufen gemäß Indikatoren (Textsorte *comment*)

Punkte	X	R	Wörter	X	R	Propo-sitionen	X	R	FQ	X	R
0 - 5	5	14	0 - 50	6	16	0 - 5	4	9	< 2	4	6
5,5 - 10	25	51	51 - 75	15	38	6 - 10	12	39	< 5	23	14
10,5 - 15	30	23	76 - 100	30	23	11 - 15	38	34	< 8	16	32
15,5 - 20	9	14	101 - 125	15	14	16 - 20	12	15	< 11	19	24
> 20	4	3	> 126	7	14	> 21	7	8	< 14	6	15
									> 14	5	14
Gesamt	73	105	Gesamt	73	105	Gesamt	73	105	Gesamt	73	105
Mittel-wert	11,6	10,0	Mittel-wert	87,7	80,2	Mittel-wert	13,4	12,1	Mittel-wert	7,6	8,9
M̄ für N=178	10,6		M̄ für N=178	83,2		M̄ für N=178	12,7		M̄ für N=178	8,4	

301

Die Mittelwerte für die vier Indikatoren bestätigen das Ergebnis aus 4.5.3.2, das für die Verteilung der "Punkte" in den beiden Gruppen eine Normalverteilung aber keinen signifikanten Unterschied zugunsten der einen oder anderen Lernergruppe konstatiert hatte. Die Mittelwerte für die beiden Stichproben liegen sehr viel enger zusammen als bei der *summary*. Mit 8,3 Wörtern pro Minute (bezogen auf das Gesamt aller 178 Probanden) ist die Textproduktionsgeschwindigkeit bei dieser Textsorte (dem persönlichen Kommentar, für den zehn Minuten im Test zur Verfügung standen) merklich geringer als bei der Inhaltsangabe. Dies ist ein deutlicher Hinweis darauf, dass für das fremdsprachliche Schreiben textsortenspezifische Variationen maßgebend sind. Die Art der Schreibaufgabe hat (wie auch Krings 1992: 51 unter Prozessaspekten betont) einen Einfluss auf die Quantitäten und die pragmatischen Aspekte des Schreibens. Weitere Untersuchungen (seien sie prozess- oder produktorientiert) müssen deshalb grundsätzlich textartenspezifisch ausgerichtet sein. Dies betrifft vor allem die stärker kommunikativ geprägten Schreibaufgaben (wie sie vom "Referenzrahmen" des Europarats eingefordert werden): etwa Briefe, Berichte und Essays oder die verschiedenen Formen des kreativen Schreibens.

Die nach prozentualen Anteilen differenzierenden Abb. 7.7-7.10 bestätigen das soeben Gesagte, allerdings mit einem bemerkenswerten Unterschied im Hinblick auf den Fehlerquotienten bei dieser Textsorte (Abb. 7.10). Die Expressklassen verzeichnen deutlich mehr Schüler(innen) mit einem relativ niedrigen Fehlerquotienten (FQ < 5), während umgekehrt die Intervalle mit den höheren Fehlerquotienten (FQ > 11) eher von den Regelschülern besetzt werden. Auch wenn die Unterschiede zwischen den beiden Stichproben nicht so markant wie bei der Zusammenfassung sind, so haben die Expressschüler doch immer die (leicht) "besseren" Mittelwerte im Hinblick auf die hier ausgewerteten Indikatoren.

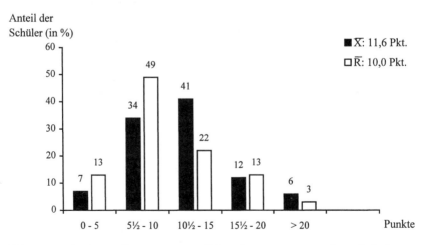

Abb. 7.7:   Punktverteilung im persönlichen Kommentar gestuft nach Leistungs-
            intervallen (in Prozent der Probanden)

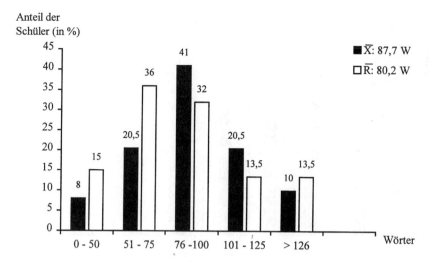

Abb. 7.8: Zahl der produzierten Wörter im persönlichen Kommentar gestuft nach Leistungsintervallen (in Prozent der Probanden)

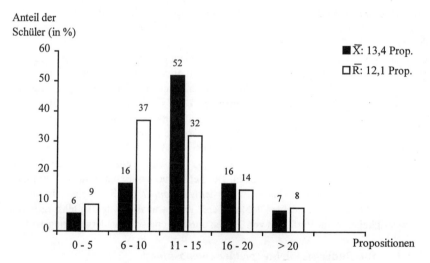

Abb. 7.9: Zahl der Propositionen im persönlichen Kommentar gestuft nach Leistungsintervallen (in Prozent der Probanden)

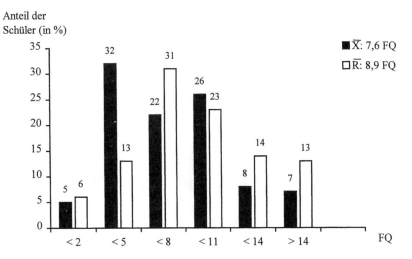

Anteil der
Schüler (in %)

■ $\overline{X}$: 7,6 FQ
□ $\overline{R}$: 8,9 FQ

Abb. 7.6:   Fehlerquotient im persönlichen Kommentar gestuft nach Leistungsintervallen (in Prozent der Probanden)

Betrachtet man die hier benutzten Indikatoren für die Evaluierung der Schreibprodukte von zwei zu vergleichenden Stichproben, und zwar den der "Propositionen" im Verhältnis zur "Zahl der Punkte" (wobei dieser letztere die Gesamtleistung eines Schreibers in Bezug auf die Schreibaufgabe operationalisieren soll), dann zeigt sich eine interessante Relation zwischen den beiden Indizes. Bei der Zusammenfassung weichen die Mittelwerte für die "Propositionen" und die "Punkte" nur geringfügig voneinander ab (und zwar in beiden Teilgruppen und somit in der gesamten Stichprobe aller Probanden), während sie beim Kommentar weiter auseinanderliegen. Ich würde diese Beobachtung als Hinweis dafür werten, dass die Schreibaufgaben unterschiedlich strukturiert sind. Der persönliche Kommentar ist "offener", "freier", weil weniger an den jeweiligen Ausgangstext gebunden, und er wird deshalb von den Lernern (vermutlich) als "schwerer" empfunden. Der Fehlerquotient bestätigt diese Vermutung auf der Produktebene der Daten. Er ist beim *comment* deutlich höher als bei der *summary*. Genauere Einsichten können erst Prozessanalysen textsortenspezifischer Schwierigkeiten beim Verfassen von Texten durch Fremdsprachenlerner bringen.

7.2.3   Die Bildergeschichte (*picture composition*)

Was die didaktische Textsorte der Bildergeschichte betrifft, weisen die absoluten Zahlen auf ein stärkeres Auseinanderklaffen der Mittelwerte in den beiden Teilgruppen der Express- und der Regelschüler für die vier Indikatoren hin (Tab. 7.3); durchgehend zugunsten der "Schnellläufer".

Tab. 7.3: Zahl der Probanden in Leistungsstufen gemäß Indikatoren (Textsorte *picture composition*)

Punkte	X	R	Wörter	X	R	Propo-sitionen	X	R	FQ	X	R
0 - 15	7	11	< 100	5	11	0 - 15	2	7	< 3	2	4
15,5 - 20	13	27	101 - 125	11	17	16 - 20	7	10	< 6	20	9
20,5 - 25	27	33	126 - 150	24	20	21 - 25	17	22	< 9	27	30
25,5 - 30	13	17	151 - 175	14	28	26 - 30	21	27	< 12	17	26
30,5 - 35	6	1	176 - 200	8	7	31 - 35	16	18	< 15	6	10
> 35	5	2	> 200	10	8	> 35	9	7	> 15	0	12
Gesamt	72	91	Gesamt	72	91	Gesamt	72	91	Gesamt	72	91
Mittelwert	23,3	21,1	Mittelwert	154,8	147,2	Mittelwert	28,3	26,3	Mittelwert	7,7	9,5
$\overline{M}$ für N=163	22,1		$\overline{M}$ für N=163	150,6		$\overline{M}$ für N=163	27,2		$\overline{M}$ für N=163	8,7	

Mit 8,8 Wörtern pro Minute (bezogen auf die gesamte Stichprobe aller 163 Probanden) ist die Textproduktionsgeschwindigkeit bei dieser Schreibaufgabe (für die 17 Minuten zur Verfügung standen) vergleichbar mit der, die beim persönlichen Kommentar zu verzeichnen ist. Während der Indikator "Punkte" für die beiden Teilstichproben normalverteilt ist (siehe 4.5.3.2), gibt es für die drei anderen Indikatoren einige Abweichungen von der Gaussschen Kurve, wenn man die prozentuale Verteilung für die verschiedenen Leistungsstufen bestimmt. Weiterhin ist auffällig, dass auch bei dieser Schreibaufgabe die beiden Indikatoren "Punkte" und "Propositionen" in ihren Mittelwerten relativ weit auseinanderklaffen. Für eine bestimmte Zahl von "Propositionen" (d.h. satzstrukturierte, eigenständige inhaltliche Aussagen zur Bildergeschichte) erhalten alle Schüler (unabhängig von der Teilstichprobe) deutlich weniger "Punkte", als nach der Menge der "Propositionen" eigentlich möglich gewesen wäre. Der Grund für diese Asymmetrie ist in der hohen Fehlerträchtigkeit der Textsorte *picture composition* zu sehen, die als narrative Textform eine Fülle sprachlicher Phänomene aufruft, deren produktiver Gebrauch insbesondere bei den Regelschülern noch nicht hinreichend gesichert zu sein scheint. Während die Distribution hinsichtlich der "Propositionen" in den beiden Teilgruppen sehr ähnlich ist (d.h. die Probanden beider Stichproben "holen im Prinzip vergleichbare Schreibprodukte aus der Aufgabe heraus"), erzielen die Regelschüler insgesamt (als Gruppe) weniger "Punkte" – vor allem weil sie mehr Fehler machen. Während die Letzteren bei den drei Intervallen mit hohen FQ-Werten ("> 9") in der Mehrheit sind (siehe Abb. 7.14), haben die Expressschüler zwei "Spitzen" bei den Leistungsintervallen mit vergleichsweise "niedrigen" FQ-Werten ("< 6" und "< 9": Abb. 7.14). Die Fehlerquotienten bei diesen Texten sind insgesamt recht hoch, da es sich um eine völlig unvorbereitete Schreibaufgabe im Rahmen einer zeitlich begrenzten Prüfungssituation handelt. Bildergeschichte und Kommentar haben (gegenüber der Zusammenfassung) einen ähnlich hohen Fehlerquotienten, was auf inhärente sprachliche Schwierigkeiten schließen lässt. Der Textform entsprechend (siehe unten 7.3.2 und 7.3.3) sind davon allerdings unterschiedliche Ausdrucksmittel betroffen.

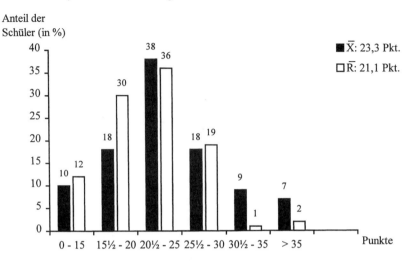

Abb. 7.11: Punktverteilung in der Bildergeschichte gestuft nach Leistungsintervallen (in Prozent der Probanden)

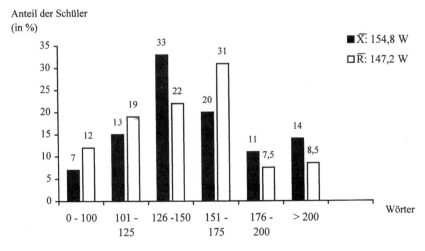

Abb. 7.12: Zahl der produzierten Wörter in der Bildergeschichte gestuft nach Leistungsintervallen (in Prozent der Probanden)

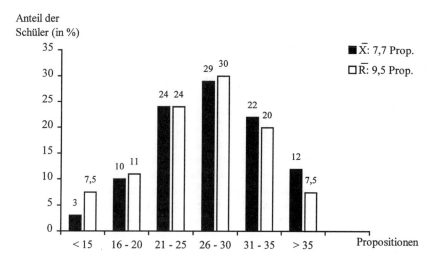

Abb. 7.13: Zahl der Propositionen in der Bildergeschichte gestuft nach Leistungs-intervallen (in Prozent der Probanden)

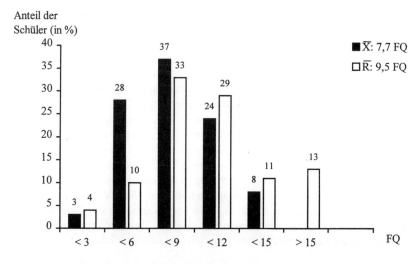

Abb. 7.14: Fehlerquotient in der Bildergeschichte gestuft nach Leistungsintervallen (in Prozent der Probanden)

Als generelle Einsicht aus der bisherigen Analyse lässt sich festhalten, dass die interimssprachliche Kompetenz dieser Lerner noch nicht soweit gefestigt ist, dass sie ohne größere sprachliche Probleme die elementaren schriftlichen Textformen des Kommentars und der Bildergeschichte in der "freien", unvorbereiteten Anwendung bewältigen können. Diese Wertung ist natürlich unter dem Vorbehalt zu sehen, dass die für das Schreiben so wichtige Phase des Überarbeitens des Produkts in einer Testsituation in der Regel aus Zeitmangel entfällt.

7.3 Fehleranalysen zu den drei Schreibaufgaben

Im vorangegangenen Abschnitt (Kap. 7.2) wurde der sogenannte Fehlerquotient (= FQ) als ein psycholinguistischer Indikator einer produktorientierten Analyse der Schreibdaten von Fremdsprachenlernern benutzt. Dieses Vorgehen war rein deskriptiv-diagnostisch motiviert. Damit sollte nicht der einfallslosen Fehlerzählerei als Grundlage der Bewertung schriftlicher Arbeiten im schulischen Fremdsprachen-unterricht das Wort geredet werden. Schließlich ist in Fachkreisen nicht erst seit gestern bekannt (sondern spätestens seitdem die Oberstufenreform von 1972 voll greift), dass diese Praxis viel zur Demotivierung der Lernenden, zur Abwahl von (vermeintlich oder objektiv) "schwierigen" Schulfremdsprachen (wie etwa Französisch oder Russisch) und damit zum faktischen Niedergang einer schulisch vermittelbaren Mehrsprachigkeit beigetragen hat. Das Zählen von Fehlern ist noch aus anderen Gründen eine wenig valide Messlatte der notenrelevanten Bewertung, denn es stellt (psychologisch gesehen) eine negative Bestärkung dar, da es Nicht-Können aufzeigt und quantifiziert. Soweit bekannt scheint an den Schulen immer die gleiche Skalierung für den Fehlerquotienten Verwendung zu finden; d.h. es wird nicht nach den Textsorten unterschieden, die die Schüler produzieren sollen, obwohl unterschiedliche Textarten inhärente textsortenspezifische Schwierigkeiten besitzen. Die Notenvergabe präferiert schriftliche Arbeiten und orientiert sich dabei an den Leistungen einer spezifischen, zahlenmäßig begrenzten Lerngruppe (= *norm-referenced testing*). Sprachleistungsbezogene Kriterien, die aus der Bewältigung kommunikativer Aktivitäten erwachsen (= *criterion-referenced testing*), spielen im traditionellen Fremdsprachenunterricht meistens keine zentrale Rolle. Der "Referenzrahmen" des Europarats stellt zur überkommenen Praxis ein Gegenmodell dar. Die Vorschläge laufen letztendlich auf eine gründliche Neuorientierung der Bewertung sprachlicher Leistungen hinaus, die sich an kommunikativen Fertigkeiten im rezeptiven wie produktiven Umgang mit speziellen Textarten und damit an der Kommunikations-fähigkeit der Lerner ausrichten (operationalisiert über das *CAN DO*-Prinzip). Wenn im Folgenden die Ergebnisse von Fehleranalysen vorgetragen werden, dann haben sie nicht die bewertungsbezogene Funktion, sondern greifen die ursprüngliche Leitvorstellung der Lernersprachenforschung seit Ende der 60er Jahre auf.

7.3.1 Ziele einer linguistischen Fehleranalyse

Der Beginn der modernen Zweit- und Fremdsprachenerwerbsforschung wird nicht selten auf 1967 datiert, dem Jahr, in dem Pit Corders grundlegender und einfluss-reicher Aufsatz "The significance of learners' errors" publiziert wurde. Dieser Artikel begründet nicht nur die angewandt-linguistische Fehler- und Performanzanalyse (letztere versucht dem gesamten Sprachsystem eines Lerners oder einer Gruppe von

Lernenden gerecht zu werden: den normgerechten Regeln und den Abweichungen oder "Fehlern"), sondern die gesamte Lernersprachenforschung und somit den Paradigmenwechsel vom Fokus des Lehrens zum Lernen. Gesteuerter Spracherwerb wird seitdem nicht allein aus der Sicht des bzw. der Lehrenden erforscht sondern (auch) aus der Lernperspektive. Es wird versucht, die Schwierigkeiten, auf die ein Fremdsprachenlerner im Lauf des Erwerbsprozesses trifft, aus dem Blickwinkel des oder der Lernenden zu verstehen. Davon erhoffte man sich von Anfang an auch eine Verbesserung der Ergebnisse des Fremdsprachenunterrichts (vgl. Corder 1981, Nickel 1972, Norrish 1983). Eine systematische Fehleranalyse soll überindividuelle Schwierigkeiten von Lernern aufzeigen. Wenn Fehler gehäuft in bestimmten Teilbereichen der Sprache bzw. bei spezifischen Ausdrucksmitteln auftreten, so sind dies Hinweise darauf, dass diese linguistischen Kategorien oder Redemittel schwer erlernbar sind. Analog zum natürlich-kindlichen (Erst)Spracherwerb lassen sich "Fehler" auch beim unterrichtlich vermittelten Fremdspracherwerb nicht vermeiden. Sie sind vielmehr – in einer pädagogisch und didaktisch positiv-konstruktiven Sicht der Prozesse – ein Indiz dafür, dass Lernen stattfindet (im Sinne einer Hypothesenbildung und -überprüfung auf der Basis der jeweiligen Inputressourcen und Sprachlernerfahrung).

7.3.2 Wiederkehrende sprachliche Schwierigkeiten bei den beiden diskursiven Textsorten

In einer ersten Übersicht sollen – in absoluten Zahlen – die Fehler in den beiden diskursiven Textsorten der Zusammenfassung und des persönlichen Kommentars zur Zahl der in den Texten produzierten Wörter ins Verhältnis gesetzt werden (Tab. 7.4).

Tab. 7.4:   Wörter und Fehler (in absoluten Zahlen) in den diskursiven Textarten (*summary* und *comment*)

Lern-gruppe	Zusammenfassung				Persönlicher Kommentar			
	N	Wörter	Fehler	Fehler pro Proband	N	Wörter	Fehler	Fehler pro Proband
X	73	7.182	368	5,0	73	6.400	451	6,2
R	91	6.868	430	4,7	105	8.417	725	8,0
Gesamt	164	14.050	798	4,9	178	14.817	1.176	6,6

Grundsätzlich fällt bei diesen absoluten Zahlen ins Auge, dass der einzelne Proband beim Kommentar mehr Fehler macht als bei der Zusammenfassung (insbesondere in den Regelklassen). Obwohl in dieser letzteren Teilgruppe mehr Probanden sind, produzieren sie insgesamt weniger Fehler in der *summary* als die Expressklassen, aber nur weil sie deutlich weniger schreiben. Damit liegt der Fehlerquotient in den Regelklassen wieder höher als in den Expressklassen (siehe Tab. 7.1 und Abb. 7.6). An der Analyse der absoluten Fehlerzahlen zeigt sich erneut, dass die Fehlerhäufigkeit von der Textsorte (und sicherlich auch vom Thema der Schreibaufgabe) beeinflusst wird. Noch interessanter und für potenzielle didaktische Interventionen wichtiger ist eine weiterführende Auswertung des Fehleraufkommens in der jeweiligen Textart nach bestimmten Fehlerkategorien.

Ein basales verbindendes Merkmal diskursiver Texte ist der Gebrauch von Tempora der PRÄSENS-Gruppe (= "besprechende Texte": Weinrich 1964), so dass als Nulltempus der "besprochenen Welt" im Englischen das *simple present* gelten muss (= "*timeless present*": Hüllen 1989). Konzentrieren wir uns hier zunächst auf die Zusammenfassung (= *summary*), dann ist der häufige Verstoß gegen diese fundamentale textgrammatische Regel höchst offensichtlich. Viele Schüler verwenden stattdessen das *past*, besonders als Matrixverb (= *reporting verb*) der indirekten Rede; z.B.:

- *Zero tense: simple present*
* He *said* it's wasted time.
* The teacher, *he said*, are friendly...
* After most of his experiences he *said* that the most were a waste of time.
* He says that he *would* loose them after leaving school.

Wenn das *simple present* textangemessen gewählt wird, lässt sich gehäuft das bekannte Lernproblem mit dem Null-Morph <s> für die dritte Person Singular beobachten; etwa:

- *Third person singular <s>*
* She *think* there... / that...
* She *want* to teach physics and chemistry.

Mindestens ebenso häufig sind dann Fehler bei der Numeruskongruenz, vor allem zwischen Subjekt und Prädikat; z.B.:

- *Concord of number*
* His relationship*s* with the other pupils *isn't* so good.
* Some *pupil* who *are* bright...
* There are *some* who *doesn't* want to learn.

Auffällig sind die Schwierigkeiten mit dem bestimmten und dem unbestimmten Artikel, z.B. bei Berufsangaben oder Institutionen (themenabhängig!):

- *Indefinite and zero article*
* Peter is a pupil at *the* comprehensive school in ...
* After *the* school he would like to choose...
* She is *teacher* at a comprehensive school...
* Peter wants to work in *the* entertainment.

Die interlingual unterschiedliche Realisierung von Mengenangaben führt ebenfalls zu hochfrequenten Interferenzen (falscher Transfer von der Muttersprache):

* He thinks that *the* most teachers are OK.
* With *the* most of the teachers he get along well.
* ... that *the* most of her pupils cannot speak...

Konjunktionen sind notorisch schwierig (hier vor allem die Ideen, die durch *apart from* bzw. *because of* ausgedrückt werden):

- *Conjunctions*
* They don't need another language *than* English.
* Some of the pupils want to do s.th. else *as* sitting in the school.
* He went to school but not *out of* his own choice.

Die rhetorische "Kunst" einer "guten" / "erfolgreichen" *summary* liegt in der Ausgewogenheit der semantischen und der pragmatischen Dimension, die diese Textsorte in
sehr spezifischer Weise vermitteln soll (vgl. zusammenfassend Seidlhofer 1995). In
semantischer Hinsicht soll eine *summary* einen längeren Ausgangstext "kondensieren",
wobei die zentrale inhaltliche Aussage des Basistexts (= *the gist*) erfasst und
wiedergegeben sein soll. Gerade in einer Zeit, in der wir alle zunehmend mit
Informationen überschwemmt werden, ist dies eine Fähigkeit, die zu den essentiellen
Zielen eines jeden Sprachunterrichts gehört (in der Mutter- und in der Fremdsprache).
Das Relevante vom Irrelevanten unterscheiden zu können, ist die eine Seite der
summary; die andere Seite ist das Geschick, dafür eine sprachliche Form zu finden, die
dem Leser gestattet, anhand der Kurzfassung nachvollziehen zu können, was die
wesentlichen Punkte einer Vorlage sind. In diesem Zusammenhang haben nicht
wenige Schüler erhebliche Probleme mit der Verwendung des Pronomens *it*, das sie
häufig verwenden, ohne dass die Referenz auf ein entsprechendes Bezugs"objekt" klar
etabliert ist (= *pre-mention*). Als Leser weiß man dann nicht, auf welche "Sache" oder
welchen Vorgang bzw. Sachverhalt der Schreiber eigentlich Bezug nimmt:

- *Indistinct reference*
* The pupils have too much freedom. *It* must be stricter...[ie. what?]
* He says that most of the pupils try to learn *it* but sometimes... [ie. learn what?]
* The school is quite good, and they need *it* for a job...[ie. need what?].

Die von der Schreibprozessforschung über die Methode des "lauten Denkens" als
zentrales Problem identifizierten lexikalischen Schwierigkeiten bestätigen das in Kap.
6.4.2.2 und 6.4.3 ausgeführte Bild, dass diese Schüler kaum "feste Wendungen",
"sprachliche Routinen" oder Phraseologismen verwenden. Im schriftlichen Sprachgebrauch stellt sich dieser Kompetenzbereich als wesentliches Lernproblem dar, denn es
sind genau diese "stehenden Verbindungen" und die Kollokationen, die zu Fehlern auf
der lexikalischen Ausdrucksebene führen:

- *Lexical chunks and collocations*
* He needn't most of the subjects in *reality of life*.
* Her pupils *are* not *this opinion*.
* It's impossible to teach them *at the same way*.
* The slower pupils cannot *do the lessons* as good as the bright pupils.

Die soeben für das Verfassen einer Zusammenfassung genannten Schwierigkeiten
spielen so gut wie keine Rolle beim Erstellen des im Test geforderten persönlichen
Kommentars. Das distinktive Merkmal der Textsorte *comment* ist die "subjektive"
Argumentation (im Gegensatz zur "objektiven" Variante, wie sie wissenschaftliche
Aufsätze u.dgl. darstellen: vgl. Werlich 1976, Zydatiß 1989). Von daher überrascht es

nicht, dass das sogenannte *"perfect of experience"* (das sehr stark auf die subjektive Ausdrucksfunktion der Sprache rekurriert) ein Problem darstellt. Fehler werden in diesem Kontext zusätzlich beim Übergang von der indefiniten zur definiten Zeitreferenz gemacht:

- *Indefinite and definite time reference (esp. "perfect of experience")*
- * Well, I *don't ever seen* s.th. like this.
- * I *heard* of killing people who walked down the street on afternoons.
- * I have heard of a group like hooligans who *have* attacked foreigners.

Im Vollzug wertender Äußerungen schleicht sich ein Interferenzfehler ein, der im Englischen (im Gegensatz zum Deutschen) ein generisches *head noun* für die "ausgelagerte" Nominalisierung verlangt (= *extraposition*). Diese Form der Satzspaltung (*cleft sentences*) gibt dem fortlaufenden Text Kohäsion und realisiert Emphase für bestimmte Satzelemente, sollte also aktiv beherrscht werden:

- *Emphasis and cohesion via extraposition*
- * But *very terrible* is being robbed in the own house, too.
- * So it would be *the best* if...

Ein Ausdrucksbereich überlagert jedoch im persönlichen Kommentar alle anderen Schwierigkeiten, und zwar sowohl von der Häufigkeit als auch von der Vielfalt der möglichen nicht-normgerechten Bildungen her: die Bedingungssätze mit *if* und hier besonders (selbst wenn kein Konditionalsatz explizit realisiert ist) das *conditional* und das *modal perfect* vom Typus "*I would have done X*". Was die Konditionalsätze angeht, sind es vor allem Typ 2 + 3 der bekannten schulgrammatischen Klassifikationen, die fehlerträchtig sind (einschließlich der Wahl der falschen Konjunktion *when); also die "unerfüllbaren Bedingungen" und die "hypothetischen Bedingungen":

- *Conditions which cannot (or can only theoretically) be fulfilled*
- * The leader could use the knife *when* s.o. *would*n't give them their money.
- * If I'*m* on my own I don't know. But I think I'*m* afraid...

Auch wenn kein Bedingungssatz realisiert wird, bereitet das sogenannte "Konditional" (= *conditional* oder *future-in-the-past*) wiederholt Probleme:

- *Future-in-the-past*
- * I think the passengers ignored it because they *frightened* that the youths *will* rob them as well.
- * I think they gave their money to the robbers. Then there *were* no person to get hurt or even killed.

- *Conditions which have not been (and can no longer be) fulfilled*
- * *When* one of the passengers *hadn't had* any money a robber could have hurt him.
- * The youths might have killed s.b. in the carriage *when* that person *would*n't *have* given them his money.
- * If I had had a weapon I *had* pointed in the direction of them.

Die Struktur des *modal perfect* kommt bereits in den Impulsen für diesen Testteil vor (siehe Abb. 3.7 in Kap. 3.4.2, Absatz III *"Comment"* des *"Test Paper II"*), da hier eine persönliche Meinungsäußerung eingefordert wird. In diesen Äußerungen wird die Fehlbildung oft durch das deutsche Äquivalent mit *hätte* induziert:

- *Modal perfect*
* I think I *had* done the same like the auther.
* I don't know but I *had* tried to help the people.
* Maybe they *had* even killed people.
* Perhaps the robbers *had* shot with guns.
* I don't really know what I've done but I think I *had* pulled the emergency brake.
* I even *tried* to help this person but I *were go* at the station to ask for help.

Halten wir fest: Die beiden diskursiven Textsorten der *summary* und des *comment* beinhalten höchst unterschiedliche sprachliche Schwierigkeiten, die sich auf der Ebene von Schreibproduktdaten als Fehlerhäufungen bei bestimmten morphosyntaktischen und lexikalischen Phänomenen zeigen. Ein Großteil dieser linguistischen Probleme geht letztendlich mit Defiziten in der Anwendung lexikogrammatischer Mittel auf der Textebene einher; sei es nun, dass die ko-textuellen Bedingungen auf der syntagmatischen Achse nicht angemessen berücksichtigt werden (z.B. Anaphora, Kollokationen, Wortverbände oder feste Wendungen) oder dass die Formen nicht kontextgerecht eingesetzt werden (z.B. Nulltempus, Zeit- und Objektreferenz, die Semantik von Bedingungen und anderer logischer Verknüpfungen, Emphase oder die modale Einfärbung von Aussagen). Diese Befunde lassen vermuten, dass mit der textform-sensitiven Spracharbeit – insbesondere im produktiv-schriftlichen Bereich – Einiges im Englischunterricht im Argen liegt.

7.3.3 Fehlerkategorien beim Verfassen der narrativen Textform "Bildergeschichte"

Diese letztere Einsicht wiederholt sich bei der Bildergeschichte, allerdings mit wiederum anderen Schwerpunkten bei den hier verstärkt auftretenden Fehler-kategorien. Zur besseren Einordnung der Beobachtungen sollen jedoch zunächst die absoluten Zahlen für das Fehleraufkommen genannt werden (Tab. 7.5).

Tab. 7.5: Wörter und Fehler (in absoluten Zahlen) in der Bildergeschichte

Lerngruppe	Bildergeschichte			
	N	Wörter	Fehler	Fehler pro Proband
X	72	11.145	849	11,8
R	91	13.395	1.227	13,5
Gesamt	163	24.540	2.076	12,7

Erneut machen die einzelnen Schüler der Regelklassen mehr Fehler als ihre Kameraden in den Expressklassen. Da bei der Bildergeschichte relativ lange und komplexe Texte erstellt wurden (im Schnitt aller Probanden etwa 150 Wörter pro Text), wurden diese narrativen Texte neben der qualitativen Analyse distinktiver sprachlicher Schwierigkeiten auch einer detaillierten quantitativen Auswertung nach dem Auftreten von Fehlern in spezifischen Fehlerkategorien unterzogen. Zu diesem Zweck wurde für jeden Text zunächst ein probandenspezifisches Fehlerraster angelegt, das die Fehler relativ eng umrissenen Kategorien zuordnete und dabei die Häufigkeit des jeweiligen Fehlers vermerkte (Tab. 7.6). Als Richtschnur, was als Fehler einzustufen ist, wurde Corders Vorgabe gewählt (Corder 1972: 40ff.), all die Bildungen als Fehler zu bezeichnen, die von der **erwarteten** Zielform abweichen. Als Nulltempus der Erzählung z.B. gilt im Englischen das *simple past* (vgl. Weinrich 1964, Hüllen 1989). Alle Formen, die bei einer Referenz auf den zentralen Handlungsstrang (= *plot*) der Geschichte nicht in dieser Form enkodiert waren, wurden deshalb als Fehler in der Kategorie "Nulltempus" vermerkt; z.B.:

Tab. 7.6:   Feinmaschiges Fehlerraster

Kategorien (erwartete Formen)	Fehlerhäufigkeit 1 2 3 4 >4
Nulltempus: *simple past* Zeitrahmen: *past progressive* Vorzeitigkeit: *past perfect* Aktuelles Präsens: *present progressive* *Future-in-the-past* (= *Conditional*) Finite Verbformen: *irregular verbs* usw.	

Ein solches Raster erweist sich bei ca. 2.000 Fehlern insgesamt (siehe Tab. 7.5) als zu eng kalibriert. Will man mit den Daten statistisch halbwegs vernünftig umgehen, müssen größere Kategorien gebildet werden, wobei dann allerdings die semantisch-textgrammatischen Einsichten nivelliert werden. Deshalb sollte man auch in der Fehleranalyse mit quantitativen und qualitativen Methoden arbeiten. Was die quantitative Analyse betrifft, erweisen sich letztendlich 15 Kategorien als sinnvoll. Von diesen 15 sollen hier die Häufigkeiten für zehn Kategorien berichtet werden, weil sie entweder die häufigsten oder die für diese Textsorte charakteristischen Fehlerklassen sind. Nicht berücksichtigt in der folgenden Aufstellung sind die Kategorien "Pronomina", "Artikel", "Rechtschreibung", "Auslassungen (von Wörtern)", und "Eigene Wortschöpfungen (der Schüler)". Für die verbleibenden zehn Kategorien gilt folgendes Bild für das prozentuale Fehleraufkommen bezogen auf das Gesamt aller Probanden bzw. Texte (also unabhängig von der Zugehörigkeit zu einer Regel- oder einer Expressklasse), differenziert nach der Fehlerfreiheit der *compositions* (= "Kein Fehler") und der Häufigkeit der Fehler in der jeweiligen Kategorie (Fehler = *). Die Kategorien mit relativ vielen Verstößen werden im Hinblick auf die Fehlerhäufigkeit etwas genauer aufgefächert (Tab. 7.7).

Tab. 7.7: Prozentuale Verteilung der Fehler in der Bildergeschichte bezogen auf das Gesamt aller Texte und differenziert nach bestimmten Häufigkeiten

Kategorien	Fehlerhäufigkeit (in %)				Kein Fehler (in %)
Finite verb forms	1*: 38 %	2 + 3*: 15 %			47 %
Time relationships: use of tense forms	1*: 24 %	2*: 26 %	3 - 11*: 27 %		23 %
Aspect: use of progressive forms	1 + 2*: 16 %				84 %
Use of prepositions	1*: 34 %	2 - 4*: 19 %			47 %
Use of phrasal and prepositional verbs	1*: 30 %	2*: 18 %			52 %
Adverbs and adverbial phrases	1*: 33 %				67 %
Adverbial clauses and conjunctions	1 + 2*: 37 %				63 %
Word order	1*: 30 %	2 + 3*: 12 %			58 %
Word concept	1*: 21 %	2*: 28 %	3*: 28 %	4 - 10*: 14 %	9 %
Lexical compounds and collocations	1*: 35 %	2*: 21 %	3 + 4*: 16%		28 %

Hiermit bestätigt sich auf der Produktebene der Fehlerdaten (siehe 7.1.2 zu vergleichbaren Erkenntnissen der Schreibprozessforschung), dass die Wahl des "richtigen" (d.h. ko-text- und kontextangemessenen) Begriffs (= *word concept*) das Hauptproblem beim Verfassen eines (narrativen) Textes ist. Obgleich die zur Anwendung gekommene Bildergeschichte (siehe Abb. 3.10 in Kap. 3.4.3, "*Test Paper IV*") als strukturierter (visueller) Impulsgeber funktioniert, der mit einfachen Bildern arbeitet, die frei von ablenkenden Details sind, hat die Vorlage offensichtlich noch genügend Offenheit ("Lücken" oder Unbestimmtheitsstellen), die zum genauen Wahrnehmen, Verknüpfen, Benennen, Erschließen und Ergänzen einladen bzw. verpflichten. In diesem Spannungsfeld von Steuerung und Offenheit ist genügend

315

Raum für Vorstellungskraft und begriffliche Präzision, aber eben auch Raum für lexikalische "Fehlgriffe": z.B. "Bob looked at his *clock*", * *make camping* (statt *to camp*), "Sally was *lucky*" (statt: *happy*) u.v.a. Unterstrichen wird diese Beobachtung durch die ebenfalls hohe Fehlerzahl bei *lexical compounds* (etwa: * *camping place* statt *camp-site* oder *camping site*) und *collocations*. Nimmt man dann noch die Fehler im Gebrauch von Präpositionen sowie *prepositional* / *phrasal verbs* dazu, dann hat man schon einen guten Eindruck davon, was Schülern dieser Kompetenzstufe beim Erzählen (immer noch) Probleme bereitet.

Ebenso auffällig sind die erheblichen Schwierigkeiten in der Realisierung der kontext-gerechten Tempusformen, die natürlich gerade bei einem narrativen Text recht vielfältige semantische Optionen (Vorzeitigkeit / Rückblick, Simultaneität oder Sukzession von Vorgängen, Vorausblick in die Zukunft) bzw. rein formalgrammatische Regelungen einlösen müssen (indirekte Rede, *backshift of tenses* u.dgl.). Jeweils etwa ein Viertel aller Schüler(innen) hat Probleme mit den Textfunktionen der Tempora in der hier untersuchten narrativen Textform, wenn man die Klassen "1, 2 bzw. 3 und mehr Fehler pro Text" bildet. Parallel dazu zeigen nicht wenige Probanden Schwächen bei der Morphosyntax der finiten Verbformen, vor allem bei der Bildung der unregelmäßigen Verben. Die qualitative Fehleranalyse der Geschichten bestätigt das quantitativ-statistische Bild. Trotz des Hinweises im Testheft, die *picture composition* im *past* zu erzählen, verwenden einige Schüler Formen des *present* als Nulltempus; z.B.:

- *Zero tense*: * *present simple / progressive*
* Sandy and Bob *are camping*... Sandy is standing and Bob *is making* a meal... etc.

Sehr viel häufiger und für den Leser störender sind die Tempusbrüche innerhalb des gleichen Textes bei etlichen Schülern, etwa:

- *Incoherent zero tense*
* [Nach zwei Bildern mit *simple past*] He shouted about Sandy and he and his little dog *are going to* search her. They find her... [Wechsel zum *past*].
* [Bild 6] They *went* to a camping place. Sally *is* cold. That's why Bob *give* her a cup of coffee. Rover *eated* his dog food. Bob and Sandy *sit* between the tents and *talked* about the crazy story. Both *laughed*.
* Sandy, Bob and their little dog Rover *are camping* outside on a field. Bob *prepares* the lunch. Sandy *is* boring and so she *say* to her friend that she *will go* to the ruin. After one or two hours Bob *is thinking* about Sandy. He *is* worried she *is* not back yet. He *hear* some shouts and so he *goes* to look for Sandy. He *ran* the way down to the ruin and *shouted* the whole time. The dog is *running* towards him. When Bob *arrived* at the old castle he *hear* Sandy's voice shouting "HELP". Rover *stands* near a black hole...etc.

Was hier fehlt auf Seiten der Lernenden, ist die textgrammatische Bewusstheit, dass die Gattung der Erzählung das *past* als "*timeless tense*" einsetzt (Hüllen 1989: 605ff.). Das *past* referiert in der "erzählten Welt" (Weinrich 1964) nicht auf eine "konkrete", definierte Zeit in der Vergangenheit, auf die sich Vorgänge in einer realen Welt mittels

Uhr oder Kalender festlegen lassen, sondern indiziert (über die Kohärenz der Tempora der *PAST*-Gruppe) eine fiktive Begebenheit aus der Sicht eines Erzählers (sprich: eine Geschichte). Die meisten Schwierigkeiten bereitet den Schülern die Enkodierung der Vorzeitigkeit bezogen auf die durchlaufenden Ereignisse des Handlungsstrangs, d.h. der Rückblick (= *retrospection*) auf Vorgänge der "Vor-Vergangenheit", wofür im Englischen normalerweise das *past perfect* gebraucht wird. Die Liste der Beispiele ist beträchtlich, deshalb nur eine kleine Auswahl von Fehlbildungen in Bezug auf zwei vergleichbare Situationen der Geschichte:

- *Earlier in time than the events of the main plot (past perfect)*
* Bob watched at his clock. Sandy *was away* since 15 minutes.
* After a while Bob *was* already finished with making lunch. Sandy was not there.
* After a long time Bob looked at his clock and wondered that Sandy *wasn't* already there.
* Bob was very nervous because Sandy *was* out for two hours.
* He asked himself why Sandy *didn't* come back.
* He heard Sandy shouted for help. She *fell* through the door.
* The dog showed Bob the place where Sandy *was falling* in a hole.
* The dog stopped where Sandy cried for help. She *fell* in a hole with water.
* He saw that his girlfriend *was fallen* in a big hole.

7.4 Didaktische Überlegungen zur Förderung des Schreibens im Englischunterricht

7.4.1 Die Output-Hypothese und kumulatives Lernen

"*Familiarity breeds contempt*" heißt es im Englischen: Mit Sicherheit sind die soeben gemachten Beobachtungen erfahrenen Praktikern nicht unbekannt, nur hat man über die Ursachen und eventuelle Gegenmaßnahmen nachgedacht? Als gewissermaßen "gottgegebenes Schicksal" sollte man die meines Erachtens unbefriedigende Situation des text(sorten)bezogenen Schreibens in der ersten Fremdsprache nicht abtun. Die Gefahr ist, dass die offensichtlichen Defizite fossilieren, um dann in die Oberstufe mitgenommen zu werden, die üblicherweise einer funktional differenzierten Schreibkompetenz keinen hohen Stellenwert zumisst. Meiner Einschätzung nach krankt der Englischunterricht der Sekundarstufe I (jetzt perspektiviert auf das Schreiben fremdsprachlicher Texte) an der immer noch nicht zufriedenstellend gelösten Dichotomie von Text- und Spracharbeit. Auf der einen Seite versucht man, über Lehrwerktexte kommunikative Fertigkeiten zu entwickeln: Leseverstehen, Hörverstehen und eine elementare mündliche Kommunikationsfähigkeit, die allerdings meistens vom Lehrer bzw. Lehrwerk "gesteuert" wird. Die Schülerinnen und Schüler haben in der Regel zu wenige Gelegenheiten, "eigene Inhalte" zu vermitteln. Die Äußerungen sind eher kurz, wenig komplex und reproduzierender Natur. Eigenen Wortbedeutungen, persönlichen Aussagen und textgebundenen Produktionen wird wenig Raum gegeben (etwa über *opinion*- oder *information gap*-Übungen). Auf der anderen Seite wird (immer noch) eine stark formalgrammatisch und metasprachlich geprägte Grammatikarbeit betrieben, die zum eigenständigen Transfer von der Strukturen- oder Kategorienebene zum textgebundenen Gebrauch der isoliert vermittelten Formen viel zu selten (und wenig systematisch) vordringt. Die textfundierte kommunikative Mündlichkeit und die progressionsrelevante Einübung von Elementen auf den unteren Ebenen der sprachstrukturellen Hierarchie (Aussprache, Wortschatz und Grammatik) laufen in nicht wenigen Unterrichtsstunden und -einheiten beziehungslos nebeneinander her.

Hinzu kommt, dass durch den zensurenbedingten Korrekturstress wenig – meines Erachtens zu wenig – geschrieben wird (im Übrigen auch im Deutschen!). Das Schreiben darf nicht nur auf die Klassenarbeiten bzw. (später) auf die Klausuren ausgerichtet sein, sondern es muss integraler Bestandteil der Unterrichtsarbeit werden; und zwar im Rahmen einer größeren Palette unterschiedlicher, "kleinerer" Schreibaufgaben. Diese müssen und sollten auch nicht immer von der Lehrkraft korrigiert werden; weil es zum einen praktisch nicht zu leisten ist, und weil es zum anderen didaktisch wenig sinnvoll ist. Nicht alle Schreibprozesse und -produkte dürfen durch die Brille der Notengebung gesehen werden. Das stilistische und korrigierende Überarbeiten kann zum Teil auch von den Mitschülern (= Schreibkonferenzen) bzw. vom individuellen Lerner (= Selbstevaluierung) geleistet werden.

Die neuere Zweitsprachenerwerbsforschung hat in der Auseinandersetzung mit der bekannten Input-Theorie von Krashen (1981, 1985) den Blick für die Bedeutung des "Outputs" (d.h. der mündlichen und schriftlichen Sprachproduktion) beim Aufbau einer zweitsprachlichen Kompetenz geschärft. Es war vor allem das Verdienst der kanadischen Immersionsforscherin Merrill Swain, der allgegenwärtigen Input-Hypothese von Krashen ein empirisch abgesichertes komplementäres Konstrukt an die Seite zu stellen (vgl. Swain 1985, 1993, 1998, 2000; Swain / Lapkin 1995). Auf der Basis von Input (Krashen: "*comprehensible input*") – Lehrer, Lehrwerk, authentisches Material – lernen die Schüler zwar eine Sprache verstehen, aber sie sind dadurch noch nicht in der Lage, diese Sprache auch zu gebrauchen. Input kann dekodiert werden, ohne dass (besonders beim mündlichen Sprachgebrauch) eine syntaktische Analyse des Sprachmaterials zwingend nötig wird. Dies wird erst bei der aktiven Sprachproduktion, besonders aber beim Schreiben, notwendig. In der ersten Fassung (1985) sieht Swain vor allem zwei Stärken ihrer sogenannten "Output-Theorie":

- "... to move the learner from a purely semantic analysis of the language to a syntactic analysis of it" (S. 252);
- "The claim, then, is that producing the target language may be the trigger that forces the learner to pay attention to the means of expression needed in order to successfully convey his or her own intended meaning" (S. 249).

Dem Lernenden wird mit anderen Worten bewusst, wo seine persönliche Schwächen in der Fremdsprache liegen. Diese Einsicht kann zum Ausgangspunkt für entsprechende remediale Maßnahmen werden, wobei der Anstoß vom Lerner selbst kommt. Dies führt zum zweiten, positiven Aspekt einer stärkeren Outputorientierung des Sprachunterrichts: Ein funktionales Sprachkönnen (Flüssigkeit und Gewandtheit des Sprachgebrauchs) stellt sich nur bei ständiger Sprachanwendung ein; Automatisierung der Sprachverwendung (Faerch / Haastrup / Phillipson 1984) gehört nicht in die "Mottenkiste" sprachdidaktischer Theoriebildung. Anders formuliert: Schreiben lernt man nur durch Schreiben.

Ein dritter Aspekt der Swainschen Output-Hypothese (1993: 160) bezieht sich auf das Überprüfen von Hypothesen im Vollzug der Sprachgenerierung: Indem der Lernende spezifische Ausdrucksmittel in einem kommunikativen, kontextuell eingebundenen Zusammenhang verwendet, erfährt er in aller Regel auch Reaktionen seiner Umwelt. Diese Rückmeldungen sind wichtig, denn sie signalisieren (Un)Verständnis bzw. Akzeptanz (in Bezug auf Korrektheit und Angemessenheit) und können dadurch weitere Formulierungsversuche beim Sprecher oder Schreiber auslösen. Die Objektivation des Geschriebenen lädt zur wiederholten Lektüre, zum Fragen und Korrigieren, zum Diskutieren und Interpretieren ein. Das Realisieren eines Problems bzw. die Reaktionen eines Gegenübers können den Lernenden dazu führen, seinen Output nochmals zu überdenken und ggf. zu modifizieren. Dies erfordert kognitive Operationen vom Lerner und leitet mentale Prozesse ein, die (und das ist der vierte Begründungsstrang der Output-Hypothese) für einen erfolgreichen Fremdsprachen-erwerb eine unabdingbare Voraussetzung darstellen: "What goes on between the original ouput and its reprocessed form... is part of the process of second language learning" (Swain / Lapkin 1995: 371). Der Lerner muss immer gefordert bleiben und darf sich nicht auf seinem / einem bestimmten interimssprachlichen Könnensstand "ausruhen", wenn er eine frühe Fossilierung seiner Kompetenz vermeiden will.

Dies gilt natürlich besonders für langfristig angelegte Bildungsgänge, wie sie der gymnasiale Englischunterricht darstellt. Auch für dieses Fach scheint das Problem des kumulativen Lernens (des aufeinander aufbauenden und sich zunehmend horizontal / funktional vernetzenden Lernens) noch nicht befriedigend gelöst zu sein. Für den mathematisch-naturwissenschaftlichen Unterricht der Sekundarstufe I hat die TIMS-Studie an mehreren Stellen dieses Defizit belegt (vgl. Baumert / Lehmann u.a. 1997). Für die fremdsprachliche Fächergruppe fehlen uns vergleichbare Untersuchungen. Vor allem mangelt es an empirisch fundierten Daten zur Realität des "konventionellen", real existierenden Englischunterrichts. Aus der Kenntnis der Praxis, wie sie sich einem Fachdidaktiker erschließt, kann aber festgestellt werden, dass generell zu wenig geschrieben wird. Wenn geschrieben wird, dann geschieht dies in einem zu engen Textsortenspektrum und zu schematisch, als reproduzierendes Einüben einer bestimmten Textform. Demgegenüber werden bewusst reflektierte Ansätze des sach-und adressatenbezogenen Schreibens weitestgehend ausgeblendet.

7.4.2   Zur notwendigen Öffnung des Schreibunterrichts

Das Hauptproblem des weiterführenden und fortgeschrittenen Englischunterrichts ist die zunehmende funktionale Verarmung der fremdsprachlichen Schreiberziehung. Diese Entwicklung findet ihren traurigen Höhepunkt in der Monokultur der Textauf-gabe als der für Klausuren und Abitur dominanten Form des Textverfassens. Die

Textaufgabe ist eigentlich nur als Relikt der philologischen Traditionen des gymnasialen Fremdsprachenunterrichts zu verstehen, die einseitig auf die von den Hochschuldisziplinen geforderten Fähigkeiten der Textanalyse und -interpretation hinführt. Unter dem Stichwort Wissenschaftspropädeutik hat sich die Oberstufenreform von 1972 an einer stark reduktionistisch gehandhabten Abbilddidaktik orientiert, womit jedoch in der Folge vor allem dem Unterricht der Grundkurse wesentliche Elemente einer differenzierten sprachpraktischen Zielsetzung entzogen wurden. Die Textaufgabe schränkt die Schreibpraxis über Gebühr ein, da sie im Wesentlichen eine analytisch-kognitive Kommentierung literarischer Primärtexte verlangt. Der Schüler produziert in der Tendenz "immer nur" Sekundärtexte, denn Thema und Argumentationskontext sind in der Vorlage vorgegeben. Persönliche Ausdrucksbedürfnisse bzw. das zweckgebundene Schreiben bleiben dabei auf der Strecke. Eine gewisse Öffnung des fremdsprachlichen Schreibunterrichts erscheint deshalb unverzichtbar. Gerade in den Grundkursen müssen die Schüler die Fähigkeit erwerben können, den funktional-pragmatischen und den grammatikalisch-stilistischen Anforderungen eines begrenzten Kanons unterschiedlicher Textsorten gerecht zu werden. Vor allem sind Textarten zu berücksichtigen, die für die momentane und nachschulische Lebenswelt der Schüler(innen) einen höheren Stellenwert haben.

Dies muss einhergehen mit dem Abschied von der augenblicklichen Praxis der "Fehlerzählerei" als einem viel zu gewichtigen Kriterium der Beurteilung von Schülertexten, die sich ihrerseits auf die Notenvergabe im Fremdsprachenunterricht insgesamt auswirkt. Als Folge eines didaktischen "Defizitdenkens" streichen Lehrer ihren Schülern an, was sie für "falsch" oder "unangemessen" halten. Dabei hatte bereits die linguistische Fehleranalyse der 70er Jahre zweifelsfrei belegt, dass die "Trefferquote" der Lehrkräfte nicht immer die beste und die gerechteste ist. Daneben sind natürlich viele Fehler ein notwendiges Durchgangsstadium im Aufbau eines funktionsfähigen interimssprachlichen Systems. Es geht aber auch anders, wie der bereits mehrmals zitierte "Referenzrahmen" des Europarats (1998) überzeugend begründet: Im Sinne einer für die Lernenden positiv wirkenden Bestätigung gemäß dem "*CAN DO*"-Prinzip sind Ansätze für eigene Ideen, Variationen des sprachlichen Ausdrucks und sonstige Textqualitäten zu beachten und zu würdigen, wie sie etwa der Textaufbau und Adressatenbezug, die Gesamtwirkung und Kohärenz oder ein geglücktes Layout darstellen. Das einfallslose, schematische Fehlerzählen (das selbst die drei Teilkomplexe der Textaufgabe – *summary, analysis* und *comment* – über den "gleichen Kamm" eines einheitlichen Fehlerschlüssels "schert") als Kernbereich der Leistungsbewertung im Englischunterricht muss ein Ende haben. Es verleidet nicht wenigen Schülerinnen und Schülern das Englisch- und vielleicht auch generell das Fremdsprachenlernen. Im Verbund mit der prüfungsrelevanten Dominanz der Textaufgabe liegen hier mit Sicherheit wesentliche Gründe für die Abwahl der zweiten Fremdsprache und die geringe Anwahl weiterer Sprachen in der Oberstufe, sprich das bereits dramatisch zu nennende Sprachensterben in der Sekundarstufe II. Auf keinen Fall befördern die jetzigen Praktiken des Kurssystems den Ausbau anspruchvollerer kommunikativ-pragmatischer Kompetenzen in den Fremdsprachen.

Der Aufbau einer "neuen", funktional differenzierten Schreibkultur im fortgeschrittenen Englischunterricht scheint mir eine unabdingbare *conditio sine qua non* der augenblicklichen Diskussion um Qualitätssicherung zu sein. Über die Öffnung des Schreibunterrichts in Richtung auf eine größere Textsortenvielfalt hinaus kann ein derartiger Perspektivenwechsel allerdings nur fruchtbar werden, wenn die Rückmeldungen für die Schüler nicht allein am "fertigen" Text und bei den Fehlern ansetzen (also auf der Produktebene). Vielmehr müssen die Schüler bereits im Vorfeld, auf der Prozessebene des Schreibens "betreut" werden. Für das Schreiben muss Zeit im Unterricht reserviert werden. Hilfen der Lehrkraft müssen bereits im Vollzug der verschiedenen Teilschritte des Schreibens möglich sein. So gesehen ist die fremdsprachliche Schreibkompetenz als längerfristiges Ziel zu konzipieren; am besten in Anlehnung an einen handlungsorientierten, aufgabenbasierten Ansatz (*task-based teaching*: Prabhu 1987, Nunan 1989a). Was die Ansprüche an Korrektheit betrifft, sind didaktisch sinnvolle Gewichtungen für die verschiedenen Kriterien von Textqualität vorzunehmen. Unterschiedliche Schreibaufgaben rufen nicht nur unterschiedliche Redemittel auf, sondern induzieren auch verschieden hohe Fehlerquotienten. Von daher verbietet sich jeglicher Schematismus in der Bewertung unterschiedlicher Textarten nach einem vorher rigide festgelegten Tableau von Fehlerintervallen. Nicht zuletzt bestimmt jedoch die Textsorte selbst das Ausmaß an Korrektheit, das von einem Text erwartet wird. Vom Zweck bzw. von der Verwendung des Geschriebenen gehen durchaus unterschiedliche Ansprüche an den Grad der sprachlichen Richtigkeit aus. Umgekehrt werden Schüler(innen) zum Teil sehr "eigen", wenn es an die klassen- oder schulinterne Publikation ihrer Texte geht. Dann muss die äußere Form "stimmen", und Fehler sollten ebenfalls nicht mehr vorkommen.

Der "Referenzrahmen" des Europarats unterscheidet, was gesprochene und geschriebene Texte angeht, grundsätzlich (wie im Kap. 2.3.3 ausgeführt wurde: siehe Abb. 2.27) eine produktiv-monologische und eine produktiv-interaktive Ausformung kommunikativer Sprachverwendung. Was das Schreiben betrifft, werden die folgenden Textarten bzw. Schreibaufgaben (= *writing activities*) genannt (Abb. 7.15):

Written Production	Written Interaction
• completing forms and questionnaires • writing articles for magazines, newspapers, newsletters etc. • producing posters for display • writing reports, memoranda etc. • making notes for future reference • taking down messages to dictation etc. • writing personal letters • writing business letters • creative and imaginative writing • writing essays	• correspondence by letter and fax • e-mail correspondence • passing and exchanging notes or memos when spoken interaction is impossible or inappropriate • negotiating the text of communiqués, agreements or contracts by reformulating and exchanging drafts, corrections and amendments • participating in computer conferences (on-line or off-line)

Abb. 7.15:   Schreibaufgaben (nach Council of Europe 1998: 30, 32, 189, 197-199)

Damit wird der Fächer eines möglichen Textspektrums einerseits geöffnet, andererseits didaktisch sinnvoll begrenzt. Schreiben kostet bekanntlich viel Zeit. Wichtiger als immer andere, "neue" Textarten in den Englischunterricht einzuführen, erscheint mir deshalb der Blick auf einen systematischen Könnens- und Kompetenzzuwachs zu sein. Dazu müssen Ideen gefunden und ausgewählt werden, die Entwürfe müssen überarbeitet und geordnet werden, an der sprachlichen Form muss gefeilt und erkennbare Fehler müssen getilgt werden. Die grundlegende Einsicht und Fähigkeit auf Seiten der Lerner wird die sein, ihre fremdsprachliche Schreibkompetenz flexibel handhaben zu können, um den Ansprüchen der Textart, des Adressaten und des Inhalts gerecht werden zu können (was die funktionale linguistische Schule von Halliday als *mode, tenor* und *field* bezeichnet).

7.4.3 Fremdsprachliche Schreiberziehung: Produkt-, Prozess- und Genre-Ansätze

Sach- und adressatenbezogenes Schreiben sowie freies und kreatives Schreiben sind nicht als einander ausschließende Gegenentwürfe zu sehen. Wie soeben deutlich wurde, inkorporiert auch der "Referenzrahmen" beide Positionen. Allerdings ist das freie (oder "kreative" Schreiben) nicht das Allheilmittel der Schreibförderung: vgl. hierzu besonders Genzlinger 1980, 1985, 1987; Steinmann 1985; von Werder 1990; Wernsing 1995). Von daher hat (für mich etwas überraschend) die umfassende "Didaktik" zum Englischunterricht von Timm (1998) zwar ein Kapitel zum "Kreativen Schreiben" (Teichmann 1998), aber keine vergleichbaren Aussagen zum zweckgebundenen Schreiben. Letzteres setzt in aller Regel einen eingrenzbaren soziokulturellen Kontext voraus (siehe Kap. 7.1.1). Die vom Kommunikationszweck geforderte Schriftlichkeit muss zu lesbaren und verständlichen Texten führen (bei Schülern nicht durchgehend gegeben), was sprachpragmatisch gesehen den antizipierten Leser ins Spiel bringt. Der Weg zum Produkt führt über mehrere Überarbeitungs- und Editionsschritte. Schriftsprache arbeitet mit expliziten sprachlichen Ausdrucksmitteln. Sie ist linguistisch gesehen durchkomponiert. Viele Schüler(innen) neigen jedoch dazu, Texte "in einem Zug" niederzuschreiben; zum Teil mit wenig Gliederungsfähigkeit aber häufig mit einem schwach ausgeprägten Bemühen um sprachlich-stilistische Modifikationen. Nicht selten ist der Ausdruck von informeller mündlicher Umgangssprache geprägt, die den Stilkonventionen der Schriftsprache unangemessen ist.

Wenn, wie hier (in 7.4.2) gefordert, ein handlungsorientierter Englischunterricht der Sekundarstufe I zur Fähigkeit vorstoßen soll, produktive schriftliche Sprachleistungen in einem funktionalen Verwendungszusammenhang zu erbringen, dann muss den Schülern ein gewisses Maß an sprach- und textanalytischem Wissen zugemutet und abverlangt werden können. Hier wird keiner Neuauflage der "Linguistisierung" des Oberstufenunterrichts (wie vor etwa 25 Jahren) das Wort geredet, wohl aber einer funktionalen Sprachbetrachtung, wie sie der Funktionalstilistik (vgl. etwa Vorlat 1989) und neuerdings der "*focus on form*"-Bewegung unterliegt (Doughty / Williams 1998).

Die bestmögliche Lösung wäre sicherlich ein integrativer, den Deutsch- und den Fremdsprachenunterricht verschränkender Sprachunterricht, wie ihn Gnutzmann (Gnutzmann / Köpcke 1988, Gnutzmann 2000) für den Teilbereich der Grammatikarbeit im Rahmen eines umfassenderen *language awareness*-Konzepts gefordert und umrissen hat. Ohne eine Ausdruckskompetenz, die in linguistischer Hinsicht hinreichend abgesichert ist, können keine komplexen und kohärenten Texte erstellt, aber auch keine sprachfunktional begründeten Textrevisionen vorgenommen werden. Produktive Textkompetenz und lexikogrammatische Kompetenz bedingen und befördern sich wechselseitig, denn das Schreiben wird (sehr viel stärker als das Sprechen) über bewusste, reflektierte Planungs- und Überarbeitungsprozesse gesteuert. In einer vergleichbar interdependenten Form wird die Schreibschulung nicht bei der funktional-analytischen Sprachbetrachtung stehen bleiben, sondern zu konkreten Textoperationen (Eingriffe, Veränderungen, Umorganisieren) fortschreiten. Diese werden auch in den Emotionen der Lernenden verankert sein müssen, denn Wissen und Können sollten in der Integration von Kognition und Affekt aufgebaut werden können (Geisler / Hermann-Brennecke 1997, Arnold 1999). Die Überschneidung mit den Konzepten und Methoden eines prozess- und / oder produktionsorientierten fremdsprachlichen Literaturunterrichts ist natürlich nicht zufällig (vgl. Caspari 1995; Gienow / Hellwig 1993, 1996), sondern kann planmäßig herbeigeführt werden. In diesem Zusammenhang sei nochmals an die im Kap. 3.1.3 explizierte Grunderkenntnis der groß angelegten Untersuchung zur Sprachkompetenz kanadischer Immersionsschüler erinnert. Eine erfolgreiche zweitsprachliche Kompetenz schlägt sich in zwei Hauptfaktoren nieder: in der lexikogrammatischen Kompetenz und in der schriftsprachlichen Kompetenz (Harley et al. 1990: 9ff.). Das Schreiben in der Fremdsprache ist Notwendigkeit und Chance zugleich.

Die zweit- bzw. fremdsprachliche Schreibschulung kennt im Wesentlichen drei Ansätze, soweit sie sich auf das sach- und adressatenbezogene Schreiben bezieht:

- den Produktansatz   (*product approach*),
- den Prozessansatz   (*process approach*) und
- den Genreansatz   (*genre approach*).

Auch für diesen Teilbereich des fortgeschrittenen Englischunterrichts scheint mir nicht das Entweder-Oder angesagt, sondern ein integriertes Sowohl-Als auch. Der herkömmliche produktorientierte Ansatz, wie er z.B. von Pincas (1982) vertreten wird, gliedert sich in vier aufeinander aufbauende Stufen, für die verschiedene Übergangsformen und Techniken maßgebend sind:

a) die Anbahnung des Schreibens (= *familiarisation*),
b) das kontrollierte Schreiben   (= *controlled writing*),
c) das gelenkte Schreiben   (= *guided writing*) und
d) das freie Schreiben   (= *free writing*).

Der "Freiheitsgrad" des Schreibens, d.h. die Offenheit der Schreibaufgabe, wird mit anderen Worten immer größer. Angenommen die Schüler sollen zur Beschreibung ihres eigenen Zimmers befähigt werden, würden sie sich für den ersten Schritt über Bildvorlagen oder die Vergegenwärtigung eines "Kinderzimmers" mit Einrichtungsgegenständen u.dgl. vertraut machen. Im zweiten Schritt würden sie ausgewählte Redemittel im Rahmen von Strukturgittern manipulieren (*substitution tables, matching exercises*). Im dritten Schritt würden sie ggf. eine entsprechende Abbildung im Lehrwerk oder *workbook* versprachlichen, bevor sie im letzten Schritt das eigene Zimmer darstellen würden. Der Schreibunterricht folgt einem strukturierten Aufbau, wobei die notwendigen Ausdruckselemente vom Lehrer bzw. Lehrwerk bereitgestellt werden. Lernen wird als *assisted imitation* konzeptualisiert; und zwar auf der Basis von Input, der über andere textgebundene und bildgestützte Materialien verfügbar gemacht wird.

Prozessorientierte Ansätze des Schreibens, wie sie White / Arndt (1991), Hedge (1993), Weskamp (1995) und Tribble (1996) vorgelegt haben, folgen im Großen und Ganzen einem vierstufigen Modell (siehe bereits kurz in 7.1.2):

a) Ideen generieren, auswählen und ordnen (*pre-writing: generating and focusing*);
b) Text entwerfen (*composing and drafting*);
c) inhaltliches Überarbeiten durch Hinzufügen oder Tilgen bzw. Umstrukturieren des Inhalts (*revising / reviewing*) sowie
d) sprachliches Überarbeiten des Textes durch Korrekturen an Wortschatz, Grammatik, Rechtschreibung, Zeichensetzung und Layout (*editing / proof-reading*).

Diese Schritte sind nicht als lineare Abfolge zu verstehen, sondern als zyklische Prozesse, die sich von verschiedenen Stellen aus mehrmals wiederholen können. White / Arndt (1991: 4) haben diese Überlegungen in ihr bekanntes Modell des prozessfundierten Schreibens überführt (Abb. 7.16):

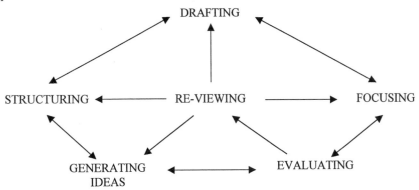

Abb. 7.16:   Modell des prozessfundierten Schreibens (White / Arndt 1991)

Die grundsätzliche Philosophie eines prozessorientierten Ansatzes ist die, dass die Lehrkraft die vorhandenen Dispositionen der Schüler nutzt, indem sie über entsprechende Lernarrangements (etwa Brainstorming, Gruppendiskussion, Partnerarbeit, Schreibkonferenzen, Selbstkorrektur) das Ideen- und Schreibpotential von Lernern entfaltet. Der oder die Unterrichtende versteht sich folglich nicht so sehr als *input provider* (wie beim Produktansatz), sondern eher als *facilitator* (was – wie jede Einseitigkeit – durchaus als Schwäche des prozessorientierten Schreibens gelten kann). Obwohl diese Position in aller Regel einen bestimmten Adressatenbezug kennt, fehlen meistens Hinweise auf textsortenbedingte Unterschiede beim Schreiben. Die in der Abb. 7.16 genannten Schritte haben schließlich nicht bei allen Schreibaufgaben oder Textarten den gleichen Stellenwert. So erfordern z.b. der "Kommentar"-Teil einer Textaufgabe oder eine Klausur im Staatsexamen für ein Lehramt mit Sicherheit mehr Planung und Entwerfen als das Ausfüllen eines Formulars oder das Schreiben einer Ansichtskarte. Dafür dürfte das Editieren sehr viel wichtiger beim Verfassen von Gedichten, Protokollen, Regel- oder Vertragstexten sein als beim Schreiben eines persönlichen Briefs.

Der Genre-Ansatz (*genre approach*: Swales 1990, Cope / Kalantzis 1993) hat sich – wie bereits in 7.1.1 kurz angesprochen – aus funktional begründeten Sprachtheorien entwickelt (insbesondere aus der Schule um Halliday und aus der Fachsprachenforschung). Die Rezeption bzw. Produktion von Texten findet danach immer in einem situativ-sozialen Kontext statt. Der kommunikative Zweck des Schreibens (= *purpose*) steht somit ganz oben in der Analyse des Spektrums verschiedener Schreibsituationen. Mithilfe der Hallidayschen Kategorien von *field*, *tenor* und *mode* könnte deshalb der Genre-Ansatz wie folgt veranschaulicht werden (Abb. 7.17 nach Badger / White 2000: 155):

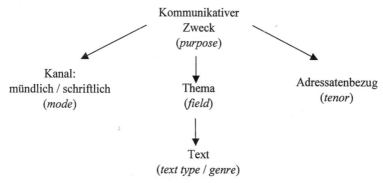

Abb. 7.17 :   Modell des zweckgebundenen Schreibens (Genre-Ansatz)

Ein genregestützter Zugriff auf die Schulung des Schreibens vollzieht sich in der Regel in drei großen Schritten:

a) Präsentation von Textbeispielen, die als repräsentative Realisierung der jeweiligen Zielkategorie gelten können (*as tokens of a type*),

b) die induktive Abstraktion eines übergreifenden Textbauplans für die spezifische Textart und gemeinsames Erstellen (Lehrer und Lerner zusammen) von zentralen Textpassagen bzw. eines Modelltextes als "Prototyp" für das jeweilige Genre,

c) eigenständiges Verfassen von Texten durch die Lernenden.

Der Genre-Ansatz greift mit anderen Worten auf Beispiele, Vorlagen und Imitation gemischt mit kognitiven Analysen textgebundener Sprache zurück. Imitatives Lernen und funktionale Sprachbetrachtung (= *focus on form*) ergänzen sich (vgl. dazu auch die Abb. 6.7 in Kap. 6.4.3).

Badger / White (2000) bemühen sich um eine Synthese der drei Ansätze und entwickeln daraus einen integrierten Zugang zum fremdsprachlichen Schreiben, den sie als "*process genre model*" deklarieren (Abb. 7.18). Die unterbrochenen Linien auf der rechten Seite der Graphik sollen andeuten, dass externe Modelle oder Inputvorlagen nicht immer notwendig sind:

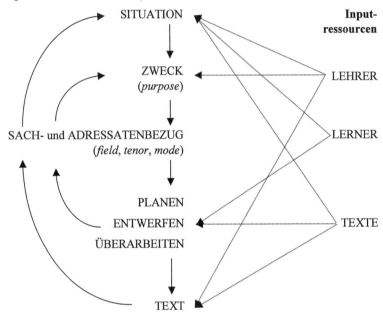

Abb. 7.18: Modell des zweckgebundenen, prozessorientierten Schreibens (*process genre model* nach Badger / White 2000: 159)

7.4.4 Zur Bewertung schriftlicher Schülertexte

Was die Bewertung der Schülertexte angeht, finden sich in den Handbüchern eine Reihe leicht unterschiedlicher Kriterienkataloge (vgl. etwa White / Arndt 1991: 182, Hedge 1993; 145-148): *criteria for marking, grading and evaluation*. Im Wesentlichen lassen sich diese Kriterien auf ein viergliedriges System zurückführen, das dann (da die Kategorie "*Interaction*" bei als Produkt vorliegenden Schreibaufgaben nicht anwendbar ist) eine hohe Kongruenz mit dem "Metasystem" des Referenzrahmens besitzt, das dieser für eine realistisch-praktikable Bewertung (= *feasible assessment*) produktiver kommunikativer Leistungen vorschlägt. Im Referenzrahmen wird eine

326

Reihe vorhandener Kriterienkataloge, wie sie für verschiedene kommunikative Tests im Gebrauch sind (vgl. Council of Europe 1998: 159), auf fünf Kriterien reduziert und mit den entsprechenden Deskriptoren für die sechs Sprachfähigkeitsniveaus des Europarats gefüllt. Dies ergibt die folgende Matrix (Abb. 7.19):

Niveau	RANGE	ACCURACY	FLUENCY	INTERACTION	COHERENCE
C 2					
C 1					
B 2					
B 1					
A 2					
A 1					

Abb. 7.19: Bewertungskriterien für sprachproduktive kommunikative Leistungen (Council of Europe 1998: 159)

In einer Adaption dieses "Metasystems" wären meiner Einschätzung nach die folgenden Kriterien für die Bewertung von Schreibaufgaben sinnvoll (Abb. 7.20):

1. CONTENT

a) a sense of purpose or function of the written text
b) the interest and force of the content ("having s.th. to say"): clarity of content, development of ideas ("a sense of direction"), the organization of the content

2. RANGE OF LANGUAGE

a) the range of vocabulary and grammar
b) the complexity of sentence and text structure, cohesion and coherence (linking ideas, connectives)

3. ACCURACY

a) correctness of vocabulary, grammar, spelling and punctuation
b) presentation of the text: layout, handwriting, overall neatness

4. APPROPRIACY

a) a sense of reader or audience
b) a sense of style: feel for the language, fluency, idiomaticity

Abb. 7.20: Kriterienkatalog für die Bewertung von Schreibaufgaben

Weiterhin muss man sich überlegen, wie man diese Kriterien gewichtet (= *grading criteria*). Hedge (1993: 148) stellt zwei Verfahren vor. Das erste arbeitet mit unterschiedlichen Gewichtungen für die vier Kriterien, etwa:

Kriterien	Gewichtung (Hedge 1993)	Beispiel mit Teilnoten
Content	20 % der Note	II 2 x 0,2 = 0,4
Range	30 % der Note	IV 4 x 0,3 = 1,2
Accuracy	30 % der Note	V 5 x 0,3 = 1,5
Appropriacy	20 % der Note	III 3 x 0,2 = 0,6
Gesamt	100 %	Note: 3,7

Abb. 7.21: Bewertung schriftlicher Schülertexte mit unterschiedlich gewichteten Kriterien

Das zweite arbeitet mit gleichgewichteten Kriterien, etwa:

Kriterien ＼ Notenstufen	Excellent	Good	Fair	Sufficient	Inadequate	Poor
Content		II				
Range				IV		
Accuracy					V	
Appropriacy			III			
Gesamtnote	2 + 4 + 5 + 3 = 14			14 ÷ 4 = 3,5		

Abb. 7.22: Bewertung schriftlicher Schülertexte mit gleichgewichteten Kriterien

Grundsätzlich muss ein derartiges Bewertungsschema (für den Lehrer) einfach zu handhaben und (für Schüler und Eltern) leicht zu durchschauen (sprich: transparent) sein. Auch die schriftlichen Leistungen sollten nach dem *"CAN DO"*-Prinzip bewertet werden, indem sie die inhaltlichen Aussagen sowie den "Mut" zu klar gegliederten, elaborierten Vertextungsstrategien und zum stilistisch variierten Ausdruck "belohnen" (= *linguistic risk-taking behaviour*). Demgegenüber sind "Fehlerzählerei" und Fehlerquotient auf ein didaktisch sinnvolles Maß zu reduzieren. Deutschunterricht und Fremdsprachenunterricht müssen stärker kooperieren, indem sie ihre curricularen Konzepte und ihr Methodenrepertoire im Hinblick auf das dringende Desiderat eines funktionalen Sprachunterrichts auf fortgeschrittenem Niveau abgleichen. Integrierte Text-Spracharbeit und analytische, stilistisch-argumentative Sprachbetrachtung von Texten fiktionaler und nichtfiktionaler Provenienz müssen – mit dem Ziel einer funktional differenzierten Schreibschulung, die zu fremdsprachlichen Kompetenzen führt – aufgewertet werden. Kommunikative Schriftlichkeit sollte verstärkt das eigenständige Profil der Grundkurse mitbestimmen. Dies ist das Gymnasium den Schülerinnen und Schülern schuldig, die ihre fachlichen Schwerpunkte auf andere, "nichtsprachliche" Domänen legen.

8. Die Unterrichtsbeobachtungen

"How can I excell more than my school will allow?" (Meridith, aged 13).

"It's frustrating to know that I'm not learning a whole lot – especially considering how much time I spend in school. It makes me mad" (Eric, aged 13).

Dank der beeindruckenden Offenheit und durchgehend konstruktiven Kooperationsbereitschaft der Schulleiter und Lehrkräfte an den drei "alten" Gymnasien konnten an allen drei Schulen alle Jahrgangsstufen im Englischunterricht besucht werden. In die Unterrichtsbeobachtungen und die -dokumentation wurden zum Teil auch Lehramtstudierende der Freien Universität Berlin mit dem Fach Englisch eingebunden (aus den fachdidaktischen Hauptseminaren des Versuchsleiters). Die Arbeitsaufträge waren vor dem Unterricht festgelegt und verteilt worden, nachdem vorher (in den Lehrveranstaltungen) die methodologischen Grundzüge von Unterrichtsbeobachtung und -analyse in fremdsprachlichen Vermittlungskontexten erarbeitet worden waren. Bis auf wenige Ausnahmen konnten die meisten Stunden auf Tonband aufgenommen werden, so dass im Nachhinein ein erneuter Bezug auf die Daten (sprich: den Unterrichtsablauf) möglich war. Einige Stunden wurden von Studierenden transkribiert und unabhängig von den Erkenntnisinteressen des Versuchsleiters ausgewertet. Alle beobachteten Stunden wurden direkt im Anschluss an den Unterricht mit den Fachlehrer/-innen besprochen.

Zusätzlich zum Unterricht durch die "regulären" Englischlehrer(innen) konnte auch Englischunterricht in Expressklassen beobachtet werden, der von Lehramtstudierenden mit dem Fach Englisch im Rahmen des Unterrichtspraktikums erteilt wurde.

8.1 Methodologische Überlegungen

In Kap. 2.2.3.1 werden unter dem Aspekt der Techniken des Elizitierens von Daten bereits einige Ausführungen zur Methodologie von Unterrichtsbeobachtungen gemacht. Es sei deshalb auf die dortige Diskussion verwiesen, was die Unterscheidung von teilnehmender und nicht-teilnehmender sowie strukturierter und unstrukturierter Beobachtung angeht. Ich hatte mich – nach einigen explorativen unstrukturierten Unterrichtsbeobachtungen in den Expressklassen und vor allem nach den Interviews mit den Lehrkräften (siehe Kap. 1.6.2) – für eine strukturierte Beobachtungsform entschieden. Hier müssen einfach die Grenzen des unterrichtlich Zumutbaren und des forscherisch Machbaren gesehen werden. Sicher wäre es "besser" und aufschlussreicher gewesen, diese Stunden auf Video aufzunehmen, um (ähnlich wie die in die Tiefe gehende Videostudie des umfassenden TIMSS-Projekts) den Interaktionsprozessen und damit den distinktiven Merkmalen der Unterrichts"kultur" auf die Spur zu kommen, aber dies war weder von den personellen noch von den finanziellen Ressourcen und den zeitlichen Vorgaben für unsere Untersuchung her möglich. *Nolens volens* musste mit anderen Worten der Fokus der Beobachtung stark eingegrenzt werden, wobei ich allerdings für meinen Ansatz in Anspruch nehmen möchte, dass mit den von mir gewählten Kategorien (siehe unten 8.1.2) höchst aussagekräftige Indizes auf der Produktebene der fremdsprachlichen Interaktion im Klassenzimmer zur Verfügung stehen.

8.1.1 Prozesse und Produkte der fremdsprachlichen Interaktion

Schulischer Fremdsprachenunterricht ist durch eine Besonderheit gekennzeichnet, die die Notwendigkeit qualifizierter Unterrichtsbeobachtungen mit Nachdruck unterstreicht. Die jeweilige Sprache ist immer Ziel und Mittel der kommunikativen Interaktion im Klassenraum. Von daher kann der institutionell gesteuerte Fremdsprachenerwerb mit der "Arbeitsgruppe ..." (1996: 146f.) wie folgt definiert werden: "Als Fremdsprachenerwerb ist der dynamische Prozeß zu bezeichnen, in dem der Lerner einen in Interaktionen wahrnehmbaren Input kognitiv verarbeitet, um fremdsprachliche Situationen in rezeptiver wie produktiver Weise zu bewältigen". Lernende erwerben eine Fremdsprache in Interaktionen mit anderen Menschen (Lehrern, Mitschülern, Muttersprachlern usw.) und kulturellen Artefakten der jeweiligen Zielsprache (etwa Lehrwerktexte, authentische Texte, medienvermittelte Kommunikation). In diesbezüglichen Interaktionen sehen sich die Lernenden mit fremdsprachlichem Input konfrontiert (alles sprachliche Material in einem weiten Sinn), der für den Lernprozess im Prinzip wahrnehmbar und aufnehmbar ist. Dies heißt jedoch nicht, dass dieser Input auch immer kognitiv verarbeitet wird (= *processing*). Wenn dies geschieht, spricht man von "Intake" (die Produktion sprachlichen Materials wird als Output bezeichnet).

Wie insbesondere in Kap. 3.1.3 hervorgehoben wurde, gilt in der Zweit- oder Fremdspracherwerbsforschung die Text- bzw. Diskurskompetenz als konstitutive Komponente der Sprachfähigkeit (= *proficiency*). Von daher hat die bekannte spracherwerbstheoretische Position von Krashen (1981, 1985: der "verständliche Input" als kausaler Faktor des Spracherwerbs) die notwendige Ergänzung erfahren: z.B. in der sogenannten "Output-Hypothese" von Swain 1985, 1993; Swain / Lapkin 1995 (siehe Kap. 7.4.1). Sprachwissen und kompetenter Sprachgebrauch in einer Fremdsprache bilden sich nicht zuletzt über die Teilnahme an und Bewältigung von gesprochenen wie geschriebenen Diskursen aus. Sowohl die Quantität als auch die Qualität der rezeptiven wie produktiven Sprachverwendung werden damit zu distinktiven Merkmalen des Fremdspracherwerbs im Klassenzimmer. Eine nicht unwesentliche Rolle bei der Evaluierung des Fremdsprachenunterrichts im Rahmen eines Schulversuchs kommt deshalb zum einen den Prozessen der Unterrichtsinteraktion zu und zum anderen den sprachlichen Produkten, die von den Lernenden im Zuge der Unterrichtsaktivitäten "hervorgebracht" werden (= Output). Aufgrund der doppelten Funktion der Fremdsprache (als Ziel und Mittel der Kommunikation im Klassenraum) gilt in aller Regel eine gewisse Beschränkung in der Komplexität der Inhalte (wenn nicht sogar ein Verzicht auf komplexe Gegenstände: zumindest für die Sekundarstufe I) als konsensfähig. Von daher sollte man im Prinzip auch auf die Inhalte schauen, die im Englischunterricht vermittelt bzw. "verhandelt" werden. Wie in den vergangenen Kapiteln 6 und 7 ausgeführt wurde, steht der fortgeschrittene gymnasiale Unterricht durchaus unter dem Anspruch, nicht-triviale (belangvolle) Inhalte aufzugreifen, die zugleich sprachlich bewältigt werden müssen.

Hierbei macht es nicht viel Sinn, die "Qualität" der fremdsprachlichen Interaktion im Klassenraum durch einen Vergleich mit der "authentischen" kommunikativen Interaktion in der Welt außerhalb der Schule bestimmen zu wollen, denn dazu sind die Ziele und Strukturen der Situationskontexte doch zu unterschiedlich. Wir müssen uns schon darauf einlassen, dass die Interaktion in fremdsprachlichen Vermittlungszusammenhängen ein eigener Gegenstandsbereich mit "eigenen" Regeln und eigenen Merkmalen "guten Unterrichts" ist. Die Methodologie dafür ist inzwischen recht gut entwickelt (vgl. Allwright 1988, Chaudron 1988, Allwright / Bailey 1991); allerdings stammen die meisten Beispiele und Studien aus dem Bereich "Englisch als Zweitsprache" in anglophonen Ländern. Vergleichbare Untersuchungen zum Englischunterricht an deutschen Schulen gibt es nur sehr wenige; d.h. was im Unterricht abläuft, was "guten" Englischunterricht ausmacht und welche Ergebnisse (in Bezug auf die Quantität und Qualität der Interaktion) er zeigt, ist weitgehend eine "*Black Box*".

Ein weiteres Problem – im Rahmen der hier vorgelegten Dokumentation – ist der Platzmangel. Ich habe gewisse Vergleichsgrößen für den Englischunterricht an Berliner Grundschulen, an Haupt- und Realschulen sowie in den üblichen Regelklassen Berliner Gymnasien. Nur kann ich das hier nicht alles "ausbreiten". Ich habe ferner über die hier präsentierten Englischstunden hinaus Unterricht in Expressklassen beobachtet, dokumentiert, analysiert und interpretiert. Diese Detailanalysen können hier aus Raumnot ebenfalls nicht vollständig expliziert werden. Ich kann deshalb alle Leser(innen) nur bitten, sich auf den nachstehend vermittelten Ausschnitt aus den Unterrichtsbeobachtungen und auf die dabei eingesetzte Methode der Analyse einzulassen. Wer Zugang zu eigenen Klassen hat, wird meines Erachtens sehr schnell feststellen, dass der Englischunterricht in den Expressklassen zum Teil über außergewöhnliche Merkmale im Hinblick auf die Quantität und Qualität der fremdsprachlichen Interaktion verfügt, die in dieser Weise weder an anderen Schulformen (insbesondere an den Grundschulen) noch in den Regelklassen des Schultyps Gymnasium allgemein üblich sind. In diesem Zusammenhang muss unbedingt auf die Verhaltensdispositionen von Expressschülern verwiesen werden, wie sie sich aus der Sicht ihrer Lehrkräfte darstellen (siehe Abb. 1.1-1.3 in Kap. 1.6.2); denn diese Kategorien waren bestimmend für das erkenntnisleitende Interesse bei den Unterrichtsbeobachtungen (zusammengefasst in der Hypothese 2 in Kap. 1.6.3).

8.1.2   Ausgewählte deskriptive Kategorien der Beobachtung

Für alle (über Kassettenrecorder aufgenommenen) Stunden wurden die folgenden Aspekte – auch quantitativ – erfasst:

- die Art, Anzahl und zeitliche Dauer der Unterrichtsphasen in einer Stunde (Arbeits- und Sozialformen),

- die Zahl der Redebeiträge[24] (= *turns*) pro Phase bzw. Unterrichtsschritt[25],

- der Anteil englisch- und deutschsprachiger Redebeiträge in den einzelnen Unterrichtsphasen und auf verschiedenen Ebenen der Sprachstruktur (= Kriterium der Einsprachigkeit),

- die Zahl und interne Komplexität der Redebeiträge der Lernenden auf bestimmten Ebenen der Sprachstruktur,

- der Prozentsatz der jeweiligen "strukturellen Einheiten" (= *structural units*), also der "*Words / Phrases / Fragments / Clauses / >Clause / Questions*"[26], bezogen auf die Gesamtzahl dieser Einheiten (die mit der Zahl der *turns* nicht identisch ist),

- die Art der Hausaufgabe (= HA).

Diese Daten wurden durchgehend vom Versuchsleiter erhoben (= *rater reliability*). Daneben wurden – je nach der Zahl der anwesenden externen Beobachter (Lehramtsstudenten) sowie der Verfügbarkeit einer Tonbandaufnahme und / oder Transkription – weitere Aspekte des Lehr-Lernkontextes festgehalten:

- die Zahl aller satzbezogenen Äußerungen der Lehrkraft (einfache und komplexe Sätze, vollständige Fragen),

- die Mitarbeit der Schülerinnen und Schüler (differenziert nach dem "Meldeverhalten" der Lernenden und dem "Herannehmen" durch den Lehrer),

- die Wartezeit (= *wait time*) der oder des Unterrichtenden nach jeder Frage bzw. jedem Impuls (gemessen in Sekunden),

- die zeitliche Dauer der komplexen Redebeiträge der Schüler (gemessen in Sekunden), und zwar ohne dass sie dabei von Mitschülern bzw. vom Lehrer unterbrochen wurden,

- der Umgang mit fachspezifischen Arbeitstechniken.

Was die (auch in der Fußnote 26 erwähnten) "strukturellen Einheiten" angeht, so verbirgt sich dahinter eine Analyse der Komplexität der Redebeiträge der Schüler, gemessen an den hierarchischen Ebenen der Sprachstruktur:

- *word*:   alle Ein- oder Zweiwortäußerungen der Lerner (die keine Satzglieder / *phrases* sind),

---

24   Ein Redebeitrag eines Schülers ist jede Äußerung eines Lernenden unabhängig von der internen sprachlichen Komplexität des Beitrages. Ein *turn* wird jeweils von zwei weiteren Äußerungen begrenzt (davor und danach): die des Lehrers und / oder die der Mitschüler.

25   Die Phasen einer Stunde werden mit arabischen Ziffern gekennzeichnet (1, 2, 3...), die Teilschritte einer Phase mit a), b) usw.

26   Die Abkürzungen "Wo, Ph, Fr, Cl, >Cl, Σ Cl, Q" werden weiter unten erläutert.

- *phrase:*   alle Satzglieder von Typus Nominal-, Verbal-, Adjektiv-, Adverbial- und Präpositionalgruppe,

- *fragment:*   alle "bruchstückhaften" Äußerungen zwischen *phrase* und *clause*, die nicht zu Ende geführt werden: z.b. *"What is a sprinkler?"* – [Fragment] *"When you want to ..."*; *"If I don't ..."*, *"Every year you have ..."* oder *"The braces was into ..."*,

- *clause:*   alle vollständigen, einfachen Sätze (= *simple complete sentences*) oder Teilsätze von Satzgefügen bzw. Satzverbindungen (= *clause*),

- *> clause:*   alle komplexen Sätze (Parataxe wie Hypotaxe),

- *questions:* alle vollständigen Fragesätze.

Die Kategorie "ΣCl" (die nicht als strukturelle Einheit gewertet wird) beinhaltet die Gesamtzahl aller Teilsätze, wie sie sich aus den Kategorien *"clause"* und *">clause"* ergibt.

In den Unterrichtsanalysen wird zum Teil auf eine Kategorie zurückgegriffen, die das quantitative Verhältnis von Lehrer- und Schülersprache (*teacher talk* vs. *student talk*) widerspiegeln soll. Hierbei sollen allerdings nur die komplexeren Äußerungen berücksichtigt werden (= *sustained speech*); d.h. Redebeiträge, die mindestens auf der Ebene des vollständigen einfachen Satzes angesiedelt sind bzw. darüber hinausgehen (komplexe Sätze oder satzübergreifende Diskurssequenzen). Für die Lernenden ist dieser *sustained student talk* (= *SST*) ein Maß für den sprachlichen Output, der produziert wird; und für den Lehrer ist der *sustained teacher talk* (= *STT*) ein Indiz dafür, inwieweit die Lehrersprache (u.a. auch) als Modell für die Schüler in Bezug auf komplexere Äußerungen gelten kann. Wichtig ist dabei vor allem das Verhältnis von *teacher talk* und *student talk*, denn nicht wenige Fremdsprachenlehrer(innen) reden zum Teil "einfach zu viel" und nehmen dadurch ihren Schülern wertvolle Zeit für eigene sprachliche Äußerungen weg. Eine für die fremdsprachliche Unterrichtsanalyse interessante Messzahl ist deshalb der Quotient von *SST* und *STT*; d.h. die Relation von satzgebundenen Redebeiträgen der Schüler und satzgebundenen Redebeiträgen der / des Unterrichtenden (*SST : STT*). Dieser Quotient lässt sich als ein Indiz der Qualität der Lehrer-Schüler-Interaktion werten. Daneben sind weitere, relativ leicht zu erhebende Indizes von Interesse:

- Die Anzahl der satzbezogenen Redebeiträge auf Seiten der Schülerinnen und Schüler pro Unterrichtsstunde (vollständige Aussagesätze, Gliedsätze / *clauses* in Parataxe und Hypotaxe bzw. in fortlaufenden Diskursen)

- Die Anzahl selbstinitiierter Fragen und Beiträge seitens der Schüler und das Eingehen bzw. Nichteingehen auf derartige Äußerungen durch die Lehrkraft (= *content feedback*)

- Die Anzahl "echter" Fragen oder Impulse auf Seiten der / des Unterrichtenden (= *referential questions*) im Gegensatz zu didaktisch-rhetorischen Fragen (= *display questions*), zu denen die Lehrkraft die Antwort bereits kennt, sowie das anschließende Eingehen oder Nichteingehen seitens der Lehrperson auf eine entsprechende inhaltsbezogene Antwort eines Lerners

- Die Anzahl nicht-eigenständiger Redebeiträge im Unterricht, die vor allem zwei Gruppen zuzuordnen sind:

  • Einmal das "laute Lesen" eines Textes (in den Stundenprotokollen durch die Notation [ ] markiert), wobei einzelne Schüler in einer "Lesekette" meistens kleinere Abschnitte laut vorlesen[27],

  • zum anderen rein mechanische Übungsketten, die dem "Einschleifen" einer bestimmten Form oder Struktur gelten (in den Stundenprotokollen über die Notation [ ]* gekennzeichnet)

- Die Wartezeit (= *wait time*) seitens der Lehrkraft nach dem eigenen Impuls, abhängig von der Offenheit der jeweiligen "Frage" sowie der Wartezeit bzw. Fehlertoleranz auf Seiten der Lehrperson, nachdem der Schüler begonnen hat, seinen Redebeitrag zu realisieren. Nicht weinige Lehrer zeigen relativ wenig Geduld und unterbrechen im letzteren Fall "vorschnell"; mittels einer sprachlichen Korrektur (bei Fehlern) oder durch "Entzug des Rederechts" (wenn ihnen ein Formulierungsversuch zu langsam geht).

Eine erste, gut lesbare Zusammenfassung zu diesen elementaren Beobachtungskriterien der fremdsprachlichen Unterrichtsanalyse gibt Thornbury (1996). Sie lassen sich insbesondere in der Betreuung von Lehramtsstudierenden im Schulpraktikum bewusst machen. Über reflexive Analysen beobachteten Unterrichts (von Mentoren, Kommilitonen aber auch der eigenen Unterrichtsversuche) lassen sich eine gewisse kritische Distanz und zuweilen sogar Verhaltensmodifikationen anbahnen.

8.2 Ein Vergleich des Englischunterrichts in Regel- und Versuchsklassen

Der Englischunterricht in den Expressklassen muss gegen die Schablone des entsprechenden Fachunterrichts in den Klassenstufen 5 und 6 der Berliner Grundschule und in den Jahrgangsstufen 7 bis 10 gymnasialer Regelklassen gesehen werden. Hierbei ist zu bedenken, dass sich in Berlin inzwischen nahezu die Hälfte (ca. 45%) aller Schülerinnen und Schüler der 7. Jahrgangsstufe in einem gymnasialen Bildungsgang befindet. Darunter sind nicht wenige Schüler, denen im Grundschulgutachten eine andere Schulform als das Gymnasium zur Weiterführung im Sekundarbereich empfohlen wurde. Dies ist ein nicht ganz unwichtiger (weil äußerst heikler) schulpolitischer Diskussionspunkt, denn der Entwurf für ein neues Schulgesetz in

---

[27] Hierunter wird nicht das laute Vorlesen eigenständiger Text- oder Sinneinheiten subsumiert; z.B. nach einer Phase der "Still"arbeit (Einzel-, Partner- oder Gruppenarbeit), wenn einzelne Schüler(innen) ihre schriftlich erarbeiteten oder (vor)formulierten komplexeren Beiträge "vorlesen" bzw. "vortragen".

Berlin (vom März 2001) sieht gewisse Veränderungen für die "Bildungsgangempfehlung" der Grundschule vor (so der neue Begriff). Ob bzw. in welchem Maße damit die bisherigen Regelungen zur Disposition stehen oder sogar Einschränkungen im Elternrecht bezüglich der Wahl einer weiterführenden Schule greifen könnten, bleibt abzuwarten. Festzuhalten ist, dass die Schülerschaft in der sechsjährigen Grundschule und in den Gymnasien des Stadtstaates äußerst heterogen ist[28].

8.2.1 Englischunterricht in Regelklassen der Berliner Schule

8.2.1.1 Unterrichtsskripte im schulischen Fremdsprachenerwerb

Soweit meine erfahrungs- und beobachtungsgestützten Reflexionen unterrichtlich gesteuerten Fremdsprachenerwerbs in allen Schulformen und auf allen Stufen des Lehrgangs zeigen, gibt es vor allem vier Grundmuster für das Modellieren von Unterricht im üblichen (stundenplanbedingten) Zeittakt von 45 bzw. 90 Minuten. Diese prinzipiell unterschiedlichen Herangehensweisen an die Planung und Realisierung von Englischstunden sollen mit dem Begriff Unterrichtsskript belegt werden; wobei der Terminus "Skript" bekanntermaßen in der kognitionswissenschaftlichen Literatur für mentale Repräsentationen steht (allgemein: *schemata*), die sich auf das Situationswissen beziehen (= prozedurales Wissen). Demgegenüber erstrecken sich *frames* auf deklaratives Faktenwissen in Bezug auf Sprache und Welt. Einer Anregung von Thornbury folgend (1991, 1999) sollen diese grundlegenden Vorstellungsweisen und intersubjektiven Unterrichtsroutinen metaphorisch gefasst werden: "It has been shown that, when planning, experienced teachers draw on lesson schemata, or *mental scripts*, and that these provide a kind of template on which to map lower-order planning decisions. These mental scripts are often conceived in visual terms as *lesson images*" (Thornbury 1999: 4).

Eher instruktivistische Erarbeitungsskripte

Hierunter soll das kleinschrittige, lehrerzentrierte Erarbeiten stofflicher Inhalte nach dem "*IRF*"-Schema ("*Initiation-Response-Feedback*": vgl. Cook 1996: 120f.) mit einem durchschnittlichen Gesprächsanteil von etwa 70% für den Lehrer (= *teacher talk*) verstanden werden (= *transmission teaching*), und zwar in den beiden Varianten:

---

[28] Etwa ein Viertel eines Jahrgangs besucht Gesamtschulen, knapp 20% wechseln auf Realschulen über, die restlichen ca. 15% verteilen sich auf die Haupt- und Sonderschulen der Stadt.

- "PING PONG" (oder gar "FLIPPER" am Spielautomaten)

  Im Sprachunterricht führt dies zu Stunden, die üblicherweise der Sicherung des sprachlichen und inhaltlichen Verständnisses eines didaktischen oder authentischen Textes dienen. Charakteristisch dafür ist das zielführende, ergebnisorientierte, nahezu symmetrische "Unterrichtsgespräch" (was die Zahl der steuernden Lehrerimpulse und der entsprechenden Schülerantworten betrifft), das überwiegend der Texterarbeitung dient und normalerweise einen weitgehend "diffusen Fertigkeiten-Mix" (ein funktional wenig differenziertes Lese- und / oder Hörverstehen, viel Mitlesen, viel lautes Lesen, wenig komplexes und eher reagierendes Sprechen, Abwesenheit produktiver Schreibaufgaben) beinhaltet.

- "TRICHTER"

  Im Fremdsprachenunterricht (ähnlich wie im konventionellen Mathematikunterricht) ist dieses Skript vor allem mit der lehrergeleiteten, induktiven Regelfindung im Vollzug einer stark formgebundenen Grammatikarbeit assoziiert. Der Lehrer präsentiert Beispielsätze, führt die Schüler(innen) dann – immer stärker auf die Erarbeitung einer Regel fokussiert – zur Vermittlung einer Einsicht, um anschließend (gewissermaßen im Auslaufrohr des "Trichters") das jeweilige sprachliche Phänomen (die Struktur) über habitualisierende Verfahren "einzuüben" oder zu festigen.

Stärker konstruktivistische, aufgabenbasierte Skripte

Hiermit ist die zeitweilige Öffnung des Fremdsprachenunterrichts in sprachlicher, inhaltlicher, methodischer und organisatorischer Hinsicht gemeint; ausgerichtet auf eine strukturierte Entfaltung sprachlich-kommunikativer Handlungskompetenzen, wobei für derartige Stunden (= "*lessons as performance events*": Thornbury 1999: 5) wiederum zwei Varianten hervorzuheben sind:

- "EIERUHR" (bzw. "STUNDENGLAS")

  Die Öffnung bezieht sich (im Rahmen einer traditionell "getakteten" Stunde) auf spezifische Unterrichtsschritte oder -phasen; d.h. die Schüler werden zunächst durch den Lehrer an eine bestimmte offen-komplexe Aufgabe (= *task*) herangeführt (sei es eine szenische Darstellung oder Schreibaufgabe, ein Rollenspiel oder Interview u.dgl. mehr), bevor sie in einer "Still"arbeitsphase (Einzel-, Partner- oder Gruppenarbeit) ihre eigenen Vorbereitungen treffen, die sie dann in einer eher inhaltsorientierten "Inszenierung" einer sprachlich-kommunikativen Interaktionssituation realisieren.

- "ÜBERLAUFGEFÄß" oder "ARTESISCHER BRUNNEN"

  Gelegentlich sind Stunden zu beobachten (und zu erleben!), die in Gänze eine aufgabenbasierte und kommunikationsorientierte didaktische Inszenierung darstellen. Dies ist entweder einem strukturierten, über mehrere Unterrichtsstunden verteilten projektbezogenen Ansatz zu verdanken, wenn in dieser spezifischen Einzelstunde das Gefäß der mitteilungsbezogenen Kommunikation gewissermaßen "überläuft". Oder es handelt sich um einen dieser "fruchtbaren Momente im

Bildungsprozess" (Coppei 1929), wenn ein einzelstundenbezogenes Unterrichts-
vorhaben genau eine "kommunikative Wasserader" trifft, so dass es dann bei den
Schülern "nur so sprudelt" (metaphorisch deshalb als "ARTESISCHER
BRUNNEN" deklariert).

8.2.1.2 Eine synoptische Darstellung von Englischstunden der Jahrgangstufen 5 bis 11

Fremdsprachenunterricht ist ein höchst komplexer Gegenstand und Unterrichtsforschung eine sehr aufwändige, mühsame Angelegenheit. Auf der Grundlage der in
8.1 vorgestellten Überlegungen, Möglichkeiten und Beobachtungskategorien soll hier
eine Auswahl von Unterrichtsstunden im Fach Englisch präsentiert werden, deren
Darstellung auf die Outputebene der Schülerbeiträge reduziert wird. Natürlich lässt
sich damit auf keinen Fall die Komplexität und Dynamik der Interaktionsprozesse im
fremdsprachlichen Klassenzimmer abbilden. Aber angesichts des akuten Mangels an
empirischen Daten muss man irgendwo anfangen, wenn man Licht in die "*Black Box*"
des schulischen Fremdsprachenerwerbs bringen will. Ich habe mich hierbei am
Beobachtungssystem der kanadischen Immersionsforschung orientiert (siehe Kap.
2.2.3.1 zum sogenannten *COLT*-System: "*Communicative Orientation of Language
Teaching*"), ohne es aber auch nur annähernd bei meinen eigenen Unterrichts-
dokumentationen und -analysen umsetzen zu wollen (vgl. Fröhlich / Spada / Allen
1985 und Spada / Fröhlich 1995).

Mein Anspruch ist sehr viel bescheidener: Ich suche nach relativ "leicht" und
zuverlässig zu erhebenden Indikatoren für das kommunikative Geschehen im
Englischunterricht ("*COLT*" spricht hier von "*classroom events*" und "*communicative
features*"), die mir erlauben, in konkreter und objektivierter Form etwas über die
Spezifik des Unterrichts in Expressklassen im Gegensatz zu den Regelklassen der
Berliner Schule auszusagen. Für die hier aus Platzmangel gebotene synoptische
Darstellung habe ich die Beschreibungskategorien des Kap. 8.1.2 nochmals reduziert.
Die Kategorie "< Cl" steht somit für alle strukturellen Einheiten unterhalb der
Satzebene; also "*sounds and / or letters*" (etwa beim Buchstabieren), "*words*" (Ein-
und Zweiwortäußerungen), "*phrases*" (Satzglieder) und "*fragments*" ("abgebrochene"
Satzfragmente). Die erste Spalte (die sich auf die Inhalte des Unterrichts bezieht)
nennt lediglich Stundenthema bzw. -ziel; die Phasierung der Stunden über
Unterrichtsschritte und -aktivitäten kann in diesem Zusammenhang nicht gesondert
ausgewiesen werden. Alle in den Tab. 8.1 – 8.6 dokumentierten Englischstunden
wurden in den vergangenen vier Jahren (1998 – 2001) beobachtet und ausgewertet. Sie
erheben keinen Anspruch auf Repräsentativität der Analyse für die gesamte Berliner
Schule.

Tab. 8.1: Englischunterricht in Regelklassen der Berliner Grundschule (Jahrgangstufen 5 und 6)

Stundenthema und -ziel	Sch. (N)	Turns	Struct. Units	Englisch					Deutsch	
				< Cl	Cl	> Cl	Σ Cl	Q	< Cl	Cl + Q
KLASSE 5 Erarbeitung eines Lehrwerktexts (bes. Hörverstehen):	25	33 [32]	35	7 [3]	14 [13]	12 [18]	38 [61]	0	1	1
Parallelklassen (themengleich)	14	18 [56]	19	6 [1]	9 [7]	0 [54]	9 [116]	0	0	4
KLASSE 6 a) Teilungsunterricht: Rekonstruktion der Geschichte "*The Rabbit and the Turtle*"	13	57 [27]	63	29 [5]	7 [7]	1 [14]	9 [63]	0	6	20
b) Klassenverband: Globalverstehen eines Rap Songs und mündliches Nacherzählen der Geschichte "*The Rabbit and the Turtle*"	28	140 [2]	152	82	21 [2]	6	36	2	24	17

Hierzu einige Anmerkungen: In schwachen Lerngruppen ist selbst bei Teilungsunterricht wenig Output auf Seiten der Schüler(innen) zu beobachten. Dafür wird sehr viel laut gelesen. Komplexere Äußerungen (über die Satzgrenze hinaus) fehlen fast gänzlich bei solchen Lernenden. In vielen Klassen ist ein relativ häufiger Gebrauch des Deutschen zu verzeichnen. In der Regel werden in diesen Situationen die englischen Äquivalente von dem / der Unterrichtenden nicht eingefordert. Wenn auf persönliche Interessen der Schüler im Anfangsunterricht eingegangen wird (in der 6. Klasse war es üblich, dass die Kinder englischsprachige Lieder oder Materialien mitbringen durften), steigt die Zahl der (englischen und deutschen) Beiträge, selbst wenn nur "Wortbrocken" verstanden und "eingeworfen" werden. Eine über mehrere Stunden aufgebaute komplexere sprachliche Leistung (wie das mündliche Erzählen der Zusatzlektüre "*The Rabbit and the Turtle*") gelingt Schülern (der 6. Klasse) über einzelne Beiträge auf der Ebene des einfachen Satzes. Satzverbindungen kommen dagegen selten vor (wenn dann mit zwei Gliedsätzen).

Im Folgenden (Tab. 8.2) sollen einige Stunden aus der Sekundarstufe I präsentiert werden (fokussiert auf die Komplexität des sprachlichen Outputs auf Seiten der Schüler), die sich dem externen, nicht-teilnehmenden Beobachter als "typische" Repräsentanten des "PING PONG"-Schemas darstellten.

Tab. 8.2   Englischunterricht in gymnasialen Regelklassen der Sekundarstufe I nach dem "PING PONG"-Skript

Stundenthema und -ziel	Sch. (N)	Turns	Struct. Units	Englisch					Deutsch	
				< Cl	Cl	> Cl	Σ Cl	Q	< Cl	Cl + Q
KLASSE 7 Erarbeitung eines Lehrwerk-texts (*news report: fact story*) im Tei-lungsunterricht	a) 17	50 [16]	54	25	17 [2]	5 [8]	32 [113]	2 [6]	0	5
	b) 16	52 [18]	54	15	26	9 [9]	49 [113]	4 [9]	0	0
Umschreiben des eigenen Zeugnisses in ein britisches Schulzeugnis	32	46 [31]	50	23 [17]	14 [7]	2 [9]	19 [26]	2	7	2
KLASSE 8 Erarbeitung eines dialo-gischen Lehr-werktexts: Begrüßung eines deutschen Aus-tauschschülers in den USA	26	24 [2]	26	2	9	13 [2]	90 [15]	0	0	2
KLASSE 9 Erarbeitung eines Lehrwerk-texts: Vorgangsbericht (*action story*)	26	23 [12]	26	9	3 [2]	14 [10]	73 [27]	0	0	0
KLASSE 10 Sicherung des Textverstehens (bes. über das Hörverstehen) des Musical-Songs "*I like to be in America*"	16	28 [22]	28	15	4 [12]	8 [11]	24 [72]	1	0	0

Auch hier wieder einige kommentierende Anmerkungen: In den Stunden, die der "PING PONG"-Routine folgen, gibt es selbst auf der Mittelstufe relativ wenige satzgebundene Schüleräußerungen und so gut wie keine Schülerfragen. In den beiden Teilkategorien struktureller Einheiten, die sich auf den einfachen Aussagesatz (*simple sentence*: "*Cl*") oder den komplexen Satz (Satzverbindung oder Satzgefüge: ">*Cl*") beziehen, liegt in aller Regel (Ausnahme: der Teilungsunterricht in der 7. Klasse) die Zahl der Redebeiträge (= *turns*) deutlich unter der Zahl der Schüler in der jeweiligen Lerngruppe. Es ist also immer nur eine Minderheit der Lernenden, die satzstrukturell vollständige oder komplexere Äußerungen produzieren. Es werden nach meinen Beobachtungen zu wenige Impulse seitens der Lehrkräfte gegeben, die wirklich komplexe Redebeiträge einfordern; z.B. Zusammenfassungen geben, die Position eines Textprotagonisten darstellen, Argumente zu einem Sachverhalt auflisten, eine Beschreibung oder Charakteristik versuchen, passagenbezogenes Nacherzählen, die eigene Meinung der Schüler elizitieren u.dgl. mehr. Dafür wird umso mehr das laute Vorlesen "gepflegt". Diese Arbeitsform ist sicher zum Teil notwendig (wegen der noch vorhandenen Aussprachprobleme), andererseits wirkt sie jedoch oft wie reine Beschäftigungstherapie. Die Einsprachigkeit wird beim "PING PONG"-Skript über weite Strecken gewahrt.

Die für das zweite Skript (den "TRICHTER") typischen Grammatikstunden, die durch Regelfindung und imitativ-analoges "Einüben" der formalen Strukturelemente gekenn-zeichnet sind, sollen anhand von zwei Beispielen veranschaulicht werden (Tab. 8.3).

Tab. 8.3:   Grammatikstunden in gymnasialen Regelklassen nach dem "TRICHTER"-Skript

Stundenthema und -ziel	Sch. (N)	Turns	Struct. Units	Englisch					Deutsch	
				< Cl	Cl	> Cl	Σ Cl	Q	< Cl	Cl + Q
KLASSE 7 Einführung und Übung des "*simple present passive*"	29	39 [6]	39	21	12 [6]	2	19	3	1	0
Einübung von "*if*"-Sätzen (Typ 1+2)	22	58 [17]	58	11	29 [14]	14 [14]	67 [35]	0	4	0

Das Gesamtbild ist dem "PING PONG"-Schema recht ähnlich: ein weitgehend einsprachiger Unterrichtsverlauf, wenige Schülerfragen, wenig komplexe Redebeiträge der Lernenden (die Bedingungssätze beinhalten von ihrer Struktur her zwei Gliedsätze, somit "steigt" die Zahl der *clauses* etwas an). Die quantitativen Angaben weisen aber auch aus, dass ein Transfer der satzbezogenen Strukturarbeit auf das eigenständige sprachliche Handeln in textorientierten Verwendungszusammenhängen nicht stattfindet. In derartigen Grammatikstunden lernen die Schüler(innen) typischerweise nicht, was denn eigentlich die Textfunktionen der jeweiligen Konstruktionen sind bzw. wie die Strukturen themen-, textarten- und situationsgerecht zu gebrauchen sind.

Das hier mit dem Terminus "EIERUHR" belegte Skript stellt in seinen konstruktivistischen Aspekten im Prinzip eine Umkehrung des "TRICHTER"-Schemas dar. Der oder die Unterrichtende versucht im zeitlichen Rahmen einer Unterrichtsstunde, die Lernenden zunächst auf eine freiere Aufgabenform "vorzubereiten", bevor der Unterricht für eigenverantwortete, komplexere Sprachleistungen der Schüler "geöffnet" wird. Eine derartige Arbeitsweise "kostet viel Zeit"; andererseits dürften inhaltsbezogene und text- bzw. diskursgebundene Mitteilungen in vielen Regelklassen ohne diesen Zeitaufwand nicht zu bekommen sein. Die quantitative Analyse des Schüleroutputs macht diese Gegebenheiten recht deutlich sichtbar (Tab. 8.4).

Der gemeinsame Nenner dieser Stunden ist das Bestreben, so etwas wie mitteilungsbezogene Kommunikation über landeskundliche oder lebensweltlich relevante Inhalte aufzubauen (aus interkultureller Perspektive oder der Sicht von Schülerinteressen). Das Bemühen um schülerorientierte Themen ist jedoch keine unbedingte Erfolgsgarantie, wie die quantitative Synopse einer Doppelstunde in einem äußerst schwachen Basiskurs (11. Klasse) unter Einsatz eines Videoclips zeigt (Tab. 8.5).

Die Schwierigkeit eines Vorhabens (gesehen als Interdependenz von sprachlichem und inhaltlichem Anspruch im Abgleich mit den Voraussetzungen auf Seiten der Schüler) ist eine relative Größe, die sich im Wesentlichen nur über die Erfahrung der Lehrkraft und die Kenntnis der Lerngruppe abschätzen lässt. Liegt man hier falsch, leidet der Output und damit der Lernerfolg der Schülerinnen und Schüler.

Die Beispiele für projektorientiertes Arbeiten in der Sekundarstufe I sind rar. Allerdings spricht nichts gegen einen derartigen Ansatz, wenn der oder die Unterrichtende bereit ist, aus dem üblichen einzelstundenfundierten "PING PONG"- oder "TRICHTER"-Skript auszubrechen; und zwar schon zu Beginn des weiterführenden Unterrichts der 7. und 8. Klasse (siehe die ersten beiden Beispiele in Tab. 8.6). Die Metapher des "ÜBERLAUFGEFÄßES" soll andeuten, dass im Sinne eines mittelfristigen didaktischen Planens und Handelns das "Gefäß" erst einmal (sprich: in den Stunden davor) "gefüllt" werden muss, bevor sich ein produktiver Schwall an komplexerem Output löst. Das dritte Beispiel der Tab. 8.6 schließlich ist einer dieser "Glücksfälle", wenn Thema, Einstieg, Basistext, anthropogene Voraussetzungen, Methode, Mitarbeit und Stundenziel eine ausgewogene Einheit ausmachen, so dass sich eine überdurchschnittlich hohe Ausdrucksbereitschaft und -fähigkeit einstellt.

Tab. 8.4   Englischstunden   in   gymnasialen   Regelklassen   nach   dem
"STUNDENGLAS"-Skript

Stundenthema und -ziel	Sch. (N)	*Turns*	*Struct. Units*	Englisch					Deutsch	
				< Cl	Cl	> Cl	ΣCl	Q	< Cl	Cl + Q
KLASSE 8 Sehenswürdigkeiten in Manhattan und Wegbeschreibungen mit Hilfe eines Stadtplans	27	58	61	19	32	8	85	0	0	2
Schulordnungen US-amerikanischer Schulen und Verfassen von Regeln für die eigene Schule	21	7 [5]	9	0	0	6	41 [76]	0	0	3
KLASSE 9 Verfassen eines schriftlichen Zeitungsberichts von ca. 60 Wörtern	16	18 [11]	18	1 [11]	3	10	50	0	2	2
KLASSE 10 "*Blacks & Hispanics and the American Dream*": Versprachlichen und Interpretieren von Graphiken und Diagrammen	19	24 [3]	31	15	4	7 [3]	53 [28]	0	2	3
KLASSE 11 Sprachliche Ausweichstrategien in unangenehmen Gesprächssituationen	19	47	61	22	7	24	93	8	0	0
Rezeptionsgespräch über einen Videofilm zum "*Miners' Strike*" von 1984/85	16	29	29	3	3	23	149	0	0	0
Vertiefen von Kenntnissen zur Atomenergie über das Verarbeiten von Statistiken	11	53 [1]	58	10	5	25	105 [15]	7	11	0

Tab. 8.5: Zu hohes Anspruchsniveau in einer Englischstunde (90 Minuten) nach dem "STUNDENGLAS"-Konzept (11. Klasse)

Stundenthema und -ziel	Sch. (N)	Turns	Struct. Units	Englisch					Deutsch	
				< Cl	Cl	> Cl	Σ Cl	Q	< Cl	Cl + Q
Pop Song *"Jesus, he loves me"* der Gruppe *Genesis* a) "Still"arbeit in Gruppen	21	16 [Lied]	17	3	6	3	17	2	0	3
b) Vorstellen der Ergebnisse	21	30 [6]	45	19	12 [2]	4 [4]	21 [10]	0	3	7

Tab. 8.6: Englischstunden in gymnasialen Regelklassen nach dem Skript des "ÜBERLAUFGEFÄßES" oder "ARTESISCHEN BRUNNENS"

Stundenthema und -ziel	Sch. (N)	Turns	Struct. Units	Englisch					Deutsch	
				< Cl	Cl	> Cl	Σ Cl	Q	< Cl	Cl + Q
KLASSE 7 Szenische Darstellung eines Interviews auf der Basis eines in der Stunde vorher erarbeiteten Lehrwerktextes	29	83 [3]	92	2	24	39 [3]	120 [6]	24	0	3
KLASSE 8 Projektorientierte Unterrichtseinheit: Lehrwerktexte und Internetrecherchen zu ausgewählten Aspekten US-amerikanischer *High Schools* a) Stunde 1: Recherchen im Internet b) Stunde 2: Vorbereitung einer *"poster presentation"* in sieben Gruppen c) Stunde 3: Vorstellung der Gruppenergebnisse (vier von sieben Themen):	24	34	36	9	4	19	93	2	2	0
KLASSE 10 Hörverstehensschulung und inhaltliche Auseinandersetzung mit dem *Beatles*-Lied *"She is leaving home"*	26	53	56	2	13	37	145	2	1	1

Zusammenfassend lässt sich für die Regelklassen festhalten, dass der gymnasiale Englischunterricht aber auch der Anfangsunterricht der undifferenzierten, sechsjährigen Grundschule überwiegend einem instruktivistischen, texterarbeitenden und strukturen-einübenden Unterrichtsskript folgen. Dies gewährleistet zwar in vielen Fällen ein hohes Maß an Einsprachigkeit, stofflicher Progression und lernzielorientierter Ergebnissicherung, geht jedoch einher mit wenig komplexen sprachlichen Outputleistungen, einer geringen inhaltlichen Eigenaktivität und einer nur minimal ausgeprägten Fragehaltung auf Seiten der Schülerinnen und Schüler. Dem externen Beobachter drängt sich nachhaltig der Eindruck auf, dass der konventionelle lehrwerkgestützte Englischunterricht von einem hohen "Zwang" zum Pensendenken und zur Stoffvermittlung geprägt ist. Dies ist nicht primär dem Lehrwerk *qua* Lehrwerk anzulasten. Ein Lehrwerk ist ein "Vorschlag" der Autoren; ein "Steinbruch" (wie Gutschow vor etlichen Jahren formulierte), den der Lehrer nach eigener Einschätzung durcharbeiten kann. Es scheinen die internalisierten Professionskonzepte und die damit einhergehenden Unterrichtsskripte (einschließlich der historisch gewachsenen Verfahren der Leistungskontrolle und -messung) zu sein, die viele Lehrer dazu bringen, angesichts des selbst auferlegten Stoffdrucks Freiräume für die Entwicklung funktionaler Sprachhandlungskompetenzen nicht zu sehen oder nicht zu nutzen bzw. deren Existenz (die der Freiräume) aus anderen Erwägungen zu negieren. Sicher – die Klassen sind zum Teil (zu) groß, doch dieses Faktum erklärt nicht alles. Oft scheint wenig Einsicht in die Notwendigkeit und Möglichkeit alternativer Unterrichtsskripte vorhanden zu sein.

8.2.2 Prototypische Unterrichtsprotokolle aus Expressklassen

Im Folgenden sollen exemplarisch acht Unterrichtsstunden in Expressklassen dokumentiert werden. In Übereinstimmung mit den Aussagen der Lehrkräfte zu der (offensichtlich) beschleunigten Leistungsentwicklung in den ersten Jahren des Lehrgangs sollen vor allem Stundenprotokolle aus der 5., 6. und 7. Klasse vorgestellt werden (und zwar zu jeder Jahrgangsstufe zwei Stunden), die die Spezifika des Unterrichts in diesen Klassen besonders deutlich widerspiegeln. Zum Vergleich werden dann nochmals zwei Englischstunden aus einer 10. Expressklasse belegt.

8.2.2.1 Jahrgangsstufe 5

BEISPIEL 1: Englisch in Klasse 5 im Klassenverband

Schule:	06
Klasse:	5x (Express), 32 Schüler
Fachlehrer:	06/05
Zeit:	Fr 12.6.1998, 1. Std, 8.00 - 8.45 Uhr
Themenkreis:	Nottingham then and today - Robin Hood
Sachgebiet:	Expositorischer Informationstext: Vergangenheit und Gegenwart einer englischen Großstadt (Nottingham); germanische und romanische Steigerung
Stundenthema:	"Welcome to Nottingham", Step A der Unit 2 des Lehrwerks *Learning English. Green Line*, Bd. 2, S. 20 + 21
Stundenziel:	Erarbeitung des Lehrbuchtextes mit dem Schwerpunkt auf der Beschreibung der textbegleitenden Abbildungen

Lernziele:

- Schulung des Hörverstehens: Detailverstehen des Textes (unter Rückgriff auf das Mitlesen)
- Mündliche Beschreibungen der Abbildungen im Buch
- Übung im Gebrauch der Steigerungsformen des Adjektivs

Voraussetzungen

Der Lehrer führt die Klasse in Englisch und Deutsch seit Beginn des Schuljahres und ist zugleich Klassenlehrer in der 5x. Er verfügt aufgrund eines mehrjährigen Auslandsaufenthalts in Schottland über ein hervorragendes britisches English und bemüht sich um konsequente Einsprachigkeit in der Lerngruppe. Äußerungen, die nur ein oder zwei Wörter umfassen, wurden in den ersten Monaten Englischunterricht (nach eigenem Bekunden des Lehrers) mit Nachdruck "untersagt". Sein Neigungsfach ist Schulspiel, und er hat bereits zu Weihnachten 1997 (also nach fünf Monaten Englischunterricht) mit der 5x ein kleines Stück (*a playlet*) nach einer Kinderbuchgeschichte (*Rabbit and Tortoise*) umgeschrieben, inszeniert und aufgeführt.

Der zweite Band des Lehrwerks *Learning English. Green Line* fällt den meisten Schülern zu Beginn der Arbeit damit schwerer als der erste Band, denn die Texte sind länger, komplexer und von der Gattung her stärker narrativen Charakters. Dies gibt sich jedoch nach einiger Zeit, wenn die Schüler mit den "neuen" Textarten besser vertraut sind. Der vorliegende Text ist den Schülern in groben Zügen bekannt, denn in der Stunde davor sind sie mit den neuen Vokabeln (auf der Grundlage des Vokabelverzeichnisses) vertraut gemacht worden. Der Lehrer führt häufig keine "klassische" Bedeutungsvermittlung im Sinne des englischen Anfangsunterrichts durch, denn er hat die wiederholte Erfahrung gemacht, dass die Schüler(innen) im Lehrbuch "vorlesen" oder die neuen Wörter bereits kennen und dann gehäuft die deutschen Begriffe in die Klasse rufen. Von daher lässt er neue Vokabeln eher aus dem Textzusammenhang erschließen bzw. die Schüler bei Bedarf die Erklärungen selbst versuchen (bevor er selbst, so nötig, eine Umschreibung liefert).

Die der 5. Klasse zugewiesene Teilungsstunde wird oft für die Arbeit im Sprachlabor der Schule benutzt: vor allem für Aussprache- und Nachsprechübungen sowie intensive Korrekturphasen seitens des Fachlehrers. – Die Stunde wurde über eine Audioaufnahme aufgezeichnet.

Stundenverlauf: siehe Tabelle 8.7

Interpretation

Die hier dokumentierte Stunde beginnt nach der Erledigung organisatorischer Angelegenheiten mit der Bitte einiger Kinder, sich umsetzen zu dürfen. Von daher sind relativ viele "echte", von den Kindern selbst initiierte Fragen der Schüler(innen) zu verzeichnen. Der Bitte wird entsprochen: *"Can I sit next to X?"*). Diese soziale, gruppendynamische Seite der Unterrichtsorganisation erfährt eine Fortsetzung in einem Klassengespräch, in dessen Verlauf der Lehrer sich nach den Aktivitäten der Kinder am Nachmittag des Vortages erkundigt (= *small talk*). Es werden mit anderen Worten vom Lehrer *referential questions* gestellt ("*What did you do yesterday afternoon?*"), die den Gebrauch des *past tense* einfordern und auf die die Kinder überwiegend mit kompletten Sätzen antworten; und zwar unter Verwendung des *past tense* (gegen Ende des ersten Lernjahrs!). Der Lehrer lässt dabei den Schülern sehr viel Zeit. Er hetzt und drängt sie nicht zu einer schnellen Antwort, sondern variiert bei seinen "echten" Fragen gekonnt mit einer relativ langen Wartezeit (*wait time*); in der Regel zwischen 8 und 12 Sekunden (was wahrlich nicht die Regel in den meisten Englischstunden ist):

- "What did you do yesterday afternoon?" – Wartezeit: 12 Sekunden.
- "What did we do in our English lesson yesterday morning?" – Wartezeit: 11 Sekunden.
- "And what did we do in the second lesson?" – Wartezeit: 8 Sekunden.

An dieser Stunde sind zwei bemerkenswerte Aspekte hervorzuheben. Zum einen ist der Anteil des Deutschen (noch dazu für eine extrem lebendige 5. Klasse) erstaunlich niedrig. Nur in 9% aller Schülerbeiträge wird darauf zurückgegriffen; ansonsten wird der didaktische Grundkonsens, sich prinzipiell des Englischen zu bedienen, eingehalten. Die beiden Satzäußerungen in der 1. Phase sind inhaltlich motivierte Zwischenrufe, für die der Lehrer keine Aufforderung erteilt hatte ("X setzt sich immer da hin" bzw. "Du warst doch angeblich..."). Deutsche Begriffe fallen eigentlich nur, weil die Schüler(innen) in ihrem Bemühen um mitteilungsbezogene Kommunikation an ihre sprachlichen Grenzen stoßen. Hierzu ein Beispiel aus der Transkription des Unterrichtsablaufs (Phase 3):

S1: What does the word "deer" mean?
S2: (Zwischenruf) Rotwild.
L: Can you explain that in English, please.[Wartezeit des Lehrers: 7 Sekunden]
S2: A buster - you all know what a buster is ...
L: No.
S2: Jäger.
L: A hunter.
S2: A hunter is hunting deer, and a deer is an animal. A deer has got...
S3: Deers are... Was heißt'n Hörner?
L: The word you are looking for is "antlers".

Der Rückgriff auf *buster* ist vermutlich eine (durchaus kreative) Analogie zu *ghostbuster* = 'Geisterjäger' (eine Filmkomödie), d.h. Jäger / *hunter* = * *buster*.

Oder der Lehrer spürt, dass es dem Kind sehr wichtig ist, den deutschen Begriff einzubringen:

S1: What means the word knitwear?
L: Form a question, please. What does the word knitwear mean?
S1: What does the word knitwear mean?
S2: Can I say it in German?
L: I don't think it's necessary. All these clothes made of wool are knitwear. But you *want* to say it in German?
S2: Yeah, *Strickwaren*.

Tab. 8.7: Stundenverlauf 06/05/5x.1 am 12.6.1998

Unterrichtsschritte	Zeit in Minuten	Σ der Turns	Englisch							Deutsch						
			Wo	Ph	Fr	Cl	>Cl	ΣCl	Q	Wo	Ph	Fr	Cl	>Cl	ΣCl	Q
0. Organisatorisches	5	0	0	0	0	0	0	0	0	0	0	0	0	0	0	0
1. *Warming up:*																
a) Umsetzen der Schüler(innen)	2	12	2	3	0	0	1	2	6	0	0	0	1	0	1	0
b) *small talk*	3	11	1	1	1	7	0	7	0	0	0	0	1	0	1	0
2. Schulung des Hörverstehens:																
a) Hörauftrag	1	4	0	0	0	4	0	4	0	0	0	0	0	0	0	0
b) Technische Probleme (Kassette)	2	(0)	0	0	0	0	0	0	0	0	0	0	0	0	0	0
c) Hören des Textes bei offenem Buch (Mitlesen)	2	0	0	0	0	0	0	0	0	0	0	0	0	0	0	0
3. Beschreiben der Abbildungen im Lehrbuch (S. 20+21)	15	40	2	5	8	10	18	62	4	4	0	0	0	0	0	2
4. Partnerarbeit: Beantworten von Fragen im *Workbook* (Übung zur Steigerung)	10	(0)	0	0	0	0	0	0	0	0	0	0	0	0	0	0
5. Ergebniskontrolle: Vorlesen der Fragen und Antworten	5	9	0	0	0	7	3	15	8	0	0	0	1	0	1	0
6. HA: Übung 2b) im Lehrbuch S. 22 (*comparisons*)	0	0	0	0	0	0	0	0	0	0	0	0	0	0	0	0
Gesamt (mdl. Schülerbeiträge)	40	86	5	9	9	28	22	90	18	4	0	0	3	0	3	2
Prozentanteile der *structural units* (Σ 100)	0	0	5	9	9	28	22	0	18	4	0	0	3	0	0	2

Das zweite Charakteristikum ist das ernsthafte Bestreben der Schüler(innen), möglichst komplexe Äußerungen zu produzieren; und sie werden dabei vom Lehrer zum einen (wie oben bereits erwähnt) durch eine flexibel und souverän eingesetzte Wartezeit (*wait time*) nach den eigenen Impulsen unterstützt. Zum anderen fährt die Lehrkraft den Schülern bei deren Versuchen, längere Sätze hervorzubringen, "nicht in die Parade". Unter Rückgriff auf eine eher bestärkende, aufmunternde Mimik und Gestik wird den Schülern Zeit gegeben, "mit dem Ausdruck zu ringen"! Exemplarisch hierfür können aus der Phase 3 dieser Stunde zwei Beispiele angeführt werden: Ein Redebeitrag eines Schülers mit drei Teilsätzen (*clauses*) nimmt insgesamt 25 Sekunden in Anspruch und ein weiterer mit fünf Teilsätzen 40 Sekunden (vorangegangener offener Lehrerimpuls: "Can you say something about these two pictures?"). Keine Hektik, kein Unterbrechen, allenfalls kleinere sprachliche Einhilfen oder Korrekturen seitens des Lehrers.

Im Einzelnen verteilen sich die komplexeren mündlichen Äußerungen der Schüler(innen) wie folgt auf die 50 Redebeiträge (*turns*):

Tab. 8.8:   Anteil komplexerer Äußerungen im Unterrichtsgespräch (5. Klasse)

Komplexität (*clauses*)	Häufigkeit (relativ)	Zahl der Teilsätze (kumulativ)
1	28	28
2	13	26
3	3	9
4	4	16
5	1	5
6	1	6
Gesamt (*clauses*)		**90**

Bedenkt man, dass dazu noch 18 Satzfragen in dieser Stunde generiert werden, so sind folglich zwei Drittel aller *turns* der Schüler(innen) einfache vollständige oder zusammengesetzte Sätze. Wie die Transkription der Stunde erkennen lässt, nimmt die Fähigkeit der Schüler, komplexere Äußerungen zu produzieren, im Verlauf der Phase 3 (die über 15 Minuten geht) deutlich zu. Dabei greifen sie textstrukturierende Redemittel, die von anderen Mitschülern im Zuge der Bildbeschreibungen benutzt werden, mehrmals auf: z.B. *on the right-hand side, on the left-hand side, but,* Komparativ + *than* (= *contrast or comparison*). Während die Zahl der *phrases* und *fragments* in dieser Phase allmählich zurückgeht, steigt demgegenüber die Zahl der *simple complete sentences* und der *complex sentences*:

Tab. 8.9:   Zunahme komplexer Äußerungen in der Phase der Bildbeschreibung (5. Klasse)

Units ＼ Minuten	15 - 20	20 - 25	25 - 30
Phrase	3	1	1
Fragment	4	3	1
Clause	2	1	7
Complex sentence	1	7	10
Davon:			
2 *clauses*	-	4	6
3 *clauses*	-	2	1
4 *clauses*	1	1	1
5 *clauses*	-	-	1
6 *clauses*	-	1	-
Gesamt (*clauses*)	**6**	**25**	**31**

Der Eindruck aus der Stunde, dass sich die Lehrkraft zugunsten der Eigenaktivität der Schüler(innen) recht bewusst zurückhält, wird durch die qualitative Analyse der satzgebundenen Aussagen und Fragen bestätigt (= *sustained teacher talk* oder *STT*):

Tab. 8.10:   Teilsätze und Fragen in der Lehrersprache (5. Klasse)

Einheiten ＼ Phasen	Ph1a	Ph1b	Ph2a	Ph2b	Ph3	Ph4	Ph5	Gesamt
Clauses	12	2	13	0	51	15	23	122
Questions	15	9	3	6	24	1	2	59

Diese Zahlen (181 Einheiten *STT*) machen deutlich (im Vergleich zu den 90 *clauses* und 18 *questions*, auf der Schülerseite also 108 *SST*), dass hier ein Interaktionsstil gepflegt wird, der den Lernenden viel, wenngleich kontrollierten Freiraum für den Gebrauch der Fremdsprache einräumt. Der Quotient *STT* : *SST* liegt bei 1,68. Trotz der hohen Sprachkompetenz hält sich der Unterrichtende in seiner *teacher talking time* zurück. Dafür sind die qualitativen Merkmale des Kommunikationsablaufs (gemessen am Frage-, Antwort-, Korrektur- und Sozialverhalten des Lehrers) umso ansprechender.

Die Bereitschaft und Fähigkeit zur produktiven Verwendung des Englischen in zusammenhängenden mündlichen Äußerungen ist für eine 5. Klasse beeindruckend hoch. In einer Gesamteinschätzung dieser Stunde kann ein erstaunlich hoher Output an mündlichen Redebeiträgen konstatiert werden, die auf der Satzebene (oder darüber hinaus) realisiert werden. In Verbindung mit einem sprachlich einwandfreien Input der Lehrkraft, einer vorbildlichen Einsprachigkeit im Unterrichtsgespräch, einer freundlich-entspannten Atmosphäre in der Klasse, einer kindgerechten Unterrichts-führung des Fachlehrers herrschen hier ein Arbeits- und Sozialklima sowie didaktisch-methodische Voraussetzungen, die sich in den kommenden Monaten und Jahren in beachtlichen Lernleistungen niederschlagen werden.

BEISPIEL 2: Englisch in Klasse 5 im Teilungsunterricht

Schule:	04
Klasse:	5a (Express); Teilungsunterricht mit 14 Jungen bzw. 17 Mädchen
Fachlehrer:	04/02
Zeit:	Do 3.12.1998, 5. + 6. Std., 11.45 – 13.20 Uhr
Themenkreis:	Working in the classroom
Sachgebiet:	Forms and functions (classroom sentences)
	a) Suggestions : *Let's* ...
	b) Polite requests: *Can you ..., please ?*
Stundenthema:	Dialogue work, Step B2 der Unit 1 des Lehrwerks *Learning English. Password Green*, Bd.1, Übungen 4 + 5, S. 29
Stundenziel:	Szenische Darstellung von Kurzdialogen

Lernziele:

- Mündliches und schriftliches Einüben von *classroom sentences* unter Verwendung der Strukturen *Let's + infinitive* und *Can you + infinitive, please ?*
- Laut- und intonationsgerechtes Nachsprechen von Kurzdialogen
- Szenisches Darstellen des Modelldialogs aus dem Lehrbuch
- Erarbeiten und szenische Darstellung eigener Kurzdialoge

Voraussetzungen

Die Lehrkraft unterrichtet in der Klasse 5a seit Beginn des Schuljahres Englisch. Nach dem Vorkurs befindet man sich jetzt in der ersten Lektion des Lehrwerks. Die Arbeit mit Handpuppen (darunter dem lehrwerkspezifischen *mascot* "Monny") macht den Schülern großen Spaß und wird regelmäßig im Unterricht eingesetzt. An der Schule 06 hat man sich darauf verständigt, in der 5. Klasse des Schnellläuferzugs den Teilungsunterricht in Englisch im Wechsel mit Biologie getrennt nach Jungen- und Mädchengruppen zu realisieren. Die beiden hier dokumentierten Stunden wurden von der gleichen Lehrkraft mit der gleichen Zielstellung in direkt aufeinander folgenden Stunden realisiert. Für die erste Teilungsgruppe (14 Jungen) fand der Unterricht in der 5. Stunde statt (11.45 – 12.30 Uhr), für die zweite Gruppe (17 Mädchen) in der 6. Stunde (12.35 – 13.20 Uhr). Der Phasenablauf und der unterrichtsmethodische Zugriff waren in beiden Stunden identisch; mit dem einzigen Unterschied, dass in der Mädchengruppe (= 6. Stunde) keine Zeit mehr für das Vorspielen der selbstverfassten Dialoge war. – Eine Tonaufzeichnung der Stunde war aus technischen Gründen unmöglich.

Stundenverlauf: siehe Tab. 8.11 und 8.12

Tab. 8.11:   Stundenverlauf 04/02/5a.1 (Gruppe 1) am 3.12.1998

Unterrichtsschritte	Zeit in Min.	∑ der Turns	Englisch							Deutsch						
			Wo	Ph	Fr	Cl	>Cl	∑Cl	Q	Wo	Ph	Fr	Cl	>Cl	∑Cl	Q
0. Organisatorisches	3	0	0	0	0	0	0	0	0	0	0	0	0	0	0	0
1. Übung im Sprechen: analog zum Modell im Buch	5	20 [1]	1	0	1	9	0 [1]	9 [2]	8	1	0	0	0	0	0	0
2. Schriftliche Arbeit: Bilden von Sätzen																
a) Arbeitsanweisung (L)	1	0	0	0	0	0	0	0	0	0	0	0	0	0	0	0
b) Stillarbeit	8	0	0	0	0	0	0	0	0	0	0	0	0	0	0	0
c) Vorlesen der Sätze	3	23	0	0	1	11	0	11	6	0	0	0	2	1	4	3
3. Ausspracheübung (mit Kassettenrecorder)																
a) Hörverstehen: Mitlesen der Kurzdialoge im Buch	1	0	0 [4]	0	0	0 [4]	0	0 [4]	0	0	0	0	0	0	0	0
b) Chorsprechen	2	[14]	0 [2]	0 [2]	0	0	0	0	[4]	0	0	0	0	0	0	0
4. Darstellendes Spiel: Wahl eines Dialogs im Buch																
a) Arbeitsanweisung (L)	1	0	0	0	0	0	0	0	0	0	0	0	0	0	0	0
b) Partnerarbeit	4	(x)	–	–	–	–	–	–	–	–	–	–	–	–	–	–
c) Szenische Darstellung	5	42	0	0	0	42	0	42	0	0	0	0	0	0	0	0
5. Transfer: Erstellen und Vorspielen eigener Dialoge																
a) Arbeitsanweisung (L)	1	0	0	0	0	0	0	0	0	0	0	0	0	0	0	0
b) Partnerarbeit	8	(x)	–	–	–	–	–	–	–	–	–	–	–	–	–	–
c) Szenische Darstellung	3	24	0	0	0	24	0	24	0	0	0	0	0	0	0	0
Gesamt (mdl. Schülerbeiträge)	42	109 [15]	1 [4]	0 [2]	2	86 [4]	0 [1]	86 [6]	14 [4]	1	0	0	2	1	4	3
Prozentanteile der *structural units* (∑ 110)	0	0	1	0	2	78	0	0	12	1	0	0	2	1	0	3

Tab. 8.12: Stundenverlauf 04/02/5a.1 (Gruppe 1) am 3.12.1998

Unterrichtsschritte	Zeit in Min.	Σ der Turns	Englisch							Deutsch						
			Wo	Ph	Fr	Cl	>Cl	ΣCl	Q	Wo	Ph	Fr	Cl	>Cl	ΣCl	Q
0. Organisatorisches	3	0	0	0	0	0	0	0	0	0	0	0	0	0	0	0
1. Übung im Sprechen: analog zum Modell im Buch	5	24 [1]	0	1	0	11	0 [1]	11 [2]	5	0	0	0	3	1	6	3
2. Schriftliche Arbeit: Bilden von Sätzen																
a) Arbeitsanweisung (L)	1	0	0	0	0	0	0	0	0	0	0	0	0	0	0	0
b) Stillarbeit	11	0	0	0	0	0	0	0	0	0	0	0	0	0	0	0
c) Vorlesen der Sätze	3	20	0	0	0	10	0	10	10	0	0	0	0	0	0	0
3. Ausspracheübung (mit Kassettenrecorder)																
a) Hörverstehen: Mitlesen der Kurzdialoge im Buch	1	1	0	0	0	0	0	0	0	0	0	0	0	0	0	1
b) Chorsprechen	2	[14]	[4]	[2]	0	[4]	0	[4]	[4]	0	0	0	0	0	0	0
4. Darstellendes Spiel: Wahl eines Dialogs im Buch																
a) Arbeitsanweisung (L)	1	2	0	0	0	0	0	0	0	0	0	0	0	1	2	1
b) Partnerarbeit	4	(x)	–	–	–	–	–	–	–	–	–	–	–	–	–	–
c) Szenische Darstellung	5	48	0	0	0	48	0	48	0	0	0	0	0	0	0	0
5. Transfer: Erstellen und Vorspielen eigener Dialoge																
a) Arbeitsanweisung (L)	1	1	0	0	0	0	0	0	0	0	0	0	0	0	0	1
b) Partnerarbeit	8	1	–	–	–	1	–	1	–	–	–	–	–	–	–	–
Gesamt (mdl. Schülerbeiträge)	42	97 [15]	0 [4]	1 [2]	0	70 [4]	0 [1]	70 [6]	15 [4]	0	0	0	3	2	8	6
Prozentanteile der structural units (Σ 97)	0	0	0	1	0	72	0	0	16	0	0	0	3	2	0	6

Interpretation

Beide hier dokumentierten Stunden beginnen nach der Begrüßung der Gäste (= "Organisatorisches") mit einer Phase des mündlichen Einübens von *classroom sentences* analog zur Übung 4 im Lehrbuch (S. 29), die die Modellbeispiele *"Let's play a game"* bzw. *"Can you write that on the board, please?"* enthält. In der sich anschließenden Stillarbeitsphase wird der Gebrauch dieser Strukturen gefestigt, indem die Schüler(innen) jeweils fünf Sätze mit beiden Konstruktionen niederschreiben sollen. Hier liegt der einzige Unterschied in der zeitlichen Artikulation beider Stunden, insofern als in der Mädchengruppe die Einzelarbeit in dieser Phase etwas mehr Zeit einnimmt als in der Jungengruppe (drei Minuten, die dann in der Transferphase hinsichtlich des Vorspielens der Dialoge "fehlen"). In der nächsten Phase führt die Lehrkraft eine Übung zur Ausspracheschulung durch, und zwar auf der Grundlage der beiden Kurzdialoge der Übung 5 auf S. 29 des Lehrbuchs, die vom Kassettenrekorder eingespielt werden. Der Rest der Stunde dient der Vorbereitung und Realisierung eines darstellenden Spiels. Die Schüler üben zunächst einen der beiden Kurzdialoge der Übung 5 auf S. 29 in Partnerarbeit ein (= "Auswendiglernen" des jeweiligen Modelldialogs), bevor sie ihn paarweise unter Verwendung von zwei ihnen offensichtlich wohl vertrauten Handpuppen vorspielen. Danach werden sie angehalten, auf der Basis dieses Modells einen eigenen Dialog zu erstellen und szenisch darzustellen (der letzte Schritt entfällt in der Gruppe 2 wegen Zeitmangels).

Auffallend in beiden Stunden ist die durchgehend rege Mitarbeit der meisten Schülerinnen und Schüler, die sich in einer (nach drei Monaten Englischunterricht) bemerkenswert hohen Anzahl von Redebeiträgen niederschlägt (110 bzw. 97 *turns* in den beiden Teilgruppen). Die Redebeiträge sind nahezu ausschließlich satzgebundener Natur; d.h. sie stellen entweder komplette *simple sentences* oder vollständige Fragen dar (was durch die Form des analogen, methodisch variierten Lernens begünstigt wurde). Komplexere eigenständige Äußerungen (über die Satzgrenze hinaus) kommen in dieser Stunde nicht vor. Deutsche Äußerungen stellen in beiden Gruppen nur etwa 10% aller Redebeiträge dar. Wenn sie vorkommen, dann sind sie entweder vom Lehrer selbst induziert (*"What does that mean in German?"*), oder sie beinhalten Nachfragen bzw. Kommentare zu den Arbeitsanweisungen der Lehrkraft: z.B. "Auch mit *please* danach?" oder "Machen wir's wieder wie ... ?". Den kurzen und präzisen Arbeitsaufträgen seitens der Lehrkraft folgt umgehend die jeweilige Arbeitsphase auf Seiten der Schüler. Im positiven Sinn auffällig erscheint ferner die Beobachtung, dass bei der szenischen Darstellung der Kurzdialoge offenbar alle Schüler dem jeweiligen Paar zuhören, anstatt "eigenen Interessen" nachzugehen (obwohl in Phase 4 der Dialog inhaltlich allen bekannt war).

In einer Gesamteinschätzung der beiden Stunden lässt sich eine kindgemäße, freundlich-entspannte und dennoch auf konzentrierte Arbeit abzielende Unterrichtsführung konstatieren. Die sprachliche Qualität des Inputs und eine fast durchgehende Einsprachigkeit in der Lehrer-Schüler-Interaktion schlagen sich in einem beachtlich hohem Output an satzgebundenen Schüleräußerungen nieder. Was die Arbeitsanweisungen angeht, wird viel und gezielt nachgefragt, um letzte Klarheit bezüglich der Aufgabenstellung zu bekommen. Die jeweilige Aufgabe wird umgehend in Angriff genommen.

8.2.2.2 Jahrgangsstufe 6

BEISPIEL 3: Englisch in Klasse 6 im Klassenverband

Schule: 05

Klasse: 6a (Express), 27 Schüler

Fachlehrer: 05/01

Zeit: Do 26.11.1998, 5. Std., 11.45 – 12.30 Uhr

Themenkreis: Sport and sports

Sachgebiet: Adverbien im Kontrast mit Adjektiven

Stundenthema: Fähigkeiten und Voraussetzungen für bestimmte Sportarten, Übungen 3 + 4 der Unit 5 A des Lehrwerks *English G. Neue Ausgabe*, Bd. 2, S. 57 + 58

Stundenziel: Wiederholung einer schwierigen Satzstruktur sowie Einführung und Gebrauch des neuen Wortschatzes im Textabschnitt A 4 des Steps 5

Lernziele:

* Szenische Darstellung eines Sketches durch eine Gruppe von drei Schülern mit anschließender Aussprache zu dem Rollenspiel
* Wiederholende Übung zum Gebrauch als schwierig erkannter Satzstrukturen: z.B. *What must you be fast for?* und *I must be fast for* (*tennis* etc.)
* Verstehen, Sprechen, Schreiben und kontextuelles Anwenden des neuen Wortschatzes

Voraussetzungen

Die Lehrkraft unterrichtet die Lerngruppe seit der 5. Klasse als Fachlehrer für Englisch. Zu den nach eigenem Bekunden vorrangig verfolgten fremdsprachen-didaktischen Prinzipien gehören eine mehr oder weniger selbstverständliche Einsprachigkeit, der möglichst häufige Gebrauch eher offener Impulse in der Lehrersprache, die Erklärung neuer Vokabeln in der Zielsprache durch die Schüler und die Anwendung der englischen Termini für die grammatische Metasprache.

Was den Ablauf dieser speziellen Stunde betrifft, so handelt es sich bei dem Rollenspiel der ersten Phase um die dritte Schülergruppe, die zu einem vor einigen Tagen behandelten Text einen selbst inszenierten Sketch vorträgt (weitere Gruppen werden folgen). Die Anweisung dafür lautete, den Text und die technische Seite des darstellenden Spiel so weit vorzubereiten, dass der Sketch aus dem Stegreif gespielt werden kann. Das sich anschließende Gespräch über den Sketch beinhaltet sowohl Kommentare zur szenischen Darstellung (den Inhalt, die Rollen, die Requisiten) als auch die Korrektur sprachlicher Unebenheiten. Was die dritte Phase angeht, hatte sich in der vorangegangenen Stunde gezeigt, dass die Endstellung der Präpositionen in Fragesätzen, die etwas darüber aussagen, ob man gut oder nicht gut in einer Sportart ist, erhebliche Schwierigkeiten bereitet hatte (etwa: *I'm good / bad at skiing* bzw. *What aren't you good at?*). In der wiederholenden Übung dieser Stunde wird zusätzlicher Wert auf die Verwendung eines Modalverbs in diesen Satzstrukturen gelegt (z.B. *I must be fast for...*), oder es wird eine Begründung für eine persönliche Aussage eingefordert (z.B. *I'm good at badminton because / but...*). In der Phase 4 der Stunde wird deutlich, dass die Schüler(innen) gewöhnt sind, die Bedeutungsvermittlung des neuen Vokabulars (*almost, to lose, to beat* und *easy*) weitgehend selbständig durchzuführen. Belege dafür sind Paraphrasierungen wie: "*When I win I beat the loser*" oder "*I think beat is the opposite of lose*".

Stundenverlauf: siehe Tabelle 8.13

Interpretation

Die Inszenierung des Sketches vor der Klasse findet großen Anklang bei allen Beteiligten (es wird ausgiebig gelacht!) und führt sowohl bei den Akteuren als auch bei den Zuschauern (hier im anschließenden Gespräch) zu vielen Redebeiträgen. Selbst wenn aus dem inhaltlichen Mitteilungsdrang heraus einmal komplexere deutsche Äußerungen durchbrechen, finden die Schüler(innen) sehr schnell zum Englischen zurück. In der dritten Phase werden zunächst (zur Erinnerung) die Beispielsätze der Übung A3 auf S. 57 des Lehrbuchs laut gelesen (= [4])[29], bevor dazu eine sprachlich anspruchsvolle Übung in der Form einer Frage-Antwort-Kette abläuft. Die in der Tab. 8.13 mit (16)* markierten *turns* verweisen auf Beiträge der Schüler, die der Aufforderung des Lehrers nachkommen, das Verb *be* in der Aussage- und Frageform des Präsens zu konjugieren (*I am, were you?* usw.). Eine ähnliche rein mechanisch-formale Schülerkette bilden in der Phase 4b die *present*- und *past tense*-Formen des unregelmäßigen Verbs *beat*: hier mit (9)* markiert und als "Fragment" eingestuft.

Tab. 8.13: Stundenverlauf 05/01/6a am 26.11.1998

Unterrichtsschritte	Zeit in Min.	Σ der Turns	Englisch							Deutsch						
			Wo	Ph	Fr	Cl	> Cl	ΣCl	Q	Wo	Ph	Fr	Cl	> Cl	Σ Cl	Q
0. Organisatorisches	2	0	0	0	0	0	0	0	0	0	0	0	0	0	0	0
1. Rollenspiel (Sketch) a) Vorbereitungen der Gruppe	4	8	1	0	0	5	0	5	1	1	0	0	0	0	0	0
b) Szenische Darstellung	3	27	1	3	0	19	6	33	1	0	0	0	0	0	0	0
2. Gespräch über das darstellende Spiel		23	4	0	1	9	2	11	3	0	0	0	2	4	18	1
3. Frage-Antwort-Kette zu einer satzstrukturellen Übung im Lehrbuch (Sch-Sch-Interaktion)	11	36 [4] [16]*	4	0	[16]*	14	5	24	17	0	0	0	0	0	0	0
4. Wortschatzarbeit a) Identifizieren, Erklären und Schreibung der neuen Wörter im Text	4	10 [10]	13	0	0	5	1	7	0	0	0	0	1	1	6	0
b) Lautes Lesen des Textes und kontextuelle Anwendung der neuen Wörter	12	31 [6] (9)*	10	2	(9)*	10	4	20	1	3	0	0	1	0	1	0
5. HA: Schriftl. Beantwortung der Übungen 5 + 6 im Lehrbuch Seite 58	1	0	0	0	0	0	0	0	0	0	0	0	0	0	0	0
Gesamt (mdl. Schülerbeiträge)	43	135 [20]	33	5	1	62	18	100	23	4	0	0	4	5	25	1
Prozentanteile der *structural units* (Σ 156)	0	0	21	3	0,5	40	11	0	15	3	0	0	3	3	0	0,5

Auffallend ist die gleichbleibend rege Mitarbeit in allen Phasen der Stunde, die die meisten Schülerinnen und Schüler miteinbezieht und von daher zu einer relativ gleichmäßigen Verteilung der Schüleraktivitäten führt. Die satzbezogenen Schülerbeiträge verteilen sich bezüglich ihrer Komplexität wie folgt über die gesamte Stunde:

Tab. 8.14:   Anteil komplexerer Äußerungen (6. Klasse)

Komplexität (clauses)	Häufigkeit (relativ)	Zahl der Teilsätze (kumulativ)
1	62	62
2	13	26
3	4	12
Gesamt (clauses)		100

Damit entfällt die Hälfte aller *structural units* in dieser Stunde auf Schülerbeiträge, die auf der Ebene des einfachen oder zusammengesetzten Satzes angesiedelt sind. Nimmt man noch die Satzfragen dazu, sind zwei Drittel aller Äußerungen der Schüler Beiträge auf der satzstrukturellen Ebene. Obwohl die Wortschatzarbeit in der vierten Phase (insbesondere die Semantisierung, Aussprache und Schreibung der neuen Wörter) einen hohen Stellenwert einnimmt, sind in dieser Stunde eigenaktiv produzierte Beiträge mit einer Komplexität unterhalb der Satzebene nicht überproportional vertreten (insgesamt 25% entfallen auf Ein- und Zweiwortäußerungen, Satzglieder und Fragmente). Deutsch formulierte Beiträge liegen bei knapp 10% aller *structural units*.

Was die Lehrersprache in dieser Stunde angeht, gibt es die folgende Verteilung des Anteils satzbezogener Aussagen und Fragen in den einzelnen Phasen:

Tab. 8.15:   Teilsätze und Fragen in der Lehrersprache (6. Klasse)

Einheiten \ Phasen	Ph1a	Ph1b	Ph2	Ph3	Ph4a	Ph4b	Ph5	Gesamt
Clauses	18	1	27	66	24	76	1	213
Questions	8	0	17	14	4	13	0	56

Unter Bezug auf die satzbezogenen Einheiten *clauses* und *questions* ergibt sich somit für 269 Einheiten *sustained teacher talk* und 123 Einheiten *sustained student talk* ein *STT* : *SST*-Quotient von 2,19. Man kann mit anderen Worten feststellen, dass beide "Seiten" (Lehrer wie Schüler) "sehr viel reden". Hierbei stellt die Lehrersprache sowohl für die phonetisch-phonologischen als auch für die lexikogrammatischen Aspekte ein ausgezeichnetes Modell dar. Die Lehrkraft reichert den sprachlichen Input für die Schüler gelegentlich mit kleinen Geschichten an; etwa in der Phase 2, wenn der *false friend* *become* 'bekommen' statt 'werden' mit einem über acht Teilsätze gehenden Witz ausgeschmückt wird, oder in der Phase 4b, wenn das neue Verb *beat* mit einem historischen Exkurs zu Strafen in der Vergangenheit (sechs *clauses* und vier rhetorische Fragen) weiterführend kontextualisiert wird. Trotz des Redeflusses wird in den Momenten anspruchsvollerer oder schwierigerer sprachlicher Formulierungsarbeit die Wartezeit souverän eingehalten. So etwa in der Phase 3, wenn es um die Fragebildung mit der Präposition in der Endstellung geht (siehe unter den Lernzielen oben): Hier ist eine *wait time* von 7, 10 oder 12 Sekunden die Regel; und die Schüler haben genügend Zeit, ihre jeweilige Frage eigenständig zu bilden (z.B. für *What are you good at?* etwa 10 Sekunden). Für die oben erwähnten individuell-persönlichen Aussagen mit einer qualifizierten Konjunktion (z.B. *I play tennis but...* bzw. *I'm good at badminton because...*: Phase 3) werden den Schülern bis zu 32 Sekunden Sprechzeit (d.h. Zeit für die Formulierung ihrer Beiträge) eingeräumt, ohne dass der Lehrer eingreift oder unterbricht. Dabei hatte man als Beobachter nicht das Gefühl, dass der betreffende Schüler sich bei seinem Formulierungsversuch (der mehrere Anläufe einschloss) "unwohl" fühlte. Die Schüler(innen) waren offensichtlich willens und fähig, inhaltlich wie grammatisch akzeptable Formulierungen als sprachliche Lernarbeit zu sehen und zu produzieren (auch wenn dies Probleme bereitete).

Die Lehrkraft weicht nur in drei kurzen Momenten auf das Deutsche aus; wenn die Pointe des Witzes zusätzlich erhellt werden soll, wenn der Kontrast der Strukturen im Deutschen und Englischen fokussiert werden soll (*to be good at s.th.* vs. *in etwas gut sein*) und wenn (unter Zeitdruck) die Hausaufgabe gestellt wird (Phase 5: fünf deutsche Sätze). Ansonsten werden die Schüler verbindlich aber bestimmt an den Gebrauch des Englischen erinnert (was in aller Regel genügt):

- Sch: "Can I say it in German, please ?" – L: "Is it necessary?"
  "You can say all this in English",
  "No German words – explanations in English, please".

Auffallend ist in diesem Zusammenhang auch die Verwendung des Englischen für metasprachliche Zusammenhänge seitens des Lehrers. Ohne das Unterrichtsgespräch zu beeinträchtigen werden in dieser Stunde die folgenden fachsprachlichen Begriffe benutzt (vom Lehrer und zum Teil auch von den Schülern): *verb, infinitive, irregular, verb, conjugation, to conjugate, interrogative, past tense, present tense (of), syllable, stress, the opposite of, sentence, the plural <s>, bracket.*

In einer Gesamteinschätzung der Stunde sollen die rege Mitarbeit und hohe Beteiligung nahezu aller Schülerinnen und Schüler hervorgehoben werden, die sich in einer außergewöhnlich großen Zahl von Redebeiträgen und satzgebundenen Äußerungen und Fragen niederschlagen. Es wird sehr konzentriert an lexikalischen und grammatischen Phänomenen gearbeitet, aber auch lebhaft und ausgiebig gelacht. Die Sprache der Lehrkraft stellt ein ausgezeichnetes Modell dar, und sie besticht durch ihre idiomatische Geläufigkeit sowie die Quantität und Qualität des Inputs, der jedoch die Schüler in keiner Weise in der Entfaltung des eigenen Ausdrucks beeinträchtigt.

BEISPIEL 4: Englisch in Klasse 6 im Klassenverband – nach dem Prinzip "Lernen durch Lehren"

Schule: 04

Klasse: 6a (Express), 30 Schüler (13 Jungen, 17 Mädchen)

Fachlehrer:	04/04
Zeit:	Fr 4.12.1998, 2. Std., 8.50 – 9.35 Uhr
Themenkreis:	Robin Hood
Sachgebiet:	Bildergeschichten im Comic-Format
Stundenthema:	"A Present for the Sheriff", Step 3 der Unit 4 des Lehrwerks *Learning English. Password Green*, Bd. 2, S. 39 + 40
Stundenziel:	Erarbeitung der Bildgeschichte "A Present for the Sheriff" nach dem fremdsprachendidaktischen Ansatz "Lernen durch Lehren"

Lernziele:

- Sicherung des Textverständnisses der Bildgeschichte
- Laut- und intonationsgerechtes Lesen der Geschichte
- Szenische Darstellung der Geschichte in einem Stegreifspiel
- Gemeinsames Singen des "Robin Hood"-Lieds

Voraussetzungen

Die Lehrkraft unterrichtet seit der 5. Klasse in dieser Lerngruppe Englisch und seit Beginn der 6. Klasse auch Französisch (als Fachlehrerin). Sie bemüht sich (soweit wie möglich), in ihrem Fremdsprachenunterricht dem von Jean-Pol Martin entwickelten Ansatz "Lernen durch Lehren" Raum zu geben: vgl. J.-P. Timm (Hg.): *Englisch lernen und lehren*. Cornelsen, Berlin 1998, S. 211-219. Das grundlegende Prinzip dieser Methode ist die Übertragung von Lehrfunktionen an die Schüler(innen). In der hier beobachteten Lerngruppe hat die Lehrkraft in der 6. Klasse damit begonnen, die Schüler bestimmte Lernkomplexe im Englischunterricht selbständig erschließen und darbieten zu lassen. Bisher hat sie Versuche in dieser Richtung auf den Stundentyp der Texterarbeitungsstunde begrenzt. Die vorliegende Stunde dokumentiert den vierten Versuch mit dieser Methode, indem zwei Schülerinnen eine gesamte Lektionseinführung realisieren sollen: Textdarbietung bzw. -aufnahme, lautes Lesen des Textes, Vokabelerklärung, Kontrollfragen zum Textverstehen, szenische Darstellung des Handlungsablaufs, gemeinsames Singen eines themenbezogenen Lieds und Erläuterung der Aufgabenalternativen auf einem Arbeitsbogen als Teil der von den Schülern konzipierten Hausaufgabe. Allein dieser Überblick dürfte andeuten, dass die beiden Schülerinnen (die in dieser Stunde das Unterrichtsgeschehen als "Lehrerinnen" leiteten) bereits über sehr entwickelte und differenzierte Strategien zur Umsetzung didaktisch-methodischer Teilkompetenzen verfügen (müssen). Sie hatten im Prinzip die Planung und Durchführung der gesamten Unterrichtsstunde übernommen; mit der Ausnahme einer kurzen einführenden Phase, in der die Fachlehrerin nochmals auf das Spezifische der kommenden Stunde verwies ("Lernen durch Lehren" oder "LdL"). Da die beiden Schülerinnen mit ihrer Phasenstruktur und Verlaufsplanung vorbildlich in der Zeit lagen, konnte die Fachlehrerin am Schluss der Stunde auf die "alte" Hausaufgabe eingehen sowie einige Aussprachekorrekturen bei

Wörtern vornehmen, die in dieser Stunde erhebliche Probleme bereitet hatten: *maid, jewels, carriage, execution, prisoner, celebrate.*

In der nachfolgenden Stundenanalyse (Tab. 8.16) werden alle Redebeiträge von *Schülern* unter den *turns* und den *structural units* erfasst; unabhängig davon, ob sie in der Funktion als "Lehrer" oder als Lerner erbracht wurden. Da die Zuweisung der Lehrerrolle nach Art eines Rotationsverfahrens erfolgt, erhalten mit der Zeit alle Schüler(innen) die Chance auf einen hohen Sprechanteil in dieser Funktion.

Stundenverlauf: siehe Tab. 8.16

Interpretation

Die Stunde zeichnet sich durch eine bemerkenswerte Zielbestimmtheit sowie durch eine dem Stundentyp und Stundenziel angemessene Phasenstruktur aus. Die beiden Schülerinnen, die gemeinsam vor der Klasse agieren und die sich in jeder Phase mehrmals in ihrer Funktion als Lehrerin ablösen, sind sachlich wie methodisch bestens vorbereitet. Sie bemühen sich um ein klanggestaltendes Lesen des Basistextes (der Bildergeschichte), den sie in zwei Abschnitten darbieten, um ihre Mitschüler(innen) nach dem ersten Teil über den Fortgang der Geschichte spekulieren zu lassen. Sie können die Vokabeln erklären, die von den Mitschülern gefragt werden, und sie haben Verständnisfragen zum Text vorbereitet. Sowohl das Stegreifspiel als auch das zweimalige Singen des Lieds ("*Robin Hood is riding through the glen*"), das sie mit der Blockflöte begleiten, finden großen Anklang und viel Beifall bei den Mitschülern. Es wird viel gelacht und ausgiebig auf deutsch kommentiert: deshalb die Notation (12)* bzw. (10)* für die positiven, wohlwollenden "Randbemerkungen" der Schüler in den Phasen 4b und 6. Das Arbeitsblatt für die Hausaufgabe findet ebenfalls große Anerkennung.

Der Spezifik des "LdL"-Ansatzes entsprechend gibt es viele Redebeiträge der Schüler (insgesamt 107), von denen die Hälfte satzbezogene Äußerungen darstellt (50%). Zählt man zu diesen Äußerungen auf der Ebene des einfachen oder zusammengesetzten Satzes noch die Satzfragen hinzu, so sind 70% aller Beiträge von einer Komplexität, die mindestens auf der satzstrukturellen Ebene angesiedelt ist. Im Einzelnen verteilen sich die komplexeren Redebeiträge wie folgt über die hier dokumentierte Stunde (Tab. 8.16):

Tab. 8.17:   Anteil komplexerer Äußerungen (Klasse 6: "LdL")

Komplexität (*clauses*)	Häufigkeit (relativ)	Zahl der Teilsätze (kumulativ)
1	28	28
2	20	40
3	5	15
4	1	4
5	1	5
7	1	7
11	1	11
Gesamt (*clauses*)		**110**

Tab. 8.16: Stundenverlauf 04/04/6a am 4.12.1998 ("Lernen durch Lehren")

Unterrichtsschritte	Zeit in Min.	Σ der Turns	Englisch							Deutsch						
			Wo	Ph	Fr	Cl	>Cl	ΣCl	Q	Wo	Ph	Fr	Cl	>Cl	ΣCl	Q
0. Organisatorisches: LdL	2	0	0	0	0	0	0	0	0	0	0	0	0	0	0	0
1. Darbietung der Bildergeschichte in 2 Abschnitten durch 2 Schüler [lautes Lesen des Textes]	5	14 [28]	0	0	1	6 [2]	8 [18]	17 [65]	1 [8]	0	0	1	1	1	2	0
2. Erklären neuer Vokabeln	7	25	1	0	4	1	9	19	13	5	0	0	3	0	3	0
3. Sicherung des Detailverstehens des Textes a) Lautes Lesen mit verteilten Rollen (7 Schüler)	5	1 [28]	0	0	0	1 [2]	0 [18]	1 [65]	0 [8]	0	0	0	0	0	0	0
b) Aussprachekorrektur und Vokabelerklärung	1	3	1	0	0	1	1	3	1	0	0	0	0	0	0	0
c) Erneutes lautes Lesen mit verteilten Rollen (7 Schüler)	4	2 [28]	0	0	0	0 [2]	1 [18]	7 [65]	1 [8]	0	0	1	0	0	0	0
d) Fragen zum Text (bei geschlossenem Buch)	3	17	0	0	0	5	4	13	9	0	0	0	0	0	0	0
4. Stegreifspiel zum Text a) Anweisung und Rollenzuordnung (5 Rollen)	1	4	0	0	0	1	1	6	0	0	0	0	2	0	2	0
b) Szenische Darstellung	5	20	0	0	0	9	9	29	2	0	0	0	0	0	(12)*	0
5. Zweimaliges Singen des "Robin Hood" Liedes (Klasse)	4	3	0	1	0	2	0	2	0	0	0	0	0	0	0	0
6. HA: Erläuterung der Aufgaben auf dem Arbeitsbogen	3	6	0	0	0	1	1	12	0	0	0	2	2	0	2 (10)*	2
7. Fachlehrerin Englisch a) Kontrolle der "alten" HA	4	3 [15]	0	0 [1]	0	1	0 [12]	0 [26]	0	0	0	0	0	0	0	0
b) Aussprachekorrekturen	1	9	9	0	0	0	0	0	0	0	0	0	0	0	0	0
Gesamt (mdl. Schülerbeiträge)	45	107 [99]	11 [1]	1 [1]	5	29 [8]	34 [66]	110 [221]	27 [24]	5	0	2	9	1	10	3
Prozentanteile der structural units (Σ 127)	0	0	8	1	4	23	27	0	21	4	0	2	7	1	0	2

Demgegenüber sind nur 13% aller *structural units* englische Beiträge, deren Struktur unterhalb der Satzebene liegt. Der Anteil deutsch formulierter Beiträge kann bei einer Stunde, die weitestgehend nicht von der Lehrkraft gesteuert wurde, als nicht zu hoch eingestuft werden (16% aller *structural units*).

Was die Lehrersprache in dieser Stunde betrifft, beziehen sich die Aussagen der Lehrerin in den Phasen 1-6 vor allem auf:

– Korrekturen im phonetischen und grammatischen Bereich, wobei die Schüler aber nicht unterbrochen werden,

– unterrichtliche Anweisungen (wie z.B. *"Don't turn the page"*, *"Repeat the question perhaps"*, *"Let's try this again"*) und

– Beiträge, die die Schüler(innen) zum Englischen zurückführen sollen, wenn der Drang zum Deutschen zu stark zu werden droht.

In den einzelnen Phasen der Stunde gibt es die folgende Verteilung satzbezogener Aussagen und Fragen, aber auch einen gewissen Anteil an kürzeren Äußerungen (*words + phrases*), die vor allem als Korrektureinwürfe für phonetische und grammatische Phänomene fungieren.

Tab. 8.18: Strukturelle Einheiten in der Lehrersprache

Phasen / Einheiten	Ph0	Ph1	Ph2	Ph3	Ph4	Ph5	Ph6	Ph7	Gesamt
Clauses	8	3	2	9	6	4	1	45	78
Questions	0	0	0	1	0	0	0	11	12
Words + Phrases	0	2	4	6	0	0	0	2	14

Dem "LdL"-Ansatz entsprechend ist der Anteil an "echter" *teacher talking time* natürlich sehr viel niedriger als in einer konventionellen Englischstunde, so dass der sich daraus ergebende *TTT* : *STT*-Quotient (90 : 137 satzbezogene Einheiten) von 0,66 nur einen begrenzten Aussagewert hat (gemessen an den "üblichen" Unterrichtsstunden).

In einer Gesamtwürdigung dieser höchst interessanten und beeindruckenden Stunde nach dem Ansatz des "Lernens durch Lehren" kann festgestellt werden, dass (zumindest) die hier als Lehrer agierenden Schülerinnen die methodischen Grundregeln von "LdL" bereits bestens internalisiert hatten (Lautstärke, Blickkontakt, Korrekturverhalten, Höflichkeit, Bestimmtheit usw.). Obwohl die Klasse recht groß war (30 Schüler), waren alle Schüler(innen) durchgehend mental präsent und sprachlich aktiv. Die beiden Schüler-Lehrerinnen hatten keinerlei Probleme mit der Aufmerksamkeit und Disziplin ihrer Mitschüler, und ihre souveräne Leistung in den Präsentationstechniken wurde mit ausdauerndem Beifall honoriert. Dem externen Beobachter drängt sich die grundsätzliche Frage auf, ob der spezifische "LdL"-Ansatz nicht zuletzt für die leistungswilligen und motivationsstarken Schülerinnen und Schüler in den sogenannten Expressklassen ein pädagogisch-didaktisch sinnvolles

Unterrichtskonzept darstellen könnte, da es den beiden Aspekten des Förderns und Forderns in besonderer Weise gerecht werden kann. Indem sich die Schüler bewusst mit den Strukturelementen institutionell gesteuerten Fremdsprachenlernens auseinandersetzen und ihren Klassenkameraden fachbezogene Kenntnisse, Fertigkeiten und Fähigkeiten vermitteln, gewinnt der Fremdsprachenunterricht ein Ausmaß an Schülerorientierung, Binnendifferenzierung, Eigenverantwortlichkeit und Kooperation, das bei herkömmlichen Unterrichtsmethoden weniger stark ausgeprägt sein dürfte. Indem der Fachlehrer phasen- und stundenweise zurücktritt (natürlich macht er sich beim "LdL"-Ansatz nicht überflüssig), kann er diesen interessierten, aktiven und leistungsfähigen Schülern (als Lernern und Persönlichkeiten) in der fachspezifischen Domäne des Lehrens und Lernens fremder Sprachen entgegenkommen. Im "Lernen durch Lehren"-Ansatz liegen Chancen für einen Unterrichtsstil und -diskurs, die der Fremdsprachenunterricht in Schnellläuferklassen sich nicht entgehen lassen darf.

8.2.2.3 Jahrgangsstufe 7

BEISPIEL 5: Englisch in Klasse 7 im Klassenverband

Schule: 06

Klasse: 7x (Express), 22 Schüler

Fachlehrer: 06/10

Zeit: Do 2.7.1998, 1. Std., 8.00 - 8.45 Uhr

Themenkreis: Vacation plans

Sachgebiet: Edierter Zeitungsbericht (*action and quote story*)

Stundenthema: "You can't see the stars in the city" (Part 1), Step C der Unit 6 des Lehrwerks *Learning English. Green Line*, Bd. 4, S. 88 (bis Zeile 37)

Stundenziel: Sicherung des Textverständnisses des ersten Teils der Lehrbuchgeschichte

Lernziele:

- Einführung und Gebrauch der neuen Vokabeln
- Schulung des Hörverstehens (Schwerpunkt: Globalverständnis)
- Sicherung des Detailverstehens des Textes
- Laut- und intonationsgerechtes lautes Lesen des Textes
- Übung im freien Sprechen (Einstiegs- und Transferphase)

Voraussetzungen:

Die Lehrerin führt die Klasse in Englisch und Deutsch ab der 5. Klasse und ist zugleich die Klassenlehrerin der Lerngruppe. Sie hat gerade eine Klassenfahrt mit der 7x durchgeführt und gibt sie am Ende des Schuljahrs ab. Angesichts der in wenigen Tagen beginnenden Sommerferien hat sie für die letzten Unterrichtsstunden den vorliegenden Text ausgewählt, der aus einer Einheit zum Thema "*Vacations and the*

Family" stammt. Da im Lehrbuch der Fokus auf den USA liegt, wird die Geschichte (die den Schülern unbekannt ist) auf der Audiokassette von amerikanischen Muttersprachlern gesprochen. Die Fachlehrerin selbst spricht ein phonetisch vorbildliches *British English*.

Vor der Präsentation des ersten Teils der Geschichte werden acht neue Vokabeln eingeführt. Im Übrigen kennen die Schüler die Arbeitsformen, sich selbst unbekannte Vokabeln aus dem Textzusammenhang zu erschließen bzw. ihren Mitschülern die Bedeutung eines Wortes zu erklären. Größter Wert wird auf einen höflichen Umgangston und ein Sozialklima gelegt, das auch den im Englischen schwächeren Schülern erlaubt, sich angstfrei und ohne große Hemmungen frei zu äußern. – Die Stunde wurde über eine Audioaufnahme aufgezeichnet.

Stundenverlauf: siehe Tab. 8.19

Interpretation

Die Stunde zeichnet sich durch eine konsistente didaktisch-methodische Struktur aus, die einen Bogen vom "Einsprechen" zum Thema der eigenen Ferienpläne der Schüler(innen) über die Erarbeitung des Textes zum freien mündlichen Sprachgebrauch schlägt (Letzteres in der Form von Vermutungen zum weiteren Fortgang der Geschichte: "*Tell me what happened on the walk the following morning*"). Die mündliche Beteiligung der Schüler ist durchgehend hoch, (insgesamt gibt es 110 *turns*); der Rückgang in den satzgebundenen Schülerbeiträgen zwischen der 27. und der 37. Minute ist durch das laute Lesen und die Klärung spezifischer Wortinhalte zu erklären. Trotz dieser Schwerpunktsetzung in der relativ ausgedehnten 4. Phase (15 Minuten), in der die Bedeutung und die Aussprache einzelner Wörter erfragt, geklärt bzw. gesichert werden (so z.B. *Yosemite* dreimal, *persuasion* fünfmal), gibt es dennoch erstaunlich viele Äußerungen auf der *clause*-Ebene (einfache vollständige oder komplexe Sätze): insgesamt 148 Teilsätze. Die satzgebundenen Beiträge machen somit (inklusive der Satzfragen) immerhin 60% aller *structural units* in dieser Textverarbeitungsstunde aus. Im Einzelnen verteilen sich diese komplexeren mündlichen Äußerungen wie folgt auf die 66 Redebeiträge (*turns*):

Tab. 8.20: Anteil komplexerer Äußerungen im Unterrichtsgespräch (7. Klasse)

Komplexität (*clauses*)	Häufigkeit (relativ)	Zahl der Teilsätze (kumulativ)
1	32	32
2	13	26
3	9	27
4	4	16
5	6	30
7	1	7
8	1	8
Gesamt (*clauses*)		**146**

Tab. 8.19: Stundenverlauf 06/10/7x am 2.7.1998

Unterrichtsschritte	Zeit in Min.	Σ der Turns	Englisch							Deutsch						
			Wo	Ph	Fr	Cl	>Cl	ΣCl	Q	Wo	Ph	Fr	Cl	>Cl	ΣCl	Q
0. Organisatorisches	2	0	0	0	0	0	0	0	0	0	0	0	0	0	0	0
1. Einstieg: "What are your plans for the holidays?"	5	13	1	1	2	8	4	21	0	0	0	0	0	0	0	0
2. Einführung neuer Vokabeln																
a) Bedeutungsvermittlung durch Lehrerin	5	18	3	7	1	4	3	13	0	0	0	0	0	0	0	0
b) Kontextgerechte Erklärung durch Schüler	3	6	0	0	1	3	3	11	0	0	0	0	0	0	0	0
3. Hörverstehensschulung																
a) Hören des Textes bei geschlossenem Buch	3	0	0	0	0	0	0	0	0	0	0	0	0	0	0	0
b) Kontrolle des Globalverstehens	4	7	0	0	3	1	5	23	0	0	0	0	0	0	0	0
4. Lautes Lesen und Detailverstehen des Textes, Aussprachekorrekturen	15	42 [+10]	20	3	1	8	9	39	0	2	0	0	0	0	0	0
5. Bilden von Fragen und Antworten (Sch-Sch-Interaktion)	5	16	0	0	2	6	4	18	6	0	0	0	0	0	0	0
6. Freies Sprechen: Spekulieren über den Fortgang der Geschichte	3	8	0	0	1	2	6	21	0	0	0	0	0	0	0	0
7. HA: Lernen der neuen Wörter	0	0	0	0	0	0	0	0	0	0	0	0	0	0	0	0
Gesamt (mdl. Schülerbeiträge)	43	110 [+10]	24	11	11	32	34	146	6	2	0	0	0	0	0	0
Prozentanteile der *structural units* (Σ 120)	0	0	20	9,2	9,2	26,7	28,3	0	5	1,6	0	0	0	0	0	0

Die nicht-teilnehmende Beobachtung ließ den Eindruck aufkommen, dass die Lehrkraft den eigenen Sprechanteil bewusst zugunsten einer höheren Eigenaktivität der Schüler(innen) zurücknehmen wollte. Die quantitative Analyse der Tonbandaufzeichnung bestätigt dieses Bild:

Tab. 8.21: Teilsätze und Fragen in der Lehrersprache

Phasen Einheiten	Ph1	Ph2	Ph3	Ph4	Ph5	Ph6	Ph7	Gesamt
Clauses	13	24	5	39	16	5	5	107
Questions	5	12	2	12	3	5	0	39

Damit ergibt sich für diese Stunde eine Relation von 146 satzgebundenen Aussagen und Fragen (*clauses* und *questions*) in der Lehrersprache und 152 Einheiten vergleichbarer Komplexität in der Schülersprache (vgl. Tab. 8.15); sprich ein Quotient von 0,96 für das Verhältnis von *teacher* und *student talking time* (*TTT : STT*). Der Anteil der satzgebundenen Sprache ist mit anderen Worten auf Schülerseite ebenso hoch wie der der Unterrichtenden – ein im Fremdsprachenunterricht höchst ungewöhnlicher Fall. Möglich wird dieses Erscheinungsbild vor allem durch drei Merkmale, die die didaktischen Interaktionsstrategien der Lehrkraft bestimmen:

a) Die Schüler(innen) werden allein mit ihrem Vornamen, d.h. ohne einen weiteren verbalen Impuls (WH-Frage, Imperativ, offene Frage u.dgl.) nominiert ("drangenommen"), weil sie genau wissen, was von ihnen als Aktivität in dem Moment verlangt wird:

   - das eigenständige Erklären der Vokabeln in Phase 2,
   - das Zusammenfassen des Gehörten als Nachweis des Globalverstehens in Phase 3,
   - das selbständige Bilden von Fragen und Antworten in Phase 5.

   Die entsprechenden Arbeitstechniken sind den Schülern vollauf verfügbar und werden ohne zusätzlichen verbalen Aufwand der Lehrkraft für Arbeitsanweisungen von den Lernenden selbst in eigene Redebeiträge umgesetzt.

b) Die Impulse der Lehrkraft sind häufig offener Natur, die entsprechend komplexere Schüleräußerungen möglich machen; z. B.:

   - "*Explain this word / the words on the board*": Begriffe wie *disgusting* und *the job of a ranger* lösen Beiträge aus, die jeweils über fünf Teilsätze (*clauses*) gehen; *admire* resultiert in Antworten von 5 bzw. 7 Teilsätzen (siehe unten).
   - "*More questions!*", "*Anything else you remember?*" – Letzterer Impuls führt in der Phase 3b zu 3, 4, 5 und 8 Teilsätzen als Nachweis des Globalverstehens. Von den Schülern eingeforderte Zusammenfassungen zu bestimmten Textpassagen beinhalten Redebeiträge von 3, 4 und 5 Teilsätzen.
   - "*Mind your grammar*" oder nur "*Grammar!*": räumt den Schülern die Möglichkeit ein, die Ausdrucksseite ihrer mündlichen Äußerung nochmals (und zwar

eigenständig) zu überdenken (heute in der Fachliteratur als *focus on form* diskutiert und als spracherwerbsfördernd eingestuft: vgl. Doughty / Williams 1998).

c) Die Lehrkraft praktiziert ein von großer Geduld geprägtes Warteverhalten, und zwar sowohl im Anschluss an die eigenen Impulse als auch während eines Redebeitrags eines Schülers. Sie wartet zum einen nach den eigenen Fragen ab, z.B.:

- "*Can you imagine what?*": Wartezeit 10 Sekunden,
- "*Anything else?*": Wartezeit 10 Sekunden,
- "*Tell me what happened...*": Wartezeit 20 Sekunden.

Und sie unterbricht andererseits die Schüler(innen) nicht bei den komplexeren Redebeiträgen, die zum Teil relativ viel Zeit beanspruchen (7. Klasse !); z. B.:

- Phase 1 (Ferienpläne): 20 Sekunden Sprechzeit für einen Beitrag von zwei *clauses*, 40 Sekunden Sprechzeit für einen Beitrag mit sieben Teilsätzen (die Schüler nehmen oft mehrere "Anläufe"),
- Phase 2 (Vokabelerklärung durch Schüler): zwischen 15 Sekunden für eine Äußerung mit zwei Teilsätzen und 50 Sekunden für eine mit fünf *clauses*,
- Phase 3 (Zusammenfassungen als Kontrolle des Globalverstehens): "*Anything you remember?*" mit 6 Sekunden Wartezeit und einem Redebeitrag eines Schülers von 45 Sekunden für 5 Teilsätze; ähnlich 20 Sekunden ohne Unterbrechung durch die Lehrerin bei einem *turn* von 3 *clauses* und sogar 55 Sekunden bei einem *turn* von 4 *clauses*,
- Phase 4 (Sicherung des Detailverstehens) mit Fragen und einer Wartezeit von z.B. 7 bzw. 10 Sekunden, bis Schüler nominiert werden; der erste spricht 29 Sekunden für 5 fortlaufende *clauses*, der zweite 35 Sekunden für 7 zusammen gehörende *clauses*.
- Phase 5 (Frage-Antwort-Kette der Schüler): die Schüler-Schüler-Interaktion läuft nach einem ganz ähnlichen Muster ab, insofern als die Fragenden sowohl eine Wartezeit einräumen als auch die Mitschüler nicht unterbrechen; z. B.:

Dyade 1		**Dyade 2**		
Schülerfrage:	10 Sekunden	Schülerfrage :	6 Sekunden	
Wartezeit:	5 Sekunden	Wartezeit :	4 Sekunden	
Schülerantwort:	40 Sekunden (5 *clauses*)	Schülerantwort:	45 Sekunden (6 *clauses*)	

Die Bereitschaft und Fähigkeit zur produktiven Verwendung des Englischen in zusammenhängenden Äußerungen ist somit recht hoch. Die Bildung von Satzfragen wird in der 5. Phase dieser Stunde gezielt aufgegriffen. Auffällig an dieser Stunde ist ferner die durchgängige Einsprachigkeit: die beiden deutschen Wort-Äußerungen in Phase 4 sind eine direkte Konsequenz aus der Lehrerfrage, die deutsche Übersetzung für *complain* zu geben. Ansonsten fällt in der gesamten Unterrichtsstunde nicht ein einziges deutsches Wort.

In einer Gesamteinschätzung dieser Stunde kann gesagt werden, dass im Rahmen des Stundentyps "Textverarbeitung" bzw. "Verständnissicherung einer Lehrbuchgeschichte" ein hoher Output an mündlichen Schülerbeiträgen zu verzeichnen ist. Auffallend ist die relativ hohe Zahl von Äußerungen, die mehrere Teilsätze involvieren – mit Sicherheit (auch) eine Konsequenz der freundlich-entspannten Arbeitsatmosphäre in der Klasse sowie der schülerzugewandten Unterrichtsführung der Fachlehrerin. In diesem Zusammenhang ist die sehr geschickt gehandhabte Wartezeit (= *wait time*) der Lehrerin zu nennen, die eigentlich allen Schülern erlaubt (es werden auch die schwächeren aufgerufen), sich ohne "Druck" der Lehrkraft und ohne Angst vor hämischen Kommentaren der Mitschüler "in Ruhe" komplexere Aussagen zu überlegen und zu formulieren. Das von der Fach- (und Klassen-)lehrerin selbst herausgestellte Ziel eines guten "Sozialklimas" wird, soweit für einen externen Beobachter bei derartigen Momentaufnahmen eine realistische Einschätzung möglich ist, auf höchst beeindruckende Weise eingelöst.

BEISPIEL 6: Englisch in Klasse 7 im Klassenverband (mit Bezügen zu einem Thema des Geographieunterrichts)

Schule: 04

Klasse: 7a (Express), 28 Schüler

Fachlehrer: 04/06

Zeit: Fr 26.06.1998, 1. Std., 8.00 - 8.45 Uhr

Themenkreis: California

Sachgebiet: Expositorischer Lehrwerktext: Kalifornien "gestern" und "heute"

Stundenthema: "California" - Step A der Unit 4 des Lehrwerks *Learning English. Green Line*, Bd. 4, S. 54 + 55

Stundenziel: Sicherung des Textverständnisses (einen wichtigen Staat der USA kennenlernen)

Lernziele:

* Einführung und aktive Verwendung der neuen Vokabeln
* Mündliche Beschreibung der landeskundlich relevanten Abbildungen auf S. 54f.
* Transfer auf den Erfahrungs- bzw. Einstellungshorizont der Schüler
* Verzahnung der amerikakundlichen Inhalte des Englisch- und des Geographie-unterrichts

Voraussetzungen

Die Lehrerin führt die Klasse in Englisch und Erdkunde ab der 5. Klasse, seit der 6. Klasse auch als Klassenlehrerin. Das Thema USA wird zur Zeit in beiden Fächern "behandelt". Aufgrund entsprechender Erfahrungen werden in Texterarbeitungs-stunden in der Regel nur noch 3-5 neue Vokabeln "explizit" eingeführt, der Rest wird weitgehend von den Schülern selbst aus dem Kontext des jeweiligen Basistextes erschlossen. In dieser Stunde werden lediglich *vast, agriculture / agricultural* und *to cover / covered* im Vorfeld semantisiert. Etwa 10 weitere Wörter bzw. Wendungen erschließen sich die Schüler selbst aus dem Textzusammenhang. Sie werden an der

Tafel festgehalten und müssen für den wöchentlichen Vokabeltest gelernt werden: *landscape, national park, earthquake, surfing, smog, suspension bridge, above / below sea level*; daneben wird noch *diverse* erklärt. Hinzu kommen 8 Eigennamen (ebenfalls Tafelanschrieb): *California, Los Angeles, San Francisco, Hollywood, Beverly Hills, Sacramento, Death Valley, Mount Whitney*. – Die Stunde konnte mittels Kassettenrekorder aufgezeichnet werden.

Stundenverlauf: siehe Tabelle 8.22

Interpretation

Die Stunde zeichnet sich durch eine klar akzentuierte didaktisch-methodische Struktur aus, die beim Vorwissen der Schüler(innen) in Bezug auf das Stundenthema anknüpft, um in der abschließenden Phase eine persönliche Stellungnahme zu Kalifornien als eventuellem Lebensmittelpunkt einzufordern. In beiden Phasen genügt im Prinzip **ein** zentraler themenorientierter Impuls der Lehrkraft, um mehrere sachbezogene, inhaltlich relevante Antworten der Schüler zu initiieren (= *referential questions*):

a) "What do you know about California?" (Phase 2)
b) "Would you like to live in California?" (Phase 6: genauere Analyse weiter unten)

Beide Impulse lösen viele Schülerbeiträge aus, die sich in vollständigen einfachen Sätzen und in komplexen Sätzen niederschlagen. Im Rahmen der Bildbeschreibung der Abbildungen im Text kommen viele Schüler(innen) zum Zuge. Auch hier sind Äußerungen unterhalb der Satzgrenze (Einzelwörter oder Satzglieder / *phrases*) deutlich in der Minderheit. Der Rückgang in der Zahl der Schüleräußerungen um die 20. Minute herum ist durch die Erstellung des Tafelbilds bedingt (= TA), denn es werden gut 15 Vokabeln an der Tafel notiert. Von den insgesamt 120 Schülerbeiträgen (die in dieser Stunde 128 *structural units* der hier verwendeten Analyse entsprechen), stellen 75% vollständige Einzelsätze (ca. 54%) oder zusammengesetzte Sätze dar (ca. 21%). Damit herrscht in der Stunde eine durchgehend rege, breit gestreute Beteiligung der großen Mehrheit aller Schüler dieser Klasse (etwa drei Viertel). Rechnet man die beiden englisch formulierten Fragen dazu, produzieren somit gut 20 Schüler(innen) fast 100 Redebeiträge mit insgesamt etwa 140 semantisch kompletten Gliedsätzen (*clauses*) – Äußerungen, die mit anderen Worten mindestens die syntaktische Komplexität vollständiger Sätze haben (oder darüber hinausgehen). Im Einzelnen verteilen sich die komplexeren Äußerungen wie folgt auf die 96 Redebeiträge (*turns*):

Tab. 8.23:   Anteil komplexerer Äußerungen im Unterrichtsgespräch (7. Klasse)

Komplexität (*clauses*)	Häufigkeit (relativ)	Zahl der Teilsätze (kumulativ)
1	69	69
2	19	38
3	3	9
4	4	16
7	1	7
Gesamt (*clauses*)		**139**

Den komplexeren Äußerungen gehen offene Impulse voraus; etwa "*Explain*" (initiiert 4 *clauses*), "*Give reasons*" (gefolgt von einer Sequenz von 3 *clauses*) oder "*What else can cause pollution?*" (führt zu einer Kette von 7 *clauses*). Insbesondere in der letzten Phase der Stunde fällt auf, dass einige Schüler in den argumentierenden Passagen diskursstrukturierende Konjunktionen und Konnektoren in ihre komplexeren Äußerungen einfließen lassen: z.b. *because, because of, on the one hand... but on the other hand / side*. Die Schüler(innen) nutzen die Chance, die in den letzten Wochen systematisch gelernten und eingeübten *classroom phrases* (vgl. hierzu die Liste im Lehrbuch, S. 181f.) in einem neuen inhaltlichen Zusammenhang selbständig anzuwenden. Zu diesen produktiven mündlichen Leistungen kommen noch 11 Beiträge, die sich aus dem lauten Vorlesen der 11 Absätze des Lehrwerktextes ergeben (in der Tabelle 8.22 in eckige Klammern gesetzt).

Wie die Tabelle 8.22 zeigt, kommt es nur sehr selten zum Gebrauch des Deutschen. Die meisten Fälle sind Einschübe in englisch formulierten Äußerungen (= *code-switching*), aber keine selbständigen Redebeiträge. Die Bereitschaft (und Fähigkeit) zur produktiven Verwendung des Englischen ist folglich sehr hoch. Bei den beiden deutsch formulierten Sätzen handelt es sich um Entschuldigungen (zwei Schüler kamen zu spät zum Unterricht), die auf eine entsprechende Aufforderung der Lehrerin ("*In English, please*" in englischer Sprache wiederholt werden. Die deutsch eingestreuten Wörter oder Satzfragmente stellen "echte" lexikalische Lücken dar, die dem spontanen Ausdrucksbedürfnis der Schüler im Kontext der in dieser Stunde angesprochenen geographischen Sachverhalte entspringen; z.B.: "St. Andreas Graben", "Landwirtschaft", "vielfältig", "gemäßigt" (Klima), "extrem" (Klimaunterschiede). Bei einem selbständigen *turn* wie "außerhalb" (= 1-Wort-Äußerung) fehlt einem Schüler der Begriff *suburb*, der aber sofort einem anderen Schüler verfügbar ist. Die deutsch gehaltenen Fragen sind entweder inhaltsbezogene Fragen in Bezug auf fehlende fachsprachliche Wortbedeutungen: "Was heißt Abstand / Felsen / Erdbeben / Trinkwasser?" oder ein diskursiver *check* im Vollzug einer englischen Äußerung: "Kann man das sagen?"

Die Analyse der Aufzeichnung dieser Stunde ergibt die folgende Verteilung satzbezogener Aussagen und Fragen in der Lehrersprache:

Tab. 8.24: Teilsätze und Fragen in der Lehrersprache (7. Klasse)

Einheiten ＼ Phasen	Ph1	Ph2	Ph3	Ph4	Ph5	Gesamt
Clauses	12	64	38	21	20	155
Questions	9	23	24	5	8	69

Tab. 8.22:   Stundenverlauf 04/06/7x am 26.6.1998

Unterrichtsschritte	Zeit in Minuten	Σ der Turns	Englisch							Deutsch						
			Wo	Ph	Fr	Cl	>Cl	ΣCl	Q	Wo	Ph	Fr	Cl	>Cl	ΣCl	Q
0. Organisatorisches	2	0	0	0	0	0	0	0	0	0	0	0	0	0	0	0
1. Einstieg: Vorwissen zu Kalifornien aktivieren	5	22	1	2	0	12	6	24	0	1	0	0	0	0	0	0
2. Beschreibung der Bilder im Lehrbuch, Einführung von neuen Vokabeln	15	41	4	4	0	22	8	47	0	2	0	1	1	0	1	1
3. Lautes Lesen des Textes, Sicherung des Detailverstehens, kontextuelle Vokabelerklärung, Tafelbild	13	29 [+11]	0	1	0	20	5	31	1	3	0	0	1	0	1	1
4. Unterrichtsgespräch: Fragen-Antworten zum Textinhalt	5	13	1	0	1	9	1	11	1	0	0	0	0	0	0	1
5. Transfer: Leben in Kalifornien (Gespräch)	5	15	1	1	0	6	7	26	0	0	0	0	0	0	0	2
6. HA: "Write about 100 words about one of the pictures"	0	0	0	0	0	0	0	0	0	0	0	0	0	0	0	0
Gesamt (mdl. Schülerbeiträge)	43	120 [+11]	7	8	1	69	27	139	2	6	0	1	2	0	2	5
Prozentanteile der *structural units* (Σ 128)	0	0	5,4	6,3	0,8	53,9	21,1	0	1,5	4,7	0	0,8	1,5	0	0	4

Wie den Tab. 8.22 und 8.24 zu entnehmen ist, stehen somit 224 Teilsätzen und Fragen in der Lehrersprache (= *STT*) 141 *clauses* und *questions* in der *SST* gegenüber. Dies ist ein Verhältnis (1,59), das als sehr vorteilhaft für die Qualität der Lehrer-Schüler-Interaktion zu werten ist. Die Lehrkraft "erschlägt" die Schüler(innen) in ihren Aussagesätzen (= *statements*) nicht mit ihrem Fachwissen, sondern erweitert, präzisiert und korrigiert (sprachlich sehr geschickt) die Äußerungen der Schüler zum Thema des Lehrwerktextes und zu den eigenen "echten" Fragen (Phasen 2 + 6) in Bezug auf Kalifornien. Die satzgebundenen Lehreraussagen sind mit anderen Worten inhaltliche Differenzierungen und Ergänzungen, aber auch sprachliche Korrekturen von Schülerbeiträgen, die die inhaltliche und sprachliche Qualität des Inputs erhöhen.

Äußerst aufschlussreich ist auch in dieser Stunde die Analyse der Fragen der Lehrkraft in Verbindung mit der sich daran anschließenden Wartezeit (= *wait time*). Entweder die Schüler(innen) antworten sehr schnell auf die Impulse der Lehrkraft (mit der Frage gehen gewissermaßen bereits die Arme hoch), so dass im Prinzip keine Wartezeit entstehen kann. Oder aber die Fragen sind von einer Struktur und Komplexität (offene / echte Fragen), die ein längeres Nachdenken der Schüler(innen) verlangen. Das Kommunikationsverhalten der Lehrkraft zeichnet sich in diesen Momenten durch eine didaktisch höchst geschickte Diskursstrategie aus: Sie wartet ab, und sie nominiert (= "drannehmen") bei diesen offenen Impulsen stets mehrere Schülerinnen und Schüler. Exemplarisch hierfür können folgende Passagen aus dem Unterrichtsprotokoll angeführt werden:

a) Phase 4: Fragen-Anworten zum Inhalt des Lehrwerktextes
   - "What do we get to know about the history of California?" – Wartezeit: 14 Sekunden, Nominierung von 6 Schülern zum gleichen Impuls.
   - "What is California famous for now?" – Wartezeit: 10 Sekunden, Nominierung von 5 Schülern zum gleichen Impuls.

b) Phase 5: Leben in Kalifornien (Transfer aus der Schülersicht)
   - "Would you like to live in California? Say why." – Wartezeit: 16 Sekunden, Nominierung von 6 Schülern zum gleichen Impuls.
   - "Which problems has California got?" – Wartezeit: 9 Sekunden, Nominierung von 3 Schülern.
   - "What do they need the water for?" – Wartezeit: 6 Sekunden, Nominierung von 3 Schülern.

Ein ähnliches Bild bietet sich im Hinblick auf die Phase 2 der Stunde, in der es um die Beschreibung der Bilder im Lehrbuch geht. Bei der ersten Abbildung lautet der Impuls:
   - "Choose one of the pictures and describe it." – Wartezeit: 15 Sekunden.

Später bei den anderen Bildern, z.B.:
   - "What else? " – Wartezeit: 10, 11 oder 13 Sekunden.

Selbst bei didaktischen Fragen (*display questions*) zum Textinhalt "*Any questions?*" beträgt die Wartezeit in der Regel zwischen vier und sechs Sekunden; es sei denn (wie bereits angemerkt), die Schüler(innen) hatten sich sowieso schon gemeldet.

In einer Gesamteinschätzung dieser Stunde lässt sich festhalten, dass hier ein Unterricht auf anspruchsvollem sprachlichen und inhaltlichen Niveau abläuft (die Fächerkombination der Fachlehrerin war für das spezielle Thema natürlich ideal), der sich in einem zügigen Arbeitstempo und vielen offenen, inhaltlichen Fragen (mit variabel eingesetzter Wartezeit zwischen den Lehrerimpulsen: *wait time*) bei durchgehend reger, weitestgehend einsprachiger Beteiligung der überwiegenden Mehrheit der Schüler niederschlägt. Der Output an mündlichen Schülerleistungen ist für eine Textverarbeitungsstunde als überdurchschnittlich hoch einzustufen. Es werden viele neue Wörter und Wendungen vermittelt bzw. aktiviert, viele vollständige Äußerungen produziert sowie eine für eine 7. Klasse (vom Umfang und vom Inhalt her) anspruchsvolle schriftliche Hausaufgabe gestellt. Konzentrierte Arbeitshaltung und eine sachbezogene, freundliche Unterrichtsatmosphäre ergänzen sich in idealer Weise.

8.2.2.4 Jahrgangsstufe 10

BEISPIEL 7: Englisch in Klasse 10 im Klassenverband

Schule: 04

Klasse: 10a (Express); 19 Schüler (8 Jungen bzw. 11 Mädchen)

Fachlehrer: 04/03

Zeit: Mi 9.12.1998, 3. Std., 9.55 – 10.40 Uhr

Themenkreis: The American Dream

Sachgebiet: Song aus dem Musical "West Side Story"

Stundenthema : "*I like to be in America*", Step B 3 + 4 der Unit 1 des Lehrwerks *Learning Englisch. Green Line*, Bd. 6, S. 12 f.

Stundenziel: Inhaltliche und stilistische Analyse des Songs aus dem Musical

Lernziele:

• Sicherung des Textverständnisses durch zweimaliges Hören des Lieds (Verfahren des Mitlesens)
• Laut- und intonationsgerechtes Nachsprechen von Kurzdialogen
• Inhaltliche Erarbeitung der unterschiedlichen Sprecherperspektiven im Lied (insbesondere Rosalias und Anitas Sichtweise)
• Ironie als stilistisches Mittel (Übung in der Analyse fiktionaler Texte)
• Identifizierung unterschiedlicher Einstellungen gegenüber den USA

Voraussetzungen

Die Lehrkraft unterrichtet seit den Sommerferien 1998 als Fachlehrerin für Englisch in der Klasse 10a und hat vor ca. drei Wochen ihr zweites Staatsexamen (im Fach Englisch) in dieser Klasse abgelegt. Sie begegnet (nach eigenem Bekunden) der Klasse mit "etwas gemischten Gefühlen", weil ihr (und offenbar auch anderen Kolleginnen und Kollegen) das "Sozialklima" in der Lerngruppe nicht das beste zu sein scheint[30]. Was sie als Englischlehrerin am meisten stört, ist der Sachverhalt, dass es eine recht dominante Gruppe von Schülern (Jungen und Mädchen) gibt, die (bei eigenen überdurchschnittlichen Leistungen im Fach Englisch) dazu neigen, andere Schüler bei Fehlern und Schwierigkeiten im Englischen zu kritisieren bzw. mit "wenig freundlichen Bemerkungen" so weit zu verunsichern, dass sich diese letzteren Schüler im Unterrichtsgespräch überproportional (gemessen an deren Leistungsvermögen und Zensuren in den schriftlichen Arbeiten) "zurückhalten". Eine Schülerin soll deshalb bereits die Klasse verlassen haben, eine andere erwägt den gleichen Schritt nach dem Halbjahreszeugnis. – Die Stunde konnte über eine Audioaufnahme aufgezeichnet werden.

Stundenverlauf: siehe Tab. 8.25

Interpretation

Die Stunde folgt in ihrer didaktischen Struktur sehr stark den Vorgaben des Lehrbuchs, das den Schwerpunkt auf die Textanalyse setzt (*"Analysing the text"*). Die Lehrkraft orientiert sich dabei an den Fragen der Rubrik *"The content of the song"*, die sie nach und nach durchgeht. Es werden anfangs einige neue Vokabeln eingeführt, bevor die Hintergrundinformation zum Musical *"West Side Story"* laut vorgelesen wird (evtl. vorhandenes Vorwissen der Schüler wird nicht erfragt bzw. über andere methodische Wege – z.B. ein Plattencover – aktiviert). Das Lied *"I like to be in America"* wird zweimal von der Kassette eingespielt, wobei die Aufnahme bei geöffnetem Buch (= Mitlesen) erfolgt. Beide Male wird kein gezielter Hörauftrag erteilt, obwohl dies in der Zusammenstellung der inhaltlichen Fragen zum Text angelegt ist (Rosalias vs. Anitas *point of view*: Fragen 1 + 2 vs. Fragen 3 + 4). Das Unterrichtsgespräch zum Stilmittel der Ironie (Phase 4c) läuft etwas mühsam an, weil die Schülerinnen und Schüler die Spezifik eines ironischen Sprachgebrauchs nicht "auf Anhieb" am Songtext belegen können (und deshalb auf deutsche Beiträge ausweichen). Vermutlich ist aber auch das Beispiel in der Frage 5 des Lehrbuchs (S. 29) nicht optimal, wenn man mit *wire-spoke wheels* nicht viel anfangen kann. Die deutsch formulierten Schülerbeiträge in den Phasen 1 und 2 gehen in der Regel auf Fragen der Lehrkraft nach Übersetzungsäquivalenten zurück oder sind eine Folge des Aushandelns von Bedeutungen (eine Schülerin benutzt korrekterweise das Verb *brag*, das der Lehrkraft

---

[30] Die in dieser Lerngruppe besonders stark ausgeprägte Heterogenität im Leistungsvermögen (u.a. auch im Fach Englisch) wird an den Daten ersichtlich, die in den Kapiteln 5 und 6 zusammengetragen sind. Die beiden Dreiergruppen für das Simulationsspiel repräsentieren geradezu exemplarisch die in der Klasse gegebene Bandbreite im produktiven Ausdrucksvermögen. Nach meiner Einschätzung des Unterrichts in anderen Stunden waren die leistungsstarken Schüler(innen) zum Teil extrem unterfordert; vielleicht auch, weil die Fachlehrerin sich sprachlich nicht gerade "wendig" zeigte (siehe Fußnote 17 in Kap. 5.3 mit einer Diskussion der Tab. 5.10).

nicht bekannt ist). In Phase 4 sind sie eher Ausdruck einer gewissen Unlust auf Schülerseite, den schriftlichen Teil der Partnerarbeit zu erledigen. Die deutschen Redebeiträge der Schüler stellen etwa ein Fünftel aller *turns* dar (ca. 21%). Die englisch formulierten Redebeiträge sind überwiegend komplexerer Natur. Von den insgesamt 84 *structural units* in dieser Stunde, die zu einem Drittel (ca. 15 Minuten) der Rezeption des Songs bzw. der Partnerarbeit gewidmet war, sind knapp zwei Drittel Äußerungen mit einem vollständigen Satz oder mit komplexeren Sätzen (63%). Die Äußerungen verteilen sich wie folgt:

Tab. 8.26:   Anteil komplexerer Äußerungen im Textgespräch (10. Klasse)

Komplexität (*clauses*)	Häufigkeit (relativ)	Zahl der Teilsätze (kumulativ)
1	15	15
2	10	20
3	5	15
4	5	20
5	9	45
6	3	18
7	0	0
8	1	8
9	2	18
10	2	20
11	1	11
Gesamt (*clauses*)		**190**

Ein knappes Fünftel der Redebeiträge (18%) beinhaltet einen ganzen, vollständigen Satz und ein gutes Drittel (35%) Äußerungen mit 2-5 Teilsätzen (*clauses*). Gut 10% der Beiträge verfügen über eine Komplexität von 6-11 Teilsätzen. Die Parallelen zur 10a des Jahrgangs 1997/98 sind erstaunlich (vgl. Tab. 8.30 in Beispiel 8). Was in dieser Stunde anders ist (im Gegensatz zur 10. Klasse des Schuljahres 1997/98 an der gleichen Schule), ist die nicht-gleichmäßige Verteilung der Mitarbeit im Unterricht seitens der 19 Schülerinnen und Schüler dieser Klasse. Ein nicht unbeträchtlicher Anteil beteiligt sich selten am Unterrichtsgespräch und ist somit mit relativ wenigen Beiträgen an der Lehrer-Schüler-Interaktion vertreten. Wie eingangs bei den "Voraussetzungen" betont wurde, ist dieser Sachverhalt aller Wahrscheinlichkeit nach eine Folge des wenig ansprechenden Sozialklimas in der Klasse. Offenbar haben sich bereits etliche Schüler(innen) "innerlich" vom inhaltlichen Textgespräch im Englischunterricht "verabschiedet" (der wenig anregende, "hölzern-steife" Kommunikationsstil der Lehrkraft mag ein weiterer Grund gewesen sein). Die Schüler(innen), die sich aktiv am Unterrichtsgespräch beteiligen, zeichnen sich durch eine bemerkenswert hohe Qualität und Komplexität ihrer Redebeiträge aus. Befriedigen kann dies jedoch nicht, denn es ist zu befürchten, dass die "stillen" (vermutlich sogar "eingeschüchterten" Schüler) in der Entwicklung ihrer mündlichen Gesprächsfähigkeit über Gebühr beeinträchtigt werden. Da die augenblickliche Englischlehrerin zum Ende des Halbjahres ausscheiden wird, muss der nächste Kollege energisch auf das Sozialverhalten in dieser Klasse Einfluss nehmen.

Tab. 8.25: Stundenverlauf 04/03/10a am 9.12.1998

Unterrichtsschritte	Zeit in Min.	∑ der Turns	Englisch							Deutsch						
			Wo	Ph	Fr	Cl	>Cl	∑Cl	Q	Wo	Ph	Fr	Cl	>Cl	∑Cl	Q
0. Organisatorisches	2	0	0	0	0	0	0	0	0	0	0	0	0	0	0	0
1. Hinführung zum Text a) Neue Vokabeln	3	10 [1]	3	2	-	1	0 [1]	1 [12]	0	1	2	0	1	0	1	0
b) Lautes Lesen der Hintergrundinformation zum Text	1															
2. Darbietung des Songs und Unterrichtsgespräch zum Inhalt des Liedes a) Aufnahme des Songs bei geöffnetem Buch (Mitlesen)	5	0	0	0	0	0	0	0	0	0	0	0	0	0	0	0
b) Inhaltliche Erarbeitung: Rosalias Sichtweise	10	29	3	3	1	9	13	65	0	4	0	0	0	1	2	1
3. Vertiefende Erarbeitung a) 2. Darbietung des Songs	5	0	0	0	0	0	0	0	0	0	0	0	0	0	0	0
b) Gespräch: Anitas Sichtweise	4	12	2	0	0	2	8	30	1	0	0	0	0	0	0	0
4. Textanalyse: Ironie als Stilmittel des Songs a) Arbeitsanweisung und lautes Lesen der Q5, Lehrbuch S. 29	1	4 [1]	0	0	0	0	0 [1]	0 [10]	0	0	0	0	0	0	0	0
b) Partnerarbeit	4	0	0	0	0	0	0	0	0	0	0	0	0	0	0	0
c) Gespräch: Ironie im Liedtext	8	27	1	0	0	3	17	94	0	0	0	1	2	0	2	2
5. HA: Srfl. Beantwortung einer der beiden discussion questions im Lehrbuch S. 29	0	0	0	0	0	0	0	0	0	0	0	0	0	0	0	0
Gesamt (mdl. Schülerbeiträge)	43	82 [2]	9	5	1	15	38 [2]	190 [22]	1	5	2	1	3	1	5	3
Prozentanteile der structural units (∑ 84)	0	0	11	6	1	18	45	0	1	6	2	1	4	1	0	4

Was die Lehrersprache in dieser Stunde betrifft, gilt in etwa die folgende Verteilung des Anteils von *questions* und *clauses* in den einzelnen Phasen:

Tab. 8.27:   Teilsätze und Fragen in der Lehrersprache

Phasen Einheiten	Ph1	Ph2b	Ph3b	Ph4a	Ph4b	Gesamt
Clauses	22	34	15	20	52	143
Questions	5	30	9	2	17	63

Wendet man den Quotienten aus *Teacher Talking Time (TTT)* und *Student Talking Time (STT)* – bezogen auf die satzbezogenen Einheiten *clauses* and *questions* – auf diese Stunde an, so ergibt sich bei 206 *TTT* und 191 *STT* ein Verhältnis von 1,08. Dies ist ein Quotient, der sehr stark zugunsten der Schüler verschoben ist, kommt allerdings nur wenigen Lernern in dieser Klasse zugute.

Alle diese *structural units* waren im engeren Sinne inhaltsorientiert, d.h. auf das Thema des Unterrichts- und Textgegenstandes bezogen. Es waren keine Äußerungen zu beobachten, die etwas mit Aufmerksamkeits- oder Disziplinproblemen zu tun hatten. Eine Arbeitsatmosphäre war in der Stunde durchgehend gegeben; allerdings mit der Einschränkung, die bereits (weiter oben) in den "Voraussetzungen" angesprochen wurde: Von den 60 Redebeiträgen der Schüler(innen), die in dieser Stunde in Bezug auf die Nominierungen (= *nominations*: "Drannehmen") von Schülern durch die Lehrkraft erfasst wurden, entfallen 28 (also fast die Hälfte aller *turns*) auf vier Schüler, die jeweils sieben Mal das "Rederecht" erhalten:

Tab. 8.28:   Anzahl der Nominierungen für bestimmte Schüler

Relative Häufigkeit der Nominierungen	Zahl der Schüler (von insgesamt 19)	Kumulatives Gesamt der Nominierungen
0	2	0
1	3	3
2	7	14
3	0	0
4	1	4
5	1	5
6	1	6
7	4	28
Gesamt	**19**	**60**

Wie der Übersicht zu entnehmen ist, bestreiten somit sieben Schüler (ca. 37% der Klasse) etwa 72% aller Redebeiträge (= 43 Nominierungen), die in dieser Stunde auf dieses Merkmal der Unterrichtsinteraktion hin analysiert wurden. Die Hälfte der Schüler (gut 50%) wird ein- oder zweimal "herangenommen", zwei Schülern wird nicht ein einziges Mal das Rederecht erteilt. Damit scheint sich in der hier dokumentierten Stunde der Eindruck zu bestärken, den die Lehrkraft hinsichtlich der Mitarbeit der Schüler in dieser Klasse geäußert hatte: Einige Schüler dominieren das

Unterrichtsgespräch in einem Ausmaß, das andere Schüler davon abhält, sich aktiv am Unterricht zu beteiligen. Äußerungen, die die "stilleren" oder "schwächeren" Schüler verletzen könnten, wurden in dieser Stunde allerdings nicht beobachtet.

BEISPIEL 8: Englisch in Klasse 10 im Klassenverband

Schule:	04
Klasse:	10a (Express), 25 Schüler
Fachlehrer:	04/09
Zeit:	Do 11.06.1998, 4. Std., 10.45 - 11.30 Uhr
Themenkreis:	*Gang violence*
Sachgebiet:	Romanlektüre
Stundenthema:	Chapter 2 of *The Outsider* by S.E.Hinton
Stundenziel:	Textgespräch zum 2. Kapitel

Lernziele:

* Zusammenfassung des 2. Kapitels
* Charakterisierung der Personen
* Positive und negative Aspekte des Gruppenverhaltens in *gangs*
* Auswirkungen dieser Aspekte
* Transfer auf die Berliner Situation

Voraussetzungen

- Gemeinsames Lesen des 1. Kapitels in der Klasse
- Selbständige Lektüre des 2. Kapitels durch die Schüler
- Erstmaliger Einsatz einer Langform im Englischunterricht
- Textanalytischer Zugriff auf das 1. Kapitel: z.B. mit Begriffen wie *setting*, *character*, *characterization* (*direct - indirect*), *narrator*
- Eine Tonaufzeichnung der Stunde war aus organisatorischen Gründen nicht möglich.

Stundenverlauf: siehe Tabelle 8.29.

Interpretation

Die Stunde zeichnet sich durch eine hohe didaktisch-methodische Geschlossenheit aus (ein stark lehrwerkzentriertes Textgespräch über 45 Minuten), mit klar akzentuierten inhaltlichen Teilschritten. Die Lehrkraft gibt viele rasch aufeinanderfolgende Impulse (geringe *wait time*), die von den Schülerinnen und Schülern in ihren Antworten in höchst beeindruckender Weise aufgegriffen und verarbeitet werden. Im Rahmen der Charakterisierung der Personen wird gezielte (textbezogene) sprachliche Formulierungsarbeit geleistet; deshalb die relativ hohe Zahl von Ein- oder Zweiwortantworten (z.B. *violent, tough, aggressive, cute, brave, courageous, sensitive, showing off, slash* usw.) Die Beteiligung der Schüler ist hoch: 3 Schüler leisten keinen Redebeitrag, 5

Schüler nur einen Beitrag; alle anderen dafür mehrere. Zwei Drittel der Schüler (17) produzieren in 45 Minuten ca. 100 Redebeiträge, von denen die Hälfte zwei und mehr "Teilsätze" (*clauses*) involviert. Es werden keinerlei Satzfragmente (d.h. syntaktisch und semantisch unvollständige Sätze) produziert; allerdings auch nicht eine einzige Schülerfrage.

Gemessen an der Gesamtzahl der 105 *structural units*, die in dieser Stunde mit der Zahl der Schülerbeiträge identisch ist (weil innerhalb eines *turn* die Sprachen nicht gemischt werden), beinhaltet ein knappes Viertel davon (22,8%) einen ganzen, vollständigen Satz und ein gutes Drittel (ca. 35%) Äußerungen mit 2-5 Teilsätzen. Gut 10% der Beiträge verfügen über eine Komplexität von 6-10 Teilsätzen und nochmals 4% sogar über eine *clause*-Zahl von 13-17 Teilsätzen. Ein solcher Output im englisch geführten Unterrichtsgespräch ist für eine 10. Klasse als "beeindruckend" bzw. "herausragend" einzustufen (vgl. die ganz ähnlichen Werte in Tab. 8.25 des Beispiels 7 in Bezug auf die 10a des Schuljahres 1998/99). Im Einzelnen verteilen sich die komplexen Äußerungen wie folgt:

Tab. 8.30:   Anteil komplexer Äußerungen im Textgespräch (10. Klasse)

Komplexität (clauses)	Häufigkeit (relativ)	Zahl der Teilsätze (kumulativ)
1	24	24
2	21	42
3	8	24
4	4	16
5	4	20
6	1	6
7	5	35
8	2	16
9	1	9
10	3	30
13	1	13
15	2	30
17	1	17
Gesamt (clauses)		**282**

Wie an der Beobachtung des Unterrichts deutlich wurde, zeichnet sich diese Stunde durch eine durchgehend hohe Beteiligung der Schüler(innen) aus. Ein leichter Rückgang zwischen der 20.-25. Minute lässt sich durch die verstärkte Tafelarbeit der Lehrkraft erklären (Tafelanschrieb als Ergebnissicherung des Textgesprächs = TA). Die beiden "Spitzen" bezüglich der Schülerbeiträge in der ersten und letzten Phase der Stunde (mit 47 bzw. 58 *clauses* in jeweils 5 Minuten) resultieren aus der spezifischen Art der Aufgabe: Zusammenfassen der eigenständigen häuslichen Lektüre des zweiten Romankapitels (= *oral summary*) sowie inhaltlicher Transfer auf die eigene soziokulturelle Realität der Lernenden (die Berliner Situation betreffs *gang violence* unter Einbezug entsprechender Erfahrungen – seien es unmittelbare oder mittelbare).

Tab. 8.29:   Stundenverlauf 04/09/10x am 11.6.1998

Unterrichtsschritte	Zeit in Min	Σ der Turns	Englisch							Deutsch						
			Wo	Ph	Fr	Cl	>Cl	ΣCl	Q	Wo	Ph	Fr	Cl	>Cl	ΣCl	Q
1. Zusammenfassung des 1. Kapitels (*summary*)	5	8	1	0	0	1	6	47	0	0	0	0	0	0	0	0
2. Charakterisierung der Personen	15	43	15	0	0	9	18	79	0	1	1	0	0	0	0	0
3. Positive und negative Aspekte des Gruppenverhaltens mit den entsprechenden Auswirkungen	15	45	7	2	0	12	22	98	0	2	0	0	0	0	0	0
4. Transfer auf die Berliner Situation (*gang violence*)	5	9	0	0	0	2	7	58	0	0	0	0	0	0	0	0
5. HA: "Gang violence in Berlin. What can be done against it?" (mdl.)	0	0	0	0	0	0	0	0	0	0	0	0	0	0	0	0
Gesamt (mdl. Schülerbeiträge)	45	105	23	2	0	24	53	282	0	3	0	0	0	0	0	0
Prozentanteile der *structural units* (Σ 105)	0	0	21,9	1,9	0	22,8	50,5	0	0	2,9	0	0	0	0	0	0

In der gesamten Stunde fallen auf Seiten der Schüler drei deutsche Begriffe, d.h. es herrscht eine strikt einsprachige Unterrichtsatmosphäre. Trotz des nicht gegebenen Methodenwechsels zeichnet sich das Textgespräch durch ein extrem hohes Arbeitstempo bei durchgehend reger Beteiligung der überwiegenden Mehrheit der Schüler aus. Der Output an mündlichen Schülerleistungen ist als überdurchschnittlich hoch einzustufen, wobei die Schüler(innen) sich in ihren Beiträgen oft auch aufeinander beziehen. Das Gespräch läuft mit anderen Worten nicht ausschließlich über die sprachlich sehr gewandte Lehrperson. Eine konzentrierte Arbeitshaltung auf Seiten der Schüler wird ergänzt durch eine freundliche, persönliche und entspannte Unterrichtsatmosphäre.

8.2.2.5 Eine zusammenfassende Übersicht

Analog zu den tabellarischen Synopsen des Kap. 8.2.1.2 fasst die Tab. 8.31 nochmals eine Auswahl von Englischstunden in Expressklassen zusammen.

Vergleicht man einmal die Produktanalysen der Tab. 8.31 mit denen der Tab. 8.1-8.4 in Kap. 8.2.1.2, dann wird meines Erachtens bereits an den Outputdaten ersichtlich, dass hier (in den Expressklassen) – gemessen an der Qualität und Komplexität der mündlichen Schülerbeiträge – ein qualitativ "anderer" Unterricht abläuft; ein Unterschied, der sich dann auch auf der Prozessebene der Interaktion zeigen muss. Dem soll ansatzweise im nächsten Unterkapitel nachgegangen werden.

Wie aus dieser Übersicht und den Stundenprotokollen der Kap. 8.2.2.1-8.2.2.4 hoffentlich deutlich geworden ist, zeichnet sich der Englischunterricht in den Expressklassen der Jahre 1997-1999 vor allem durch die beeindruckende Mitarbeit, eine erstaunlich hohe Anzahl von Redebeiträgen und die ungewöhnliche Komplexität des mündlichen Outputs bei der Mehrzahl der Schülerinnen und Schüler in diesen Lerngruppen aus. Es waren diese für mich in der explorativen Anfangsphase des Projekts gewonnenen Eindrücke, die natürlich über den Kontrast aus der Begegnung und Erfahrung mit gymnasialen Regelklassen in Berlin gespeist und gefiltert wurden, die mich veranlassten, mein spezielles Augenmerk der Quantität und der strukturellen Komplexität der mündlichen Schüleräußerungen im Unterrichtsgespräch zukommen zu lassen. Meines Erachtens liegen damit zentrale Indikatoren für die "Kommunikativität" (= *communicativeness*) des fremdsprachlichen Klassenzimmers vor. Dies mag zunächst nicht ganz einsichtig oder sogar abwegig erscheinen (schließlich konzentriert sich die Analyse auf Produktdaten), aber das Konzept des kommunikationsorientierten Fremdsprachenunterrichts kann nicht an den Realitäten des institutionell eingebetteten und lehrergesteuerten Vermittlungskontextes vorbeisehen.

Tab. 8.31: Englischstunden in gymnasialen Expressklassen (Outputperspektive)

Stundenthema und -ziel	Sch. (N)	Turns	Structural Units	Englisch					Deutsch	
				<Cl	Cl	>Cl	ΣCl	Q	<Cl	Cl+Q
KLASSE 5 Nottingham : Beschreibung textbegleitender Abbildungen im Lehrbuch	32	86	100	23	28	22	90	18	4	5
Szenische Darstellung von Kurzdialogen a) Gruppe 1	14	109 [15]	110	3 [6]	86 [6]	0 [1]	86 [6]	14 [4]	1	6
b) Gruppe 2	17	97 [15]	97	1 [1]	70 [6]	0 [1]	70 [6]	15 [4]	0	11
Bilden von Fragen und Antworten mit *do* / *does* und *don't* / *doesn't* über einen Comic: "The Alien"[31]	30	55 [1] (30*)	56	8	9 (30*)	6 [1]	22 [2] (30*)	33	0	0
Einüben der Fragen und Antworten mit *do* und *does*: "The 20 Questions Game"	31	82 [65]	85	19	41 [24]	3 [25]	47 [237]	7 [25]	3	12
"The Mexican Red Knee" (eine Spinne): Hinführung zum Thema "Pets and Animals"	31	62 [59]	64	17	32 [26]	3 [33]	38 [131]	0	11	1

[31] Die Notation (*) steht hier für eine eher "mechanische" Antwortkette, als Reaktion der Schüler(innen) auf die Lehrerfrage "Do you like ...?" und "Does he / she like ...?".

KLASSE 6										
Szenische Darstellung eines Sketches, Struktur- und Wortschatzarbeit	27	135 [20]	156	34	62	18	100	23	4	10
Erarbeitung einer Bildgeschichte zu "Robin Hood" (LdL)	30	107 [99]	127	17 [1]	29 [8]	34 [66]	110 [221]	27 [24]	7	13
Erarbeiten einer Lügengeschichte, bes. Hörverstehen										
a) Gruppe 1	16	89 [15]	98	41	28	12	68	3	8	6
b) Gruppe 2	14	108 [16]	112	39	40	9	62	2	10	12
KLASSE 7										
Sicherung des Textverständnisses: Kalifornien gestern und heute	28	120 [11]	128	16	69	27	139	2	7	7
Sicherung des Textverständnisses: edierter Zeitungsbericht im Lehrbuch	24	110 [10]	120	46	32	34	146	6	2	0
KLASSE 10										
Inhaltliche und stilistische Analyse des Songs "I like to be in America"	19	82 [2]	84	15	15	38 [2]	190 [22]	1	8	7
Textgespräch zum Kap. 2 von S.E. Hinton: "The Outsider"	25	105	105	25	24	53	282	0	3	0

8.3 Erklärungsansätze für den Erfolg des Akzelerationsprinzips im Englischunterricht

8.3.1 Kommunikativität im fremdsprachlichen Klassenzimmer

Ein nicht unwesentlicher Anteil der fremdsprachendidaktischen Literatur und der empirischen Forschungsarbeit (Letztere vor allem im anglophonen Kontext) geht von der Prämisse aus, dass die Interaktionsabläufe im fremdsprachlichen Klassenraum sich an den Kriterien von "Kommunikation" bzw. "kommunikativer Interaktion" messen lassen (müssen), die außerhalb eines schulisch und unterrichtlich vermittelten Lehr-Lernkontextes bestehen. Danach bestimmt sich "echte" Kommunikation etwa durch folgende Merkmale (vgl. Nunan 1987: 137):

- die ungleiche Verteilung von Informationen (Prinzip des *information gap*),

- das Aushandeln von Bedeutungen (*negotiation of meaning* inklusive *comprehension / confirmation / clarification checks*),

- das Benennen oder Aushandeln von Gesprächsthemen durch mehr als einen Redeteilnehmer (*topic control*) und

- das Recht eines Interaktanten auf Teilnahme oder Nichtteilnahme an einem Diskurs.

Die Analysen des 6. Kapitels (insbesondere 6.3) haben eindringlich belegt, dass die Lernersprache (vor allem die interaktive Gesprächsfähigkeit) in diesen Aspekten defizitär ist. Deshalb ist es in der Tat angesagt, verstärkt Lernarrangements, Arbeitsaufgaben, Übungsformen und Überprüfungsverfahren zu etablieren, die diesen von Nunan genannten Kriterien und damit der kommunikativen Zielsetzung des Fremdsprachenunterrichts gerecht werden. Nur bringt es meiner Meinung nach nicht viel, das kommunikative Geschehen im Klassenraum allein nach den Maßstäben kommunikativer Interaktion in sprachlich-situativen Verwendungszusammenhängen außerhalb eines Unterrichtskontexts beurteilen zu wollen. Das fremdsprachliche Klassenzimmer ist ein Handlungsfeld eigener Art; mit sehr spezifischen pädagogisch-didaktischen Intentionen, Rollenzuweisungen, Lehr-Lerntraditionen, anthropogenen Voraussetzungen und unterrichtsmethodischen Möglichkeiten. Würde man die schulexternen Kriterien für kommunikatives Verhalten zur Richtschnur des unterrichtlich vermittelten Fremdsprachenerwerbs machen, würden die wenigsten Lehrer und Unterrichtsstunden diese Messlatte erreichen.

In der Evaluierung von Fremdsprachenunterricht muss man sich mit anderen Worten bemühen, die "Kommunikativität" des fremdsprachlichen Klassenraums weitgehend aus sich selbst heraus zu bestimmen (vgl. hierzu die prinzipiellen Überlegungen von Cullen 1998). Die Tatsache, dass wir noch nicht allzu viel über die Normen und Referenzwerte der "*Black Box*" wissen, ist kein schlagkräftiges Gegenargument. Dies betrifft sowohl die Inputseite (Sprache des Lehrers, des Lehrwerks und anderer Ressourcen) als auch die Outputseite (Sprache der Lerner: im lehrergelenkten

Unterrichtsgespräch und im Vollzug kommunikativer Aktivitäten außerhalb dieser höchst spezifischen Diskurssituation). Eine strukturierte und differenzierte Lernersprache ist ein Ziel in sich selbst und ein Mittel zum Zweck (zum Aufbau einer funktionalen Sprachhandlungskompetenz). Je mehr wir darüber wissen, umso realistischer können unsere kommunikativen Zielvorstellungen werden, und desto aussagekräftiger werden unsere Urteile über die Qualität des schulischen Fremdsprachenunterrichts. Zur Zeit sind wir noch weit davon entfernt, denn wir leiden an einem eklatanten Mangel an empirischen Daten, was die Diagnose der Unterrichtswirklichkeit in unserer Domäne angeht. In der Schulentwicklung sollte man sich (auch) auf eine Beschreibung der tatsächlichen Verhältnisse stützen können und nicht nur auf konzeptionelle Entwicklungen oder wünschenswerte Leitvorstellungen. Qualitätssicherung schließlich lässt sich rational und im Konsens der Beteiligten nur realisieren, wenn (pädagogische und fachspezifische) Qualität deskriptiv fassbar wird. In der augenblicklichen schulpolitischen Diskussion jonglieren wir mit viel zu vielen Gleichungen mit viel zu vielen Unbekannten. An dieser (sehr persönlichen) Einschätzung sollte man das nachfolgende Fazit zum Erfolg des Schulversuchs der sogenannten Expressklassen messen.

Was die (nicht zuletzt aus den Unterrichtsbeobachtungen und den Gruppeninterviews mit den Lehrkräften gewonnene) zweite Untersuchungshypothese (siehe 1.6.3) betrifft, sind vor allem zwei Kausalkomplexe zu nennen:

- die Passung von schülerseitigen Voraussetzungen und gymnasialem Anspruchs- niveau sowie
- die Modalitäten der Unterrichtsgestaltung.

8.3.2 Passung von schülerseitigen Voraussetzungen und gymnasialem Anspruchsniveau

In allen 5. und 6. Klassen der Expresszüge wird eine gymnasiale Lehrwerkausgabe benutzt: z.B. *Englisch G Neu* von Cornelsen oder *Learning English. Green Line (New)* von Klett. Da in aller Regel die Expressschüler(innen) aus Familien kommen dürften, in denen verbale Kompetenzen einen hohen Stellenwert haben, verstärkt die Arbeit mit der gymnasialen Ausgabe die steuernde und erwerbsbeschleunigende Funktion des Leitmediums Lehrwerk. Indem die Schüler(innen) bereits in der 5. Klasse auf ein Gymnasium wechseln, werden sie in didaktisch-methodischer Hinsicht zwei Jahre früher auf das Anspruchsniveau und den Lernstil dieser Schulform eingestellt, die sich letztendlich an den Abschlussqualifikationen orientieren, die in den gesamt- gesellschaftlich konsensfähigen Leistungsanforderungen für das Abitur niedergelegt sind. Damit ist eine Passung von schülerseitigen Voraussetzungsbedingungen (Leistungsfähigkeit und -bereitschaft, Lernstil und intellektuelle Bedürfnisse, Kontakte mit Gleichaltrigen, die sowohl auf der intellektuellen als auch auf der sozial-affektiven Ebene befriedigend sind) und schulformspezifischen Leistungsprofilen möglich.

Von den Lehrkräften wurde ferner darauf verwiesen, dass sich die neuen, gymnasialen Lerngruppen (durch den früheren Übergang auf eine weiterführende Schule) zu einer entwicklungspsychologisch günstigeren Phase konstituieren. Hierdurch entfällt die schwierige Phase der sozialen wie leistungsbezogenen "Homogenisierung" zu Beginn der 7. Klasse (mit Schülern aus meist recht unterschiedlichen Grundschulklassen), die zusätzlich zu diesen Aufgaben die Funktion des Probehalbjahrs zu erfüllen hat (was für die meisten Schüler mit der Pubertät einhergeht). Die persönliche Arbeitshaltung und die individuelle Lernentwicklung nicht weniger Schüler(innen) in den 5. und 6. Klassen der Expresszüge haben nach Aussage der Lehrkräfte durch die neuen fachlichen Anforderungen und die neuen sozialen Kontakte einen Auftrieb erfahren. Zusammenfassend lässt sich für die Schülerinnen und Schüler in den Expressklassen (im Gegensatz zu den Lernergruppen an den Berliner Grundschulen) eine größere Übereinstimmung konstatieren, was die lernpsychologischen Bedingungen und Bedürfnisse der Lernenden auf der einen Seite und die didaktisch-methodischen Konzeptionen des gymnasialen Fachunterrichts (hier: Englisch) auf der anderen Seite betrifft. Dies ist eine Frage des dynamisch-interdependenten "*give and take*"; d.h. die Anregungen kommen sowohl von den Lehrern als auch von den Schülern selbst. Damit wird ein Kreislauf in Gang gesetzt, der dem Englischunterricht in Schnellläuferklassen in den institutionellen Grenzen des herkömmlichen gymnasialen Fremdsprachenerwerbs ein gewisses eigenständiges Profil verleiht.

8.3.3 Modalitäten der Unterrichtsgestaltung und -abläufe

Zu den Unterrichtsskripten und zur Unterrichtsgestaltung lässt sich anmerken, dass in den Expressklassen kein grundlegend "anderer" Unterricht als in vergleichbaren Regelklassen (zumindest des Gymnasiums) zu beobachten ist. Weder sieht man mehr Projektunterricht noch begegnet man einer strikt aufgabenfundierten Unterrichtskonzeption (= *task-based instruction*): vgl. Legutke / Thomas 1991, Nunan 1989, Skehan 1996. Auf der Mikroebene didaktisch-methodischer Entscheidungen und Abläufe sind jedoch recht auffällige Unterschiede erkennbar, die dem Englischunterricht in den Expresszügen ein höheres Maß an Kommunikativität, Effizienz und Lernerfolg verleihen als dem Unterricht in gymnasialen Regelklassen.

Die Unterrichtsbeobachtungen in den Expressklassen lassen sich zu folgenden Merkmalsbündeln verdichten, von denen kausale Wirkungen für die in den Sprachstandsmessungen diagnostizierte akzelerierte Leistungsentwicklung ausgehen dürften:

- die Lernumgebung,
- die Lehrersprache,
- die sprachliche Arbeit
- die fachspezifischen Arbeitstechniken und
- die Lernersprache.

Unter den Begriff der Lernumgebung sollen eine Reihe von Faktoren subsumiert werden, die in der Unterrichtsforschung zum institutionell gesteuerten Zweit- und Fremdsprachenerwerb (vgl. etwa Allwright / Bailey 1991: *Part V*) unter dem Stichwort der "Rezeptivität" (= *receptivity*) abgehandelt werden. In den Expresszügen konnten keine für den externen Beobachter erkennbaren Disziplin- oder Aufmerksamkeits-probleme registriert werden. Das soziale Klima in den Klassen (mit einer Ausnahme) war überwiegend positiv. In allen Klassen wurde auf jeder Jahrgangsstufe mindestens eine lehrwerkergänzende Lektüre gelesen (zusätzlich zu dem beschleunigten Durchgang durch die jeweiligen Lehrwerkbände). Der Unterricht war eigentlich fast immer in klar definierbare Stundentypen mit einem "einheitlichen", die Stunde tragenden Stundenziel strukturiert. Insbesondere die von den Verlagen zusammen mit dem Lehrbuch produzierten Hörkassetten wurden konsequent genutzt, was durchaus einer Bereicherung der Lernumgebung gleichkommt. Die Einsprachigkeit wurde höflich aber bestimmt eingefordert; und die meisten Lehrkräfte waren in der Konsequenz, mit der sie dieses Prinzip im Unterrichtsdiskurs befolgten (ohne dogmatisch zu sein), ein Vorbild für ihre Schüler(innen). Unmotivierte Sprach-mischungen (= *code-mixing*) waren so gut wie nie zu beobachten.

Die Lehrersprache (= *teacher talk*) wurde der Doppelrolle der Fremdsprachenlehrers als "Organisator von Sprachlernprozessen" (= *instructor*) und als Gesprächspartner der Schüler (= *interlocutor*) in besonderer Weise gerecht. Die Lehrkräfte verfügten durchgehend (mit vielleicht zwei Ausnahmen) über eine hohe Sprachkompetenz. Ein Kollege hatte Englisch als Neigungsfach (aufgrund eines mehrjährigen Aufenthalts in Schottland), alle anderen waren ausgebildete Englischlehrer(innen) mit einer "fühlbaren" Affinität zur englischen Sprache. Die Lehrersprache stellte somit ein gutes Modell und eine anspruchsvolle, flexible Inputressource für die Schüler dar. Sie konnte dementsprechend als ein wirksames Instrument für einen stärker kommunikationsorientierten Unterricht (im Rahmen der Lehrbucharbeit und des *classroom management*) genutzt werden. In vielen Phasen der beobachteten Stunden zeichnete sich die Impulstechnik der Lehrkräfte durch eher offene Fragen aus (*Explain* ..., *summarize* u.dgl.), die auch komplexere Antworten auslösten. Dabei wurde die Wartezeit (= *wait time*) mit zum Teil beeindruckender Souveränität und Anpassungsbereitschaft an das Ausdrucksvermögen bzw. Ausdrucksbedürfnis der Schülerinnen und Schüler adaptiert. Bei den meisten Lehrern hatten die Schüler genügend Zeit, komplexere Äußerungen gedanklich vorzubereiten bzw. solche Redebeiträge zu Ende zu bringen[32]. Was die Verteilung der Lehrer- und der

---

[32] Dies ist leider nicht die Regel. In einem extremen Fall für Lehrerdominanz und -ungeduld liefert die Analyse einer aufgezeichneten und transkribierten Englischstunde die folgende Verteilung für die hier benutzten strukturellen Einheiten in der Lehrer- und in der Lernersprache (9. Klasse Gymnasium: Besprechung einer Klassenarbeit zur Lektüre "*The Titanic*") wobei das laute Lesen und der Gebrauch des Deutschen hier unberücksichtigt bleiben sollen:

Lernersprache in einem herkömmlichen (lehrerzentrierten, erarbeitenden) Fremdsprachenunterricht betrifft, geht man meistens von der $^2/_3$: $^1/_3$-Regel aus. Für den in dieser deskriptiven Studie eingeführten Quotienten von *sustained teacher talk* (= *STT*) zu *sustained student talk* (= *SST*) liegen die Verhältniszahlen ungewöhnlich günstig hinsichtlich des Sprechanteils der Schüler in den Expressklassen: z.B. bei 1,68 (in einer 5. Klasse); bei 2,19 (in einer 6. Klasse); bei 1,59 und 0,96 (in zwei 7. Klassen); bei 1,08 (in einer 10. Klasse) und bei 0,66 (in einer 6. Klasse, in der nach dem Konzept "Lernen durch Lehren" unterrichtet wurde). Natürlich wird auch in den Expressklassen von den Lehrern korrigiert; nur reichen hier häufig generelle, offene Impulse wie "*Grammar!*", "*Mind your tense!*" oder "*Find a better word*". Dies ist ebenfalls ein Aspekt der Kommunikativität im fremdsprachlichen Klassenraum, denn die Lehrkraft wird damit ihrer Funktion als Rückkopplungsinstanz gerecht. Die Lehrersprache befördert – eher indirekt und den Lerner zur Eigenaktivität anregend – den Spracherwerb (= *focus on form*).

Die Qualität der sprachlichen Arbeit zeigt sich einerseits im Umgang mit den linguistischen Teilbereichen gemäß der hierarchischen Struktur von Sprache (Aussprache bzw. Schreibung, Wortschatz, Syntax und Textebene) und andererseits in der Schulung der kommunikativen Fertigkeiten (Hör- und Leseverstehen, Sprechen und Schreiben). In der Vernetzung deklarativer und prozeduraler Wissensstrukturen auf der Sprach- und Sachebene der im Unterricht thematisierten Inhalte werden die Grundlagen für eine funktionale Sprachkompetenz gelegt (siehe erneut das Konstrukt der *language competence* von Bachman 1990 in der Abb. 3.2 in Kap. 3.1.3). Die für mich auffallendsten Merkmale der sprachlichen Arbeit in den Expressklassen waren die folgenden:

- Die Textarbeit (im Sinne des Unterrichtsskripts der Erarbeitung der Textinhalte bzw. der Sicherung des Textverständnisses) bezog sich in aller Regel auf den jeweiligen Text in seiner Gesamtheit. Die Texte wurden selten in (eher kleine) Abschnitte "zerlegt"; d.h. sie wurden gerade nicht in reduzierten (vom Umfang begrenzten) Sinneinheiten präsentiert und dann mehr oder weniger kleinschrittig

Tab. 8.32: Dominanz und Ungeduld im Spiegel der Lehrersprache

Kat	Turns	Struct. Units	Wo	Phr	Fr	Cl	> Cl	$\sum$Cl	Q	STT : SST
Schüler (N = 27)	124	129	38	17	26	35	2	39	2	15,9
Lehrer	156	180	21	16	6	14	100	647	5	

Da die Schüler "ständig" unterbrochen und korrigiert werden und die Lehrkraft weitschweifige Erläuterungen zu den Schülerfehlern und den erwarteten Antworten abgibt, ist der Anteil der satzgebundenen Lehreräußerungen nahezu 16 Mal höher als der entsprechende Anteil der gesamten Lerngruppe. Von einer didaktisch reflektierten Wartezeit waren in dieser Stunde nicht einmal Ansätze zu erkennen.

erarbeitet. Wenn ein Lehrwerktext als Hörtext konzipiert war, wurde damit auch Hörverstehensschulung betrieben. Es gab Höraufträge, kein Mitlesen bei der Erstbegegnung mit dem Hörtext und mehrere Durchgänge mit teilweise veränderten Aufgabenstellungen, die die verschiedenen Arten des Hörens fokussierten (Global- oder Detailverstehen bzw. selektives Hören). Entsprechend wurde mit Lesetexten verfahren.

- Nicht nur die Länge der zu verarbeitenden Textpassagen war beträchtlich sondern auch die Dauer der jeweiligen Unterrichtsphasen. Die Schüler konnten sich relativ ausdauernd auf eine bestimmte Aufgabe oder Arbeitsform konzentrieren. Ihre eigene Neugier bzw. ihr Interesse an einem Thema war durchgängig hoch, was sicher mit zu der großen Zahl an Redebeiträgen im Unterrichtsgespräch führte. Offensichtlich waren das eigene Involviertsein mit dem Gegenstand oder die Identifikation mit der Aufgabe so ausgeprägt, dass die kognitiv-semantische Verarbeitungstiefe des jeweiligen Lerninhalts (= *depth of processing*) beträchtlich gewesen sein muss. Dies würde unter anderem erklären, warum die Expressschüler im Hörverstehensteil des Sprachfähigkeitstest so signifikant besser abgeschnitten haben als die Regelschüler (siehe 4.5.3.3).

- Die Identifikation mit den Lerninhalten (eines "ganz normalen" Lehrwerks!) führte in der Folge vermutlich dazu, dass die Schüler(innen) das Angebot im Lehrbuch für ihre eigenen Interessen und Ausdrucksintentionen nutzten; sprich das didaktisch vorstrukturierte Material gewissermaßen "authentisierten". So wurden z.B. die (heute reichlich vorhandenen) Abbildungen im Lehrbuch "versprachlicht" (beschrieben und kommentiert), statt nur implizit oder non-verbal zur Kenntnis genommen zu werden. Neue Vokabeln wurden meistens von den Schülern selbst erklärt, weil sie deren Bedeutungsinhalt rezeptiv oft schon kannten und dann (nach Meinung der Fachlehrer) zu schnell auf das Deutsche zurückgriffen. Die Kollegen hatten jedoch keine Probleme damit, einen Teil ihrer Lehrfunktionen an die Schüler abzugeben. Letztendlich wirkt sich ein derartiges Verhalten in einer größeren Selbstverantwortung und -organisation auf Seiten der Schüler aus, was das schulisch-fachliche Lernen insgesamt angeht. Die vielbeschworene Lerner-autonomie war an diesen Punkten bereits praktizierte Realität.

- Ebenso die bereits angesprochene Authentizität der sprachlichen Interaktion: Für diese Schüler(innen) hatte das Lehrbuch durchaus Aufforderungscharakter, was eine für sie sinnstiftende, belangvolle Interaktion anging. Nur weil die Inhalte in einem Schulbuch unter didaktischen Prämissen präsentiert wurden, waren sie deshalb für die Schüler nicht weniger authentisch (oder gar pseudoreal). Ihr kommunikativer Umgang mit diesen Gegenständen war nach meiner Einschätzung durchaus authentisch und induzierte somit qualitativ anspruchsvolle Sprach-erwerbsprozesse.

Diese letzteren Punkte weisen auf einen weiteren bemerkenswerten Aspekt der Arbeit in den Expresszügen hin, und zwar auf den Umgang mit fachspezifischen Arbeitstechniken. Wissenserwerb im Allgemeinen und fremdsprachliches Lernen im

Besonderen sind strategiengesteuert. Die Lernstrategien (einschließlich der dahinter stehenden metakognitiven Prozesse) finden ihr didaktisch-methodisches Korrelat in fachspezifischen Arbeitstechniken. Im Anfangsunterricht der 5. und 6. Klasse waren besonders viele Nachfragen der Schüler zu den Arbeitsanweisungen zu beobachten. Sie wollten "immer ganz genau wissen", was von ihnen erwartet wurde. In den höheren Klassen waren diese Dinge kein Thema mehr: Tafelbilder wurden parallel zum Unterrichtsgespräch in den Hefter übernommen (ohne Aufforderung durch die Lehrer). Viele Schüler nahmen Selbstkorrekturen vor oder korrigierten sich gegenseitig, ohne über die anderen zu lachen oder sich Fehler "anzukreiden". Arbeitsaufträge wurden ohne großen zeitlichen Verzug begonnen und in der dafür reservierten Zeit erledigt. Vokabelhefte wurden geführt und relativ viele neue Vokabeln gelernt sowie regelmäßig kontrolliert. Grammatische Regeln fielen bei den meisten Schülern auf fruchtbaren Boden und wurden teilweise sogar spontan (aus dem Kontext heraus) eingefordert.

Am beeindruckendsten für mich waren jedoch die gleichmäßige hohe, rege Mitarbeit, die Quantität an Schüleräußerungen und die zum Teil beachtliche Komplexität des Outputs – operationalisiert über die hier vorgenommene Analyse satzgebundener Redebeiträge, inklusive parataktischer Satzverbindungen und hypotaktischer Satzgefüge. In dieser Form (wie in den Expressklassen) ist mir eine derartige Lernersprache im Unterricht der Berliner Schule in meinem professionellen Werdegang als Lehrer und Hochschuldidaktiker noch nicht begegnet.

Wir wissen inzwischen aus der empirischen Lernforschung, dass die Schere individueller Wissens- und Könnensprofile mit dem Eintritt in die Sekundarstufe (also mit dem einsetzenden Fachunterricht) zunehmend auseinandergeht. Die Ergebnisse der hier vorgelegten Studie unterstreichen die große Heterogenität in den Expressklassen, was die fachbezogene Leistung im Englischen betrifft. Damit müssen Lehrer und Schüler gleichermaßen zurechtkommen. Obwohl der Englischunterricht in den Schnellläuferzügen – wie erwähnt – kein prinzipiell "anderer" Unterricht als in den Regelklassen war, haben sich die Lehrkräfte den Bedürfnissen dieser Schüler angepasst. Zum einen haben sie sich (trotz der eigenen differenzierten Sprach-kompetenz) in der Quantität ihres *teacher talk* stark zurückgenommen[33]. Zum anderen waren sie (als erfahrene Pädagogen mit einer Affinität zu besonders leistungswilligen und -fähigen Schülern) sensibel und geschickt genug, das didaktische Grundschema der lehrergelenkten Erarbeitung so oft und so schnell wie möglich zu verlassen, um den Schülern mehr Raum für eigenaktive, komplexere Beiträge zu geben. Vielleicht ist es übertrieben, aber zuweilen hatte ich den Eindruck, als würden die Schüler den Lehrern die ihnen gerechte Form der unterrichtlichen Interaktion geradezu

---

[33] Es gibt genügend Lehrer in dieser Kategorie, die "sich selbst gerne reden hören" und dies dann mit einer subjektiven (Input)Theorie à la Krashen (1981, 1985) rechtfertigen.

"aufdrängen". Der Erarbeitungs-"Trichter" wurde (metaphorisch gesprochen) umgedreht und weitete sich zum stärker "kommunikativen Kegel" des "Stundenglases": Die Sprache der Lerner wurde komplexer, die schriftlichen Texte wurden länger, das Verbleiben bei einem Thema oder einer Aufgabe wurde ausgedehnt, und die Schüler wurden teilweise in die Entscheidung über die Art und Dauer einer Aufgabenstellung miteinbezogen. Hierbei handelte es sich um relativ "kleine" – nachgeordnete – didaktisch-methodische Variationen (gemessen an einem projekt- oder aufgaben-basierten Unterricht), aber diese Umstellungen waren ausreichend, um zumindest zeitweilig ein gewisses Maß an Binnendifferenzierung zu gewährleisten.

Die schriftlichen Hausaufgaben sind hierfür ein weiterer Beleg. Viele Schüler(innen) übernahmen gern komplexe, textgebundene Schreibaufgaben im Anschluss an die Textarbeit im Unterricht. So wurde z.B. in einer 6. Klasse (zweite Hälfte des Schuljahres) als Lektüre ein Sketch gelesen ("*Uncle's Visit*"), der aus 16 dyadischen Redewechseln zwischen einem Jungen und seinem Onkel besteht (zusammen etwa 350 Wörter). Die Hausaufgabe bestand darin, diesen Sketch aus der Sicht des Jungen (oder eines Mädchens) in dialogischer Form umzuschreiben. Die Schüler lieferten daraufhin Dialoge ab, die zwischen 30 und 50 satzgebundene Aussagen enthielten. Dies entspricht einer Textlänge zwischen 180 und 300 Wörtern. Gegen Ende des ersten Halbjahres wurde in einer 5. Klasse die Lektüre "*City Mouse and Country Mouse*" gelesen. Die Hausaufgabe war, die Geschichte entweder nachzuerzählen (im Präsens bei freier Wahl der Sprecherperspektive) oder als Dialog zu präsentieren. Die dialogischen Fassungen resultierten in bis zu 36 satzgebundenen Äußerungen (ca. 200 Wörter) und die narrativen Varianten in bis zu 75 Aussagen auf der Satzebene (etwa 450 Wörter!). Allein die Kontrolle und Würdigung dieser produktiven Leistungen "kostete" Unterrichtszeit und konfrontierte die Lehrer mit einem (noch) höheren "Korrektur"aufwand (im Sinne einer positiven inhaltlichen Rückmeldung). Strategien dieser Art kamen jedoch den meisten Schülern entgegen, und sie reagierten (vor allem in den ersten drei Jahren Englischunterricht) mit sichtbarer Lernfreude und (in diesen Phasen) mit einer für einen Unterrichtskontext "sprudelnden" verbalen Interaktion. Von daher war für mich (und andere externe Beobachter, wie etwa Lehramtsstudenten) der Englischunterricht in diesen Klassen nicht nur effizienter sondern auch kommunikativer – gemessen an den in 8.2.1.1 genannten Unterrichtsskripten. In dem heute vieldiskutierten Spannungsverhältnis von angeleitetem (instruktivistischem) und selbstreguliertem (konstruktivistischem) Lernen waren meinen Beobachtungen und Analysen zufolge die Gewichte im Unterricht der Expressklassen etwas mehr zum letzteren Pol verschoben. Meines Erachtens handelt es sich bei diesen Faktoren einer leicht modifizierten Unterrichtsführung um kausale Variablen für den akzelerierten Aufbau der fremdsprachlichen Kompetenz in den Expresszügen.

9.   Die Sicht der Beteiligten

"In our society to admit inferiority is to be a fool, and to admit superiority is to be an outcast. Those who are in reality superior in intelligence can be accepted by their fellows only if they pretend they are not" (Marya Mannes).

"Gifted kids tend to hide their intelligence, as well as their talents, for a very simple reason: conformity" (Claudia, aged 16).

Das Berliner Schulwesen ist insgesamt recht einheitlich gestaltet, denn es kennt nur relativ wenige Ausnahmen von der sechsjährigen Grundschule und dem darauf aufbauenden siebenjährigen Weg zum Abitur[34]; sei es nun das neusprachliche Gymnasium oder die Gesamtschule mit gymnasialer Oberstufe. Ein Schulversuch, der von der herkömmlichen Organisationsstruktur zur Erlangung der Hochschulreife abweicht und dabei auch noch das Selbstverständnis einer sechsjährigen Grundschulzeit tangiert (für nicht wenige Betroffene das Herzstück und Spezifikum der Berliner Schule), kann an der Sicht der beteiligten Gruppen – der Schülerinnen und Schüler, der Eltern und der Lehrkräfte – nicht vorbeigehen. Die Evaluierung eines Schulversuchs darf sich deshalb nicht auf die Wissens- und Könnensentwicklung und die Leistungsbeurteilung in den Kernfächern beschränken (als Kriterium der Erfolgsmessung), sondern muss die Einstellungen, Einschätzungen und Erwartungen (sprich die subjektiven Befindlichkeiten) der Betroffenen mitaufnehmen. Dies ist besonders wichtig bei einem Schulversuch, der sich der Begabtenförderung verschrieben hat, denn abgesehen von der Profilgebung einzelner Gymnasien (im altsprachlichen, musisch-künstlerischen, sportlichen, mathematisch-naturwissenschaftlichen und im bilingual-neusprachlichen Bereich) gibt es in Berlin bisher keine institutionalisierten Initiativen zur Förderung besonders interessierter, leistungsfähiger oder gar "hochbegabter" Schülerinnen und Schüler. Selbst wenn die Letzteren (die besonders befähigten Schüler) nicht im Mittelpunkt dieses Schulversuchs stehen (für diese Zielgruppe wären eher *enrichment*-Programme mit höchst variabel gehandhabter Binnendifferenzierung statt Akzeleration angesagt: siehe "Einleitung" und 9.3), weckt der Begriff der "Begabtenförderung" in der öffentlichen Diskussion sofort

---

[34] Zur Zeit gibt es in Berlin 121 Gymnasien, 39 Gesamtschulen mit gymnasialer Oberstufe und fünf Freie Waldorfschulen mit gymnasialer Oberstufe. Somit führen insgesamt 165 Schulen ab der 7. Klasse zum Abitur. Dem standen vor 1999 13 grundständige Gymnasien gegenüber, von denen sich vier in privater (kirchlicher) Trägerschaft befinden. Der Übergang auf ein Gymnasium nach der vierten Grundschulklasse stellt in Berlin folglich eine große Ausnahme dar und beinhaltet häufig, dass mit Latein als erster Fremdsprache begonnen wird, bevor Englisch und Altgriechisch hinzukommen (1998 gab es sechs altsprachlich geprägte Gymnasien ab Klasse 5, zwei hatten bilinguale Züge, vier waren musik- oder sportbetont). In Schulklassen gerechnet stellte sich 1998 (der "heißen Phase" der Evaluierung des Schulversuchs) das Bild in der Weise dar, dass von ca. 1400 fünften Klassen in Berlin 36 Klassen auf einen gymnasialen Bildungsgang entfielen (davon sechs Schnellläuferklassen).

Assoziationen zu Vorstellungen von "Elitebildung" oder "gesellschaftlicher Segregation" sowie Vorbehalte gegenüber der Sozialkompetenz der Adressaten eines derartigen Bildungsgangs. Was das schulische Lernumfeld an den beteiligten Gymnasien angeht, interessiert vor allem die Sicht der Schüler(innen), der Eltern und der Lehrer; und zwar unter Bezug auf die folgende zentrale Fragestellung: Gibt es Hinweise in den Einstellungen, Erwartungen und Einschätzungen der Betroffenen, die für bzw. gegen eine Fortsetzung oder sogar Ausweitung des Schulversuchs sprechen?

9.1   Die Einstellungen der Schüler

9.1.1   Die zentrale Fragestellung

Schulen sind primär für Schülerinnen und Schüler da – diese Binsenweisheit gewinnt im Kontext der vorliegenden Untersuchung eine besondere Bedeutung, denn wenn die Rahmenbedingungen von Schule (verdichtet auf die Expressklassen) nicht so sind, dass sie von diesen Schülern mitgetragen und akzeptiert werden, dann bekommt ein solcher Schulversuch Legitimationsprobleme. Schule als Lernort sollte für diese besonders leistungsfähigen Schüler inhaltliche Begegnungen ermöglichen, die intellektuelle und affektive Zufriedenheit generieren. Darüber hinaus ist Schule für die Heranwachsenden aber auch Lebensraum, in dem möglichst vielfältige soziale, emotionale, musisch-ästhetische und psychomotorische Erfahrungen Platz haben sollten. Schule hat in ihren Lern- und Lebensbedingungen die organisatorischen, materiellen, personellen und konzeptionellen Voraussetzungen dafür zu schaffen, dass sie in dieser Doppelfunktion von den Schülern angenommen wird. Nur dann werden sich Schülerinnen und Schüler mit "ihrer" Schule identifizieren, sie als Ort des Lernens voll nutzen und über das rein Unterrichtliche hinaus mit Leben füllen. Es geht mit anderen Worten (was den empirischen Zugriff auf die Sichtweise der Schüler betrifft) um das Aufdecken der "subjektiven Befindlichkeiten"[35] der eigentlichen Adressaten des Schulversuchs.

Dem Charakter einer Auftragsforschung entsprechend hatte die Berliner Schulbehörde den Wissenschaftlern der FU Berlin einige Fragestellungen für diesen Bereich vorgegeben; z.B. zum eventuellen Einfluss

– der höheren schulischen Belastung auf das "Wohlbefinden" und die Freizeitaktivitäten der Schüler sowie

– der spezifischen Zusammensetzung der Expressklassen (leistungsstarke Schüler) auf das "Klima" in diesen Lerngruppen.

---

[35]   Das Kap. 9.1 greift auf die Untersuchung und Präsentation des Teilprojekts III "Subjektive Befindlichkeiten der Schüler" von Glorius / Heymen (1999) im "Abschlussbericht" der gesamten Forschergruppe der Freien Universität zurück (vgl. Kohtz / Wurl 1999: 56-125).

Glorius / Heymen (1999: 59) fokussieren ihre Untersuchungen (vereinfacht aber folgerichtig formuliert) auf die zentrale Frage:

"Fühlen sich die Schüler in den Expressklassen wohl?"

9.1.2 Die Entwicklung eines Fragebogens

9.1.2.1 Methodologische Überlegungen

Da die Evaluierung des Schulversuch sich im Sinne der sozialwissenschaftlich notwendigen Triangulierung gleichermaßen auf Daten und Erkenntnisse zum Lernzuwachs in den Fächern und zur persönlichen Sicht der Beteiligten beziehen muss, kommt den forschungsmethodologischen Überlegungen zur Entwicklung angemessener Erhebungsinstrumente eine besondere Bedeutung zu. Das Problem war ein doppeltes: Zum einen wollten die Untersuchenden (bei etwa 500 avisierten Probanden) einen Fragebogen einsetzen, um empirisch-quantitative, repräsentative Aussagen machen zu können, hatten jedoch keinen, der die spezifischen Belange der hier vorliegenden Fragestellung abdeckte. Sie mussten also selbst einen Fragebogen erstellen. Zum anderen unterliegen Fragebögen (vor allem wenn sie subjektive Einstellungen erfassen sollen) grundsätzlichen Schwierigkeiten und Grenzen, die insbesondere vom qualitativ ausgerichteten Forschungsparadigma an diese Instrumente herangetragen werden. Ein Problem bei der Formulierung der jeweiligen Items liegt darin, dass die Auslegungen bei den Forschern und den Befragten durchaus unterschiedlich sein können. Antwortvorgaben wiederum grenzen die möglichen Alternativen unter Umständen über Gebühr ein. Oder aber sie evozieren Lesarten, die dem Probanden "vorher" vielleicht gar nicht verfügbar waren (bevor er das Item gelesen hatte). Es stellt sich ferner die Frage, woher der Forscher die spezielle Auswahl der Items für einen Fragebogen nehmen soll. Entweder er greift auf andere Fragebögen in der einschlägigen Fachliteratur zurück, oder er konzipiert die Items nach eigenen Vorannahmen. Beide Alternativen können nur die Hypothesen berücksichtigen, die im Reflexionshintergrund des Untersuchenden bereits als "bedeutsam" bzw. relevant (für die Fragestellung) existieren. Die Schwäche eines derartigen Vorgehens liegt dann darin, dass andere Aspekte (die vom Forscher bisher noch nicht reflektiert wurden) für die Betroffenen durchaus wichtig sein können.

Glorius / Heymen (1999) versuchten, den drei Problemkreisen über folgende Entscheidungen gerecht zu werden. Zu eventuell vorhandenen externen Quellen für Fragebogenitems mussten sie feststellen, dass die Begleituntersuchungen zu den entsprechenden Schulversuchen in Baden-Württemberg und in Rheinland-Pfalz (Heller / Rindermann 1996 b, Kaiser 1997) ihre Fragen rein deduktiv abgeleitet hatten. Bei einem derartigen Vorgehen schien den Berliner Wissenschaftlern die Gefahr doch zu groß zu sein, dass die Perspektive der Forscher und die Sicht von Kindern und Jugendlichen (nicht zuletzt wegen des Altersunterschieds und der Strukturdifferenzen der Schulsysteme in den drei Bundesländern) zu unterschiedlich sein könnten, was die Relevanz bestimmter Faktoren betrifft. Der Gefahr von Fehlinterpretationen bei den

Antworten der Probanden begegneten Glorius / Heymen (1999) in der Weise, dass alle Items, die mehr als Fakten einholten, um eine Kategorie für persönliche Kommentare ergänzt wurden. Dadurch ließen sich untersuchungsinduzierte Fehlschlüsse vermeiden. Wenn z.B. ein Proband bei der Aussage "Der Unterricht in meiner jetzigen Klasse überfordert meine Fähigkeiten" die Option "Stimme nicht zu" ankreuzt, in der Spalte für freie Bemerkungen aber schreibt " In Mathe und Englisch schon", dann entspricht die Antwort eher der Option "Stimme teilweise zu". Um die für die Probanden in der speziellen Berliner Situation geltenden Relevanzsysteme aufdecken zu können, entschieden sich die Berliner Kollegen für einen empirisch-qualitativen Zugriff, was die Erstellung eines repräsentativen Fragebogens anging. Sie führten mit anderen Worten eine qualitative Voruntersuchung durch.

9.1.2.2 Die qualitative Voruntersuchung

Glorius / Heymen (1999) gehen von einem dialektischen Gesellschaftsverständnis aus, das individuelles Handeln zum einen als Ausdruck interner subjektiv-persönlicher Voraussetzungsbedingungen und zum anderen als Folge externer gesellschaftlich-situativer "Umwelt"bedingungen sieht. Sie folgen damit dem soziologischen Modell von Baur (1989), wie es in der Abb. 9.1 zusammengefasst ist (bei Glorius / Heymen 1999, S. 63):

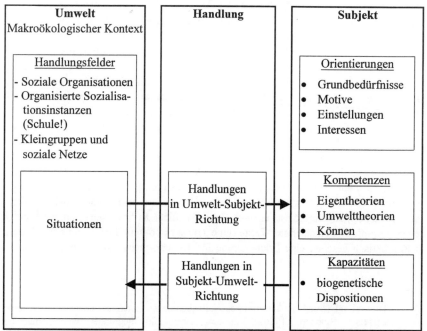

Abb. 9.1:   Individuelles Handeln in einem dialektischen soziologischen Modell (Baur 1989: 81, hier zitiert nach Glorius / Heymen 1999: 63)

Die Handlungen eines Menschen (einschließlich der mündlichen und schriftlichen Kommunikation) werden einerseits aus seinen Orientierungen, Kompetenzen und Kapazitäten gespeist. Dies erlaubt dem sozialwissenschaftlich arbeitenden Forscher (vgl. Bohnsack 1993), von den mündlichen und schriftlichen Äußerungen der Probanden in einem "rekonstruktiven" Vorgehen auf die subjektiven Voraussetzungen zu schließen. Im Sprechen und Schreiben eines Probanden schlagen sich mit anderen Worten die Bedürfnisse, Interessen, Einstellungen und subjektiven Theorien nieder, soweit diese dem Individuum bewusst sind (sonst könnten sie in der Regel nicht formuliert werden)[36]. Andererseits gehen natürlich auch von den gesellschaftlichen Handlungsfeldern Einflüsse auf den Einzelnen oder die Gruppe aus, die sich dann aus dem individuellen Handeln (sprich den von den Probanden produzierten Äußerungen) rekonstruieren lassen. Hier muss man allerdings sehr vorsichtig sein, zu schnell auf lineare Kausalzusammenhänge schließen zu wollen. So mag etwa ein Schüler feststellen, dass ein bestimmter Lehrer ihm das Interesse am Fach "verbaut" habe (was andere Schüler für diesen Lehrer eventuell bestätigen würden), was jedoch noch nichts darüber aussagt, in welchem Umfang dieser spezielle Schüler bereits über stark verfestigte (negative) Grundeinstellungen zu dem Fach verfügte. Da es in der explorativen qualitativen Forschungsphase darum ging, Fragekomplexe an die Schüler herauszufiltern, konnten Wirkungskonstellationen und Erklärungsmuster der soeben angesprochenen Art unberücksichtigt bleiben.

Eingebettet in diesen qualitativ-rekonstruktiven Theorierahmen führten Glorius / Heymen (1999) ihre eigentliche Voruntersuchung auf der methodologischen Basis der bereits erwähnten *grounded theory* durch. Ähnlich wie bei den Gruppeninterviews mit den Lehrkräften (siehe Kap. 2.1.1) kam die erste Phase dieses Ansatzes zum Tragen, das sogenannte "offene Kodieren" (Strauss 1987; Glaser 1992; Glaser / Strauss 1967, 1984; Strauss / Corbin 1990, 2000): Der Untersuchende zieht, möglichst ohne von Kriterien aus anderen Quellen beeinflusst zu sein (deshalb "offen"), aus einem einschlägigen Textkorpus (der dem Untersuchungsgegenstand entspricht) die Aspekte heraus, die für die Betroffenen von Relevanz sind. Während bei den Lehrkräften das Textkorpus die Gruppeninterviews waren, ließen Glorius / Heymen die Schüler(innen) Aufsätze schreiben. Das textgebundene Schreiben (siehe Kap. 7.1) lässt den Probanden mehr Zeit zur sachbezogenen Reflexion, gibt dem Individuum einen gewissen Schon- und Schutzraum (die Lehrkräfte wurden selbstverständlich instruiert, die Aufsätze nicht durchzusehen und schon gar nicht zu bewerten) und resultiert in einer Sammlung verschrifteter Texte (eine Transkription entfällt), was natürlich auch rein praktisch gesehen eine Erleichterung für den Forscher darstellt. Insgesamt lagen

---

[36]   Dies klingt trivial, ist aber wissenschaftstheoretisch durchaus umstritten (vgl. etwa Lüders / Reichertz 1986). Bohnsack (1993: 106) begründet, warum man bei rekonstruktiven qualitativen Ansätzen davon ausgehen kann, dass sich "die Grundstruktur eines Falles ... oder einer Kollektivität in den unterschiedlichen ... Aktivitätsbereichen dieses Falles immer wieder reproduziert".

44 Aufsätze vor, sie sich wie folgt (mit absichtlich differenzierten Themenstellungen) auf drei verschiedene Jahrgangsstufen erstreckten (Abb. 9.2 nach Glorius / Heymen 1999: 65):

Klasse	Thema	Anzahl der Aufsätze
6	Dein(e) Brieffreund(in) in einer anderen Stadt überlegt, ob er / sie sich dort auch (wie du in Berlin) in einer Schule mit "Express-Abitur" anmelden soll. Was rätst du ihm oder ihr?	7
7	Du bist nun schon seit über zwei Jahren in einer Expressklasse. Beschreibe deine Erfahrungen mit dieser besonderen Schulform.	31
9	Meine Schulzeit in einer Expressklasse – ein Rückblick über drei Jahre mit Höhepunkten und Schwierigkeiten.	6
Gesamt		44

Abb. 9.2:   Das Aufsatzkorpus für die qualitative Voruntersuchung

Das Aufsatzkorpus konnte nun nach den für die Schülerinnen und Schüler wichtigen "Konzepten" (so der Fachterminus der *grounded theory*) analysiert werden, was gegenüber den spezifischen Formulierungen in den Texten bereits eine höhere Abstraktion beinhaltet (deshalb der Begriff des "Kodierens"). Glorius / Heymen (1999: 65) geben das folgende Beispiel für diesen zentralen Schritt des Kodierens, d.h. des generalisierenden Paraphrasierens der konkreten sprachlichen Äußerungen der Probanden (Abb. 9.3):

Textstelle	Konzept	Item	Implizite Untersuchungsinteressen
"Viele Lehrer(innen) wollen lediglich ihren Stoff durch- ziehen und denken, sie wären die einzigen Lehrer auf der Welt, die Hausauf- gaben geben. An die Schü- ler denken sie dabei nicht."	Haus- aufgaben	I 8: Wie beur- teilst du den Umfang der Hausarbeiten? I 29: (Wochenplan)	Die Höhe des Zeitbudgets in den Expressklassen für die Erledigung schulischer Belange – Anteil der Expressschüler, der die Hausaufgaben als Belastung sieht, im Gegensatz zu denen, die das nicht als Problem empfinden

Abb. 9.3:   Ein Beispiel für das Kodieren von Textstellen

Aus den Schüleräußerungen wurden mit anderen Worten über den Schritt des Kodierens die Items (= I) für den eigentlichen Fragebogen gewonnen. Dabei spielt es keine Rolle, wie oft die einzelnen Gesichtspunkte von den Probanden genannt werden. Über die Repräsentativität entscheidet erst die Verteilung in der Stichprobe. Auf der Grundlage dieser Analyse ergaben sich die folgenden Aspekte, die für die subjektive Befindlichkeit der Schülerinnen und Schüler im Schulversuch Relevanz haben dürften (gegliedert nach dem Modell der Abb. 9.1):

Orientierungen	Eigentheorien	Umwelttheorien
• Interessen • Spaß • Entscheidung für die Teilnahme am Schulversuch	• Einschätzung der - eigenen Leistungsfähigkeit - der Entwicklung der eigenen Persönlichkeit • Stolz	• Wie andere die Expressschüler einschätzen • Zukunftsperspektiven • Theorien über das Handlungsfeld Schule - Institutionelle Voraussetzungen - Mitschüler - Vergleich mit der Grundschule • Hausaufgaben • Familie (Eltern) • Freizeit

Abb. 9.4:   Eine Synopse der für die Expressschüler bedeutungsvollen Aspekte

Hinsichtlich der Formulierung der Items im Fragebogen wäre noch anzumerken, dass die Items, die eine persönliche Einschätzung einer Aussage durch die Probanden einforderten, in aller Regel eine inhaltliche Vorgabc machten, die *im Gegensatz* zu den Vorannahmen der Untersuchenden standen. Dadurch sollte eine höhere "innere" (mentale) Beteiligung angesprochen werden, um somit (nicht zuletzt durch die sprachliche Form der Verneinung) die erwartbaren Tendenzen stärker hervortreten zu lassen. Beispiele hierfür sind etwa die folgenden (Abb. 9.5):

FRAGE	Frage trifft für mich nicht zu	stimme ich zu	stimme ich teilweise zu	stimme ich nicht zu
Der Unterricht in meiner jetzigen Klasse überfordert meine Fähigkeiten. Bemerkung:	O	O	O	O
Die Klassengemeinschaft ist schlecht, weil jeder der beste sein will. Bemerkung:		O	O	O
Auf eine gute Klassengemeinschaft kommt es mir nicht an. Bemerkung:		O	O	O
Ich habe keine engeren Freundschaften in meiner Klasse. Bemerkung:		O	O	O
Ich wäre lieber Schüler in einer normalen Klasse (also nicht in einer "Express"klasse). Bemerkung:		O	O	O

Abb. 9.5:   Antwortvorgaben im Fragebogen, die eine stärkere gedankliche Auseinandersetzung induzieren sollen

Der Fragebogen gliederte sich in vier Teile mit insgesamt 32 Items (Abb. 9.6):

Teil 1 (10 Fragen)

- Geschwister, Beruf des Vaters / der Mutter, Schul- und Studienabschluss des Vaters / der Mutter
- Interessen (Freizeit und Schule)
- Schulweg (in Minuten)
- Lieblingsfach / -fächer, unbeliebte(stes) Fach / Fächer
- "Treibende Kraft" hinter der Anmeldung für eine Expressklasse
- Umfang der Hausaufgaben, Nachhilfe (fachbezogen)
- Aufgabe von *regelmäßigen* wöchentlichen Terminen nach der 4. Klasse wegen schulischer Belastungen

Teil 2 (18 Fragen)

Persönliche Einschätzung von Sachverhalten: zu den inhaltlich relevanten Aspekten siehe Abb. 9.4, zum Format der Items Abb. 9.5

Teil 3 (1 Frage)

"Dein Wochenplan": Eintragen *regelmäßiger* Termine neben dem Pflichtunterricht in der Schule; also schulische AGs, Nachhilfe, Training (Sportart), Musikunterricht (Instrument), Gemeindearbeit und andere Aktivitäten

Teil 4 (3 Fragen)

Individuelle Theorien im Hinblick auf die Zugehörigkeit zu einer Expressklasse:

- der persönlich wichtigste Grund für die Anmeldung
- die Vorteile einer Schnellläuferklasse
- die eigene Persönlichkeitsentwicklung

Abb. 9.6:   Struktur des Fragebogens zu den subjektiven Befindlichkeiten der Expressschüler

Die Befragung wurde 1998 in allen Gymnasien mit Expressklassen durchgeführt ("alten" wie "neuen"), wodurch jeweils sechs 5. und 6. Klassen sowie jeweils drei 7. und 9. Klassen zur Verfügung standen. Insgesamt nahmen 495 Schüler(innen) an der Befragung teil.

9.1.3   Ergebnisse der Untersuchung

Die Auswertung folgte im Wesentlichen zwei Strängen: zum einen der Frage nach den persönlichen Befindlichkeiten als Expressschüler und zum anderen der Frage nach den Gründen für eine eventuelle Unzufriedenheit mit dem Schulversuch.

9.1.3.1   Subjektive Befindlichkeiten der Expressschüler

Eine Schlüsselstellung nimmt die in der Abb. 9.5 als letztes Item genannte Frage nach der generellen Einstellung "Ich wäre lieber Schüler in einer normalen Klasse ..." ein. Ein Anteil von 80% für die Option "Stimme ich *nicht* zu" macht die allgemeine Zufriedenheit   der   Expressschüler   mit   dem   Schulversuch   deutlich.   Die

Zusatzbemerkungen unterstreichen die Tendenz, dass die überwältigende Mehrheit dieser Schüler "auch nicht ansatzweise den Wunsch [hat], die Expressklasse zu verlassen" (Glorius / Heymen 1999: 69):

- "Ich finde es toll viel zu lernen und dafür ein Jahr weniger zu haben".
  "Man spart die 8. Klasse, und das Tempo ist gut oder teilweise noch zu langsam".
  "Es hat mich vieles an meiner alten Klasse gestört, aber mit der Expressklasse bin ich voll zufrieden".

Knapp 4% (N = 18) wollen allerdings auf jeden Fall in eine Regelklasse wechseln, und weitere 17% tendieren mit Einschränkungen eher zu einer "normalen" Klasse.

Die in der Abb. 9.4 zusammengestellten Aspekte der für die Expressschüler relevanten persönlichen Einstellungen führen in der quantitativen Auswertung zu drei Faktoren-bündeln. In der aus heuristischen Gründen negativ formulierten Sprachgebung könnte man somit fragen:

a) Fühlen die Expressschüler sich unter Zeit- und Leistungsdruck?

b) Empfinden diese Schüler das soziale Klima in ihren Klassen als schlecht oder belastend?

c) Fühlen die Schnellläufer sich durch die schulischen Anforderungen in ihren Freizeitaktivitäten beeinträchtigt?

In einer vierten Kategorie "Sonstiges" sollen die fachbezogenen Einstellungen und die Einstellungen zur Grundschulzeit erfasst werden.

Zeit- und Leistungsdruck

Der erste Faktor – Zeit- und Leistungsdruck – subsumiert die Aspekte: Umfang der Hausaufgaben, Nachhilfe, Zensuren, Anspruchsniveau der Lehrer, Stofffülle (abhängig von der Zeit) und ein persönliches Gefühl des Überfordertseins. Hier ist nicht der Ort, um alle Ergebnisse im Einzelnen aufzulisten. Generell lässt sich sagen, dass die Mehrheit der Schüler keinen übergroßen Zeit- und Leistungsdruck empfindet. Der Anteil an Nachhilfe entspricht der an Gymnasien üblichen Quote, und die Verschlechterung der Zensuren (gegenüber den Noten in der Grundschule) wird von Schülern und Eltern gleichermaßen als offenbar "normal" hingenommen (siehe erneut 9.2.1.2). Bemerkenswert ist zum einen, dass unter dem Aspekt von Anforderungs-niveau bzw. individueller Überforderung durchgängig das Fach Mathematik und die Fremdsprachen (Französisch jedoch deutlich häufiger als Englisch) genannt werden (siehe unten). Zum anderen konzentriert sich das subjektive Empfinden von Zeit- und Leistungsdruck (operationalisiert über die Werte zu den Hausaufgaben, zur Nachhilfe, Stofffülle u.dgl.) ganz deutlich auf die 7. Klasse. Über die Gründe kann man an dieser Stelle nur spekulieren: unzureichende Stoffverteilungspläne im Hinblick auf die übersprungene 8. Jahrgangsstufe, ein gewisses Missverhältnis in der Passung von Alter und inhaltlichen Ansprüchen der Fächer (besonders im Sprachunterricht) und / oder pubertäre Unsicherheiten bzw. Unzufriedenheit generell (zumindest bei diesen Schülern).

Sozialklima

Die Beantwortung der Fragen zur Klassengemeinschaft, zu persönlichen Freundschaften in der Klasse und zur Akzeptanz der Schnellläufer durch die Regelschüler gibt Hinweise zum zweiten Faktorenbündel, das für das individuelle Wohlbefinden von zentraler Bedeutung ist: das soziale Klima in den Expressklassen. Für die überwältigende Mehrheit lässt sich das klare Fazit ziehen, dass das Sozialklima in den Expresszügen positiv eingeschätzt wird (ein Ergebnis, das mit meinen eigenen Beobachtungen deckungsgleich ist). Nur jeweils knappe 5% aller Probanden stufen das Klima in den Klassen als "schlecht" ein oder haben keinen engen Freund im eigenen Klassenverband. Ein gewisses Problem haben die Schnellläufer mit dem Image als "Streber": etwa 20% sehen eindeutig ein solches Negativ-Image, weitere 40% akzeptieren es teilweise. Die aus der Vorurteilsforschung geläufige Unterscheidung von Auto- und Heterostereotypien wird von einem Schüler in seinem Kommentar zu dieser Frage ("Bei anderen gelten die Schüler in Expressklassen als Streber") auf den Punkt gebracht:

- "Die halten mich für einen Streber, aber ich bin gar keiner".

Freizeit

Der dritte Faktorenkomplex wird durch Fragen zur eventuellen Einschränkung oder Aufgabe von Freizeitaktivitäten repräsentiert. Nahezu Dreiviertel aller Schüler(innen) haben überhaupt keine Aktivität einstellen müssen, etwa ein Fünftel hat einen Termin pro Woche aufgegeben. Der Anstieg bei den Einschränkungen ist am markantesten in der 7. Klasse, wenn offensichtlich auch Zeit- und Leistungsdruck zunehmen. Die Kommentare der Schüler machen deutlich, dass die nur "teilweise Zustimmung" zur Frage nach genügend Freizeit für Interessen und Hobbys (ca. 40%) in der Weise zu interpretieren ist, dass der Umfang der Freizeit insgesamt schon ausreicht, selbst wenn die Zeit dafür gelegentlich knapp ist. Die Hälfte aller Schüler sieht bei diesem Punkt keinerlei Probleme.

Fachbezogene Einstellungen und Einstellungen zur Grundschulzeit

Um auf die bereits angesprochene Frage der Beliebtheit oder Unbeliebtheit bestimmter Fächer zurückzukommen (die in einem weiteren Sinne mit dem Wohlbefinden an der Schule zu tun hat), liegt das Fach Sport mit über 50% der Nennungen als beliebtestes Fach (bei den Mädchen auf Rang 1, bei den Jungen auf Rang 2) vor den Fächern Mathematik und Englisch mit jeweils gut 40% aller Nennungen als Lieblingsfach. Die Mathematik nimmt für die Jungen den Rangplatz 1 ein (mit 55%), für die Mädchen Rang 4 (mit 35%). Auffällig an den Fächern Mathematik und Französisch ist die relative Häufung der Nennungen, was die am stärksten abgelehnten Fächer betrifft: Sowohl die Mathematik (mit 20%) als auch Französisch (mit 18%) gehören zu den unbeliebtesten Fächern, wobei das Fach Französisch (was den Status als Lieblingsfach angeht) erst an 10. Stelle steht – in "trauriger Nachbarschaft" zu Fächern wie Physik und Chemie. Wir wissen (oder ahnen) seit den TIMS-Studien, dass dies offensichtlich auch etwas mit der Art zu tun hat, mit der bestimmte Fächer unterrichtet werden.

Didaktische Reflexionen, curriculare Reformen und methodische Veränderungen sind in diesen Fächern (noch mehr als in anderen) angesagt.

Höchst aufschlussreich sind die Aussagen der Expressschüler zu den Gründen für eine Anmeldung zu einer Schnellläuferklasse. Unter den auf die offene Fragestellung "Was war dein wichtigster Grund für die Anmeldung ... ?" von den Schülern selbst formulierten Argumenten kristallisieren sich zwei Kategorien mit bemerkenswerten Häufigkeiten heraus: Fast jeder zweite Expressschüler (46%) nennt das Verlassen der Grundschule als Hauptmotivation für den Wechsel, und jeder Dritte (35%) sieht in dem gesparten Schuljahr den Hauptgrund für die Entscheidung, die Aufnahme in eine Schnellläuferklasse zu beantragen. Das Kriterium der Unterforderung, das in der direkten Frage "Der Unterricht in der Grundschule war für mich zu leicht" angesprochen wird, wird sowohl in den Quantitäten der Antworten als auch in den qualitativen Aussagen der Kommentare zu diesem Item überdeutlich: 75% aller Expressschüler stufen sich als in der Grundschule unterfordert ein, und ein weiteres knappes Viertel benennt die teilweise Unterforderung (für einige Fächer war das Anforderungsniveau offenbar angemessen). Lediglich 5 Schüler (= 1%) sahen in ihrer Grundschulzeit keine Phase der Unterforderung. Die Bemerkungen der Schüler(innen) zu dieser Frage sprechen für sich, was die geringen, demotivierenden Anforderungen, das langsame Lerntempo und die subjektive Unzufriedenheit insgesamt angeht; etwa (Glorius / Heymen 1999: 78):

- "Ich bin fast eingeschlafen".
- "Weil unsere Lehrerin immer gewartet hat, bis auch der Letzte alles kapiert hat".

Zusammenfassung

Die Auswertung des Fragebogens bei nahezu 500 Schülern hat ergeben, dass keine schwerwiegenden negativen Konsequenzen bei den Expressschülern der "ersten" und "zweiten" Generation zu verzeichnen sind. Etwa 80% sind mit ihrer Schulsituation insgesamt zufrieden. Negative, das subjektive Befinden im Schulversuch belastende Auswirkungen gehen weder vom Zeit- und Leistungs-druck noch vom Sozialklima in den Klassen noch von Einschränkungen im Freizeitverhalten aus.

Diese Stimmen aus der Schülerschaft müssen gehört werden. Schule ist primär für die Schüler da, und die schulpolitische Diskussion darf sich nicht (über selbst auferlegte ideologische Scheuklappen) den Bedürfnissen leistungsstärkerer und -williger Schülerinnen und Schüler verschließen. Eine Vergeudung von Humanressourcen kann sich unsere Gesellschaft nicht (länger) leisten.

9.1.3.2 Gründe für die Unzufriedenheit im Schulversuch

Auch wenn man das prinzipiell positive Bild bezüglich der subjektiven Befindlichkeiten der Expressschüler akzeptiert, bleibt aufzuklären, wo die Gründe bei dem Fünftel aller Schnellläufer liegen, die eine gewisse Unzufriedenheit mit der

Gesamtsituation des Schulversuchs zum Ausdruck gebracht haben. Hier ist zunächst ein methodisch-analytisches Problem zu bedenken. Es genügt nicht, sich lediglich die absoluten Höchstwerte aller negativen Stimmen (zu positiven Aussagen) oder aller kritischen Aussagen (seitens der "unzufriedenen" und der nur "teilweise zufriedenen" Probanden) anzuschauen. Glorius / Heymen (1999: 80f.) argumentieren mit folgendem überzeugenden Beispiel: Ein etwa gleich hoher Prozentsatz von 37% der "zufriedenen" und der "unzufriedenen" Schüler sieht keinen Vorteil darin, über das "Express-Abitur" die Schule ein Jahr früher zu verlassen. Ginge man jetzt von den "Unzufriedenen" aus, könnte man ggf. aus der Prozentzahl schließen, dass diesen Schülern der Leistungswille und / oder die Motivation fehlten, den Anforderungen zu entsprechen, weil die Zeitersparnis ein wesentliches Moment des Schulversuchs darstellt. Wenn jedoch die "Zufriedenen" ebenfalls keinen Vorteil darin erblicken, ein Jahr früher mit der Schule fertig zu werden, bricht die Argumentation zusammen: die Zeitersparnis ist "nur" *kein Kriterium* für Unzufriedenheit.

Glorius / Heymen (1999: 81) plädieren deshalb dafür, die *Unterschiede* in den Aussagen von "zufriedenen" und "unzufriedenen" Schnellläufern als Messlatte für die subjektive Bedeutsamkeit bestimmter Faktoren zu nehmen. Wenn knapp 13% der "Zufriedenen" den Umfang der Hausaufgaben als zu hoch einschätzen – im Gegensatz zu 36,5% bei den "Unzufriedenen" – liegt der Schluss nahe, dass ein dreimal so hoher Anteil den Faktor Hausarbeiten zum Anlass für Unzufriedenheit im Schulversuch macht. Genaue Aufschlüsse könnte eine multivariate statistische Analyse liefern (siehe 2.2.3.2), jedoch wurden solche Verfahren bei diesen Daten nicht eingesetzt.

Alle Fragebogen wurden folglich nochmals unter dem Aspekt der generellen Einstellung zum Schulversuch klassifiziert (operationalisiert über das zentrale Item "Ich wäre lieber Schüler in einer normalen Klasse – also nicht in einer Expressklasse"): in die Gruppe der "Zufriedenen" (= "stimme nicht zu") und der "Unzufriedenen" (= "stimme zu" oder "stimme teilweise zu"). Da sich die Unterschiede in den Prozentpunkten zwischen 0 und 40 für die beiden Gruppen bewegten, musste eine bestimmte Grenze festgelegt werden (= *cut-off point*), unterhalb derer Differenzen als nicht mehr erwähnenswert gelten sollten. Rein pragmatisch wurde entschieden:

- die Unterschiede sollen größer als 10 Prozentpunkte sein,

- die abweichende Meinungen sollten mindestens 20% der "Unzufriedenen" vertreten, damit eine nennenswerte Zahl von Probanden (N > 25) gegeben ist.

Folgt man den vier Kategorien aus Kap. 9.1.3.1, so differenziert der Faktorenkomplex "Zeit- und Leistungsdruck" am stärksten zwischen den "Zufriedenen" und den "Unzufriedenen". Die höchste Differenz überhaupt zwischen den beiden Gruppen zieht die Frage "Der Unterricht in meiner jetzigen Klasse überfordert meine Fähigkeiten" nach sich (25% : 65% Zustimmung bei "Unzufriedenen" bzw. "Zufriedenen", d.h. eine Differenz von 40 Prozentpunkten): etwa zwei Drittel der "unzufriedenen" Schüler empfinden ein subjektives Gefühl von Überforderung. Parallel dazu wird von dieser

Gruppe der Umfang der Hausaufgaben als zu hoch eingeschätzt (36% gegenüber knapp 10% bei den "Zufriedenen").

Nicht ganz so prägnant, aber nach den oben festgelegten Kriterien messbar, sind die Unterschiede zwischen den beiden Gruppen in Bezug auf die Einschätzung der sozialen Aspekte in der Klasse: Etwa 20 Prozentpunkte Differenz sind bei den Fragen zur Klassengemeinschaft ("schlecht, weil ...") und zur Akzeptanz der Expressklassen in der Schulgemeinschaft insgesamt ("Streber"- Item) zu verzeichnen. Offenbar tragen diese Momente mit dazu bei, dass sich die "Unzufriedenen" in ihrer jeweiligen Lerngruppe nicht "so wohl fühlen" wie die andere (deutlich größere) Gruppe der "Zufriedenen".

Wie nach den bisherigen Tendenzen zu erwarten ist, dürften bei den "Unzufriedenen" – neben dem subjektiven Gefühl der zeitweisen Überforderung – gewisse Veränderungen im Freizeitverhalten als Negativpunkte ihrer Einschätzung der Expressklasse hinzukommen. In der Tat gibt es markante Abweichungen zwischen den beiden Gruppen bei den folgenden Items:

• "Die Schule lässt mir genügend Freizeit für meine Interessen und Hobbys" (27% Differenz).
  "Ich bedaure, dass ich Termine aufgegeben habe" (16% Differenz).
  "Aufgabe eines regelmäßigen wöchentlichen Termins: Sport" (26% Differenz).

Die schulischen Anforderungen haben offensichtlich Auswirkungen auf die Freizeitaktivitäten, und zwar einschränkender Art, was sicherlich mit zu einem höheren Grad an Unzufriedenheit beiträgt.

Im Hinblick auf die vierte Kategorie der fachbezogenen Einstellungen gibt es einige bemerkenswerte Diskrepanzen zwischen der Gruppe der "zufriedenen" und der "unzufriedenen" Schüler. Die mit weitem Abstand höchste Differenz mit ca. 32 Prozentpunkten zeigt sich beim Fach Mathematik. Während weniger als 1% aller "zufriedenen" Expressschüler die Mathematik als unbeliebtes Fach einstuft, gibt genau ein Drittel aller "Unzufriedenen" diese Einschränkung ab. Aber nicht nur gegenüber der Mathematik, auch gegenüber dem Physik- und Französischunterricht baut sich bei den "Unzufriedenen" ein höheres Maß an Ambivalenz auf. Die Negativ-Urteile liegen hier um gut 15 (Physik) bzw. gut 10 Prozentpunkte (Französisch)[37] auseinander. Offenbar kommt diesen Fächern eine Art Schlüsselrolle für die fachbezogenen Aspekte der Zufriedenheit im Schulversuch zu.

---

[37] Eine "ketzerische" Frage kann ich mir nicht verkneifen: Sollte der gymnasiale Französischunterricht etwa höhere Affinitäten zu einem symbolhaften und formellastigen Mathematik-, Physik- und Chemieunterricht haben als zu einem lebendigen, kommunikations- und handlungsorientierten Fremdsprachenerwerb? – Ich bin mir selbstverständlich darüber bewusst, dass es in den mathematisch-naturwissenschaftlichen Fächern auch andere didaktisch-methodische Konzepte gibt.

In einer Gesamtschau der Faktoren, die **bei etwa einem Fünftel aller Expressschüler** zu einer gewissen (graduell abgestuften) **Unzufriedenheit** mit der Teilnahme am Schulversuch geführt haben, lässt sich mit einiger Sicherheit die Einschätzung wagen, dass **das subjektive Empfinden von Überforderung ein zentrales Moment der Befindlichkeit dieser Schülerinnen und Schüler zu sein scheint.** Das setzt sich in den **häuslichen Bereich** (Hausaufgaben) und den **Freizeitbereich** fort (Verzicht auf bestimmte Aktivitäten, besonders sportlicher Natur). Dieses Ergebnis sollte man unbedingt zur Kenntnis nehmen, denn daraus folgen meines Erachtens (ähnlich Glorius / Heymen 1999: 92 f.) vor allem **zwei Konsequenzen** für die weitere Arbeit des Schulversuchs.

Zum einen **muss das Auswahlverfahren verbessert werden.** Der Weg zum "Express-Abitur" ist – insbesondere in den Klassenstufen 5 bis 10 – an ein höheres Lerntempo und ein größeres Maß an Eigenarbeit der Schülerinnen und Schüler gebunden, was eine bestimmte Leistungsfähigkeit und Arbeitshaltung voraussetzt. Die Auswahlkriterien für die aufzunehmenden Schüler müssen klar strukturiert sein. Von daher sollten vor allem die Schulleiter dieser Gymnasien die Vorschläge beachten, die von Freese (1999) in seiner Evaluierung des Auswahlverfahrens gemacht wurden. Der Erfolg eines selektiven Bildungsgangs hängt ganz entscheidend davon ab, ob es gelingt, die für das Förderungskonzept geeigneten Schüler(innen) zuverlässig zu erkennen und auszuwählen. Sowohl die Notensumme (höchstens 6 in den Lernbereichen Deutsch, Mathematik und Sachkunde) als auch die Grundschulempfehlungen sind in der bisherigen Form von den Schulleitern der Gymnasien als wenig aussagekräftig eingestuft worden. Dringend notwendig wären deshalb (als praktikable, effektive und zeitökonomische Komponente des Auswahlvorgangs: vgl. auch Freese 1999):

- eine differenzierte Erfassung des Eignungsurteils der Grundschule in Form eines entsprechenden Beurteilungsbogens, der kognitive wie nichtkognitive Persönlichkeitsaspekte (motivationale und charakterliche Anforderungen) angemessen berücksichtigt,

- Maßnahmen zur psychometrischen Diagnostik kognitiver Fähigkeiten (für Zweifelsfälle "sogar" ein Intelligenztest),

- Anwendung von Diagnostika bezüglich des Lern- und Arbeitsverhalten der Bewerber; z.B. Tests zur Leistungsmotivation, zur Anstrengungsvermeidung sowie zu Prüfungsangst bzw. Schulunlust.

Die analytischen Methoden von Glorius / Heymen (1999) haben zwar das Problem eingekreist und benannt (das subjektive Gefühl von Überforderung bei einer Minderheit von 20% der Schnellläufer), aber sie können keine Antwort darauf geben, ob es eher individuelle, persönlichkeitsbezogene Unterschiede in der Arbeitsbereitschaft, im Leistungswillen und in den Ansprüchen an außerunterrichtliche Freizeitaktivitäten sind, die bei diesen Schülern die Anforderungen dieses Schulversuchs in einem kritischen Licht erscheinen lässt. Es sind gewiss nicht (allein) rein unterrichtsbezogene Phänomene, denn bei dem Fünftel "Unzufriedener" sind auch Schüler vertreten, die *keine Leistungsprobleme* in den Fächern haben. Umgekehrt artikulieren selbst die "Zufriedenen" für einige Bereiche Überforderung. Was die Gymnasien in eigener Verantwortung relativ schnell und gründlich machen sollten, wäre eine – auf die bisherigen Erfahrungen gestützte – **Überarbeitung der Stoffverteilungspläne für die Fächer.** Offensichtlich stellt gerade die **7. Klasse** so etwas wie einen Engpass dar. **Eine Entlastung im Pensum scheint hier dringend erforderlich zu sein;** vor allem im Hinblick auf die stark progressionsstrukturierten Fächer wie **Mathematik** und **Französisch.**

Insgesamt hat die analytische Auswertung zu den subjektiven Befindlichkeiten der Schülerinnen und Schüler in den Expressklassen keine Befunde oder Argumente hervorgebracht, die *gegen* eine Fortführung oder sogar Ausweitung des Schulversuchs sprechen. In den Augen der Schüler erfährt er von der überwiegenden Mehrheit der Betroffenen eine positive Bewertung. Vermutlich wird es bei jedem Schulversuch und bei allen Regelformen unseres gegliederten Schulsystems einen gewissen Prozentsatz an Schülern geben, die sich in einem Abgleich schulischer und nachunterrichtlicher Aktivitäten als "unzufrieden" oder als nur "teilweise zufrieden" erweisen. Aber auch hierzu fehlen uns Referenzwerte, um einen substanziellen, qualitativen Vergleich vornehmen zu können.

9.2 Erwartungen und Einschätzungen seitens der Eltern und Lehrer

Das Lernumfeld des Schulversuchs wird – neben den Schülern – von zwei Gruppen von Beteiligten geprägt, deren Einstellungen und Begründungen von besonderem Interesse für eine möglichst perspektivenreiche Feldforschung sind. Hier sind zum einen die Eltern zu nennen, die (was die Entscheidung eines Übergangs auf eine weiterführende Schule bei einem zehnjährigen Kind betrifft) eine spezielle Verantwortung haben. Dies dürfte einhergehen mit einem überdurchschnittlichen Maß an Informiertheit, was die Situation der Berliner Schule angeht, aber auch mit sehr spezifischen Erwartungen an einen Bildungsgang, der auf das Prinzip der Förderung über Akzeleration setzt. Zum anderen spielen die Lehrer eine zentrale Rolle, denn sie sind es, die die praktische Erziehungs- und Unterrichtsarbeit im Schulalltag verrichten und dabei die Kinder und Jugendlichen täglich "erleben" und beobachten können. Eltern und Lehrer sind deshalb ganz wichtige Informationsquellen, um ein abgerundetes (psychologisches) Bild des Schulversuchs zu bekommen. Mit dem erneuten Perspektivenwechsel erschließen sich somit wieder andere Blickwinkel auf den Gegenstand, was dem Erkenntnisinteresse der Untersuchung (der Evaluation und Absicherung des Schulversuchs) nur förderlich sein kann.

Die nachstehenden Ausführungen beziehen sich auf das gleichnamige Teilprojekt (Kohtz 1999) im Rahmen der Begleitforschung zum Schulversuch, das ebenfalls mit Fragebögen (für die Eltern bzw. die Lehrkräfte) arbeitete. Da die methodologischen Fragen bereits in 9.1.2 expliziert wurden, sollen hier lediglich die Ergebnisse vorgestellt werden.

9.2.1 Die Erwartungen der Eltern

Die Datenerhebung zur Sicht der Eltern auf den Schulversuch vollzog sich über zwei Fragebögen. Mit dem ersten wurden im August 1997 alle Eltern (N = 513) angeschrieben, die sich für das kommende Schuljahr um einen Platz im Schulversuch für ihr Kind beworben hatten. Es wurden mit anderen Worten nicht nur die 192 "erfolgreichen" Eltern einbezogen (sechs Klassen mit einer Frequenz von 32 Schülern!), sondern auch die Familien, deren Bewerbung abgewiesen worden war. Der zweite Fragebogen (September 1998) richtete sich an die Eltern der Kinder, die das Schuljahr 1997/98 absolviert hatten und nunmehr Schüler der 6. Klasse waren. Zu diesem Zeitpunkt waren noch 186 Kinder in den sechs Klassen verblieben (der Rest war wegen Umzugs oder Nichtbestehens des Probehalbjahres ausgeschieden). Den Eltern der Expressschüler wurden die Fragebögen im offenen Umschlag über die Klassenlehrer und die Kinder zugeleitet. Der Rücklauf erfolgte auf dem gleichen Weg, aber bei verschlossenem Umschlag (also anonym). Bei den Eltern der abgewiesenen Kinder liefen Versand und Rückmeldung auf postalischem Weg. Die Rücklaufquote erreichte bei beiden Fragebögen mit über 90% einen extrem hohen Wert, was auf ein hohes Interesse bei den Eltern schließen lässt. Man muss dazu anmerken, dass gerade in dem hier angesprochenen Zeitraum eine lebhafte (um nicht zu sagen heftige) Diskussion in der Berliner Presse um die Dauer, Leistungsfähigkeit und Zukunft der Grundschule geführt wurde (siehe die Synopse der Argumente in Kap. 1.2), was mit der ersten Ausweitung des Schulversuchs von drei auf sechs Klassen (= "alte" vs. "neue" Gymnasien) zu tun hatte.

Die Tatsache, dass sich selbst viele der abgewiesenen Eltern an der Beantwortung des ersten Fragebogens beteiligten, ist sicher als Indiz für das brennende Interesse der Berliner Elternschaft an der zentralen schulpolitischen Frage zu werten, wie es mit der sechsjährigen Grundschule weitergehen soll. Wie bei dem Fragebogen für die Schüler (siehe 9.1.2.1) erhielten deshalb die Eltern die Möglichkeit, über persönliche Bemerkungen zu den verschiedenen Fragekomplexen vertiefende Kommentare abzugeben (was in größerem Umfang genutzt wurde). Die beiden Fragebögen bezogen sich im Wesentlichen auf drei Bereiche, die auch die Struktur der nachfolgenden Zusammenfassung der Ergebnisse bestimmen sollen:

a) die soziologische Struktur der Elternschaft,
b) die Motive und Kriterien der Entscheidung für eine Expressklasse sowie
c) das Auswahlverfahren.

9.2.1.1 Die soziologische Struktur der Elternschaft

Die nicht selten eher plakativ geführte Diskussion um den Schulversuch hantiert unter anderem auch mit dem negativ besetzten Begriff der "Eliten"; und zwar in dem Sinne, dass vermutet oder unterstellt wird, einflussreiche gesellschaftliche Gruppen wollten eine frühe soziale Segregation durchsetzen, um die eigenen Kinder unter besonders günstigen Bedingungen "beschulen" lassen zu können. Als Klischee werden in diesem Zusammenhang Vorstellungen konstruiert, als seien es besonders die privilegierten, allein- und genugverdienenden Berliner Chefärzte, Bankdirektoren, Spitzenmanager und Professoren mit ihren nicht-berufstätigen Ehefrauen (also ein elitäres Bildungsbürgertum), die ihre Kinder in die Expressklassen schicken wollen. Von daher war es wichtig, wenigstens einige "harte Daten" zur soziologischen Struktur der Eltern zu erheben. Da der traditionelle Schichtbegriff wenig aussagekräftig ist und sich bei den strengen Auflagen des Datenschutzes zum Teil auch verbietet, wurden als diesbezügliche Merkmale die schulische und berufliche Ausbildung sowie der Beschäftigungsgrad erfasst.

Das Ausbildungsniveau der Eltern der Expressschüler stellt sich als hoch heraus: Mehr als 70% der Väter und Mütter haben ihre schulische Ausbildung mit dem Abitur abgeschlossen, fast alle übrigen haben die Schule mit einem Realschulabschluss verlassen. In 58% der Familien haben beide Eltern einen akademischen Abschluss (Fachhochschule oder wissenschaftliche Hochschule bzw. Universität). In 27% der Familien ist ein Elternteil Akademiker (hier häufig die Mütter; während die Väter einer qualifizierten, der praktischen Berufsausbildung entsprechenden beruflichen Tätigkeit nachgehen). Ein ähnliches Bild zeigt sich im Hinblick auf den Beschäftigungsgrad: Mehrheitlich sind *beide* Elternteile berufstätig, und zwar arbeiten drei Viertel aller Mütter von Expressschülern (63% davon ihrem Ausbildungsniveau entsprechend). Zusammengefasst bietet sich die folgende Verteilung (Tab. 9.1):

Tab. 9.1: Ausbildungsniveau und Beschäftigungsgrad der Eltern von Expressschülern (in %)

Eltern-teil	Ausbildungsniveau				Beschäftigungsgrad		
	Hoch-schule / Universität	Fachhoch-schule	Lehre	ohne Berufsaus-bildung	Berufs-tätig	Arbeits-los	Haus-mann / Hausfrau
Väter	58	15	26,8	0,2	96,5	3,3	0,2
Mütter	52	22	24	2	74	5	21

Damit dürfte das oben skizzierte Klischee der Herkunftsfamilien von Expressschülern nachhaltig entkräftet worden sein. Es handelt sich bei den Schnellläufern offenkundig *nicht* um die "Sprösslinge" einflussreicher, privilegierter "Eliten". Wohl aber kommen sie aus Familien, in denen eine gute Ausbildung und ein hoher Beschäftigungsgrad (mehrheitlich für beide Elternteile) eine große Wertschätzung erfahren: für die Eltern und offensichtlich auch für die Kinder (zunächst einmal was die schulische Ausbildung bzw. die Alternativen zu den etablierten Bildungsgängen betrifft).

9.2.1.2 Motive und Kriterien der Entscheidung für eine Expressklasse

Der schulpolitische Kontext – mit der daraus resultierenden starken Nachfrage nach Schulplätzen in einer 5. Gymnasialklasse[38] – ist bereits mehrmals herausgestellt worden. Es ist sicher nicht abwegig zu vermuten, dass gerade die Expressklassen eine Elternschaft ansprechen, die zwar von der Existenz (einiger weniger) "grundständiger" Gymnasien in der Stadt weiß, diese jedoch aus bestimmten Gründen ablehnt; nicht zuletzt wegen der Sprachenfolge: etwa Latein als erste und Altgriechisch als dritte Fremdsprache (mit der Auflage, eine der beiden "alten" Sprachen als Leistungsfach für das Abitur zu wählen) oder Französisch als durchgehende Arbeitssprache am Französischen Gymnasium (= *Collège Français*). Von daher ist es interessant, etwas genauer den Motiven und Kriterien nachzugehen, die die Entscheidung für eine Expressklasse beeinflusst haben könnten.

Zunächst wurde eine Antwort auf die Frage nach dem Hauptentscheidungsträger gesucht. Da es in Berlin nicht wenige Ein-Eltern-Familien bzw. sogenannte *Patchwork*-Familien (mit einem nicht-biologischen Elternteil) gibt, wurde jeder Familie (eines Kindes) nur eine Stimme zuerkannt, um der diffizilen Frage nach dem Sorgerecht und der Entscheidungsbefugnis aus dem Weg zu gehen. In jeweils etwa 40% aller "Fälle" werden die Eltern bzw. das Kind als mehr oder weniger alleinige Entscheidungsträger genannt; bei fast 14% spielt die oder der Grundschullehrer(in) eine zentrale Rolle. Für die restlichen Fälle gibt es eindeutige Doppelnennungen. Ein Anteil von ca. 40% bei den Kindern im Hinblick auf die Entscheidungsfindung erscheint mir bemerkenswert hoch zu sein, wenn man bedenkt, dass es sich bei den Expressklassen um einen sehr jungen Schulversuch handelt, der zum Befragungszeitpunkt nur an wenigen Gymnasien der Stadt angesiedelt war. Die Schüler(innen) hatten mit anderen Worten wenige Chancen gehabt, über Kontakte mit anderen Kindern oder Mund-zu-Mund "Propaganda" davon gehört zu haben. Dies bestätigt meines Erachtens das Ergebnis (diesmal formuliert von den Eltern), dass das Verlassen der Grundschule der zentrale Motivationsstrang für die Wahl einer Expressklasse bei diesen Kindern war (bzw. ist): siehe 9.1.3.1, Komplex 4 "Einstellungen zur Grundschulzeit" (46% aller Expressschüler nennen dies als Hauptmotiv). Aufschlussreich ist ferner die Beobachtung, dass bei jedem siebten Kind die offenbar entscheidende Anregung für einen frühen Wechsel von einer Lehrkraft der Grundschule ausging. So ganz homogen scheint also inzwischen die Phalanx der Verfechter einer sechsjährigen Grundschule nicht mehr zu sein. Zumindest gibt es Kollegen/-innen im Grundschulbereich, die in 5. Gymnasialklassen für bestimmte Kinder durchaus eine pädagogisch sinnvolle Alternative sehen.

Es bleibt die Frage, was die Eltern (die bei immerhin 40% aller Fälle als Hauptträger der Entscheidung fungierten) dazu gebracht hat, ihr Kind für eine Expressklasse

---

[38] An der Schule 01 gab es 1999 für 64 Plätze 150 Anmeldungen, an der Schule 02 sogar 200 Bewerbungen auf 32 Plätze (zur Codierung siehe Abb. 3.4 in Kap. 3.2.5).

anzumelden. Entscheidendes Motiv ist erneut die sogenannte "Grundschulflucht"; d.h. 82% aller befragten Eltern (über vier Fünftel!) halten die Berliner Grundschule in ihrer augenblicklichen Form für außerstande, besonders leistungsstarke und leistungswillige Schüler(innen) angemessen zu fördern. 70% der Eltern sprechen sich sogar grundsätzlich für eine vierjährige statt einer sechsjährigen Grundschule aus. Abgesehen von entwicklungspsychologischen Argumenten (eines Schulwechsels *vor* dem Einsetzen der Pubertät) spielt der Aspekt der Differenzierung eine gewichtige Rolle in den persönlichen Kommentaren:

- "Nach unserer Erfahrung funktioniert die vielzitierte Binnendifferenzierung auch in der 3. und 4. Klasse nicht mehr. Angesichts viel zu großer Klassen und vieler problembeladener Schüler sind die Lehrer häufig überfordert".

  "Die frühere Differenzierung nach Leistung kommt allen Schülern zugute, auch den lernschwachen."

Im engeren Zusammenhang damit steht die Hoffnung der Eltern, dass sich ihr Kind nunmehr (im Vergleich zur Grundschule) "mehr anstrengen müsse" (62% äußern diese Erwartung). In den wachsenden schulischen Ansprüchen sehen sie eine Chance für die Steigerung der Lern- und Leistungsmotivation ihrer Kinder, nachdem sich diese in der Regel über Jahre (zumindest in einigen Bereichen) durch das langsame Erarbeiten der Lerninhalte, die vielen Übungen und Wiederholungen in der Primarstufe gelangweilt hatten. Eine Überforderung wurde in nur ganz wenigen Fällen befürchtet. Faktisch hatte in der Tat nach einem Jahr *ein einziger Schüler* eine Expressklasse verlassen, weil die eigenen Eltern (nicht jedoch die Lehrer) ihn für überfordert hielten.

Die Antworten der Eltern in den Fragebögen benennen eine weitere, zentrale Erwartung: Sie hoffen auf eine größere Selbständigkeit im Arbeitsstil ihrer Kinder (88%). Meiner Einschätzung nach benennen die Eltern hiermit höchst treffend zwei Punkte, die in der Begabtenforschung unter dem Stichwort der sogenannten *under-achiever* abgehandelt werden (vgl. Heller 1992, Heller / Mönks / Passow 1993, Mönks / Ypenberg 1993). Darunter versteht man das Phänomen, dass besonders befähigte Kinder und Jugendliche relativ "schlechte" Schüler sein können – sprich in der Schule durchaus nicht mit herausragenden Zensuren brillieren[39]. Als Erklärung wird in der Regel eine verhängnisvolle Mischung von andauernder Unterforderung und einem wenig ausgeprägten Arbeitsverhalten genannt. Dieses scheinbare Paradox hat unter anderem damit zu tun, dass für die üblichen Anforderungen im Unterricht (gerade was die elementaren Kulturtechniken der Primarstufe angeht) ein gezieltes, systematisches Lernen für diese Schüler nur selten notwendig ist, weshalb ihre

---

[39] Der mit der Notation "04/2 Roy X" kodierte Expressschüler stellt einen derartigen "Fall" dar: Während die externen Bewerter seine mündliche Gesprächskompetenz fast durchgehend mit "sehr gut" beurteilen (Kap. 5), war er bis zur 10. Klasse sogar auf die Zeugnisnote "ausreichend" im Fach Englisch "abgerutscht". Seine übrigen Testergebnisse waren ebenfalls hervorragend.

schulbezogenen Lernstrategien und Arbeitstechniken nur unzureichend entwickelt werden. Die Kopplung dieser beiden Faktoren verhindert dann geradezu, dass solche Kinder "gute Schüler" werden. Aus dem Vergleich der Antworten in den beiden Fragebogenerhebungen wird deutlich, dass sich die Erwartungen der Eltern im Hinblick auf einen anspruchsvolleren Unterricht am Gymnasium voll und ganz erfüllt haben. Nicht ganz so zufrieden sind sie allerdings mit der Art und Weise, wie die Schule ihre Kinder auf mehr Eigenständigkeit beim Arbeiten vorbereitet:

- "Mein Kind hat nur teilweise Fortschritte im selbständigen Arbeiten gemacht".
  "Mein Kind wurde zur Selbständigkeit angehalten, aber nicht angeleitet".

Ich denke, diese Kritik sollte gehört und von den Schulen konstruktiv verarbeitet werden (siehe unten in den zusammenfassenden Bemerkungen von 9.2.1.4).

Ein ganz entscheidender Faktor im Verhältnis von Elternhaus und Schule sind natürlich die Zeugnisnoten, die das Kind nach Hause bringt. Häufig waren diese Kinder gute bzw. sehr gute Schüler gewesen oder hatten zumindest die Disposition für überdurchschnittlichen Leistungen (erfasst über die Notensumme in den Kernfächern und das Gutachten der Grundschule). In den Expressklassen trafen sie auf ähnlich strukturierte Lerner, steigende unterrichtliche Ansprüche und einen neuen sozialen Verband, der seine Normen, Wertvorstellungen und Hierarchien erst noch herausbilden musste. Von daher stellt sich die Überlegung, wie die Eltern (und deren Kinder) auf die vermutlich schlechteren Zensuren als zur Grundschulzeit reagieren würden. Die Ergebnisse der Fragebogenerhebung deuten auf eine große Gelassenheit auf Seiten der Eltern hin. Mehr als die Hälfte aller Expressschüler (56%) haben in der 5. Klasse schlechtere Noten als in der Grundschule, bei nur 5% haben sich die Zensuren auf den Zeugnissen verbessert. Dennoch erklären sich 80% der Eltern mit den Leistungen ihrer Kinder zufrieden, und in 68% aller Fälle glauben sie, dass ihre Kinder dies auch sind ("zufrieden"). Diese Einschätzungen geben der von Kritikern des Schulversuchs geäußerten Auffassung, es seien in erster Linie überehrgeizige Eltern, die ihre Kinder in die Expressklassen "treiben", wenig Nahrung. Im Einklang damit konstatieren die Eltern keinen überzogenen Leistungsdruck seitens der Schule. Im Gegenteil – viele Kommentare betonen den positiven Aspekt von Leistung, des Förderns über das Fordern:

- "Mein Kind lässt sich nicht unter Druck setzen; dazu ist es zu selbstbewusst".
  "An einem 'gesunden' Leistungs- und Konkurrenzdruck ist wohl nichts auszusetzen – wichtig ist doch, ob das Kind lernt, damit umzugehen ... Immer wieder erlebe ich bei anderen Eltern, wie entsetzt sie reagieren, wenn ich von meinen Kindern erwarte, dass sie in der Schule – nach ihren Möglichkeiten (!!) – Leistung zeigen, Leistungswillen entwickeln, um auch zu erkennen, wo ihre Grenzen liegen".

  "Es ist doch eine ganz ungesunde Entwicklung, wenn meine Tochter sich an der Grundschule für ihre guten Noten schämen musste, weil sie deswegen von vielen Mitschülern gehänselt und mit Schimpfwörtern beleidigt wurde".

Dieses, in der letzten Aussage angesprochene Moment der lern- und leistungsfördernden Wirkung eines neuen Sozialverbands spielt in den Erwartungen der Eltern eine überragende Rolle, was die Zustimmung zu dem Item "Es tut meinem Kind gut, dass es mehr gleich befähigte Mitschüler hat" angeht. Ein wesentlicher Faktor in der Entscheidung für eine Expressklasse ist somit der Wunsch der Eltern, dass ihr Kind über die Mitschüler, d.h. eine Gruppe mit vergleichbaren Interessensrichtungen und ähnlichen Leistungspotenzialen, neue Freundschaften aufbauen und neue Anregungen empfangen kann. Erwartungen dieser Art müssen wohl aufgegangen sein, denn nach dem ersten Jahr in einer Expressklasse akzeptieren über 96% aller Eltern die Aussage "Mein Kind fühlt sich in die Klassengemeinschaft integriert".

9.2.1.3 Einstellungen zum Auswahlverfahren

Ein dritter Fragenkomplex bezog sich auf die Struktur des Auswahlverfahrens. Wenig Zustimmung fand die Möglichkeit (zwei Drittel Ablehnung), die Notensumme herunter zu setzen (unter die jetzige 6), was mindestens *ein* "sehr gut" als Zensur in einem der drei Kernfächer voraussetzen würde. Sicherlich kommt bei dieser Wertung die Fragwürdigkeit der Zensurengebung insgesamt ins Spiel; zumindest in einer Stadt wie Berlin, in der die Zusammensetzung einer Klasse sehr stark von der soziologischen Struktur des jeweiligen Stadtteils und / oder Einzugsgebiets abhängig ist. Zeugniszensuren sind in einem derartigen Kontext wenig aussagekräftig. Deutlich mehr Zustimmung ("nur" ein Drittel Ablehnung) fand die Option, die vorhandenen Plätze zunächst an die Schüler zu vergeben, die sich durch die besten Beurteilungen auszeichnen, um die dann noch freien Plätze unter den übrigen Bewerbern zu verlosen. Dieses Verfahren löst ebenfalls nicht das Problem mit der Relativität der Noten.

Die dritte im Fragebogen angebotene Möglichkeit wurde von den Eltern am stärksten favorisiert (ein Viertel Ablehnung); und zwar eine "offizielle" Aufnahmeprüfung durch die Gymnasien, die allerdings die Kriterien einer aussichtsreichen Bewerbung aufdecken sollten. Daneben wurde angemahnt, dass ein transparentes Aufnahmeverfahren für alle geeigneten Kinder auch mit einem ausreichenden Angebot an Schulplätzen einhergehen sollte. Insgesamt scheint mir dieser letztere Vorschlag eine recht rationale Argumentation zu beinhalten, weil er die Gymnasien (und die Schulverwaltung) zwingen würde, über das Profil der jeweiligen Schule und über den Erwartungsanspruch der Schulform genauer nachzudenken. In die pädagogischinhaltliche Diskussion um die Zukunft des Gymnasiums muss Bewegung und vor allem mehr Flexibilität geraten – nicht zuletzt in einer Stadt wie Berlin, in der inzwischen die Gymnasien weit über 40% eines Altersjahrgangs aufnehmen.

9.2.1.4 Zusammenfassende Einschätzung

Die persönlichen Bemerkungen der Eltern machen deutlich, dass es den Meisten in der Entscheidung für eine Expressklasse nicht um eine schulpolitische Weichenstellung für eine vierjährige Grundschule gegangen ist, sondern vornehmlich um die Chance, unter den in Berlin gegebenen Verhältnissen für ihr Kind **eine individuell günstigere Wahlmöglichkeit im Hinblick auf einen weiterführenden Bildungsgang** wahrnehmen zu können. Die **Schulzeitverkürzung** spielte demgegenüber nur eine

untergeordnete Rolle. Sehr viel **wichtiger** war allerdings die **Frage des Fremdsprachenangebots** in den Expresszügen:

- "Für uns, Mutter wie Tochter, war entscheidend, dass die Möglichkeit vorhanden ist, nach der 4. Klasse ein Gymnasium zu besuchen, welches Englisch und Französisch anbietet".
  "Für unsere Bewerbung war das entscheidende Kriterium, dass das Kind auf ein leistungsstarkes Gymnasium gehen kann, wo es auf Deutsch unterrichtet wird (also nicht Französisches Gymnasium) und nicht unbedingt Latein lernen muss, und zwar nach der 4. Klasse".

Die Eltern sahen ihre Hoffnungen weitgehend erfüllt, was die höhere Lernmotivation, die intellektuelle Förderung über schulisch-unterrichtliche Ansprüche und das positive Sozialklima in den Klassen betrifft. Nicht wenige Eltern hatten bemerkt, dass ihre Kinder die in der Schule thematisierten Inhalte aus eigenem Antrieb weiterverfolgten (über die Ressourcen der Stadtbücherei, die Nutzung des Internets oder lokaler Informationsquellen: etwa von Reisebüros für den Erdkundeunterricht). Die neuen Kontakte in der Klasse und die über den Unterricht aktivierten fachbezogenen Interessen wirkten sich in nicht wenigen Fällen freundschaftsstiftend aus. Sowohl das gute Lernklima als auch das kognitiv anregende Umfeld in den Expressklassen haben sich ihrer Meinung nach **positiv auf die emotional-affektive Befindlichkeit und die Persönlichkeitsentwicklung ihrer Kinder ausgewirkt.** Der **Erfolg des Schulversuchs sollte** deshalb nach mehrheitlicher Auffassung der Eltern **nicht allein an der Schulzeitverkürzung gemessen werden** (d.h. **an der schnelleren Bewältigung der gymnasialen Lerninhalte), sondern ebenso am pädagogischen Kriterium der erziehlichen Leistungen dieses Bildungsgangs für die betroffenen Kinder und Jugendlichen.** Hierzu abschließend eine Elternstimme:

- "Hier wäre zunächst zu klären: Was verstehe ich unter Schulerfolg? Misst man ihn an den Noten allein – UNWICHTIG für das spätere Leben. Entscheidend ist das erworbene und vor allem 'anwendungsbereite' Wissen und auch solche Dinge wie soziales Verhalten, Selbstbewusstsein, Kritikfähigkeit, ein gesunder Ehrgeiz, Spaß an Leistung – Dinge, die in meinen Augen auch und gerade den Erfolg oder Misserfolg schulischer Erziehung ausmachen".

An dieser Stelle sollte man vielleicht doch noch einmal dem einzigen **kritischen Vorbehalt der Eltern** gegenüber dem Schulversuch nachgehen; sprich der Frage nach einer **Anleitung der Schüler zu einer größeren Selbständigkeit des Arbeitens.** Sicherlich müsste man diesen Aspekt für die Expressklassen genauer untersuchen, was explizit von keinem Teilprojekt versucht wurde. Hinzukommt, dass dieser Bereich in unseren Schulen generell nicht sehr entwickelt zu sein scheint. Allerdings lohnt auch hier wieder der Blick auf die Begabtenforschung, soweit sie sich auf die schulische Sozialisation bezieht. Die Motivation für eigenständiges Lernen – "selbst" bzw. gerade bei besonders befähigten Schülern – lässt nach (und die schulbezogenen Leistungen stagnieren oder lassen sogar nach), wenn die strukturierten Anregungen (= "Anleitungen") für selbständiges Arbeiten fehlen. Auf Dauer löst vermutlich eine solide, anspruchsvolle und akzelerierte Stofferarbeitung auch nicht alle intellektuellen und affektiven Bedürfnisse vieler Expressschülerinnen und -schüler ein. Die Gymnasien mit Expresszügen müssen sich Gedanken machen, wie sie – über die rein unterrichtlichen Belange hinaus – die Fähigkeit zum selbständigen Arbeiten *aufbauen* können. Es kann nicht allein Aufgabe der Elternhäuser sein, in den Familien oder an außerschulischen Lernorten über entsprechende Aktivitäten und Kurse derartige Kompetenzen zu vermitteln. Das didaktische Konzept "Lernen durch Lehren" ist eine Möglichkeit, Projektarbeit dürfte eine andere sein (siehe zur weiteren Begründung Kap. 9.3). Wenn die Expressschüler bereits gegen Ende der 9. Klasse eine den Regelschülern vergleichbare Fachkompetenz in den Hauptfächern Deutsch, Mathematik und Englisch haben, dann dürfte Raum für andere (projektorientierte und fächerübergreifende) Unterrichtskonzepte sein. Vielleicht liegt hier ein weiterer Grund dafür, dass sich in der 9. und 10. Klasse die Unterschiede im Arbeitsverhalten und in der Lernmotivation zwischen Express- und Regelschülern einebnen (zumindest in der Wahrnehmung der Lehrkräfte).

9.2.2 Die Einschätzungen der Lehrkräfte

Von den 107 Lehrkräften, die im Oktober 1997 in den Fächern Deutsch, Mathematik, Englisch und / oder Französisch bzw. als Klassenlehrer in Expresszügen eingesetzt waren, schickten 68 den Fragebogen für die Lehrer zurück (Rücklaufquote also etwa 64%). Die Freiräume für persönliche Kommentare wurden relativ wenig genutzt, die meisten Antworten beschränkten sich auf die Ablehnung oder Zustimmung zu vorgegebenen Aussagen. Bei der Mehrzahl der Kollegen handelte es sich um erfahrene Lehrkräfte: 75% verfügten über mindestens zehn Jahre Unterrichtspraxis. Alle waren freiwillig im Schulversuch tätig; und über 90% gaben an, den Unterricht mit jüngeren Schülern als positive Herausforderung an ihre Professionskompetenz empfunden zu haben. 9% der Lehrer konzedierten eine "starke Verunsicherung" zu Beginn ihrer Tätigkeit in einer 5. oder 6. Klasse.

Neben den Fragen zur eigenen Rolle als Lehrer enthielt der Fragebogen Items zur Einschätzung der Lernmotivation und Leistungsbereitschaft der Schüler sowie zu den sozialen Prozessen in Expressklassen. In enger Anlehnung an Kohtz (1999) lassen sich folgende Tendenzen festmachen (Kap. 9.2.2.1 und 9.2.2.2).

9.2.2.1 Lernmotivation und Leistungsbereitschaft der Schüler

Die überwältigende Mehrheit der befragten Lehrer war sich sicher, dass der Schulversuch sich in einer Evaluierung gegen Ende der Sekundarstufe I als Erfolg erweisen würde, was die kognitive Förderung der Expressschüler betrifft. Als Ursache dafür nennen über 90% der Lehrkräfte die **höhere Lernmotivation und Anstrengungsbereitschaft** dieser Schülerinnen und Schüler. "Echte Hochbegabte" (in der Literatur häufig mit einem IQ von über 130 definiert) glaubten sie nur in einer kleinen Minderheit dieser Schüler(innen) "entdecken" zu können (siehe unten 9.3 zu einer etwas abweichenden, empirisch fundierten Einschätzung).

Die Aussagen der Lehrkräfte im Fragebogen decken sich in hohem Maße mit den Feststellungen, die die Englischlehrerinnen und -lehrer im Gespräch mit mir gemacht hatten (siehe besonders Abb. 1.1-1.3 in 1.6.2.2): **eine schnellere Stofferarbeitung, verkürzte Wiederholungs- und Übungsphasen, ein größeres Interesse für die fachlichen Unterrichtsinhalte, eine hohe Bereitschaft zur Übernahme zusätzlicher Arbeiten, ein höherer Pegel an schülerinitiierten Fragen und eigenen inhaltlichen Anregungen, eine große Offenheit gegenüber problemerarbeitenden Unterrichtsgesprächen.** Ein etwas "schlechtes Gewissen" hatten die Lehrkräfte, die in den unteren Klassen eingesetzt waren, weil sie meinten, doch mehr Zeit für spielerisches Lernen aufwenden zu sollen, als sie es bisher eingeplant bzw. "gewagt" hatten.

9.2.2.2 Soziale Prozesse

Durch die Kommentare der Lehrer zieht sich fast wie ein roter Faden die Feststellung, dass anfängliche Bedenken im Hinblick auf das Sozialverhalten in diesen Klassen sich zerstreut hätten. Die Lehrer glauben **weder** eine **verstärkte Konkurrenz noch Arroganz oder Missgunst noch ein unangenehmes Klassenklima** beobachten zu können. **Disziplin** und **Kooperation** seien **eher besser** als in Regelklassen. Mehr als 90% aller Lehrkräfte sehen die Expressklassen inzwischen als integralen Bestandteil ihrer Schule, die von den Aktivitäten profitiert hätte, die von den Schülern und den höchst interessierten Eltern ausgegangen seien. Ein weiterer positiver Effekt hätte sich aus der Einrichtung der Versuchsklassen ergeben, weil sich damit die **pädagogische Diskussion** unter den Kollegen "schlagartig" aber nachhaltig **intensivierte** (was von zwei Drittel der Befragten begrüßt wurde). Selbst die anfänglichen Skeptiker stünden dem Schulversuch nunmehr eher offen bis positiv gegenüber.

9.3   Die Gretchenfrage nach den "Hochbegabten"

Der Schulversuch war 1993 von der politisch-behördlichen Seite als ein Modell zur Begabtenförderung eingeführt worden. Offen blieb dabei (im Prinzip bis jetzt) die Frage nach den "Hochbegabten", die in der Wahrnehmung der Lehrkräfte (siehe 9.2.2.1) nur in (vermeintlich?) kleiner Zahl in diesen Klassen vorkommen. Freese (1999) macht dagegen – im Zuge der Evaluation des Auswahlverfahrens für das Schuljahr 1998/99 – eine etwas andere Rechnung auf. Er testete eine Auswahl von 269 Bewerbern um einen Platz im Schulversuch auf ihre Intelligenz; und zwar mithilfe des "Prüfsystems für Schul- und Bildungsberatung" (= "PSB") von Horn. Der "PSB" deckt vor allem Faktoren wie verbale Intelligenz, logisches Denken, räumliches Vorstellungsvermögen und Konzentrationsfähigkeit ab; kognitive Fähigkeiten, die für den Übergang an weiterführende Schulen als diagnostisch wichtige Faktoren angesehen werden.

Der mittlere Centil-Wert aller Bewerber lag bei C = 7,62 (bzw. einem Prozentrang von 90,3); d.h. "nur" 10% aller Kinder dieser Altersgruppe erreichen einen solchen Testwert. Bei einer feineren Differenzierung der Testergebnisse erwiesen sich 89 der 269 Bewerber (ein Drittel) als den obersten 5% der Altersgruppe zugehörig, was den

"PSB"-Intelligenzwert angeht (dies entspricht einem Prozentrang von > 95). Jeder sechste Bewerber (N=47 oder 17,5%) erfüllte sogar das häufig angewandte ("strenge") Kriterium für intellektuelle Hochbegabung; d.h. diese Schüler erzielten einen IQ-Wert, der einem Prozentrang von über 98 entspricht. Nur 2% der Altersgruppe fallen dann in diese Kategorie.

Von den 89 Bewerbern mit einem Prozentrangplatz "5 und besser" wurden *de facto* 48 (oder 54%), von den 47 mit "2 und besser" wurden 26 Schüler für eine Expressklasse ausgewählt (= 55%). Anders formuliert: Nahezu die Hälfte der intellektuell als "gut" und "besonders befähigt" zu bezeichnenden Bewerber wurde *nicht* in eine Expressklasse aufgenommen. Ich denke, gegen diesen Hintergrund ist die **Forderung der Eltern** zu verstehen (siehe 9.2.1.3), **allen geeigneten Schülern die Chance auf einen Platz in einer solchen Klasse zu eröffnen** – insbesondere solange in Berlin (etwa im Gegensatz zu München) keine spezifischen schulischen Angebote für "Hochbegabte" existieren. Umgekehrt muss man allerdings auch sehen, dass von den ausgewählten Schülern 23% dem unteren Testwertdrittel, 27% dem mittleren und 50% dem oberen Testwertdrittel entstammten. Die in Berlin ausgeübte Auswahlpraxis, die auf eine Kombination von Notensumme (als Mittel der Vorauswahl), Grundschulgutachten, Elternurteil und einem (zeitlich sehr aufwändigen) Beratungsgespräch der Schulleitung mit den Eltern und Kindern hinausläuft, erlaubt mit anderen Worten eine recht hohe "Trefferquote", was die Auswahl von Schülern angeht, die für diesen Schulversuch allein von ihren kognitiven Voraussetzungen her geeignet sind.

Meiner Einschätzung nach hat sich der Schulversuch bisher jedoch um die "Hochbegabten" nicht hinreichend "gekümmert". Im Schuljahr 1998/99 bekam fast die Hälfte dieser Gruppe keinen Platz in einer Expressklasse, und für die Lehrer scheint diese "Klientel" in deren subjektivem Wahrnehmungshorizont nur als kleine Minderheit zu existieren (die in den Expresszügen "mitlaufen"). Dies erklärt dann auch, warum der Unterricht in den Expressklassen zwar in graduellen Unterschieden "anders" als in den Regelklassen abläuft, im Prinzip jedoch herkömmlichen didaktisch-methodischen Konzepten folgt. Die betroffenen Gymnasien sollten sich im Interesse der Schülerschaft in den Expresszügen vielleicht doch überlegen, **in Zukunft Momente von** *enrichment*-**Programmen** in die Arbeit der Schnellläuferklassen zu integrieren, damit **über offenere, aufgaben- und projektorientierte Arbeitsformen mehr Binnendifferenzierung und Eigenständigkeit des Lernens** Einzug halten können. Gerade die "gut und besonders befähigten Schülern" haben (ähnlich wie die sogenannten Lernschwachen) einen **speziellen Förderungsbedarf**. Angebote für leistungsstarke Schülerinnen und Schüler müssen deshalb verstärkt darauf ausgerichtet werden, eine höhere Konvergenz von persönlichen Interessen, individuellen Unterschieden und Fähigkeiten (als Lernertypen) und Unterrichtsaktivitäten zu gestatten (vgl. Skehan 1996 zur curricularen Implementation aufgabenbasierter Lernarrangements). Dies wäre vermutlich für alle Beteiligten – die Schüler, die Eltern und die Lehrer – eine langfristig befriedigendere Lösung der Begabtenförderung in Berlin als die jetzige Variante einer lediglich akzelerierten Darbietung und Erarbeitung der "üblichen" Fachinhalte des gymnasialen Curriculums.

TEIL D: KONSEQUENZEN

10.   Zusammenfassende   Einschätzungen,   Schlussfolgerungen   und Empfehlungen

"There are risks and costs to a program of action. But they are far less than the long-range risks and costs of comfortable inaction" (John F. Kennedy).

"To keep a lamp burning we have to keep putting oil in it" (Mother Teresa).

Die vielschichtige wissenschaftliche Begleitung und Evaluierung des Schulversuchs der gymnasialen Expressklassen in Berlin hat eine Fülle von Ergebnissen und Einsichten zu Tage geführt, die hier im Wesentlichen unter drei Aspekten zusammengefasst und unter der Perspektive der daraus folgenden Konsequenzen diskutiert werden sollen:

a)   der Leistungsvergleich zwischen Versuchs- und Regelklassen im Fach Englisch,

b)   die Akzeleration als Konzept der Begabtenförderung und

c)   die Entwicklung neuer curricularer Konzepte für den weiterführenden Englischunterricht des Gymnasiums.

10.1   Regel- und Expressklassen im Vergleich: eine Zusammenfassung der Untersuchungsergebnisse im Fach Englisch

Aus der Sicht des Fachs Englisch kann der Schulversuch der sogenannten "Express-klassen" als erfolgreich eingestuft werden, da die im Kap. 1.6.3 ausformulierten Hypothesen aufgrund der vielfältigen Untersuchungen als verifiziert gelten können. Was die deskriptive Ebene eines Vergleichs von Express- und Regelschülern in Bezug auf deren Sprachkompetenz im Englischen betrifft, wurde eine umfangreiche Batterie von Leistungs- und Sprachfähigkeitstests eingesetzt. Die über diese Tests erhobenen Daten wurden sowohl einer quantitativ-statistischen Auswertung als auch einer stärker psycholinguistisch geprägten Analyse unterzogen. In Übereinstimmung mit einem mehrdimensionalen   Konstrukt der zweitsprachlichen Kompetenz wurden folgende Aspekte der Sprachfähigkeit von Regel- und Expressschülern untersucht:

– die Vokabel- und Grammatikkenntnisse,

– die rezeptiven kommunikativen Fertigkeiten des Hör- und Leseverstehens,

– die Fähigkeit des text(sorten)gebundenen produktiven Schreibens (unter Rückgriff auf die Textarten *summary*, *comment* und *picture story*),

– die interaktive Gesprächsfähigkeit (operationalisiert über einen kommunikativen Sprachtest vom Typus eines Simulationsspiels) sowie

– die allgemeine Sprachfähigkeit, wie sie sich über einen integrierten, globalen Sprachtest in der Form eines C-Tests ermitteln lässt.

Was die erklärende Ebene des fachbezogenen Vergleichs von Express- und Regelklassen angeht, wurden Gruppeninterviews mit den Englischlehrerinnen und -lehrern durchgeführt, und es wurden auf allen Jahrgangsstufen Englischstunden in Regel- und in Schnellläuferklassen beobachtet, dokumentiert, analysiert und interpretiert.

10.1.1 Die Sprachfähigkeit

10.1.1.1 Die quantitative Fragebogenerhebung

Vergleicht man die Datensätze für die Leistungs- und Sprachfähigkeitstests, lassen sich hinsichtlich des Leistungsstands der Expressschüler die folgenden, statistisch abgesicherten Feststellungen treffen: Gegen Ende der 9. Klasse erzielen die sogenannten "Schnellläufer" gleiche Leistungen in ausgewählten Kernbereichen der englischen Grammatik, während ihre Vokabelkenntnisse einfach signifikant besser sind als die der Schüler(innen) paralleler Regelklassen. In einer Gesamtsicht aller Teiltests, die auf die Erfassung der lehrplan- und lehrwerkunabhängigen Sprachfähigkeit im Englischen abheben (= *proficiency*), verfügen die Expressschüler(innen) in der Tendenz über die besseren Leistungen als die Schüler(innen) der Regelklassen.

Die Aussage gründet sich auf statistische Überlegungen der folgenden Art. Um das Manko der eingeschränkten Probandenzahl in den beiden Teilstichproben auszugleichen (ca. 60 bzw. 87 Personen), werden die Stichproben auf Normalverteilung getestet. Bei angenäherter oder exakter Normalverteilung der Ergebnisse ist die Vorhersage sicherer als bei einer höheren Abweichung von der theoretisch erwarteten Verteilung. Elf der zwölf Textwerte erfüllen die Kriterien für Normalverteilung. Zusätzlich werden zwei statistische Tests über die Unterschiede zwischen den beiden Lerngruppen angewandt: zum einen ein Mittelwertvergleich, der Auskunft über die Unterschiede insgesamt gibt. Zum anderen werden, um bestimmte Häufungen in der Verteilung zu testen (die durch den Mittelwert geglättet werden), die Unterschiede mit einem Chi^2-Test überprüft. Für diesen Test wird die Verteilung in vier gleiche Quartile geteilt. So lässt sich ermitteln, ob in den Klassen jeweils signifikant mehr oder weniger Schüler(innen) mit sehr niedrigen (= 1. Quartil) oder sehr hohen Punktwerten sind (= 4. Quartil). Unterscheiden sich die Schüler nicht direkt in den Quartilen, gibt es (vergleichbar dem T-Test) einen Gesamtunterschied zwischen den Klassen. Unterscheiden sich die Klassen in den ersten und vierten Quartilen der Verteilung, ist der Unterschied eindeutiger. Es gibt dann weniger schlechtere Schülerinnen und Schüler in den Expressklassen als in den Regelklassen. Insofern ist der Chi^2-Test über die Häufigkeit etwas genauer.

Von insgesamt zwölf verschiedenen Untertests haben die Expressklassen in sieben Tests signifikant bessere Leistungen als die Regelklassen. Sie erzielen einen höheren Mittelwert; und im Chi^2-Test zeigt sich, dass diese Klassen signifikant weniger Schüler(innen) mit niedrigen Punktwerten im 1. Quartil der Texts haben. Die stärksten Unterschiede zeigen sich in den Untertests "*Guided Summary*" und "*Receptive Skills*".

Die beiden statistischen Tests für die "*Guided Summary*" sind höchst signifikant, d.h. in den Expressklassen sind überzufällig mehr Schüler(innen) mit Punktwerten im oberen Viertel der Verteilung. Ein ebenfalls deutlicher Unterschied zwischen den beiden Lernergruppen liegt in dem zusammengefassten Test der "*Receptive Skills*". Der Mittelwertvergleich ist hier hoch signifikant, der Häufigkeitstest ist höchst signifikant. Es sind signifikant weniger Schüler(innen) mit niedrigen Punktwerten im 1. Quartil der Verteilung und signifikant mehr Schüler(innen) mit hohen Punktwerten in den Expressklassen. Die Verteilungen sind in beiden Stichproben normalverteilt, so dass die Vorhersage hier nach statistischen Kriterien sicher ist.

Vergleicht man diese Datensätze ferner im Hinblick auf die Variablen "Schule" und "Geschlecht", kommt man zu dem Ergebnis, dass es zwischen den Schulen keine nennenswerten Unterschiede in den verschiedenen Teiltests gibt. Die Geschlechtsunterschiede sind in der Tendenz (über alle Untertests) eher gering. Eindeutig signifikante Unterschied finden sich im zusammengefassten Test der "*Productive Skills*". Sowohl der Mittelwertvergleich als auch der Häufigkeitstest sind höchst signifikant: Die Jungen erreichen signifikant weniger Punkte als die Mädchen. Besonders deutlich wird dies im Untertest der "*Picture Composition*". Hier haben die Mädchen sowohl signifikant weniger Personen mit niedrigen Punktwerten als auch signifikant mehr Personen mit höheren Punktwerten.

> **Die Ergebnisse der quantitativen Fragebogenerhebung, die sich insgesamt über vier Unterrichtsstunden erstreckte, sprechen für das Prinzip der Akzeleration, insofern als die Expressschüler in allen Untertests (Leistungs- und Sprachfähigkeitstests) gleiche oder bessere Leistungen als die Regelschüler erzielen. In keinem der zwölf Teiltests sind die Leistungen der Regelklassen im Englischen besser als die der Expressklassen (siehe Diagramm 10.1).**

10.1.1.2 Die interaktive Gesprächsfähigkeit

Die mündliche Sprachkompetenz im Englischen wurde in einem Rollenspiel zu einem Konfliktszenario (einem sogenannten Simulationsspiel) erfasst. In diesem kommunikativen Test wurden jeweils drei Schüler in einer Spielgruppe zusammengebracht, wobei jeweils ein Schüler aus den drei Leistungsbereichen der Klasse stammte (ein "guter", ein "durchschnittlicher" und ein "weniger guter" Schüler).

> **In der Beurteilung durch erfahrene Berliner Englischlehrer(innen) über ein nach sieben Kriterien differenziertes, global-analytisches Bewertungsschema zur Überprüfung mündlicher Leistungen zeigen sich keine signifikanten Unterschiede zwischen den beiden Gruppen von Lernern; sowohl was die sprachlichen Aspekte als auch was die inhaltlich-kommunikativen Aspekte ihres Interaktionsverhaltens im Simulationsspiel angeht.**

Die Schüler beider Lerngruppen (zusammen 36 Probanden, die jeweils sechs Spielgruppen aus Express- und aus Regelklassen bildeten) wurden im Schnitt mit "befriedigend und besser" beurteilt: also mit "2,7" auf der üblichen Notenskala bzw. mit "9 Punkten" auf der 15-Punkte Skala.

> **Die stärker objektivierte Auswertung der zwölf Simulationsspiele nach Performanzkriterien wie Gesprächsbeteiligung und Flüssigkeit des mündlichen Ausdrucks, nach den pragmatischen Kompetenzen der Diskurs- und Illokutionskompetenz und nach den linguistischen Kompetenzen der grammatischen und der lexikalischen Kompetenz zeigt in vielen Bereichen der Gesprächsfähigkeit deutliche Unterschiede zugunsten der Expressschüler.**

Die Schnellläufer liefern im Schnitt längere Redebeiträge als die Regelschüler (gemessen über die Zahl der Wörter und die Dauer in Sekunden). Äußerungen auf der Ebene des komplexen Satzes sind bei den Expressschülern in der Tendenz häufiger als bei den Regelschülern, die eher Äußerungen auf der Ebene des einfachen Aussagesatzes oder Beiträge unterhalb der Satzgrenze produzieren. Erfasst man alle Sprechakte zur Diskursstrukturierung, so gelingt es den Schnellläufern sehr viel stärker als den Regelschülern, ihre eigene Meinung einzubringen und ihre Redebeiträge als kohärenten und adressatenbezogenen Diskurs zu organisieren. Unter Anwendung entsprechender Indizes (und zwar des sogenannten "*Syntactic Density Score*" und der sogenannten "*communication units*" oder "*T-units*") lässt sich zeigen, dass die mündlichen Sprachproduktion der Expressschüler in dem hier eingesetzten Simulationsspiel über ein höheres Maß an syntaktischer Komplexität und Elaboriertheit verfügt als die gesprochene Sprache von Regelschülern an derselben Schule. Eine objektiviert-quantitative Auswertung des von den Schülern im Vollzug der Simulationsspiele eingesetzten Wortschatzes ergibt, dass die Expressschüler sich in der Vielfalt und Originalität ihrer Lexik sowie in der Zahl der lexikalischen Fehler kaum von den Regelschülern unterscheiden, wohl aber in der lexikalischen Dichte (angezeigt über einen höheren Anteil von Inhaltswörtern) und in der Differenziertheit ihres Wortschatzes. Das gesprochene Englisch der Expressschüler zeichnet sich vor allem durch einen höheren Anteil von Wörtern aus, die über einen bestimmten Mindestwortschatz und das Vokabular des Testmaterials hinausgehen. Damit bestätigt sich in diesem Bereich das Ergebnis der quantitativen Fragebogenerhebung: Die Schnellläufer verfügen über eine größere lexikalische Kompetenz im Englischen als die Schüler der Regelklassen.

> **Die Gruppe der Schnellläufer erweist sich relativ durchgehend als heterogener als die Gruppe der Regelschüler, was die verschiedensten Aspekte ihrer mündlichen Gesprächsfähigkeit im Englischen betrifft.**

Häufig verfügt die Gruppe der Schnellläufer nicht nur über die höheren Mittelwerte (als Maß der zentralen Tendenz in der jeweiligen Stichprobe), sondern vor allem auch über die größere Standardabweichung in Bezug auf die jeweiligen psycholinguistischen Indizes oder sprachlichen Phänomene (als Maß der individuellen Streuung in der Verteilung). Die Schere der fachbezogenen Leistungsfähigkeit geht somit in den Expressklassen für das gesprochene Englisch sehr viel deutlicher auseinander als in den Regelklassen der gleichen Schulen.

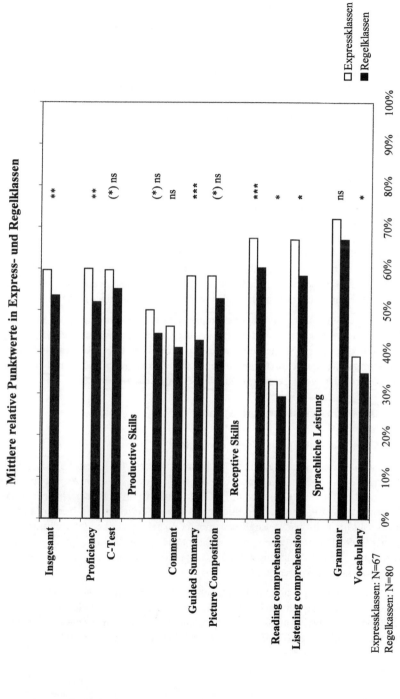

Mittlere relative Punktwerte in Express- und Regelklassen

Expressklassen: N=67
Regelklassen: N=80

Diagramm 10.1: Mittlere relative Punktwerte in Express- und Regelklassen und Ergebnisse der Signifikanztests

10.1.1.3 Das textgebundene Schreiben

Die quantitativen Analysen zu den drei textsortengebundenen Schreibaufgaben erfolgte über fünf Indizes: Punkte für den Inhalt, Punkte für die sprachliche Korrektheit, Zahl der Wörter, Zahl der eigenständigen, sinnvollen und verständlichen satzstrukturierten Aussagen (= Propositionen) sowie Fehlerindex. Im Fall der Zusammenfassung zu einem Hörtext (= *summary*) zeigt die Verteilung der Punkte in den beiden Lernergruppen einen höchst signifikanten Unterschied zugunsten der Schnellläufer, der durch die Auswertung der übrigen Indikatoren bestätigt wird. Die Expressschüler produzieren in der zeitlich gebundenen Testsituation mehr Propositionen und mehr Wörter und dennoch liegt ihre prozentuale Fehlerrate niedriger als bei den Regelschülern. Im Fall des persönlichen Kommentars (= *comment*) sind die Unterschiede zwischen den beiden Gruppen nicht so ausgeprägt wie bei der *summary*, was die Mittelwerte für die fünf Indizes betrifft, aber in den Expressklassen sind deutlich mehr Schüler(innen), die einen relativ niedrigen Fehlerquotienten haben. Demgegenüber sind die Regelklassen durch eine Häufung von Schülern mit relativ hohen Fehlerquotienten charakterisiert. Dieses letztere Phänomen wiederholt sich beim Verfassen der Bildergeschichte: Obwohl sich die Texte beider Stichproben hinsichtlich der Zahl der Propositionen durch eine sehr ähnlich strukturierte Normalverteilung auszeichnen, "holen die Schnellläufer deutlich mehr Punkte heraus" als die Regelschüler, weil sie bei dieser Schreibaufgabe (aber auch bei den beiden anderen) weniger Fehler machen.

> Der kontextgerechte Gebrauch der lexikogrammatischen Redemittel ist bei den Expressschülern stärker gefestigt als bei den Regelschülern, was die schriftlichen Modalitäten der freien Sprachanwendung angeht. Dies lässt auf eine größere Diskurskompetenz im textartengebundenen Verfassen geschriebener Texte in der ersten Fremdsprache bei den Schnellläufern schließen.

10.1.2 Die Unterrichtsbeobachtungen

10.1.2.1 Unterrichtsskripte als Vergleichsbasis

Der Englischunterricht in den gymnasialen Expressklassen wird gegen die Schablone des Unterrichts in Regelklassen betrachtet, wobei für diesen letzteren Aspekt sowohl der Unterricht an Berliner Grundschulen (Klasse 5 und 6) als auch der Unterricht an Gymnasien herangezogen wird, die mit der 7. Klasse einsetzen. Es werden einige besonders häufige und für den Englischunterricht charakteristische Unterrichtsskripte identifiziert, die dem externen nicht-teilnehmenden Beobachter erlauben, den Unterricht in Versuchs- und Kontrollklassen gewissermaßen von einem *tertium comparationis* her reflektieren zu können.

Was die Unterrichtsskripte und die Unterrichtsgestaltung betrifft, lässt sich in den Expressklassen kein prinzipiell "anderer" Englischunterricht als in vergleichbaren Regelklassen (zumindest des Gymnasiums) feststellen. Weder sieht man einen häufigeren Einsatz authentischer Texte noch mehr Projektunterricht oder Stationenlernen noch begegnet man einer konsequenten aufgabenbasierten Unterrichtskonzeption (= *task-based instruction*). Das Lehrwerk ist das vorherrschende Leitmedium des Englischunterrichts, angereichert durch den Einsatz lehrwerkergänzender Lektüren. Bestimmend bleibt das erarbeitende Textgespräch. Was jedoch den Englischunterricht in den Expresszügen "auf Anhieb" auszeichnet, sind die beeindruckende Mitarbeit, eine erstaunlich hohe Anzahl von Redebeiträgen, die ungewöhnliche Komplexität des mündlichen Outputs bei der Mehrzahl der Schüler(innen) und die Selbstverständlichkeit, mit der bestimmte fachbezogene Arbeitstechniken ohne spezielle Aufforderung seitens der Lehrkraft eingesetzt werden (z.b. die Übernahme des Tafelbilds, den Mitschülern zuhören, Hörverstehensübungen bei geschlossenem Buch u.dgl.). Von daher lag es nahe, diesem "Eindruck" durch strukturierte Beobachtungen auf der Basis einer Auswahl spezifischer deskriptiver Kategorien systematischer nachzugehen.

10.1.2.2 Merkmale einer größeren Kommunikativität im Englischunterricht der Expressklassen

In der Annahme, dass die Kommunikativität des fremdsprachlichen Klassenzimmers über große Strecken eines lehrwerks- und progressionsgestützten Unterrichts weitgehend aus sich selbst heraus zu bestimmen ist (statt primär an den Merkmalen "echter" Kommunikation außerhalb eines Klassenraums gemessen zu werden), können die informellen Beobachtungen in den Versuchsklassen und die Erkenntnisse aus den Interviews mit den in Expressklassen tätigen Englischlehrer(innen) zusammen geführt werden. Die Synthese der Überlegungen resultiert in einem Kategorieninventar für strukturierte Beobachtungen; und zwar im Hinblick auf die Quantität und strukturelle Komplexität der mündlichen Schülerbeiträge, die Einsprachigkeit sowie einige ausgewählte Aspekte des Interaktionsverhaltens im Unterricht. Bezüglich des letzteren Komplexes sind das Frageverhalten von Schülern und Lehrern, die Wartezeit der Lehrkräfte sowie quantitative Beziehungen zwischen dem Gesamt satzstrukturell komplexer Schüleräußerungen im Verhältnis zur satzgebundenen Lehrersprache ins Visier genommen worden (*sustained teacher talk* vs. *sustained student talk*).

Die vergleichende Auswertung von Englischstunden in Regel- und in Expressklassen über die Jahrgangsstufen des Anfangs- und des weiterführenden Unterrichts der Mittelstufe führt zu bestimmten **Merkmalsbündeln** hinsichtlich der **Unterrichtsgestaltung und der -abläufe,** von denen nach meiner Einschätzung **kausale Wirkungen für die in den Sprachstandsmessungen diagnostizierte akzelerierte Leistungsentwicklung in den Expressklassen** ausgehen dürften:

- **Eine ansprechende Lernumgebung** (als Komplex verschiedener Faktoren): keine für den externen Beobachter erkennbaren Disziplin- und Aufmerksamkeitsprobleme sowie ein überwiegend positives soziales Klima in den Klassen

- **Eine hohe Sprachkompetenz der Lehrer:** die Lehrersprache als gutes Modell und anspruchsvolle Inputressource für die Schüler, zugleich ein wirkungsvolles Instrument für ein kommunikationsorientiertes Unterrichtsmanagement

- **Eine geschickte Fragetechnik der Lehrkräfte**: eine relativ häufig zu beobachtende Offenheit der Impulse zusammen mit einer meist souverän gehandhabten Wartezeit

- **Eine klare Profilgebung der Stunden im Hinblick auf die Entwicklung kommunikativer Fertigkeiten**: z.B. eine gezielte Schulung des Hörverstehens (mit Medieneinsatz), eine systematische Vokabelarbeit (die relativ viele lexikalische Einheiten pro Zeiteinheit vermittelt), eine metasprachlich unterlegte grammatische Unterweisung, stärker handlungsorientierte Modalitäten der Textverarbeitung, eine zum Teil bewusste (überproportional starke) Zurückhaltung der Lehrer (den eigenen Output betreffend) zugunsten von mehr und strukturell komplexeren Schülerbeiträgen u.dgl. mehr

- **Eine durchgehend rege Mitarbeit der Lernenden**: angezeigt über eine außerordentlich hohe Zahl von Redebeiträgen der Schüler

- **Ein hoher Output an sprachlich komplexeren Äußerungen auf Seiten der Schüler**: angezeigt über einen bemerkenswerten Anteil satzgebundener Äußerungen (inkl. parataktischer Satzverbindungen und hypotaktischer Satzgefüge)

- **Eine auffallend hohe Einsprachigkeit auf allen Jahrgangsstufen**

- **Eine auffällig hohes Maß an Eigenaktivität bei fachgebundenen Arbeitsformen und -techniken**: z.B. im Rahmen der Vokabelarbeit (Semantisierung der neuen Wörter durch die Schüler), Selbstkorrekturen der Schüler, Umfang und Qualität der Hausaufgaben oder die Übernahme freiwilliger Arbeiten für das Fach Englisch.

Insgesamt haben sich die Unterrichtsaktivitäten in den Expressklassen (den instruktiven Pol des texterarbeitenden Lerngesprächs verlassend) stärker zum konstruktiven Pol hin entwickelt; was unter anderem mit einer größeren Selbsttätigkeit der Schüler und deutlicher akzentuierten Prozessen der handlungsorientierten Textverarbeitung und freien Anwendung der ersten Fremdsprache einhergeht.

10.1.2.3 Größere Passung von anthropogenen Leistungsdispositionen und schulformspezifischen Leistungsprofilen

Der Einsatz eines gymnasialen Lehrwerks verstärkt die spracherwerbssteuernde und -beschleunigende Funktion des im Fremdsprachenunterricht dominierenden Leitmediums. Indem die Expressschüler(innen) bereits in der 5. Klasse auf ein Gymnasium wechseln, werden sie zwei Jahre früher auf das Anspruchsniveau und den Lernstil dieser Schulform eingestellt. Damit ist eine **größere Passung von schülerseitigen Voraussetzungsbedingungen** (z.B. Leistungsfähigkeit, Arbeitshaltung, intellektuelle und sozial-affektive Bedürfnisse, ein stärker kognitiv geprägter Lernstil) **und schulformspezifischen Anforderungsprofilen** möglich. Die **Anregungen dafür kommen** sowohl **von den Lehrkräften** als auch **von den Schülern selbst**, indem die Lernenden ihren Fachlehrern zum Teil bestimmte methodische Verfahren oder Unterrichtsaktivitäten geradezu "aufdrängen".

Durch den früheren Übergang auf eine weiterführende Schule konstituieren sich **neue Lerngruppen in einer entwicklungspsychologisch günstigeren Phase.** Die **persönliche Arbeitshaltung und die individuelle Lernentwicklung haben nach Aussage der Lehrkräfte wie der Eltern in den meisten Fällen einen Auftrieb erfahren.** Die überwiegende **Mehrheit der Schülerinnen und Schüler fühlt sich in den Expressklassen** – nicht zuletzt aufgrund der höheren fachlichen Anforderungen und der neuen sozialen Kontakte – **wohl.** Der für die **7. Klassen** konstatierte **Leistungs- und Zeitdruck** für einige Schüler(innen) kann durch angemessenes **Entzerren in der Stoffprogression** (besonders in den stark sequentialitätsgeprägten Fächern wie Mathematik, Französisch und Englisch) **gemildert** werden. Damit dürfte die "Zufriedenheit" mit dem Schulversuch weiter zunehmen.

10.2 Anmerkungen und Empfehlungen zur Begabtenförderung aus der Sicht des Schulversuchs

10.2.1 Fazit: Die Expressschüler profitieren vom Schulversuch

Wie der Abschlussbericht des Forscherteams von Erziehungs- und Unterrichtswissenschaftlern der Freien Universität Berlin zeigt (vgl. Kohtz /Wurl 1999), kann der **Schulversuch** "Individualisierung des gymnasialen Bildungsgangs" in der Gesamtsicht aller Teilprojekte als **Erfolg** betrachtet werden.

In der überwiegenden Mehrheit aller Schülerinnen und Schüler kommt eine sorgfältig ausgewählte Schülerschaft den fachlichen Anforderungen und dem akzelerierten Lerntempo eines zeitlich komprimierten gymnasialen Curriculums ohne zusätzliche Fördermaßnahmen und ohne ein subjektives Empfinden von unangemessenem Leistungsdruck "mühelos" nach. Durch den – insbesondere im Vergleich zur Grundschule – intellektuell anspruchsvolleren Unterricht fühlen sich diese (in der Regel) leistungsstarken und -bereiten Schülerinnen und Schüler in ihrem Leistungswillen weiter angeregt. Sowohl nach den eigenen Aussagen als auch nach Meinung ihrer Eltern und Lehrer(innen) profitieren die Versuchsschüler von dem stärker fordernden aber auch von dem kognitiv stimulierenden Lernumfeld in den Expressklassen. Das Sozialklima in diesen Klassen ist fast ausnahmslos durch keinerlei Auffälligkeiten gekennzeichnet. Disziplinprobleme sind selten, und Aufmerksamkeitsdefizite sind so gut wie gar nicht zu vermerken; d.h. die Rezeptivität der Schüler (= "*receptivity*": vgl. Allwright / Bailey 1991: 157ff.) ist außergewöhnlich hoch. Schüler, Eltern und Lehrkräfte betonen gleichermaßen die eher positive Atmosphäre eines sozialen Miteinanders in den Versuchsklassen und die Abwesenheit von Neid, Missgunst bzw. eines unangebrachten Konkurrenzdenkens. Die gelungene Integration der Expresszüge in das Schulleben des jeweiligen Gymnasiums wird von den Lehrern ausdrücklich hervorgehoben.

Der Unterricht in den drei Kernfächern Deutsch, Mathematik und Englisch ist nicht grundsätzlich verschieden von der Unterrichtskonzeption in gymnasialen Regelklassen. Vorherrschend in beiden Lernergruppen ist das traditionelle, stark lehrergesteuerte darbietend-entwickelnde bzw. erarbeitende Unterrichtsgespräch, das sich für diese Schüler aufgrund der außerordentlich regen Beteiligung und hohen verbalen Grundkompetenz als höchst effizient erweist; zumal es durch umfangreiche und eigenständige Schülerbeiträge nachhaltig bereichert wird. Sowohl im Deutsch- als auch im Englischunterricht wird deutlich, dass die Schnellläufer in der Regel besonders gute sprachliche Lernvoraussetzungen mitbringen. Diese erlauben ihnen (was das Fach Deutsch betrifft), die sprachdidaktischen Anforderungen des Rahmenplans Deutsch ohne curriculare Abstriche und ohne Minderung ihrer Leistungen problemlos zu erfüllen. Der Notendurchschnitt im Fach Deutsch liegt in den Versuchsklassen deutlich höher als in den Regelklassen; ebenso die Mittelwerte in einem Leistungstest. Die Zahl von Expressschülern im ersten Quartil dieses Tests (= niedrige Punktwerte) ist auffallend geringer als die von Regelschülern. Besonders auffällig im Fach Deutsch ist die anspruchsvolle Kommunikation im Unterricht, die sich auch auf soziale Interaktionen in der Schule insgesamt und die Freizeitkontakte unter den Schülern auswirkt. Gelegentlich macht sich allerdings – im literarischen Rezeptionsgespräch – das jüngere Alter der Schnellläufer auf die Urteilsbildung nachteilig bemerkbar.

Die Ergebnisse einer umfangreichen Testbatterie im Fach Mathematik bescheinigen den Expressklassen signifikant bessere Leistungen als den Regelklassen. Auch hier wiederholt sich das Bild, dass in den Versuchsklassen ein vergleichsweise leistungsschwaches unteres Viertel fehlt. Eine Analyse der Daten in Bezug auf mögliche Geschlechtsunterschiede offenbart einen aufregenden Sachverhalt: Signifikanzträger für die Differenz im Leistungsniveau zugunsten der Schnellläufer in einem Mathematikleistungstest, der die curricularen Inhalte der 5.-8. Klasse abdeckt, sind die Mädchen. Während für die Jungen keine entsprechende statistische Signifikanz nachzuweisen ist, sind die Leistungen der Mädchen in den Expressklassen signifikant höher als die der Mädchen in den Regelklassen. Offensichtlich können die Mädchen ihr Leistungsvermögen in der Mathematik in den Versuchsklassen "besser zeigen". Leistungsfähigkeit in diesem Bereich wird nicht stigmatisiert, und dementsprechend hoch ist die Beliebtheit des Faches bei den Mädchen (immerhin noch Rangplatz 4, obwohl für nicht wenige Schülerinnen und Schüler Mathematik ein recht unbeliebtes Fach ist: siehe 9.1.3.1). Geschlechtsspezifische Unterschiede in der Mathematik zeigen sich vorrangig bei Aufgaben, die stärker funktionales Denken und Problemlösen erfordern. Insgesamt zeigen die Daten des Mathematiktests, dass geschlechtsspezifische Differenzen dieser Art in den Expressklassen deutlich geringer ausgeprägt sind als in den parallelen Regelklassen.

Die Untersuchungen aus sechs Teilprojekten (drei stärker erziehungswissenschaftlich und drei stärker fachdidaktisch orientierten) erlauben den Schluss, dass der Schulversuch der sogenannten Expressklassen besonders leistungsstarke und -breite Schülerinnen und Schüler angemessen fördert. In keinem fachlichen Bereich des Kerncurriculums (Deutsch, Mathematik und Englisch) zeigen die Schnellläufer schlechtere Leistungen als ihre Kameraden in den Regelklassen. Ihre allgemeine Zufriedenheit mit dem Schulversuch ist bei 80% uneingeschränkter Zustimmung außerordentlich hoch. Obwohl das Kriterium der verkürzten Schulzeit im Bewusstsein der Beteiligten kein zentrales Argument für die Teilnahme am Schulversuch ist, profitieren diese Schüler(innen) auch vom zeitökonomischen Aspekt, denn eine akzelerierte Schullaufbahn fördert sowohl die Persönlichkeitsentwicklung als auch die Lebenschancen der Jugendlichen. Schließlich kann das eingesparte Jahr für Auslandsaufenthalte, Praktika, eine berufliche Ausbildung vor dem Studium oder einen früheren Eintritt in das Erwerbsleben genutzt werden. Da weiterhin diese Form der Förderung einer begrenzten Schülerpopulation den Behörden keine zusätzlichen Aufwendungen aufbürdet, sondern eher noch – aufgrund der reduzierten Stundentafel – zu einer geringen Kostenersparnis führt, war sich die Forschergruppe im Mai 1999 einig, der Senatsschulverwaltung Berlin eine Fortführung und sinnvolle Ausweitung des Schulversuchs zu empfehlen.

10.2.2   Eine Empfehlung macht Berliner Schulgeschichte

10.2.2.1 Die Ausweitung des Schulversuchs

Mit Beginn des Schuljahres 1999/2000 wurde die Zahl der Gymnasien, Expressklassen ab der Jahrgangsstufe 5 anbieten zu können, von sechs auf 13 erhöht (siehe Fußnote 34 in Kap. 9). Hierbei wurden besonders Schulen im Ostteil der Stadt bedacht, der bis dahin im Hinblick auf diese Möglichkeit eher unterrepräsentiert war. Zugleich wurde einem dringenden Wunsch der Schulen und Eltern nachgegeben, bei entsprechender Nachfrage die Schnellläuferklassen auch zweizügig "fahren" zu dürfen. Damit hat sich das Angebot auf 832 Schulplätze pro Jahrgang erhöht. Bei etwa 27.000 Grundschülern pro Jahrgang in der gesamten Stadt und einer Frequenz von 25 Schülern pro Klasse wäre bei ca. 1.080 Klassen im statistischen Schnitt nicht einmal jede Klasse vom Abgang *eines* Kindes "betroffen". Maximal würden mit anderen Worten etwa 3% aller Berliner Grundschüler der 4. Jahrgangsstufe auf ein "grundständiges Gymnasium" mit Schnellläuferzug überwechseln. Im Zug der Erweiterung des Angebots an "grundständigen Gymnasialklassen" wurden zeitgleich an weiteren sieben Gymnasien 5. Klassen (jeweils maximal zwei) mit "besonderer pädagogischer Prägung" zugelassen; und zwar fünf altsprachliche und zwei bilinguale (beide mit Französisch als Arbeitssprache). An den Haupt-, Real- und Gesamtschulen der Stadt gibt es bisher keine 5. Klassen, obwohl dies von einigen Schulleitern und Kollegien im Sinne einer Profilgebung (vor allem durch bilinguale Züge) durchaus für wünschenswert gehalten wird.

10.2.2.2 Fördern über Akzeleration und die sechsjährige Grundschule

Sehr viel gewichtiger als das soeben vorgeführte "Spiel" mit Zahlen und Größenordnungen ist natürlich die **pädagogische Argumentation**. So wurde die Forschergruppe der Freien Universität im Vorfeld der in 10.2.2.1 referierten politischen Entscheidung um eine Einschätzung der in der öffentlichen Diskussion strittigen Punkte gebeten.

Über den eigentlichen Untersuchungsauftrag hinaus verständigten sich die Wissenschaftler der FUB auf eine einheitliche Position, in der besonders das Verhältnis von Expressklassen und sechsjähriger Grundschule sowie das Problem der Förderung in der Berliner Schule insgesamt zur Sprache kamen.

Ein häufiger **Vorwurf** an die Einrichtung von Expressklassen lautete damals, dass die Ausgliederung leistungsstarker Schülerinnen und Schüler zur "**Verarmung**" **der Grundschulklassen** führen würde. Hinter dieser Annahme steht im Prinzip eine Art "Zugpferd"-Theorie, die **in dieser Form nicht haltbar ist.** Ein überdurchschnittlich leistungsfähiger Schüler wird in den äußerst heterogenen Lerngruppen der Primarstufe und spätestens vom Regelunterricht in den Klassen 5 und 6 nicht selten unterfordert. Häufig zieht ein derartiger Schüler – aufgrund von Störungen des Unterrichts oder über eine hohe verbale Durchsetzungskraft – einen Großteil der Aufmerksamkeit bzw. Zuwendung eines Lehrers auf sich. Dies geht einerseits auf Kosten "schwächerer" Mitschüler und führt andererseits zur wenig zufriedenstellenden sozialen Integration dieses "schwierigen" Schülers. Nicht selten gehen besonders befähigte Kinder aber auch in die "innere Emigration", was zu ihrer Vernachlässigung durch die Lehrkraft bzw. Motivationsschwund, Arbeitsverweigerung und / oder schlechte Schulleistungen Anlass gibt (das Syndrom der *under-achiever*). Mitreißend für das Arbeitsverhalten anderer Mitschüler wirkt in aller Regel nur ein *primus inter pares*, ein positives Vorbild für Lernmotivation und Anstrengungsbereitschaft; nicht jedoch ein Schüler, dem trotz eines ausgeprägten Desinteresses und eines schwierigen Sozialverhaltens "alles zufliegt" (einschließlich der guten Noten). **Die "Zugpferd"-Theorie ist eher Mythos als gelebte pädagogische Realität.** Häufig bildet sich nach dem Abgang eines besonders leistungsstarken Schülers in eine Expressklasse in der verbleibenden Lerngruppe eine neue Leistungsspitze (d.h. "die anderen Schüler blühen auf"). Die Tatsache, dass ein nicht unerheblicher Prozentsatz von Schülern in Schnell-läuferklassen von ihren Grundschullehrerinnen auf die Existenz dieses Bildungsgangs hingewiesen wurde, kann als Zeichen dafür gewertet werden, dass **die übrigen Grundschüler davon profitieren können, wenn die in der Grundschule dominierenden, gelangweilten oder störenden (weil unterforderten) Kinder diese Lerngruppen verlassen.** Andererseits werden die **Schnellläufer** in ihren intellektuellen und sozial-affektiven Entwicklungsprozessen nicht zuletzt deshalb **gefördert**, weil **der einzelne Schüler in der neuen Lerngruppe einer unter vielen, ebenfalls leistungsstarken Schüler ist.**

Dies erklärt vermutlich auch die sehr viel größere Varianz in den Expressklassen, was die Sprachfähigkeit dieser Schüler im Englischen angeht. Ich würde die These wagen, dass es so etwas wie einen Multiplikationseffekt in diesen Klassen gibt[40]. Kognitive

---

[40]   In Anlehnung an den sogenannten Flynn-Effekt in der Intelligenzforschung: James Flynn konstatierte 1987 eine kontinuierliche Zunahme des IQ-Werts über einen Zeitraum von mehreren Jahrzehnten. Dies stellt für Psychologen ein Paradox dar, denn

Leistungen ergeben sich aus dem Zusammenspiel von Anlage und Umwelt (*heritability* & *environment*). Die kognitiven Dispositionen eines Menschen "suchen sich" über kommunikative Interaktionsprozesse mit anderen Menschen (zumindest teilweise) die Umweltbedingungen und Erfahrungsbereiche, die ihnen entgegen kommen und die sich dann ihrerseits verstärken und erweitern. So wird etwa ein verbal orientiertes Kleinkind bei seinen Bezugspersonen sehr viel Bereitschaft zum Vorlesen und zur Gesprächsführung auslösen, was in der Folge wiederum die verbalen Fähigkeiten dieses Kindes befördert. Ein relativ kleiner Vorteil in der genetisch determinierten Kompetenz oder "Eignung" (*aptitude*) kann dann in einem relativ großen Zuwachs an Performanz resultieren. In ähnlicher Weise ergänzen und bestärken sich vermutlich die Schüler und Lernaktivitäten in den Expressklassen; mit dem Ergebnis, dass die Schere der fachbezogenen Fähigkeiten sich immer stärker öffnet.

Die Förderung einer bestimmten Schülergruppe (nach dem Prinzip der Akzeleration) geht nicht auf Kosten anderer Schülergruppen. **Die Expressklassen schaden nicht dem System der sechsjährigen Grundschule in Berlin, sondern sind** eher (im Verbund mit der umfassenden "Grundschulreform 2000") **ein Schritt zur Erhöhung der Attraktivität der Berliner Grundschule.** In diesem Reformmodell wird unter anderem eine Zusammenfassung von Vorklasse, 1. und 2. Klasse zu einer Einheit vorgeschlagen. Darüber hinaus gehend unterbreitete die Forschergruppe der FUB der Senatsschulverwaltung die Anregung, das **Akzelerationsprinzip auch schon in der Schuleingangsphase wirksam werden** zu lassen. Abhängig von einem höchst unterschiedlichen Entwicklungsstand und einem different ausgeprägten individuellen Lernvermögen könnten Vorklasse, 1. und 2. Klasse zu einer curricularen Einheit verbunden und in ein bis drei Jahren durchlaufen werden. Ebenfalls denkbar wäre eine **Komprimierung der Verweildauer in den Klassen 4 bis 6**, weil sich auch hier für leistungsstarke Schüler(innen) das Curriculum statt in drei in zwei Klassen durcharbeiten ließe. Danach könnten diese Kinder in die 7. Klasse eines Gymnasiums übergehen. Pädagogische Normen sind unteilbar, und das Prinzip des Förderns muss deshalb für alle Lernenden (die leistungsschwächeren und die leistungsstärkeren) gelten. Die Akzeleration eines Bildungsgangs ist ein sinnvoller pädagogisch-didaktischer Weg für Schülerinnen und Schüler, die je nach ihren Lerndispositionen und ihrem Entwicklungsstand auf längere Zeit unterfordert wären. Die **Berliner Grundschule muss flexibler werden**, über mehr Binnendifferenzierung wie über verschiedene Modalitäten der äußeren Differenzierung. Wenn es ihr nicht gelingt, vielfältigere Lernmöglichkeiten zu schaffen, wird die Akzeptanz der sechsjährigen Grundschule in einem Ballungsraum wie Berlin weiter zurückgehen. Dazu gehören eine größere Offenheit gegenüber dem Finden und Fördern von Begabungen und eine entsprechende Infrastruktur, was Diagnostika und Fortbildungsmaßnahmen für Schulleiter und Lehrkräfte betrifft.

---

einerseits gelten IQ-Werte als stark anlagebedingt (der *nature*-Pol). Andererseits weist der Anstieg auf den Einfluss von Umweltfaktoren hin (das *nurture*-Argument).

10.2.3 Konzepte der Begabtenförderung

10.2.3.1 Akzeleration und der zwölfjährige Weg zum Abitur

Die vom Forscherteam der FUB ausgesprochene Empfehlung einer **Fortsetzung und Ausweitung des Schulversuchs** wurde an die **Bedingung** geknüpft, dass es auch in Zukunft eine **relativ hohe Schwelle der Auswahl geeigneter Schülerinnen und Schüler** geben müsse: **Prinzip der Kontingentierung.** Der Schulversuch darf nicht grenzenlos ausgeweitet werden, wenn er seine Funktion als Maßnahme der **Begabtenförderung** beibehalten will. Vielmehr muss dafür Sorge getragen werden, dass die Zahl der angebotenen Plätze sich an einer quantitativ begrenzten Zielgruppe von Schülern mit bestimmten Lernvoraussetzungen orientiert. Hier ist vor allem ein rational begründetes Auswahlverfahren gefragt, das unbedingt von den aufnehmenden Gymnasien durchzuführen ist (siehe 9.2.1.3).

Der Schulversuch mit den sogenannten Expressklassen darf nicht dafür missbraucht werden, den generellen Einstieg in das Zwölf-Jahres-Abitur einzuleiten. Er taugt überhaupt nicht dazu, die (vermeintliche) Überlegenheit bestimmter schulorganisatorischer Strukturmodelle zu belegen. Nicht der zwölfjährige Weg zum Abitur steht beim "Express-Abitur" (Journalistenjargon) im Vorfeld (als politische Maßnahme einer Verkürzung der Schulzeit), sondern die **pädagogische Zielsetzung,** einer kleinen Gruppe von Schülern (und zwar besonders leistungsstarken und leistungsbereiten Lernenden) Entwicklungsbedingungen zu verschaffen, die ihren spezifischen Voraussetzungen und Bedürfnissen angemessen sind. Diese Schüler brauchen spezielle Anregungs- und Fördermaßnahmen, die ein Bildungsgang, der auf ein breites Spektrum von Leistungsfähigkeit ausgerichtet ist, nicht ohne weiteres zu bieten vermag. Ein genereller Weg zum Abitur in zwölf Jahren setzt ein gründliches Nachdenken über äußere Organisationsformen (einschließlich von Strukturen wie "verlässliche Halbtagsschule" oder Ganztagsschule), über inhaltliche Fragen (Allgemeinbildung, vertiefte Allgemeinbildung) und curriculare Entscheidungen voraus (Kern-Curriculum, "Stofffülle" in den Fächern, fächerverbindendes und -übergreifendes Lernen, forschendes und projektorientiertes Lernen, kumulatives und vernetztes Lernen u.v.a.m.). Das Zwölf-Jahres-Abitur (sollte es denn generell eingeführt werden) löst nicht das Problem der leistungsfähigen und -willigen Schüler(innen), die im bestehenden Bildungssystem z.B. über Akzelerationsmodelle zu fördern sind. Unter den spezifischen Berliner Bedingungen einer sechsjährigen Grundschule und eines relativ breiten Spektrums von Leistungsfähigkeiten am Gymnasium hat sich der Schulversuch der Expressklassen als pädagogisch sinnvolle Maßnahme der Begabtenförderung erwiesen. Das Modell eines akzelerierten Lerntempos würde auch, da bin ich mir ganz sicher, in der Berliner Grundschule greifen, wenn man die Schuleingangsphase und die Ausgangsphase dieser Schulform zu curricularen Einheiten verbinden würde. Sowohl die Grundschulen als auch die Gymnasien sollten in Zukunft zunehmend selbst entscheiden können, ob in dem jeweiligen Lernumfeld die Einrichtung von Klassen mit einem akzelerierten

Leistungsprofil ein für bestimmte Schülergruppen angemessenes Förderungskonzept darstellen könnte.

10.2.3.2 Spezielle Hochbegabtenklassen und / oder individuelle Stundenpläne in einer geöffneten Schule

Offensichtlich ist das Thema der Begabtenförderung nicht mehr das "Tabu", das es in pädagogischen Kreisen bisher war. "Selbst" die Parteien haben in ihren bildungspolitischen Papieren die Idee von differenzierten Bildungsangeboten entdeckt und sprechen sich inzwischen für die Förderung von leistungsschwächeren wie leistungsstärkeren Schülern aus. Aber auch in die bisherigen Vorstellungen zur Hochbegabtenförderung über Spezialklassen, Auswahlverfahren und Internatsschulen scheint Bewegung zu geraten, wie auf einer Tagung in Berlin im März 2001 deutlich wurde. Vielleicht ist es zu früh, einen Umschwung oder radikalen Richtungswechsel zu konstatieren, aber ein **gewisses Umdenken (weg von der isolierten Förderung besonders befähigter Kinder und Jugendlicher)** scheint sich bei einigen Vertretern der Begabtenförderung wohl doch abzuzeichnen. An einigen Schulen gehört die Förderung besonderer Begabungen inzwischen zum **Schulprogramm**. Möglich gemacht wird diese spezielle Profilgebung durch **die Öffnung der jeweiligen Schule und ihres Unterrichts** in Richtung auf eine konsequente Binnendifferenzierung im Klassenverband sowie über Projektarbeit, Projektwochen mit integrierten, jahrgangsübergreifenden Arbeitsgruppen, Betriebspraktika, "Schnupperkurse" an der Universität, den vorgezogenen Beginn der zweiten oder dritten Fremdsprache, die Vorbereitung auf internationale Sprachtests und außercurriculare Aktivitäten der Schule (Schulspiel, Schulzeitung, Umweltgruppe, Ideenwerkstatt u.dgl.). Die offenen Lernformen kommen einerseits den besonders befähigten Schülern (seien es nun intellektuelle oder sonstige Begabungen: *gifted* vs. *talented*) in hohem Maße entgegen. Andererseits verlangen diese individuell zusammengestellten Stundenpläne auf Seiten der Schüler sehr viel Disziplin, Organisationsfähigkeit und Verantwortungsbereitschaft für das eigene Lernen (bis hin zum eventuellen Nacharbeiten von curricular verbindlichen Inhalten). Dabei sind die Schüler auf Anleitung und Unterstützung durch ihre Lehrer angewiesen. Die Lehrerrolle wandelt sich (zumindest phasenweise) zu dem des Beraters und Moderators.

10.3 Die weitergeführte Fremdsprache Englisch: Schlussfolgerungen für eine anspruchsvolle Sprachpraxis mit nicht-trivialen Inhalten

Die vielfältigen empirischen Analysen diese Studie zur englischen Sprachfähigkeit von Gymnasiasten in der ausgehenden Sekundarstufe I und die Beobachtungen im gymnasialen Englischunterricht fordern einige grundlegende konzeptionelle Überlegungen zur didaktischen Modellierung der weitergeführten Fremdsprache Englisch ein. Dies betrifft insbesondere die Jahrgangsstufen 9 bis 11 und die Grundkurse, vor allem wenn (wie sich inzwischen immer deutlicher abzeichnet) der Frühbeginn mit der Zielsprache Englisch in der 3. oder sogar in der 1. Klasse der

Primarstufe institutionell verankert wird. Zum einen kann man unter diesen Voraussetzungen nicht so weitermachen wie bisher; und zum anderen sind die Ergebnisse der hier vorgelegten deskriptiven Studie für bestimmte Kompetenzbereiche nicht so überwältigend "positiv", dass es sich nicht lohnen würde, nach Möglichkeiten einer Optimierung des gymnasialen Englischunterrichts Ausschau zu halten.

10.3.1 Die ausgehende Sekundarstufe I

10.3.1.1 Das Ende des extensiven Langzeitlehrgangs

Angenommen wir haben in Deutschland in Zukunft (zumindest für die überwiegende Mehrzahl der Schüler) einen ergebnisorientierten Frühbeginn mit der Zielsprache Englisch ab Klasse 3 oder 1, der in der 5. Klasse systematisch fortgeführt wird (in den meisten Bundesländern bedeutet dies bekanntlich die eine oder andere Form von Schulformwechsel), dann muss diese durchgreifende Neuerung eine Veränderung des Englischunterrichts in der ausgehenden Sekundarstufe I und auf der Oberstufe nach sich ziehen. Es sollte Konsens werden können (eine Einschätzung, die über empirische Studien abzusichern wäre), dass der Englischunterricht nach (vermutlich) sechs Lernjahren (bei Beginn in Klasse 3) das bewährte Konzept eines weitgehend lehrwerk- und progressionsgestützten Lehrgangs aufgeben kann. Offenbar gibt es auch vorher schon Fossilierung, Plateaubildungen und Motivationsschwund (die Empirie dazu fehlt: vgl. jedoch Kugler-Euerle 2000), aber nach sechs Unterrichtsjahren gemäß dem *dripfeed approach* mit wöchentlich zwischen zwei und fünf Stunden Englisch dürfte die Erarbeitung eines weiteren Lehrwerkbands keinen bemerkenswerten Zugewinn an fremdsprachlicher Kompetenz mehr bringen (zumal dann ein Grundinventar an Strukturen und Redeabsichten sowie ein funktional verfügbarer Mindestwortschatz vermittelt bzw. gelernt sein dürften).

10.3.1.2 Flexibilisierung und Modularisierung der Curricula

Der Englischunterricht in Klasse 9 und 10 sollte die Lehrwerkarbeit einstellen und nach "neuen" curricularen Konzepten suchen, die eine Steigerung und Differenzierung anwendungsbereiter kommunikativer Kompetenzen in der Fremdsprache Englisch gestatten. Die Palette der Möglichkeiten ist in den Rahmenplänen der entsprechenden Schulformen zu verankern, wobei es den Schulen im Zuge einer politisch gewollten sowie pädagogisch reflektierten Profilgebung und Autonomie nach innen erlaubt sein muss, eigene Angebote und Schwerpunktsetzungen zu entwickeln. Voraussichtlich wird es in Zukunft sehr viel stärker der Eigenverantwortung der jeweiligen Schule obliegen, entsprechende Akzente im Schulprogramm zu profilieren. Als Gegengewicht dazu wird die staatliche Schulaufsicht vermutlich eine höhere Transparenz der Leistung von Schule nach außen (und damit eine Kontrolle der Erträge des Unterrichts) einfordern; z.B. über den "mittleren Schulabschluss", schulinterne Vergleichsarbeiten oder zentrale Prüfungen für die verschiedenen Schularten. Diese Formen sind zur Zeit im Gespräch bzw. in der Erprobung oder werden bereits in einzelnen Bundesländern praktiziert. Ob damit konfligierende Positionen aufgebaut werden, lässt sich zur Zeit noch nicht abschätzen. Das Problem ist schulpolitisch wie testtheoretisch bestens bekannt: negatives *teaching to the test* oder positive Rückkopplungseffekte auf den Unterrichts (= *backwash* oder *impact*). Beide Möglichkeiten bestehen. Die künftige Schulentwicklung ist sorgfältig unter diesem Aspekt zu beobachten.

Der Englischunterricht der ausgehenden Mittelstufe sollte einerseits (für die Schüler, die nach dem Ende der Sekundarstufe I die allgemeinbildenden Schulen verlassen) stärker bedarfs- und lebensweltbezogen strukturiert sein, als es bisher der Fall ist. Dies spricht meines Erachtens für eine größere Flexibilisierung und Modularisierung der Inhalte, Aktivitäten und Unterrichtsvorhaben, ohne dass dies jedoch in den Augen der Schüler zur Beliebigkeit ausarten darf. Der "Rote Faden" einer zwar offenen aber dennoch strukturierten fremdsprachlichen Kompetenzerweiterung und die exemplarisch-prototypische Auswahl der Unterrichtsgegenstände nach ihrer Relevanz für die Lernenden müssen für die Jugendlichen nachvollziehbar sein: Gegenwarts- und Zukunftsbezug sowie das "Kategoriale" der Inhalte als Kriterien einer allgemein-didaktischen Analyse (vgl. Klafki 1985). Wenn im Folgenden wiederholt von "authentischen Materialien" oder "nicht-trivialen Inhalten" die Rede ist, dann ist dabei immer zu bedenken, dass es nicht der Text, das Medium, das Werk oder das Thema *per se* ist, der bzw. das den Bildungsgehalt transportiert, sondern die aktiv-konstruktive individuelle Auseinandersetzung mit einem Gegenstand. – Andererseits sollte der Englischunterricht der Jahrgangsstufen 9 und 10 auf die Arbeit der Oberstufe vorbereiten (insbesondere am Gymnasium), damit der Übergang in die Grund- und Leistungskurse Englisch nicht als Bruch erlebt wird. Dies ist heutzutage nicht selten der Fall, wenn die Schüler nach sechs Jahren einer didaktisch reduzierten Lehrwerkarbeit mehr oder weniger nahtlos mit der Rezeption komplex-anspruchs-voller Texte (fiktionaler oder expositorischer Provenienz) zurecht kommen sollen. Perspektiviert auf eine eventuelle Neuorientierung der Grundkurse (siehe 10.3.2) in Richtung auf einen Sachfachunterricht in der Fremdsprache Englisch (oder ein "fremdsprachiges Sachlernen", wie es Mentz 2001 nennt), sollte der Englischunterricht der 9. und 10. Klasse einen graduellen Einstieg in diese Arbeitsweisen bieten. Im Einzelnen könnte ich mir folgende Schwerpunktsetzungen eines baustein- oder modul-artig konzipierten Englischunterrichts der ausgehenden Sekundarstufe I vorstellen, der zu "realen" Kompetenzen führen könnte (Erträge, die sich unter anderem in einem Portfolio niederschlagen sollten: vgl. Council of Europe 1997, Piepho 1999):

a) Eine stärkere Hinwendung zu bedarfs- und lebensweltbezogenen Inhalten auf der Grundlage von authentischen Texten (nicht-fiktional und fiktional) sowie "alten" und "neuen" Medien.

b) Eine gezielte Entwicklung der kommunikativen Fertigkeiten (bzw. der kommunikativen Aktivitäten, wie sie der "Referenzrahmen" des Europarats neuerdings nennt: siehe Abb. 2.27 in Kap. 2.3.3); d.h. eine systematische Schulung der verschiedenen Arten des Hör- und Leseverstehens (extensives, selektives und intensives Textverständnis), eine differenzierte (sprich: ziel-, adressaten- und situationsgerechte) Gesprächs- und Schreibschulung sowie ein gewisses Einüben der Fertigkeit des mündlichen Dolmetschens (vgl. Council of Europe 1998: 169).

c) Eine verbindliche Festschreibung projektorientierten Arbeitens (etwa 25-35% der Unterrichtszeit), wobei nach Maßgabe der Schul- und Klassensituation eine Wahlmöglichkeit zwischen den vier großen Projektvarianten einzuräumen ist (Text-, Korrespondenz-, Begegnungs- und / oder Erkundungsprojekte).

d) Ein Angebot an zeitlich begrenzten, fächerverbindenden "bilingualen Modulen", die ein themenzentriertes, epochales, fremdsprachliches Sachlernen erlauben[41].

e) Eine systematische, auf die jeweiligen Unterrichtsvorhaben bezogene Schulung von Lernstrategien und Arbeitstechniken (vgl. Rampillon 1996), die das selbständigere und zunehmend stärker eigenverantwortete Fremdsprachenlernen befördern soll.

10.3.1.3 Qualitätssicherung und Leistungskontrolle

Wie oben bereits angemerkt wurde, bin ich mir der Problematik einer normierenden Ausrichtung der Unterrichtspraxis auf die jeweiligen Testverfahren durchaus bewusst, nur sollte man nicht die Augen vor der momentanen, (für mich) desolaten Situation der Ergebniskontrolle im Fremdsprachenunterricht schließen. Stichworte hierfür: Fehlerzählerei, starr gehandhabte Fehlerquotienten, überproportional großes Gewicht der Rechtschreibung für die Teilzensur der Korrektheit, Übergewicht des Schriftlichen gegenüber der Überprüfung von mündlichen Kompetenzen, wenig Rückmeldungen an und Transparenz für die Schüler bezüglich der Teilzensuren für Inhalt und Ausdruck bei Textaufgaben sowie Dominanz der norm- und lerngruppenbezogenen Bewertung (statt einer kriterienorientierten Leistungsmessung). Eigentlich kann es nur besser werden, wenn man sich im Zuge der Diskussion um die Qualitätssicherung auf veränderte, einem kommunikativen und handlungsorientierten Fremdsprachenunterricht adäquatere Formen der Ergebniskontrolle einigen könnte.

Die vom jeweiligen Fachlehrer durchgeführten und benoteten Lernzielkontrollen und Klassenarbeiten (als Teil des *continuous assessment*) werden weiterhin eine wichtige Rolle im Englischunterricht spielen. Nur sollten sie in der ausgehenden Sekundarstufe I stärker auf die kriterienbezogene Bewertung funktionaler Sprachkompetenzen umgestellt werden, wie sie heute den Qualitätsstandards integrativer oder

---

[41] Für mich stellt der in Rheinland-Pfalz entwickelte Baustein *"Wine Country Germany"* ein geradezu vorbildlich gelungenes Modell für derartige Module dar (vgl. Pädagogisches Zentrum Rheinland-Pfalz 1996). Die Grundidee ist die, den Weinanbau im Rhein- / Moseltal zum Gegenstand eines fächerübergreifenden Unterrichts in der Fremdsprache zu machen (Geographie, Geschichte, Biologie, Chemie und Englisch), um die Schüler zu befähigen, entsprechende Begegnungssituationen mit Muttersprachlern oder Englisch sprechenden Touristen in der Region sprachlich wie inhaltlich bewältigen zu können.

kommunikativer Sprachtests zugrunde liegen. In diesem Kontext wären auch Vergleichsarbeiten sinnvoll, seien sie (vermutlich bundeslandabhängig) schulintern oder schulextern angelegt. Daneben muss die lernerbezogene Selbstevaluierung einen Platz in der Beurteilung von Lernenden bekommen (Portfolio-Konzept). Schülerinnen und Schüler sollten ihre schulisch wie außerschulisch erworbenen Sprachkenntnisse und individuellen Sprachanstrengungen dokumentieren können.

Das Prinzip der Qualitätssicherung muss sich auch auf die Verfahren der Leistungskontrolle und -messung im Fremdsprachenunterricht beziehen. Eine Messlatte dafür ist der "Referenzrahmen" des Europarates, zusammen mit den international verfügbaren Sprachtests. Es gibt zur Zeit in Deutschland keine validen und zuverlässigen Messinstrumente für das kommunikationsorientierte Überprüfen fremdsprachlicher Kompetenzen in den gängigen Schulsprachen. Es gibt weder eine entwickelte oder hinreichend differenzierte "Testkultur" für die modernen Fremdsprachen noch eine Infrastruktur für die schulbezogene oder einzelschulenübergreifende Durchführung und Auswertung kriterienbasierter Leistungs- und Sprachfähigkeitstests. Hier besteht meines Erachtens ein dringender Handlungsbedarf für die Aus- und Fortbildungsstrukturen einer professionalisierten Lehrerschaft. Die tradierten Beurteilungsverfahren über Zensuren, in die immer stark subjektive und lerngruppenbezogene Normvorstellungen sowie Berufsroutinen eingehen, sind in ihrer Ausschließlichkeit nicht mehr zeitgemäß und sachgerecht. Sicherlich gehört auch der Fremdsprachenunterricht in Deutschland auf den Prüfstand. Allerdings gilt die Qualitätsfrage ebenso den jetzt anlaufenden Evaluationen schulischen Unterrichts und den sogenannten Vergleichsarbeiten. Wenn das deutsche Gymnasium über kurz oder lang das Feld einer vergleichbaren Einschätzung der fremdsprachlichen Leistungsfähigkeit der Schülerinnen und Schüler nicht gänzlich den internationalen Sprachtests überlassen will, dann muss es eigene Infrastrukturen und Modalitäten der Leistungskontrolle und -messung aufbauen, die mit den internationalen Qualitätsstandards für Fremdsprachentests konkurrenzfähig sind. Je "freier" die Schulen nach innen werden und je mehr der Unterricht sich öffnet, desto stärker wird meines Erachtens der Druck von außen (wegen der bildungspolitisch eingeforderten Transparenz der schulischen Arbeit und der Vergleichbarkeit der Leistungserträge fachlichen Unterrichts), lehrplanunabhängige Sprachfähigkeitstests zu institutionalisieren. Schulen und Kulturverwaltungen sollten dies als Herausforderung begreifen und den Landesinstituten für Schulentwicklung und Lehrerfortbildung die Entwicklung derartiger Tests als genuine Aufgabe übertragen. Sollte dies nicht gelingen, könnte die Arbeit der Schulen im fremdsprachlichen Bereich zunehmend entwertet werden, weil schulextern administrierte Sprachzertifikate und Hochschuleingangsprüfungen Einfluss gewinnen würden, die jedoch die inhaltlich-kulturellen Aspekte des Bildungsprozesses nur unzureichend berücksichtigen könnten.

10.3.2 Zur notwendigen Reform der Grundkurse

Direkter Anlass für die Entscheidung, die hier vorgelegte Monografie mit einem Schlusskapitel zu den Grundkursen ausklingen zu lassen, waren die Ergebnisse der deskriptiven Studie zur Sprachfähigkeit von Gymnasiasten gegen Ende der Sekundarstufe I. In Kap. 10.3.1 wird begründet, warum und in welcher Weise sich der Englischunterricht der 9. und 10. Klasse ändern sollte. Diese Reformansätze sind in der Oberstufe weiter zu führen, wenn der gymnasiale Englischunterricht die an ihn gestellten Erwartungen einlösen will.

10.3.2.1 Die Weiterführung der ersten Fremdsprache als Pflichtbindung für alle Oberstufenschüler

Meines Erachtens zeigen die empirischen Analysen der Lernersprache von Gymnasiasten im Rahmen des Schnellläuferprojekts ohne jeden Zweifel, dass wir im Augenblick *nicht* davon ausgehen können, dass die Mehrzahl dieser Schülerinnen und Schüler mit dem Ende der Mittelstufe eine Sprachkompetenz im Englischen erworben hat, die es gestatten würde, diese erste Fremdsprache in der Oberstufe "abzuwählen". Im Gegenteil: Eine Pflichtbindung, die erste Fremdsprache in der einen oder anderen Form in der Sekundarstufe II weiter zu führen, muss wohl allen Schülern auferlegt werden. Natürlich ist ein gewisses funktionales Sprachkönnen vorhanden. Dies reicht aber nicht, um eine anspruchsvolle berufliche Tätigkeit oder Studieninhalte in der Arbeitssprache Englisch bewältigen zu können. Hier ist realistisches Augenmaß für das unterrichtlich Machbare angesagt: Die kanadische Immersionsforschung geht von etwa 5.000 Unterrichtsstunden in einer Zweitsprache aus (dort: Französisch), bevor Immersionsschüler (für die ab der Vorschule mindestens 50% des Unterrichts in der fremden Sprache ablaufen) ein Kompetenzniveau erreicht haben (= *top level of proficiency*), dessen Bewältigung (was wiederum eine erhebliche Lernzeit beinhaltet) ihnen schließlich die Studierfähigkeit in der Zweitsprache Französisch verspricht. Im Vergleich dazu sollte man sich einmal den quantitativen Umfang unseres schulischen Englischunterrichts vergegenwärtigen. Die Stundentafeln der Grundschule und des Gymnasiums sehen im Schnitt etwa folgende Wochenstundenzahlen vor: Klasse 3 + 4 je 2, Klasse 5 + 6 je 5, Klasse 7 + 8 je 4 und Klasse 9 + 10 je 3 – zusammen also 28. Gehen wir von 30-40 Unterrichtswochen im Schuljahr aus (Klassenarbeiten, Unterrichtsausfall, "Hitzefrei", Wander- und Projekttage), kommt man bis zum Ende der Mittelstufe auf 840-1120 Englischstunden. Bei etwa 1.000 Unterrichtsstunden Englisch kann man keinesfalls die Konsequenz ableiten, dass die gymnasiale Oberstufe keine Zeit mehr auf die Weiterentwicklung der Sprachfähigkeit im Englischen "verschwenden" dürfe. Dazu sind die Erträge des traditionellen Englischunterrichts einerseits zu "bescheiden", und andererseits ist eine differenzierte Sprachfähigkeit im Englischen (als "basaler Kompetenz" aller Abiturienten) heutzutage eine unabdingbare Voraussetzung einer vertieften Allgemeinbildung überhaupt (mehr dazu unter 10.3.2.4). Hier sind insbesondere die Grundkurse gefragt.

Ein weiterer Argumentationsstrang hat sich durch die TIMS-Studie ergeben, da im Zuge dieser Diskussion die Frage nach der Anschlussfähigkeit fachbezogenen Lernens (gerade bei sequentiell und in Langzeitlehrgängen strukturierten Fächern wie Englisch) einen höheren Stellenwert bekommen hat. Zugleich gibt es – ausgelöst durch eine von der Kultusministerkonferenz (= KMK) in Auftrag gegebene Expertise (vgl. Expertenkommission 1995) – eine lebhafte Auseinandersetzung um das Problem einer zeitgemäßen (vertieften) Allgemeinbildung. In diesem Kontext hat die KMK (vgl. Kultusministerkonferenz 1997) Empfehlungen zur Arbeit und Gestaltung der gymnasialen Oberstufe verabschiedet, die (im Vergleich zu den Leitsätzen der ursprünglichen Reform von 1972) den Spielraum für schulpolitische Entscheidungen hinsichtlich des Umfangs und Angebots von Grund- und Leistungskursen in den einzelnen Bundesländern erheblich vergrößert haben. Damit haben die Kontroversen, was Grundbildung in unserer heutigen Gesellschaft ausmacht bzw. ausmachen sollte, eine neue Qualität und Intensität erfahren (vgl. Hessisches Landesinstitut für Pädagogik 2000). Diese Diskussion betrifft vor allem die Grundkurse als einem Kernbereich des Oberstufencurriculums[42].

10.3.2.2 Anmerkungen zu einigen "Altlasten" der Oberstufenreform von 1972

Über den Zeitraum der vergangenen 30 Jahre gesehen stellen die Grundkurse (seit der Einführung der reformierten gymnasialen Oberstufe im Jahr 1972) das "Sorgenkind" dieser Schulform und -stufe dar. Sie leiden nicht nur an einer immensen Heterogenität der Schülerschaft, was Leistungsfähigkeit, Lernmotivation, Interessen sowie Studien- oder Berufsziele angeht, sondern vor allem an einem Mangel an eigener Profilgebung. In aller Regel wurden und werden sie – nicht zuletzt wegen eines rein abbilddidaktisch reduzierten Verständnisses von Wissenschaftspropädeutik – als "Leistungskurs *light*" konzipiert und dementsprechend von den Oberstufenschülern wenig an- bzw. ernst genommen. Bei vielen Lehrern dürften sie wegen ihres eingeschränkten Stellenwerts im Oberstufencurriculum (geringere Stunden- und Punktzahl, unklares didaktisches Konzept) ebenfalls wenig beliebt sein.

Die Gründe für die Unzufriedenheit mit den Grundkursen gehen jedoch noch tiefer. Sie sind vor allem in der unzureichenden bildungstheoretischen Begründung der Oberstufenreform von 1972 zu sehen (vgl. KMK 1972), die dem neuen Kurssystem zwei übergeordnete Ziele zugewiesen hatte: Wissenschaftspropädeutik und Sicherung der Studierfähigkeit (im KMK-Papier von 1997 kommt das Konzept einer "vertieften allgemeinen Bildung" hinzu). Diese Leitvorstellungen sollten gleichermaßen für die Grund- und Leistungskurse gelten. Der Unterschied zwischen den beiden war (und ist)

---

[42] Zusammen mit der Weiterführung des Frühbeginns in der Sekundarstufe und den Fremdsprachenangeboten des berufsbildenden Schulwesens sind die Grundkurse zu einem Brennpunkt der aktuellen bildungs- und schulpolitischen Auseinandersetzung geworden: vgl. das Tagungsprogramm der Sprachenkonferenz der Länder in der Bundesrepublik im Europäischen Jahr der Sprachen 2001 am 11. und 12. Juni in Hamburg ("Brennpunkte des Fremdsprachenlernens an beruflichen und allgemein bildenden Schulen").

im Wesentlichen ein quantitativer, ausgedrückt über den Zeitumfang in der Stundentafel: drei vs. fünf Stunden (für die Kernfächer).

Das Konzept der "wissenschaftspropädeutischen Grundbildung" krankt daran, dass Schulfach und Universitätsfachwissenschaft(en) eigentlich in keinem Bereich (sprach-lich-literarisch, mathematisch-naturwissenschaftlich-technisch, sozialwissenschaftlich, musisch-künstlerisch-gestaltend) isomorph sind (nicht einmal in der Mathematik!). In den Fremdsprachen ist das Verhältnis besonders komplex und indirekt, denn über weite Strecken des Lehrgangs vermittelt bzw. lernt man nicht die Fragestellungen, Inhalte oder Methoden der universitären Referenzdisziplinen (der Philologien) sondern die jeweilige Zielsprache in ihrer (jetzt weit verstandenen) "instrumentellen Funktion": als zusätzliches (fremdsprachliches) Medium der Begegnung und Interaktion mit der Welt (ihren Menschen und Artefakten) und damit auch als Werkzeug des Erschließens anderer Kulturräume[43]. Andererseits gibt es eine ganze Reihe von Studienfächern, auf die weder ein einzelnes Schulfach noch eine Kombination von mehreren Schulfächern direkt (über materiale Inhalte) vorbereitet: z.B. Medizin, Jura, Pädagogik, Ingenieur- und Agrarwissenschaften. Eine wissenschaftspropädeutische Grundbildung kann folglich nicht auf die materialen Gegenstände reduziert werden, denn dies wäre der Weg einer abbilddidaktisch geprägten Konzeptualisierung eines Oberstufenkurses.

Vielmehr kommt es auf die Prozesse der Verarbeitung der Inhalte bzw. die Prozesse des Erkenntnisgewinns an, wobei sich generalisierbare "formale" Fähigkeiten (die vieldiskutierten "Schlüsselqualifikationen" wie divergentes Denken, Kreativität, Ko-operationsfähigkeit oder Sozialkompetenz) offensichtlich immer nur im Verbund mit inhaltsspezifischen Wissensstrukturen ausbilden lassen. Wissenschaftspropädeutisches Arbeiten in der Oberstufe bedeutet somit unter anderem, dass forschendes Lernen ermöglicht wird. Über das oft genannte "Problemlösen" hinaus (was nicht selten die Bearbeitung bereits vorstrukturierter Aufgaben beinhaltet) müssen die Heranwachsen-den befähigt werden, bestimmte Sachverhalte überhaupt erst einmal in ihrer "Frag-würdigkeit" und Problemhaftigkeit zu "begreifen". Wissenschaft muss als historisch und gesellschaftlich situierter, reflexiver, kritisch distanzierter und problematisierender Prozess der Hypothesen-, Konstrukt- und Modellbildung verstanden werden, der systematisch und methodisch abgesichert verläuft und sich deshalb grundsätzlich von den Denkformen des Alltagswissens und der Alltagstheorien unterscheidet.

Das Konzept der "Studierfähigkeit", wie es in den KMK-Vereinbarungen der letzten 30 Jahre vertreten wird, leidet an einer meines Erachtens unzulässigen Verkürzung dieses Zielkomplexes auf die Studien*eingangs*phase. In der Diskussion wird das Konzept viel zu oft – sowohl in der Sicht der Hochschullehrer als auch in der der Studierenden – auf die Kompetenzen reduziert, die bei Aufnahme eines Studiums

---

[43]   In dem hier angerissenen professionellen Selbstverständnis sind Fremdsprachen-lehrer(innen) somit "Hebammen" für Spracherwerbsprozesse und Mittler für Fremd-verstehen.

mitzubringen sind. Studierfähigkeit beinhaltet jedoch mehr (zumindest nach meinem Verständnis: vgl. ebenso Huber 2000: 23ff.), als sich in den verschiedenen Teilstudiengängen zurecht finden sowie in den Proseminaren der unterschiedlichen universitären Disziplinen einrichten und bewähren können: z.b. Sachinteresse, Neugier, Eigenständigkeit, Ambiguitätstoleranz, Durchhaltevermögen und Problemlösungsfähigkeiten. Im Verlauf eines Studiums gibt es noch viele Stationen, kritische Phasen und Hürden, die den Studienerfolg beeinträchtigen können. Darüber hinaus sollte man bei der Zielvorstellung der Studierfähigkeit bedenken, dass etwa 40% der Abiturienten inzwischen eine Berufsausbildung antreten, also zunächst in die Berufspraxis wechseln (selbst wenn sie sich später für ein Studium an einer Hochschule immatrikulieren). Für diese Schüler wäre dieser Zielkomplex der Oberstufenarbeit erst einmal "falsch" bzw. unangemessen beschrieben.

Fragt man mit Huber (2000: 25f.) nach den Komponenten einer "allgemeinen Studierfähigkeit", die als Dispositionen einen erfolgreichen Studienverlauf und Berufseinstieg befördern können, kommt man sehr schnell zu persönlichen Haltungen und allgemein-"formalen" Bildungsqualifikationen, die generell in der Lebenspraxis (und nicht nur im Studium) gebraucht werden. Damit reiht man sich ein in den Argumentationskontext der Theoretiker einer "Zivilgesellschaft", die neben dem Staat, der Familie und der Wirtschaft einen vierten Bereich ausmachen: etwa den der Selbsthilfegruppen, Bürgerinitiativen oder *NGOs* (= *non-governmental organizations*). Diese "neuen" Verbände und Dienstleistungsstrukturen erfordern ein besonderes (zivil)gesellschaftliches Engagement der Bürger(innen) und spezifische Kompetenzen; z.B. Ich-Stärke, Selbstorganisation, Partizipation, Kooperation, Umgang mit enthierarchisierten Arbeits- und Lebenszusammenhängen, Ausdifferenzierung und Akzeptanz unterschiedlicher Sichtweisen und Lebensmöglichkeiten, Denken in größeren Kontexten u.dgl. mehr. Was die materialen Komponenten einer allgemeinen Studierfähigkeit betrifft, benennt Huber (2000: 26) im Wesentlichen drei Wissens- bzw. Könnensbereiche, die über die Grenzen aller Studienfächer hinweg die gemeinsame Schnittmenge der dafür einzubringenden Kompetenzen darstellen:

- Sprachkompetenz und Kommunikationsfähigkeit in der deutschen Sprache,

- Sprachkompetenz im Englischen als Mittel der fachbezogenen internationalen Kommunikation und

- ein Verständnis elementarer mathematischer Operationen.

Dafür hat Huber den Begriff der "basalen Fähigkeiten" geprägt.

Die Parallelen in den Ausführungen zu den übergeordneten Zielen der Oberstufenarbeit sind offensichtlich: Weder die Leitvorstellung der Wissenschaftspropädeutik noch die der Studierfähigkeit lässt sich allein auf ein inhaltsspezifisches, materiales Substrat zurückführen. Es kommt ebenso auf den Prozesscharakter des schulischen Lernens an (vgl. Edelhoff 2001). Eingegrenzt auf die basale Fähigkeit der fremdsprachlichen Kompetenz heißt dies, dass der fortgeschrittene Englischunterricht eine Qualität des Fremdsprachenlernens sicher stellen muss, der einerseits die sprachlich-kommunikative Begründung und die handlungsorientierte Ausrichtung des institutionell gesteuerten Fremdsprachenerwerbs ernst nimmt und andererseits die Voraussetzungen für eine Ausübung und Weiterentwicklung der allgemeinen Fähigkeiten und Einstellungen schafft. Beide Aspekte dürften nur über Lernarrangements einlösbar sein, die sich durch eine größere Offenheit, multiple Perspektiven, mehr Projektorientierung und fächerübergreifende bzw. fächerverbindende Unterrichtskonzepte auszeichnen.

Einige überkommene Praktiken der Oberstufenarbeit (speziell in den Grundkursen) stehen diesen Anliegen diametral entgegen: z.B. die Monokultur der Textaufgabe, die abbilddidaktische Reduktion philologischer Qualifikationen auf Fähigkeiten der Textanalyse und -interpretation, die Starrheit des Fehlerquotienten oder die Dominanz des Schriftlichen im Rahmen der Leistungskontrolle. Im Gegensatz zu der bisher geübten Praxis, die Grundkurse als "abgespeckte" oder "ausgedünnte" Leistungskurse zu strukturieren, sollten Grundkurse in Zukunft über eine eigenständige didaktisch-methodische Profilgebung verfügen. Dem von der KMK aufgeworfenen Gesichtspunkt (vgl. Kultusministerkonferenz 1997) einer "vertieften Allgemeinbildung" als Zielvorstellung der Oberstufe ist durch individuell verantwortete Schwerpunktsetzungen in den Leistungs- und Grundkursen zu entsprechen. Hierzu müssen allerdings die Grundkurse (im Rahmen des jeweiligen Schulprogramms) ihr eigenes Profil, ihre eigenen Ziele und ihre speziellen Arbeitsweisen entwickeln können. Eine Einebnung der Unterschiede zwischen Leistungs- und Grundkursen, wie sie zur Zeit in Baden-Württemberg zu beobachten ist, scheint mir aus der Sicht des Faches Englisch kein pädagogisch sinnvoller Weg zu sein.

10.3.2.3 Zur Abgrenzung von Grund- und Leistungskursen

Leistungs- und Grundkurse im Fach Englisch sollten sich zukünftig durch ein eigenes, klar strukturiertes Profil unterscheiden. Meines Erachtens sollten die Leistungskurse in den modernen Fremdsprachen ihre Aufgaben in Richtung auf Wissenschaftspropädeutik und Studierfähigkeit in der Weise akzentuieren, dass sie (weiterhin) vorrangig den philologischen Referenzdisziplinen der Universitäten zuarbeiten, dabei allerdings (exemplarisch vertieft) auch auf ein Studium in den geisteswissenschaftlichen Fächern insgesamt vorbereiten. Von daher sind, was die Techniken des wissenschaftlichen Arbeitens betrifft, sowohl hermeneutisch-interpretative als auch empirisch-deskriptive Zugänge zu den Gegenständen dieser Fächergruppe zu erschließen. Daneben sind Inhalte in den Englischunterricht aufzunehmen, die sich aus den Entwicklungen der (globalen) Weltverkehrssprache Englisch einschließlich der dahinter stehenden soziokulturellen Realitäten ergeben. So ist unter anderem der literarische Rahmen der Leistungskurse zu erweitern. Dies hat Rückwirkungen auf eine Öffnung des "Kanons" für zeitgenössische Literatur, insbesondere auch für die *New Literatures* der postkolonialen Epoche. In vielen Regionen der anglophonen Welt haben sich neue Standards und neue Varietäten des Englischen ausgebildet, die ihre eigene Literatur hervorbringen und damit Kristallisationskerne für interkulturelles Lernen und

Fremdverstehen bereit stellen. Andererseits dürfte Shakespeare wohl nicht fehlen; nicht zuletzt wegen der weltweiten Rezeption und der Verfilmungen seiner Werke.

Es sollten verstärkt Themen Eingang finden, die exemplarisch die moderne Sprachwissenschaft, die Semiotik, die sogenannten Bindestrichdisziplinen der Psycho-, Sozio-, Pragma- oder Textlinguistik sowie ausgewählte Fragestellungen und Methoden der Spracherwerbsforschung, der Übersetzungswissenschaft und der Hirnforschung widerspiegeln. Daneben wird man Gegenständen Raum geben wollen, die europäisches Kulturwissen in der Philosophie, den Geistes- und den Naturwissenschaften repräsentieren. Weiterhin sollte man die speziellen bilateralen Beziehungen zwischen Deutschland und der anglophonen Welt in Bereichen wie der Politik, Geschichte, Wirtschaft, Kunst oder Musik thematisieren. Trotz einer (mit Einschränkungen) fachlichen Vertiefung, eines höheren Leistungsanspruchs und eines ansatzweise forschenden Lernens geht es in den Leistungskursen nicht um eine auf universitäre Fachdisziplinen bezogene Spezialisierung sondern um eine (sach)fachlich vertiefte Allgemeinbildung der jungen Erwachsenen.

10.3.2.4 Umrisse eines eigenständigen Profils der Grundkurse

Vertiefte Allgemeinbildung, Wissenschaftspropädeutik und allgemeine Studierfähigkeit

Die Grundkurse im Fach Englisch verlangen dringend nach einer Neukonzeption ihrer didaktischen Ziele und ihrer curricularen Füllung (im Sinne der jedem Sprachunterricht inhärenten Polarität von Inhalten und Sprachlernsituationen). In der Oberstufe geht es vorrangig – wie oben ausgeführt – um eine vertiefte allgemeine Bildung, um wissenschaftspropädeutisches Lernen und um die Anbahnung einer allgemeinen Studierfähigkeit; Kompetenzen also, von denen man sich einen hohen Transfer auf die Bewältigung von lebenspraktischen Zusammenhängen und die Fähigkeit zum selbstverantworteten, lebenslangen Lernen verspricht. Die gymnasialen Oberstufen und die beruflich orientierten Gymnasien werden in Zukunft immer stärker vor der Herausforderung stehen, ihr eigenes Schulprogramm zu entwickeln, das Oberstufenprofil zu schärfen und die Qualität ihres Programms bzw. Unterrichts über schulinterne wie -externe Evaluationen zu begleiten und abzusichern. In diesem hochkomplexen Geflecht von Voraussetzungen und Erwartungen, von gesellschaftlichen Entwicklungen und unterrichtlich Machbarem kommt den Grundkursen im Fach Englisch ein unverwechselbarer Beitrag zur individuell vertieften Allgemeinbildung der Heranwachsenden zu. Dies ist jedoch nur eine Ebene, gewissermaßen die "höchste" Ebene der Zielvorstellungen eines Schulfaches. Daneben werden die Ziele eines Faches immer auch auf einer fächerverbindenden (bzw. -übergreifenden) und einer fachspezifischen Ebene begründet. Die Zielkomplexe aller drei Ebenen müssen in der konkreten Unterrichtsarbeit eingelöst werden können.

Was die allgemein bildende Ebene angeht, hat in jüngster Zeit (am Beispiel der Mathematik) Heymann (2000) ein Konzept für die Verschränkung von Allgemeinbildung und Fachunterricht vorgelegt. Er identifiziert sieben Aufgaben, denen sich jedes Schulfach unter dem Anspruch der Allgemeinbildung stellen muss (S. 9):

- Lebensvorbereitung (Beruf, Studium, privater Alltag),

- Stiftung kultureller Kohärenz (Tradierung kultureller Errungenschaften und Vermittlung zwischen den Subkulturen einer Gesellschaft: diachrone und synchrone Perspektive),

- Weltorientierung (orientierendes Überblickswissen und Erweiterung des Denkhorizonts über die Alltagstheorien hinaus),

- Anleitung zu kritischem Vernunftgebrauch (Förderung des selbständigen Denkens und der Kritikfähigkeit),

- Entfaltung von Verantwortungsbereitschaft (in Bezug auf das eigene Lernen und das soziale Miteinander),

- Stärkung des Schüler-Ichs (Förderung des Selbstbewusstseins der Heranwachsenden als Lerner, die ihren Kompetenzzuwachs im Hinblick auf schulisches und außerschulisches Lernen erfahren können).

Heymann (2000) nimmt für sein Allgemeinbildungskonzept in Anspruch, dass daraus Leitgedanken für ein stimmiges Grundkursprofil im einzelnen Fach zu gewinnen sind. Die fachunabhängigen Komponenten eines derartigen Profils lassen sich wie folgt bündeln. Danach sollten Grundkurse:

- ein grundlegendes Faktenwissen sichern (Üben, Wiederholen, Erweitern von Kenntnissen und das Sehen von Zusammenhängen),

- die historische Verwurzelung von Lerngegenständen und zentralen Ideen eines Faches sowie deren Stellenwert in der kulturellen Entwicklung sichtbar machen,

- den horizontalen und den vertikalen Transfer des Gelernten sichern; d.h. sowohl die Anwendung des Wissens auf neue Lernsituationen (= lateraler Transfer) als auch die Vernetzung von "alten" und "neuen" Wissensstrukturen ermöglichen (= anschlussfähiges, kumulatives Lernen),

- grundlegende Einsichten in die Leistungen und Grenzen des wissenschaftlichen Denkens vermitteln sowie exemplarische Erfahrungen bereit stellen, wie man methodisch "sauber" und konsequent an einer Sache arbeitet und distanziert-angemessene Schlussfolgerungen zieht (forschendes Lernen und kritische Reflexion),

- freiere Arbeitsformen zulassen, die das gemeinsame Bearbeiten komplexer problembezogener Aufgaben und damit Absprachen, Verständigungen und Kooperation mit anderen voraussetzen,

- Gelegenheiten zu einer größeren Selbständigkeit und einer längerfristigen Selbstorganisation des Lerners einräumen (Treffen eigener Entscheidungen, Suche nach individuellen Lösungswegen, planvolles Zeitmanagement, eigenständiger Einsatz von Lernstrategien und Arbeitstechniken) sowie (*last but not least*)

- projektorientiertes Arbeiten ermöglichen, um Wechselwirkungen von schulischem Lernen und außerschulischer Problemorientierung bzw. Daseinsbewältigung zuzulassen.

Die fächerverbindende und fächerintegrierende Ebene

Was die zweite Ebene angeht, die der fächerverbindenden oder -übergreifenden Zusammenhänge, sind die Beziehungen zu reflektieren, die zwischen einem Schulfach (hier: Englisch) als Repräsentanten eines bestimmten gesellschaftlichen Handlungsfeldes (dem sprachlich-kommunikativen in Interdependenz mit literarisch-interkulturellen Phänomenen) und den übrigen Handlungsfeldern existieren, so weit sie vom Oberstufencurriculum abgedeckt werden. Hier wären vor allem der sozial- und wirtschaftswissenschaftliche Bereich, der mathematisch-naturwissenschaftlich-technische Bereich und der ästhetisch-künstlerisch-gestaltende Bereich zu nennen. Ein Grundkurs sollte mit anderen Worten (im Hinblick auf die dort angebotenen Lernsituationen) zwischen den fachimmanenten Ansprüchen des Schulfachs und den verschiedenen lebensweltlichen Verwendungshorizonten der Inhalte des Faches vermitteln. Die Funktion des Englischen als "basaler Fähigkeit" (Huber) des heutigen Menschen spielt dabei natürlich eine große Rolle; schließlich gehört eine funktionale Kompetenz in dieser Sprache zum Kerninventar "kultureller Literalität" (Baumert, Lehmann u.a. 1997: 59), die das Erschließen zentraler gesellschaftlicher Lebens- und Erfahrungsbereiche sichert. Die Ziele des Schulfachs Englisch erschöpfen sich allerdings nicht in der Ausbildung dieser "basalen Kompetenz", auch nicht in den Grundkursen. Diese müssen gleichermaßen der Stellung des Englischen in der Welt, den Erwartungen der Gesellschaft an ein funktionales, differenziertes Sprachkönnen, den Einstellungen und Interessen der Schüler(innen) im Hinblick auf ihnen gemäße Inhalte (siehe unten) sowie der fachimmanenten Trias von Sprache, Literatur und (Inter)Kultur gerecht werden.

Das Fach Englisch verfügt – wie vermutlich kein anderes Fach – über die Chance, fächerverbindende oder sogar fächerintegrierende Grundkurse zu institutionalisieren. Abhängig von der Größe der jeweiligen Schule und den Kompetenzen der Lehrkräfte sollten in jeder gymnasialen Oberstufe mindestens zwei verschiedene Optionen für Grundkurse in diesem Bereich angeboten werden[44]:

---

[44] Ein weiteres Modell ist in den sogenannten Profiloberstufen zu sehen, die um einen Leistungskurs herum (komplementär dazu) z.B. zwei Grundkurse gruppieren. Diese Organisationsstruktur in der Form von Kursbündeln erlaubt ein fächerübergreifendes, themenzentriertes Arbeiten: etwa "*European Civilization*" oder "Bilaterale Beziehungen in der deutsch- und englischsprachigen Literatur".

a) ein Kursmodell nach dem Prinzip des "fremdsprachigen Sachlernens" (wie Mentz 2001 den Sachfachunterricht in einer "fremden" Arbeitssprache lieber nennen möchte) und

b) ein Kursmodell mit einer funktional differenzierten, anspruchsvollen Sprachpraxis in der Auseinandersetzung mit nicht-trivialen Inhalten, die im Prinzip allen vier oben unterschiedenen Handlungsbereichen (oder Fächergruppen) entstammen können.

Eine grundsätzliche Gleichsetzung von Schulfach und Grundkurs erscheint in der Logik der hier unterbreiteten Argumentation kontraproduktiv (genau dies tun jedoch die jüngsten KMK-Vereinbarungen), denn es unterbindet Ansatzpunkte für ein fächerübergreifendes Lernen in der Oberstufe. Die Arbeit der (reformierten) Grundkurse baut – in Ausrichtung auf die allgemein bildenden Zielsetzungen – auf den didaktischen Prinzipien der ebenfalls zu reformierenden ausgehenden Sekundarstufe I auf. Von daher sollten die Grundkurse in der zeitlichen Abfolge über die gesamte Oberstufe hinweg bestimmte Aufgaben und Lernarrangements besonders akzentuieren; z.B.:

- das projektorientierte Arbeiten,

- das themenzentrierte, fächerübergreifende Arbeiten,

- die Entwicklung basaler Kompetenzen,

- die Durchführung studien- oder berufsorientierender Module,

- das forschende Lernen und

- die Schulung von fachbezogenen Lern- und Arbeitstechniken.

Schüler der 11. Jahrgangsstufe sollten in Zukunft in der Lage sein, eine individuelle Schwerpunktsetzung in der Form des "fremdsprachigen Sachlernens" vorzunehmen, indem sie einen Grundkurs belegen, der die Inhalte eines Sachfachs in der Arbeitssprache Englisch vermittelt: etwa Geographie, Geschichte, Politische Weltkunde, Wirtschaft aber auch Biologie oder Physik / Chemie bzw. Musik. Im Kursmodell des "bilingualen Unterrichts" kommt es zu einer inhaltsfundierten, das Sach- und das Sprachlernen integrierenden Arbeitsform, die das Schulprogramm und das curriculare Profil der jeweiligen Oberstufe bereichern dürfte. Der Kurstyp eröffnet zugleich Chancen für die schulisch vermittelbare Mehrsprachigkeit, etwa durch die vertiefte Weiterführung der zweiten Fremdsprache oder den Beginn einer weiteren (späteinsetzenden) Fremdsprache. Die Leistungsmessung darf hierzu kein valides Gegenargument sein. Dann müssen halt zwei Fachlehrer (der Sachfach- und der Englischlehrer) die schriftlichen und / oder mündlichen Leistungen der Schüler beurteilen (ein Vorgehen, das die KMK-Bestimmungen schon heute gestatten).

Die fachspezifische Ebene

Das zweite prototypische Kursmodell für einen englischen Grundkurs sollte sich an der übergeordneten Leitvorstellung einer anspruchsvollen Sprachpraxis auf der

Grundlage nicht-trivialer Inhalte ausrichten. Ein Fokus der Auswahl von Gegenständen wird natürlich die anglophone Welt sein. Hierbei ist zu bedenken, dass die Ellipse der Weltsprache Englisch (mit ihren beiden Brennpunkten *British Isles* und *North America*) weit auseinanderliegende geographische Zonen mit höchst unterschiedlichen soziokulturellen Realitäten umfasst. Die postkolonialen Regionen mit Englisch als Erst- oder "offizieller" Zweitsprache (= Amtssprache) verfügen inzwischen über Varianten des Englischen, die von ihren Sprechern als "Standard" interpretiert werden und darüber hinaus hoch entwickelte Literaturen hervorgebracht haben. Der hier angelegte Fundus an fiktionalen wie expositorischen Texten ist (vor allem in landeskundlicher und interkultureller Hinsicht) auch in den Grundkursen für europäisch und global perspektivierte Lern- und Bildungsprozesse zu erschließen.

Daneben müssen sich allerdings die Grundkurse für einen zweiten Fokus der Auswahl von Gegenständen öffnen, der in der sogenannten *lingua franca*-Funktion der Weltverkehrssprache Englisch begründet liegt. Englisch ist zum vorherrschenden Medium der internationalen Kommunikation in Politik, Handel, Wirtschaft, Wissenschaft, Verkehr, Tourismus, Sport, Musik und neuen Medien geworden. Menschen, die in der modernen Welt zurechtkommen sollen und wollen, brauchen qualifizierte Englischkenntnisse in diesen Domänen. Deshalb müssen englische Grundkurse in Zukunft verstärkt Querverbindungen zu den anderen Bereichen des Oberstufencurriculums herstellen: zur sozial- und wirtschaftswissenschaftlichen sowie zur naturwissenschaftlich-technischen Fächergruppe, aber auch zum ästhetisch-gestaltenden Bereich (man denke nur an die alltagsweltlichen Sektoren und Sprachregister der Werbung, Mode, Unterhaltungselektronik oder Popkultur).

Die englischen Grundkurse müssen diesen "Spagat" zwischen den Funktionen des Englischen als "Identifikationssprache" und als "Kommunikationssprache" (Hüllen 1992) bewusst aufnehmen und curricular gestalten. Identifikationssprachen gestatten den Menschen, ihre Erfahrungen und kulturellen Leistungen an andere weiterzugeben, die sie im Verbund mit anderen Sprechern modifizieren, differenzieren und weiter entwickeln (= Sprache als *tie* gemäß Skutnabb-Kangas 1981). In der Verwendung einer Sprache als Kommunikationsmedium (= Sprache als *tool*) wird der Werkzeugcharakter von Sprache betont, wobei das Medium zwischen den Individuen und der außersprachlichen Wirklichkeit "vermittelt". Der Stellenwert des Englischen in der modernen Welt leitet sich in erster Linie aus dieser doppelten Funktion her; wobei es sicher nicht falsch ist zu behaupten, dass die instrumentelle Funktion im Fall des Englischen (= der *tool*-Charakter) deutlich an Bedeutung gewonnen hat. Diesen Entwicklungen kann sich die Oberstufe nicht länger verschließen. Die englischen Grundkurse müssen deshalb beide Funktionen des Englischen "bedienen": die Identifikationssprache Englisch und die globale Kommunikationssprache Englisch. Dieser letzte Aspekt führt zu den fächerverbindenden Bezügen im Curriculum der englischen Grundkurse.

Das Konzept der nicht-trivialen (d.h. belangvollen) Inhalte ist nicht einfach zu umrei-
ßen; zumal es nicht allein auf die Gegenstände als solche ankommt, sondern mindestens ebenso auf die Art der Auseinandersetzung mit den Inhalten[45]. Unter der soeben
explizierten doppelten funktionalen Perspektive der Weltsprache Englisch sollten sich
die Inhalte der englischen Grundkurse vor allem an den Aspekten der Schüler-, Pro-
blem-, Lebenswelt- und Bedarfsorientierung ausrichten. Von diesen übergeordneten
Prinzipien der Auswahl lassen sich weitere Relevanzkriterien ableiten (Anregungen
und Beispiele sind unter anderem dem Unterrichtswerk von McClintock / Peterson /
Zydatiß 1991 entnommen, das bereits vor gut zehn Jahren versucht hatte, die hier
genannten Prinzipien für die Zielgruppe der englischen Grundkurse einzulösen):

- Eine intellektuelle wie affektive Auseinandersetzung mit existenziellen Schlüssel-
  erfahrungen: z.B. Kindheit, Alter, Krankheit, Tod, Heranwachsen, Partnersuche ...

- Ein Angebot an "authentischen", realitätsbezogenen Situationen, die Neugier, Interesse oder Betroffenheit auslösen: z.B. Manifestationen von Gewalt, Kriminalität,
  Rassismus; Umweltfragen; Schule und Erziehung; technische Neuerungen,
  wissenschaftliche Forschungen und Entdeckungen, fragwürdige Experimente ...

- Der Problemgehalt von Themen, wie er sich in der Offenheit einer Fragestellung,
  bei kontroversen Sachverhalten, verschiedenen Sichtweisen eines Gegenstands
  oder unterschiedlichen Entscheidungs- und Handlungsmöglichkeiten zeigt: z.B.
  Sektenbildung, Außenseiter, Pazifismus, Militäreinsatz, Tierversuche, Reproduk-
  tionsmedizin, Gentechnologie, Medienkonsum, Privatschulen, Studiengebühren,
  Intelligenz- und Leistungstests ...

- Das Anwendungspotenzial von sprachlich-kommunikativen Kompetenzen in unterschiedlichen Berufsfeldern und Studiengängen: z.B. Versprachlichen und
  Interpretieren von Graphiken, Diagrammen und Tabellen; Zusammenfassungen
  erstellen; Statistiken und Schaubilder herstellen und präsentieren; Telefonieren
  (sprachmittelnde Kompetenzen: Dolmetschen); Argumentationsketten aufbauen;
  Tatsachen und Meinungen unterscheiden (*fact* vs. *opinion*), verbaler Humor,
  Sprachwitz, Ironie, Gestik; Höflichkeitsformen; *small talk* und *talking shop* ...

- Modalitäten und Störungen kommunikativer Interaktion: Sprach- und Stilvarietäten
  des Englischen, das Funktionspotential von Sprache, Merkmale der Lernersprache,
  der Sach- und der Beziehungsaspekt von Sprache, linguistische und soziokulturelle
  Normen bzw. Verstöße, Zwei- und Mehrsprachigkeit ...

- Die Begegnung mit archetypischen Schemata in der Literatur und Diskurspraxis
  der Zielsprache: z.B. *nonsense, black humour; science fiction; puns, mitigation,
  understatement*; das Groteske, die Burleske; Formen des *comic relief* ...

---

[45] Selbst ein Shakespeare-Werk lässt sich durch entsprechende Unterrichtsabläufe
      trivialisieren, oder die schulspezifische Art der "Behandlung" wird zum
      Ausgangspunkt für Widerstände gegen anspruchsvolle Literatur generell.

- Die Anbahnung von Fremdverstehen und interkultureller Sensibilität: z.B. Minoritäten, Aufwachsen in einem anderen Kulturkreis; Migration, Asyl, Flucht und Vertreibung; Merkmale und Zusammenbrüche interkultureller Kommunikation; Kulturfehler in der Begegnung mit "Fremden"; additiver und subtraktiver Bilingualismus; kulturelle Skripte beim Verfassen von Texten ...

Die sprachlich-kommunikative Seite einer anspruchsvollen Spracharbeit auf der Grundlage nicht-trivialer Inhalte sollte sich in Zukunft an den Leitvorstellungen und Vorschlägen des "Europäischen Referenzrahmens" orientieren. Englische Grundkurse sollten deshalb vorrangig die dort ausdifferenzierten Zielkomplexe verfolgen. Eine zusammenfassende Auflistung der möglichen Textarten und Diskursgenres, der kommunikativen Aktivitäten und Strategien findet sich in der Abb. 6.8 in Kap. 6.4.3.2 und in der Abb. 7.15 in Kap. 7.4.2. Nicht die stoffliche Vollständigkeit und die linguistische Korrektheit machen die Qualität der Spracharbeit auf dieser Stufe aus, sondern der objektiv beobachtbare und subjektiv erfahrene Kompetenzgewinn auf Seiten der Schüler in anwendungs- und transferfähigen Kommunikationssituationen:

a) Gesprochene und geschriebene Texte verstehen können (einschließlich der Text-Bild-Kommunikation in den alten und neuen Medien), seien sie expositorischer oder fiktionaler Natur: Schulung von Hör-, Lese- und Hör-Seh-Kompetenzen

b) Ausbau der mündlichen Kommunikationsfähigkeit in den beiden Ausformungen der monologischen Rede und der interaktiven Gesprächsfähigkeit: Schulung rhetorischer Kompetenzen

c) Schriftliche Texte verfassen können, und zwar in den verschiedenen Ausprägungen des zweck- und adressatenbezogenen wie des freien und kreativen Schreibens: Schulung der Schriftsprachenkompetenz

d) Exemplarische Übungen im mündlichen und schriftlichen Übersetzen: Sensibilisierung für die Funktion als Sprachmittler (*mediation*).

Der Unterricht in den Grundkursen English muss mit anderen Worten auf Authentizität und Fremdverstehen, auf Schülerorientierung und Binnendifferenzierung, auf Kompetenzzuwachs und sprachliches Handeln sowie auf Offenheit und Transfer angelegt sein. Das Ziel einer fundierten, funktional differenzierten fremdsprachlichen Kompetenz ist weder eine "Trivialität" (gemessen an anderen Zielkomplexen, denen traditionell ein hoher bzw. höherer Bildungswert zugeschrieben wird) noch eine Illusion; wie unlängst Edmondson (1999) in einer – für mich – überspitzten Polemik feststellen zu müssen glaubte. Sprachkompetenzen insgesamt sind "kulturelle Werkzeuge" (Vygotsky 1978), ein funktionales Sprachkönnen im Englischen eine "basale Fähigkeit" (Huber 2000). In der vielbeschworenen Wissensgesellschaft stellen ausgebaute Englischkenntnisse Dispositionen zum sozialen Handeln dar, die dem Heranwachsenden und jungen Erwachsenen Perspektiven zur Teilhabe an und zur Gestaltung von gesellschaftlicher Realität eröffnen. Diesem Anspruch müssen die Grundkurse in ihrer curricularen Konzeption gerecht werden.

Dazu gehören veränderte Modalitäten der Leistungskontrolle und -messung; nicht nur am Ende der 10. Klasse sondern auch im Kurssystem der Oberstufe und im Abitur. Dies ist der Punkt (und der Hebel), an dem der "Europäische Referenzrahmen" (Council of Europe 1998) ansetzt. Die grundlegende Philosophie dieses Neuansatzes ist an anderer Stelle besprochen worden: siehe insbesondere 6.4.3.3 und 7.4.2, was die Überprüfung mündlicher und schriftlicher Leistungen in der Fremdsprache betrifft. Es genügt deshalb an dieser Stelle, die unverzichtbare Forderung zu wiederholen, dass die curriculare Struktur der Grundkurse (wie sie sich in den Inhalten und Lernarrangements, in den Textarten und kommunikativen Aufgaben, im Realitätsbezug und in der Offenheit zeigt) eine Entsprechung in den Verfahren der Ergebniskontrolle und der Bewertung von Schülerleistungen finden muss. Insbesondere sind die Monokultur der einseitig philologisch-analytisch motivierten Textaufgabe und das Produkt- bzw. Defizitdenken des nur scheinobjektiven Fehlerquotienten zu überwinden. Eine Alternative hierzu steht mit dem "*CAN DO*-Prinzip" des "Europäischen Referenzrahmens" bereit, das sich an kommunikativen Leistungen und vorhandenen Textqualitäten orientiert.

Die Kultusministerkonferenz sollte sich zu einem qualitativen Quantensprung (nach vorn) aufraffen und damit die Zukunftsfähigkeit unseres fortgeschrittenen gymnasialen Fremdsprachenunterrichts sichern helfen. Eine mündliche Prüfung in der ersten Fremdsprache (in der Mehrzahl aller Fälle also Englisch) muss für alle Abiturienten obligatorisch werden: wegen der Validität der Prüfungsform im Verhältnis zum vorangegangenen Unterricht und wegen des davon ausgehenden Rückkopplungseffekts auf die Lernorganisation und die Arbeitsformen der Oberstufe. Vermutlich wird eine derartig durchgreifende Neuerung auf zum Teil heftigen Widerstand seitens der Lehrerschaft und / oder der Lehrerverbände treffen, die mit Argumenten wie "unzumutbarer Zeitaufwand", "nicht objektiv genug", "nicht justitiabel" (gegenüber den Eltern) bzw. "keine Ausbildung dafür" dagegen halten werden. Die Kultusverwaltungen dürfen an dieser Stelle nicht klein beigeben, sondern müssen im wohlverstandenen Interesse der Schüler und der Erwartungen der Gesellschaft an funktionale Sprachkompetenzen diesen entscheidenden Schritt zur Qualitätssicherung einleiten.

Ergänzt werden sollte die Reform der Grundkurse durch Veränderungen an der Textaufgabe, einschließlich der Bestimmungen zum Fehlerquotienten. Wenn der Unterricht der Grundkurse "offener" wird, muss auch die Textaufgabe "offener" (d.h. vielseitiger, flexibler) werden. Die Struktur der Aufgabenstellungen wird ganz entscheidend von der Textart abhängen (müssen), von der wiederum Chancen bzw. Restriktionen einer didaktisch sinnvollen Bearbeitung des jeweiligen Basistextes ausgehen werden. Jeder Text (= *token*) als Beispiel einer Textart (= *type*) hat ein bestimmtes primäres Sprach-, Funktions- und Inhaltspotenzial, das es in dem didaktischen Aufgabenapparat einer Textaufgabe zu entfalten gilt. Im Vollzug einer Textaufgabe werden (je nach der Textart) unterschiedliche Textbaupläne, rhetorische Muster, Stilelemente und somit auch verschiedene lexikogrammatische Redemittel aktualisiert. Dies hat Rückwirkungen auf die Komplexität des Satzbaus, das Spektrum der Mitteilungsabsichten (Sprechakte oder Illokutionen) und auf den Fehlerquotienten. Es ist deshalb im Prinzip unverantwortbar, bei der Bewertung von Schüleraufsätzen in der Fremdsprache mit einem starren Fehlerindex zu "hantieren". In der jetzigen Form sind die "Einheitlichen Prüfungsanforderungen in der Abiturprüfung: Englisch" (= EPA), wie sie in den entsprechenden Beschlüssen der Kultusministerkonferenz festgelegt sind, nicht mehr zeit- und sachgerecht. Sie sollten unverzüglich überarbeitet werden, sobald sich eine konsensfähige Reform der curricularen Struktur der englischen Grund- und Leistungskurse abzeichnet. Curricula sind Ländersache; also müssen in unserem föderalen System Kultusministerien und "KMK" sich besser abstimmen.

Um zum intertextuellen Bezug des "Vorworts" (S. 11) zurückzukehren, sollte für die "EPA" gelten, was Bertolt Brecht in der Zwischenüberschrift zur Szene 4 seines *Leben des Galilei*" aussagt (S. 215 der "Großen kommentierten Ausgabe"):

Das Alte sagt: So wie ich bin, bin ich seit je.

Das Neue sagt: Bist du nicht gut, dann geh.

Sachregister

A

Abbilddidaktik
320, 437, 440

Abiturprüfung
287, 288

Abschwächung (*mitigation*)
258ff., 282

Adverbialsätze
315

Adverbien, Adverbialgruppe
109, 234, 255, 256, 315

Affektive Dimension
323, 385, 393, 414

Akkreditierung (von Prüfern)
146, 186

Akzeleration
14, 16, 391, 406, 413, 419, 425, 429, 430f.

Allgemeinbildung
290, 291, 437-440, 441f.

Analytische Bewertung (mündliche Leistungen) 114, 150-152

Anreicherung (*enrichment*)
16, 416

Anspruchsvolle Sprachpraxis
282, 284, 287, 288

Arbeitshaltung
41, 42,405, 410, 414, 425

Arbeitsschritte (der Untersuchung)
44-46

Arbeitstechniken
(siehe Strategische Kompetenz)

Attributive Modifizierung
224, 232, 256

Aufgabenorientierter Unterricht
(*task-based instruction*)   63, 149, 151,
250f., 253, 284, 285, 286, 291, 321,
336f., 341, 384, 386, 416, 424

Augenscheinvalidität (*face validity*)
89, 91, 134

Ausdrucksvielfalt (*range*)
152, 242

Aushandeln von Bedeutungen
258, 282f., 287, 383

Äußerungslänge (*sustained speech*)
240f., 287, 317, 333, 338, 340, 348f.,
357, 362, 366, 370, 372, 387, 424

Aussprache
152, 153, 188, 190, 192, 287

Auswahlverfahren (der Expressschüler)
43, 405, 412, 415f., 425, 430

Ausweitung des Schulversuchs
427, 430

Auswertungsverfahren (*data analysis*)
47

Authentizität
84, 388f., 433

Autonomer Lerner
25, 345, 359f., 362f., 364, 368, 388f.,
390, 391, 411, 413f., 416, 424, 431

B

Basale Fähigkeiten
436, 439, 443, 444

Bedarfsorientierter Unterricht
290, 291, 433

Bedingungssätze (siehe Konditionalsätze)

Begabtenförderung
16, 362f., 392f., 410, 416, 429, 430

Begleiter (*determiner*)
256

Belangvolle (= nicht-triviale) Inhalte
282, 291, 331, 389, 433

Beschreibung (*description*)
250, 251

Bewerter (*rater, assessor, examiner*)
146, 152f.

Bewertung (mündlicher Leistungen)
144-151, 191, 249, 308

Bewertung (schriftlicher Leistungen)
128f., 137, 290, 308, 326-328

Bewertungsskala (*rating scale*)
146, 150, 151, 186-190, 249

Beziehungsebene der Kommunikation
219, 294

Bildergeschichte (*picture composition*)
128f., 131f., 156, 167, 174, 178, 232,
252f., 295, 296, 304-307, 313-317, 360,
419, 422

Bildungswert
286, 290-292, 433, 435, 444f.

Literaturangaben

Aguado, Karin (2000): "Empirische Fremdsprachenerwerbsforschung. Ein Plädoyer für mehr Transparenz." In: Aguado, Karin (Hrsg.) (2000): 119-131.

Aguado, Karin (Hrsg.) (2000): *Zur Methodologie in der empirischen Fremdsprachenforschung*. Hohengehren: Schneider Verlag.

Aitchison, Jean (1994): *Words in the Mind. An Introduction to the Mental Lexicon*. Oxford: Blackwell [2. Auflage].

Allwright, Dick (1988): *Observation in the Language Classroom*. London & New York: Longman.

Allwright, Dick / Bailey, Kathleen M. (1991): *Focus on the Language Classroom*. Cambridge: Cambridge University Press.

Amick, Daniel J. / Walberg, Herbert J. (1975): *Introductory Multivariate Research*. Berkeley, CA.: McCutchan.

Arbeitsgruppe Fremdsprachenerwerb Bielefeld (1996): "Fremdsprachenerwerbsspezifische Forschung. Aber wie? Theoretische und methodologische Überlegungen." *Deutsch als Fremdsprache* 33: 144-155.

Arnold, Jane (Hrsg.) (1999): *Affect in Language Learning*. Cambridge: Cambridge University Press.

Bach, Gerhard / Timm, Johannes-P. (Hrsg.) (1996): *Englischunterricht. Grundlagen und Methoden einer handlungsorientierten Unterrichtspraxis*. Tübingen: Francke [2. Auflage].

Bachman Lyle F. (1990): *Fundamental Concepts in Language Testing*. Oxford: Oxford University Press.

Bachman Lyle F. / Palmer, Adrian S. (1981): "The construct validity of the FSI oral interview." *Language Learning* 31: 67-86.

Bachman Lyle F. / Palmer, Adrian S. (1981): "The construct validation of some components of communicative proficiency." *TESOL QUARTERLY* 16: 449-465.

Bachman Lyle F. / Palmer, Adrian S. (1996): *Language Testing in Practice. Designing and Developing Useful Language Tests*. Oxford: Oxford University Press.

Bachman Lyle F. / Savignon, Sandra J. (1986): "The evaluation of communicative language proficiency: a critique of the ACTFL Oral Interview." *The Modern Language Journal* 70: 380-390.

Badger, Richard / White, Goodith (2000): "A process genre approach to teaching writing." *English Language Teaching Journal* 54: 153-160.

Bartz, Walter H. H. (1979): *Testing Oral Communication in the Foreign Language Classroom*. Arlington: Center for Applied Linguistics.

Baumert, Jürgen / Lehmann, Rainer u.a. (1997): *TIMSS – Mathematisch-naturwissenschaftlicher Unterricht im internationalen Vergleich. Deskriptive Befunde*. Opladen: Leske + Budrich.

Bausch, Karl-Richard, Christ, Herbert / Königs, Frank G. / Krumm, Hans-Jürgen (Hrsg.) (2000): *Interaktion im Kontext des Lehrens und Lernens fremder Sprachen*. Tübingen: Gunter Narr.

Beebe, Leslie M. (1983): "Risk-taking and the language learner." In: Seliger, Herbert W. / Long, Michael H. (Hrsg.) (1983): 39-65.

Belanger, J. F. (1978): "Calculating the syntactic density score: a mathematical problem." *Research in the Teaching of English* 10: 149-153.

Black, Colin / Butzkamm, Wolfgang (1977): "Sprachbezogene und mitteilungsbezogene Kommunikation im Englischunterricht." *Praxis des neusprachlichen Unterrichts* 24: 115-124.

Bloomfield, Leonard (1926): "A set of postulates for the science of language." *Language* 2: 153-164.

Böck, Stefan (1980): *Schriftliches Gestalten: Die Bildergeschichte im Sprachunterricht.* Wien: Österreichischer Bundesverlag.

Börner, Wolfgang / Vogel, Klaus (Hrsg.) (1992): *Schreiben in der Fremdsprache. Prozeß und Text, Lehren und Lernen.* Bochum: AKS Verlag.

Börner, Wolfgang / Vogel, Klaus (Hrsg.) (1994): *Kognitive Linguistik und Fremdsprachenerwerb. Das mentale Lexikon.* Tübingen: Narr.

Böttcher, Karl-Heinz (1999): "*Points for talking.* Zur Bewertung mündlicher Leistungen im Englischunterricht." *Fremdsprachenunterricht* 52 (1): Beilage 1-3.

Bohnsack, Ralf (1993): *Rekonstruktive Sozialforschung. Einführung in Methodologie und Praxis qualitativer Forschung.* Opladen: Leske + Budrich.

Bolton, Sibylle (1985): *Die Gütebestimmung kommunikativer Tests.* Tübingen: Narr.

Bortz, Jürgen (1993): *Statistik für Sozialwissenschaftler.* Berlin & Heidelberg: Springer [4. Auflage].

Bortz, Jürgen / Lienert, Gustav A. / Boehnke, Klaus (1990): *Verteilungsfreie Methoden der Biostatistik.* Berlin & Heidelberg: Springer.

Brosius, Felix (1998): *SPSS 8.0 – Professionelle Statistik unter Windows.* Bonn: MITP.

Buck, K. (Hrsg.) (1989): *The ACTFL Oral Proficiency Interview Tester Training Manual.* Yonkers, NY: The American Council on the Teaching of Foreign Languages.

Bühl, Achim / Zöfel, Peter (1998): *SPSS Version 8 – Einführung in die moderne Datenanalyse unter Windows.* Bonn: Addison-Wesley / Longman.

Bygate, Michael / Skehan, Peter / Swain, Merrill (Hrsg.) (1999): *Task-based Learning: Language Teaching, Learning and Assessment.* Essex: Addison-Wesley / Longman.

Canale, Michael (1983): "From communicative competence to communicative language pedagogy." In: Richards, Jack C. / Schmidt, Richard C. (Hrsg.) (1983): 2-27.

Canale, Michael (1984): "A communicative approach to language proficiency assessment in a minority setting." In: Rivera, Charlene (Hrsg.) (1984): 107-122.

Canale, Michael / Swain, Merrill (1980): "Theoretical bases of communicative approaches to second language teaching and testing." *Applied Linguistics* 1: 1-47.

Carroll, Brendan J. (1980): *Testing Communicative Performance.* Oxford: Pergamon.

Carroll, Brendan J. / Hall, Peter J. (1985): *Make Your Own Language Test.* Oxford: Pergamon.

Carter, Ronald / McCarthy, Michael (1997): *Exploring Spoken English*. Cambridge: Cambridge University Press.

Carter, Ronald / Long, Michael N. (1991): *Teaching Literature*. Essex: Longman.

Caspari, Daniela (1995): *Kreative Verfahren im fremdsprachlichen Literaturunterricht.* Berlin: Berliner Institut für Lehrerfortbildung.

Chaudron, Craig (1988): *Second Language Classrooms.* Cambridge: Cambridge University Press.

Chomsky, Noam (1968): *Aspects of the Theory of Syntax*. Cambridge, Mass.: MIT Press.

Cohen, Jacob / Cohen, Patricia (1975): *Applied Multiple Regression/Correlation Analysis for the Behavioral Sciences.* Hillsdale, N.J.: Lawrence Erlbaum.

Cohen, Lovis / Holliday, Michael H. (1982): *Statistics for Social Scientists*. London: Harper & Row.

Cook, Vivian (1996): *Second Language Learning and Language Teaching.* London: Edward Arnold.

Cooper, Thomas C. (1976): "Measuring written syntactic patterns of second language learners of German." *The Journal of Educational Research* 69 (5): 176-183.

Cope, Bill / Kalantzis, Mary (Hrsg.) (1993): *The Powers of Literacy: A Genre Approach to Teaching Writing*. London: Falmer Press.

Corder, S. Pit (1967): "The significance of learners' errors." *International Review of Applied Linguistics* 5: 161-169 [Wiederabdruck in Corder (1981): 5-13].

Corder, S. Pit (1972): "Die Rolle der Interpretation bei der Untersuchung von Schülerfehlern." In: Nickel, Gerhard (Hrsg.): 38-50.

Corder, S. Pit (1981): *Error Analysis and Interlanguage*. Oxford: Oxford University Press.

Council of Europe (1997): *European Language Portfolio. Proposals for Development.* Strasbourg: Council for Cultural Co-operation, Education Committee.

Council of Europe (1998): *Modern Languages: Learning, Teaching, Assessment. A Common European Framework of Reference.* Strasbourg: Council for Cultural Co-operation, Education Committee [= CC-LANG (95) 5 rev V].

Cresswell, Andy (2000): "Self-monitoring in student writing: developing learner responsibility." *English Language Teaching Journal* 54: 235-244.

Cullen, Richard (1998): "Teacher talk and the classroom context." *English Language Teaching Journal* 52: 179-187.

Cummins, James (1978): "The cognitive development of children in immersion programs." *Canadian Modern Language Review* 34: 855-883.

Cummins, James (1979): "Linguistic interdependence and the educational development of bilingual children." *Review of Educational Research* 49: 222-251.

Dandonoli, P. / Henning, G. (1990): "An investigation of the construct validity of the ACTFL Proficiency Guidelines and oral interview procedure." *Foreign Language Annals* 23: 11-22.

Denzin, Norman K. (Hrsg.) (2000): *Handbook of Quality Research. Thousand Oaks: Sage.*

Dirven, René (Hrsg.) (1989): *A User's Grammar of English: Word, Sentence, Text, Interaction.* Frankfurt/M.: Peter Lang.

Doughty, Catherine / Williams, Jessica (Hrsg.) (1998): *Focus on Form in Classroom Second Language Acquisition.* Cambridge: Cambridge University Press.

Düwell, Henning / Gnutzmann, Claus / Königs, Frank G. (Hrsg.) (2000): *Dimensionen der Didaktischen Grammatik. Festschrift für Günther Zimmermann zum 65. Geburtstag.* Bochum: AKS Verlag.

Edelhoff, Christoph (2001): "Qualitätsentwicklung und Qualitätssicherung im Fremdsprachenunterricht." In: Edelhoff, Christoph (Hrsg.) (2001): 4-11.

Edelhoff, Christoph (Hrsg.) (2001): *Neue Wege im Fremdsprachenunterricht.* Hannover: Schroedel.

Edmondson, Willis J. (1999): "Die fremdsprachliche Ausbildung kann nicht den Schulen überlassen werden." *Praxis des neusprachlichen Unterrichts* 46 (2): 115-123.

Edmondson, Willis J./ House, Juliane (1993): *Einführung in die Sprachlehrforschung.* Tübingen: Francke.

Educational Testing Service (1981): *TOEFL: Test and Score Manual.* Princeton, NJ: Educational Testing Service.

Ellis, Rod (1984): *Classroom Second Language Development.* Oxford: Pergamon Press.

Everitt, Brian S. (1992): *The Analysis of Contingency Tables.* [Monographs on Statistics and Applied Probability 45]. London & New York: Chapman & Hall.

Expertenkommission (1995): *Weiterentwicklung der Prinzipien der gymnasialen Oberstufe und des Abiturs. Abschlussbericht der von der KMK eingesetzten Expertenkommission.* Bonn: Kultusministerkonferenz (= KMK).

Faerch, Claus / Haastrup, Kirsten / Phillipson, Robert (1984): *Learner Language and Language Learning.* Clevedon, Avon: Multilingual Matters.

Faerch, Claus / Kasper, Gabriele (1987): *Introspection in Second Language Research.* Clevedon, Avon: Multilingual Matters.

Fanselow, John F. (1977): "Beyond Rashomon – conceptualising and describing the teaching act." *TESOL QUARTERLY* 11: 17-39.

Finkbeiner, Claudia (1996): "Zugänge und Grundlagen zur Erforschung des Fremdsprachenunterrichts." *Fremdsprachen und Hochschule – Zeitschrift des AKS* Heft 48: 36-66.

Flanders, Ned A. (1970): *Analyzing Teaching Behavior.* Reading, MA: Addison-Wesley.

Flower, Linda S. / Hayes, John R. (1981): "A cognitive process theory of writing." *College Composition and Communication* 32: 365-387.

Freese, Hans-Ludwig (1999): "Evaluation des Aufnahmeverfahrens." In: Kohtz, Karin / Wurl Bernd (Hrsg.) (1999): 7-27.

Fröhlich, Maria / Spada, Nina / Allen, Patrick (1985): "Differences in the communicative orientation of L2 classrooms." *TESOL QUARTERLY* 19: 27-56.

Gaies, Stephen J. (1980): "T-unit analysis in second language research: Applications, problems and limitations." *TESOL QUARTERLY* 14: 53-60.

Gardenghi, Monica / O'Connell, Mary (Hrsg.) (1997): *Prüfen, Testen, Bewerten im modernen Fremdsprachenunterricht*. Frankfurt/M.: Peter Lang.

Gardner, Robert C. / Lambert, Wallace (1972): *Attitudes and Motivation in Second Language Learning*. Rowley, Mass.: Newbury House.

Gass, Susan M. / Madden, Carolyn G. (Hrsg.) (1985): *Input in Second Language Acquisition*. Rowley, Mass.: Newbury House.

Geisler, Wilhelm / Hermann-Brennecke, Gisela (1997): "Fremdsprachenlernen zwischen Affekt und Kognition – Bestandsaufnahme und Perspektivierung", in: *Zeitschrift für Fremdsprachenforschung* 8: 79-93.

Genzlinger, Werner (1980): *Kreativität im Englischunterricht*. Bochum: Kamp.

Genzlinger, Werner (1985): "Kreatives Schreiben im Englischunterricht der Klassen 5-7." *Praxis des neusprachlichen Unterrichts* 32: 365-369.

Genzlinger, Werner (1987): "Schüler schreiben Geschichten." *Der fremdsprachliche Unterricht* 21, H 82: 12-20.

Gienow, Wilfried / Hellwig, Karlheinz (Hrsg.) (1993): *Prozessorientierte Mediendidaktik im Fremdsprachenunterricht*. Frankfurt/M.: Lang.

Gienow, Wilfried / Hellwig, Karlheinz (Hrsg.) (1996): "Prozessorientierung – ein integratives fremdsprachendidaktisches Konzept." *Der fremdsprachliche Unterricht: Englisch*: 30 (H 1): 4-12.

Glaboniat, Manuela (1998): *Kommunikatives Testen im Bereich Deutsch als Fremdsprache*. Innsbruck-Wien: Studien Verlag.

Glaser, Barney G. (1992): *Basics of Grounded Theory Analysis*. Newbury Park: Sociology Press.

Glaser, Barney G. / Strauss, Anselm L. (1967): *The Discovery of Grounded Theory: Strategies for Qualitative Research*. Chicago / Berlin: Walter de Gruyter.

Glaser, Barney G. / Strauss, Anselm L. (1984): "Die Entdeckung gegenstandsbezogener Theorie: Eine Grundstrategie qualitativer Sozialforschung." In: Hopf, Christel / Weingarten, E. (Hrsg.) (1984): 91-114.

Glorius, Stephan / Heymen, Norbert (1999): "Subjektive Befindlichkeiten der Schüler." In: Kohtz, Karin / Wurl, Bernd (Hrsg.) (1999): 55-95.

Gnutzmann, Claus (2000): "Grammatik lehren und lernen. Zu den allgemeinen Lernzielen des schulischen Grammatikunterrichts." In: Düwell, Henning / Gnutzmann, Claus / Königs, Frank G. (Hrsg.) (2000): 67-82.

Gnutzmann, Claus / Köpcke, Klaus-Michael (1988): "Integrativer Grammatikunterricht: Wider die Trennung von Mutter- und Fremdsprachenunterricht." *Neusprachliche Mitteilungen aus Wissenschaft und Praxis* 41: 75-84.

Golub, L. S. / Frederick, C. (1971): *Linguistic Structures in the Discourse of Fourth and Sixth Graders*. University of Wisconsin, Madison: Center for Cognitive Learning [Technical Reports No. 166].

Götz, Dieter (1989): "The art of speaking." In: Dirven, René (Hrsg.) (1989): 791-808.

Grabowski, Eva (1998): *Ein Mindestwortschatz für den Englischunterricht*. Aachen: Shaker Verlag.

Grotjahn, Rüdiger (1995): "Der C-Test: State of the Art." *Zeitschrift für Fremdsprachenforschung* 6 (2): 37-60.

Grotjahn, Rüdiger (1999): "Thesen zur empirischen Forschungsmethodologie.", in: *Zeitschrift für Fremdsprachenforschung* 10: 133-158.

Halleck, Gene B. (1995): "Assessing oral proficiency: a comparison of holistic and objective measures." *Modern Language Journal* 79: 223-234.

Halliday, Michael A.K. (1978): *Language as Social Semiotic: The Social Interpretation of Language and Meaning.* London: Edward Arnold.

Halliday, Michael A.K. (1985): *An Introduction to Functional Grammar.* London: Edward Arnold.

Hany, Ernst / Nickel, Horst (Hrsg.) (1992): *Begabung und Hochbegabung. Theoretische Konzepte, empirische Befunde, praktische Konsequenzen.* Bern: Huber.

Harley, Birgit / Allen, Patrick / Cummins, James / Swain, Merrill (Hrsg.) (1990): *The Development of Second Language Proficiency.* Cambridge: Cambridge University Press.

Hecht, Karlheinz / Green, Peter S. (1983): *Fehleranalyse und Fehlerbewertung im Englischunterricht der Sekundarstufe I.* Donauwörth: Auer.

Hecht, Karlheinz / Green, Peter S. (1987): "Analyse und Bewertung von mündlichen Schülerproduktionen." *Praxis des neusprachlichen Unterrichts* 34: 3-11.

Hedge, Tricia (1988): *Writing.* Oxford: Oxford Unviersity Press.

Heller, Kurt A. (Hrsg.) (1992): *Hochbegabung im Kindes- und Jugendalter.* Göttingen: Hogrefe.

Heller, Kurt A. / Mönks, Franz J. / Passow, Harry A. (Hrsg.) (1993): *International Handbook of Research and Development of Giftedness and Talent.* Oxford: Pergamon.

Heller, Kurt A. / Rindermann, Heiner (1996a): "Der baden-württembergische Schulmodellversuch 'Gymnasium mit achtjährigem Bildungsgang' – Ergebnisse der ersten vier Untersuchungswellen (1992-1995)." *Labyrinth* 19, Nr. 49: 3-13.

Heller, Kurt A. / Rindermann, Heiner (1996b): *Fünfter Bericht über die wissenschaftliche Evaluation des baden-württembergischen Schulmodellversuchs 'Gymnasium mit achtjährigem Bildungsgang'.* Universität München: Institut für Pädagogische Psychologie.

Hessisches Landesinstitut für Pädagogik (= HeLP) (2000): *Bildung braucht guten Grund. Beiträge zur Reform der Grundkurse in der gymnasialen Oberstufe und im beruflichen Gymnasium.* Wiesbaden: HeLP.

Heymann, Hans Werner (2000): "Konsequenzen eines Allgemeinbildungskonzepts für die Gestaltung und Weiterentwicklung der Grundkurse." In: Hessisches Landesinstitut für Pädagogik (Hrsg.) (2000): 7-15.

Higgs, T. V. (Hrsg.) (1982): *Curriculum, Competence and the Foreign Language Teacher.* Chicago: National Textbook.

Higgs, T. V. / Clifford, R. (1982): "The push toward communication." In: Higgs, T. V. (Hrsg.) (1982): 57-79.

Hofstätter, Peter R. / Wendt, Dirk (1974): *Quantitative Methoden der Psychologie. Bd. 1: Deskriptive-, Inferenz- und Korrelationsstatistik.* Frankfurt/M.: Johann Ambrosius Barth.

Hopf, Christel / Weingarten, E. (Hrsg.) (1984): *Qualitative Sozialforschung.* Stuttgart: Klett-Cotta.

Huber, Ludwig (2000): "Wissenschaftspropädeutik, allgemeine Studierfähigkeit und ihre unterrichtliche Umsetzung in Grundkursen." In: Hessisches Landesinstitut für Pädagogik (Hrsg.) (2000): 17-46.

Hüllen, Werner (1989): "Text and tense." In: Dirven, René (Hrsg.) (1989): 599-624.

Hüllen, Werner (1992): "Identifikationssprachen und Kommunikationssprachen." *Zeitschrift für germanistische Linguistik* 20 (4): 298-317.

Hüllen, Werner (1999): "Englischunterricht – Betrachtungen zu einem Unterrichtsfach aus gegebenem Anlass." *Zeitschrift für Fremdsprachenforschung* 10 (2): 308-330.

Hünig, Wolfgang (1989): "Cohesion and coherence." In: Dirven, René (Hrsg.) (1989): 625-663.

Hughes, Arthur (1981): "Conversational cloze as a measure of oral ability." *English Language Teaching Journal* 35: 161-168.

Hughes, Arthur (1989): *Testing for Language Teachers.* Cambridge; Cambridge University Press.

Hunfeld, Hans (Hrsg.) (1977): *Neue Perspektiven der Fremdsprachendidaktik.* Kronberg/Ts.: Scriptor.

Hunt, Kellog W. (1965): *Grammatical Structures Written at Three Grade Levels.* Champaigne, Ill.: National Council of Teachers of English [NCTE Research Report No. 3].

Hunt, Kellog W. (1970): "Syntactic maturity in school children and adults." *Monographs of the Society for Research in Child Development* 35 (1) [Serial no. 134].

Ingenkamp, Karl-Heinz (1992): *Lehrbuch der pädagogischen Diagnostik.* Weinheim & Basel: Beltz [2. Auflage].

Jacob, E. (1987): "Qualitative research traditions: a review." *Educational Research* 57: 1-50.

Jung, Lothar (1997): "Die Bewertung mündlicher Prüfungsleistungen." In: Gardenghi, Monica / O'Connell, Mary (Hrsg.) (1997): 73-80.

Kahl, Peter W. (1980): *Kommunikationsorientierte Tests als Bestandteil einer längerfristigen Innovationsstrategie. Die Entwicklung des Allgemeinen Leistungstests Englisch an Gesamtschulen ALTEG-10. Abschlussbericht.* Hamburg: Behörde für Schule und Berufsbildung.

Kaiser, Arnim (Hrsg.) (1997): *Entwicklung und Erprobung von Modellen der Begabtenförderung am Gymnasium mit Verkürzung der Schulpflicht. Abschlussbericht.* Mainz: von Hase & Koehler Verlag.

Kaiser, Arnim / Kaiser, Ruth (Hrsg.) (1998): *Entwicklung und Erprobung von Modellen der Begabtenförderung am Gymnasium mit Verkürzung der Schulpflicht. Abschlussunter-suchung in der Gymnasialen Oberstufe.* Mainz: von Hase & Koehler Verlag.

Kasper, Gabriele (1998): "Datenerhebungsverfahren in der Lernersprachenpragmatik." *Zeitschrift für Fremdsprachenforschung* 9: 85-118.

Kickler, Kay-Uwe (1995): *Wortschatzerwerb im bilingualen Unterricht.* Kiel: l & f Verlag.

Kim, Jae-On / Mueller, Charles W. (1978): *Introduction to Factor Analysis: What it is and how to do it.* Newbury Park: Sage Publications.

Klafki, Wolfgang (1985): *Neue Studien zur Bildungstheorie und Didaktik. Beiträge zur kritisch-konstruktiven Didaktik.* Weinheim: Beltz.

Klein-Braley, Christine / Grotjahn, Rüdiger (1998): "C-Tests in der Schule?" *Praxis des neusprachlichen Unterrichts* 45 (4): 411-417.

Klippel, Friederike (1983): *Ideas. Übungsvorschläge und Arbeitsblätter für einen aktiven Englischunterricht.* Dortmund: Lambert Lensing.

Klippel, Friederike (1984): *Keep Talking.* Cambridge: Cambridge University Press.

Klippel, Friederike (1998): "Systematisches Üben." In: Timm, Johannes-P. (Hrsg.) (1998): 328-341.

Koch, Ariane (1999): "Bewertung mündlicher Leistungen im Fremdsprachenunterricht." *Fremdsprachenunterricht* 43/52: 9f.

Kohtz, Karin (1996): "Richtig fordern – richtig fördern." *Grundschule* 28 (5): 28f.

Kohtz, Karin (1998): "Es gibt nichts Ungerechteres, als Ungleiche gleich zu behandeln!" *Grundschulzeitschrift* Heft 112: 40-47.

Kohtz, Karin / Wurl, Bernd (Hrsg.) (1999): *Begleitforschung zum Berliner Schulversuch "Individualisierung des gymnasialen Bildungsgangs". Abschlussbericht.* Berlin: Freie Universität.

Koll-Stobbe, A. (1994): "Verstehen von Bedeutungen: Situative Wortbildungen und mentales Lexikon." In: Börner, Wolfgang / Vogel, Klaus (Hrsg.) (1994): 51-68.

Krashen, Stephen D. (1981): *Second Language Acquisition and Second Language Learning.* Oxford: Pergamon Press.

Krashen, Stephen D. (1985): *The Input Hypothesis: Issues and Implications.* London & New York: Longman.

Krause, Wolf-Dieter / Sändig, Uta (1999): "Zur Effektivierung von Leistungkontrollen und Tests für die Überprüfung der Kommunikationskompetenz von Fremdsprachenunterricht (unter Berücksichtigung von ersten Arbeitsergebnissen des europäischen Kooperationsprojekts ECCELLENTT)." *Fremdsprachen und Hochschule* Heft 57: 88-116.

Kress, Gunter R. (Hrsg.) (1976): *Halliday: System and Function in Language.* London: Routledge.

Kress, Gunter R. / Knapp, Peter (1992): "Genre in a social theory of language." *English in Education* 26: 4-15.

Krichbaum, Gabriele (1996): "Kinder mit besonderen Begabungen." *Grundschule* 28 (5): 8f.

Krings, Hans P. (1992): "Empirische Untersuchungen zu fremdsprachlichen Schreibprozessen – Ein Forschungsüberblick." In: Börner, Wolfgang / Vogel, Klaus (Hrsg.) (1992): 47-77.

Kugler-Euerle, Gabriele (2000): "Der motivationale Super-Gau in der ausgehenden Sekundarstufe I." *Der fremdsprachliche Unterricht: Englisch* 34, H 43: 48.

Kultusministerkonferenz (= KMK) (1972): *Vereinbarung zur Neugestaltung der gymnasialen Oberstufe in der Sekundarstufe II.* Bonn: KMK.

Kultusministerkonferenz (= KMK) (1997): *Vereinbarung zur Gestaltung der gymnasialen Oberstufe in der Sekundarstufe II. Beschluss der KMK vom 28.02.1997.* Bonn: KMK.

Labov, William (1970): "The study of language in its social context." *Studium Generale* 23: 30-87.

Lado, Robert (1961): *Language Testing.* New York: McGraw Hill.

Lamnek, Siegfried (1988): *Qualitative Sozialforschung. Bd. 1: Methodologie.* München & Weinheim: Psychologie Verlags Union.

Lamnek, Siegfried (1989): *Qualitative Sozialforschung Bd. 2: Methoden und Techniken.* München & Weinheim: Psychologie Verlags Union.

Lantolf, James P. (Hrsg.) (2000): *Sociocultural Theory and Second Language Learning.* Oxford: Oxford University Press.

Lantolf, James P. / Frawley W. (1985): "Oral-proficiency testing: a critical analysis." *The Modern Language Journal* 69: 337-345.

Larsen-Freeman, Diane (1978): "An ESL index of development." *TESOL QUARTERLY* 12 (4): 439-448.

Larsen-Freeman, Diane (1978): "Assessing global second language proficiency." In: Seliger, Herbert W. / Long, Michael H. (Hrsg.) (1983): 287-304.

Larsen-Freeman, Diane / Strom, Virginia (1977): "The construction of a second language acquisition index of development." *Language Learning* 27 (1): 123-134.

Larsen-Freeman, Diane / Long, Michael H. (1991): *An Introduction to Second Language Acquisition Research.* London & New York: Longman.

Laufer, Batia / Nation, Paul (1995): "Vocabulary size and use: lexical richness in L2 written production." *Applied Linguistics* 16: 307-322.

Lazataron, Anne (1995): "Qualitative research in applied linguistics." *TESOL QUARTERLY* 29: 455-472.

Legutke, Michael / Thomas, Howard (1991): *Process and Experience in the Language Classroom.* London & New York: Longman.

Lienert, Gustav A. (1986): *Verteilungsfreie Methoden in der Biostatistik.* Marburg: Anton Hain.

Lienert, Gustav A. / Raatz, Ulrich (1994): *Testaufbau und Testanalyse.* Weinheim: Psychologie Verlags Union.

Linnarud, Moira (1986): *Lexis in Composition.* Lund: Lund Studies in English.

Loban, Walter (1976): *Language Development: Kindergarten through Grade Twelve.* Urbana, Ill: National Council of Teachers of English [NCTE Research Report No. 18].

Long, Michael H. (1983): "Native speaker/non-native speaker conversation and the negotiation of comprehensible input." *Applied Linguistics* 4: 126-141.

Lüders, Christian / Reicherts, Jo (1986): "Wissenschaftliche Praxis ist, wenn alles funktioniert und keiner weiß warum – Bemerkungen zur Entwicklung qualitativer Sozialforschung." *Sozialwissenschaftliche Literatur Rundschau* 12: 90-102.

Lyons, John (1977): *Semantics. Vol. 1.* Cambridge: Cambridge University Press.

Mayring, Philipp (1996): "Möglichkeiten qualitativer Ansätze in der Unterrichtsforschung." In: Schnaitmann, Gerhard W. (Hrsg.) (1996): 41-61.

McClintock, John / Peterson, Lennart / Zydatiß, Wolfgang (Hrsg.) (1991): *STEP UP. Texts, Topics and Language Activities for Advanced Learners.* Frankfurt/M.: Diesterweg [Student's Book + Teacher's Book].

Meyer, Meinert A. (2000): "Expertise zur Situation des Fachs Englisch in der gymnasialen Oberstufe." Hamburg: Universität Hamburg [mimeo].

Mönks, Franz J. (1996): "Hochbegabung." *Grundschule* 28 (5): 15-17.

Mönks, Franz J. / Ypenberg, Irene H. (1993): *Unser Kind ist hochbegabt. Ein Leitfaden für Eltern und Lehrer.* München: Reinhardt Verlag.

Morrow, Keith E. (1977): *Techniques of Evaluation for a Notional Syllabus.* London: University of Reading, Centre for Applied Language Studies.

Moskowitz, Gertrud (1971): "Interaction analysis – a new modern language für supervisors." *Foreign Language Annals* 5: 211-221.

Moskowitz, Gertrud (1976): "The classroom interaction of outstanding foreign language teachers." *Foreign Language Annals* 9: 125-143, 146-157.

Multhaup, Uwe (1995): *Psycholinguistik und fremdsprachliches Lernen. Von Lehrplänen zu Lernprozessen.* Ismaning: Hueber.

Multhaup, Uwe / Wolff, Dieter (Hrsg.) (1992): *Prozeßorientierung in der Fremdsprachendidaktik.* Frankfurt/M.: Diesterweg.

Muszynski, Bernhard (1999): "Fragwürdige Debatte über die Qualifikation von Schule und Unterricht." *SchulVerwaltung MO* 9 (1): 8-11.

Nation, Paul (1990): *Teaching and Learning Vocabulary.* New York: Heinle & Heinle.

Neumann, Gabriele (1995): "Laut Denken und Still Schreiben. Zur Triangulierung von Prozeß- und Produktdaten in der L2-Schreibprozeßforschung." *Zeitschrift für Fremdsprachenforschung* 6: 95-107.

Nickel, Gerhard (Hrsg.) (1973): *Fehlerkunde. Beiträge zur Fehleranalyse, Fehlerbewertung und Fehlertherapie.* Berlin: Cornelsen-Velhagen & Klasing.

Norrish, John (1983): *Language Learners and Their Errors.* London: Macmillan.

Norusis, Marija J. (1990): *SPSS Base System User's Guide.* Chicago, Ill.: SPSS Inc.

Nunan, David (1987): "Communicative language teaching: making it work." *English Language Teaching Journal* 41: 136-145.

Nunan, David (1989a): *Designing Tasks for the Communicative Classroom.* Cambridge University Press.

Nunan, David (1989b): *Understanding Language Classrooms.* London: Prentice Hall.

O'Donnell, R. C. (1976): "A critique of some indices of syntactic maturity." *Research in the Teaching of English* 10: 31-38.

Oeltjenbruns, Dörthe (1999): *Evaluierung der lexikalischen Fähigkeiten von Schülern der 9. Jahrgangsstufe anhand eines kommunikativen Tests (= "simulation game"): Ein Vergleich von Regel- und Schnellläuferklassen im Rahmen des Berliner Schulversuchs "Individualisierung des gymnasialen Bildungsganges".* Berlin: FU Berlin [Wissenschaftliche Hausarbeit zur Ersten Staatsprüfung für das Amt des Studienrats].

Olechowski, Richard / Rollett, Brigitte (Hrsg.) (1994): *Theorie und Praxis. Aspekte empirisch-pädagogischer Forschung – quantitative und qualitative Methoden.* Frankfurt/M.: Peter Lang.

Oller, John W. (1974): "Expectancy for successive elements: key ingredient for language use." *Foreign Language Annals* 7: 443-452.

Oller, John W. / Hinofotis, Frances B. (1980): "Two mutually exclusive hypotheses about second language ability: indivisible or partially divisible competence." In: Oller, John W. (Hrsg.) (1980): *Research in Language Testing.* Rowley, Mass.: Newbury House.

Oppenheim, A. N. (1966): *Questionnaire Design and Attitude Measurement.* London: Heinemann.

Oppenheim, A. N. (1992): *Questionnaire Design, Interviewing and Attitude Measurement.* London / New York: Pinter.

Pädagogisches Zentrum Rheinland-Pfalz (1996): *Bilingualer Unterricht Erdkunde/Englisch. Handreichung für den Unterricht in Jahrgangsstufe 9.* Bad Kreuznach: Pädagogisches Zentrum [PZ-Information, Heft 23/96].

Pedhazur, Elazar J. (1982): *Multiple Regression in Behavioral Research.* New York: Holt, Rinehart & Winston.

Peirce, Bonny Norton (1995): "The theory of methodology in qualitative research." *TESOL Quarterly* 29: 569-576.

Perkins, Kyle (1983): "On the use of composition scoring techniques, objective measures and objective tests to evaluate ESL writing ability." *TESOL QUARTERLY* 17(4): 651-671.

Piaget, Jean (1971): *The Language and Thought of the Child.* London: Routledge & Kegan Paul.

Piepho, Hans-Eberhard (1974): *Kommunikative Kompetenz als übergeordnetes Lernziel im Englischunterricht.* Dornburg-Frickhofen: Frankonius Verlag.

Piepho, Hans-Eberhard (1979): *Kommunikative Didaktik des Englischunterrichts.* Limburg: Frankonius Verlag.

Piepho, Hans-Eberhard (1999): "Portfolio – ein Weg zu Binnendifferenzierung und individuellem Fremdsprachenwachstum?" *Fremdsprachenunterricht* 43/52 (2): 81-86.

Pincas, Anita (1982): *Teaching English Writing.* London: Macmillan.

Prabhu, N. S. (1987): *Second Language Pedagogy.* Oxford: Oxford University Press.

Pürschel, Heiner (Hrsg.) (1996): *Fragebögen in der angewandten Linguistik* [Themenheft]. *Fremdsprachen und Hochschule – Zeitschrift des AKS* 48.

Rampillon, Ute (1996): *Lerntechniken im Fremdsprachenunterricht.* Ismaning: Hueber [3. Auflage].

Reed, Daniel J. (1992): "The relationship between criterion-based levels of oral proficiency and norm-referenced scores of general proficiency in English as a second language." *System* 20: 329-345.

Richards, Jack C. / Schmidt, Richard W. (Hrsg.) (1983): *Language and Communication*. London / New York: Longman.

Rivera, Charlene (Hrsg.) (1984): *Communicative Competence Approaches to Language Proficiency Assessment: Research and Application*. Clevedon, Avon: Multilingual Matters.

Saville, Nick / Hargreaves, Peter (1999): "Assessing speaking in the revised FCE." *English Language Teaching Journal* 53: 42-51.

Schenk-Danziger, Lotte (1988): *Entwicklungspsychologie*. Wien: Österreichischer Bundesverlag.

Schirp, Heinz (1991): "Förderung besonderer Begabungen." *Die Deutsche Schule* 83 (12): 40-50.

Schnaitmann, Gerhard W. (Hrsg.) (1996): *Theorie und Praxis der Unterrichtsforschung. Methodologische und praktische Ansätze zur Erforschung von Lernprozessen*. Donauwörth: Auer.

Schneider, Klaus P. (1992): "Prozesse und Strategien der Verbalisierung visueller Stimuli in der Fremdsprache." In: Multhaup, Uwe / Wolff, Dieter (Hrsg.) (1992): 34-55.

Seidlhofer, Barbara (1995): *Approaches to Summarization. Discourse Analysis and Language Education*. Tübingen: Gunter Narr.

Seliger, Herbert W. / Long, Michael H. (Hrsg.) (1983): *Classroom Oriented Research in Second Language Acquisition*. Cambridge, Mass.: Newbury House.

Seliger, Herbert W. / Shohamy, Elana (1989): *Second Language Research Methods*. Oxford: Oxford University Press.

Shohamy, Elana (1994): "The role of language tests in the construction and validation of second-language acquisition theories." In: Tarone, Elaine E. / Gass, Susan M. / Cohen, Andrew D. (Hrsg.) (1994): 133-142.

Shohamy, Elana / Reves, Thea / Bejarano, Yael (1986): "Introducing a new comprehensive test of oral proficiency." *English Language Teaching Journal* 40: 212-220.

Sieber, Peter (1998): *Parlando in Texten*. Tübingen: Max Niemeyer.

Simms, Rochelle B. / Richgels, Donald J. (1986): "The syntactic density score revisited: which of its components matter in the oral language of 9-15 year olds?" *Language Testing* 3 (1): 39-53.

Sinclair, John M. / Coulthard, Malcolm (1975): *Towards an Analysis of Discourse*. Oxford: Oxford University Press.

Skehan, Peter (1996): "A framework for the implementation of task-based instruction." *Applied Linguistics* 16 (3): 38-62.

Skutnabb-Kangas, Tove (1981): *Bilingualism or Not. The Education of Minorities*. Clevedon: Multilingual Matters.

Spada, Nina / Fröhlich, Maria (1995): *COLT. Communicative Orientation of Language Teaching Observation Scheme*. Sydney: National Centre for English Language Teaching and Research, Macquarie University.

Steinhausen, Detlef / Langer, Klaus (1977): *Clusteranalyse*. Berlin & New York: Walter de Gruyter.

Steinmann, Theo (1985): *Re-creating Literary Texts*. München: Hueber.

Strauss, Anselm L. (1987): *Qualitative Analysis for Social Scientists*. Cambridge: Cambridge University Press.

Strauss, Anselm L. / Corbin, Julia (1990): *Basics of Qualitative Research. Grounded Theory Procedures and Techniques*. Newbury Park: Sage.

Strauss, Anselm L. / Corbin, Julia (2000): "*Grounded Theory methodology. An overview.*" In: Denzin, Norman K. (Hrsg.) (2000): 273-285.

Swain, Merrill (1985): "Communicative competence: some roles of comprehensible input and comprehensible output in its development." In: Gass, Susan M. / Madden, Carolyn G. (Hrsg.) (1985): 235-253.

Swain, Merrill (1993): "The output hypothesis: Just speaking and writing aren't enough." *The Canadian Modern Language Review* 50 (1): 158-163.

Swain, Merrill (1998): "Focus on form through conscious reflection." In: Doughty, Catherine / Williams, Jessica (Hrsg.) (1998): 64-81.

Swain, Merrill (2000): "The output hypothesis and beyond: Mediating acquisition through collaborative dialogue." In: Lantolf, James P. (Hrsg.) (2000): 97-114.

Swain, Merrill / Lapkin, Sharon (1995): "Problems in output and the cognitive processes they generate: a step towards second language learning." *Applied Linguistics* 16 (3): 371-389.

Swales, John (1990): *Genre Analysis*. Cambridge: Cambridge University Press.

Tarone, Elain E. / Parrish, Betsy (1988): "Task-related variation in interlanguage." *Language Learning* 38: 21-45.

Tarone, Elain E. / Gass, Susan M. / Cohen, Andrew D. (Hrsg.) (1994): *Research Methodology in Second-Language Acquisition*. Hillsdale, N. J.: Lawrence Erlbaum.

Teichmann, Virginia (1998): "Kreatives Schreiben." In: Timm, Johannes-Peter (Hrsg.) (1998): 250-257.

Thornbury, Scott (1991): "Metaphors we work by: EFL and its metaphors." *English Language Teaching Journal* 45: 193-200.

Thornbury, Scott (1996): "Teachers research teacher talk." *English Language Teaching Journal* 50: 279-289.

Thornbury, Scott (1999): "Lesson art and design." *English Language Teaching Journal* 53: 4-11.

Thorndike, Robert M. (1978): *Correlational Procedures for Research*. New York: Gardner Press.

Timm, Johannes-P. (Hrsg.) (1998): *Englisch lernen und lehren*. Berlin: Cornelsen.

Tribble, Chris (1996): *Writing*. Oxford: Oxford University Press.

Trim, John L. M. (1997): *Modern Languages: Learning, Teaching, Assessment. A Common European Framework of Reference. A General Guide for Users*. Strasbourg: Council for Cultural Co-operation, Education Committee [= CC-LANG (98) 1].

Tschirner, Erwin (2000): "Das ACTFL OPI als Forschungsinstrument." In: Aguado, Karin (Hrsg.) (2000): 105-118.

Underhill, Nic (1987): *Testing Spoken Language.* Cambridge: Cambridge University Press.

Ungerer, Friedrich / Meier, Gerhard E. / Schäfer, Klaus / Lechler, Shirley B. (1984): *A Grammar of Present-Day English.* Stuttgart: Ernst Klett.

van Ek, Jan A. / Trim, John L.M. (1991): *Threshold Level 1990.* Strasbourg: Council of Europe Press.

van Lier, Leo (1988): *The Classroom and the Language Learner.* London: Longman.

Vockrodt-Scholz, Viola (1994): *Was ist in der Statistik? Kein Computer kann denken.* [Universitätsskript: Methoden der empirischen Sozialforschung II]. Berlin: Technische Universität.

Vockrodt-Scholz, Viola / Zydatiß, Wolfgang (1999): "Lernzuwachs und Leistungsentwicklung im Fach Englisch." In: Kohtz, Karin / Wurl, Bernd (Hrsg.) (1999): 285-405.

Vollmer, Helmut J. (1998): "Sprechen und Gesprächsführung". In: Timm, Johannes-Peter (Hrsg.)(1998): 237-249.

von Eye, Alexander (1994): "Zum Verhältnis zwischen qualitativen und quantitativen Methoden in der empirisch-pädagogischen Forschung." In: Olechowski, Richard / Rollett, Brigitte (Hrsg.) (1994): 24-45.

von Werder, Lutz (1990): *Lehrbuch des kreativen Schreibens.* Berlin: ifk-Verlag.

Vorlat, Emma (1989): "Stylistics." In: Dirven, René (Hrsg.) (1989): 687-721.

Vygotsky, Lev S. (1962): *Thought and Language.* Cambridge, Mass.: The MIT Press.

Vygotsky, Lev S. (1978): *Mind in Society.* Cambridge, Mass.: Harvard University Press.

Walter, Gertrud (1977): "Studien zur fremdsprachlichen Kommunikationsfähigkeit deutscher Schüler." In: Hunfeld, Hans (Hrsg.) (1977): 82-96.

Walter, Gertrud (1978): "Unterhaltungen mit Schülern des 9. Schuljahrs – Studien zur Kommunikationsfähigkeit im Englischen." *Die Neueren Sprachen* 77: 164-176.

Walter, Gertrud (1991): "Fremdsprachliche Gesprächsfähigkeit im Englischunterricht der Kollegstufe." *Neusprachliche Mitteilungen.* 44: 12-20.

Watzlawick, Paul / Beavin, J. H. / Jackson, D. D. (1969): *Menschliche Kommunikation. Formen, Störungen, Paradoxien.* Bern: Huber.

Weinrich, Harald (1964): *Besprochene und erzählte Welt.* Stuttgart: Kohlhammer.

Weir, Cyril J. (1990): *Communicative Language Testing.* New York: Prentice Hall.

Weir, Cyril J. (1993): *Understanding and Developing Language Tests.* New York: Prentice Hall.

Werlich, Egon (1976): *A Text Grammar of English.* Heidelberg: Quelle & Meyer.

Wernsing, Armin V. (1995): *Kreativität im Französischunterricht.* Berlin: Cornelsen.

Weskamp, Ralf (1995): "Schriftlichkeit im fortgeschrittenen Fremdsprachenunterricht – ein kontextorientiertes Modell der Textproduktion." *Die Neueren Sprachen* 94: 387-401.

White, Ron / Arndt, Valerie (1991): *Process Writing.* London & New York: Longman.

Witzel, Andreas (1982): *Verfahren der qualitativen Sozialforschung. Überblick und Alternativen.* Frankfurt/M.: Campus Verlag.

Wode, Henning (1993): *Psycholinguistik. Eine Einführung in die Lehr- und Lernbarkeit von Sprachen.* Ismaning: Hueber.

Wode, Henning (1994): *Bilinguale Unterrichtserprobung in Schleswig-Holstein. – Bd. 1: Testentwicklung und holistische Bewertung. Bd. 2: Analytische Auswertungen.* Kiel: l & f Verlag.

Wolff, Dieter (1991): "Lerntechniken und die Förderung der zweitsprachlichen Schreibfähigkeit." *Der fremdsprachliche Unterricht: Englisch* 25 (H 2): 34-39.

Woods, Anthony / Fletcher, Paul / Hughes, Arthur (1986): *Statistics in Language Studies.* Cambridge: Cambridge University Press.

Young, Richard / Milanovic, Michael (1992): "Discourse variation in oral proficiency interviews." *Studies in Second Language Acquisition* 14: 403-424.

Zimmermann, Albert (1998): "Verändertes Denken, Sprechen, Wahrnehmen und Verhalten bei Schülerinnen und Schülern." *Labyrinth* 21 (Nr. 58): 3-5.

Zydatiß, Wolfgang (1989): "Types of texts." In: Dirven, René (Hrsg.) (1989): 723-788.

Zydatiß, Wolfgang (1999): "Förderung über Akzeleration: Gymnasiale Express- und Regelklassen im Vergleich." In: *SchulVerwaltung* 9 (Nr. 7/8): 255-260.

Zydatiß, Wolfgang (2000a): *Bilingualer Unterricht in der Grundschule.* Ismaning: Hueber.

Zydatiß, Wolfgang (2000b): *Language as discourse:* ein überfälliger Perspektivenwechsel!" In: Düwell, Henning / Gnutzmann, Claus / Königs, Frank G. (Hrsg.) (2000): 415-438.

Zydatiß, Wolfgang (2000c): "Interaktive Gesprächskompetenz: ein realistisches Ziel oder ein 'trivialer' Gegenstand des Fremdsprachenunterrichts?" In: Bausch, Karl-Richard / Christ, Herbert / Königs, Frank G. / Krumm, Hans-Jürgen (Hrsg.) (2000): 271-279.

Kolloquium Fremdsprachenunterricht

Herausgegeben von Gerhard Bach, Volker Raddatz,
Michael Wendt und Wolfgang Zydatiß

Band 1 Volker Raddatz / Michael Wendt (Hrsg.): Textarbeit im Fremdsprachenunterricht – Schrift, Film, Video. Kolloquium zur Ehren von Bertolt Brandt (Verlag Dr. Kovač 1997).

Band 2 Gabriele Blell / Wilfried Gienow (Hrsg.): Interaktion mit Texten, Bildern, Multimedia im Fremdsprachenunterricht (Verlag Dr. Kovač 1998).

Band 3 Renate Fery / Volker Raddatz (Hrsg.): Lehrwerke und ihre Alternativen. 2000.

Band 4 Gisèle Holtzer / Michael Wendt (éds.): Didactique comparée des langues et études terminologiques. Interculturel – Stratégies – Conscience langagière. 2000.

Band 5 Gerhard Bach / Susanne Niemeier (Hrsg.): Bilingualer Unterricht. Grundlagen, Methoden, Praxis, Perspektiven. 2000.

Band 6 Michael Wendt (Hrsg.): Konstruktion statt Instruktion. Neue Zugänge zu Sprache und Kultur im Fremdsprachenunterricht. 2000.

Band 7 Dagmar Abendroth-Timmer / Stephan Breidbach (Hrsg.): Handlungsorientierung und Mehrsprachigkeit. Fremd- und mehrsprachliches Handeln in interkulturellen Kontexten. 2000.

Band 8 Wolfgang Zydatiß: Leistungsentwicklung und Sprachstandserhebungen im Englischunterricht. Methoden und Ergebnisse der Evaluierung eines Schulversuchs zur Begabtenförderung: Gymnasiale Regel- und Expressklassen im Vergleich. Unter Mitarbeit von Viola Vockrodt-Scholz. 2002.